兰州大学哲学社会科学文库

Philosophy and Social Sciences Library of Lanzhou University

正史·通鉴·续通鉴佛教文献辑录 上册

杜斗城 姜涛 辑录

兰州大学出版社

LANZHOU UNIVERSITY PRESS

图书在版编目（ＣＩＰ）数据

正史·通鉴·续通鉴佛教文献辑录：上、下册 / 姜涛，杜斗城辑录. -- 兰州：兰州大学出版社，2024.7
ISBN 978-7-311-06568-3

Ⅰ. ①正… Ⅱ. ①姜… ②杜… Ⅲ. ①佛教－文献－汇编－中国 Ⅳ. ①B948

中国国家版本馆 CIP 数据核字(2023)第 215442 号

责任编辑　张国梁
封面设计　张友乾

书　　名　正史·通鉴·续通鉴佛教文献辑录(上、下册)
作　　者　姜　涛　杜斗城　辑录
出版发行　兰州大学出版社　（地址:兰州市天水南路222号　730000）
电　　话　0931-8912613(总编办公室)　0931-8617156(营销中心)
网　　址　http://press.lzu.edu.cn
电子信箱　press@lzu.edu.cn
印　　刷　北京联兴盛业印刷股份有限公司
开　　本　787 mm×1092 mm　1/16
总 印 张　52(插页6)
总 字 数　824千
版　　次　2024年7月第1版
印　　次　2024年7月第1次印刷
书　　号　ISBN 978-7-311-06568-3
定　　价　360.00元(上、下册)

出版说明

    党的二十大报告提出的"加快构建中国特色哲学社会科学学科体系、学术体系、话语体系，培育壮大哲学社会科学人才队伍"的重要精神，为我国高校哲学社会科学事业发展提供了根本遵循，为高校育人育才提供了重要指引。高校作为哲学社会科学"五路大军"中的重要力量，承载着立德树人、培根铸魂的职责。高校哲学社会科学要践行育人使命，培养堪当民族复兴重任的时代新人；要承担时代责任，回答中国之问、世界之问、人民之问、时代之问。

    作为教育部直属的"双一流"建设高校，兰州大学勇担时代重任，秉承"为天地立心，为生民立命，为往圣继绝学，为万世开太平"的志向和传统，为了在兰州大学营造浓厚的"兴文"学术氛围，从而为"新文科"建设和"双一流"建设助力，启动了开放性的文化建设项目"兰州大学哲学社会科学文库"（简称"文库"）。"文库"以打造兰州大学高端学术品牌、反映兰州大学哲学社会科学研究前沿、体现兰州大学相关学科领域学术实力、传承兰州大学优良学术传统为目标，以集中推出反映新时代中国特色社会主义理论和实践创新成果、发挥兰州大学哲学社会科学优秀成果和优秀人才的示范引领作用为关键，以推进学科体系、学术体系、话语体系建设和创新为主旨，以鼓励兰大学者创作出反映哲学社会科学研究前沿水平的高质量创新成果为导向，兰州大学组织哲学社会科学各学科领域专家评审后，先期遴选出10种政治方向正确、学术价值厚重、聚焦学科前沿的思想性、科学性、原创性强的学术成果结集为"兰州大学哲学社会科学文库"第一辑出版。

    "士不可以不弘毅，任重而道远。"兰州大学出版社以弘扬学术风范为己任，肩负文化强国建设的光荣使命，按照"统一设计、统一标识、统一版式、形成系列"的总体要求，以极其严谨细致的态度，力图为读者奉献出系列学术价值厚重、学科特色突出、研究水平领先的精品学术著作，进而展示兰大学人严谨求实、守正创新的治学态度和"自强不息、独树一帜"的精神风貌，使之成为具有中国特色、兰大风格、兰大气派的哲学社会科学学术高地和思想交流平台，为兰州大学"新文科"建设和"双一流"建设，繁荣我国哲学社会科学建设和人才培养贡献出版力量。

兰州大学出版社

二〇二三年十月

前　言

　　事情就是这样：书的前言，往往写在最后。今天，我又要给《正史·通鉴·续通鉴佛教文献辑录》写"前言"了，但我却没有丝毫轻松愉快的感觉，因为我深深知道，摆在面前的这个"成果"肯定是有很多缺陷的。凡做资料工作的人，虽然努力想使自己的工作尽善尽美，但实际上没有一个人能做到这一点。

　　大概是2005年夏，台湾惠敏博士给我来电话说，他在台湾看到了我的电子版《正史佛教资料类编》，想将其收入他主持的《中华电子版大藏经》。当时我的书（包括电子版和纸质版两种）还未在大陆出版，台湾怎么会流行电子版呢？后经查询，才知是有学生帮我整理资料时拷贝了全部内容，以致流传于坊间，甚至台湾。这样，原本只供我平时教学、科研之用的参考，并未急着出书的资料，就只好匆匆出版了。这就是受教育部人文社会科学重点研究基地——兰州大学敦煌学研究所资助，由甘肃文化出版社于2006年出版的《正史佛教资料类编》。稍后，经我同意，台湾中华电子佛典协会又将其全部录入由法鼓佛教学院惠敏校长主持的《CBETA电子佛典集成》。目前学界普遍认为，此为一部非常有用的工具书。美国加州大学伯克利分校东亚系佛教典籍研究权威Lancaster教授多次引用此书，并给予了很高评价；著名《大藏经》版本研究专家、美国西来大学教授龙达瑞在印度《国际佛学年刊》上发表书评，极力向学界推荐此书，认为其是整理佛教资料的力作，实用性很强；著名佛教研究权威、中国人民大学教授方立天评价此书将正史佛教史料逐条检出并汇辑成册，为学术研究提供了极大方便，堪称佛教文献整理中的佳作。

　　前些年，《中华大藏经》编委会又令我将此书取消分类，按时代整理，准备收入《中华大藏经·续编》。其间，杜继文先生、李申教授和张新鹰主任还召我至北京，交待详细事宜。当时，我又提及还辑录了《清史稿》（《正史佛教资料类编》截止《明史》）及《通鉴》《续通鉴》的佛教资料。杜先生听到之后，让我继续整理，并欣然允诺，把这些资料也加进去。2021年9月，我在北京大学讲学，有机会见到中华书局周绚隆总编，问及《中华大藏经·续编》的出版情况，得知其可能遥遥无期。今我已年过七旬，能否在活着的时候看到自己的作品出版，心中一直忐忑不安。正在这时，兰州大学出版社有关同志告诉我，说有兰州大学哲学社会科学文库资助项目，让我申报试试。于是，我委托学生姜涛（现为兰州大学历史文化学院副教授）以我俩的名义准备材料申请答辩，幸得答辩委员会通过，获得支持。这样，《正史·通鉴·续通鉴佛教文献辑录》就有机会较早地问世了！

在北京大学读书时，就发心把二十四史翻阅一遍，但只翻了《史记》《汉书》；在兰州大学教书之后，与敦煌学、佛学沾了边，从翻阅《后汉书》时，就将有关佛教的资料勾出，这就是摆在诸位读者面前的这个"成果"，断断续续，已四十多年了。其实，我的主要工作是教学，繁重的教学任务占去了我更多的时间。科研工作除了国家社科基金项目《河西佛教史》及教育部人文社科重大项目《甘肃散见佛教石刻的调查与研究》等，其余多为应酬之作，真正花了工夫的还是这个"成果"，然其充其量只是个"资料工作"，尽管如此，我仍很欣慰，因为我们为有关研究者提供了很大的方便。

学生姜涛从此书的重新编排，到文字校正及申报答辩，皆尽心尽力、认真负责，此书能够较早地完成，其出力最多，故此联名。同时，我还要感谢为此书的问世出力的所有同学，如吴通、丁得天等。

此外，我还要特别感谢兰州大学出版社张国梁编审，如果没有他的努力，这本书很可能还没有现在的质量和按计划的时间展现在读者面前！

最后，我还要衷心感谢敦煌研究院名誉院长樊锦诗先生对此项目的关注和推荐！

杜斗城

二○二三年十一月

凡　例

一、《正史·通鉴·续通鉴佛教文献辑录》所据"二十四史"、《清史稿》《资治通鉴》《续资治通鉴》，为中华书局（北京）标点本。

二、每条资料前的小标题为编者所加。

三、每条资料后皆注明出处和所据文献页码，以便核查。

四、资料中方括号内的文字，如年、月、人名等，是编者为保证文意清晰和连贯酌情补入的。

五、同一人物或同一事件有两处以上记载而文意基本相同者，一般只录最早出现的一处，并注明未录者文献出处和所在页码。

六、魏晋南北朝隋唐以来，受佛教影响，很多人名用佛教名词，如"张菩萨""王善人"之类，但其活动与佛教无关，此类资料视情况而取舍。

七、为资料精当计，对篇幅较长的文献，省略其中与佛教无关的文字并以省略号标明。

八、某些资料后的"杜按"，为编者杜斗城所加的按语。

要　目

目录（上）

正史佛教文献

旧唐书

旧五代史

正 史

佛教文献

后汉书

汉桓帝设华盖以祠浮图

前史称桓帝好音乐，善琴笙。[一]饰芳林而考濯龙之宫，[二]设华盖以祠浮图、老子，[三]斯将所谓"听于神"乎！[四]及诛梁冀，奋威怒，天下犹企其休息。而五邪嗣虐，流衍四方。[五]自非忠贤力争，屡折奸锋，[六]虽愿依斟流彘，亦不可得已。[七]

〔一〕前史谓《东观记》。

〔二〕薛综注《东京赋》云："濯龙，殿名。芳林谓两旁树木兰也。"考，成也。既成而祭之。《左传》曰"考仲子之宫"也。

〔三〕浮图，今佛也。《续汉志》曰："祠老子于濯龙宫，文罽为坛，饰淳金（铅）〔扣〕器，设华盖之坐，用郊天乐。"

〔四〕《左传》曰："史嚚曰：'国将兴，听于人；将亡，听于神。'"

〔五〕五邪谓单超、徐璜、左悺、唐衡、具瑗也。

〔六〕忠贤谓李膺、陈蕃、窦武、黄琼、朱穆、刘淑、刘陶等，各上书极谏，以折宦官等奸谋之锋也。

〔七〕《帝王纪》曰："夏帝相为羿所逐，相乃都商丘，依同姓诸侯斟灌、斟寻氏。"《史记》曰："周厉王好利暴虐，周人相与畔，而袭厉王，王出奔于彘。"言帝宠幸宦竖，令执威权，赖忠臣李膺等竭力谏争，以免篡弑之祸。不然，则虽愿如夏相依斟，周王流彘，不可得也。斟灌、斟寻，国，故城在今青州。彘，晋地也。

（《后汉书》卷七《孝桓帝纪第七》　320）

宫中立黄老、浮屠之祠

又闻宫中立黄老、浮屠之祠。[一]此道清虚，贵尚无为，好生恶杀，省欲去奢。今陛下嗜欲不去，杀罚过理，既乖其道，岂获其祚哉！或言老子入夷狄为浮屠。〔二〕浮屠不三宿桑下，不欲久生恩爱，精之至也。〔三〕天神遗以好女，浮屠曰："此但革囊盛血。"遂不眄之。〔四〕其守一如此，乃能成道。今陛下淫女艳妇，极天下之丽，甘肥饮美，单天下之味，奈何欲如黄老乎？

〔一〕浮屠即佛陁，但声转耳，并谓佛也，解见《楚王英传》也。

〔二〕或闻言当时言也。老子西入夷狄，始为浮屠之化。

〔三〕言浮屠之人寄桑下者，不经三宿便即移去，示无爱恋之心也。

〔四〕《四十二章经》："天神献玉女于佛，佛曰：'此是革囊盛众秽耳。'"

（《后汉书》卷三十下《郎颛襄楷列传第二十下》　1082）

楚王英

楚王英，以建武十五年封为楚公，十七年进爵为王，二十八年就国……英少时好游侠，交通宾客，晚节更喜黄老，学为浮屠斋戒祭祀。〔一〕八年，诏令天下死罪皆入缣赎。英遣郎中令奉黄缣白纨三十匹诣国相曰："托在蕃辅，过恶累积，欢喜大恩，奉送缣帛，以赎愆罪。"国相以闻。诏报曰："楚王诵黄老之微言，尚浮屠之仁祠，絜斋三月，与神为誓，何嫌何疑，当有悔吝？其还赎，以助伊蒲塞桑门之盛馔。"〔二〕因以班示诸国中传。英后遂大交通方士，作金龟玉鹤，刻文字以为符瑞。

〔一〕袁宏《汉纪》："浮屠，佛也，西域天竺国有佛道焉。佛者，汉言觉也，将以觉悟群生也。其教以修善慈心为主，不杀生，专务清静。其精者为沙门。沙门，汉言息也，盖息意去欲而归于无为。又以为人死精神不灭，随复受形，生时善恶皆有报应，故贵行善修道，以炼精神，以至无生而得为佛也。佛长丈六尺，黄金色，项中佩日月光，变化无方，无所不入，而大济群生。初，明帝梦见金人长大，项有日月光，以问群臣。或曰：'西方有神，其名曰佛。陛下所梦，得无是乎？'于是遣使天竺，问其道术而图其形像焉。"

〔二〕伊蒲塞即优婆塞也，中华翻为近住，言受戒行堪近僧住也。桑门即沙门。

（《后汉书》卷四十二《光武十三王列传第三十二》　1428）

陶　谦

陶谦字恭祖，丹阳人也。〔一〕少为诸生，仕州郡，〔二〕四迁为车骑将军张温司马，西讨边章。会徐州黄巾起，以谦为徐州刺史，击黄巾，大破走之，境内晏然。

〔一〕丹阳郡丹阳县人也。《吴书》曰："陶谦父，故余姚长。谦少孤，始以不羁闻于县中。年十四，犹缀帛为幡，乘竹马而戏，邑中儿童皆随之。故仓梧太守同县甘公出遇之，见其容貌，异而呼之，与语甚悦，许妻以女。甘夫人怒曰：'陶家儿遨戏无度，于何以女许之？'甘公曰：'彼有奇表，长必大成。'遂与之。"

〔二〕《吴书》曰："陶谦察孝廉，拜尚书郎，除舒令。郡太守张磐，同郡先辈，与谦父友，谦耻为之屈。尝〔以〕舞属谦，谦不为起，固强之乃舞，舞又不转。磐曰：'不当转邪？'曰：'不可转，转则胜人。'"

……初，同郡人笮融，〔一〕聚众数百，往依于谦，谦使督广陵、下邳、彭城运粮。遂断三郡委输，大起浮屠寺。〔二〕上累金盘，下为重楼，又堂阁周回，可容三千许人，作黄金涂像，衣以锦彩。每浴佛，辄多设饮饭，布席于路，其有就食及观者且万余人。〔三〕及曹操击谦，徐方不安，融乃将男女万口、马三千匹走广陵。广陵太守赵昱待以宾礼。融利广陵资货，遂乘酒酣杀昱，放兵大掠，因以过江，南奔豫章，杀郡守朱皓，入据其城。后为杨州刺史刘繇所破，走入山中，为人所杀。

〔一〕笮音侧格反。

〔二〕浮屠，佛也。解见《西羌传》。

〔三〕《献帝春秋》曰："融敷席方四五里，费以巨万。"

（《后汉书》卷七十三《刘虞公孙瓒陶谦列传第六十三》 2366）

天竺国佛教

天竺国一名身毒，在月氏之东南数千里。俗与月氏同，而卑湿暑热。其国临大水。乘象而战。其人弱于月氏，修浮图道，不杀伐，遂以成俗〔一〕。……

和帝时，数遣使贡献，后西域反畔，乃绝。至桓帝延熹二年、四年，频从日南徼外来献。

世传明帝梦见金人，长大，顶有光明，以问群臣。或曰："西方有神，名曰佛，其形长丈六尺而黄金色。"帝于是遣使天竺问佛道法，遂于中国图画形像焉。楚王英始信其术，中国因此颇有奉其道者。后桓帝好神，数祀浮图、老子，百姓稍有奉者，后遂转盛。

〔一〕浮图即佛也。

（《后汉书》卷八十八《西域传第七十八》 2921）

佛道神化，兴自身毒

西域风土之载，前古未闻也。汉世张骞怀致远之略，〔一〕班超奋封侯之志，〔二〕终能立功西遐，羁服外域。自兵威之所肃服，财赂之所怀诱，莫不献方奇，纳爱质，露顶肘行，东向而朝天子。故设戊己之官，分任其事；建都护之帅，总领其权。先驯则赏簒金而赐龟绶，〔三〕后服则系头颡而衅北阙。立屯田于膏腴之野，列邮置于要害之路。驰命走驿，不绝于时月；商胡贩客，日款于塞下。其后甘英乃抵条支而历安息，临西海以望大秦，拒玉门、阳关者四万余里，靡不周尽焉。若其境俗性智之优薄，产载物类之区品，川河领障之基源，气节凉暑之通隔，梯山栈谷绳行沙度之道，身热首痛风灾鬼难之域，〔四〕莫不备写情形，审求根实。至于佛道神化，兴自身毒，而二汉方志莫有称焉。张骞但著地多暑湿，乘象而战，班勇虽列其奉浮图，不杀伐，而精文善法导达之功靡所传述。余闻之后说也，其国则殷乎中土，玉烛和气，〔五〕灵圣之所（降）集，贤懿之所挺生，〔六〕神迹诡怪，则理绝人区，〔七〕感验明显，则事出天外。〔八〕而骞、超无闻者，岂其道闭往运，数开叔叶乎？不然，何诬异之甚也！汉自楚英始盛斋戒之祀，桓帝又修华盖之饰。将微义未译，而但神明之邪？详其清心释累之训，空有兼遣之宗，道书之流也。〔九〕且好仁恶杀，蠲敝崇善，所以贤达君子多爱其法焉。然好大不经，奇谲无已，〔十〕虽邹衍谈天之辩，庄周蜗角之论，〔十一〕尚未足以概其万一。又精灵起灭，因报相寻，若晓而昧者，故通人多惑焉。〔十二〕盖导俗无方，适物异会，取诸同归，措夫疑说，则大道通矣。

〔一〕《前书》张骞，汉中人，为博望侯。武帝时，上言大夏及安息、大宛之属，大国奇物，诚得而以义属之，则地广万里。帝从之。

〔二〕超少时家贫，投笔叹曰："丈夫当如傅介子、张骞，立功西域，以取封侯，安能久事笔砚乎！"语见《超传》。

〔三〕龟谓印文也。《汉旧仪》曰："银印皆龟纽，其文刻曰'某官之章'。"

〔四〕《前书》杜钦曰："罽宾本汉所立，杀汉使者，今悔过来顺，使者送至悬度，历大头痛、小头痛之山，赤土身热之阪，临峥嵘不测之深，行者骑步相持，绳索相引。"释法显《游天竺记》云："西度流沙，屡有热风恶鬼，过之必死。葱领冬夏有雪。有毒龙，若犯之，则风雨晦冥，飞砂扬砾。（过）〔遇〕此难者，万无一全也。"

〔五〕《天竺国记》云："中天竺人殷乐无户籍，耕王地者输地利。又其土和适，无冬夏之异，草木常茂，种田无时节。"《尔雅》曰："四时和谓之玉烛。"

〔六〕《本行经》曰："释迦菩萨在兜率陁天，为诸天无量无边诸众说法。又观我今何处成道，利益众生。乃观见宜于南阎浮提生有大利益。"又云"谁中与我为父母者。观见宜于天竺刹利种迦毗罗城白净王摩邪夫人，可为父母"。又云"四生之中，何生利益。观见同众生、胎生、我若化生，诸外道等即诽谤我是幻术也。尔时菩萨观己，示同诸天五衰相现。命诸同侣，波斯匿王等诸王中生，皆作国王，与我为檀越。命阿难及诸人等，同生为弟子。命舍利弗等，外道中生我，成道时当受我化，回邪入正。又有无量众生，同随菩萨于天竺受生，多所利益"也。

〔七〕《维摩经》曰："以四大海水入一毛孔，不挠鱼鳖等，而彼大海本相如故。又舍利弗住不思议菩萨，断取三千大千国界，如陶家轮着右掌中，掷过恒河沙国界之外，其中众生不觉不知，又复还本处，都不使人有往来相。"

〔八〕《涅槃经》曰："阿阇王令醉象蹋佛，佛以慈善根力，舒其五指，遂为五师子见，尔时醉象惶惧而退。又五百群贼劫夺人庶，波斯匿王收捉，剜其两目，弃入坑中。尔时群贼苦痛不已，同时发声念南无佛。陁达摩佛以慈善根力，雪山吹药，令入贼眼，皆悉平复如本。"

〔九〕清心谓忘思虑也。释累谓去贪欲也。不执着为空。执着为有。兼遣谓不空不有，虚实两忘也。维摩诘云："我及涅槃，此二皆空。"《老子》云："常无，欲观其妙；常有，欲观其徼。"故曰道书之流也。

〔十〕《维摩经》曰："尔时毗邪离有长者子名曰宝积。与五百长者子，俱持七宝盖来诣佛所，头面礼足，各以其盖共供养佛。佛威神力令诸宝盖合成一盖，遍覆三千大千国界诸须弥山，乃至日月星宿，并十方诸佛说法，皆现于宝盖中。"又维摩诘三万二千师子坐，高八万四千由旬，高广严净，来入维摩方丈室，包容无所妨碍。又四大海水入毛孔，须弥山入芥子等也。

〔十一〕《史记》曰："谈天衍。"刘向《别录》曰："邹衍之所言五德终始，天地广大，其书言天事，故曰谈天。"庄子曰："有国于蜗之左角者曰触氏，有国于蜗之右角者曰蛮氏，相与争地而战，伏尸数万，逐北旬有五日而后反。"郭璞注《尔雅》云："蜗牛，音瓜。"谈天言大，蜗角喻小也。

〔十二〕精灵起灭谓生死轮回无穷已。因报相寻谓行有善恶，各缘业报也。

（《后汉书》卷八十八《西域传第七十八》　2931）

三国志

临儿国佛教

  临儿国，《浮屠经》云其国王生浮屠。浮屠，太子也。父曰屑头邪，母云莫邪。浮屠身服色黄，发青如青丝，乳青毛，蛉赤如铜。始莫邪梦白象而孕，及生，从母左胁出，生而有结，堕地能行七步。此国在天竺城中。天竺又有神人，名沙律。昔汉哀帝元寿元年，博士弟子景卢受大月氏王使伊存口受《浮屠经》曰复立者其人也。《浮屠》所载临蒲塞、桑门、伯闻、疏问、白疏闲、比丘、晨门，皆弟子号也。《浮屠》所载与中国《老子经》相出入，盖以为老子西出关，过西域之天竺，教胡。浮屠属弟子别号，合有二十九，不能详载，故略之如此。

    （《三国志》卷三十《魏书三十·乌丸鲜卑东夷传第三十》 859）

孙綝坏浮屠祠，斩道人

  〔孙〕綝遣将军孙耽送亮之国，徙尚于零陵，迁公主于豫章。綝意弥溢，侮慢民神，遂烧大桥头伍子胥庙，又坏浮屠祠，斩道人。

   （《三国志》卷六十四《吴书十九·诸葛滕二孙濮阳传第十九》 1449）

晋　书

孙　绰

[孙] 绰字兴公。博学善属文，少与高阳许询俱有高尚之志……绰与询一时名流，或爱询高迈，则鄙于绰，或爱绰才藻，而无取于询。沙门支遁试问绰："君何如许？"答曰："高情远致，弟子早已伏膺；然一咏一吟，许将北面矣。"绝重张衡、左思之赋，每云："《三都》《二京》，五经之鼓吹也。"尝作《天台山赋》，辞致甚工，初成，以示友人范荣期，云："卿试掷地，当作金石声也。"荣期曰："恐此金石非中宫商。"然每至佳句，辄云："应是我辈语。"除著作佐郎，袭爵长乐侯。

（《晋书》卷五十六《列传第二十六·孙楚》　1544）

郗　超

[郗超] 性好闻人栖遁，有能辞荣拂衣者，超为之起屋宇，作器服，畜仆竖，费百金而不吝。又沙门支遁以清谈著名于时，风流胜贵，莫不崇敬，以为造微之功，足参诸正始。而遁常重超，以为一时之俊，甚相知赏。超无子，从弟俭之以子僧施嗣。

（《晋书》卷六十七《列传第三十七·郗鉴》　1804）

王坦之

初，坦之与沙门竺法师甚厚，每共论幽明报应，便要先死者当报其事。后经年，师忽来云："贫道已死，罪福皆不虚。惟当勤修道德，以升济神明耳。"言讫不见。坦之寻亦卒，时年四十六。临终，与谢安、桓冲书，言不及私，惟忧国家之事，朝野甚痛惜之。追赠安北将军，谥曰献。

（《晋书》卷七十五《列传第四十五·王湛》　1969）

何　充

[何]充居宰相，虽无澄正改革之能，而强力有器局，临朝正色，以社稷为己任，凡所选用，皆以功臣为先，不以私恩树亲戚，谈者以此重之。然所昵庸杂，信任不得其人，而性好释典，崇修佛寺，供给沙门以百数，糜费巨亿而不吝也。亲友至于贫乏，无所施遗，以此获讥于世。阮裕尝戏之曰："卿志大宇宙，勇迈终古。"充问其故。裕曰："我图数千户郡尚未能得，卿图作佛，不亦大乎！"于时郗愔及弟昙奉天师道，而充与弟准崇信释氏，谢万讥之云："二郗谄于道，二何佞于佛。"充能饮酒，雅为刘惔所贵。惔每云："见次道饮，令人欲倾家酿。"言其能温克也。

（《晋书》卷七十七《列传第四十七·何充》　2030）

先帝手画佛象

彭城王纮上言，乐贤堂有先帝手画佛象，经历寇难，而此堂犹存，宜敕作颂。帝下其议。[蔡]谟曰："佛者，夷狄之俗，非经典之制。先帝量同天地，多才多艺，聊因临时而画此象，至于雅好佛道，所未承闻也。盗贼奔突，王都隳败，而此堂块然独存，斯诚神灵保祚之征，然未是大晋盛德之形容，歌颂之所先也。人臣睹物兴义，私作赋颂可也。今欲发王命，敕史官，上称先帝好佛之志，下为夷狄作一象之颂，于义有疑焉。"于是遂寝。

（《晋书》卷七十七《列传第四十七·蔡谟》　2035）

道安与习凿齿

时有桑门释道安，俊辩有高才，自北至荆州，与凿齿初相见。道安曰："弥天释道安。"凿齿曰："四海习凿齿。"时人以为佳对……及襄阳陷于苻坚，坚素闻其名，与道安俱舆而致焉。既见，与语，大悦之，赐遗甚厚。又以其蹇疾，与诸镇书："昔晋氏平吴，利在二陆；今破汉南，获士裁一人有半耳。"俄以疾归襄阳。

（《晋书》卷八十二《列传第五十二·习凿齿》　2153）

王　恭

[王]恭性抗直，深存节义，读《左传》至"奉王命讨不庭"，每辍卷而叹。为性不弘，以暗于机会，自在北府，虽以简惠为政，然自矜贵，与下殊隔。不闲用兵，尤信佛道，调役百姓，修营佛寺，务在壮丽，士庶怨嗟。临

刑，犹诵佛经，自理须鬓，神无惧容，谓监刑者曰："我暗于信人，所以致此，原其本心，岂不忠于社稷！但令百代之下知有王恭耳。"家无财帛，唯书籍而已，为识者所伤。

（《晋书》卷八十四《列传第五十四·王恭》 2186）

法　泉

初，苻坚建元之末，徙江汉之人万余户于敦煌……又以前表未报，复遣沙门法泉间行奉表……遥途崄旷，未知达不？

（《晋书》卷八十七《列传第五十七·凉武昭王李玄盛》 2263）

佛图澄

佛图澄，天竺人也。本姓帛氏。少学道，妙通玄术。永嘉四年，来适洛阳，自云百有余岁，常服气自养，能积日不食。善诵神咒，能役使鬼神。腹旁有一孔，常以絮塞之，每夜读书，则拔絮，孔中出光，照于一室。又尝斋时，平旦至流水侧，从腹旁孔中引出五藏六府洗之，讫，还内腹中。又能听铃音以言吉凶，莫不悬验。

及洛中寇乱，乃潜草野以观变。石勒屯兵葛陂，专行杀戮，沙门遇害者甚众。澄投勒大将军郭黑略家，黑略每从勒征伐，辄豫克胜负，勒疑而问曰："孤不觉卿有出众智谋，而每知军行吉凶何也？"黑略曰："将军天挺神武，幽灵所助，有一沙门智术非常，云将军当略有区夏，已应为师。臣前后所白，皆其言也。"勒召澄，试以道术。澄即取钵盛水，烧香咒之，须臾钵中生青莲花，光色曜日，勒由此信之。

勒自葛陂还河北，过枋头，枋头人夜欲斫营，澄谓黑略曰："须臾贼至，可令公知。"果如其言，有备，故不败。勒欲试澄，夜冠胄衣甲，执刀而坐，遣人告澄云："夜来不知大将军何所在。"使人始至，未及有言，澄逆问曰："平居无寇，何故夜严？"勒益信之。勒后因忿，欲害诸道士，并欲苦澄。澄迺潜避至黑略舍，语弟子曰："若将军信至，问吾所在者，报云不知所之。"既而勒使至，觅澄不得。使还报勒，勒惊曰："吾有恶意向澄，澄舍我去矣。"通夜不寝，思欲见澄。澄知勒意悔，明旦造勒。勒曰："昨夜何行？"澄曰："公有怒心，昨故权避公。今改意，是以敢来。"勒大笑曰："道人谬矣。"

襄国城堑水源在城西北五里，其水源暴竭，勒问澄何以致水。澄曰："今当敕龙取水。"廼与弟子法首等数人至故泉源上，坐绳床，烧安息香，咒愿数百言。如此三日，水泫然微流，有一小龙长五六寸许，随水而来，诸道士竞往视之。有顷，水大至，隍堑皆满。

鲜卑段末波攻勒，众甚盛。勒惧，问澄。澄曰："昨日寺铃鸣云，明旦食时，当擒段末波。"勒登城望末波军，不见前后，失色曰："末波如此，岂可获乎！"更遣夔安问澄。澄曰："已获末波矣。"时城北伏兵出，遇末波，执之。澄劝勒宥末波，遣还本国，勒从之，卒获其用。

刘曜遣从弟岳攻勒，勒遣石季龙距之。岳败，退保石梁坞，季龙坚栅守之。澄在襄国，忽叹曰："刘岳可悯！"弟子法祚问其故，澄曰："昨日亥时，岳已败被执。"果如所言。

及曜自攻洛阳，勒将救之，其群下咸谏以为不可。勒以访澄，澄曰："相轮铃音云：'秀支替戾冈，仆谷劬秃当。'此羯语也。秀支，军也。替戾冈，出也。仆谷，刘曜胡位也。劬秃当，捉也。此言军出捉得曜也。"又令一童子洁斋七日，取麻油合胭脂，躬自研于掌中，举手示童子，粲然有辉。童子惊曰："有军马甚众，见一人长大白皙，以朱丝缚其肘。"澄曰："此即曜也。"勒甚悦，遂赴洛距曜，生擒之。

勒僭称赵天王，行皇帝事，敬澄弥笃。时石葱将叛，澄诫勒曰："今年葱中有虫，食必害人，可令百姓无食葱也。"勒班告境内，慎无食葱。俄而石葱果走。勒益重之，事必咨而后行，号曰大和尚。

勒爱子斌暴病死，将殡，勒叹曰："朕闻虢太子死，扁鹊能生之，今可得效乎？"乃令告澄。澄取杨枝沾水，洒而咒之，就执斌手曰："可起矣！"因此遂苏，有顷，平复。自是勒诸子多在澄寺中养之。勒死之年，天静无风，而塔上一铃独鸣，澄谓众曰："铃音云，国有大丧，不出今年矣。"既而勒果死。

及季龙僭位，迁都于邺，倾心事澄，有重于勒。下书衣澄以绫锦，乘以雕辇，朝会之日，引之升殿，常侍以下悉助举舆，太子诸公扶翼而上，主者唱大和尚，众坐皆起，以彰其尊。又使司空李农旦夕亲问，其太子诸公五日一朝，尊敬莫与为比。支道林在京师，闻澄与诸石游，乃曰："澄公其以季龙为海鸥鸟也。”百姓因澄故多奉佛，皆营造寺庙，相竞出家，真伪混淆，多生愆过。季龙下书料简，其著作郎王度奏曰：“佛，外国之神，非诸华所应祠奉。汉代初传其道，惟听西域人得立寺都邑，以奉其神，汉人皆不出家。魏承汉制，亦循前轨。今可断赵人悉不听诣寺烧香礼拜，以遵典礼，其百辟卿士下逮众隶，例皆禁之，其有犯者，与淫祀同罪。其赵人为沙门者，还服百姓。”朝士多同度所奏。季龙以澄故，下书曰：“朕出自边戎，忝君诸夏，至于飨祀，应从本俗。佛是戎神，所应兼奉，其夷赵百姓有乐事佛者，特听之。”

澄时止邺城寺中，弟子遍于郡国。尝遣弟子法常北至襄国，弟子法佐从襄国还，相遇于梁基城下，对车夜谈，言及和尚，比旦各去。佐始入，澄逆笑曰：“昨夜尔与法常交车共说汝师邪？”佐愕然愧忏。于是国人每相语：“莫起恶心，和尚知汝。”及澄之所在，无敢向其方面涕唾者。

季龙太子邃有二子，在襄国，澄语邃曰：“小阿弥比当得疾，可往看之。”邃即驰信往视，果已得疾。太医殷腾及外国道士自言能疗之，澄告弟子法牙曰：“正使圣人复出，不愈此疾，况此等乎！”后三日果死。邃将图为逆，谓内竖曰：“和尚神通，傥发吾谋。明日来者，当先除之。”澄月望将入觐季龙，谓弟子僧慧曰：“昨夜天神呼我曰：‘明日若入，还勿过人。’我傥有所过，汝当止我。”澄常入，必过邃。邃知澄入，要候甚苦。澄将上南台，僧慧引衣，澄曰：“事不得止。”坐未安便起，邃固留不住，所谋遂差。还寺，叹曰：“太子作乱，其形将成，欲言难言，欲忍难忍。”乃因事从容箴季龙，季龙终不能解。俄而事发，方悟澄言。

后郭黑略将兵征长安北山羌，堕羌伏中。时澄在堂上坐，惨然改容曰：“郭公今有厄。”乃唱云：“众僧祝愿。”澄又自祝愿。须臾，更曰：“若东南出者活，余向者则困。”复更祝愿。有顷，曰：“脱矣。”后月余，黑略还，自说堕羌围中，东南走，马乏，正遇帐下人，推马与之曰：“公乘此马，小人乘公马，济与不济，命也。”略得其马，故获免。推检时日，正是澄祝愿时也。

时天旱，季龙遣其太子诣临漳西滏口祈雨，久而不降，乃令澄自行，即有白龙二头降于祠所，其日大雨方数千里。澄尝遣弟子向西域市香，既行，澄告余弟子曰："掌中见买香弟子在某处被劫垂死。"因烧香祝愿，遥救护之。弟子后还，云某月某日某处为贼所劫，垂当见杀，忽闻香气，贼无故自惊曰："救兵已至。"弃之而走。黄河中旧不生鼋，时有得者，以献季龙。澄见而叹之曰："桓温入河，其不久乎！"温字元子，后果如其言也。季龙尝昼寝，梦见群羊负鱼从东北来，寤以访澄。澄曰："不祥也，鲜卑其有中原乎！"后亦皆验。澄尝与季龙升中台，澄忽惊曰："变，变，幽州当火灾。"乃取酒噀之，〔一〕久而笑曰："救已得矣。"季龙遣验幽州，云尔日火从四门起，西南有黑云来，骤雨灭之，雨亦颇有酒气。

　　石宣将杀石韬，宣先到寺与澄同坐，浮屠一铃独鸣，澄谓曰："解铃音乎？铃云胡子洛度。"宣变色曰："是何言欤？"澄谬曰："老胡为道，不能山居无言，重茵美服，岂非洛度乎！"石韬后至，澄孰视良久。韬惧而问澄，澄曰："怪公血臭，故相视耳。"季龙梦龙飞西南，自天而落，旦而问澄，澄曰："祸将作矣，宜父子慈和，深以慎之。"季龙引澄入东合，与其后杜氏问讯之。澄曰："胁下有贼，不出十日，自浮图以西，此殿以东，当有血流，慎勿东也。"杜后曰："和尚耄邪！何处有贼？"澄即易语云："六情所受，皆悉是贼。老自应耄，但使少者不昏即好耳。"遂便寓言，不复彰的。后二日，宣果遣人害韬于佛寺中，欲因季龙临丧杀之。季龙以澄先诫，故获免。及宣被收，澄谏季龙曰："皆陛下之子也，何为重祸邪！陛下若含怒加慈者，尚有六十余岁。如必诛之，宣当为彗星下扫邺宫。"季龙不从。后月余，有一妖马，鬣尾皆有烧状，入中阳门，出显阳门，东首东宫，皆不得入，走向东北，俄尔不见。澄闻而叹曰："灾其及矣！"季龙大享群臣于太武前殿，澄吟曰："殿乎，殿乎！棘子成林，将坏人衣。"季龙令发殿石下视之，有棘生焉。冉闵小字棘奴。

　　季龙造太武殿初成，图画自古贤圣、忠臣、孝子、烈士、贞女，皆变为胡状，旬余，头悉缩入肩中，惟冠介仿佛微出，季龙大恶之，秘而不言也。澄对之流涕，乃自启茔墓于邺西紫陌，还寺，独语曰："得三年乎？"自答："不得。"又曰："得二年、一年、百日、一月乎？"自答："不得。"遂无复言。谓弟子法祚曰："戊申岁祸乱渐萌，己酉石氏当灭。吾及其未乱，先从化矣。"卒于邺宫寺。后有沙门从雍州来，称见澄西入关，季龙掘而视之，惟有一石而无尸。季龙恶之曰："石者，朕也，葬我而去，吾将死矣。"因而遇疾。明年，季龙死，遂大乱。

〔一〕乃取酒噀之　"乃"各本作"仍"，宋本作"乃"，与《事类赋》八引合，今从之。

（《晋书》卷九十五《列传第六十七·艺术·佛图澄》　2484）

麻襦

麻襦者，不知何许人也，莫得其姓名。石季龙时，在魏县市中乞丐，恒着麻襦布裳，故时人谓之麻襦。言语卓越，状如狂者，乞得米谷不食，辄散置大路，云饴天马。赵兴太守籍状收送诣季龙。

先是，佛图澄谓季龙曰："国东二百里某月日当送一非常人，勿杀之也。"如期果至。季龙与共语，了无异言，惟道"陛下当终一柱殿下"。季龙不解，送以诣澄。麻襦谓澄曰："昔在光和中会，奄至今日。酉戎受玄命，〔一〕绝历终有期。金离消于壤，边荒不能遵，驱除灵期迹，莫已已之懿。裔苗叶繁，其来方积。休期于何期，永以叹之。"澄曰："天回运极，否将不支，九木水为难，无可以术宁。玄哲虽存世，莫能基必莫能基必颓。〔二〕久游阎浮利，扰扰多此患。行登陵云宇，会于虚游间。"其所言人莫能晓。季龙遣驿马送还本县，既出城，请步，云："我当有所过，君至合口桥见待。"使人如言而驰，至桥，麻襦已先至。

后慕容俊投季龙尸于漳水，倚桥柱不流，时人以为"一柱殿下"即谓此也。及元帝嗣位江左，亦以为"天马"之应云。

〔一〕酉戎受玄命　"酉戎"，《高僧传》作"西戎"，《神僧传》作"酉戌"。

〔二〕莫能基必莫能基必颓　《高僧传》《神僧传》皆不重"莫能基必"四字，疑此四字驳文。

（《晋书》卷九十五《列传第六十五·艺术·麻襦》　2490）

单道开

单道开，敦煌人也。常衣粗褐，或赠以缯服，皆不着，不畏寒暑，昼夜不卧。恒服细石子，一吞数枚，日一服，或多或少。好山居，而山树诸神见异形试之，初无惧色。

石季龙时，从西平来，一日行七百里，其一沙弥年十四，行亦及之。至秦州，表送到邺，季龙令佛图澄与语，不能屈也。初止邺城西沙门法綝祠中，后徙临漳昭德寺。于房内造重合，高八九尺，于上编菅为禅室，常坐其中。季龙资给甚厚，道开皆以施人。人或来咨问者，道开都不答。日服镇守药数丸，大如梧子，药有松蜜姜桂伏苓之气，时复饮茶苏一二升而已。自云能疗目疾，就疗者颇验。视其行动，状若有神。佛图澄曰："此道士观国兴衰，若去者，当有大乱。"及季龙末，道开南渡许昌，寻而邺中大乱。

升平三年至京师，后至南海，入罗浮山，独处茅茨，萧然物外。年百余岁，卒于山舍，敕弟子以尸置石穴中，弟子乃移入石室。陈郡袁宏为南海太守，与弟颖叔及沙门支法防共登罗浮山，至石室口，见道开形骸如生，香火瓦器犹存。宏曰："法师业行殊群，正当如蝉蜕耳。"乃为之赞云。

（《晋书》卷九十五《列传第六十五·艺术·单道开》　　2491）

王　嘉

王嘉字子年，陇西安阳人也。轻举止，丑形貌，外若不足，而聪睿内明。滑稽好语笑，不食五谷，不衣美丽，清虚服气，不与世人交游。隐于东阳谷，凿崖穴居，弟子受业者数百人，亦皆穴处。

……

姚苌之入长安，礼嘉如苻坚故事，逼以自随，每事咨之。苌既与苻登相持，问嘉曰："吾得杀苻登定天下不？"嘉曰："略得之。"苌怒曰："得当云得，何略之有！"遂斩之。先此，释道安谓嘉曰："世故方殷，可以行矣。"嘉答曰："卿其先行，吾负债未果去。"俄而道安亡，至是而嘉戮死，所谓"负债"者也。苻登闻嘉死，设坛哭之，赠太师，谥曰文。及苌死，苌子兴字子略方杀登，"略得"之谓也。嘉之死日，人有陇上见之。其所造《牵三歌谶》，事过皆验，累世犹传之。又著《拾遗录》十卷，其记事多诡怪，今行于世。

（《晋书》卷九十五《列传第六十五·艺术·王嘉》　　2496）

僧　涉

僧涉者，西域人也，不知何姓。少为沙门，苻坚时入长安。虚静服气，不食五谷，日能行五百里，言未然之事，验若指掌。能以秘祝下神龙，每旱，坚常使之咒龙请雨。俄而龙下钵中，天辄大雨，坚及群臣亲就钵观之。

卒于长安。后大旱移时，苻坚叹曰："涉公若在，岂忧此乎！"

（《晋书》卷九十五《列传第六十五·艺术·僧涉》 2497）

鸠摩罗什

鸠摩罗什，天竺人也。世为国相。父鸠摩罗炎，聪懿有大节，将嗣相位，乃辞避出家，东渡葱岭。龟兹王闻其名，郊迎之，请为国师。王有妹，年二十，才悟明敏，诸国交娉，并不许，及见炎，心欲当之，王乃逼以妻焉。既而罗什在胎，其母慧解倍常。及年七岁，母遂与俱出家。

罗什从师受经，日诵千偈，偈有三十二字，凡三万二千言，义亦自通。年十二，其母携到沙勒，国王甚重之，遂停沙勒一年。博览五明诸论及阴阳星算，莫不必尽，妙达吉凶，言若符契。为性率达，不拘小检，修行者颇共疑之。然罗什自得于心，未尝介意，专以大乘为化，诸学者皆共师焉。年二十，龟兹王迎之还国，广说诸经，四远学徒莫之能抗。

有顷，罗什母辞龟兹王往天竺，留罗什住，谓之曰："方等深教，不可思议，传之东土，惟尔之力。但于汝无利，其可如何？"什曰："必使大化流传，虽苦而无恨。"母至天竺，道成，进登第三果。西域诸国咸伏罗什神俊，每至讲说，诸王皆长跪坐侧，令罗什践而登焉。

苻坚闻之，密有迎罗什之意。会太史奏云："有星见外国分野，当有大智入辅中国。"坚曰："朕闻西域有鸠摩罗什，将非此邪？"乃遣骁骑将军吕光等率兵七万，西伐龟兹，谓光曰："若获罗什，即驰驿送之。"光军未至，罗什谓龟兹王白纯曰："国运衰矣，当有劲敌从日下来，宜恭承之，勿抗其锋。"纯不从，出兵距战，光遂破之，乃获罗什。光见其年齿尚少，以凡人戏之，强妻以龟兹王女，罗什距而不受，辞甚苦至。光曰："道士之操不踰先父，何所固辞？"乃饮以醇酒，同闭密室。罗什被逼，遂妻之。光还，中路置军于山下，将士已休，罗什曰："在此必狼狈，宜徙军陇上。"光不纳。至夜，果大雨，洪潦暴起，水深数丈，死者数千人，光密异之。

光欲留王西国，罗什谓光曰："此凶亡之地，不宜淹留，中路自有福地可居。"光还至凉州，闻苻坚已为姚苌所害，于是窃号河右。属姑臧大风，罗什曰："不祥之风当有奸叛，然不劳自定也。"俄而有叛者，寻皆殄灭。

沮渠蒙逊先推建康太守段业为主，光遣其子纂率众讨之。时论谓业等乌合，纂有威声，势必全克。光以访罗什，答曰："此行未见其利。"既而纂败于合黎，[一]俄又郭黁起兵，纂弃大军轻还，复为黁所败，仅以身免。

中书监张资病，光博营救疗。有外国道人罗叉，云能差资病。光喜，给赐甚重。罗什知叉诳诈，告资曰："叉不能为益，徒烦费耳。冥运虽隐，可以事试也。"乃以五色丝作绳结之，烧为灰末，投水中，灰若出水还成绳者，病不可愈。须臾，灰聚浮出，复为绳，叉疗果无效，少日资亡。

顷之，光死，纂立。有猪生子，一身三头。龙出东箱井中，于殿前蟠卧，比旦失之。纂以为美瑞，号其殿为龙翔殿。俄而有黑龙升于当阳九宫门，纂改九宫门为龙兴门。罗什曰："比日潜龙出游，豕妖表异，龙者阴类，出入有时，而今屡见，则为灾眚，必有下人谋上之变。宜克己修德，以答天戒。"纂不纳，后果为吕超所杀。

罗什之在凉州积年，吕光父子既不弘道，故蕴其深解，无所宣化。姚兴遣姚硕德西伐，破吕隆，乃迎罗什，待以国师之礼，仍使入西明阁及逍遥园，译出众经。罗什多所暗诵，无不究其义旨，既览旧经多有纰缪，于是兴使沙门僧叡、僧肇等八百余人传受其旨，更出经论，凡三百余卷。沙门慧叡才识高明，常随罗什传写，罗什每为慧叡论西方辞体，商略同异，云："天竺国俗甚重文制，其宫商体韵，以入管弦为善。凡觐国王，必有赞德，经中偈颂，皆其式也。"罗什雅好大乘，志在敷演，常叹曰："吾若着笔作大乘阿毗昙，非迦旃子比也。今深识者既寡，将何所论！"惟为姚兴著《实相论》二卷，兴奉之若神。

尝讲经于草堂寺，兴及朝臣、大德沙门千有余人肃容观听，罗什忽下高坐，谓兴曰："有二小儿登吾肩，欲鄣须妇人。"兴乃召宫女进之，一交而生二子焉。兴尝谓罗什曰："大师聪明超悟，天下莫二，何可使法种少嗣。"遂以伎女十人，逼令受之。尔后不住僧坊，别立解舍，诸僧多效之。什乃聚针盈钵，引诸僧谓之曰："若能见效食此者，乃可畜室耳。"因举匕进针，与常食不别，诸僧愧服乃止。

杯渡比丘在彭城，闻罗什在长安，乃叹曰："吾与此子戏，别三百余年，相见杳然未期，迟有遇于来生耳。"罗什未终少日，觉四大不悆，乃口出三番神咒，令外国弟子诵之以自救，未及致力，转觉危殆，于是力疾与众僧告别曰："因法相遇，殊未尽心，方复后世，恻怆可言。"死于长安。姚兴于逍遥园依外国法以火焚尸，薪灭形碎，惟舌不烂。

〔一〕合黎　《吕光载记》作"合离"。

（《晋书》卷九十五《列传第六十五·艺术·鸠摩罗什》　2499）

昙霍

沙门昙霍者，不知何许人也。秃发傉檀时从河南来，持一锡杖，令人跪曰："此是般若眼，奉之可以得道。"时人咸异之。或遗以衣服，受而投之于河，后日以还其本主，衣无所污。行步如风云，言人死生贵贱无毫厘之差。人或藏其锡杖，昙霍大哭数声，闭目须臾，起而取之，咸奇其神异，莫能测也。每谓傉檀曰："若能安坐无为，则天下可定，祚胤克昌。如其穷兵好杀，祸将及己。"傉檀不能从。

傉檀女病甚，请救疗，昙霍曰："人之生死自有定期，圣人亦不能转祸为福，昙霍安能延命邪！正可知早晚耳。"傉檀固请之。时后宫门闭，昙霍曰："急开后门，及开门则生，不及则死。"傉檀命开之，不及而死。后兵乱，不知所在也。

（《晋书》卷九十五《列传第六十五·艺术·昙霍》　2502）

马韩置别邑，名曰苏涂

马韩……又置别邑，名曰苏涂，立大木，悬铃鼓。其苏涂之义，有似西域浮屠也，而所行善恶有异。

（《晋书》卷九十七《列传第六十七·四夷·东夷·马韩》　2533）

龟兹城廓中有佛塔庙千所

龟兹国西去洛阳八千二百八十里，俗有城郭，其城三重，中有佛塔庙千所。人以田种畜牧为业，男女皆翦发垂项。王宫壮丽，焕若神居。

（《晋书》卷九十七《列传第六十七·四夷·西戎·龟兹国》　2543）

佛图澄

刘曜败季龙于高候，遂围洛阳……佛图澄亦谓勒曰："大军若出，必擒刘曜。"勒尤悦，使内外戒严，有谏者斩。

（《晋书》卷一百五《载记第五·石勒下》　2744）

邺西山石间血流出，长十余步，广二尺余。太武殿画古贤悉变为胡，旬余，头悉缩入肩中。季龙大恶之，佛图澄对之流涕。

（《晋书》卷一百六《载记第六·石季龙上》　2773）

宿于佛精舍

时沙门吴进言于季龙曰："胡运将衰，晋当复兴，宜苦役晋人以厌其气。"季龙于是使尚书张群发近郡男女十六万，车十万乘，运土筑华林苑及长墙于邺北，广长数十里……［石］韬燕其僚属于东明观，乐奏，酒酣，愀然长叹曰："人居世无常，别易会难。各付一杯，开意为吾饮，令必醉。知后会复何期而不饮乎！"因泫然流涕，左右莫不歔欷，因宿于佛精舍……等缘猕猴梯而入，杀韬，置其刀箭而去。

（《晋书》卷一百七《载记第七·石季龙下》　2782）

龙翔佛寺

时有黑龙白龙各一，见于龙山，［慕容］皝亲率群僚观之，去龙二百余步，祭以太牢。二龙交首嬉翔，解角而去。皝大悦，还宫，赦其境内，号新宫曰和龙，立龙翔佛寺于山上。

（《晋书》卷一百九《载记第九·慕容皝》　2825）

权　翼

［苻坚］游于东苑，命沙门道安同辇。权翼谏曰："臣闻天子法驾，侍中陪乘，清道而行，进止有度。三代末主，或亏大伦，适一时之情，书恶来世。故班姬辞辇，垂美无穷。道安毁形贱士，不宜参秽神舆。"坚作色曰："安公道冥至境，德为时尊，朕举天下之重，未足以易之。非公与辇之荣，此乃朕之显也。"命翼扶安升辇，顾谓安曰："朕将与公南游吴越，整六师而巡狩，谒虞陵于疑岭，瞻禹穴于会稽，泛长江，临沧海，不亦乐乎！"安曰："陛下应天御世，居中土而制四维，逍遥顺时，以适圣躬，动则鸣銮清道，止则神栖无为，端拱而化，与尧舜比隆，何为劳身于驰骑，口倦于经略，栉风沐雨，蒙尘野次乎？且东南区区，地下气疠，虞舜游而不返，大禹适而弗归，何足以上劳神驾，下困苍生。《诗》云：'惠此中国，以绥四方。'苟文德足以怀远，可不烦寸兵而坐宾百越。"坚曰："非为地不广、人不足也，但思混一六合，以济苍生。天生蒸庶，树之君者，所以除烦去乱，安得惮劳！朕既大运所钟，将简天心以行天罚。高辛有熊泉之役，唐尧有丹水之师，此

皆著之前典，昭之后王。诚如公言，帝王无省方之文乎？且朕此行也，以义举耳，使流度衣冠之胄，还其墟坟，复其桑梓，止为济难铨才，不欲穷兵极武。"安曰："若銮驾必欲亲动，犹不愿远涉江淮，可暂幸洛阳，明授胜略，驰纸檄于丹杨，开其改迷之路。如其不庭，伐之可也。"坚不纳。先是，群臣以坚信重道安，谓安曰："主上欲有事于东南，公何不为苍生致一言也！"故安因此而谏……坚南游灞上，从容谓群臣曰："轩辕，大圣也，其仁若天，其智若神，犹随不顺者从而征之，居无常所，以兵为卫，故能日月所照，风雨所至，莫不率从。今天下垂平，惟东南未殄。朕忝荷大业，巨责攸归，岂敢优游卒岁，不建大同之业！每思桓温之寇也，江东不可不灭。今有劲卒百万，文武如林，鼓行而摧遗晋，若商风之陨秋箨。朝廷内外，皆言不可，吾实未解所由。晋武若信朝士之言而不征吴者，天下何由一轨！吾计决矣，不复与诸卿议也。"太子宏进曰："吴今得岁，不可伐也。且晋主无罪，人为之用；谢安、桓冲兄弟皆一方之俊才，君臣勠力，阻险长江，未可图也。但可厉兵积粟，以待暴主，一举而灭之。今若动而无功，则威名损于外，资财竭于内。是故圣王之行师也，内断必诚，然后用之。彼若凭长江以固守，徙江北百姓于江南，增城清野，杜门不战，我已疲矣。彼未引弓，士卒气疠，不可久留，陛下将若之何？"坚曰："往年车骑灭燕，亦犯岁而捷之。天道幽远，非汝所知也。昔始皇之灭六国，其王岂皆暴乎？且吾内断于心久矣，举必克之，何为无功！吾方命蛮夷以攻其内，精甲劲兵以攻其外，内外如此，安有不克！"道安曰："太子之言是也，愿陛下纳之。"坚弗从……〔姚〕苌又遣尹纬说坚，求为尧舜禅代之事。坚责纬曰："禅代者，圣贤之事。姚苌叛贼，奈何拟之古人！"坚既不许苌以禅代，骂而求死，苌乃缢坚于新平佛寺中，时年四十八。中山公诜及张夫人并自杀。是岁，太元十年也……初，坚强盛之时，国有童谣云："河水清复清，苻诏死新城。"坚闻而恶之，每征伐，戒军候云："地有名新者避之。"时又童谣云："阿坚连牵三十年，若后欲败当在江淮间。"坚在位二十七年，〔一〕因寿春之败，其国大乱，后二年，竟死于新平佛寺，咸应谣言矣。

〔一〕坚在位二十七年　坚于升平元年六月杀苻生而自立，至太元十年乃二十九年。"七"字当讹。

苻　融

〔苻〕坚僭号，拜侍中，寻除中军将军。〔苻〕融聪辩明慧，下笔成章，至于谈玄论道，虽道安无以出之。耳闻则诵，过目不忘，时人拟之王粲。尝著《浮图赋》，壮丽清赡，世咸珍之。未有升高不赋，临丧不诔，朱彤、赵整等推其妙速。

（《晋书》卷一百十四《载记第第十四·苻坚下》　2934）

释法汰

沙门释法汰问〔苻〕朗曰："见王吏部兄弟未？"朗曰："吏部为谁？非人面而狗心、狗面而人心兄弟者乎？"〔一〕王忱丑而才慧，国宝美貌而才劣于弟，故朗云然。汰怅然自失。其忤物侮人，皆此类也。

〔一〕非人面而狗心、狗面而人心兄弟者乎　各本无"兄弟"二字，宋本有。《册府》九四四、《通志》一八九并有此二字，今从宋本。

（《晋书》卷一百十四《载记第第十四·苻坚下》　2936）

鸠摩罗什

〔姚〕兴如逍遥园，引诸沙门于澄玄堂听鸠摩罗什演说佛经。罗什通辩夏言，寻览旧经，多有乖谬，不与胡本相应。兴与罗什及沙门僧略、僧迁、道树、僧叡、道坦、僧肇、昙顺等八百余人，〔一〕更出大品，罗什持胡本，兴执旧经，以相考校，其新文异旧者皆会于理义。续出诸经并诸论三百余卷。今之新经皆罗什所译。兴既托意于佛道，公卿已下莫不钦附，沙门自远而至者五千余人。起浮图于永贵里，立波若台于中宫，沙门坐禅者恒有千数。州郡化之，事佛者十室而九矣。

〔一〕兴与罗什及沙门僧略、僧迁、道树、僧叡、道坦、僧肇、昙顺等八百余人　校文：僧迁、僧叡、僧肇、昙顺俱见梁沙门慧皎《高僧传》，而僧略、道坦、道树无其名。考《鸠摩罗什传》言兴使沙门僧䂮、僧迁、法钦、道流、道恒、道标、僧肇等八百人咨受什旨云云，乃知僧略、道树、道坦实僧䂮、道标、道恒之讹，皆形近致误也。僧䂮为姚兴国内僧主，《高僧传》中有专传。标与恒同什译经事，亦具《道恒传》中，均可互证《载记》字形之讹。

（《晋书》卷一百十七《载记第十七·姚兴上》　2984）

佛神去之，胡必亡矣

[吕光] 又进攻龟兹城，夜梦金象飞越城外。光曰："此谓佛神去之，胡必亡矣。"

（《晋书》卷一百二十二《载记第二十二·吕光》 3055）

吕纂与罗什弈棋

道士句摩罗耆婆言于纂曰："潜龙屡出，豕犬见妖，将有下人谋上之祸，宜增修德政，以答天戒。"纂纳之。耆婆，即罗什之别名也……初，纂尝与鸠摩罗什棊，杀罗什子，曰："斫胡奴头。"罗什曰："不斫胡奴头，胡奴斫人头。"超小字胡奴，竟以杀纂。纂在位三年，以元兴元年死。〔一〕

〔一〕纂在位三年以元兴元年死　周校：《安帝纪》，纂死在隆安五年。按：《通鉴》一一二同纪，纂改元咸宁在隆安三年，在位三年正是隆安五年。《载记》既误纂即位改元在隆安四年，故其死亦误后一年。

（《晋书》卷一百二十二《载记第二十二·吕纂》 3067）

支昙猛

[慕容垂] 遣其太子宝及农与慕容麟等率众八万伐魏，慕容德、慕容绍以步骑一万八千为宝后继。魏闻宝将至，徙往河西。宝进师临河，惧不敢济。还次参合，忽有大风黑气，状若堤防，或高或下，临覆军上。沙门支昙猛言于宝曰："风气暴迅，魏军将至之候，宜遣兵御之。"宝笑而不纳。昙猛固以为言，乃遣麟率骑三万为后殿，以御非常。麟以昙猛言为虚，纵骑游猎。俄而黄雾四塞，日月晦冥，是夜魏师大至，三军奔溃，宝与德等数千骑奔免，士众还者十一二，绍死之。

（《晋书》卷一百二十三《载记第二十三·慕容垂》 3089）

慕容熙

苻氏死，[慕容] 熙悲号躃踊，若丧考妣，拥其尸而抚之曰："体已就冷，命遂断矣！"于是僵仆气绝，久而乃苏。大敛既讫，复启其棺而与交接。服斩缞，食粥。制百僚于宫内哭临，令沙门素服。

（《晋书》卷一百二十四《载记第二十四·慕容熙》 3106）

宋 书

刘昱往青园尼寺

　　[刘]昱乘露车，从二百许人，无复卤簿羽仪，往青园尼寺，晚至新安寺就昙度道人饮酒。

（《宋书》卷九《本纪第九·后废帝》　189）

刘义庆

　　[刘义庆]为性简素，寡嗜欲，爱好文义，才词虽不多，然足为宗室之表。受任历藩，无浮淫之过，唯晚节奉养沙门，颇致费损。少善骑乘，及长以世路艰难，不复跨马。招聚文学之士，近远必至。

（《宋书》卷五十一《列传第十一·宗室·长沙景王道怜》　1477）

郗景兴经始精舍

　　唐嶷入太平水路，上有瀑布数百丈。漫石在唐嶷下，郗景兴经始精舍，亦是名山之流。崞、嵊与分界，去山八十里，故曰远南。前岭鸟道，正当五十里高，左右所无，就下地形高，乃当不称。远望鳌山甚奇，谓白烁尖者最高，下有良田，王敬弘经始精舍。昙济道人住孟山，名曰孟埭，芋薯之畴田……敬承圣诰，恭窥前经。山野昭旷，聚落膻腥。故大慈之弘誓，拯群物之沦倾。岂寓地而空言，必有贷以善成。钦鹿野之华苑，羡灵鹫之名山。企坚固之贞林，希庵罗之芳园。虽缞容之缅邈，谓哀音之恒存。建招提于幽峰，冀振锡之息肩。庶镫王之赠席，想香积之惠餐。事在微而思通，理匪绝而可温。贾谊《吊屈》云："恭承嘉惠。"敬承，亦此之流。聚落是墟邑，谓歌哭诤讼，有诸喧哗，不及山野为僧居止也。经教欲令在山中，皆有成文。老子云："善贷且善成。"此道惠物也。鹿苑，说《四真谛》处。灵鹫山，说《般若》《法华》处。坚固林，说泥洹处。庵罗园，说不思议处。今旁林蓺园制苑，仿佛在昔，依然托想，虽缞容缅邈，哀音若存也。招提，谓僧不能常住者，可持作坐处也。所谓息肩。镫王、香积，事出《维摩经》。《论语》云："温故知新。"理既不绝，更宜复温，则可待为已之日用也。〔一〕

〔一〕则可待为已之日用也　"待"万历本《谢康乐集》作"恃"。

（《宋书》卷六十七《列传第二十七·谢灵运》　1759）

安居二时，冬夏三月

安居二时，冬夏三月。远僧有来，近众无阙。法鼓朗响，颂偈清发。散华霏蕤，流香飞越。析旷劫之微言，说像法之遗旨。乘此心之一豪，济彼生之万理。启善趣于南倡，归清畅于北机。非独惬于予情，谅金感于君子……众僧冬夏二时坐，谓之安居，辄九十日。众远近聚萃，法鼓、颂偈、华、香四种，是斋讲之事。析说是斋讲之议。乘此之心，可济彼之生。南倡者都讲，北机者法师。山中静寂，实是讲说之处。兼有林木，可随寒暑，恒得清和，以为适也。

（《宋书》卷六十七《列传第二十七·谢灵运》　1769）

孟　顗

太守孟顗事佛精恳，而为〔谢〕灵运所轻，尝谓顗曰："得道应须慧业文人，〔一〕生天当在灵运前，成佛必在灵运后。"顗深恨此言。

〔一〕得道应须慧业文人　《御览》六六引同《宋书》，《南史》、《御览》四九八、六五四引"文人"作"丈人"。盖《南史》慧业句绝，丈人以称孟顗，文义自较《宋书》为胜。然慧业文人之语，已多见古人引用，故今因仍不改。

（《宋书》卷六十七《列传第二十七·谢灵运》　1775）

法　略

有法略道人，先为义康所供养，粗被知待，又有王国寺法静尼亦出入义康家内，皆感激旧恩，规相拯拔，并与〔孔〕熙先往来。使法略罢道，本姓孙，改名景玄，以为臧质宁远参军。熙先善于治病，兼能诊脉。法静尼妹夫许耀，领队在台，宿卫殿省。尝有病，因法静尼就熙先乞治，为合汤一剂，耀疾即损。耀自往酬谢，因成周旋。熙先以耀胆干可施，深相待结，因告逆谋，耀许为内应。豫章胡遵世，藩之子也，与法略甚款，亦密相酬和。法静尼南上，熙先遣婢采藻随之，付以笺书，陈说图谶。法静还，义康饷熙先铜匕、铜镊、袍段，綦奁等物。熙先虑事泄，酖采藻杀之。湛之又谓〔范〕晔等："臧质见与异常，岁内当还，已报质，悉携门生义故，其亦当解人此旨，故应得健儿数百。质与萧思话款密，当仗要之，二人并受大将军眷遇，必无异同。思话三州义故众力，亦不减质。郡中文武，及合诸处侦逻，亦当不减千人。不忧兵力不足，但当勿失机耳。"乃略相署置，湛之为抚军将军、扬州刺史，晔中军将军、南徐州刺史，熙先左卫将军，其余皆有选拟。凡素所不善及不附义康者，又有别簿，并入死目……［范晔］撰《和香方》，其序之曰……此序所言，悉以比类朝士："麝本多忌"，比庾炳之……"甘松、苏合"，比慧琳道人；"沈实易和"，以自比也。

（《宋书》卷六十九《列传第二十九·范晔》　1822）

徐湛之

广陵城旧有高楼，［徐］湛之更加修整，南望钟山。城北有陂泽，水物丰盛。湛之更起风亭、月观，吹台、琴室，果竹繁茂，花药成行，招集文士，尽游玩之适，一时之盛也。时有沙门释惠休，善属文，辞采绮艳，湛之与之甚厚。世祖命使还俗。本姓汤，位至扬州从事史。

（《宋书》卷七十一《列传第三十一·徐湛之》　1847）

释慧琳

时沙门释慧琳，以才学为太祖所赏爱，每召见，常升独榻，延之甚疾焉。因醉白上曰："昔同子参乘，袁丝正色。此三台之坐，岂可使刑余居之。"上变色。

（《宋书》卷七十三《列传第三十三·颜延之》　1902）

释僧含

初，沙门释僧含粗有学义，谓［颜］竣曰："贫道粗见谶记，当有真人应符，名称次第，属在殿下。"竣在彭城尝向亲人叙之，言遂宣布，闻于太祖。时元凶巫蛊事已发，故上不加推治。

（《宋书》卷七十五《列传第三十五·颜竣》　1959）

诵《观音经》千遍则免杀

初，［王］玄谟始将见杀，梦人告曰："诵《观音经》千遍，则免。"既觉，诵之得千遍，明日将刑，诵之不辍，忽传呼停刑。遣代守碻磝。

（《宋书》卷七十六《列传第三十六·王玄谟》　1974）

瓦官寺

经日，乃水陆出军，劭自登朱雀门督战。军至瓦官寺，与义军游逻相逢，游逻退走，贼遂薄垒。

（《宋书》卷七十七《列传第三十七·柳元景》 1987）

释氏流教，其来有源

自释氏流教，其来有源，渊检精测，固非深矣。舒引容润，既亦广矣。然习慧者日替其修，束诚者月繁其过，遂至縻散锦帛，侈饰车从。复假精医术，[一]托杂卜数，延姝满室，[二]置酒浃堂，寄夫托妻者不无，杀子乞儿者继有。而犹倚灵假像，背亲傲君，欺费疾老，震损宫邑，是乃外刑之所不容戮，内教之所不悔罪，而横天地之间，莫之纠察。人不得然，岂其鬼欤。今宜申严佛律，裨重国令，其疵恶显著者，悉皆罢遣，余则随其藐行，[三]各为之条，使禅义经诵，人能其一，食不过蔬，衣不出布。若应更度者，则令先习义行，本其神心，必能草腐人天，竦精以往者，虽侯王家子，亦不宜拘。

〔一〕复假精医术　"精"各本并作"粗"，据《元龟》五二九改。

〔二〕延姝满室　"姝"各本并作"妹"，据严可均辑《全宋文》改。

〔三〕余则随其藐行　"余"各本并作"除"，据《广弘明集》、《元龟》五二九改。

（《宋书》卷八十二《列传第四十二·周朗》 2100）

萧惠开为父起四寺

［萧惠开］丁父艰，居丧有孝性，家素事佛，凡为父起四寺，南岸南冈下，名曰禅冈寺，曲阿旧乡宅，名曰禅乡寺，京口墓亭，名曰禅亭寺，所封封阳县，名曰禅封寺。谓国僚曰："封秩盖鲜，而兄弟甚多，若使全关一人，则在我让。若使人人等分，又事可悲耻。寺众既立，自宜悉供僧众。"由此国秩不复下均……惠开素刚，至是益不得志，寺内所住斋前，有向种花草甚美，惠开悉划除，列种白杨树。每谓人曰："人生不得行胸怀，虽寿百岁，犹为夭也。"

（《宋书》卷八十七《列传第四十七·萧惠开》 2200）

戴颙与戴逵

衡阳王义季镇京口，长史张邵与［戴］颙姻通，迎来止黄鹄山。山北有竹林精舍，林涧甚美，颙憩于此涧，义季亟从之游，颙服其野服，不改常度。为义季鼓琴，并新声变曲，其三调《游弦》《广陵》《止息》之流，皆与世异……自汉世始有佛像，形制未工，［戴］逵特善其事，颙亦参焉。宋世子铸丈六铜像于瓦官寺，既成，面恨瘦，工人不能治，乃迎颙看之。颙曰："非面瘦，乃臂胛肥耳。"既错减臂胛，瘦患即除，无不叹服焉。

（《宋书》卷九十三《列传第五十三·隐逸·戴颙》　2277）

宗　炳

［宗炳］妙善琴书，精于言理，每游山水，往辄忘归。征西长史王敬弘每从之，未尝不弥日也。乃下入庐山，就释慧远考寻文义……［炳］妻罗氏，亦有高情，与炳协趣。罗氏没，炳哀之过甚，既而辍哭寻理，悲情顿释。谓沙门释慧坚曰："死生之分，未易可达，三复至教，方能遣哀。"……好山水，爱远游，西陟荆、巫，南登衡岳，因而结宇衡山，欲怀尚平之志。〔一〕有疾还江陵，叹曰："老疾俱至，名山恐难遍睹，唯当澄怀观道，卧以游之。"凡所游履，皆图之于室，谓人曰："抚琴动操，欲令众山皆响。"……元嘉二十年，炳卒，时年六十九。衡阳王义季与司徒江夏王义恭书曰："宗居士不救所病，其清履肥素，终始可嘉，为之恻怆，不能已已。"

〔一〕欲怀尚平之志　"尚平"即《后汉书·逸民传》之向子平。嵇叔夜《与山巨源绝交书》："吾每读《尚子平》、《台孝威传》，慨然慕之，想其为人。"《文选》李善注引《英雄记》："尚子平有道术，为县功曹，休归，自入山担薪，卖以供食饮。"谢灵运《山居赋》云："惭尚子之晚研。"本注云："尚平未能去累，故曰晚研。"《文选》谢灵运《初去郡诗》："毕娶类尚子，薄游似邴生。"李善注引嵇康《高士传》："尚长字子平，河内人。隐避不仕，为子嫁娶毕，敕家事断之，勿复相关，当如我死矣。"皆作"尚"，不作"向"。

（《宋书》卷九十三《列传第五十三·隐逸·宗炳》　2278）

周续之

周续之字道祖，雁门广武人也……既而闲居读《老》《易》，入庐山事沙门释慧远。时彭城刘遗民遁迹庐山，陶渊明亦不应征命，谓之寻阳三隐。以为身不可遣，余累宜绝，遂终身不娶妻，布衣蔬食……高祖之北讨，世子居守，迎续之馆于安乐寺，延入讲《礼》，月余，复还山。

（《宋书》卷九十三《列传第五十三·隐逸·周续之》　2280）

孔淳之

孔淳之字彦深，鲁郡鲁人也……淳之少有高尚，爱好坟籍，为太原王恭所称。居会稽剡县，性好山水，每有所游，必穷其幽峻，或旬日忘归。尝游山，遇沙门释法崇，因留共止，遂停三载。法崇叹曰："缅想人外，三十年矣，今乃倾盖于兹，不觉老之将至也。"及淳之还反，不告以姓。

（《宋书》卷九十三《列传第五十三·隐逸·孔淳之》 2283）

沈道虔

［沈］道虔常无食，无以立学徒。武康令孔欣之厚相资给，受业者咸得有成。太祖闻之，遣使存问，赐钱三万，米二百斛，悉以嫁娶孤兄子。征员外散骑侍郎，不就。累世事佛，推父祖旧宅为寺。至四月八日，每请像。请像之日，辄举家感恸焉。道虔年老，菜食，恒无经日之资，而琴书为乐，孜孜不倦。太祖敕郡县令随时资给。元嘉二十六年，卒，时年八十二。

（《宋书》卷九十三《列传第五十三·隐逸·沈道虔》 2292）

雷次宗

雷次宗字仲伦，豫章南昌人也。少入庐山，事沙门释慧远，笃志好学，尤明《三礼》《毛诗》，隐退不交世务。本州辟从事，员外散骑侍郎征，并不就。与子侄书以言所守，曰："……［吾］暨于弱冠，遂托业庐山，逮事释和尚。于时师友渊源，务训弘道，外慕等夷，内怀俳发，于是洗气神明，玩心坟典，勉志勤躬，夜以继日……"

（《宋书》卷九十三《列传第五十三·隐逸·雷次宗》 2292）

国王月爱遣使奉表

天竺迦毗黎国，元嘉五年，国王月爱遣使奉表曰：

伏闻彼国，据江傍海，山川周固，众妙悉备，庄严清净，犹如化城，宫殿庄严，街巷平坦，人民充满，欢娱安乐。圣王出游，四海随从，圣明仁爱，不害众生，万邦归仰，国富如海。国中众生，奉顺正法，大王仁圣，化之以道，慈施群生，无所遗惜。帝修净戒，轨道不及，无上法船，济诸沈溺，群僚百官，受乐无怨，诸天拥护，万神侍卫，天魔降伏，莫不归化。王身端严，如日初出，仁泽普润，犹如大云，圣贤承业，如日月天，于彼真丹，最为殊胜。

臣之所住，名迦毗河，东际于海，其城四边，悉紫绀石，首罗天护，令国安隐。国王相承，未尝断绝，国中人民，率皆修善，诸国来集，共遵道法，诸寺舍子，皆七宝形像，众妙供具，如先王法。臣自修检，不犯道禁，臣名月爱，弃世王种。

惟愿大王圣体和善，群臣百官，悉自安隐。今以此国群臣吏民，山川珍宝，一切归属，五体归诚大王足下。山海遐隔，无由朝觐，宗仰之至，遣使下承。使主父名天魔悉达，使主名尼陁达，此人由来良善忠信，是故今遣奉使表诚。大王若有所须，珍奇异物，悉当奉送，此之境土，便是王国，王之法令，治国善道，悉当承用。愿二国信使往来不绝，此反使还，愿赐一使，具宣圣命，备敕所宜。款至之诚，望不空反，所白如是，愿加哀愍。

奉献金刚指环、摩勒金环诸宝物、赤白鹦鹉各一头。太宗泰始二年，又遣使贡献，以其使主竺扶大、竺阿弥并为建威将军。

元嘉十八年，苏摩黎国王那邻那罗跋摩遣使献方物。世祖孝建二年，斤陁利国王释婆罗那邻陁遣长史竺留陁及多献金银宝器。后废帝元徽元年，婆黎国遣使贡献。凡此诸国，皆事佛道。

佛道自后汉明帝，法始东流，自此以来，其教稍广，自帝王至于民庶，莫不归心，经诰充积，训义深远，别为一家之学焉。元嘉十二年，丹阳尹萧摹之奏曰："佛化被于中国，已历四代，形像塔寺，所在千数，进可以系心，[一] 退足以招劝。而自顷以来，情敬浮末，不以精诚为至，更以奢竞为重。旧宇颓弛，曾莫之修，而各务造新，以相姱尚。甲第显宅，于兹殆尽，材竹铜彩，糜损无极，无关神祇，有累人事。建中越制，宜加裁检，不为之防，流遁未息。[二] 请自今以后，有欲铸铜像者，悉诣台自闻；兴造塔寺精舍，皆先诣在所二千石通辞，郡依事列言本州；须许报，然后就功。其有辄造寺舍者，皆依不承用诏书律，铜宅林苑，悉没入官。"诏可。又沙汰沙门，罢道者数百人。

世祖大明二年，有昙标道人与羌人高阇谋反，上因是下诏曰："佛法讹替，沙门混杂，未足扶济鸿教，而专成逋薮。加奸心频发，凶状屡闻，败乱风俗，人神交怨。可付所在，精加沙汰，后有违犯，严加诛坐。"于是设诸条禁，自非戒行精苦，并使还俗。而诸寺尼出入宫掖，交关妃后，此制竟不能行。

先是晋世庾冰始创议，俗使沙门敬王者，后桓玄复述其义，并不果行。大明六年，世祖使有司奏曰："臣闻邃宇崇居，非期宏峻，拳跪槃伏，非止敬恭，将以施张四维，缔制八宇。故虽儒法枝派，名墨条分，至于崇亲严上，厥繇靡爽。唯浮图为教，迸自龙堆，反经提传，训遐事远，练生莹识，恒俗称难，宗旨缅谢，微言沦隔，拘文蔽道，在末弥扇。遂乃陵越典度，偃倨尊戚，失随方之眇迹，迷制化之渊义。夫佛法以谦俭自牧，忠虔为道，不轻比丘，遭人斯拜，〔三〕目连桑门，遇长则礼，宁有屈膝四辈，而简礼二亲，〔四〕稽颡耆腊，而直体万乘者哉。故咸康创议，元兴载述，而事屈偏党，道挫余分。今鸿源遥洗，群流仰镜，九仙贶宝，百神耸职，而畿辇之内，舍弗臣之氓，陛席之间，延抗礼之客，惧非所以澄一风范，详示景则者也。臣等参议，以为沙门接见，比当尽虔礼敬之容，依其本俗，则朝徽有序，乘方兼遂矣。"诏可。前废帝初，复旧。

世祖宠姬殷贵妃薨，为之立寺，贵妃子子鸾封新安王，故以新安为寺号。前废帝杀子鸾，乃毁废新安寺，驱斥僧徒，寻又毁中兴、天宝诸寺。太宗定乱，下令曰："先帝建中兴及新安诸寺，所以长世垂范，弘宣盛化。顷遇昏虐，法像残毁，师徒奔进，甚以矜怀。妙训渊谟，有扶名教。可招集旧僧，普各还本，并使材官，随宜修复。"

宋世名僧有道生。道生，彭城人也。父为广戚令。〔五〕生出家为沙门法大弟子。幼而聪悟，年十五，便能讲经。及长有异解，立顿悟义，时人推服之。元嘉十一年，卒于庐山。沙门慧琳为之诔。

慧琳者，秦郡秦县人，姓刘氏。少出家，住冶城寺，有才章，兼外内之学，为卢陵王义真所知。尝著《均善论》，其词曰：

有白学先生，以为中国圣人，经纶百世，其德弘矣，智周万变，天人之理尽矣，道无隐旨，教罔遗筌，聪叡迪哲，何负于殊论哉。有黑学道士陋之，谓不照幽冥之途，弗及来生之化，虽尚虚心，未能虚事，不逮西域之深也。于是白学访其所以不逮云尔。

白曰："释氏所论之空，与老氏所言之空，无同异乎？"黑曰："异。释氏即物为空，空物为一。老氏有无两行，空有为异。安得同乎。"白曰："释氏空物，物信空邪？"黑曰："然。空又空，不翅于空矣。"白曰："三仪灵长于宇宙，万品盈生于天地，孰是空哉？"黑曰："空其自性之有，不害因假之体也。今构群材以成大厦，罔专寝之实，积一豪以致合抱，无檀木之体，有生莫俄顷之留，泰山蔑累息之固，兴灭无常，因缘无主，所空在于性理，所难据于事用，吾以为误矣。"白曰："所言实相，空者其如是乎？"黑曰："然。"白曰："浮变之理，交于目前，视听者之所同了邪？解之以登道场，重之以轻异学，诚未见其渊深。"黑曰："斯理若近，求之实远。夫情之所重者虚，事之可重者实。今虚其真实，离其浮伪，爱欲之惑，不得不去。爱去而道场不登者，吾不知所以相晓也。"白曰："今析豪空树，无□垂荫之茂，离材虚室，不损轮奂之美，明无常增其愒荫之情，陈若偏笃其竞辰之虑。贝锦以繁采发辉，和羹以盐梅致旨，齐侯追爽鸠之乐，燕王无延年之术，恐和合之辩，危脆之教，正足恋其嗜好之欲，无以倾其爱竞之惑也。"黑曰："斯固理绝于诸华，坟素莫之及也。"白曰："山高累卑之辞，川树积小之咏，舟壑火传之谈，坚白唐肆之论，盖盈于中国矣，非理之奥，故不举以为教本耳。子固以遗情遗累，虚心为道，而据事剖析者，更由指掌之间乎。"黑曰："周、孔为教，正及一世，不见来生无穷之缘，积善不过子孙之庆，累恶不过余殃之罚，报效止于荣禄，诛责极于穷贱，视听之外，冥然不知，良可悲矣。释迦关无穷之业，拔重关之险，陶方寸之虑，宇宙不足盈其明，设一慈之救，群生不足胜其化，叙地狱则民惧其罪，敷天堂则物欢其福，指泥洹以长归，乘法身以遐览，神变无不周，灵泽靡不覃，先觉翻翔于上世，后悟腾翥而不绍，坎井之局，何以识大方之家乎。"白曰："固能大其言矣，今效神光无径寸之明，验灵变罔纤介之异，勤诚者不睹善救之貌，笃学者弗克陵虚之实，徒称无量之寿，孰见期颐之叟，咨嗟金刚之固，安觌不朽之质。苟于事不符，宜寻立言之指，遗其所寄之说也。且要天堂以就善，曷若服义而蹈道，惧地狱以敕身，孰与从理以端心。礼拜以求免罪，不由祇肃之意，施一以徼百倍，弗乘无吝之情。美泥洹之乐，生耽逸之虑，赞法身之妙，肇好奇之心，近欲未弭，远利又兴，虽言菩萨无欲，群生固以有欲矣。甫救交敝之氓，永开利竞之俗，澄神反道，其可得乎。"黑曰："不然。若不示以来生之欲，何以权其当生之滞。物情不能顿至，故积渐以诱之。夺此俄顷，要彼无穷，若弗勤春稼，秋穑何期。端坐井底，而息意庶虑者，长沦于九泉之下矣。"白曰："异哉！何所务之乖也。道在无欲，而以有欲要之，北行求郢，西征索越，方长迷于幽都，永谬滞于昧谷。辽辽闽、楚，其可见乎。所谓积渐者，日损之谓也。当先遗其所轻，然后忘其所重，使利欲日去，淳白自生耳。岂得以少要多，以粗易妙，俯仰之间，非利不动，利之所荡，其有极哉。乃丹青眩媚彩之目，土木夸好壮之心，兴靡费之道，单九服之财，树无用之事，割群生之急，致营造之计，成私树之权，务劝化之业，结师党之势，苦节以要厉精之誉，护法以展陵竞之情，悲矣。夫道其安寄乎。是以周、孔敦俗，弗关视听之外，老、庄陶风，谨守性分而已。"黑曰："三游本于仁义，盗跖资于五善，圣迹之敝，岂有内外。且黄、老之家，符章之伪，水祝之诬，不可胜论。子安于彼，骇于此，玩于浊水，违于清渊耳。"白曰："有迹不能不敝，有术不能无伪，此乃圣人所以桎梏也。今所惜在作法于贪，遂以成俗，不正其敝，反以为高耳。至若淫妄之徒，世自近鄙，源流蔑然，固不足论。"黑曰："释氏之教，专救夷俗，便无取于诸华邪？"白曰："曷为其然。为则开端，宜怀属绪，爱物去杀，尚施周人，息心遗荣华之愿，大士布兼济之念，仁义玄一者，何以尚之。惜乎幽旨不亮，末流为累耳。"黑曰："子之论善殆同矣，便事尽于生乎？"白曰："幽冥之理，固不极于人事矣。周、孔疑而不辨，释迦辨而不实，将宜废其显晦之迹，存其所要之旨。请尝言之。夫道之以仁义者，服理以从化，帅之以劝戒者，循利而迁善。故甘辞兴于有欲，而灭于悟理，淡说行于天解，而息于贪伪。是以示来生者，蔽亏于道、释不得已，杜幽暗者，冥符于姬、孔闭其兑。由斯论之，言之者未必远，知之者未必得，不知者未必失，但知六度与五教并行，信顺与慈悲齐立耳。殊涂而同归者，不得守其发轮之辙也。"

论行于世。旧僧谓其贬黜释氏，欲加摈斥。太祖见论赏之，元嘉中，遂参权要，朝廷大事，皆与议焉。宾客辐凑，门车常有数十两，四方赠赂相系，势倾一时。注《孝经》及《庄子逍遥篇》、文论，传于世。

又有慧严、慧议道人，并住东安寺，学行精整，为道俗所推。时斗场寺多禅僧，京师为之语曰："斗场禅师窟，东安谈义林。"

世祖大明四年，于中兴寺设斋。有一异僧，众莫之识，问其名，答言名明慧，从天安寺来，忽然不见。天下无此寺名，乃改中兴曰天安寺。大明中，外国沙门摩诃衍苦节有精理，于京都多出新经，《胜鬘经》尤见重内学。

〔一〕进可以系心　　"系"各本并作"击"，据《元龟》六八九改。

〔二〕流遁未息　　"遁"各本并作"道"，据《通鉴》宋文帝元嘉十二年改。

〔三〕遭人斯拜　　"人"上各本并有"道"字，据《高僧传》删。

〔四〕而简礼二亲　　"礼"各本并作"体"，据《通鉴》改。

〔五〕父为广戚令　　"广戚"各本并作"广武"，据《南史》、《高僧传》改。

（《宋书》卷九十七《列传第五十七·夷蛮》　2384）

严道育

〔宋文帝〕上时务在本业，劝课耕桑，使宫内皆蚕，欲以讽励天下。有女巫严道育，本吴兴人，自言通灵，能役使鬼物。夫为劫，坐没入奚官。劭姊东阳公主应合婢王鹦鹉白公主云："道育通灵有异术。"主乃白上，托云善蚕，求召入，见许。道育既入，自言服食，主及劭并信惑之。始兴王浚素佞事劭，与劭并多过失，虑上知，使道育祈请，欲令过不上闻。道育辄云："自上天陈请，必不泄露。"劭等敬事，号曰天师。后遂为巫蛊，以玉人为上形像，埋于含章殿前……上惊愦，即遣收鹦鹉，封籍其家，得劭、浚书数百纸，皆咒诅巫蛊之言，得所埋上形像于宫内。道育叛亡，讨捕不得，上大怒，穷治其事，分遣中使入东诸郡搜讨，遂不获。上诘责劭、浚，劭、浚惶惧无辞，唯陈谢而已。道育变服为尼，逃匿东宫，浚往京口，又载以自随，或出止民张旿家。

江夏王义恭自盱眙还朝，上以巫蛊告之，曰："常见典籍有此，谓之书传空言，不意遂所亲睹。劭虽所行失道，未必便亡社稷，南面之日，非复我及汝事。汝儿子多，将来遇此不幸尔。"……其年二月，浚自京口入朝，当镇江陵，复载道育还东宫，欲将西上。有告上云："京口民张旿家有一尼，服食，出入征北内，似是严道育。"上初不信，试使掩录，得其二婢，云："道育随征北还都。"上谓劭、浚已当斥遣道育，而犹与往来，惆怅愤骇。乃使京口以船送道育二婢，须至检核，废劭，赐浚死，以语浚母潘淑妃，淑妃具以告浚。浚驰报劭，劭因是异谋，每夜辄缮将士，或亲自行酒，密与腹心队主陈叔儿、詹叔儿、斋帅张超之、任建之谋之。

　　道育婢将至，其月二十一日夜，诈上诏云："鲁秀谋反，汝可平明守阙，率众入。"因使超之等集素所畜养兵士二千余人，皆使被甲，召内外幢队主副，豫加部勒，云有所讨……劭即伪位……使改元为太初，劭素与道育所定……道育、鹦鹉并都街鞭杀，于石头四望山下焚其尸，扬灰于江。毁劭东宫所住斋，污潴其处。

　　　　　　　　（《宋书》卷九十九《列传第五十九·二凶》　　2424）

南齐书

赤城山见石桥瀑布

永明六年，赤城山云雾开朗，见石桥瀑布，从来所罕睹也。山道士朱僧标以闻，上遣主书董仲民案视，以为神瑞。太乐令郑义泰案孙兴公赋造天台山伎，作莓苔石桥道士扪翠屏之状，寻又省焉。

（《南齐书》卷十一《志第三·乐》　195）

玄　畅

益州齐后山，父老相传，其名亦不知所起。升明三年，有沙门玄畅于山丘立精舍，其日，太祖受禅日也。

（《南齐书》卷十八《志第十·祥瑞》　352）

惠藏送玺

〔永明二年〕十一月，虏国民齐祥归入灵丘关，闻殷然有声，仰视之，见山侧有紫气如云，众鸟回翔其间。祥往气所，获玺方寸四分，兽钮，文曰"坤维圣帝永昌"。送与虏太后师道人惠度，欲献虏主。惠度睹其文，窃谓"当今衣冠正朔，在于齐国"。遂附道人惠藏送京师，因羽林监崔士亮献之。

（《南齐书》卷十八《志第十·祥瑞》　363）

保林寺

永明八年四月六日，雷震，会稽山阴恒山保林寺刹上四破，电火烧塔，下佛面窗户不异也。

（《南齐书》卷十九《志第十一·五行》　379）

太子与竟陵王子良俱好释氏，多立楼观塔宇

太子与竟陵王子良俱好释氏，立六疾馆以养穷民。风韵甚和，[一]而性颇奢丽。宫内殿堂，皆雕饰精绮，过于上宫。开拓玄圃园，与台城北堑等。

其中楼观塔宇，多聚奇石，妙极山水。虑上宫望见，〔二〕乃傍门列修竹，内施高鄣，〔三〕造游墙数百间，〔四〕施诸机巧，宜须鄣蔽，须臾成立，若应毁（撤）〔撤〕，〔五〕应手迁徙。善制珍玩之物，织孔雀毛为裘，光彩金翠，过于雉头矣。〔六〕以晋明帝为太子时立西池，乃启世祖引前例，求东田起小苑，上许之。永明中，二宫兵力全实，太子使宫中将吏更番役筑，宫城苑巷，制度之盛，观者倾京师。上性虽严，多布耳目，太子所为，无敢启者。后上幸豫章王宅，还过太子东田，见其弥亘华远，壮丽极目，于是大怒，收监作主帅，太子惧，皆藏匿之，由是见责。

〔一〕风韵甚和　按"风"字上应有"太子"二字，文义乃足。《通鉴》有"太子"二字。

〔二〕虑上宫望见　"宫"字下南监本、局本有"中"字，《南史》同。

〔三〕内施高鄣　"内"《南史》作"外"。

〔四〕造游墙数百间　"墙"南监本、局本作"观"，《南史》同。按此谓以游墙作鄣蔽也。"墙"作"观"，或后人习见"游观"字，以意改之耳。

〔五〕若应毁（撤）〔撤〕　据殿本及《南史》改。

〔六〕过于雉头矣　《御览》六百九十四、九百二十四引"头"字下有"远"字，《南史》同。

（《南齐书》卷二十一《列传第二·文惠太子》　401）

萧 嶷

〔萧〕嶷临终，召子子廉、子恪曰："人生在世，本自非常，吾年已老，前路几何……后堂楼可安佛，供养外国二僧，余皆如旧。与汝游戏后堂船乘，吾所乘牛马，送二宫及司徒，服饰衣裘，悉为功德。"子廉等号泣奉行。

世祖哀痛特至，至冬乃举乐宴朝臣，上歔欷流涕。诸王邸不得起楼临瞰宫掖，上后登景阳，望见楼悲感，乃敕毁之。薨后，第库无见钱，世祖敕货杂物服饰得数百万，起集善寺，月给第见钱百万，至上崩乃省。

（《南齐书》卷二十二《列传第三·豫章文献王》　417）

释法智

〔永明〕十一年，建康莲华寺道人释法智与州民周盘龙等作乱，四百人夜攻州城西门，登梯上城，射杀城局参军唐颖，遂入城内。军主耿虎、徐思庆、董文定等拒战，至晓，〔王〕玄邈率百余人登城便门，奋击，生擒法智、盘龙等。玄邈坐免官。

（《南齐书》卷二十七《列传第八·王玄载》　　511）

萧子良

[建元] 五年，[萧子良] 正位司徒，给班剑二十人，侍中如故。移居鸡笼山邸，集学士抄《五经》、百家，依《皇览》例为《四部要略》千卷。招致名僧，讲语佛法，[一] 造经呗新声，道俗之盛，江左未有也……又与文惠太子同好释氏，甚相友悌。子良敬信尤笃，数于邸园营斋戒，大集朝臣众僧……九年，京邑大水，吴兴偏剧，子良开仓赈救，贫病不能立者于第北立廨收养，给衣及药……世祖不豫，诏子良甲仗入延昌殿侍医药。子良启进沙门于殿户前诵经，世祖为感梦见优昙钵华，子良按佛经宣旨使御府以铜为华，插御床四角。日夜在殿内，太孙间日入参承。[二]

〔一〕讲语佛法　　“语”南监本、局本作“论”。

〔二〕太孙间日入参承　　按南监本无“承”字。

（《南齐书》卷四十《列传第二十一·武十七王》　　698）

周　颙

[周] 颙音辞辩丽，出言不穷，宫商朱紫，发口成句。泛涉百家，长于佛理。著《三宗论》。立空假名，立不空假名。设不空假名难空假名，设空假名难不空假名。假名空难二宗，又立假名空。西凉州智林道人遗颙书曰：“此义旨趣似非始开，妙声中绝六七十载。贫道年二十时，便得此义，窃每欢喜，无与共之。年少见长安耆老，多云关中高胜乃旧有此义，当法集盛时，能深得斯趣者，本无多人。过江东略是无一。贫道捉麈尾来四十余年，东西讲说，谬重一时，余义颇见宗录，唯有此涂白黑无一人得者，为之发病。非意此音猥来入耳，始是真实行道第一功德。”其论见重如此。

……

每宾友会同，颙虚席晤语，辞韵如流，听者忘倦。兼善《老》《易》，与张融相遇，辄以玄言相滞，弥日不解。清贫寡欲，终日长蔬食，虽有妻子，独处山舍。卫将军王俭谓颙曰：“卿山中何所食？”颙曰：“赤米白盐，绿葵紫蓼。”文惠太子问颙：“菜食何味最胜？”颙曰：“春初早韭，秋末晚菘。”时何胤亦精信佛法，无妻妾。太子又问颙：“卿精进何如何胤？”颙曰：“三涂八难，共所未免。然各有其累。"太子曰："所累伊何？"对曰："周妻何肉。"其言辞应变，皆如此也。

……

胤兄点，亦遁节清信。颙与书，劝令菜食。曰："丈人之所以未极遐蹈，或在不近全菜邪？脱洒离析之讨，鼎俎纲罟之兴，载〔之简〕策，〔一〕其来实远。谁敢干议？观圣人之设膳修，仍复为之品节，盖以茹毛饮血，与生民共始，纵而勿裁，将无崖畔。善为士者，岂不以恕己为怀？是以各静封疆，罔相陵轶。〔二〕况乃变之大者，莫过死生；生之所重，无踰性命。性命之于彼极切，滋味之在我可赊，而终身朝晡，资之以永〔岁〕，〔三〕彼就冤残，莫能自列，〔四〕我业久长，吁哉可畏。且区区微卵，脆薄易矜，〔五〕喘彼弱麛，顾步宜愍。观其饮喙飞沈，〔六〕使人（物）怜悼，〔七〕况可心心扑褫，〔八〕加复恣忍吞嚼。〔九〕至乃野牧盛群，闭豢重圈，量肉揣毛，以俟枝剥，〔十〕如土委地，金谓常理，（百）〔可〕为怆息，〔十一〕事岂一涂。若云三世理诬，则幸矣良快，如使此道果然，而〔受〕形未息，〔十二〕则一往一来，一生一死，轮回是常事。〔十三〕杂报如家，人天如客，遇客日鲜，在家日多，吾侪信业，未足长免，则伤心之惨，行亦（息念）〔自及〕。〔十四〕丈人于血气之类，虽无身践，至于晨凫夜鲤，〔十五〕不能不取备屠门。财贝之〔一〕经盗手，〔十六〕犹为廉士所弃；生性之一启鸾刀，宁复慈心所忍。驺虞虽饥，非自死之草不食，闻其风岂不使人多愧。〔十七〕众生之禀此形质，以畜肌背，皆由其积壅痴迷，沈流莫反，报受秽浊，历苦酸长，此甘与肥，皆无明之报聚也。何至复引此滋腴，自污肠胃。丈人得此有素，聊复寸言发起耳。"

〔一〕载〔之简〕策 据《元龟》八百二十一补。

〔二〕罔相陵轶 "轶"《广弘明集》三十作"轹"。

〔三〕资之以永〔岁〕 据《广弘明集》补。按南监本、殿本、局本作"资之以味"，殆原脱"岁"字，后人以"资之以永"不可解，遂改"永"为"味"耳。

〔四〕莫能自列 "列"《广弘明集》作"伸"。

〔五〕脆薄易矜 "矜"各本作"矜"。按段注《说文》"矜"字作"矜"，云从矛令声。是矜有怜音，不必改作"矜"也。

〔六〕观其饮喙飞沈　　"飞沈"南监本、殿本及《元龟》八百二十一并作"飞行"。

〔七〕使人（物）怜悼　　据《元龟》《广弘明集》删。按南监本、殿本、局本作"人应怜悼"。

〔八〕况可心心扑襫　　"心心"《元龟》《广弘明集》作"甘心"。

〔九〕加复恣忍吞嚼　　"恣忍"《广弘明集》作"恣意"。

〔十〕以俟枝剥　　"俟"毛本、殿本作"挨"，按《元龟》《广弘明集》并作"俟"，作"挨"非。"枝"《元龟》《广弘明集》作"支"。按枝支通，枝剥犹言支解，殿本《考证》谓"枝"疑"披"，非。

〔十一〕（百）〔可〕为怆息　　据《元龟》《广弘明集》改。

〔十二〕而〔受〕形未息　　据《南史·何尚之传》孙胤附传及《广弘明集》补。

〔十三〕轮回是常事　　"轮回是"三字原阙，今据南监本、毛本、殿本、局本补。按《元龟》作"斯为常事"。《广弘明集》作"一往一来，生死常事"。

〔十四〕行亦（息念）〔自及〕　　据南监本、局本及《南史》《元龟》改。按《广弘明集》作"行亦自念"。

〔十五〕至于晨凫夜鲤　　"晨凫夜鲤"《广弘明集》作"升凫沈鲤"。

〔十六〕财贝之〔一〕经盗手　　据《广弘明集》补。

〔十七〕闻其风岂不使人多愧　　"风"字下南监本、殿本有"者"字。"愧"字下《广弘明集》有"耻"字。

（《南齐书》卷四十一《列传第二十二·周颙》　　731）

湘宫寺

〔齐明〕帝以故宅起湘宫寺，费极奢侈。以孝武庄严刹七层，帝欲起十层，不可立，分为两刹，各五层。新安太守巢（向）〔尚〕之罢郡还，〔一〕见帝，曰："卿至湘宫寺未？我起此寺，是大功德。"〔虞〕愿在侧曰："陛下起此寺，皆是百姓卖儿贴妇钱，佛若有知，当悲哭哀愍，罪高佛图，有何功德？"尚书令袁粲在坐，为之失色。帝乃怒，使人驱下殿，〔虞〕愿徐去无异容。以旧恩，少日中，已复召入。

〔一〕新安太守巢（向）〔尚〕之罢郡还　　据南监本、殿本、局本及《南史》、《元龟》二百十八、四百六十，《通鉴》宋明帝泰始七年改。

（《南齐书》卷五十三《列传第三十四良政·虞愿》　　916）

明僧绍

庆符罢任，〔明〕僧绍随归，住江乘摄山。太祖谓庆符曰："卿兄高尚其事，亦尧之外臣。朕虽不相接，有时通梦。"遗僧绍竹根如意，笋箨冠。僧绍闻沙门释僧远风德，往候定林寺，太祖欲出寺见之。僧远问僧绍曰："天子若来，居士若为相对？"僧绍曰："山薮之人，政当凿坏以遁，（苦）〔若〕辞不获命，[一]便当依戴公故事耳。"永明元年，世祖敕召僧绍，称疾不肯见。

〔一〕（苦）〔若〕辞不获命　据南监本、殿本、局本及《南史》改。

（《南齐书》卷五十四《列传第三十五·高逸·明僧绍》　927）

顾欢著《夷夏论》论佛、老

〔顾〕欢晚节服食，不与人通。每旦出户，山鸟集其掌取食。事黄老道，解阴阳书，为数术多効验。初元嘉末，出都寄住东府，忽题柱云："三十年二月二十一日。"因东归。后太初弑逆，果是此年月。自知将终，赋诗言志云："精气因天行，游魂随物化。"克死日，卒于剡山，身体柔软，时年六十四。还葬旧墓，木连理出墓侧，县令江山图表状。世祖诏欢诸子，撰欢《文议》三十卷。佛道二家，立教既异，学者相互非毁。[一]欢著《夷夏论》曰：

夫辨是与非，宜据圣典。寻二教之源，故两标经句。道经云："老子入关之天竺维卫国，国王夫人名曰净妙，老子因其昼寝，乘日精入净妙口中，后年四月八日夜半时，剖左腋而生，坠地即行七步，于是佛道兴焉。"此出《玄妙内篇》。佛经云："释迦成佛，有尘劫之数。"出《法华》《无量寿》。或"为国师道士，儒林之宗"。出《瑞应本起》。

欢论之曰：五帝、三皇，莫不有师。[二]国师道士，无过老、庄，儒林之宗，孰出周、孔。若孔、老非佛，[三]谁则当之。然二经所说，如合符契。道则佛也，佛则道也。其圣则符，其迹则反。或和光以明近；或曜灵以示远。道济天下，故无方而不入；智周万物，故无物而不为。其入不同，其为必异。各成其性，不易其事。是以端委搢绅，诸华之容，翦发旷衣，群夷之服。擎跽磬折，侯甸之恭；狐蹲狗踞，荒流之肃。棺殡椁葬，中夏之制；火焚水沈，西戎之俗。全形守礼，继善之教；毁貌易性，绝恶之学。岂伊同人，爰及异物。鸟王兽长，往往是佛，无穷世界，圣人代兴。或昭五典，或布三乘。在鸟而鸟鸣，在兽而兽吼。教华而华言，化夷而夷语耳。虽舟车均于致远，而有川陆之节，佛道齐乎达化，而有夷夏之别，若谓其致既均，其法可换者，而车可涉川，舟可行陆乎？今以中夏之性，效西戎之法，既不全同，又不全异。下（育）〔弃〕妻孥，[四]上废宗祀。[五]嗜欲之物，皆以礼伸；孝敬之典，独以法屈。悖礼犯顺，曾莫之觉。弱丧忘归，熟识其旧？且理之可贵者，道也；事之可贱者，俗也。舍华效夷，义将安取？若以道邪？道固符合矣。若以俗邪？俗则大乖矣。

屡见刻舷沙门，守株道士，交净小大，[六]互相弹射。或域道以为两，或混俗以为一。是牵异以为同，破同以为异。则乖争之由，淆乱之本也。寻圣道虽同，而法有左右。始乎无端，终乎无末。泥洹仙化，各是一术。佛号正真，道称正一。一归无死，真会无生。在名则反，在实则合。但无生之教赊，无死之化切。切法可以进谦弱，赊法可以退夸强。佛教文而博，道教质而精。精非粗人所信，博非精人所能。佛言华而引，道言实而抑。[七]抑则明者独进，引则昧者竞前。佛经繁而显，道经简而幽。幽则妙门难见，显则正路易遵。此二法之辨也。

圣匠无心，方圆有体，器既殊用，教亦异施。佛是破恶之方，道是兴善之术。兴善则自然为高，破恶则勇猛为贵。佛迹光大，宜以化物；[八]道迹密微，利用为已。优劣之分，大略在兹。

夫蹲夷之仪，娄罗之辩，各出彼俗，自相聆解。[九]犹虫噆鸟聒，[十]何足述效。欢虽同二法，而意党道教。宋司徒袁粲托为道人通公驳之，其略曰：

白日停光，恒星隐照，诞降之应，事在老先，似非入关，方炳斯瑞。

又老、庄、周、孔，有可存者，依日末光，凭释遗法，盗牛窃善，反以成蠹，检究源流，终异吾党之为道耳。

西域之记，佛经之说，俗以膝行为礼，不慕蹲坐为恭，道以三绕为虔，不尚踞傲为肃。岂专戎土，爰亦兹方。襄童谒帝，膝行而进；赵王见周，三环而止。今佛法在华，乘者常安；戒善行交，蹈者恒通。文王造周，大伯创吴，革化戎夷，不因旧俗。岂若舟车，理无代用。佛法垂化，或因或革。清信之士，容衣不改；息心之人，服貌必变。变本从道，不遵彼俗，教风自殊，〔十一〕无患其乱。

孔、老、释迦，其人或同，观方设教，其道必异。孔、老治世为本，释氏出世为宗。发轸既殊，其归亦异。符合之唱，自由臆说。

又仙化以变形为上，泥洹以陶神为先。变形者白首还缁，而未能无死；陶神者使尘惑日损，湛然常存。泥洹之道，无死之（作）〔地〕，〔十二〕乖诡若此，何谓其同？

欢答曰：

案道经之作，著自西周，佛经之来，始乎东汉，年逾八百，代悬数十。若谓黄老虽久，而滥在释前，〔十三〕是吕尚盗陈恒之齐，刘季窃王莽之汉也。

经云，戎气强犷，乃复略人颊车邪？又夷俗长跽，法与华异，翘左跂右，全是蹲踞。故周公禁之于前，仲尼戒之于后。又舟以济川，车以征陆，佛起于戎，岂非戎俗素恶邪？道出于华，岂非华风本善邪？今华风既变，恶同戎狄，佛来破之，良有以矣。佛道实贵，故戒业可遵；戎俗实贱，故言貌可弃。今诸华士女，民族弗革，〔十四〕而露首（编）〔偏〕踞，〔十五〕滥用夷礼，云于翦落之徒，全是胡人，国有旧风，法不可变。

又若观风流教，其道必异，佛非东华之道，道非西戎之法，鱼鸟异渊，永不相关，安得老、释二教，交行八表。今佛既东流，道亦西迈，故知世有精粗，教有文质。然则道教执本以领末，佛教救末以存本。请问所异，归在何许？〔十六〕若以翦落为异，则胥靡翦落矣。若以立像为异，则俗巫立像矣。此非所归，归在常住。常住之象，常道孰异？

神仙有死，权便之说。神仙是大化之总称，非穷妙之至名。至名无名，其有名者二十七品，仙变成真，真变成神，或谓之圣，各有九品，品极则入空寂，无为无名。若服食茹芝，延寿万亿，寿尽则死，药极则枯，此修考之士，非神仙之流也。

明僧绍《正二教论》以为"佛明其宗，老全其生。守生者蔽，明宗者通。今道家称长生不死，名补天曹，大乖老、庄立言本理"。文惠太子、竟陵王子良并好释法。吴兴孟景翼为道士，太子召入玄圃园。众僧大会，子良使景翼礼佛，景翼不肯，子良送《十地经》与之。景翼造《正一论》。大略曰："《宝积》云'佛以一音广说法'。老子云'圣人抱一以为天下式'。

‘一’之为妙，空玄绝于有（景）〔境〕，〔十七〕神化赡于无穷，为万物而无为，处一数而无数，莫之能名，强号为一。在佛曰‘实相’，在道曰‘玄牝’。道之大象，即佛之法身。以不守之守守法身，以不执之执执大象。但物有八万四千行，说有八万四千法。法乃至于无数，行亦逮于无央。〔十八〕等级随缘，须导归一。归一曰回向，向正即无邪。邪观既遣，亿善日新。三五四六，随用而施。独立不改，绝学无忧。旷劫诸圣，共遵斯‘一’。老、释未始于尝分，迷者分之而未合。亿善遍修，修遍成圣，虽十号千称，终不能尽。终不能尽，岂可思议。”司徒从事中郎张融作《门律》云：“道之与佛，逗极无二。〔十九〕吾见道士与道人战儒墨，〔二十〕道人与道士狱是非。〔二十一〕昔有鸿飞天首，〔二十二〕积远难亮。越人以为凫，楚人以为乙，人自楚越，鸿常一耳。”〔二十三〕以示太子仆周颙。颙难之曰：“虚无法性，其寂虽同，位寂之方，〔二十四〕其旨则别。论所谓‘逗极无二’者，为逗极于虚无，当无二于法性耶？足下所宗之本一物为鸿乙耳。〔二十五〕驱驰佛道，无免二末。〔二十六〕未知高鉴缘何识本，轻而宗之，其有旨乎？”往复文多不载。

　　欢口不辩，善于着笔。著《三名论》，甚工，钟会《四本》之流也。又注王弼《易》二《系》，学者传之。

〔一〕学者互相非毁　“互”原作“牙”，乃“㸦”字之形讹，㸦即互字，今依各本改作“互”。

〔二〕莫不有师　南监本作“不闻有佛”，《南史》同。

〔三〕若孔老非佛　“佛”《南史》作“圣”。

〔四〕下（育）〔弃〕妻孥　据《弘明集》七改。

〔五〕上废宗祀　“祀”原讹“礼”，各本不讹，今改正。

〔六〕交净小大　“交净”《弘明集》七释慧通《驳顾道士夷夏论》作“空争”。

〔七〕道言实而抑　“抑”《弘明集》七朱广之《咨顾道士夷夏论》作“析”。下同。

〔八〕宜以化物　“化”原讹“礼”，今据南监本、殿本、局本及《南史》、《元龟》八百三十改正。

〔九〕自相聆解　“聆”原讹“矜”，今据毛本、殿本、局本及《南史》改正。按《弘明集》七释慧通《驳顾道士夷夏论》作“领”。

〔十〕犹虫噂鸟聒　“噂”南监本及《弘明集》七、《元龟》八百三十并作“喧”。

《南史》作"跃"。

〔十一〕教风自殊　"教风"南监本及《南史》并作"俗风",《元龟》八百三十作"风俗"。

〔十二〕无死之(作)〔地〕　据南监本、毛本、殿本、局本及《南史》、《元龟》八百三十改。

〔十三〕而滥在释前　"滥"原讹"盗",各本不讹,今改正。

〔十四〕民族弗革　"民"南监本及《南史》、《元龟》八百三十作"氏"。

〔十五〕而露首(编)〔偏〕踞　据南监本、毛本、殿本、局本及《南史》改。

〔十六〕请问所异归在何许　《南史》作"请问所归,异在何许"。

〔十七〕空玄绝于有(景)〔境〕　据南监本及《南史》、《元龟》八百三十改。

〔十八〕行亦逮于无央　"逮"南监本、毛本、殿本、局本及《南史》、《元龟》八百三十并作"达"。

〔十九〕逗极无二　"逗"《南史》作"遥"。

〔二十〕吾见道士与道人战儒墨　按六朝呼僧为道人,道人即沙门之别称,与道士有别。说详钱大昕《廿二史考异》。

〔二十一〕道人与道士狱是非　"狱"南监本作"辩",殿本及《南史》作"辨"。按狱字不讹。狱,讼也。狱是非犹言争是非也。《弘明集》亦作"狱"。

〔二十二〕昔有鸿飞天首　"首"《弘明集》六作"道"。

〔二十三〕人自楚越鸿常一耳　按《弘明集》六作"人自楚越耳,鸿常一鸿乎"。

〔二十四〕位寂之方　"位"《弘明集》六作"住"。

〔二十五〕足下所宗之本一物为鸿乙耳　按局本及《弘明集》六无"乙"字。

〔二十六〕无免二末　"末"局本及《弘明集》六并作"乖"

（《南齐书》卷五十四《列传第三十五·高逸·顾欢》　930）

何　求

〔何求〕仍住吴,居波若寺,足不逾户,人莫见其面。明帝崩,出奔国哀,除为司空从事中郎,不就。乃除永嘉太守。求时寄住南涧寺,不肯诣台,乞于寺拜受,见许。一夜忽乘小船逃归吴,隐虎丘山,复除黄门郎,不就。

（《南齐书》卷五十四《列传第三十五·高逸·何求》　937）

刘 虬

[刘] 虬精信释氏，衣粗布衣，礼佛长斋。注《法华经》，自讲佛义。以江陵西沙洲去人远，乃徙居之。建武二年，诏征国子博士，不就。其冬虬病，正昼有白云徘徊檐户之内，又有香气及磬声，其日卒。年五十八。

（《南齐书》卷五十四《列传第三十五·高逸·刘虬》　939）

宗 测

宗测字敬微，南阳人，宋征士炳孙也。世居江陵。测少静退，不乐人间……测善画，自图阮籍遇苏门于行障上，坐卧对之。又画永业佛影台，皆为妙作。颇好音律，善《易》《老》，续皇甫谧《高士传》三卷。又尝游衡山七岭，著《衡山》《庐山记》。

（《南齐书》卷五十四《列传第三十五·高逸·宗测》　940）

徐伯珍

[徐] 伯珍少孤贫，书竹叶及地学书。山水暴出，漂溺宅舍，村邻皆奔走，伯珍累床而止，读书不辍。叔父璠之与颜延之友善，还祛蒙山立精舍讲授，伯珍往从学，积十年，究寻经史，游学者多依之。太守琅邪王昙生、吴郡张淹并加礼辟，伯珍应召便退，如此者凡十二焉。征士沈俨造膝谈论，申以素交。吴郡顾欢摘出《尚书》滞义，伯珍训答甚有条理，[一]儒者宗之。

好释氏、老庄，兼明道术，岁常旱，伯珍筮之，如期雨澍。举动有礼，过曲木之下，趋而避之。早丧妻，晚不复重娶，自比曾参。

〔一〕伯珍训答甚有条理　"训"《南史》作"酬"。

（《南齐书》卷五十四《列传第三十五·高逸·徐伯珍》　945）

顾欢优老而劣释

史臣曰：顾欢论夷夏，优老而劣释。佛法者，理寂乎万古，迹兆乎中世，渊源浩博，无始无边，宇宙之所不知，数量之所不尽，盛乎哉！真大士之立言也。探机扣寂，有感必应，以大苞小，无细不容。若乃儒家之教，仁义礼乐，仁爱义宜，礼从乐和而已；[一]今则慈悲为本，常乐为宗，施舍惟机，低举成敬。儒家之教，宪章祖述，引古证今，于学易悟；今树以前因，报以后果，业行交酬，连璨相袭。阴阳之教，占气步景，授民以时，知其利害；今则耳眼洞达，心智他通，身为奎井，岂俟甘石。法家之教，出自刑理，禁奸止邪，明用赏罚；今则十恶所坠，五及无间，刀树剑山，焦汤猛火，造受自贻，罔或差贰。墨家之教，遵上俭薄，磨踵灭顶，且犹非齐；今则肤同断瓠，目如井星，授子捐妻，在鹰庇鸽。从横之教，所贵权谋，天口连环，〔二〕归乎适变；今则一音万解，无待户说，四辩三会，咸得吾师。杂家之教，兼有儒墨；今则五时所宜，于何不尽。农家之教，播植耕耘，善相五事，以艺九穀；今则郁单粳稻，已异阎浮，生天果报，自然饮食。道家之教，执一虚无，得性亡情，凝神勿扰；今则波若无照，万法皆空，岂有道之可名，宁余一之可得。道俗对校，真假将雠，释理奥藏，无往而不有也。能善用之，即真是俗。九流之设，用藉世教，刑名道墨，乖心异旨，儒者不学，无伤为儒；佛理玄旷，实智妙有，一物不知，不成圆圣。若夫神道应现之力，感会变化之奇，不可思议，难用言象。而诸张米道，符水先验，相传师法，祖自伯阳。世情去就，有此二学，僧尼道士，矛楯相非。非唯重道，兼亦殉利。详寻两教，理归一极。但迹有左右，故教成先后。广略为言，自生优劣。道本虚无，非由学至，绝圣弃智，已成有为。有为之无，终非道本。若使本末同无，曾何等级。佛则不然，具缚为种，转暗成明，梯愚入圣。途虽远而可践，业虽旷而有期。劝慕之道，物我无隔。而局情浅智，鲜能胜受。世途揆度，因果二门。鸡鸣为善，未必余庆；脍肉东陵，曾无厄祸。身才高妙，郁滞而靡达；器思庸卤，富厚以终生。忠反见遗；诡乃获用。观此而论，近无罪福，而业有不定，著自经文，三报开宗，斯疑顿晓。史臣服膺释氏，深信冥缘，谓斯道之莫贵也。

赞曰：含贞抱朴，履道敦学。惟兹潜隐，弃鳞养角。

〔一〕礼从乐和而已　按"从"即"顺"字，萧子显避梁讳改，殿本已改为"顺"字。

〔二〕天口连环　"口"南监本、毛本、殿本、局本作"日"。按作"日"讹。张元济校勘记云："按田骈善谈说，号天口骈，见《汉书·艺文志》。"

（《南齐书》卷五十四《列传第三十五·高逸》 946）

杨法持

宋世道人杨法持，与太祖有旧。元徽末，宣传密谋。升明中，以为僧正。建元初，罢道，为宁朔将军，封州陵县男，三百户。二年，虏围朐山，遣法持为〔军〕主，[一]领支军救援。永明四年，坐役使将客，夺其鲑禀，削封。卒。

　　〔一〕遣法持为〔军〕主　据南监本、毛本、殿本、局本及《南史》补。

　　　　　　　　（《南齐书》卷五十六《列传第三十七·倖臣·纪僧真》　975）

禅灵寺

　　上使造禅灵寺新成，车驾临视，甚悦。敞喜，要吕文显私登寺南门楼，上知之，系敞上方，而出文显为南谯郡，久之乃复。

　　　　　　　　（《南齐书》卷五十六《列传第三十七·倖臣·吕文显》　978）

以铁笼盛道人

　　初，佛狸讨羯胡于长安，[一]杀道人且尽。及元嘉南寇，获道人，以铁笼盛之。后佛狸感恶疾，自是敬畏佛教，立塔寺浮图。宏父弘禅位后，黄冠素服，持戒诵经，居石窟寺。宏太和三年，[二]道人法秀与苟儿王阿辱瑰王等谋反，[三]事觉，囚法秀，加以笼头铁镞，无故自解脱，虏穿其颈骨，使咒之曰：“若复有神，当令穿肉不入。”遂穿而殉之，三日乃死。伪咸阳王复欲尽杀道人，[四]太后冯氏不许。宏尤精信，粗涉义理，宫殿内立浮图。

　　〔一〕佛狸讨羯胡于长安　“羯”原讹“及”，各本不讹，今改正。
　　〔二〕太和三年　各本并同。据《魏书·帝纪》当作太和五年。
　　〔三〕道人法秀与苟儿王阿辱瑰王等谋反　“瑰王”各本并作“佩玉”。
　　〔四〕伪咸阳王复欲尽杀道人　按《通鉴》齐高帝建元二年作“议者或欲尽杀道人”。《考异》云：“《齐书·魏虏传》‘咸阳王欲尽杀道人’。按咸阳王禧时尚幼，太和九年始封，恐非也。”

　　　　　　　　（《南齐书》卷五十七《列传第三十八·魏虏》　990）

大冯为尼

　　初，伪太后冯氏兄昌黎王冯莎二女，大冯美而有疾，为尼，小冯为宏皇后，生伪太子询。后大冯疾差，宏纳为昭仪。

　　　　　　　　（《南齐书》卷五十七《列传第三十八·魏虏》　996）

林邑事尼乾道

　　林邑有金山，金汁流出于浦。事尼乾道，铸金银人像，大十围。元嘉二十二年，交州刺史檀和之伐林邑，[一]杨迈欲输金万斤，银十万斤，铜三十万斤，还日南地。大臣菁僧达谏，[二]不听。和之进兵破其北界犬戎区栗城，

获金宝无筭，毁其金人，得黄金数万斤，余物称是。和之后病死，见胡神
为祟。

〔一〕元嘉二十二年交州刺史檀和之伐林邑　"二十二年"《南史》作"二十三
　　　　年"。按《宋书·文帝纪》系此事于元嘉二十三年六月。

〔二〕大臣菩僧达谏　"谏"下南监本、局本有"止之"二字。

（《南齐书》卷五十八《列传第三十九·东南夷》　1013）

天竺道人释那伽仙上表

永明二年，阇耶跋摩遣天竺道人释那伽仙上表称扶南国王臣侨陈如阇耶
跋摩叩头启曰："天化抚育，感动灵祇，四气调适。伏愿圣主尊体起居康
（御）〔豫〕，〔一〕皇太子万福，六宫清休，诸王妃主内外朝臣普同和睦，邻境
士庶万国归心，五谷丰熟，灾害不生，土清民泰，一切安稳。臣及人民，国
土丰乐，四气调和，道俗济济，并蒙陛下光化所被，咸荷安泰。"又曰："臣
前遣使赍杂物行广州货易，天竺道人释那伽仙于广州因附臣舶欲来扶南，海
中风漂到林邑，国王夺臣货易，并那伽仙私财。具陈其从中国来此，仰序陛
下圣德仁治，详议风化，佛法兴显，众僧殷集，法事日盛，王威严整，朝望
国轨，慈愍苍生，八方六合，莫不归伏。如听其所说，则化邻诸天，非可为
喻。臣闻之，下情踊悦，若暂奉见尊足，仰慕慈恩，泽流小国，天垂所感，
率土之民，并得皆蒙恩佑。是以臣今遣此道人释那伽仙为使，上表问讯奉
贡，微献呈臣等赤心，并别陈下情。但所献轻陋，愧惧唯深。伏愿天慈曲
照，鉴其丹款，赐不垂责。"……"谨附那伽仙并其伴口具启闻。伏愿愍所
启。并献金镂龙王坐像一躯，白檀像一躯，牙塔二躯，古贝二双，瑠璃苏钲
二口，玳瑁槟榔柈一枚。"

那伽仙诣京师，言其国俗事摩醯首罗天神，神常降于摩耽山。土气恒
暖，草木不落。其上书曰："吉祥利世闲，感摄于群生。所以其然者，天感
化缘明。仙山名摩耽，吉树敷嘉荣。摩醯首罗天，依此降尊灵。国土悉蒙
佑，人民皆安宁。由斯恩被故，是以臣归情。菩萨行忍慈，本迹起凡基。一
发菩提心，二乘非所期。历生积功业，六度行大悲。勇猛超劫数，财命舍无
遗。生死不为厌，六道化有缘。具修于十地，遗果度人天。功业既已定，行
满登正觉。万善智圆备，惠日照尘俗。众生感缘应，随机授法药。佛化遍十

方，无不蒙济擢。皇帝圣弘道，兴隆于三宝。垂心览万机，威恩振八表。国土及城邑，仁风化清皎。亦如释提洹，众天中最超。陛下临万民，四海共归心。圣慈流无疆，被臣小国深。"诏报曰："具摩醯降灵，流施彼土，虽殊俗异化，遥深欣赞。知鸠酬罗于彼背叛，窃据林邑，聚凶肆掠，殊宜剪讨。彼虽介遐（休）〔陬〕，〔二〕旧修蕃贡，自宋季多难，海译致壅，皇化惟新，习迷未革。朕方以文德来远人，未欲便兴干戈。王既款列忠到，远请军威，今诏交部随宜应接。伐叛柔服，实惟国典，勉立殊效，以副所期。那伽仙屡衔边译，颇悉中土阔狭，令其具宣。"上报以绛紫地黄碧绿纹绫各五匹。

〔一〕伏愿圣主尊体起居康（御）〔豫〕　据南监本改。

〔二〕虽介遐（休）〔陬〕　据南监本、毛本、殿本、局本改。

（《南齐书》卷五十八《列传第三十五·东南夷》　1015）

梁 书

梁武帝幸同泰寺舍身

［大通元年］三月辛未，［梁武帝］舆驾幸同泰寺舍身。甲戌，还宫，赦天下，改元。

（《梁书》卷三《本纪第三·武帝下》 71）

梁武帝幸同泰寺设四部无遮大会

［中大通元年九月］癸巳，舆驾幸同泰寺，设四部无遮大会，因舍身，公卿以下，以钱一亿万奉赎。

冬十月己酉，舆驾还宫，大赦，改元。

（《梁书》卷三《本纪第三·武帝下》 73）

梁武帝幸同泰寺为四众说《涅槃经》

［中大通三年］冬十月己酉，行幸同泰寺，高祖升法座，为四部众说《大般若涅槃经》义，[一]迄于乙卯。前乐山县侯萧正则有罪流徙，至是招诱亡命，欲寇广州，在所讨平之。

十一月乙未，行幸同泰寺，高祖升法座，为四部众说《摩诃般若波罗蜜经》义，迄于十二月辛丑。

〔一〕为四部众说《大般若涅槃经》义　各本脱"若"字，今补。

（《梁书》卷三《本纪第三·武帝下》 75）

梁武帝幸同泰寺说《摩诃波若》

［中大通五年］二月癸未，行幸同泰寺，设四部大会，高祖升法座，发《金字摩诃波若经》题，迄于己丑。

（《梁书》卷三《本纪第三·武帝下》 77）

梁武帝幸阿育王寺

［大同三年八月］辛卯，舆驾幸阿育王寺，赦天下。

（《梁书》卷三《本纪第三·武帝下》　81）

梁武帝以李胤之降舍利赦天下

［大同四年七月］癸亥，诏以东冶徒李胤之降如来真形舍利，大赦天下。

（《梁书》卷三《本纪第三·武帝下》　82）

梁武帝于同泰寺讲经

［中大同元年三月］庚戌，法驾出同泰寺大会，停寺省讲《金字三慧经》。

夏四月丙戌，于同泰寺解讲，设法会。大赦，改元。孝悌力田为父后者赐爵一级，赍宿卫文武各有差。是夜，同泰寺灾。

（《梁书》卷三《本纪第三·武帝下》　90）

梁武帝幸同泰寺舍身

［太清元年］三月庚子，高祖幸同泰寺，设无遮大会，舍身，公卿等以钱一亿万奉赎……夏四月丁亥，舆驾还宫，大赦天下，改元，孝悌力田为父后者赐爵一级，在朝群臣宿卫文武并加颁赍。

（《梁书》卷三《本纪第三·武帝下》　92）

爱敬寺

［太清二年］十一月辛酉，贼攻陷东府城，害南浦侯萧推、中军司马杨曒。庚辰，邵陵王纶帅武州刺史萧弄璋、前谯州刺史赵伯超等入援京师，顿钟山爱敬寺。

（《梁书》卷三《本纪第三·武帝下》　94）

梁武帝于钟山造大爱敬寺等

［梁武帝］及居帝位，即于钟山造大爱敬寺，青溪边造智度寺，又于台内立至敬等殿。又立七庙堂，月中再过，设净馔。每至展拜，恒涕泗滂沲，哀动左右。加以文思钦明，能事毕究，少而笃学，洞达儒玄。虽万机多务，犹卷不辍手，燃烛侧光，常至戊夜……兼笃信正法，尤长释典，制《涅槃》《大品》《净名》《三慧》诸经义记，复数百卷。听览余闲，即于重云殿及同泰寺讲说，名僧硕学、四部听众，常万余人……不饮酒，不听音声，非宗庙

祭祀、大会飨宴及诸法事，未尝作乐。

（《梁书》卷三《本纪第三·武帝下》　96）

《法宝连璧》

太宗幼而敏睿，识悟过人，六岁便属文……博综儒书，善言玄理……所著《昭明太子传》五卷，《诸王传》三十卷，《礼大义》二十卷，《老子义》二十卷，《庄子义》二十卷，《长春义记》一百卷，《法宝连璧》三百卷，并行于世焉。

（《梁书》卷四《本纪第四·简文帝》　109）

史臣曰梁武帝流连释老

史臣侍中、郑国公魏征曰："高祖……多艺多才……大修文教，盛饰礼容，鼓扇玄风，阐扬儒业……然不能息末敦本，斫雕为朴，慕名好事，崇尚浮华，抑扬孔、墨，流连释、老。或经夜不寝，或终日不食，非弘道以利物，惟饰智以惊愚。且心未遗荣，虚厕苍头之伍；高谈脱屣，终恋黄屋之尊。"

（《梁书》卷六《本纪第六·敬帝》　150）

高祖于钟山造大爱敬寺

时高祖于钟山造大爱敬寺，［王］骞旧墅在寺侧，有良田八十余顷，即晋丞相王导赐田也。高祖遣主书宣旨就骞求市，欲以施寺。骞答旨云："此田不卖；若是敕取，所不敢言。"酬对又脱略。高祖怒，遂付市评田价，以直逼还之。由是忤旨，出为吴兴太守。

（《梁书》卷七《列传第一·太宗王皇后》　159）

丁贵嫔信佛

［高祖丁］贵嫔性仁恕……及高祖弘佛教，贵嫔奉而行之，屏绝滋腴，长进蔬膳。受戒日，甘露降于殿前，方一丈五尺。高祖所立经义，皆得其指归。尤精《净名经》。所受供赐，悉以充法事。

（《梁书》卷七《列传第一·高祖丁贵嫔》　161）

世祖徐妃葬江陵瓦官寺

世祖徐妃讳昭佩，东海郯人也……太清三年五月，被谴死，葬江陵瓦官寺。

（《梁书》卷七《列传第一·世祖徐妃》　163）

昭明太子

高祖大弘佛教，亲自讲说；［昭明］太子亦崇信三宝，遍览众经。乃于宫内别立慧义殿，专为法集之所。招引名僧，谈论不绝。太子自立二谛、法身义，[一]并有新意。普通元年四月，甘露降于慧义殿，咸以为至德所感焉。

〔一〕太子自立二谛法身义　　"二谛"各本作"三谛"。按：《广弘明集》二四有昭明太子《解二谛令旨》并问答。二谛谓真谛、俗谛。三谛是其所破，非其所立。《册府元龟》二五八正作"二谛"，今据改。

（《梁书》卷八《列传第二·昭明太子》　166）

邓元起施沙门稻

［邓元起］少时又尝至其西沮田舍，有沙门造之乞，元起问田人曰："有稻几何？"对曰："二十斛。"元起悉以施之。时人称其有大度。

（《梁书》卷十《列传第四·邓元起》　200）

韦　叡

高祖方锐意释氏，天下咸从风而化；［韦］叡自以信受素薄，位居大臣，不欲与俗俯仰，所行略如他日。

（《梁书》卷十二《列传第六·韦叡》　225）

乐蔼子割宅为寺

［乐蔼］子法才，字元备，幼与弟法藏俱有美名[一]……高祖嘉其清节，曰："居职若斯，可以为百城表矣。"即日迁太舟卿。[二]寻除南康内史，耻以让俸受名，辞不拜。俄转云骑将军、少府卿。出为信武长史、江夏太守。因被代，表便道还乡。至家，割宅为寺，栖心物表。

〔一〕幼与弟法藏俱有美名　　"法"字各本脱，据《南史》补。

〔二〕即日迁太舟卿　　"太舟卿"各本作"太府卿"，据《南史》改。按：梁天监七年官制，太府卿十三班，少府卿十一班，太舟卿九班，以班多者为贵。下文"俄转少府卿"，明应由太舟卿转，不应由太府卿降。

（《梁书》卷十九《列传第十三·乐蔼》　303）

赵续伯乘佛舆

［永元二年］十月，巴西人赵续伯又反，有众二万，出广汉，乘佛舆，以五彩裹青石，诳百姓云："天与我玉印，当王蜀。"愚人从之者甚众。季连进讨之，遣长史赵越常前驱。兵败，季连复遣李奉伯由涪路讨之。奉伯别军

自潺亭与大军会于城，进攻其栅，大破之。

（《梁书》卷二十《列传第十四·刘季连》 309）

萧 伟

［南平元襄王萧伟］晚年崇信佛理，尤精玄学，著《二旨义》，别为新通。又制《性情》《几神》等论，其义，僧宠及周舍、殷钧、陆倕并名精解，而不能屈。

（《梁书》卷二十二《列传第十六·太祖五王》 348）

慧龙治眼

［鄱阳忠烈王萧］恢有孝性，初镇蜀，所生费太妃犹停都，后于都下不豫，恢未之知，一夜忽梦还侍疾，既觉忧遑，便废寝食。俄而都信至，太妃已瘳。后又目有疾，久废视瞻，有北渡道人慧龙得治眼术，恢请之。既至，空中忽见圣僧，及慧龙下针，豁然开朗，咸谓精诚所致。

（《梁书》卷二十二《列传第十六·太祖五王》 351）

长沙嗣王业笃诚佛法

［长沙嗣王］业性敦笃，所在留惠。深信因果，笃诚佛法，高祖每嘉叹之。

（《梁书》卷二十三《列传第十七·长沙嗣王业》 361）

梁武帝叹萧藻

高祖［梁武帝］每叹曰："子弟并如迦叶，吾复何忧。"迦叶，藻小名也。

（《梁书》卷二十三《列传第十七·长沙嗣王业》 362）

萧显持戒精洁

普通五年，［萧显］坐于宅内铸钱，为有司所奏，下廷尉，得免死，徙临海郡。行至上虞，有敕追还，且令受菩萨戒。显既至，恂恂尽礼，改意蹈道，持戒又精洁，高祖甚嘉之，以为招远将军、晋陵太守。下车励名迹，除烦苛，明法宪，严于奸吏，优养百姓，旬日之间，郡中大化。

（《梁书》卷二十四《列传第十八·萧景》 372）

徐勉尝为书诫其子

［徐勉］尝为书诫其子崧曰：……慧日、十住［皆徐勉子］等，既应营

婚，又须住止，吾清明门宅，无相容处。所以尔者，亦复有以；前割西边施宣武寺，既失西厢，不复方幅，意亦谓此逆旅舍耳，何事须华？常恨时人谓是我宅……且释氏之教，以财物谓之外命；儒典亦称"何以聚人曰财"。况汝曹常情，安得忘此……以孔释二教殊途同归，撰《会林》五十卷。

（《梁书》卷二十五《列传第十九·徐勉》　383）

北僧藏《汉书序传》

始［萧］琛在宣城，有北僧南度，惟赍一葫芦，中有《汉书序传》。僧曰："三辅旧老相传，以为班固真本。"琛固求得之，其书多有异今者，而纸墨亦古，文字多如龙举之例，非隶非篆，琛甚秘之。及是行也，以书饷鄱阳王范，范乃献于东宫。

（《梁书》卷二十六《列传第二十·萧琛》　397）

裴子野撰《众僧传》

［裴］子野在禁省十余年，静默自守，未尝有所请谒，外家及中表贫乏，所得俸悉分给之……末年深信释氏，持其教戒，终身饭麦食蔬……子野少时……又敕撰《众僧传》二十卷……

（《梁书》卷三十《列传第二十四·裴子野》　444）

徐摛

［徐］摛文体既别，春坊尽学之，"宫体"之号，自斯而起。高祖闻之怒，召摛加让，及见，应对明敏，辞义可观，高祖意释。因问《五经》大义，次问历代史及百家杂说，末论释教。摛商较纵横，应答如响，高祖甚加叹异，更被亲狎，宠遇日隆。

（《梁书》卷三十《列传第二十四·徐摛》　447）

陈庆之

［陈］庆之马步数千，结阵东反，荣亲自来追，值嵩高山水洪溢，军人死散。庆之乃落须发为沙门，间行至豫州，豫州人程道雍等潜送出汝阴。至都，仍以功除右卫将军，封永兴县侯，邑一千五百户。

出为持节、都督缘淮诸军事、奋武将军、北兖州刺史。会有妖贼沙门僧强自称为帝，土豪蔡伯龙起兵应之。[一] 僧强颇知幻术，更相扇惑，众至三万，攻陷北徐州，济阴太守杨起文弃城走，钟离太守单希宝见害，使庆之讨焉。车驾幸白下临饯，谓庆之曰："江、淮兵劲，其锋难当，卿可以策制之，不宜决战。"庆之受命而行。曾未浃辰，斩伯龙、僧强，传其首。

〔一〕土豪蔡伯龙起兵应之 "龙"《南史》作"宠"。

（《梁书》卷三十二《列传第二十六·陈庆之》 463）

张率父侍妓出家为尼

其年，父忧去职。其父侍妓数十人，善讴者有色貌，邑子仪曹郎顾玩之求娉焉，〔一〕讴者不愿，遂出家为尼。尝因斋会［张］率宅，玩之乃飞书言与［张］率奸，南司以事奏闻，高祖惜其才，寝其奏，然犹致世论焉。

〔一〕邑子仪曹郎顾玩之求娉焉 "玩"《南史》作"珧"。

（《梁书》卷三十三《列传第二十七·张率》 478）

王 筠

［王筠］奉敕制《开善寺宝志大师碑文》，词甚丽逸。

（《梁书》卷三十三《列传第二十七·王筠》 485）

张 缅

［张缅］乃作《南征赋》。其词曰：……经法王之梵宇，睹因时之或跃；从四海之宅心，故取乱而诛虐。

（《梁书》卷三十四《列传第二十八·张缅》 494）

白马寺

既至，仍遣［张］缵向襄阳，前刺史岳阳王察推迁未去镇，但以城西白马寺处之。

（《梁书》卷三十四《列传第二十八·张缅》 502）

显灵寺

［太清］二年，侯景寇逼，［萧］子云逃民间。三年三月，宫城失守，东奔晋陵，馁卒于显灵寺僧房，年六十三。所著《晋书》一百一十卷，《东宫新记》二十卷。

（《梁书》卷三十五《列传第二十九·萧子恪》 515）

萧子晖

［萧］子晖字景光，［萧］子云弟也。少涉书史，亦有文才。起家员外散骑侍郎，迁南中郎记室。出为临安令。性恬静，寡嗜好，尝预重云殿听制讲

《三慧经》，退为《讲赋》奏之，甚见称赏。

（《梁书》卷三十五《列传第二十九·萧子恪》　516）

孔云童

［孔休源］长子云童，颇有父风，而笃信佛理，遍持经戒。官至岳阳王府咨议、东扬州别驾。

（《梁书》卷三十六《列传第三十·孔休源》　522）

江　革

时魏徐州刺史元法僧降附，［江］革被敕随府王镇彭城。城既失守，革素不便马，乃泛舟而还，途经下邳，遂为魏人所执。魏徐州刺史元延明闻革才名，厚加接待……乃令革作丈八寺碑并祭彭祖文，革辞以囚执既久，无复心思。延明逼之逾苦，将加棰扑。革厉色而言曰：……延明知不可屈，乃止……时高祖盛于佛教，朝贤多启求受戒，革精信因果，而高祖未知，谓革不奉佛教，乃赐革《觉意诗》五百字，云“惟当勤精进，自强行胜修；岂可作底突，如彼必死囚。以此告江革，并及诸贵游”。又手敕云：“世间果报，不可不信，岂得底突如对元延明邪？”革因启乞受菩萨戒。

（《梁书》卷三十六《列传第三十·江革》　524）

谢　举

［谢］举少博涉多通，尤长玄理及释氏义。为晋陵郡时，常与义僧递讲经论，征士何胤自虎丘山赴之。其盛如此。先是，北渡人卢广有儒术，为国子博士，于学发讲，仆射徐勉以下毕至。举造坐，屡折广，辞理通迈，广深叹服，仍以所执麈尾荐之，以况重席焉。

（《梁书》卷三十七《列传第三十一·谢举》　530）

释宝志

初，天监中，有沙门释宝志者，尝遇［何］敬容，谓曰：“君后必贵，然终是何败何耳。”及敬容为宰相，谓何姓当为其祸，故抑没宗族，无仕进者，至是竟为河东所败。

中大同元年三月，高祖幸同泰寺讲《金字三慧经》，敬容请预听，敕许之。又有敕听朔望问讯。寻起为金紫光禄大夫，未拜，又加侍中……何氏自晋司空充、宋司空尚之，世奉佛法，并建立塔寺，至敬容又舍宅东为伽蓝，趋势者因助财造构，敬容并不拒，故此寺堂宇校饰，颇为宏丽，时轻薄者因呼为“众造寺”焉。及敬容免职出宅，止有常用器物及囊衣而已，竟无余财货，时亦以此称之。

（《梁书》卷三十七《列传第三十一·何敬容》 532）

庄严寺

侯景举兵袭京师，王移入台内，留〔贺〕琛与司马杨瞰守东府。贼寻攻陷城，放兵杀害，琛被枪未至死，[一]贼求得之，舆至阙下，求见仆射王克、领军朱异，劝开城纳贼。克等让之，涕泣而止，贼复舆送庄严寺疗治之。

〔一〕琛被枪未至死 “枪”，《南史》及《册府元龟》九四〇作“创”。

（《梁书》卷三十八《列传第三十二·贺琛》 550）

王神念

王神念，太原祁人也。少好儒术，尤明内典。

（《梁书》卷三十九《列传第三十三·王神念》 556）

到 溉

溉家门雍睦，兄弟特相友爱。初与弟洽常共居一斋，洽卒后，便舍为寺。因断腥膻，终身蔬食，别营小室，朝夕从僧徒礼诵。高祖每月三置净馔，恩礼甚笃。蒋山有延贤寺者，溉家世创立，故生平公俸，咸以供焉，略无所取。性又不好交游，惟与朱异、刘之遴、张绾同志友密。及卧疾家园，门可罗雀，三君每岁时常鸣驺枉道，以相存问，置酒叙生平，极欢而去。

（《梁书》卷四十《列传第三十四·到溉》 569）

钟山宋熙寺

中大通二年……王立为皇太子，仍为吴郡太守。主书芮珍宗家在吴，前守宰皆倾意附之，是时珍宗假还，规遇之甚薄，珍宗还都，密奏规云“不理郡事”。俄征为左民尚书，郡吏民千余人诣阙请留，表三奏，上不许。寻以本官领右军将军，未拜，复为散骑常侍、太子中庶子，领步兵校尉。规辞疾不拜，于钟山宋熙寺筑室居焉。[一]

〔一〕于钟山宋熙寺筑室居焉 “宋熙”各本作“宗熙”，据《南史》及本书《处士刘讦传》改。

（《梁书》卷四十一《列传第三十五·王规》 582）

王褒著《幼训》

　　［王］褒著《幼训》，以诚诸子。其一章云：……儒家则尊卑等差，吉凶降杀。君南面而臣北面，天地之义也。鼎俎奇而笾豆偶，阴阳之义也。道家则堕支体，黜聪明，弃义绝仁，离形去智。释氏之义，见苦断习，证灭循道，明因辨果，偶凡成圣，斯虽为教等差，而义归汲引。吾始乎幼学，及于知命，既崇周、孔之教，兼循老、释之谈，江左以来，斯业不坠，汝能修之，吾之志也。

（《梁书》卷四十一《列传第三十五·王规》 583）

褚翔请沙门祈福

　　［褚］翔少有孝性。为侍中时，母疾笃，请沙门祈福，中夜忽见户外有异光，又闻空中弹指，及晓疾遂愈，咸以翔精诚所致焉。

（《梁书》卷四十一《列传第三十五·褚翔》 586）

同泰、大爱敬二寺

　　［萧］洽少有才思，高祖令制同泰、大爱敬二寺刹下铭，其文甚美。

（《梁书》卷四十一《列传第三十五·萧介》 589）

雍州平等寺

　　刘潜字孝仪，秘书监孝绰弟也……起家镇右始兴王法曹行参军，随府益州，兼记室。王入为中抚军，转主簿，迁尚书殿中郎。敕令制《雍州平等寺金像碑》，〔一〕文甚宏丽。

　　〔一〕敕令制雍州平等寺金像碑　“寺”字各本脱，据《南史》补。

（《梁书》卷四十一《列传第三十五·刘潜》 594）

梁武帝幸同泰寺讲经

　　中大通五年二月，高祖幸同泰寺开讲，设四部大会，众数万人，南越所献驯象，忽于众中狂逸，乘舆羽卫及会皆骇散，惟［臧］盾与散骑郎裴之礼嶷然自若，高祖甚嘉焉。

（《梁书》卷四十二《列传第三十六·臧盾》 600）

中兴寺、禅灵寺

　　次新亭，贼列阵于中兴寺，相持至晚，各解归……［侯］景登禅灵寺门阁，望粲营未立，便率锐卒来攻。

（《梁书》卷四十三《列传第三十七·韦粲》 607）

萧大球

建平王大球字仁珽。大宝元年，封建平郡王，邑二千户。性明慧夙成。初，侯景围京城，高祖素归心释教，每发誓愿，恒云"若有众生应受诸苦，悉衍身代当"。时大球年甫七岁，闻而惊谓母曰："官家尚尔，儿安敢辞。"乃六时礼佛，亦云"凡有众生应获苦报，悉大球代受"。其早慧如此。

（《梁书》卷四十四《列传第三十八·太宗十一王·建平王萧大球》　617）

北寺、天居寺

〔侯〕景帅船舰并集北寺……〔王〕僧辩旋于江陵，因被诏会众军西讨，督舟师二万，舆驾出天居寺饯行。

（《梁书》卷四十五《列传第三十九·王僧辩》　625）

佛像及夹侍自门而入

滕昙恭，豫章南昌人也。年五岁，母杨氏患热，思食寒瓜，土俗所不产，昙恭历访不能得，衔悲哀切。俄值一桑门问其故，昙恭具以告。桑门曰："我有两瓜，分一相遗。"昙恭拜谢，因捧瓜还，以荐其母。举室惊异。寻访桑门，莫知所在。及父母卒，昙恭水浆不入口者旬日，感恸呕血，绝而复苏。隆冬不着茧絮，蔬食终身。每至忌日，思慕不自堪，昼夜哀恸。其门外有冬生树二株，时忽有神光自树而起，俄见佛像及夹侍之仪，容光显著，自门而入，昙恭家人大小，咸共礼拜，久之乃灭，远近道俗咸传之。

（《梁书》卷四十七《列传第四十一·孝行·滕昙恭》　648）

药王寺

刘昙净字元光，彭城吕人也〔一〕……母丧权瘗药王寺，时天寒，昙净身衣单布，庐于瘗所，昼夜哭泣不绝声，哀感行路，未及期而卒。

〔一〕彭城吕人也　"吕"各本作"莒"，彭城有吕县，无莒县。今改正。

（《梁书》卷四十七《列传第四十一·孝行·刘昙净》　654）

江 紑

江紑字含洁，济阳考城人也。父蒨，光禄大夫。紑幼有孝性，年十三，父患眼，紑侍疾将期月，衣不解带。夜梦一僧云："患眼者，饮慧眼水必差。"及觉说之，莫能解者。紑第三叔禄与草堂寺智者法师善，往访之。智者曰："《无量寿经》云：慧眼见真，能渡彼岸。"蒨乃因智者启舍同夏县界牛屯里舍为寺，乞赐嘉名。敕答云："纯臣孝子，往往感应。晋世颜含，遂见冥中送药。近见智者，知卿第二息感梦，云饮慧眼水。慧眼则是五眼之一号，若欲造寺，可以慧眼为名。"及就创造，泄故井，井水清冽，异于常泉。依梦取水洗眼及煮药，稍觉有瘳，因此遂差。时人谓之孝感。南康王为南徐州，[一]召为迎主簿。纴性静，好《老》《庄》玄言，尤善佛义，不乐进仕。及父卒，纴庐于墓，终日号恸不绝声，月余卒。

〔一〕南康王为南徐州　"南徐州"各本皆脱"徐"字。按：本书及《南史·南康简王绩传》并云天监十年迁"南徐州刺史"，今据补。

（《梁书》卷四十七《列传第四十一·孝行·江纴》　656）

刘霁

刘霁字士烜，平原人也……母明氏寝疾，霁年已五十，衣不解带者七旬，诵《观世音经》，数至万遍，夜因感梦，见一僧谓曰："夫人算尽，君精诚笃至，当相为申延。"后六十余日乃亡。

（《梁书》卷四十七《列传第四十一·孝行·刘霁》　657）

伏曼容宅在瓦官寺东

时明帝不重儒术，[伏]曼容宅在瓦官寺东，施高坐于听事，有宾客辄升高坐为讲说，生徒常数十百人。

（《梁书》卷四十八《列传第四十二·儒林·伏曼容》　663）

范缜与萧子良论因果

初，[范]缜在齐世，尝侍竟陵王[萧]子良。子良精信释教，而缜盛称无佛。子良问曰："君不信因果，世间何得有富贵，何得有贱贫？"缜答曰："人之生譬如一树花，同发一枝，俱开一蒂，随风而堕，自有拂帘幌坠于茵席之上，自有关篱墙落于粪溷之侧。〔一〕坠茵席者，殿下是也；落粪溷者，下官是也。贵贱虽复殊途，因果竟在何处？"子良不能屈，深怪之。缜退论其理，著《神灭论》曰：

或问予云："神灭，何以知其灭也？"答曰："神即形也，形即神也，是以形存则神存，形谢则神灭也。"

问曰："形者无知之称，神者有知之名，知与无知，即事有异，神之与形，理不容一，形神相即，非所闻也。"答曰："形者神之质，神者形之用，是则形称其质，神言其用，形之与神，不得相异也。"

问曰："神故非质，形故非用，〔二〕不得为异，其义安在？"答曰："名殊而体一也。"

问曰："名既已殊，体何得一？"答曰："神之于质，犹利之于刀，〔三〕形之于用，犹刀之于利，利之名非刀也，刀之名非利也。然而舍利无刀，舍刀无利。未闻刀没而利存，岂容形亡而神在。"

问曰："刀之与利，或如来说，形之与神，其义不然。何以言之？木之质无知也，人之质有知也，人既有如木之质，而有异木之知，岂非木有其一，人有其二邪？"〔四〕答曰："异哉言乎！人若有如木之质以为形，又有异木之知以为神，则可如来论也。今人之质，质有知也，木之质，质无知也，人之质非木质也，木之质非人质也，安在如木之质而复有异木之知哉！"〔五〕

问曰："人之质所以异木质者，以其有知耳。人而无知，与木何异？"答曰："人无无知之质，犹木无有知之形。"

问曰："死者之形骸，岂非无知之质邪？"答曰："是无人质。"〔六〕

问曰："若然者，人果有如木之质，而有异木之知矣。"答曰："死者有如木之质，而无异木之知；〔七〕生者有异木之知，而无如木之质也。"

问曰："死者之骨骼，非生者之形骸邪？"〔八〕答曰："生形之非死形，死形之非生形，区已革矣，安有生人之形骸，而有死人之骨骼哉？"

问曰："若生者之形骸非死者之骨骼，非死者之骨骼，则应不由生者之形骸，不由生者之形骸，则此骨骼从何而至此邪？"答曰："是生者之形骸，变为死者之骨骼也。"

问曰："生者之形骸虽变为死者之骨骼，岂不因生而有死〔九〕则知死体犹生体也。"答曰："如因荣木变为枯木，枯木之质，宁是荣木之体！"

问曰："荣体变为枯体，枯体即是荣体；丝体变为缕体，缕体即是丝体，有何别焉？"答曰："若枯即是荣，荣即是枯，应荣时凋零，枯时结实也。又荣木不应变为枯木，以荣即枯，无所复变也。荣枯是一，何不先枯后荣？要先荣后枯，何也？丝缕之义，亦同此破。"

问曰："生形之谢，便应豁然都尽，何故方受死形，绵历未已邪？"〔十〕答曰："生灭之体，要有其次故也。夫歘而生者必歘而灭，渐而生者必渐而灭。歘而生者，飘骤是也；渐而生者，动植是也。有歘有渐，物之理也。"

问曰："形即是神者，手等亦是神邪？"〔十一〕答曰："皆是神之分也。"

问曰："若皆是神之分，神既能虑，手等亦应能虑也？"答曰："手等亦应能有痛痒之知，而无是非之虑。"

问曰："知之与虑，为一为异？"〔十二〕答曰："知即是虑，浅则为知，深则为虑。"

问曰："若尔，应有二虑，虑既有二，神有二乎？"〔十三〕答曰："人体惟一，神何得二。"

问曰："若不得二，安有痛痒之知，复有是非之虑？"答曰："如手足虽异，总为一人，是非痛痒虽复有异，亦总为一神矣。"

问曰："是非之虑，不关手足，当关何处？"答曰："是非之虑，心器所主。"〔十四〕

问曰："心器是五藏之心，非邪？"答曰："是也。"

问曰："五藏有何殊别，而心独有是非之虑乎？"答曰："七窍亦复何殊，而司用不均。"

问曰："虑思无方，何以知是心器所主？"答曰："五藏各有所司，无有能虑者，是以知心为虑本。"〔十五〕

问曰："何不寄在眼等分中？"答曰："若虑可寄于眼分，眼何故不寄于耳分邪？"〔十六〕

问曰："虑体无本，故可寄之于眼分；眼自有本，不假寄于佗分也。"〔十七〕答曰："眼何故有本而虑无本；苟无本于我形，而可遍寄于异地，亦可张甲之情，寄王乙之躯，李丙之性，托赵丁之体。然乎哉？不然也。"

问曰："圣人形犹凡人之形，而有凡圣之殊，故知形神异矣。"答曰："不然。金之精者能昭，秽者不能昭，有能昭之精金，宁有不昭之秽质。又岂有圣人之神而寄凡人之器，亦无凡人之神而托圣人之体。是以八采、重瞳，勋、华之容，龙颜、马口，轩、皞之状，此形表之异也。〔十八〕比干之心，七窍列角，伯约之胆，其大若拳，此心器之殊也。是知圣人定分，每绝常区，非惟道革群生，乃亦形超万有。凡圣均体，所未敢安。"

问曰："子云圣人之形必异于凡者，敢问阳货类仲尼，项籍似大舜，舜、项、孔、阳，智革形同，其故何邪？"答曰："珉似玉而非玉，鸡类凤而非凤，物诚有之，人故宜尔。项、阳貌似而非实似，心器不均，虽貌无益。”

　　问曰：“凡圣之殊，形器不一，可也；圣人员极，理无有二，〔十九〕而丘、旦殊姿，汤、文异状，神不侔色，于此益明矣。”答曰：“圣同于心器，形不必同也，犹马殊毛而齐逸，玉异色而均美。是以晋棘、荆和，等价连城，骅骝、騄骊，俱致千里。”

　　问曰：“形神不二，既闻之矣，形谢神灭，理固宜然，敢问经云‘为之宗庙，以鬼飨之’，何谓也？”答曰：“圣人之教然也，所以弭孝子之心，而厉偷薄之意，神而明之，此之谓矣。”

　　问曰：“伯有被甲，彭生豕见，坟素著其事，宁是设教而已邪？”答曰：“妖怪茫茫，或存或亡，强死者众，不皆为鬼，彭生、伯有，何独能然，乍为人豕，未必齐、郑之公子也。”

　　问曰：“《易》称‘故知鬼神之情状，与天地相似而不违’。又曰：‘载鬼一车。’其义云何？”答曰：“有禽焉，有兽焉，飞走之别也；有人焉，有鬼焉，幽明之别也。人灭而为鬼，鬼灭而为人，则未之知也。”

　　问曰：“知此神灭，有何利用邪？”答曰：“浮屠害政，桑门蠹俗，风惊雾起，驰荡不休，吾哀其弊，思拯其溺。夫竭财以赴僧，破产以趋佛，而不恤亲戚，不怜穷匮者何？良由厚我之情深，济物之意浅。是以圭撮涉于贫友，吝情动于颜色；千钟委于富僧，欢意畅于容发。岂不以僧有多稔之期，友无遗秉之报，务施阙于周急，归德必于在己。又惑以茫昧之言，惧以阿鼻之苦，诱以虚诞之辞，欣以兜率之乐。故舍逢掖，袭横衣，废俎豆，列缾钵，家家弃其亲爱，人人绝其嗣续。致使兵挫于行间，吏空于官府，粟罄于惰游，货殚于泥木。所以奸宄弗胜，颂声尚拥，惟此之故，其流莫已，其病无限。若陶甄禀于自然，森罗均于独化，忽焉自有，恍尔而无，来也不御，去也不追，乘夫天理，各安其性。小人甘其垄亩，君子保其恬素，耕而食，食不可穷也，蚕而衣，衣不可尽也，下有余以奉其上，上无为以待其下，可以全生，可以匡国，可以霸君，用此道也。”

　　此论出，朝野喧哗，子良集僧难之而不能屈。

　　〔一〕自有关篱墙落于粪溷之侧　　“粪溷”二字，各本讹倒，据《南史》乙正。

　　〔二〕神故非质形故非用　　“神故非”下各本脱“质形故非”四字，据《弘明集》

卷九萧琛《难神灭论》所引范缜原文（以下简称范缜原文）补。

〔三〕神之于质犹利之于刀　范缜原文，"刀"字作"刃"。

〔四〕岂非木有其一人有其二邪　两"其"字，原脱。据范缜原文补。

〔五〕安在有如木之质而复有异木之知哉　"在"字各本脱，据范缜原文补。

〔六〕是无人质　范缜原文作"是无知之质也"。

〔七〕死者有如木之质而无异木之知　"死者"下各本脱一"有"字，"如木"下各本脱"之质"二字，据范缜原文补。

〔八〕非生者之形骸邪　"者"字各本脱，据范缜原文补。

〔九〕岂不因生而有死　"因"各本作"从"，据范缜原文改。

〔十〕何故方受死形绵历未已邪　"受"各本讹"爱"，据范缜原文改正。

〔十一〕手等亦是神邪　"神"字各本脱，据范缜原文补。

〔十二〕知之与虑为一为异　"知之与"三字各本脱，据范缜原文补。

〔十三〕若尔应有二虑虑既有二神有二乎　"应有二"下各本脱"虑虑既有二神有二"八字，据范缜原文补。

〔十四〕是非之虑心器所主　"虑"各本讹"意"，据范缜原文改。

〔十五〕是以知心为虑本　"知"字各本脱，据范缜原文补。

〔十六〕眼何故不寄于耳分邪　"眼"字各本脱，据范缜原文补。

〔十七〕眼自有本不假寄于佗分也　"自"各本讹"目"，据范缜原文改正。

〔十八〕此形表之异也　"此"字各本脱，据范缜原文补。

〔十九〕圣人员极理无有二　"圣人"二字各本脱，据范缜原文补。

（《梁书》卷四十八《列传第四十二·儒林·范缜》　665）

贺革还乡造寺

[贺革]在荆州历为郡县，所得俸秩，不及妻孥，专拟还乡造寺，以申感思。

（《梁书》卷四十八《列传第四十二·儒林·贺场》　673）

居士何胤筑室若邪山

时居士何胤筑室若邪山，山发洪水，漂拔树石，此室独存，元简命嵘作《瑞室颂》以旌表之，辞甚典丽。

（《梁书》卷四十九《列传第四十三·文学上·钟嵘》　694）

梁高祖以三桥旧宅为光宅寺

是时，高祖以三桥旧宅为光宅寺，敕兴嗣与陆倕各制寺碑，及成俱奏，高祖用兴嗣所制者。

（《梁书》卷四十九《列传第四十三·文学上·周兴嗣》　698）

刘 勰

刘勰字彦和，东莞莒人……勰早孤，笃志好学，家贫不婚娶，依沙门僧佑，与之居处，积十余年，遂博通经论，因区别部类，录而序之。今定林寺经藏，勰所定也……然勰为文长于佛理，京师寺塔及名僧碑志，必请勰制文。有敕与慧震沙门于定林寺撰经证，功毕，遂启求出家，先燔鬓发以自誓，敕许之。乃于寺变服，改名慧地。未期而卒。文集行于世。

（《梁书》卷五十《列传第四十四·文学下·刘勰》　710）

刘 杳

［刘］杳治身清俭，无所嗜好。为性不自伐，不论人短长，及睹释氏经教，常行慈忍。天监十七年，自居母忧，便长断腥膻，持斋蔬食。及临终，遗命敛以法服，载以露车，还葬旧墓，随得一地，容棺而已，不得设灵筵祭醊。其子遵行之。

（《梁书》卷五十《列传第四十四·文学下·刘杳》　717）

谢 征

［谢征］又为临汝侯渊猷制《放生文》，亦见赏于世。

（《梁书》卷五十《列传第四十四·文学下·谢征》　718）

伏 挺

［伏］挺后遂出仕，寻除南台治书，因事纳贿，当被推劾，挺惧罪，遂变服为道人，久之藏匿，后遇赦，乃出天心寺。[一]会邵陵王为江州，携挺之镇，王好文义，深被恩礼，挺因此还俗。

〔一〕乃出天心寺　各本讹"大心寺"，据《册府元龟》九四九改。

（《梁书》卷五十《列传第四十四·文学下·伏挺》　722）

任孝恭

任孝恭字孝恭，临淮临淮人也……外祖丘它，与高祖有旧，高祖闻其有才学，召入西省撰史。初为奉朝请，进直寿光省，为司文侍郎，俄兼中书通事舍人。敕遣制《建陵寺刹下铭》……孝恭少从萧寺云法师读经论，明佛理，至是蔬食持戒，信受甚笃。而性颇自伐，以才能尚人，于时辈中多有忽略，世以此少之。

（《梁书》卷五十《列传第四十四·文学下·任孝恭》　726）

何　点

何点字子晳，庐江灊人也……及长，感家祸，欲绝婚宦，尚之强为之娶琅邪王氏。礼毕，将亲迎，点累涕泣，求执本志，遂得罢……司徒竟陵王子良欲就见之，点时在法轮寺，子良乃往请，点角巾登席，子良欣悦无已，遗点嵇叔夜酒杯，徐景山酒铛。

点少时尝患渴痢，积岁不愈，后在吴中石佛寺建讲，于讲所昼寝，梦一道人形貌非常，授丸一掬，梦中服之，自此而差，时人以为淳德所感……

点既老，又娶鲁国孔嗣女，嗣亦隐者也。点虽婚，亦不与妻相见，筑别室以处之，人莫谕其意也。吴国张融少时免官，而为诗有高尚之言，点答诗曰："昔闻东都日，不在简书前。"虽戏也，而融久病之。及点后婚，融始为诗赠点曰："惜哉何居士，薄暮构荒淫。"点亦病之，而无以释也。

（《梁书》卷五十一《列传第四十五·处士·何点》　732）

何　胤

［何］胤字子季，点之弟也。年八岁，居忧哀毁若成人。既长好学。师事沛国刘瓛，受《易》及《礼记》《毛诗》；又入钟山定林寺听内典：其业皆通……

胤虽贵显，常怀止足……闻谢朏罢吴兴郡不还，胤恐后之，乃拜表辞职，不待报辄去。明帝大怒，使御史中丞袁昂奏收胤，寻有诏许之。胤以会稽山多灵异，往游焉，居若邪山云门寺。初，胤二兄求、点并栖遁，求先卒，至是胤又隐，世号点为大山；胤为小山，亦曰东山……

胤年登祖寿，乃移还吴，作《别山诗》一首，言甚凄怆。至吴，居虎丘西寺讲经论，学徒复随之，东境守宰经途者，莫不毕至。胤常禁杀，有虞人逐鹿，鹿径来趋胤，伏而不动。又有异鸟如鹤，红色，集讲堂，驯狎如家禽焉。

初，开善寺藏法师与胤遇于秦望，后还都，卒于钟山。其死日，胤在般若寺，见一僧授胤香炉奁并函书，[一]云"呈何居士"。言讫失所在。胤开函，乃是《大庄严论》，世中未有。又于寺内立明珠柱，乃七日七夜放光，太守何远以状启。昭明太子钦其德，遣舍人何思澄致手令以褒美之……

胤注《百法论》《十二门论》各一卷，注《周易》十卷，《毛诗总集》六卷，《毛诗隐义》十卷，《礼记隐义》二十卷，《礼答问》五十五卷。

〔一〕授胤香炉奁并函书　　"炉"字各本皆脱，据《南史》补。

（《梁书》卷五十一《列传第四十五·处士·何点》　　735）

阮孝绪

阮孝绪字士宗，陈留尉氏人也……

幼至孝，性沉静，虽与儿童游戏，恒以穿池筑山为乐。年十三，遍通《五经》。十五，冠而见其父，彦之诫曰："三加弥尊，人伦之始。宜思自勖，以庇尔躬。"答曰："愿迹松子于瀛海，追许由于穹谷，庶保促生，以免尘累。"自是屏居一室，非定省未尝出户，家人莫见其面，亲友因呼为"居士"……

其恒所供养石像，先有损坏，心欲治补，经一夜忽然完复，众并异之。

（《梁书》卷五十一《列传第四十五·处士·阮孝绪》　　739）

陶弘景

陶弘景字通明，丹阳秣陵人也……

天监四年，移居积金东涧。善辟谷导引之法，年逾八十而有壮容。深慕张良之为人，云"古贤莫比"。曾梦佛授其菩提记，名为胜力菩萨。乃诣鄮县阿育王塔自誓，受五大戒。后太宗临南徐州，钦其风素，召至后堂，与谈论数日而去，太宗甚敬异之。大通初，令献二刀于高祖，其一名善胜，一名威胜，[一]并为佳宝。

大同二年，卒，时年八十五。[二]颜色不变，屈申如恒。诏赠中散大夫，谥曰贞白先生，仍遣舍人监护丧事。弘景遗令薄葬，弟子遵而行之。

〔一〕其一名善胜一名威胜　　"威"，原作"成"，形近而讹，今改正。《艺文类聚》六〇有梁简文帝《谢敕赉善胜威胜刀启》，《玉海》一五一"宏景献二刀于武帝，一名善胜，一名威胜"，字并作"威"。

〔二〕大同二年卒时年八十五　　按：《南史·陶弘景传》谓弘景生于宋孝建三年，则至大同二年死时，年八十一，非八十五。《艺文类聚》三七萧纲《华阳陶

先生墓志铭》及《文苑英华》八七三萧纶《隐居贞白先生陶君碑》皆云
"春秋八十有一"。"五"当作"一"。

（《梁书》卷五十一《列传第四十五·处士·陶弘景》　742）

刘慧斐

刘慧斐字文宣，〔一〕彭城人也。少博学，能属文，起家安成王法曹行参
军。尝还都，途经寻阳，游于匡山，过处士张孝秀，〔二〕相得甚欢，遂有终
焉之志。因不仕，居于东林寺。又于山北构园一所，号曰离垢园，时人乃谓
为离垢先生。

慧斐尤明释典，工篆隶，在山手写佛经二千余卷，常所诵者百余卷。昼
夜行道，孜孜不怠，远近钦慕之。太宗临江州，遗以几杖。论者云，自远法
师没后，将二百年，始有张、刘之盛矣。世祖及武陵王等书问不绝。大同二
年，卒，时年五十九。

〔一〕刘慧斐字文宣　"文宣"《南史》作"宣文"。
〔二〕过处士张孝秀　"过"《南史》作"遇"。

（《梁书》卷五十一《列传第四十五·处士·刘慧斐》　745）

范元琰

范元琰字伯珪，吴郡钱唐人也……及长好学，博通经史，兼精佛义。然
性谦敬，不以所长骄人。

（《梁书》卷五十一《列传第四十五·处士·范元琰》　746）

刘訏

刘訏字彦度，平原人也……訏善玄言，尤精释典。曾与族兄刘歊听讲于
钟山诸寺，因共卜筑宋熙寺东涧，有终焉之志。天监十七年，卒于歊舍，时
年三十一。

（《梁书》卷五十一《列传第四十五·处士·刘訏》　747）

刘歊著《革终论》

刘歊字士光，訏族兄也……

歊幼有识慧，四岁丧父，与群儿同处，独不戏弄。六岁诵《论语》《毛
诗》，意所不解，便能问难。十一，读《庄子逍遥篇》，〔一〕曰："此可解耳。"
客因问之，随问而答，皆有情理，家人每异之。及长，博学有文才，不娶不

仕，与族弟讦并隐居求志，遨游林泽，以山水书籍相娱而已。常欲避人世，以母老不忍违离，每随兄霁、杳从宦。少时好施，务周人之急，人或遗之，亦不距也。久而叹曰："受人者必报，不则有愧于人。吾固无以报人，岂可常有愧乎？"

天监十七年，无何而著《革终论》。其辞曰：

死生之事，圣人罕言之矣。孔子曰："精气为物，游魂为变，知鬼神之情状，与天地相似而不违。"其言约，其旨妙，其事隐，其意深，未可以臆断，难得而精核，聊肆狂瞽，请试言之。

夫形虑合而为生，魂质离而称死，合则起动，离则休寂。当其动也，人皆知其神；及其寂也，物莫测其所趣。皆知则不言而义显，莫测则逾辩而理微。是以勋、华旷而莫陈，姬、孔抑而不说，前达往贤，互生异见。季札云："骨肉归于土，魂气无不之。"庄周云："生为徭役，死为休息。"寻此二说，如或相反。何者？气无不之，神有也；死为休息，神无也。原宪云："夏后氏用明器，示民无知也。殷人用祭器，示民有知也。〔二〕周人兼用之，示民疑也。"考之记籍，验之前志，有无之辩，不可历言。若稽诸内教，判乎释部，则诸子之言可寻，三代之礼无越。何者？神为生本，形为生具，死者神离此具，而即非彼具也。虽死者不可复反，而精灵递变，未尝灭绝。当其离此之日，识用廓然，故夏后明器，示其弗反。即彼之时，魂灵知灭，故殷人祭器，显其犹存。不反则合乎庄周，〔三〕犹存则同乎季札，各得一隅，无伤厥义。设其实也，则亦无，故周人有兼用之礼，尼父发游魂之唱，不其然乎。若废偏携之论，探中途之旨，则不仁不智之讥，于是乎可息。

夫形也者，无知之质也；神也者，有知之性也。有知不独存，依无知以自立，故形之于神，逆旅之馆耳。及其死也，神去此而适彼也。神已去此，馆何用存？速朽得理也。神已适彼，祭何所祭？祭则失理。而姬、孔之教不然者，其有以乎！盖礼乐之兴，出于浇薄，俎豆缀兆，生于俗弊。施灵筵，陈棺椁，设馈奠，建丘陇，盖欲令孝子有追思之地耳，夫何补于已迁之神乎？故上古衣之以薪，弃之中野，可谓尊卢、赫胥、皇雄、炎帝蹈于失理哉？是以子羽沈川，汉伯方圹，文楚黄壤，士安麻索。此四子者，得理也，忘教也。若从四子而游，则平生之志得矣。

　　然积习生常，难卒改革，一朝肆志，傥不见从。今欲翦截烦厚，务存俭易，进不裸尸，退异常俗，不伤存者之念，有合至人之道。孔子云："敛首足形，还葬而无椁。"斯亦贫者之礼也，余何陋焉。且张奂止用幅巾，王肃唯盥手足，范冉殓毕便葬，奚珍无设筵几，文度故舟为椁，子廉牛车载柩，叔起诫绝坟陇，康成使无卜吉。此数公者，尚或如之；况于吾人，而当华泰！今欲仿佛景行，以为轨则，傥合中庸之道，庶免徒费之讥。气绝不须复魄，盥洗而敛。以一千钱市治棺、单故裙衫、衣巾枕履。此外送往之具，棺中常物，及余阁之祭，一不得有所施。世多信李、彭之言，可谓惑矣。余以孔、释为师，差无此惑。敛讫，载以露车，归于旧山，随得一地，地足为坎，坎足容棺，不须砖甓，不劳封树，勿设祭飨，勿置几筵，无用茅君之虚座，伯夷之杅水。其蒸尝继嗣，言象所绝，事止余身，无伤世教。家人长幼，内外姻戚，凡厥友朋，爰及寓所，咸愿成余之志，幸勿夺之。

　　明年疾卒，时年三十二。

　　歊幼时尝独坐空室，有一老公至门，谓歊曰："心力勇猛，能精死生；但不得久滞一方耳。"因弹指而去。歊既长，精心学佛，有道人释宝志者，时人莫测也，遇歊于兴皇寺，惊起曰："隐居学道，清净登佛。"如此三说。歊未死之春，有人为其庭中栽柿，歊谓兄子弇曰："吾不见此实，尔其勿言。"至秋而亡，人以为知命。亲故谋其行迹，谥曰贞节处士。

　　〔一〕十一读《庄子逍遥篇》　　"十一"《南史》及《册府元龟》七七四作"十二"。

　　〔二〕殷人用祭器示民有知也　　"民"各本作"人"，据《册府元龟》九〇七改。

　　〔三〕不反则合乎庄周　　"反"各本作"存"，据《册府元龟》九〇七改。

　　　　　　　　　　　　　（《梁书》卷五十一《列传第四十五·处士·刘歊》　　747）

庾诜

　　庾诜字彦宝，新野人也。幼聪警笃学，经史百家无不该综……普通中，诏曰："明扬振滞，为政所先；旌贤求士，梦伫斯急。新野庾诜止足栖退，自事却扫，经史文艺，多所贯习；颍川庾承先学通黄、老，该涉释教；并不竞不营，安兹枯槁，可以镇躁敦俗。诜可黄门侍郎，承先可中书侍郎。勒州县时加敦遣，庶能屈志，方冀盐梅。"诜称疾不赴。

　　晚年以后，尤遵释教，宅内立道场，环绕礼忏，六时不辍。诵《法华经》，每日一遍。后夜中忽见一道人，自称愿公，容止甚异，呼诜为上行先生，授香而去。中大通四年，因昼寝，忽惊觉曰："愿公复来，不可久住。"颜色不变，言终而卒，时年七十八。举室咸闻空中唱"上行先生已生弥陁净域矣"。高祖闻而下诏曰："旌善表行，前王所敦。新野庾诜，荆山珠玉……宜谥贞节处士，以显高烈。"

（《梁书》卷五十一《列传第四十五·处士·庾诜》 750）

张孝秀

张孝秀字文逸，南阳宛人也。少仕州为治中从事史；遭母忧，服阕，为建安王别驾。顷之，遂去职归山，居于东林寺……孝秀性通率，不好浮华，常冠谷皮巾，蹑蒲履，手执并桐皮麈尾。服寒食散，盛冬能卧于石。博涉群书，专精释典。善谈论，工隶书，凡诸艺能，莫不明习。普通三年，卒，时年四十二，室中皆闻有非常香气。太宗闻甚伤悼焉，与刘慧斐书，述其贞白云。

（《梁书》卷五十一《列传第四十五·处士·张孝秀》 752）

庾承先

庾承先字子通，颖川鄢陵人也……郡辟功曹不就，乃与道士王僧镇同游衡岳。晚以弟疾还乡里，遂居于土台山。鄱阳忠烈王在州，钦其风味，要与游处。又令讲《老子》。远近名僧，咸来赴集，论难锋起，异端竞至，承先徐相酬答，皆得所未闻。

（《梁书》卷五十一《列传第四十五·处士·庾承先》 753）

林邑国佛教

［林邑］其王着法服，加璎珞，如佛像之饰。出则乘象，吹螺击鼓，罩吉贝伞，以吉贝为幡旗。国不设刑法，有罪者使象踏杀之。其大姓号婆罗门。嫁娶必用八月，女先求男，由贱男而贵女也。同姓还相婚姻，使婆罗门引婿见妇，握手相付，咒曰"吉利吉利"，以为成礼。死者焚之中野，谓之火葬。

（《梁书》卷五十四《列传第四十八·诸夷·海南·林邑国》 786）

扶南国有佛发等

［扶南］王亦能作天竺书，书可三千言，说其宿命所由，与佛经相似，

并论善事……

天监二年，跋摩复遣使送珊瑚佛像，并献方物……

［扶南］今其国人皆丑黑，拳发。所居不穿井，数十家共一池引汲之。俗事天神，天神以铜为像，二面者四手，四面者八手，手各有所持，或小儿，或鸟兽，或日月。其王出入乘象，嫔侍亦然。王坐则偏踞翘膝，垂左膝至地，以白叠敷前，设金盆香炉于其上。国俗，居丧则剃除须发。死者有四葬：水葬则投之江流，火葬则焚为灰烬，土葬则瘗埋之，鸟葬则弃之中野。人性贪吝，无礼义，男女恣其奔随……普通元年，中大通二年，大同元年，累遣使献方物。五年，复遣使献生犀。又言其国有佛发，长一丈二尺，诏遣沙门释云宝随使往迎之。

先是，三年八月，高祖改造阿育王寺塔，出旧塔下舍利及佛爪发，发青绀色，众僧以手伸之，随手长短，放之则旋屈为蠡形。案《僧伽经》云："佛发青而细，犹如藕茎丝。"《佛三昧经》云："我昔在宫沐头，以尺量发，长一丈二尺，放已右旋，还成蠡文。"则与高祖所得同也。

阿育王即铁轮王，王阎浮提，一天下，佛灭度后，一日一夜，役鬼神造八万四千塔，此即其一也。吴时有尼居其地，为小精舍，孙绲寻毁除之，塔亦同泯。吴平后，诸道人复于旧处建立焉。晋中宗初渡江，更修饰之，至简文咸安中，使沙门安法师程造小塔，未及成而亡，弟子僧显继而修立。至孝武太元九年，上金相轮及承露。

其后西河离石县有胡人刘萨何遇疾暴亡，而心下犹暖，其家未敢便殡，经十日更苏。说云："有两吏见录，向西北行，不测远近，至十八地狱，随报重轻，受诸楚毒。见观世音语云：'汝缘未尽，若得活，可作沙门。洛下、齐城、丹阳、会稽并有阿育王塔，可往礼拜。若寿终，则不堕地狱。'语竟，如堕高岩，忽然醒寤。"因此出家，名慧达。游行礼塔，次至丹阳，未知塔处，乃登越城四望，见长干里有异气色，因就礼拜，果是阿育王塔所，[一]屡放光明。由是定知必有舍利，乃集众就掘之，入一丈，得三石碑，并长六尺。中一碑有铁函，函中有银函，函中又有金函，盛三舍利及爪发各一枚，发长数尺。即迁舍利近北，对简文所造塔西，造一层塔。十六年，又使沙门僧尚伽为三层，[二]即高祖所开者也。初穿土四尺，得龙窟及昔人所舍金银镮钏钗镊等诸杂宝物。可深九尺许，方至石磉，磉下有石函，函内有铁壶，以盛银坩，坩内有金镂罂，盛三舍利，如粟粒大，圆正光洁。函内又有琉璃碗，内得四舍利及发爪，爪有四枚，并为沉香色。至其月二十七日，高祖又到寺礼拜，设无碍大会，大赦天下。是日，以金钵盛水泛舍利，其最小者隐钵不出，高祖礼数十拜，舍利乃于钵内放光，旋回久之，乃当钵中而止。高祖问大僧正慧念："今日见不可思议事不？"慧念答曰："法身常住，湛然不动。"高祖曰："弟子欲请一舍利还台供养。"至九月五日，又于寺设无碍大会，遣皇太子王侯朝贵等奉迎。是日，风景明和，京师倾属，观者百数十万人。所设金银供具等物，并留寺供养，并施钱一千万为寺基业。至四年九月十五日，高祖又至寺设无碍大会，竖二刹，各以金罂，次玉罂，重盛舍利及爪发，内七宝塔中。又以石函盛宝塔，分入两刹下，及王侯妃主百姓富室所舍金、银、镮、钏等珍宝充积。

十一年十一月二日，寺僧又请高祖于寺发《般若经》题，尔夕二塔俱放光明，敕镇东将军邵陵王纶制寺《大功德碑》文。

先是，二年，改造会稽鄮县塔，开旧塔出舍利，遣光宅寺释敬脱等四僧及舍人孙照暂迎还台，高祖礼拜竟，即送还县入新塔下，此县塔亦是刘萨何所得也。

晋咸和中，丹阳尹高悝行至张侯桥，见浦中五色光长数尺，不知何怪，乃令人于光处掊视之，得金像，未有光趺。悝乃下车，载像还，至长干巷首，牛不肯进，悝乃令驭人任牛所之，牛径牵车至寺，悝因留像付寺僧。每至中夜，常放光明，又闻空中有金石之响。经一岁，捕鱼人张系世，于海口忽见有铜花趺浮出水上，系世取送县，县以送台，乃施像足，宛然合。会简文咸安元年，交州合浦人董宗之采珠没水，于底得佛光艳，交州押送台，以施像，又合焉。自咸和中得像，至咸安初，历三十余年，光趺始具。

初，高悝得像后，西域胡僧五人来诣悝，曰："昔于天竺得阿育王造像，来至邺下，值胡乱，埋像于河边，今寻觅失所。"五人尝一夜俱梦见像曰："已出江东，为高悝所得。"悝乃送此五僧至寺，见像嘘欷涕泣，像便放光，照烛殿宇。又瓦官寺慧邃欲模写像形，寺主僧尚虑亏损金色，谓邃曰："若能令像放光，回身西向，乃可相许。"慧邃便恳到拜请，其夜像即转坐放光，回身西向，明旦便许模之。像趺先有外国书，莫有识者，后有三藏郦求跋摩识之，云是阿育王为第四女所造也。及大同中，出旧塔舍利，敕市寺侧数百家宅地，以广寺域，造诸堂殿并瑞像周回阁等，穷于轮奂焉。其图诸经变，并吴人张繇运手。繇丹青之工，一时冠绝。

〔一〕果是阿育王塔所　　"阿"字，各本脱，据《南史》补。

〔二〕又使沙门僧尚伽为三层　　"伽"《南史》作"加"。

（《梁书》卷五十四《列传第四十八·诸夷·海南·扶南国》　788）

盘盘国使送菩提国真舍利及画塔

盘盘国，宋文帝元嘉，孝武孝建、大明中，并遣使贡献。大通元年，其王遣使奉表曰："扬州阎浮提震旦天子：万善庄严，一切恭敬，犹如天净无云，明耀满目，天子身心清净，亦复如是。道俗济济，并蒙圣王光化，济度一切，永作舟航，臣闻之庆善。我等至诚敬礼常胜天子足下，稽首问讯。今奉薄献，愿垂哀受。"中大通元年五月，累遣使贡牙像及塔，并献沉檀等香数十种。六年八月，复使送菩提国真舍利及画塔，并献菩提树叶、詹糖等香。

（《梁书》卷五十四《列传第四十八·诸夷·海南·盘盘国》　793）

丹丹国送牙像及塔

丹丹国，中大通二年，其王遣使奉表曰：〔一〕"伏承圣主至德仁治，信重三宝，佛法兴显，众僧殷集，法事日盛，威严整肃。朝望国执，慈愍苍生，八方六合，莫不归服。化邻诸天，非可言喻。不任庆善，若暂奉见尊足。谨奉送牙像及塔各二躯，并献火齐珠、古贝、杂香药等。"〔二〕

〔一〕中大通二年其王遣使奉表曰　　按本书武帝纪，丹丹国遣使在中大通三年六月。

〔二〕并献火齐珠古贝杂香药等　　"古贝"殿本作"吉贝"。按："吉贝"南史皆作"古贝"，梁书则惟百衲本"古贝""吉贝"杂出，实皆一物，即木棉。

（《梁书》卷五十四《列传第四十八·诸夷·海南·丹丹国》　794）

干陁利国

干陁利国，在南海洲上……

天监元年，其王瞿昙修跋陁罗以四月八日梦见一僧，谓之曰："中国今有圣主，十年之后，佛法大兴。汝若遣使贡奉敬礼，则土地丰乐，商旅百倍；若不信我，则境土不得自安。"修跋陁罗初未能信，既而又梦此僧曰："汝若不信我，当与汝往观之。"乃于梦中来至中国，拜觐天子。既觉，心异之。陁罗本工画，乃写梦中所见高祖容质，饰以丹青，仍遣使并画工奉表献玉盘等物。使人既至，模写高祖形以还其国，比本画则符同焉。因盛以宝函，日加礼敬。后跋陁死，子毗邪跋摩立。十七年，遣长史毗员跋摩奉表曰："常胜天子陛下；诸佛世尊，常乐安乐，六通三达，为世间尊，是名如来。应供正觉，遗形舍利，造诸塔像，庄严国土，如须弥山。邑居聚落，次第罗满，城郭馆宇，如忉利天宫。具足四兵，能伏怨敌。国土安乐，无诸患难，人民和善，受化正法，庆无不通。犹处雪山，流注雪水，八味清净，百川洋溢，周回屈曲，顺趋大海，一切众生，咸得受用。于诸国土，殊胜第一，是名震旦。大梁扬都天子，[一] 仁荫四海，德合天心，虽人是天，降生护世，功德宝藏，救世大悲，为我尊生，威仪具足。是故至诚敬礼天子足下，稽首问讯。奉献金芙蓉、杂香药等，愿垂纳受。"普通元年，复遣使献方物。

〔一〕大梁扬都天子　　"都"各本作"郡"，据《册府元龟》九六八改。按下婆利
　　　　国王遣使奉表亦称"大梁扬都圣王"。

（《梁书》卷五十四《列传第四十八·诸夷·海南·干陁利国》　794）

狼牙修国

狼牙修国，在南海中……天监十四年，遣使阿撤多奉表曰："大吉天子足下：离淫怒痴，哀愍众生，慈心无量。端严相好，身光明朗，如水中月，普照十方。眉间白毫，其白如雪，其色照曜，亦如月光。诸天善神之所供养，以垂正法宝，梵行众增，庄严都邑。城阁高峻，如干陁山。楼观罗列，道途平正。人民炽盛，快乐安稳。着种种衣，犹如天服。于一切国，为极尊胜。天王愍念群生，民人安乐，慈心深广，律仪清净，正法化治，供养三宝，名称宣扬，布满世界，百姓乐见，如月初生。譬如梵王，世界之主，人天一切，莫不归依。敬礼大吉天子足下，犹如现前，忝承先业，庆嘉无量。今遣使问讯大意。欲自往，复畏大海风波不达。今奉薄献，愿大家曲垂领纳。"

（《梁书》卷五十四《列传第四十八·诸夷·海南·狼牙修国》　795）

婆利国

婆利国，在广州东南海中洲上……王乃用班丝布，以璎珞绕身，头着金冠高尺余，形如弁，缀以七宝之饰。带金装剑，偏坐金高坐，以银蹬支足。侍女皆为金花杂宝之饰，或持白耗拂及孔雀扇。王出，以象驾舆，舆以杂香为之，上施羽盖珠帘，其导从吹螺击鼓。王姓憍陈如，自古未通中国。问其先及年数不能记焉，而言白净王夫人即其国女也。

天监十六年，遣使奉表曰："伏承圣王信重三宝，兴立塔寺，校饰庄严，周遍国土。四衢平坦，清净无秽。台殿罗列，状若天宫，壮丽微妙，世无与等。圣王出时，四兵具足，羽仪导从，布满左右……学徒皆至，三乘竞集，敷说正法，云布雨润……大梁扬都圣王无等，临覆上国，有大慈悲，子育万民。平等忍辱，怨亲无二。加以周穷，无所藏积。靡不照烛，如日之明；无不受乐，犹如净月。宰辅贤良，群臣贞信，尽忠奉上，心无异想。伏惟皇帝是我真佛，臣是婆利国主，今敬稽首礼圣王足下，惟愿大王知我此心。此心久矣，非适今也。山海阻远，无缘自达，今故遣使献金席等，表此丹诚。"

（《梁书》卷五十四《列传第四十八·诸夷·海南·婆利国》　796）

中天竺国

中天竺国，在大月支东南数千里，地方三万里，一名身毒……郁金独出罽宾国，华色正黄而细，与芙蓉华裹被莲者相似。国人先取以上佛寺，积日香槁，乃粪去之，贾人从寺中征雇，以转卖与佗国也……至桓帝延熹二年，四年，频从日南徼外来献。魏、晋世，绝不复通。唯吴时扶南王范旃遣亲人苏物使其国，从扶南发投拘利口，循海大湾中正西北入历湾边数国，可一年余到天竺江口，逆水行七千里乃至焉。天竺王惊曰："海滨极远，犹有此人。"即呼令观视国内，仍差陈、宋等二人以月支马四匹报旃，遣物等还，积四年方至。其时吴遣中郎康泰使扶南，及见陈、宋等，具问天竺土俗，云"佛道所兴国也……"

天监初，其王屈多遣长史竺罗达奉表曰："伏闻彼国据江傍海，山川周固，众妙悉备，庄严国土，犹如化城。宫殿庄饰，街巷平坦，人民充满，欢娱安乐。大王出游，四兵随从，圣明仁爱，不害众生。国中臣民，循行正法，大王仁圣，化之以道，慈悲群生，无所遗弃。常修净戒，式导不及，无上法船，沉溺以济。百官氓庶，受乐无恐。诸天护持，万神侍从，天魔降服，莫不归仰。王身端严，如日初出，仁泽普润，犹如大云，于彼震旦，最为殊胜。臣之所住国土，首罗天守护，令国安乐。王王相承，未曾断绝。国中皆七宝形像，众妙庄严，臣自修检，如化王法。臣名屈多，奕世王种。惟愿大王圣体和平。今以此国群臣民庶，山川珍重，一切归属，五体投地，归诚大王。使人竺达多由来忠信，是故今遣。大王若有所须珍奇异物，悉当奉送。此之境土，便是大王之国，王之法令善道，悉当承用。愿二国信使往来不绝。此信返还，愿赐一使，具宣圣命，备敕所宜。款至之诚，望不空返，所白如允，愿加采纳。今奉献琉璃唾壶、杂香、古贝等物。"

（《梁书》卷五十四《列传第四十八·诸夷·海南·中天竺国》　797）

师子国

师子国，天竺旁国也……

晋义熙初，始遣献玉像，经十载乃至。像高四尺二寸，玉色洁润，形制殊特，殆非人工。此像历晋、宋世在瓦官寺，寺先有征士戴安道手制佛像五躯，及顾长康维摩画图，世人谓为三绝。至齐东昏，遂毁玉像，前截臂，次取身，为嬖妾潘贵妃作钗钏。宋元嘉六年，十二年，其王刹利摩诃遣使贡献。

大通元年，后王伽叶伽罗诃梨邪使奉表曰："……我先王以来，唯以修德为本，不严而治。奉事正法道天下，欣人为善，庆若己身，欲与大梁共弘三宝，以度难化。信还，伏听告敕。今奉薄献，愿垂纳受。"

（《梁书》卷五十四《列传第四十八·诸夷·海南·师子国》　800）

扶桑国

扶桑国，在昔未闻也。普通中，有道人称自彼而至，其言元本尤悉，故并录焉。

（《梁书》卷五十四《列传第四十八·诸夷·东夷·朝鲜》　801）

扶桑国者，齐永元元年，其国有沙门慧深来至荆州，说云："……其俗旧无佛法，宋大明二年，罽宾国尝有比丘五人游行至其国，流通佛法、经像，教令出家，风俗遂改。"

（《梁书》卷五十四《列传第四十八·诸夷·东夷·扶桑国》　808）

百济国

百济者，其先东夷有三韩国，一曰马韩，二曰辰韩，三曰弁韩……中大通六年，大同七年，累遣使献方物；并请《涅槃》等经义、《毛诗》博士，并工匠、画师等，敕并给之。

（《梁书》卷五十四《列传第四十八·诸夷·东夷·百济国》　804）

益州立九层佛寺

河南王者，其先出自鲜卑慕容氏……国中有佛法……梁兴，进［休留］代为征西将军。代死，子伏连筹袭爵位。[一]天监十三年，遣使献金装马脑钟二口，又表于益州立九层佛寺，诏许焉。

〔一〕子伏连筹袭爵位　"伏连"各本作"休运"，据《魏书·吐谷浑传》《北史·吐谷浑传》改。

（《梁书》卷五十四《列传第四十八·诸夷·西北诸戎·河南王国》　810）

于阗国

［于阗国］尤敬佛法……大同七年，又献外国刻玉佛。

（《梁书》卷五十四《列传第四十八·诸夷·西北诸戎·于阗国》　814）

波斯国

波斯国，其先有波斯匿王者，子孙以王父字为氏，因为国号。国有城……城外佛寺二三百所……中大通二年，遣使献佛牙。

（《梁书》卷五十四《列传第四十八·诸夷·西北诸戎·波斯国》　815）

石椁寺

［鲍］泉军于石椁寺。誉帅人逆击之，不利而还。

（《梁书》卷五十五《列传第四十九·河东王誉》　830）

侯　景

材官将军宋嶷降贼，因为立计，引玄武湖水灌台城，城外水起数尺，阙前御街并为洪波矣。又烧南岸民居营寺，莫不咸尽。

司州刺史柳仲礼、衡州刺史韦粲、南陵太守陈文彻、宣猛将军李孝钦等，皆来赴援……乃登禅灵寺门楼望之，见韦粲营垒未合，先渡兵击之……是月，百济使至，见城邑丘墟，于端门外号泣，行路见者莫不洒泪。景闻之大怒，送小庄严寺禁止，不听出入……僧辩进军次张公洲。景以卢晖略守石头，纥奚斤守捍国城。悉逼百姓及军士家累入台城内。僧辩焚景水栅，入淮，至禅灵寺渚，景大惊，乃缘淮立栅，自石头至朱雀航……使王伟、索超世、吕季略守台城，宋长贵守延祚寺。

（《梁书》卷五十六《列传第五十·侯景》　844）

宝志、僧通与侯景

天监中，有释宝志曰："掘尾狗子自发狂，当死未死啮人伤，须臾之间自灭亡，起自汝阴死三湘。"又曰："山家小儿果攘臂，太极殿前作虎视。"掘尾狗子，山家小儿，皆猴状。［侯］景遂覆陷都邑，毒害皇室……及景将败，有僧通道人者，意性若狂，饮酒啖肉，不异凡等，世间游行已数十载，姓名乡里，人莫能知。初言隐伏，久乃方验，人并呼为阇梨，景甚信敬之。景尝于后堂与其徒共射，时僧通在坐，夺景弓射景阳山，大呼云"得奴已"。景后又宴集其党，又召僧通，僧通取肉揾盐以进景。问曰："好不？"景答："所恨太咸。"僧通曰："不咸则烂臭。"果以盐封其尸。

（《梁书》卷五十六《列传第五十·侯景》　863）

曾巩梁书目录序

《梁书》，六本纪，五十列传，合五十六篇。唐贞观三年，诏右散骑常侍姚思廉撰。思廉者，梁史官察之子。推其父意，又颇采诸儒谢吴等所记，以成此书。臣等既校正其文字，又集次为目录一篇而叙之曰：

自先王之道不明，百家并起，佛最晚出，为中国之患，而在梁为尤甚，故不得而不论也。盖佛之徒自以谓吾之所得者内，而世之论佛者皆外也，故不可诎；虽然，彼恶睹圣人之内哉。《书》曰："思曰睿，睿作圣。"盖思者，所以致其知也。能致其知者，察三才之道，辩万物之理，小大精粗无不尽也。此之谓穷理，知之至也。知至矣，则在我者之足贵，在彼者之不足玩，未有不能明之者也。有知之之明而不能好之，未可也，故加之诚心以好之；有好之之心而不能乐之，未可也，故加之至意以乐之。能乐之则能安之矣。如是，则万物之自外至者安能累我哉。万物之所不能累，故吾之所以尽其性也。能尽其性则诚矣。诚者，成也，不惑也。既成矣，必充之使可大焉。既大矣，必推之使可化焉。能化矣，则含智之民，肖翘之物，有待于我者，莫不由之以至其性，遂其宜，而吾之用与天地参矣。德如此其至也，而应乎外者未尝不与人同，此吾之道所以为天下之达道也。故与之为衣冠、饮食、冠昏、丧祭之具，而由之以教其为君臣、父子、兄弟、夫妇者，莫不一出乎人情；与之同其吉凶而防其忧患者，莫不一出乎人理。故与之处而安且治之所集也，危且乱之所去也。与之所处者其具如此，使之化者其德如彼，可不谓圣矣乎。既圣矣，则无思也，其至者循理而已；无为也，其动者应物而已。是以覆露乎万物，鼓舞乎群众，而未有能测之者也，可不谓神矣乎。神也者，至妙而不息者也，此圣人之内也。圣人者，道之极也，佛之说其有以易此乎。求其有以易此者，固其所以为失也。夫得于内者，未有不可行于外也；有不可行于外者，斯不得于内矣。《易》曰："智周乎万物而道济乎天下，故不过。"此圣人所以两得之也。智足以知一偏，而不足以尽万事之理，道足以为一方，而不足以适天下之用，此百家之所以两失之也。佛之失其不以此乎。则佛之徒自以谓得诸内者，亦可谓妄矣。

夫学史者将以明一代之得失也，臣等故因梁之事，而为著圣人之所以得及佛之所以失以传之者，使知君子之所以距佛者非外，而有志于内者，庶不以此而易彼也。

臣巩等谨叙目录，昧死上。

（《梁书》卷末《曾巩梁书目录序》　869）

陈 书

诏出佛牙于杜姥宅

庚辰，诏出佛牙于杜姥宅，集四部设无遮大会，高祖亲出阙前礼拜。初，齐故僧统法献于乌缠国得之，常在定林上寺，梁天监末，为摄山庆云寺沙门慧兴保藏，慧兴将终，以属弟慧志，承圣末，慧志密送于高祖，至是乃出。

（《陈书》卷二《本纪第二·高祖下》　34）

开善寺沙门采甘露

［永定元年十一月］己亥，甘露降于钟山松林，弥满岩谷。庚子，开善寺沙门采之以献，敕颁赐群臣。

（《陈书》卷二《本纪第二·高祖下》　35）

大皇寺、庄严寺

［太建十年］六月丁卯，大雨，震大皇寺刹、庄严寺露盘、重阳阁东楼、千秋门内槐树、鸿胪府门。

（《陈书》卷五《本纪第五·宣帝》　92）

耆阇寺、宝田寺

至是隋军南北道并进。［陈］后主遣骠骑大将军、司徒豫章王叔英屯朝（室）〔堂〕，〔一〕萧摩诃屯乐游苑，樊毅屯耆阇寺，鲁广达屯白土冈，忠武将军孔范屯宝田寺。

〔一〕后主遣骠骑大将军司徒豫章王叔英屯朝（室）〔堂〕　"室"当作"堂"，各本并讹，今依《豫章王叔英传》及《通鉴》改。

（《陈书》卷六《本纪第六·后主》　117）

沈皇后诵佛经

[后主沈皇后] 而居处俭约，衣服无锦绣之饰，左右近侍才百许人，唯寻阅图史、诵佛经为事。

（《陈书》卷七《列传第一·后主沈皇后》　130）

香岩寺

及世祖为 [张] 彪所袭，文育时顿城北香岩寺，世祖夜往趋之，因共立栅。

（《陈书》卷八《列传第二·周文育》　139）

陈 详

陈详字文几，少出家为桑门。善书记，谈论清雅。高祖讨侯景，召详，令反初服，配以兵马，从定京邑。

（《陈书》卷十五《列传第九·陈详》　218）

慧 摽

初，沙门慧摽涉猎有才思，及宝应起兵，作五言诗以送之，曰："送马犹临水，离旗稍引风，好看今夜月，当入紫微宫。"宝应得之甚悦。慧摽赍以示 [虞] 寄，寄一览便止，正色无言。摽退，寄谓所亲曰："摽公既以此始，必以此终。"后竟坐是诛。

（《陈书》卷十九《列传第十三·虞荔》　262）

马 枢

马枢字要理，扶风郿人也……六岁，能诵《孝经》《论语》《老子》。及长，博极经史，尤善佛经及《周易》《老子》义。

梁邵陵王纶为南徐州刺史，素闻其名，引为学士。纶时自讲《大品经》，令枢讲《维摩》《老子》《周易》，同日发题，道俗听者二千人。

（《陈书》卷十九《列传第十三·马枢》　264）

王 固

[王] 固清虚寡欲，居丧以孝闻。又崇信佛法，及丁所生母忧，遂终身蔬食，夜则坐禅，昼诵佛经，兼习《成实论》义，而于玄言非所长。尝聘于西魏，因宴飨之际，请停杀一羊，羊于固前跪拜。又宴于昆明池，魏人以南人嗜鱼，大设罟纲，固以佛法咒之，遂一鳞不获。

（《陈书》卷二十一《列传第十五·王固》　282）

周弘正

［周］弘正特善玄言，兼明释典，虽硕学名僧，莫不请质疑滞。

（《陈书》卷二十四《列传第十八·周弘正》 309）

孙　玚

［孙玚］常于山斋设讲肆，集玄儒之士，冬夏资奉，为学者所称。而处己率易，不以名位骄物。时兴皇寺［慧］朗法师该通释典，〔一〕玚每造讲筵，时有抗论，法侣莫不倾心。又巧思过人，为起部尚书，军国器械，多所创立。

〔一〕时兴皇寺朗法师该通释典　　"朗法师"《元龟》八二一作"慧朗法师"。

（《陈书》卷二十五《列传第十九·孙玚》 321）

徐　陵

时宝志上人者，世称其有道，［徐］陵年数岁，家人携以候之，宝志手摩其顶，曰"天上石麒麟也"。光宅惠云法师每嗟陵早成就，谓之颜回。八岁，能属文。十二，通《庄》《老》义。既长，博涉史籍，纵横有口辩。

（《陈书》卷二十六《列传第二十·徐陵》 325）

徐孝克

［徐］孝克，［徐］陵之第三弟也……又剃发为沙门，改名法整，兼乞食以充给焉。［孝克原妻］臧氏亦深念旧恩，数私致馈饷，故不乏绝。后景行战死，臧伺孝克于途中，累日乃见，谓孝克曰："往日之事，非为相负，今既得脱，当归供养。"孝克默然无答。于是归俗，更为夫妻。

后东游，居于钱塘之佳义里，与诸僧讨论释典，遂通《三论》。每日二时讲，旦讲佛经，晚讲《礼》《传》，道俗受业者数百人。天嘉中，除剡令，非其好也，寻复去职。太建四年，征为秘书丞，不就，乃蔬食长斋，持菩萨戒，昼夜讲诵《法华经》，高宗甚嘉其操行。

……

孝克性清素而好施惠，故不免饥寒，后主敕以石头津税给之，孝克悉用设斋写经，随得随尽。二年，为散骑常侍，侍东宫。陈亡，随例入关。家道壁立，所生母患，欲粳米为粥，不能常办。母亡之后，孝克遂常啖麦，有遗粳米者，孝克对而悲泣，终身不复食之焉。

开皇十年，长安疾疫，隋文帝闻其名行，召令于尚书都堂讲《金刚般若经》。寻授国子博士。后侍东宫讲《礼》《传》。

十九年以疾卒，时年七十三。临终，正坐念佛，室内有非常异香气，邻里皆惊异之。

（《陈书》卷二十六《列传第二十·徐陵》　337）

江　总

及魏国通好，敕以〔江〕总及徐陵摄官报聘，总以疾不行。侯景寇京都，诏以总权兼太常卿，守小庙。台城陷，总避难崎岖，累年至会稽郡，憩于龙华寺，乃制《修心赋》，略序时事。其辞曰：

太清四年秋七月，避地于会稽龙华寺。此伽蓝者，余六世祖宋尚书右仆射州陵侯元嘉二十四年之所构也。侯之王父晋护军将军（彪）〔彪〕，〔一〕昔莅此邦，卜居山阴都阳里，贻厥子孙，有终焉之志。寺域则宅之旧基，左江右湖，面山背壑，东西连跨，南北纡萦，聊与苦节名僧，同销日用，晓修经戒，夕览图书，寝处风云，凭栖水月。不意华戎莫辨，朝市倾沦，以此伤情，情可知矣。啜泣濡翰，岂摅郁结，庶后生君子，悯余此概焉。

……奉盛德之鸿祀，寓安禅之古寺，实豫章之旧圃，成黄金之胜地。遂寂默之幽心，若镜中而远寻，面曾阜之超忽，迩平湖之迥深。山条偃蹇，水叶侵淫，挂猿朝落，饥鼯夜吟。果丛药苑，桃蹊橘林，梢云拂日，结暗生阴。保自然之雅趣，鄙人闲之荒杂，望岛屿之遭回，面江源之重沓，泛流月之夜迥，曳光烟之晓匝。风引蜩而嘶噪，雨鸣林而修飒，〔二〕鸟稍狎而知来，云无情而自合。

尔乃野开灵塔，地筑禅居，喜园迢遰，乐树扶疏。经行籍草，宴坐临渠，持戒振锡，度影甘蔬，坚固之林可喻，寂灭之场暂如。异曲终而悲起，非木落而悲始，岂降志而辱身，不露才而扬己。钟风雨之如晦，倦鸡鸣之聒耳，幸避地而高栖，凭调御之遗旨。折四辩之微言，悟三乘之妙理，遣十缠之系缚，祛五惑之尘滓，久遗荣于势利，庶忘累于妻子，感意气于畴日，寄知音于来祀，何远客之可悲，知自怜其何已。

……

总尝自叙其略曰：……弱岁归心释教，年二十余，入钟山就灵曜寺则法师受菩萨戒。暮齿官陈，与摄山布上人游款，深悟苦空，更复练戒，运善于心，行慈于物，颇知自励，而不能蔬菲，尚染尘劳，以此负愧平生耳。

　　总之自叙，时人谓之实录。

　　〔一〕侯之王父晋护军将军（彪）〔彪〕　按江彪《晋书》有传，为江统之子，曾官护军将军，今据改。

　　〔二〕雨鸣林而修飒　"修"字疑讹，傅增湘校《文苑英华》，据宋本改作"翛"。

　　　　　　　　　　　　　（《陈书》卷二十七《列传第二十一·江总》　344）

姚　察

　　〔姚〕察幼年尝就钟山明庆寺尚禅师受菩萨戒，及官陈，禄俸皆舍寺起造，并追为禅师树碑，文甚遒丽。及是，遇见梁国子祭酒萧子云书此寺禅斋诗，览之怆然，乃用萧韵述怀为咏，词又哀切，法俗益以此称之。……

　　年七十四，大业二年，终于东都，遗命薄葬，务从率俭。其略曰："吾家世素士，自有常法。吾意敛以法服，并宜用布，土周于身。又恐汝等不忍行此，必不尔，须松板薄棺，才可周身，土周于棺而已。葬日，止粗车，即送厝旧茔北。吾在梁世，当时年十四，就钟山明庆寺尚禅师受菩萨戒，自尔深悟苦空，颇知回向矣。尝得留连山寺，一去忘归。及仕陈代，诸名流遂许与声价，兼时主恩遇，宦途遂至通显。自入朝来，又蒙恩渥。既牵缠人世，素志弗从。且吾习蔬菲五十余年，既历岁时，循而不失。瞑目之后，不须立灵，置一小床，每日设清水，六斋日设斋食果菜，任家有无，不须别经营也。"初，察愿读一藏经，并已究竟，将终，曾无痛恼，但西向坐，正念，云"一切空寂"。其后身体柔软，颜色如恒。两宫悼惜，赠赙甚厚。

　　察性至孝，有人伦鉴识。冲虚谦逊，不以所长矜人。终日恬静，唯以书记为乐，于坟籍无所不睹。……兼谙识内典，所撰寺塔及众僧文章，特为绮密。在位多所称引，一善可录，无不赏荐。

　　　　　　　　　　　　　（《陈书》卷二十七《列传第二十一·姚察》　352）

傅縡著《明道论》难皓法师《无诤论》

　　〔傅〕縡笃信佛教，从兴皇惠朗法师受《三论》，〔一〕尽通其学。时有大心皓法师著《无诤论》以诋之，縡乃为《明道论》，用释其难。其略曰：

　　《无诤论》言：比有弘《三论》者，雷同诃诋，恣言罪状，历毁诸师，非斥众学，论中道而执偏心，语忘怀而竞独胜，方学数论，更为雠敌，雠敌既构，诤斗大生，以此之心，而成罪业，罪业不止，岂不重增生死，大苦聚集？答曰：《三论》之兴，为日久矣。龙树创其源，除内学之偏见；提婆扬其旨，荡外道之邪执。欲使大化流而不拥，玄风阐而无坠。其言旷，其意远，其道博，其流深。斯固龙象之腾骧，鲲鹏之抟运。(搴)〔骞〕乘决羽，〔一〕岂能觊望其闲哉？顷代浇薄，时无旷士，苟习小学，以化蒙心，渐染成俗，遂迷正路，唯竞穿凿，各肆营造，枝叶徒繁，本源日翳，一师解释，复异一师，更改旧宗，各立新意，同学之中，取寤复别，如是展转，添糅倍多。总而用之，心无的准；择而行之，何者为正？岂不浑沌伤窍，嘉树弊牙？虽复人说非马，家握灵蛇，以无当之卮，同画地之饼矣。其于失道，不亦宜乎？摄山之学，则不如是。守一遵本，无改作之过；约文申意，杜臆断之情。言无预说，理非宿构。睹缘尔乃应，见敌然后动。纵横络驿，忽恍杳冥。或弥纶而不穷，或消散而无所。焕乎有文章，踪朕不可得；深乎不可量，即事而非远。凡相酬对，随理详核。有何嫉诈，干犯诸师？且诸师所说，为是可毁？为不可毁？若可毁者，毁故为衰；若不可毁，毁自不及。法师何独蔽护不听毁乎？且教有大小，备在圣诰，大乘之文，则指斥小道。今弘大法，宁得不言大乘之意耶？斯则褒贬之事，从弘放学；与夺之辞，依经议论。何得见佛说而信顺，在我语而忤逆？无诤平等心如是耶？且忿恚烦恼，凡夫恒性，失理之徒，率皆有此。岂可以三修未惬，六师怀恨，而蕴涅槃妙法，永不宣扬？但冀其忿愤之心既极，恬淡之寤自成耳。人面不同，其心亦异，或有辞意相反，或有心口相符。岂得必谓他人说中道而心偏执，己行无诤，外不违而内平等？雠敌斗讼，岂我事焉；罪业聚集，斗诤者所畏耳。

《无诤论》言：摄山大师诱进化导，则不如此，即习行于无诤者也。导悟之德既往，淳一之风已浇，竞胜之心，呵毁之曲，盛于兹矣。吾愿息诤以通道，让胜以忘德。何必排拂异家，生其恚怒者乎？若以中道之心行于《成实》，亦能不诤；若以偏着之心说于《中论》，亦得有诤。固知诤与不诤，偏在一法。答曰：摄山大师实无诤矣，但法师所赏，未衷其节。彼静守幽谷，寂尔无为，凡有训勉，莫匪同志，从容语嘿，物无闲然，故其意虽深，其言甚约。今之敷畅，地势不然。处王城之隅，居聚落之内，呼吸顾望之客，唇吻纵横之士，奋锋颖，励羽翼，明目张胆，被坚执锐，骋异家，炫别解，窥伺闲隙，邀冀长短，与相酬对，角其轻重，岂得默默无言，唯唯应命？必须搞擿同异，发摘玼瑕，忘身而弘道，忤俗而通教，以此为病，益知未达。若令大师当此之地，亦何必默己，而为法师所贵耶？法师又言："吾愿息诤以通道，让胜以忘德。"道德之事，不止在净与不净，让与不让也。此语直是人闲所重，法师慕而言之，竟未知胜若为可让也。若他人道高，则自胜不劳让矣；他人道劣，则虽让而无益矣。欲让之辞，将非虚设？中道之心，无处不可。《成实》《三论》，何事致乖？但须息守株之解，除胶柱之意，是事皆中也。来旨言"净与不净，偏在一法"。何为独褒无净耶？讵非矛楯？

　　《无诤论》言：邪正得失，胜负是非，必生于心矣，非谓所说之法，而有定相论胜劣也。若异论是非，以偏着为失言，无是无非，消彼得失，以此论为胜妙者，他论所不及，此亦为失也。何者？凡心所破，岂无心于能破，则胜负之心不忘，宁不存胜者乎？斯则矜我为得，弃他之失，即有取舍，大生是非，便是增净。答曰：言为心使，心受言诠；和合根尘，鼓动风气，故成语也。事必由心，实如来说。至于心造伪以使口，口行诈以应心，外和而内险，言随而意逆，求利养，引声名，入道之人，在家之士，斯辈非一。圣人所以曲陈教诫，深致防杜，说见在之殃咎，叙将来之患害，此文明著，甚于日月，犹有忘爱躯，冒峻制，蹈汤炭，甘齑粉，必行而不顾也。岂能悦无诤之作，而回首革音耶？若弘道之人，宣化之士，心知胜也，口言胜也，心知劣也，口言劣也，亦无所苞藏，亦无所忌惮，但直心而行之耳。他道虽劣，圣人之教也；己德虽优，亦圣人之教也。我胜则圣人胜，他劣则圣人劣。圣人之优劣，盖根缘所宜尔。于彼于此，何所厚薄哉？虽复终日按剑，极夜击柝，瞋目以争得失，作气以求胜负，在谁处乎？有心之与无心，徒欲分别虚空耳。何意不许我论说，而使我谦退？此谓鹪（鹏）〔鹏〕已翔于寥廓，[三]而虞者犹窥薮泽而求之。嗟乎！丈夫当弘斯道矣。

　　《无诤论》言：无净之道，通于内外。子所言须净者，此用末而救本，失本而营末者也。今为子言之。何则？若依外典，寻书契之前，至淳之世，朴质其心，行不言之教，当于此时，民至老死不相往来，而各得其所，复有何净乎？固知本（来）〔末〕不净，[四]是物之真矣。答曰：净与无净，不可偏执。本之与末，又安可知？由来不净，宁知非末？于今而净，何验非本？夫居后而望前，则为前；居前而望后，则为后。而前后之事犹如彼此，彼呼此为彼，此呼彼为彼，彼此之名，的居谁处？以此言之，万事可知矣。本末前后，是非善恶，可恒守邪？何得自信聪明，废他耳目？夫水泡生灭，火轮旋转，入牢阱，受羁绁，生忧畏，起烦恼，其失何哉？不与道相应，而起诸见故也。相应者则不然，无为也，无不为也。善恶不能偕，而未曾离善恶，生死不能至，亦终然在生死，故得永离而任放焉。是以圣人念绕桎之不脱，愍黏胶之难离，故殷勤教示，备诸便巧。希向之徒，涉求有类，虽骐角难成，象形易失，宁得不仿佛遐路，勉励短晨？且当念己身之善恶，莫揣他物，而欲分别，而言我聪明，我知见，我计校，我思惟，以此而言，亦为疏矣。他人者实难测，或可是凡夫真尔，亦可是圣人俯同，时俗所宜见，果报所应睹。安得肆胸衿，尽情性，而生讥诮乎？正应虚己而游乎世，俯仰于电露之闲耳。明月在天，众水咸见，清风至林，群籁毕响。吾岂逆物哉？不入鲍鱼，不甘腐鼠。吾岂同物哉？谁能知我，共行斯路。浩浩乎！堂堂乎！岂复见有净为非，无净为是？此则净者自净，无净者自无净，吾俱取而用之。宁劳法师费功夫，点笔纸，但申于无净；弟子疲唇舌，消晷漏，唯对于明道？戏论哉！糟粕哉！必欲且考真伪，暂观得失，无过依贤圣之言，检行藏之理，始终研究，表里综核，使浮辞无所用，诈道自然消。请待后筵，以观其妙矣。

〔一〕从兴皇惠朗法师受三论　　"兴皇"下北监本、汲本、殿本有"寺"字。

〔二〕（骞）〔蹇〕乘决羽　　据殿本改。按《文苑英华》七四七亦作"蹇"。

〔三〕此谓鷦（鹏）〔鹏〕已翔于寥廓　　张森楷校勘记云"鹏"当作"鹏"。按焦明，鸟名，后增鸟旁，张说是，今据改。

〔四〕固知本（来）〔末〕不净　　据《文苑英华》四七四改。按此承上文"用末而救本，失本而营末"言，作"末"是。

（《陈书》卷三十《列传第二十四·傅縡》　401）

章　华

时有吴兴章华，字仲宗，家世农夫，至华独好学，与士君子游处，颇览经史，善属文。侯景之乱，乃游岭南，居罗浮山寺，专精习业。

（《陈书》卷三十《列传第二十四·章华》　406）

谢　贞

［谢贞］父蔺居母阮氏忧，不食泣血而卒，家人宾客惧贞复然，从父洽、族兄皓乃共往华严寺，请长爪禅师为贞说法，仍谓贞曰：“孝子既无兄弟，极须自爱，若忧毁灭性，谁养母邪？”自后少进饘粥。

太清之乱，亲属散亡，贞于江陵陷没，皓逃难番禺，贞母出家于宣明寺。

（《陈书》卷三十二《列传第二十六·孝行·谢贞》　427）

白马寺

［贺］德基少游学于京邑，积年不归，衣资罄乏，又耻服故弊，盛冬止衣夹襦裤。尝于白马寺前逢一妇人，容服甚盛，呼德基入寺门，脱白纶巾以赠之。仍谓德基曰：“君方为重器，不久贫寒，故以此相遗耳。”德基问妪姓名，不答而去。德基于《礼记》称为精明，居以传授，累迁尚书祠部郎。德基虽不至大官，而三世儒学，俱为祠部，时论美其不坠焉。

（《陈书》卷三十三《列传第二十七·儒林·贺德基》　442）

张　讥

后主尝幸钟山开善寺召从臣坐于寺西南松林下，敕召［张］讥竖义。时索麈尾未至，后主敕取松枝，手以属讥，曰“可代麈尾”。顾谓群臣曰“此即是张讥后事”。祯明三年入隋，终于长安，时年七十六。

讥性恬静，不求荣利，常慕闲逸，所居宅营山池，植花果，讲《周易》《老》《庄》而教授焉。吴郡陆元朗、朱孟博、一乘寺沙门法才、法云寺沙门慧休、〔一〕至真观道士姚绥，皆传其业。

〔一〕法云寺沙门慧休　殿本《考证》云“休”《南史》作“拔”。

（《陈书》卷三十三《列传第二十七·儒林·张讥》　444）

陆　庆

时有吴郡陆庆，少好学，遍知五经，尤明《春秋左氏传》，节操甚高……值梁季丧乱，乃覃心释典，经论靡不该究……乃筑室屏居，以禅诵为事，由是传经受业者盖鲜焉。

（《陈书》卷三十三《列传第二十七·儒林·陆庆》　450）

颜　晃

永定二年，高祖幸大庄严寺，其夜甘露降，［颜］晃献《甘露颂》，词义该典，高祖甚奇之。

（《陈书》卷三十四《列传第二十八·文学·颜晃》　456）

陆　瑜

［陆］瑜字干玉。少笃学，美词藻。州举秀才……瑜幼长读书，昼夜不废，聪敏强记，一览无复遗失。尝受《庄》《老》于汝南周弘正，学《成实论》于僧滔法师，并通大旨。时皇太子好学，欲博览群书，以子集繁多，命瑜钞撰，未就而卒，时年四十四。

（《陈书》卷三十四《列传第二十八·文学·陆瑜》　463）

陈叔陵

晋世王公贵人，多葬梅岭，及彭［叔陵母］卒，［陈］叔陵启求于梅岭葬之，乃发故太传谢安旧墓，弃去安柩，以葬其母。初丧之日，伪为哀毁，自称刺血写《涅槃经》，未及十日，乃令庖厨击鲜，日进甘膳。又私召左右妻女，与之奸合，所作尤不轨，侵淫上闻。

（《陈书》卷三十六《列传第三十·始兴王叔陵》　494）

魏　书

诏诸州坑沙门，毁诸佛像

　　[太平真君七年]三月，诏诸州坑沙门，毁诸佛像。徙长安城工巧二千家于京师。车驾旋轸，幸洛水，分军诛李闰叛羌。

（《魏书》卷四下《世祖纪第四下》　100）

邺城毁五层佛图

　　[太平真君七年]夏四月甲申，车驾至自长安。戊子，邺城毁五层佛图，于泥像中得玉玺二，其文皆曰"受命于天，既寿永昌"，其一刻其旁曰"魏所受汉传国玺"。

（《魏书》卷四下《世祖纪第四下》　101）

诏沙门不得去寺

　　[延兴二年四月]癸酉，诏沙门不得去寺浮游民间，行者仰以公文。

（《魏书》卷七上《高祖纪第七上》　137）

建明佛寺

　　[承明元年]冬十月丁巳，起七宝永安行殿……辛未，舆驾幸建明佛寺，大宥罪人。

（《魏书》卷七上《高祖纪第七上》　143）

报德佛寺

　　[太和四年正月]丁巳，罢畜鹰鹞之所，以其地为报德佛寺。

（《魏书》卷七上《高祖纪第七上》　148）

诛沙门法秀

　　沙门法秀谋反，伏诛……诏曰："法秀妖诈乱常，妄说符瑞，兰台御史张求等一百余人，招结奴隶，谋为大逆，有司科以族诛，诚合刑宪。且矜愚重命，〔一〕犹所弗忍。其五族者，降止同祖；三族，止一门；门诛，止身。"

〔一〕且矜愚重命　《北史》卷三、《册府》卷一五〇—八一一页"且"作"但"。
　　　　　　按文义当作"但"。

（《魏书》卷七上《高祖纪第七上》　150）

高祖幸武州山石窟

［太和六年二月］辛巳，［高祖］幸武州山石窟寺，赐贫老者衣服。

（《魏书》卷七上《高祖纪第七上》　151）

［太和七年］五月戊寅朔，［高祖］幸武州山石窟佛寺。

（《魏书》卷七上《高祖纪第七上》　152）

高祖行幸方山石窟

［太和八年］秋七月乙未，［高祖］行幸方山石窟寺。

（《魏书》卷七上《高祖纪第七上》　154）

高祖尤精释义

［孝文帝］雅好读书，手不释卷。五经之义，览之便讲。学不师受，探其精奥。史传百家，无不该涉。善谈《庄》《老》，尤精释义。才藻富赡，好为文章，诗赋铭颂，任兴而作……至年十五，便不复杀生，射猎之事悉止。性俭素，常服瀚濯之衣，鞍勒铁木而已。

（《魏书》卷七下《高祖纪第七下》　187）

刘僧绍

［延昌三年十一月］丁巳，幽州沙门刘僧绍聚众反，自号净居国明法王。州郡捕斩之。

（《魏书》卷八《世宗纪第八》　215）

北魏世宗

［世宗］帝幼有大度，喜怒不形于色。雅性俭素。初，高祖欲观诸子志尚，乃大陈宝物，任其所取，京兆王愉等皆竞取珍玩，帝唯取骨如意而已。高祖大奇之。庶人恂失德，高祖谓彭城王勰曰："吾固疑此儿有非常志相，今果然矣。"乃立为储贰。雅爱经史，尤长释氏之义，每至讲论，连夜忘疲。善风仪，美容貌，临朝渊默，端严若神，有人君之量矣。

（《魏书》卷八《世宗纪第八》　215）

皇太后出俗为尼

[延昌四年] 三月甲辰朔，皇太后出俗为尼，徙御金墉。

（《魏书》卷九《肃宗纪第九》　221）

法　庆

[延昌四年] 六月，沙门法庆聚众反于冀州，杀阜城令，自称"大乘"。

……

[九月] 甲寅，征北元遥破斩法庆及渠帅百余人，传首京师。

（《魏书》卷九《肃宗纪第九》　222）

皇太后幸伊阙石窟寺

[熙平二年四月] 乙卯，皇太后幸伊阙石窟寺，即日还宫。

（《魏书》卷九《肃宗纪第九》　225）

明帝幸南石窟寺

[孝昌二年八月] 戊寅，[明] 帝幸南石窟寺，即日还宫。

（《魏书》卷九《肃宗纪第九》　244）

永宁佛寺

[孝庄] 帝出云龙门。[尔朱] 兆逼帝幸永宁佛寺，杀皇子……甲子，[帝] 崩于 [晋阳] 城内三级佛寺，时年二十四。

（《魏书》卷十《孝庄纪第十》　268）

龙花寺

王既绝言，垂将一纪，居于龙花寺，无所交通。

（《魏书》卷十一《废出三帝纪第十一·前废帝广陵王》　273）

崇训佛寺

[魏] 兰根忌帝雅德，还致毁谤，竟从崔悛议，废帝于崇训佛寺，而立平阳王修为 [孝武] 帝。

（《魏书》卷十一《废出三帝纪第十一·前废帝广陵王》　278）

灵岩寺

[永熙] 二年春正月……己亥，车驾幸嵩高石窟灵岩寺。庚子，又幸，散施各有差。

（《魏书》卷十一《废出三帝纪第十一·出帝平阳王》　286）

报德佛寺、思燕佛图

承明元年，尊曰太皇太后，复临朝听政……高祖诏曰："朕以虚寡，幼纂宝历，仰恃慈明，缉宁四海，欲报之德，正觉是凭，诸鸷鸟伤生之类，宜放之山林。其以此地为太皇太后经始灵塔。"于是罢鹰师曹，以其地为报德佛寺。太后与高祖游于方山，顾瞻川阜，有终焉之志，因谓群臣曰："舜葬苍梧，二妃不从。岂必远祔山陵，然后为贵哉！吾百年之后，神其安此。"高祖乃诏有司营建寿陵于方山，又起永固石室，将终为清庙焉。太和五年起作，八年而成，刊石立碑，颂太后功德。太后以高祖富于春秋，乃作《劝戒歌》三百余章，又作《皇诰》十八篇，文多不载。太后立文宣王庙于长安，〔一〕又立思燕佛图于龙城，皆刊石立碑。

〔一〕太后立文宣王庙于长安　钱氏《考异》卷三八云："按《外戚传》北史卷八〇、《魏书》卷八三上，冯朗追赠燕宣王，立庙长安。'文'当为'燕'之讹。"按冯太后为父燕宣王立庙长安，屡见记载，钱说是。

（《魏书》卷十三《皇后列传第一·文成文明皇后冯氏》　328）

嫔葬以尼礼

神龟元年，太后出觐母武邑君。时天文有变，灵太后欲以后当祸，是夜暴崩，天下冤之。丧还瑶光佛寺，嫔葬皆以尼礼。

（《魏书》卷十三《皇后列传一·宣武皇后高氏》　336）

永宁寺

［灵太后］寻幸永宁寺，亲建刹于九级之基，僧尼士女赴者数万人。及改葬文昭高后，太后不欲令肃宗主事，乃自为丧主。

（《魏书》卷十三《皇后列传一·宣武灵皇后胡氏》　338）

灵太后自落发

有蜜多道人，能胡语，肃宗置于左右。［胡］太后虑其传致消息，三月三日于城南大巷中杀之……及武泰元年，尔朱荣称兵渡河，太后尽召肃宗六宫皆令入道，太后亦自落发。荣遣骑拘送太后及幼主于河阴。太后对荣多所陈说，荣拂衣而起。太后及幼主并沉于河。太后妹冯翊君收瘗于双灵佛寺。出帝时，始葬以后礼而追加谥。

（《魏书》卷十三《皇后列传一·宣武灵皇后胡氏》　340）

嵩高闲居寺

正光五年秋，灵太后对肃宗谓群臣曰："隔绝我母子，不听我往来儿间，复何用我为？放我出家，我当永绝人间，修道于嵩高闲居寺。先帝圣鉴，鉴于未然，本营此寺者正为我今日。"欲自下发。肃宗与群臣大惧，叩头泣涕，殷勤苦请。灵太后声色甚厉，意殊不回。肃宗乃宿于嘉福殿，积数日，遂与太后密谋图叉。肃宗内虽图之，外形弥密，灵太后瞋忿之言，欲得往来显阳之意，皆以告叉。又对叉流涕，叙太后欲出家，忧怖之心。如此密言，日有数四。叉殊不为疑，乃劝肃宗从太后意。于是太后数御显阳，二宫无复禁碍。

（《魏书》卷十六《道武七王列传第四·京兆王》　405）

法　庆

时冀州沙门法庆既为妖幻，遂说勃海人李归伯，归伯合家从之，招率乡人，推法庆为主。法庆以归伯为十住菩萨、平魔军司、定汉王，自号"大乘"。杀一人者为一住菩萨，杀十人为十住菩萨。又合狂药，令人服之，父子兄弟不相知识，唯以杀害为事。于是聚众杀阜城令，破勃海郡，杀害吏人。刺史萧宝夤遣兼长史崔伯骥讨之，败于煮枣城，伯骥战没。凶众遂盛，所在屠灭寺舍，斩戮僧尼，焚烧经像，云新佛出世，除去旧魔。诏以〔元〕遥为使持节、都督北征诸军事，帅步骑十万以讨之。法庆相率攻遥，遥并击破之。遥遣辅国将军张虬等率骑追掩，讨破，擒法庆并其妻尼惠晖等，斩之，传首京师。后擒归伯，戮于都市。

（《魏书》卷十九上《景穆十二王列传第七上·京兆王》　445）

永宁、太上公等佛寺

澄又表曰：……今墉雉素修，厩库崇列，虽府寺胶墼，少有未周，大抵省府粗得庇恳理务，诸寺灵塔俱足致虔讲道。唯明堂辟雍，国礼之大。来冬司徒兵至，请筹量减彻，专力经营，务令早就……灵太后锐于缮兴，在京师则起永宁、太上公等佛寺，功费不少，外州各造五级佛图。又数为一切斋会，施物动至万计。百姓疲于土木之功，金银之价为之踊上，削夺百官事力，费损库藏，兼曲赉左右，日有数千。澄故有此表。

（《魏书》卷十九中《景穆十二王列传第七中·任城王》　478）

元鸾缮起佛寺

[元]鸾爱乐佛道，修持五戒，不饮酒食肉，积岁长斋。缮起佛寺，劝率百姓，共为土木之劳，公私费扰，颇为民患。世宗闻而诏曰："鸾亲唯宗懿，作牧大州，民物殷繁，绥宁所属，宜克己厉诚，崇清树惠，而乃骤相征发，专为烦扰，编户嗷嗷，家怀嗟怨。北州土广，奸乱是由，准法寻愆，应加肃黜。以鸾戚属，情有未忍，可遣使者，以义督责，夺禄一周，微示威罚也。"

（《魏书》卷十九下《景穆十二王列传第七下·城阳王》　510）

元愉崇信佛道

[京兆王元愉]所得谷帛，率多散施。又崇信佛道，用度常至不接。与弟广平王[元]怀颇相夸尚，竞慕奢丽，贪纵不法。

（《魏书》卷二十二《孝文五王列传第十·京兆王》　590）

元怿表谏

时有沙门惠怜者，自云咒水饮人，能差诸病。病人就之者，日有千数。灵太后诏给衣食，事力优重，使于城西之南，治疗百姓病。怿表谏曰："臣闻律深惑众之科，礼绝妖淫之禁，皆所以大明居正，防遏奸邪。昔在汉末，有张角者，亦以此术荧惑当时。论其所行，与今不异。遂能眩诱生人，致黄巾之祸，天下涂炭数十年间，角之由也。昔新垣奸，不登于明堂；五利佞，终婴于显戮。"〔一〕

〔一〕五利佞终婴于显戮　殿本考证云："载怿表谏，终于此句，文尚未了，定系残缺。"《通志》卷八四下此句下有："此事可为至鉴，灵太后深纳之。"按表文未完，并未提出如何处理办法，所谓"深纳之"者何指？知《通志》只是以意补上两句，并非原文。《册府》卷二八八三三九六页"五利佞"作"五利之诈"，又将此句和上"新垣加'之'字奸不登于明堂"移在表首，文义稍顺，当亦以表文不完，意为改易，亦非原文。此传本出《北史》，《北史》此下脱文如何，已不可知。检《通典》卷一六有如下文字：

孝明帝时，清河王怿以官人失序，上表曰："孝文帝制出身之人，本以门品高下有恒。若准资荫，自公卿令仆之子，甲乙丙丁之族，上则散骑秘着，下逮御史长兼，皆条例昭然，文无亏没。自此或身非三事之子，解褐公府正佐；地非甲乙之类，而得上宰行僚。自兹以降，亦多乖舛。且参军事专，非出身之职，今必释褐而居；秘着本为起家之官，今或迁转以至。斯皆仰失先准，有违明令。非所谓式遵遗范，奉顺成规。此虽官人之失，相循已久，然推其弥漫，抑亦有由。何者？信一人之明，当九流之广，必令该鉴氏族，辨照人伦，才识有限，固难审悉。所以州置中正之官，清定门胄，品藻高卑，四海画一，专尸衡石，任实不轻。故自置中正以来，暨于太和之日，莫不高拟其人，妙尽兹选。皆须名位重于乡国，才德允于具瞻，然后可以品裁州郡，综核人物。今之所置，多非其人，乞明为敕制，使官人选才，备依先旨，无令能否乖方，违才易务。并革退中正，一依前轨。庶清源有归，流序允穆。"灵太后诏依表施行而终不能用。

《通典》所载北魏诏令章奏一般即出魏书，如此文上面所引高佑、韩显宗两疏皆见本传，则上引元怿表也必出《魏书》本传原文。《北史》于诏令章奏多删去不录，或节略。此表可能不录，但亦应记其事。今此传一无所见，疑"五利侥"云云下所脱不止谏优重惠怜表后段，并脱元怿上表论选举事。

（《魏书》卷二十二《孝文五王列传第十·清河王》　591）

元　悦

汝南王〔元〕悦，好读佛经，览书史。为性不伦，俶傥难测。悦妃闾氏，即东海公之女也，生一子，不见礼答。有崔延夏者，以左道与悦游，合服仙药松术之属。时轻与出采芝，宿于城外小人之所。遂断酒肉粟稻，唯食麦饭。又绝房中而更好男色。

（《魏书》卷二十二《孝文五王列传第十·汝南王悦》　593）

沙门寺

僧渊卒，年七十余。伯骥虽往奔赴，不敢入家，哭沙门寺。

（《魏书》卷二十四《列传第十二·崔玄伯》　633）

叔孙建

〔叔孙〕建表曰："臣前遣沙门僧护诣彭城。僧护还称，贼发军向北，前锋将徐卓之已至彭城，大将军到彦之军在泗口，发马戒严，必有举斧之志。臣闻为国之道，存不忘亡。宜缮甲兵，增益屯戍，先为之备，以待其来……"

（《魏书》卷二十九《列传第十七·叔孙建》　704）

讨沙门法秀

〔于栗碑〕长子烈……从幸中山，车驾还次肆州，司空苟颓表沙门法秀眩惑百姓，潜谋不轨，诏烈与吏部尚书阙丞祖驰驿讨之。会秀已平，转左卫将军，赐爵昌国子。

（《魏书》卷三十一《列传第十九·于栗碑》　737）

崔　浩

〔崔〕浩非毁佛法，而妻郭氏敬好释典，时时读诵。浩怒，取而焚之，捐灰于厕中。及浩幽执，置之槛内，送于城南，使卫士数十人溲其上，呼声嗷嗷，闻于行路。自宰司之被戮辱，未有如浩者，世皆以为报应之验也……浩既不信佛、道，〔崔〕模深所归向，每虽粪土之中，礼拜形像。浩大笑之，云："持此头颅不净处跪是胡神也。"

（《魏书》卷三十五《列传第二十三·崔浩》　826）

昙无谶

初，蒙逊有西域沙门昙无谶，微有方术。世祖诏〔李〕顺令蒙逊送之京邑。顺受蒙逊金，听其杀之。世祖克凉州后，闻而嫌顺。

（《魏书》卷三十六《列传第二十四·李顺》　833）

李同轨

〔李〕熙族孙〔李〕同轨。〔一〕体貌魁岸，腰带十围。学综诸经，多所治诵，兼读释氏，又好医术……永熙二年，出帝幸平等寺，僧徒讲说，敕同轨论难，音韵闲朗，往复可观，出帝善之……兴和中，兼通直散骑常侍，使萧衍。衍深耽释学，遂集名僧于其爱敬、同泰二寺，讲《涅槃大品经》，引同轨预席，衍兼遣其臣并共观听。同轨论难久之，道俗咸以为善。

〔一〕熙族孙同轨　按卷八四《儒林传》也有《同轨传》，除《传》首不同及《传》末无"同轨弟幼举"外，文字全同，实是一人二传参卷八四校记〔一〕。

（《魏书》卷三十六《列传第二十四·李顺》　848）

王慧龙

王慧龙，自云太原晋阳人，司马德宗尚书仆射〔王〕愉之孙，散骑侍郎〔王〕缉之子也……初，刘裕微时，愉不为礼，及得志，愉合家见诛。慧龙年十四，为沙门僧彬所匿。百余日，将慧龙过江，为津人所疑，曰："行意匆匆彷徨，得非王氏诸子乎？"僧彬曰："贫道从师有年，止西岸，今暂欲定省，还期无远，此随吾受业者，何至如君言。"既济，遂西上江陵，依叔祖忱故吏荆州前治中习辟疆……又与僧彬北诣襄阳。司马德宗雍州刺史鲁宗之资给慧龙，送渡江，遂自虎牢奔于姚兴……及鲁宗之子轨奔姚兴，后归国，云慧龙是王愉家竖，僧彬所通生也……真君元年，拜［王慧龙］使持节、宁南将军、虎牢镇都副将。未至镇而卒……时制，南人入国者皆葬桑乾。晔等申遗意，诏许之。赠安南将军、荆州刺史，谥穆侯。吏人及将士共于墓所起佛寺，图慧龙及僧彬象赞之。吕玄伯感全宥之恩，留守墓侧，终身不去。

（《魏书》卷三十八《列传第二十六·王慧龙》 875）

武邑郡奸人告沙门道可与源贺谋反

武邑郡奸人石华告沙门道可与［源］贺谋反，有司以闻。高宗谓群臣曰："贺诚心事国，朕为卿等保之，无此明矣。"乃精加讯检，华果引诬。

（《魏书》卷四十一《列传第二十九·源贺》 921）

讨沙门法秀

大驾行幸三川，［苟］颓留守京师，沙门法秀谋反，颓率禁卫收掩毕获，内外晏然。

（《魏书》卷四十四《列传第三十二·苟颓》 994）

裴 宣

［裴］务弟［裴］宣，字叔令，通辩博物，早有声誉。少孤，事母兄以孝友称……高祖曾集沙门讲佛经，因命宣论难，甚有理诣，高祖称善。

（《魏书》卷四十五《列传第三十三·裴骏》 1023）

高 允

［高允］又雅信佛道，时设斋讲，好生恶杀。性又简至，不妄交游。

（《魏书》卷四十八《列传第三十六·高允》 1089）

李玚上言

于时民多绝户而为沙门，［李］玚上言："礼以教世，法导将来，迹用既殊，区流亦别。故三千之罪，莫大不孝，不孝之大，无过于绝祀。然则绝祀之罪，重莫甚焉。安得轻纵背礼之情，而肆其向法之意也？正使佛道，亦不应然，假令听然，犹须裁之以礼。一身亲老，弃家绝养，既非人理，尤乖礼情，堙灭大伦，且阙王贯。交缺当世之礼，而求将来之益，孔子云'未知生，焉知死'，斯言之至，亦为备矣。安有弃堂堂之政，而从鬼教乎！又今南服未静，众役仍烦，百姓之情，方多避役。若复听之，恐捐弃孝慈，比屋而是。"沙门都统僧暹等忿玚鬼教之言，以玚为谤毁佛法，泣诉灵太后，太后责之。玚自理曰："窃欲清明佛法，使道俗兼通，非敢排弃真学，妄为訾毁。且鬼神之名，皆通灵达称，自百代正典，叙三皇五帝，皆号为鬼。天地曰神祇，人死曰鬼。《易》曰'知鬼神之情状'，周公自美，亦云'能事鬼神'，《礼》曰'明则有礼乐，幽则有鬼神'。是以明者为堂堂，幽者为鬼教。佛非天非地，本出于人，应世导俗，其道幽隐，名之为鬼，愚谓非谤。且心无不善，以佛道为教者，正可未达众妙之门耳。"灵太后虽知玚言为允，然不免暹等之意，犹罚玚金一两。[一]

〔一〕犹罚玚金一两　诸本"犹"讹"独"，今据《北史》卷三三《李孝伯附李玚传》、《册府》卷五三〇六三三五页改。

（《魏书》卷五十三《列传第四十一·李孝伯》　1177）

高　闾

高允以〔高〕闾文章富逸，举以自代，遂为显祖所知，数见引接，参论政治。命造《鹿苑颂》《北伐碑》，显祖善之。

（《魏书》卷五十四《列传第四十二·高闾》　1198）

刘　芳

〔刘芳〕聪敏过人，笃志坟典。昼则佣书，以自资给，夜则读诵，终夕不寝，至有易衣并日之弊，而澹然自守，不汲汲于荣利，不戚戚于贱贫，乃著《穷通论》以自慰焉。

芳常为诸僧佣写经论，笔迹称善，卷直以一缣，岁中能入百余匹，如此数十年，[一]赖以颇振。由是与德学大僧，多有还往。时有南方沙门惠度以事被责，未几暴亡，芳因缘关知，文明太后召入禁中，鞭之一百。时中官李丰主其始末，知芳笃学有志行，言之于太后，太后微愧于心。

〔一〕如此数十年　《北史》卷四二《刘芳传》无"十"字，按芳北徙当在元弘皇兴二年四六八。《南齐书》卷五七《魏虏传》记刘缵使魏，在永明元年，即魏太和七年四八三。此《传》称芳此时"擢兼主客郎，与缵相接"。自四六八年至此十六年。当是本作"十数年"，误倒为"数十年"。

（《魏书》卷五十五《列传第四十三·刘芳》　1219）

萧　赞

［萧］赞既弃州为沙门，潜诣长白山，未几，趣白鹿山。至阳平，遇病而卒，时年三十一。

（《魏书》卷五十九《列传第四十七·萧宝寅》　1326）

韩显宗与法抚

兴宗弟显宗，字茂亲。性刚直，能面折庭诤，亦有才学。沙门法抚，三齐称其聪悟，常与显宗校试，抄百余人名，各读一遍，随即覆呼，法抚犹有一二舛谬，显宗了无误错。法抚叹曰："贫道生平以来，唯服郎耳。"

（《魏书》卷六十《列传第四十八·韩麒麟》　1337）

程骏上表

沙门法秀谋反伏诛。［程］骏表曰："臣闻《诗》之作也，盖以言志。迩之事父，远之事君，关诸风俗，靡不备焉。上可以颂美圣德，下可以申厚风化，言之者无罪，闻之者足以诫。此古人用诗之本意。臣以垂没之年，得逢盛明之运，虽复昏耄将及，犹慕廉颇强饭之风。伏惟陛下，太皇太后，道合天地，明侔日月，则天与唐风斯穆，顺帝与周道通灵。是以狂妖怀逆，无隐谋之地；冥灵潜翦，伏发觉之诛。用能七庙幽赞，人神扶助者已。臣不胜喜踊。谨竭老钝之思，上《庆国颂》十六章，并序巡狩、甘雨之德焉。"其颂曰：……忽有狂竖，谋逆圣都。明灵幽告，发觉伏诛。羿浞为乱，祖龙千纪。狂华冬茂，有自来矣。美哉皇度，道固千祀。百灵潜翦，奸不遑起。奸不遑起，罪人得情。宪章刑律，五秩犹轻。于穆二圣，仁等春生。除弃周汉，遐轨牺庭。周汉奚弃？忿彼苛刻。牺庭曷轨？希仁尚德。徽音一振，声教四塞。岂惟京甸，化播万国。

（《魏书》卷六十《列传第四十八·程骏》　1347）

张彝造寺，名曰兴皇

［秦州刺史张］彝敷政陇右，多所制立，宣布新风，革其旧俗，民庶爱仰之。为国造佛寺名曰兴皇，诸有罪咎者，随其轻重，谪为土木之功，无复鞭杖之罚……虽年向六十，加之风疾，而自强人事，孜孜无怠。公私法集，

衣冠从事；延请道俗，修营斋讲；好善钦贤，爱奖人物。南北新旧，莫不多之。［后住京城因后变，其子始均被投火中］……彝仅有余命，沙门寺与其比邻，舆致于寺。远近闻见，莫不惋骇。

（《魏书》卷六十四《列传第五十二·张彝》　1428）

邢　晏

［邢］季彦弟晏，字幼平，美风仪，博涉经史，善谈释老，雅好文咏。

（《魏书》卷六十五《列传第五十三·邢峦》　1448）

崔光上表谏灵太后

［神龟］二年八月，灵太后幸永宁寺，躬登九层佛图。［崔］光表谏曰："伏见亲升上级，仾踬表刹之下，祇心图构，诚为福善。圣躬玉趾，非所践陟，臣庶恇惶，窃谓未可。按《礼记》：'为人子者，不登高，不临深。'古贤有言：策画失于庙堂，大人蹶于中野。《汉书》：上欲西驰下峻坂，爰盎揽辔停舆曰：'臣闻千金之子不垂堂，百金之子不倚衡，如有车败马惊，奈高庙太后何？'又云：上酎祭宗庙，出，欲御楼船。[一]薛广德免冠顿首，曰：'宜从桥，陛下不听臣，臣以血污车轮。'乐正子春，曾参弟子，亦称至孝，固自谨慎，堂基不过一尺，犹有伤足之愧。永宁累级，阁道回隘，以柔懦之宝体，乘至峻之重峭，万一差跌，千悔何追？《礼》，将祭宗庙，必散斋七日，致斋三日，然后入祀，神明可得而通。今虽容像未建，已为神明之宅。方加雕缋，饰丽丹青，人心所祇，锐观滋甚，登者既众，异怀若面。纵一人之身恒尽诚洁，岂左右臣妾各竭虔仰？[二]不可独升，必有扈侍，惧或忘慎，非饮酒茹荤而已。昨风霾暴兴，红尘四塞，白日昼昏，特可敬畏。《春秋》，宋、卫、陈、郑同日而灾，伯姬待姆，致焚如之祸……《内经》，宝塔高华，堪室千万，唯盛言香花礼拜，岂有登上之义。独称三宝阶，从上而下，人天交接，两得相见，超世奇绝，莫可而拟。恭敬拜跽，悉在下级。远存瞩眺，周见山河，因其所眄，增发嬉笑。未能级级加虔，步步崇慎，徒使京邑士女，公私凑集。上行下从，理势以然，迄于无穷，岂长世竞慕一登而可抑断哉？盖心信为本，形敬乃末，重实轻根，靖实躁君，恭己正南面者，岂月乘峻极，旬御层阶。今经始既就，子来自劝，基构已兴，雕绚渐起，紫山华台，即其宫也。伏愿息躬亲之劳，广风靡之化，因立制防，班之条限，以遏

嚣污，永归清寂。下竭肃穆之诚，上展瞻仰之敬，勿践勿履，显固亿龄，融教阐悟，不其博欤。"

〔一〕上酹祭宗庙出欲御楼船　诸本"宗"字，《册府》卷三二六三八五九页有。按《汉书》卷七一《薛广德传》作"宗庙"，"宗"字不宜省，今补。又《册府》"出"下有"便门"二字，与《汉书》合，但无此二字亦通，今不补。

〔二〕岂左右臣妾各竭虔仰　诸本"臣"字缺，今据《册府》同上卷页补。

（《魏书》卷六十七《列传第五十五·崔光》　1495）

崔　光

［崔光］崇信佛法，礼拜读诵，老而逾甚，终日怡怡，未曾恚忿。曾于门下省昼坐读经，有鸽飞集膝前，遂入于怀，缘臂上肩，久之乃去。道俗赞咏诗颂者数十人。每为沙门朝贵请讲《维摩》《十地经》，听者常数百人，即为二经义疏三十余卷。识者知其疏略，以贵重为后坐（疑）于讲次。凡所为诗赋铭赞咏颂表启数百篇，五十余卷，别有集。

（《魏书》卷六十七《列传第五十五·崔光》　1499）

崔敬友

［崔］光弟敬友，本州治中……敬友精心佛道，昼夜诵经。免丧之后，遂菜食终世。恭宽接下，修身厉节。自景明已降，频岁不登，饥寒请丐者，皆取足而去。又置逆旅于肃然山南大路之北，设食以供行者。延昌三年二月卒，年五十九。

（《魏书》卷六十七《列传第五十五·崔光》　1501）

崔长文

［崔］光从祖弟长文，字景翰……永安中，以老拜征虏将军、平州刺史。还家专读佛经，不关世事。年七十九，天平初卒。

（《魏书》卷六十七《列传第五十五·崔光》　1506）

阳　尼

阳尼，字景文，北平无终人。少好学，博通群籍，与上谷侯天护、顿丘李彪同志齐名。幽州刺史胡泥以尼学艺文雅，乃表荐之。征拜秘书著作郎，奏佛道宜在史录。

（《魏书》卷七十二《列传第六十·阳尼》　1601）

李叔宝、李归伯与法庆

延昌末，［李］叔宝为弟台户及从弟归伯同沙门法庆反，陷破郡县，叔宝当坐，遇病死于洛阳狱。

（《魏书》卷七十二《列传第六十·李叔虎》　1617）

奚康生

［奚］康生久为将，及临州尹，多所杀戮。而乃信向佛道，数舍其居宅以立寺塔。凡历四州，皆有建置。死时年五十四……康生于南山立佛图三层，先死忽梦崩坏。沙门有为解云："檀越当不吉利，无人供养佛图，故崩耳。"康生称然。竟及祸。灵太后反政，赠都督冀瀛沧三州军事、骠骑大将军、司空公、冀州刺史，又追封寿张县开国侯，食邑一千户。

（《魏书》卷七十三《列传第六十一·奚康生》　1633）

永宁佛寺

［庄］帝步出云龙门外，为［尔朱］兆骑所縶，幽于永宁佛寺。兆扑杀皇子，污辱妃嫔，纵兵虏掠。停洛旬余，先命卫送庄帝于晋阳。兆后于河梁监阅财货，遂害帝于三级寺。〔一〕

〔一〕遂害帝于三级寺　诸本"三"作"五"，卷一〇《庄帝纪》及《通鉴》卷一五四四七九三页作"三"。按《洛阳伽蓝记》卷一永宁寺条叙述此事也作"三级寺"。本书卷一一二上《灵征志》上称永熙三年三月"并州三级寺南门灾"。"五"字讹，今改正。

（《魏书》卷七十五《列传第六十三·尔朱兆》　1662）

灵太后曾幸邙山集僧尼斋会

灵太后曾幸邙山，集僧尼斋会，公卿尽在坐，会事将终，太后引见［羊］深，欣然劳问之。……太后顾谓左右曰："羊深真忠臣也。"举坐倾心。

（《魏书》卷七十七《列传第六十五·羊深》　1703）

高谦之

［高谦之］以父舅氏沮渠蒙逊曾据凉土，国书漏阙，谦之乃修《凉书》十卷，行于世。凉国盛事佛道，为论贬之，因称佛是九流之一家。当世名士，竞以佛理来难，谦之还以佛义对之，竟不能屈。

（《魏书》卷七十七《列传第六十五·高崇》　1710）

张普惠上疏论佛教

[张] 普惠又表乞朝直之日，时听奉见。自此之后，月一陛见。又以肃宗不亲视朝，过崇佛法，郊庙之事，多委有司，上疏曰："臣闻明德恤祀，成汤光六百之祚；严父配天，孔子称周公其人也。故能馨香上闻，福传遐世。伏惟陛下重晖纂统，钦明文思，天地属心，百神伫望。故宜敦崇祀礼，咸秩无文。而告朔朝庙，不亲于明堂；尝禘郊社，多委于有司。观射游苑，跃马骋中，危而非典，岂清跸之意。殖不思之冥业，损巨费于生民。减禄削力，近供无事之僧；崇饰云殿，远邀未然之报。昧爽之臣，稽首于外；玄寂之众，遨游于内。忿礼忤时，人灵未穆。愚谓从朝夕之因，〔一〕求只劫之果，未若先万国之忻心，以事其亲，使天下和平，灾害不生者也。伏愿淑慎威仪，万邦作式，躬致郊庙之虔，亲纡朔望之礼，释奠成均，竭心千亩，明发不寐。洁诚禋祼，孝悌可以通神明，德教可以光四海，则一人有喜，兆民赖之。然后精进三宝，信心如来。道由礼深，故诸漏可尽；法随礼积，故彼岸可登。量撤僧寺不急之华，还复百官久折之秩。已兴之构，务从简成；将来之造，权令停息。仍旧亦可，何必改作。庶节用爱人，法俗俱赖。臣学不经远，言多孟浪，忝职其忧，不敢默尔。"寻别敕付外，议释奠之礼。

〔一〕愚谓从朝夕之因　《通鉴》卷一四八四六三六页"从"作"修"，疑是。

（《魏书》卷七十八《列传第六十六·张普惠》　1737）

鹿　悆

[鹿] 悆好兵书、阴阳、释氏之学。太师、彭城王勰召为馆客。

（《魏书》卷七十九《列传第六十七·鹿悆》　1761）

永宁寺塔

永宁寺塔大兴，〔一〕经营务广，灵太后曾幸作所，凡有顾问，[张] 熠敷陈指画，无所遗阙，太后善之。久之，除冠军将军、中散大夫。

〔一〕永宁寺塔大兴　诸本"永宁"下有"中"字。按魏无"永宁"年号。永宁是寺名，屡见本书，"中"字衍，今删。

杜按：《北史》本传（1766）"熠"作"耀"，所录与佛教有关事，与《魏书》同。

（《魏书》卷七十九《列传第六十七·张熠》　1766）

冯　熙

洛阳虽经破乱，而旧《三字石经》宛然犹在，至［冯］熙与常伯夫相继为州，废毁分用，大至颓落。熙为政不能仁厚，而信佛法，自出家财，在诸州镇建佛图精舍，合七十二处，写一十六部一切经。延致名德沙门，日与讲论，精勤不倦，所费亦不赀。而在诸州营塔寺多在高山秀阜，伤杀人牛。有沙门劝止之，熙曰："成就后，人唯见佛图，焉知杀人牛也。"其北邙寺碑文，中书侍郎贾元寿之词。高祖频登北邙寺，亲读碑文，称为佳作。熙为州，因事取人子女为奴婢，有容色者幸之为妾，有子女数十人，号为贪纵。

（《魏书》卷八十三上《列传外戚第七十一上·冯熙》　1819）

胡国珍

［胡］国珍年虽笃老，而雅敬佛法，时事斋洁，自强礼拜。至于出入侍从，犹能跨马据鞍。神龟元年四月七日，步从所建佛法像，发第至阊阖门四五里。八日，又立观像，晚乃肯坐。劳热增甚，因遂寝疾。灵太后亲侍药膳。十二日薨，年八十。给东园温明秘器、五时朝服各一具、衣一袭，赠布五千匹、钱一百万、蜡千斤。大鸿胪持节监护丧事。太后还宫，成服于九龙殿，遂居九龙寝室。肃宗服小功服，举哀于太极东堂。又诏自始薨至七七，皆为设千僧斋，令七人出家；百日设万人斋。二七人出家。先是巫觋言将有凶，劝令为厌胜之法。国珍拒而不从，云吉凶有定分，唯修德以禳之。临死与太后诀云："母子善治天下，以万人之心，勿视大臣面也。"殷勤至于再三。

（《魏书》卷八十三《列传外戚第七十一下·胡国珍》　1834）

孙惠蔚

魏初已来，儒生寒宦，［孙］惠蔚最为显达。先单名蔚，正始中，侍讲禁内，夜论佛经，有惬帝皆，诏使加"惠"，号惠蔚法师焉。神龟元年卒于官，时年六十七。

（《魏书》卷八十四《列传儒林第七十二·孙惠蔚》　1854）

卢景裕

卢景裕，字仲儒，小字白头，范阳涿人也……情均郊野，谦恭守道，贞素自得。由是世号居士……先是景裕注《周易》《尚书》《孝经》《论语》《礼记》《老子》，其《毛诗》《春秋左氏》未讫。齐文襄王入相，于第开讲，招延时俊，令景裕解所注《易》。景裕理义精微，吐发闲雅。时有问难，或相诋诃，大声厉色，言至不逊，而景裕神彩俨然，风调如一，从容往复，无际可寻。由是士君子嗟美之。

初，元颢入洛，[一]以为中书郎。普泰初，复除国子博士。进退其间，未曾有得失之色。性清静，淡于荣利，弊衣粗食，恬然自安，终日端严，如对宾客。兴和中，补齐王开府属，卒于晋阳，齐献武王悼惜之。

景裕虽不聚徒教授，所注《易》大行于世。又好释氏，通其大义。天竺胡沙门道悕每论诸经论，辄托景裕为之序。景裕之败也，系晋阳狱，至心诵经，枷锁自脱。是时又有人负罪当死，梦沙门教讲经，觉时如所梦，默诵千遍，临刑刀折，主者以闻，赦之。此经遂行于世，号曰《高王观世音》。

〔一〕初元颢入洛　诸本无"初"字，《北史》卷三〇《卢同附卢景裕传》有。元
　　颢事在前，前文叙事已至东魏末高澄当国时，李慈铭、张森楷均谓有误。
　　李且谓"除国子博士前已载之，何必复出，《北史》于'元颢'上加一
　　'初'字亦非。"按这是追叙以前官位升退，刁冲"未曾有得失之色"，本非
　　记历官。此传本出《北史》，乃是脱"初"字，遂似叙事颠倒，今据补。

（《魏书》卷八十四《列传儒林第七十二·卢景裕》　1859）

李同轨

李同轨，赵郡高邑人，阳夏太守义深之弟。体貌魁岸，腰带十围，学综诸经，多所治诵，兼读释氏，又好医术。年二十二，举秀才，射策，除奉朝请，领国子助教。转著作郎，典仪注，修国史，迁国子博士，加征虏将军。永熙二年，出帝幸平等寺，僧徒讲法，敕同轨论难，音韵闲朗，往复可观，出帝善之。三年春，释菜，诏延公卿学官于显阳殿，敕祭酒刘廞讲《孝经》，黄门李郁讲《礼记》，中书舍人卢景宣解《大戴礼·夏小正篇》。时广招儒学，引令预听。同轨经义素优，辩析兼美，而不得执经，深为慨恨。天平中，转中书侍郎。兴和中，兼通直散骑常侍，使萧衍，衍深耽释学，遂集名僧于其爱敬、同泰二寺，讲《涅槃大品经》，引同轨预席。衍兼遣其朝臣并共观听。同轨论难久之，道俗咸以为善。卢景裕卒，齐献武王引同轨在馆教诸公子，甚加礼之。每旦入授，日暮始归。缁素请业者，同轨夜为说解，四

时恒尔，不以为倦。武定四年夏卒，年四十七。时人伤惜之，齐献武王亦殊嗟悼，赠襚甚厚。赠骠骑大将军、瀛州刺史，谥曰康。

（《魏书》卷八十四《列传儒林第七十二·李同轨》　1860）

法　庆

时沙门法庆反于冀州，虽大军讨破，而妖帅尚未枭除，诏［谷］楷诣冀州追捕，皆擒获之。

（《魏书》卷八十九上《列传酷吏第七十七·谷楷》　1926）

冯　亮

冯亮，字灵通，南阳人，萧衍平北将军蔡道恭之甥也。少博览诸书，又笃好佛理。随道恭至义阳，会中山王英平义阳而获焉。英素闻其名，以礼待接。亮性清净，至洛，隐居嵩高，感英之德，以时展勤。及英亡，亮奔赴，尽其哀恸。

世宗尝召以为羽林监，领中书舍人，将令侍讲《十地》诸经，固辞不拜。又欲使衣帻入见，亮苦求以幅巾就朝，遂不强逼。还山数年，与僧徒礼诵为业，蔬食饮水，有终焉之志。会逆人王敞事发，连山中沙门，而亮被执赴尚书省，十余日，诏特免雪。亮不敢还山，遂寓居景明寺。敕给衣食及其从者数人。后思其旧居，复还山室。亮既雅爱山水，又兼巧思，结架岩林，甚得栖游之适，颇以此闻。世宗给其工力，[一]令与沙门统僧暹、河南尹甄琛等，周视嵩高形胜之处，遂造闲居佛寺。林泉既奇，营制又美，曲尽山居之妙。亮时出京师。延昌二年冬，因遇笃疾，世宗敕以马舆送令还山，居嵩高道场寺。数日而卒。诏赠帛二百匹，以供凶事。遗诫兄子综，敛以衣帢，左手持板，右手执《孝经》一卷，置尸盘石上，去人数里外。积十余日，乃焚于山。以灰烬处，起佛塔经藏。

初，亮以盛冬丧，时连日骤雪，穷山荒涧，乌兽饥窘，僵尸山野，无所防护。时寿春道人惠需，每旦往看其尸，拂去尘霰。禽虫之迹，交横左右，而初无侵毁，衣服如本，惟风吹帢巾。又以亮识旧南方法师信大栗十枚，言期之将来十地果报，开亮手以置把中。经宿，乃为虫乌盗食，皮壳在地，而亦不伤肌体。焚燎之日，有素雾蓊郁，回绕其傍，自地属天，弥朝不绝。山中道俗营助者百余人，莫不异焉。

〔一〕世宗给其工力　诸本"世宗"作"世祖"，《北史》卷八八作"宣武"。按上已见"世宗"，"祖"是"宗"之讹，今据改。

（《魏书》卷九十《列传逸士第七十八·冯亮》　1931）

殷绍

殷绍，长乐人也。少聪敏，好阴阳术数，游学诸方，达九章、七曜。世祖时为算生博士，给事东宫西曹，以艺术为恭宗所知。太安四年夏，上《四序堪舆》，表曰："臣以姚氏之世，行学伊川，时遇游遁大儒成公兴，从求九章要术。兴字广明，自云胶东人也。山居隐迹，希在人间。兴时将臣南到阳翟九崖岩沙门释昙影间。兴即北还，臣独留住，依止影所，求请九章。影复将臣向长广东山见道人法穆。法穆时共影为臣开述九章数家杂要，披释章次意况大旨。又演隐审五藏六府心髓血脉，商功大算端部，变化玄象，土圭、《周髀》。练精锐思，蕴习四年，从穆所闻，粗皆仿佛。穆等仁矜，特垂忧闵，复以先师和公所注黄帝《四序经》文三十六卷，合有三百二十四章，专说天地阴阳之本……以此等文传授于臣。山神禁严，不得赍出，寻究经年，粗举纲要。山居险难，无以自供，不堪窘迫，心生懈怠。以甲寅之年，日维鹑火，月吕林钟，景气郁盛，感物怀归，奉辞影等。自尔至今，四十五载。历观时俗堪舆八会，径世已久，传写谬误，吉凶禁忌，不能备悉。或考良日而值恶会，举吉用凶，多逢殃咎……仰奉明旨，谨审先所见《四序经》文，抄撮要略……请付中秘通儒达士，定其得失。事若可施，乞即班用。"其《四序堪舆》遂大行于世。

（《魏书》卷九十一《列传艺术第七十九·殷绍》　1955）

李修

李修，字思祖，本阳平馆陶人。父亮，少学医术，未能精究。世祖时，奔刘义隆于彭城，又就沙门僧坦研习众方，略尽其术，针灸授药，莫不有效。徐究之间，多所救恤，四方疾苦，不远千里，竞往从之。

（《魏书》卷九十一《列传艺术第七十九·李修》　1966）

王显有沙门相后当富贵

始〔王〕显布衣为诸生，有沙门相显后当富贵，诫其勿为吏官，吏官必败。由是世宗时或欲令其遂摄吏部，每殷勤避之。及世宗崩，肃宗夜即位，受玺册，于仪须兼太尉及吏部，仓卒百官不具，以显兼吏部行事矣。

杜按：《北史》（2974）有"汉王显之死……世以有报应之验"等语，余大同。

（《魏书》卷九十一《列传艺术第七十九·王显》　1969）

崔彧子医于沙门

崔彧，字文若，清河东武城人。……彧少尝诣青州，逢隐逸沙门，教以《素问》九卷及《甲乙》，遂善医术。中山王英子略曾病，王显等不能疗，彧针之，抽针即愈。

杜按：《北史》本传（3022）无"彭城堵沙门共相和解"句。

（《魏书》卷九十一《列传艺术第七十九·崔彧》　1970）

永宁寺九层佛图

世宗、肃宗时，豫州人柳俭、殿中将军关文备、郭安兴并机巧。洛中制永宁寺九层佛图，安兴为匠也。

（《魏书》卷九十一《列传艺术第七十九·蒋少游》　1972）

沙门法秀谋逆

及沙门法秀谋逆，事发，多所牵引。[王]叡曰："与其杀不辜，宁赦有罪。宜枭斩首恶，余从疑赦，不亦善乎？"高祖从之，得免者千余人。

（《魏书》卷九十三《列传恩倖第八十一·王叡》　1988）

沙门法秀反

魏诚弟亮，字平诚。承明初，擢为中散。告沙门法秀反，迁冠军将军，赐爵永宁侯，加给事中。

（《魏书》卷九十三《列传恩倖第八十一·王叡》　1995）

彭城沙门和解他人伤争

[王]可久在徐州，恃[王]仲兴宠势，轻侮司马、梁郡太守李长寿，遂至忿诤。彭城诸沙门共相和解，未几，复有所竞。可久乃令僮仆邀殴长寿，遂折其胁。州以表闻。

（《魏书》卷九十三《列传恩倖第八十一·王仲兴》　1997）

灵太后为孟銮设二百僧斋

孟銮，字龙儿，不知何许人。坐事充阉人。文明太后时，王遇有宠，銮以谨敏为遇左右，往来方山，营诸寺舍。……銮初出，灵太后闻之，曰：

"鸾必不济，我为之忧。"及奏其死，为之下泪，曰："其事我如此，不见我一日忻乐时也。"遂赐帛三百匹，黄绢十匹以供丧用。[一]七日，灵太后为设二百僧斋，赐助施五十匹。同类荣焉。

〔一〕黄绢十匹以供丧用 诸本脱"绢"字，今据《北史》卷九〇《孟鸾传》补。

（《魏书》卷九十四《列传阉官第八十二·孟鸾》 2032）

平季与沙门法秀谋反

平季，字稚穆，燕国蓟人。祖济，武威太守。父雅，州秀才，与沙门法秀谋反，伏诛。

（《魏书》卷九十四《列传阉官第八十二·平季》 2032）

苻氏死，沙门素服

及苻氏死，〔慕容〕熙拥其尸而抚之，曰："体已就冷，命遂断矣。"于是僵仆绝息，久而乃苏，悲号擗踊，斩衰食粥。大敛之后，复启而交接。制百官哭临，沙门素服，令有司案检，有泪者为忠孝，无泪者罪之。

（《魏书》卷九十五《列传第八十三·徒何慕容庞》 2070）

萧衍信佛道

初，〔萧〕衍崇信佛道，于建业起同泰寺，又于故宅立光宅寺，于钟山立大爱敬寺，兼营长干二寺，皆穷工极巧，殚竭财力，百姓苦之。曾设斋会，自以身施同泰寺为奴，其朝臣三表不许，于是内外百官共敛珍宝而赎之。衍每礼佛，舍其法服，着乾陀袈裟。令其王侯子弟皆受佛诫，有事佛精苦者，辄加以菩萨之号。其臣下奏表上书亦称衍皇帝菩萨。衍所部刺史郡守初至官者，皆责其上礼献物，多者便云称职，所贡微少，言为弱惰。故其牧守，在官皆竞事聚敛，劫剥细民，以自封殖，多妓妾、梁肉、金绮。百姓怨苦，咸不聊生。又发召兵士，皆须锁械，不尔便即逃散。其王侯贵人，奢淫无度，弟兄子侄，侍妾或及千数，至乃回相赠遗。其风俗颓丧，纲维不举若此。衍自以持戒，乃至祭其祖祢，不设牢牲，时人皆窃云，虽僭司王者，然其宗庙实不血食矣。衍未败前，灾其同泰寺，衍祖父墓前石麟一旦亡失，识者咸知其将灭也。

（《魏书》卷九十八《列传第八十六·岛夷萧衍》 2187）

昙无谶

又告牧犍父子多畜毒药，前后隐窃杀人乃有百数；姊妹皆为左道，朋行淫佚，曾无愧颜。始罽宾沙门曰昙无谶，东入鄯善，自云"能使鬼治病，令妇人多子"，与鄯善王妹曼头陀林私通。发觉，亡奔凉州。蒙逊宠之，号曰"圣人"。昙无谶以男女交接之术教授妇人，蒙逊诸女、子妇皆往受法。世祖闻诸行人，言昙无谶之术，乃召昙无谶，蒙逊不遣，遂发露其事，拷讯杀之。至此，帝知之，于是赐昭仪沮渠氏死，诛其宗族，唯万年及祖以前先降得免。

（《魏书》卷九十九《列传第八十七·卢水胡沮渠蒙逊》　2208）

高昌国

高昌者，车师前王之故地，汉之前部地也……俗事天神，兼信佛法。

（《魏书》卷一百一《列传第八十九·高昌》　2243）

于阗国

于阗城东三十里有首拔河，中出玉石。土宜五谷并桑麻，山多美玉，有好马、驼、骡。其刑法，杀人者死，余罪各随轻重惩罚之。自外风俗物产与龟兹略同。俗重佛法，寺塔僧尼甚众，王尤信尚，每设斋日，必亲自洒扫馈食焉。城南五十里有赞摩寺，即昔罗汉比丘卢旃为其王造覆盆浮图之所，[一]石上有辟支佛跣处，双迹犹存。于阗西五百里有比摩寺，[二]云是老子化胡成佛之所。俗无礼义，多盗贼，淫纵。自高昌以西，诸国人等深目高鼻，唯此一国，貌不甚胡，颇类华夏。

〔一〕即昔罗汉比丘卢旃为其王造覆盆浮图之所　《周书》卷五〇、《隋书》卷八三《于阗传》"卢旃"上有"比"字。按《洛阳伽蓝记》卷五载宋云《行记》作"毗卢旃"，知当有"比"字。然《御览》卷七九二三五一三页引《北史》已无"比"字。

〔二〕于阗西五百里有比摩寺　诸本无"百"字，《北史》卷九七、《隋书》卷八三、《通志》卷一九六《于阗传》有。按此卷以《北史》补，《北史》此条又采《隋书》，《通志》则录《北史》，皆作"五百里"，知脱"百"字，今据补。

（《魏书》卷一百二《列传第九十·西域》　2262）

疏勒国

疏勒国，在姑默西，白山南百余里，汉时旧国也。去代一万一千二百五十里。高宗末，其王遣使送释迦牟尼佛袈裟一，长二丈余。高宗以审是佛衣，应有灵异，遂烧之以验虚实，置于猛火之上，经日不然，观者莫不悚骇，心形俱肃。其王戴金师子冠。

（《魏书》卷一百二《列传第九十·西域》 2268）

小月氏国

小月氏国，都富楼沙城……其城东十里有佛塔，周三百五十步，高八十丈。自佛塔初建，计至武定八年，八百四十二年，所谓"百丈佛图"也。

（《魏书》卷一百二《列传第九十·西域》 2277）

宋云与沙门法力

初，熙平中，肃宗遣王伏子统宋云、沙门法力等使西域，[一]访求佛经。时有沙门慧生者亦与俱行，正光中还。慧生所经诸国，不能知其本末及山川里数，盖举其略云。

〔一〕肃宗遣王伏子统宋云沙门法力等使西域　《北史》卷九七《嚈哒传》"王"作"剩"。按王或剩伏子统均不可解，当有讹脱。

（《魏书》卷一百二《列传第九十·西域》 2279）

朱居国

朱居国，[一]在于阗西。其人山居，有麦，多林果。咸事佛。语与于阗相类。

〔一〕朱居国　按上《于阗传》《疏勒传》"朱居"作"朱俱波"，下《渴盘陁传》作"朱驹波"，卷八《世宗纪》景明三年岁末、永平四年九月甲寅作"朱居盘"。《通典》卷一九三朱俱波条云："朱俱波，后魏时通焉，亦名朱居盘国。"译音出入，本不足怪，但一篇之中，甚至一行之隔，异名错出，实由《北史》采取诸书，未加整齐。"朱居盘"未见省称"朱居"之例，当脱"盘"字。又上文之"悉居半国"亦即此"朱居盘"之异译，则前据董琬等所说而此则转录宋云《行记》，以致重出。

（《魏书》卷一百二《列传第九十·西域》 2279）

渴盘陁、乌苌、乾陀国

渴盘陁国，在葱岭东，朱驹波西。河经其国，东北流。有高山，夏积霜雪。亦事佛道。附于嚈哒……

乌苌国，在赊弥南。北有葱岭，南至天竺。婆罗门胡为其上族。婆罗门多解天文吉凶之数，其王动则访决焉。土多林果，引水灌田，丰稻麦。事佛，多诸寺塔，事极华丽。人有争诉，服之以药，曲者发狂，直者无恙。为法不杀，犯死罪唯徙于灵山。[一]西南有檀特山，山上立寺，以驴数头运食，山下无人控御，自知往来也。

乾陀国，在乌苌西，本名业波，为嚈哒所破，因改焉……所都城东南七里有佛塔，高七十丈，周三百步，即所谓"雀离佛图"也。

〔一〕犯死罪唯徙于灵山　《洛阳伽蓝记》卷五载宋云等《行记》"灵山"作"空山"。

（《魏书》卷一百二《列传第九十·西域》　2280）

赊弥国不信佛法

赊弥国，在波知之南，山居。不信佛法，专事诸神。亦附嚈哒。东有钵卢勒国，[一]路崄，缘铁锁而度，下不见底。熙平中，宋云等竟不能达。

〔一〕东有钵卢勒国　按"钵卢勒"即上文之"波路"，此据《行记》。

（《魏书》卷一百二《列传第九十·西域》　2280）

昙　璨

而东益氐、蜀寻反，攻逼唐永，永弃城而走，乃丧一藩矣。初永之走，［魏］子建客有沙门昙璨及钜鹿人耿显皆没落氐手，及知子建之客，垂泣追衣物还之，送出白马。遗爱所被如此。

（《魏书》卷一百四《列传第九十二·自序》　2322）

尼高皇太后崩于瑶光寺

神龟元年九月，尼高皇太后崩于瑶光寺。……有司奏："案旧事，皇太后崩仪，自复魄敛葬，百官哭临，其礼甚多。今尼太后既存委俗尊，凭居道法。凶事简速，不依配极之典；庭局狭隘，非容百官之位。但昔径奉接，义成君臣，终始情礼，理无废绝。辄准故式，立仪如别。内外群官，权改常服，单衣邪巾，奉送至墓，列位哭拜，事讫而除。止在京师，更不宣下。"诏可。

（《魏书》卷一百八之四《礼志四之四第十三》　2807）

高祖与沙门道登见鬼

太和十六年十一月乙亥，高祖与沙门道登幸侍中省。日入六鼓，见一鬼衣黄褶袴，当户欲入。帝以为人，叱之而退，问诸左右，咸言不见，唯帝与道登见之。

（《魏书》卷一百一十二上《灵征志八上第十七》 2916）

并州静林寺僧掘药得玉璧等

肃宗正光三年六月，并州静林寺僧在阳邑城西橡谷掘药，得玉璧五，珪十，印一，玉柱一，玉盖一，并以献。

（《魏书》卷一百一十二下《灵征志八下第十八》 2957）

上谷郡惠化寺醴泉涌

高祖太和八年正月，上谷郡惠化寺醴泉涌。醴泉，水之精也。味甘美，王者修治则出。

（《魏书》卷一百一十二下《灵征志八下第十八》 2967）

魏书·释老志

大人有作，司牧生民，结绳以往，书契所绝，故靡得而知焉。自羲轩已还，至于三代，其神言秘策，蕴图纬之文，范世率民，垂坟典之迹。秦肆其毒，灭于灰烬；汉采遗籍，复若丘山。司马迁区别异同，有阴阳、儒、墨、名、法、道德六家之义。刘歆著《七略》，班固志《艺文》，释氏之学，所未曾纪。案汉武元狩中，遣霍去病讨匈奴，至皋兰，过居延，斩首大获。昆邪王杀休屠王，将其众五万来降。获其金人，帝以为大神，列于甘泉宫。金人率长丈余，不祭祀，但烧香礼拜而已。此则佛道流通之渐也。

及开西域，遣张骞使大夏还，传其旁有身毒国，一名天竺，始闻有浮屠之教。哀帝元寿元年，博士弟子秦景宪受大月氏王使伊存口授浮屠经。中土闻之，未之信了也。后孝明帝夜梦金人，项有日光，[一]飞行殿庭，乃访群臣，传毅始以佛封。帝遣郎中蔡愔、博士弟子秦景等使于天竺，写浮屠遗范。愔仍与沙门摄摩腾、竺法兰东还洛阳。中国有沙门及跪拜之法，自此始也。愔又得佛经《四十二章》及释迦立像。明帝令画工图佛像，置清凉台及显节陵上，经缄于兰台石室。愔之还也，以白马负经而至，汉因立白马寺于洛城雍门西。[二]摩腾、法兰咸卒于此寺。

浮屠正号曰佛陀，佛陀与浮图声相近，皆西方言，其来转为二音。华言译之则谓净觉，言灭秽成明，道为圣悟。凡其经旨，大抵言生生之类，皆因行业而起。有过去、当今、未来，历三世，识神常不灭。凡为善恶，必有报应。渐积胜业，陶冶粗鄙，经无数形，澡练神明，〔三〕乃致无生而得佛道。其间阶次心行，等级非一，皆缘浅以至深，藉微而为著。率在于积仁顺，蠲嗜欲，习虚静而成通照也。故其始修心则依佛、法、僧，谓之三归，若君子之三畏也。又有五戒，去杀、盗、淫、妄言、饮酒，大意与仁、义、礼、智、信同，名为异耳。云奉持之，则生天人胜处，亏犯则坠鬼畜诸苦。又善恶生处，凡有六道焉。

诸服其道者，则剃落须发，释累辞家，结师资，遵律度，相与和居，治心修净，行乞以自给。谓之沙门，或曰桑门，亦声相近，总谓之僧，皆胡言也。僧，译为和命众，桑门为息心，比丘为行乞。俗人之信凭道法者，男曰优婆塞，女曰优婆夷。其为沙门者，初修十诫，曰沙弥，而终于二百五十，则具足成大僧。妇入道者曰比丘尼。〔四〕其诫至于五百，皆以□为本，〔五〕随事增数，在于防心、摄身、正口。心去贪、忿、痴，身除杀、淫、盗，口断妄、杂、诸非正言，总谓之十善道。能具此，谓之三业清净。凡人修行粗为极。〔六〕云可以达恶善报，渐阶圣迹。初阶圣者，有三种人，其根业各差，〔七〕谓之三乘，声闻乘、缘觉乘、大乘。取其可乘运以至道为名。此三人恶迹已尽，但修心荡累，济物进德。初根人为小乘，行四谛法；中根人为中乘，受十二因缘；上根人为大乘，则修六度。虽阶三乘，而要由修进万行，拯度亿流，弥历长远，〔八〕乃可登佛境矣。

所谓佛者，本号释伽文者，译言能仁，谓德充道备，堪济万物也。释迦前有六佛，释迦继六佛而成道，处今贤劫。文言将来有弥勒佛，〔九〕方继释迦而降世。释迦即天竺迦维卫国王之子。天竺其总称，迦维别名也。初，释迦于四月八日夜，从母右胁而生。既生，姿相超异者三十二种。天降嘉瑞以应之，亦三十二。其《本起经》说之备矣。释迦生时，当周庄王九年。《春秋》鲁庄公七年夏四月，恒星不见，夜明，是也。至魏武定八年，凡一千二百三十七年云。释迦年三十成佛，导化群生，四十九载，乃于拘尸那城娑罗双树间，以二月十五日而入般涅槃。涅槃译云灭度，或言常乐我净，明无迁谢及诸苦累也。

诸佛法身有二种义，一者真实，二者权应。真实身，谓至极之体，妙绝拘累，不得以方处期，不可以形量限，有感斯应，体常湛然。权应身者，谓和光六道，同尘万类，生灭随时，修短应物，形由感生，体非实有。权形虽谢，真体不迁，但时无妙感，故莫得常见耳。明佛生非实生，灭非实灭也。佛既谢世，香木焚尸。灵骨分碎，大小如粒，击之不坏，焚亦不燋，或有光明神验，胡言谓之"舍利"。弟子收奉，置之宝瓶，竭香花，致敬慕，建宫宇，谓为"塔"。塔亦胡言，犹宗庙也，故世称塔庙。于后百年，有王阿育，以神力分佛舍利，役诸鬼神，〔十一〕造八万四千塔，布于世界，皆同日而就。今洛阳、彭城、姑臧、临淄皆有阿育王寺，盖承其遗迹焉。释迦虽般涅槃，而留影迹爪齿于天竺，于今犹在。中土来往，并称见之。

初，释迦所说教法，既涅槃后，有声闻弟子大迦叶、阿难等五百人，撰集著录。阿难亲承嘱授，多闻总持，盖能综核深致，无所漏失。乃缀文字，撰载三藏十二部经，如九流之异统，其大归终以三乘为本。后数百年，有罗汉、菩萨相继著论，赞明经义，以破外道，《摩诃衍》，大、小《阿毗昙》，《中论》《十二门论》《百法论》《成实论》等是也。皆傍诸藏部大义，假立外问，而以内法释之。

汉章帝时，楚王英喜为浮屠斋戒，遣郎中令奉黄缣白纨三十匹，诣国相以赎愆。诏报曰："楚王尚浮屠之仁祠，洁斋三月，与神为誓，何嫌何疑，当有悔吝。其还赎，以助伊蒲塞、桑门之盛馔。"因以班示诸国。桓帝时，襄楷言佛陀、黄老道以谏，欲令好生恶杀，少嗜欲，去奢泰，尚无为。魏明帝曾欲坏宫西佛图。外国沙门乃金盘盛水，置于殿前，以佛舍利投之于水，乃有五色光起，于是帝叹曰："自非灵异，安得尔乎？"遂徙于道东，〔十二〕为作周阁百间。佛图故处，凿为蒙泛池，种芙蓉于中。后有天竺沙门昙柯迦罗入洛，宣译诫律，中国诫律之始也。自洛中构白马寺，盛饰佛图，画迹甚妙，为四方式。凡宫塔制度，犹依天竺旧状而重构之，从一级至三、五、七、九。世人相承，谓之"浮图"，或云"佛图"。晋世，洛中佛图有四十二所矣。汉世沙门，皆衣赤布，后乃易以杂色。

晋元康中，有胡沙门支恭明译佛经《维摩》、《法华》、三《本起》等。

微言隐义，未之能究。后有沙门常山卫道安性聪敏，日诵经万余言，研求幽旨。慨无师匠，独坐静室十二年，覃思构精，神悟妙赜，以前所出经，多有舛驳，乃正其乖谬。石勒时，有天竺沙门浮图澄，少于乌苌国就罗汉入道，刘曜时到襄国。后为石勒所宗信，号为大和尚，军国规谟颇访之，所言多验。道安曾至邺候澄，澄见而异之。澄卒后，中国纷乱，道安乃率门徒，南游新野。欲令玄宗在所流布，分遣弟子，各趣诸方。法汰诣扬州，法和入蜀，道安与慧远之襄阳。道安后入苻坚，坚素钦德问，既见，宗以师礼。时西域有胡沙门鸠摩罗什，思通法门，道安思与讲释，每劝坚致罗什。什亦承安令问，谓之东方圣人，或时遥拜致敬。道安卒后二十余载而罗什至长安，恨不及安，以为深慨。道安所正经义，与罗什译出，符会如一，初无乖舛。于是法旨大著中原。

魏先建国于玄朔，风俗淳一，无为以自守，与西域殊绝，莫能往来。故浮图之教，未之得闻，或闻而未信也。及神元与魏、晋通聘，文帝久在洛阳，[十三]昭成又至襄国，乃备究南夏佛法之事。太祖平中山，经略燕赵，所径郡国佛寺，见诸沙门、道士，皆致精敬，禁军旅无有所犯。帝好黄老，颇览佛经。但天下初定，戎车屡动，庶事草创，未建图宇，招延僧众也。然时时旁求。先是，有沙门僧朗，与其徒隐于泰山之琨瑞谷。帝遣使致书，以缯、素、旃罽、银钵为礼。今犹号曰朗公谷焉。天兴元年，下诏曰："夫佛法之兴，其来远矣。济益之功，冥及存没，神踪遗轨，信可依凭。其敕有司，于京城建饰容范，修整宫舍，[十四]令信向之徒，有所居止。"是岁，始作五级佛图、耆阇崛山及须弥山殿，加以缋饰。别构讲堂、禅堂及沙门座，莫不严具焉。太宗践位，遵太祖之业，亦好黄老，又崇佛法，京邑四方，建立图像，仍令沙门敷导民俗。

初，皇始中，赵郡有沙门法果，诚行精至，开演法籍。太祖闻其名，诏以礼征赴京师。后以为道人统，绾摄僧徒。每与帝言，多所惬允，供施甚厚。至太宗，弥加崇敬，永兴中，前后授以辅国、宜城子、忠信侯、安成公之号，皆固辞。帝常亲幸其居，以门小狭，不容舆辇，更广大之。年八十余，泰常中卒。未殡，帝三临其丧，追赠老寿将军、赵胡灵公。初，法果每言，太祖明叡好道，即是当今如来，沙门宜应尽礼，遂常致拜。谓人曰：

"能鸿道者人主也，我非拜天子，乃是礼佛耳。"法果四十，始为沙门。有子曰猛，诏令袭果所加爵。帝后幸广宗，有沙门昙证，年且百岁。邀见于路，奉致果物。帝敬其年老志力不衰，亦加以老寿将军号。

是时，鸠摩罗什为姚兴所敬，于长安草堂寺集义学八百人，重译经本。罗什聪辩有渊思，达东西方言。时沙门道肜、[十五]僧略、道恒、道禰、僧肇、昙影等，与罗什共相提挈，发明幽致。诸深大经论十有余部，更定章句，辞义通明，至今沙门共所祖习。道肜等皆识学洽通，僧肇尤为其最。罗什之撰译，僧肇常执笔，定诸辞义，注《维摩经》，又著数论，皆有妙旨，学者宗之。

又沙门法显，慨律藏不具，自长安游天竺。历三十余国，随有经律之处，学其书语，译而写之。十年，乃于南海师子国，随商人泛舟东下。昼夜昏迷，将二百日。乃至青州长广郡不其劳山，南下乃出海焉。是岁，神瑞二年也。法显所迳诸国，传记之，今行于世。其所得律，通译未能尽正。至江南，更与天竺禅师跋陀罗辩定之，谓之《僧祇律》，大备于前，为今沙门所持受。先是，有沙门法领，从扬州入西域，得《华严经》本。定律后数年，跋陀罗共沙门法业重加译撰，宣行于时。

世祖初即位，亦遵太祖、太宗之业，每引高德沙门，与共谈论。于四月八日，舆诸佛像，行于广衢，帝亲御门楼，临观散花，以致礼敬。

先是，沮渠蒙逊在凉州，亦好佛法。有罽宾沙门昙摩谶，习诸经论。于姑臧，与沙门智嵩等，译《涅槃》诸经十余部。又晓术数、禁咒，历言他国安危，多所中验。蒙逊每以国事咨之。神麚中，帝命蒙逊送谶诣京师，惜而不遣。既而，惧魏威责，遂使人杀谶。谶死之日，谓门徒曰："今时将有客来，可早食以待之。"食讫而走使至。时人谓之知命。智嵩亦爽悟，笃志经籍。后乃以新出经论，于凉土教授。辩论幽旨，著《涅槃义记》。戒行峻整，门人齐肃。知凉州将有兵役，与门徒数人，欲往胡地。道路饥馑，绝粮积日，弟子求得禽兽肉，请嵩强食。嵩以戒自誓，遂饿死于酒泉之西山。弟子积薪焚其尸，骸骨灰烬，唯舌独全，色状不变。时人以为诵说功报。凉州自张轨后，世信佛教。敦煌地接西域，道俗交得其旧式，村坞相属，多有塔寺。太延中，凉州平，徙其国人于京邑，沙门佛事皆俱东，象教弥增矣。寻以沙门众多，诏罢年五十已下者。

世祖初平赫连昌，得沙门惠始，姓张。家本清河，闻罗什出新经，遂诣长安见之，观习经典。坐禅于白渠北，昼则入城听讲，夕则还处静坐。三辅有识多宗之。刘裕灭姚泓，留子义真镇长安，义真及僚佐皆敬重焉。义真之去长安也，赫连屈丐追败之，道俗少长咸见坑戮。惠始身被白刃，而体不伤。众大怪异，言于屈丐。屈丐大怒，召惠始于前，以所持宝剑击之，又不能害，乃惧而谢罪。统万平，惠始到京都，多所训导，时人莫测其迹。世祖甚重之，每加礼敬。始自习禅，至于没世，称五十余年，未尝寝卧。或时跣行，虽履泥尘，初不污足，色愈鲜白，世号之曰白脚师。太延中，临终于八角寺，斋洁端坐，僧徒满侧，凝泊而绝。停尸十余日，坐既不改，容色如一，举世神异之。遂瘗寺内。至真君六年，制城内不得留瘗，乃葬于南郊之外。始死十年矣，开殡俨然，初不倾坏。送葬者六千余人，莫不感恸。中书监高允为其传，颂其德迹。惠始冢上，立石精舍，图其形像。经毁法时，犹自全立。

世祖即位，富于春秋。既而锐志武功，每以平定祸乱为先。虽归宗佛法，敬重沙门，而未存览经教，深求缘报之意。及得寇谦之道，帝以清净无为，有仙化之证，遂信行其术。时司徒崔浩，博学多闻，帝每访以大事。浩奉谦之道，尤不信佛，与帝言，数加非毁，常谓虚诞，为世费害。帝以其辩博，颇信之。会盖吴反杏城，关中骚动，帝乃西伐，至于长安。先是，长安沙门种麦寺内，御驺牧马于麦中，帝入观马。沙门饮从官酒，从官入其便室，见大有弓矢矛盾，出以奏闻。帝怒曰："此非沙门所用，当与盖吴通谋，规害人耳！"命有司案诛一寺，阅其财产，大得酿酒具及州郡牧守富人所寄藏物，盖以万计。又为屈室，与贵室女私行淫乱。帝既忿沙门非法，浩时从行，因进其说。诏诛长安沙门，焚破佛像，敕留台下四方令［此处原文断句疑有误，应为"令一依长安行事"］，一依长安行事。又诏曰："彼沙门者，假西戎虚诞，妄生妖孽，非所以一齐政化，布淳德于天下也。自王公已下，有私养沙门者，皆送官曹，不得隐匿。限今年二月十五日，过期不出，沙门身死，容止者诛一门。"

时恭宗为太子监国，素敬佛道。频上表，陈刑杀沙门之滥，又非图像之罪。今罢其道，杜诸寺门，世不修奉，土木丹青，自然毁灭。如是再三，不许。乃下诏曰："昔后汉荒君，信惑邪伪，妄假睡梦，事胡妖鬼，以乱天常，自古九州岛之中无此也。夸诞大言，不本人情。叔季之世，暗君乱主，莫不眩焉。由是政教不行，礼义大坏，鬼道炽盛，视王者之法，蔑如也。自此以来，代经乱祸，天罚亟行，生民死尽，五服之内，鞠为丘墟，千里萧条，不见人迹，皆由于此。朕承天绪，属当穷运之弊，欲除伪定真，复羲农之治。其一切荡除胡神，灭其踪迹，庶无谢于风氏矣。自今以后，敢有事胡神及造形像泥人、铜人者，门诛。虽言胡神，问今胡人，共云无有。皆是前世汉人无赖子弟刘元真、吕伯强之徒，接乞胡之诞言，〔十六〕用老庄之虚假，附而益之，皆非真实。至使王法废而不行，盖大奸之魁也。有非常之人，然后能行非常之事。非朕孰能去此历代之伪物！有司宣告征镇诸军、刺史，诸有佛图形像及胡经，尽皆击破焚烧，沙门无少长悉坑之。"是岁，真君七年三月也。恭宗言虽不用，然犹缓宣诏书，远近皆豫闻知，得各为计。四方沙门，多亡匿获免，在京邑者，亦蒙全济。金银宝像及诸经论，大得秘藏。而土木宫塔，声教所及，莫不毕毁矣。

始谦之与浩同从车驾，苦与浩诤，浩不肯，谓浩曰："卿今促年受戮，灭门户矣。"后四年，浩诛，备五刑，时年七十。浩既诛死，帝颇悔之。业已行，难中修复。恭宗潜欲兴之，未敢言也。佛沦废终帝世，积七八年。然禁稍宽弛，笃信之家，得密奉事，沙门专至者，犹窃法服诵习焉。唯不得显行于京都矣。

先是，沙门昙曜有操尚，又为恭宗所知礼。佛法之灭，沙门多以余能自效，还俗求见。曜誓欲守死，恭宗亲加劝喻，至于再三，不得已，乃止。密持法服器物，不暂离身，闻者叹重之。

高宗践极，下诏曰："夫为帝王者，必祇奉明灵，显彰仁道，其能惠著生民，济益群品者，虽在古昔，犹序其风烈。是以《春秋》嘉崇明之礼，祭典载功施之族。况释迦如来功济大千，惠流尘境，等生死者叹其达观，览文义者，贵其妙明，助王政之禁律，益仁智之善性，排斥群邪，开演正觉。故前代已来，莫不崇尚，亦我国家常所尊事也。世祖太武皇帝，开广边荒，德泽遐及。沙门道士善行纯诚，惠始之伦，无远不至，风义相感，往往如林。

夫山海之深，怪物多有，奸淫之徒，得容假托，讲寺之中，致有凶党。是以先朝因其瑕衅，戮其有罪。有司失旨，一切禁断。景穆皇帝每为慨然，值军国多事，未遑修复。朕承洪绪，君临万邦，思述先志，以隆斯道。今制诸州郡县，于众居之所，各听建佛图一区，任其财用，不制会限。其好乐道法，欲为沙门，不问长幼，出于良家，性行素笃，无诸嫌秽，乡里所明者，听其出家。率大州五十，小州四十人，其郡遥远台者十人。各当局分，皆足以化恶就善，播扬道教也。"天下承风，朝不及夕，往时所毁图寺，仍还修矣。佛像经论，皆复得显。

京师沙门师贤，本罽宾国王种人，少入道，东游凉城，凉平赴京。罢佛法时，师贤假为医术还俗，而守道不改。于修复日，即反沙门，其同辈五人。帝乃亲为下发。师贤仍为道人统。是年，诏有司为石像，令如帝身。既成，颜上足下，各有黑石，冥同帝体上下黑子。论者以为纯诚所感。兴光元年秋，敕有司于五级大寺内，〔十七〕为太祖已下五帝，铸释迦立像五，各长一丈六尺，都用赤金二十五万斤。〔十八〕太安初，有师子国胡沙门邪奢遗多、浮陀难提等五人，奉佛像三，到京都。皆云，备历西域诸国，见佛影迹及肉髻，外国诸王相承，咸遣工匠，摹写其容，莫能及难提所造者，去十余步，视之炳然，转近转微。又沙勒胡沙门，赴京师致佛钵并画像迹。

和平初，师贤卒。昙曜代之，更名沙门统。初昙曜以复佛法之明年，自中山被命赴京，值帝出，见于路，御马前衔曜衣，时以为马识善人。帝后奉以师礼。昙曜白帝，于京城西武州塞，凿山石壁，开窟五所，镌建佛像各一。高者七十尺，次六十尺，雕饰奇伟，冠于一世。昙曜奏：平齐户及诸民，有能岁输谷六十斛入僧曹者，即为"僧祇户"，粟为"僧祇粟"，至于俭岁，赈给饥民。又请民犯重罪及官奴以为"佛图户"，以供诸寺扫洒，岁兼营田输粟。高宗并许之。于是僧祇户、粟及寺户，遍于州镇矣。昙曜又与天竺沙门常那邪舍等，译出新经十四部。又有沙门道进、僧超、法存等，并有名于时，演唱诸异。〔十九〕

显祖即位，敦信尤深，览诸经论，好老庄。每引诸沙门及能谈玄之士，与论理要。初高宗太安末，刘骏于丹阳中兴寺设斋。有一沙门，容止独秀，举众往目，皆莫识焉。沙门惠璩起问之，答名惠明。又问所住，答云，从天安寺来。语讫，忽然不见。骏君臣以为灵感，改中兴为天安寺。是后七年而帝践祚，号天安元年。是年，刘彧徐州刺史薛安都始以城地来降。明年，尽有淮北之地。其岁，高祖诞载。于时起永宁寺，构七级佛图，高三百余尺，基架博敞，为天下第一。又于天宫寺，造释迦立像。高四十三尺，用赤金十万斤，黄金六百斤。皇兴中，又构三级石佛图。榱栋楣楹，上下重结，大小皆石，高十丈。镇固巧密，为京华壮观。

高祖践位，显祖移御北苑崇光宫，览习玄籍。建鹿野佛图于苑中之西山，去崇光右十里，岩房禅堂，禅僧居其中焉。

延兴二年夏四月，诏曰："比丘不在寺舍，游涉村落，交通奸猾，经历年岁。令民间五五相保，不得容止。无籍之僧，精加隐括，有者送付州镇，其在畿郡，送付本曹。若为三宝巡民教化者，在外赍州镇维那文移，在台者赍都维那等印牒，然后听行。违者加罪。"又诏曰："内外之人，兴建福业，造立图寺，高敞显博，亦足以辉隆至教矣。然无知之徒，各相高尚，贫富相竞，费竭财产，务存高广，伤杀昆虫含生之类。苟能精致，累土聚沙，福钟不朽。欲建为福之因，未知伤生之业。朕为民父母，慈养是务。自今一切断之。"又诏曰："夫信诚则应远，行笃则感深，历观先世灵瑞，乃有禽兽易色，草木移性。济州东平郡，灵像发辉，变成金铜之色。殊常之事，绝于往古；熙隆妙法，理在当今。有司与沙门统昙曜令州送像达都，使道俗咸睹实相之容，普告天下，皆使闻知。"

三年十二月，显祖因田鹰获鸳鸯一，其偶悲鸣，上下不去。帝乃恻然，问左右曰："此飞鸣者，为雌为雄？"左右对曰："臣以为雌。"帝曰："何以知？"对曰："阳性刚，阴性柔，以刚柔推之，必是雌矣。"帝乃慨然而叹曰："虽人鸟事别，至于资识性情，竟何异哉！"于是下诏，禁断鸳鸟，不得畜焉。

承明元年八月，高祖于永宁寺，设太法供，度良家男女为僧尼者百有余人，帝为剃发，施以僧服，令修道戒，资福于显祖。是月，又诏起建明寺。太和元年二月，幸永宁寺设斋，赦死罪囚。三月，又幸永宁寺设会，行道听讲，命中、秘二省与僧徒讨论佛义，施僧衣服、宝器有差。又于方山太祖营垒之处，建思远寺。自兴光至此，[二十]京城内寺新旧且百所，僧尼二千余人，四方诸寺六千四百七十八，僧尼七万七千二百五十八人。四年春，诏以鹰师为报德寺。[二十一] 九年秋，有司奏，上谷郡比丘尼惠香，在北山松树下死，尸形不坏。尔来三年，士女观者有千百。于时人皆异之。十年冬，有司又奏："前被敕以勒籍之初，愚民侥幸，假称入道，以避输课，其无籍僧尼罢遣还俗。重被旨，所检僧尼，寺主、维那当寺隐审。其有道行精勤者，听仍在道；为行凡粗者，有籍无籍，悉罢归齐民。今依旨简遣，其诸州还俗者，僧尼合一千三百二十七人。"奏可。十六年诏："四月八日、七月十五日，听大州度一百人为僧尼，中州五十人，下州二十人，以为常准，著于令。"十七年，诏立《僧制》四十七条。十九年四月，帝幸徐州白塔寺。顾谓诸王及侍官曰："此寺近有名僧嵩法师，受《成实论》于罗什，在此流通。后授渊法师，渊法师授登、纪二法师。朕每玩《成实论》，可以释人染情，[二十二] 故至此寺焉。"时沙门道登，雅有义业，为高祖眷赏，恒侍讲论。曾于禁内与帝夜谈，同见一鬼。二十年卒，高祖甚悼惜之，诏施帛一千匹。又设一切僧斋，并命京城七日行道。又诏："朕师登法师奄至徂背，痛恒摧恸，不能已已。比药治慎丧，未容即赴，便准师义，哭诸门外。"缁素荣之。[二十三] 又有西域沙门名跋陀，有道业，深为高祖所敬信。诏于少室山阴，立少林寺而居之，公给衣供。二十一年五月，诏曰："罗什法师可谓神出五才，志入四行者也。今常住寺，犹有遗地，钦悦修踪，情深遐远，可于旧堂所，为建三级浮图。又见逼昏虐，为道殄躯，既暂同俗礼，应有子胤，可推访以闻，当加叙接。"

先是，立监福曹，又改为昭玄，备有官属，以断僧务。高祖时，沙门道顺、惠觉、僧意、惠纪、僧范、道弁、惠度、智诞、僧显、僧义、僧利，并以义行知重。

世宗即位，永平元年秋，诏曰：缁素既殊，法律亦异。故道教彰于互显，[二十四] 禁劝各有所宜。自今已后，众僧犯杀人已上罪者，仍依俗断，余犯悉付昭玄，以内律僧制治之。[二十五] 二年冬，沙门统惠深上言："僧尼浩旷，清浊混流，不遵禁典，精粗莫别。辄与经律法师群议立制：诸州、镇、郡维那、上坐、寺主，各令戒律自修，咸依内禁，若不解律者，退其本次。又，出家之人，不应犯法，积八不净物。然经律所制，通塞有方。依律，车牛净人，[二十六] 不净之物，不得为己私畜。唯有老病年六十以上者，限听一乘。又，比来僧尼，或因三宝，出贷私财。缘州外。[二十七] 又，出家舍着，本无凶仪，不应废道从俗。其父母三师，远闻凶问，听哭三日。若在见前，限以七日。或有不安寺舍，游止民间，乱道生过，皆由此等。若有犯者，脱服还民。其有造寺者，限僧五十以上，启闻听造。若有辄营置者，处以违敕之罪，其寺僧众摈出外州。〔二十八〕僧尼之法，不得为俗人所使。若有犯者，还配本属。其外国僧尼来归化者，求精检有德行合三藏者听住，若无德行，遣还本国，若其不去，依此僧制治罪。"诏从之。

先是，于恒农荆山造珉玉丈六像一。三年冬，迎置于洛滨之报德寺，世宗躬观致敬。

四年夏，诏曰："僧祇之粟，本期济施，俭年出贷，丰则收入。山林僧尼，随以给施；民有窘弊，亦即赈之。但主司冒利，规取赢息，及其征责，不计水旱，或偿利过本，或翻改券契，侵蠹贫下，莫知纪极。细民嗟毒，岁月滋深。非所以矜此穷乏，宗尚慈拯之本意也。自今已后，不得专委维那、都尉，〔二十九〕可令刺史共加监括。尚书检诸有僧祇谷之处，州别列其元数，出入赢息，赈给多少，并贷偿岁月，见在未收，上台录记。若收利过本，及翻改初券，依律免之，勿复征责。或有私债，转施偿僧，即以丐民，不听收检。后有出贷，先尽贫穷，征债之科，一准旧格。富有之家，不听辄贷。脱仍冒滥，依法治罪。"

又尚书令高肇奏言："谨案：故沙门统昙曜，昔于承明元年，奏凉州军户赵苟子等二百家为僧祇户，立课积粟，拟济饥年，不限道俗，皆以拯施。又依内律，僧祇户不得别属一寺。而都维那僧暹、僧频等，进违成旨，退乖内法，肆意任情，奏求逼召，致使吁嗟之怨，盈于行道，弃子伤生，自缢溺死，五十余人。岂是仰赞圣明慈育之意，深失陛下归依之心。遂令此等，行号巷哭，叫诉无所，至乃白羽贯耳，列讼宫阙。悠悠之人，尚为哀痛，况慈悲之士，而可安之。请听苟子等还乡课输，俭乏之年，周给贫寡，若有不虞，以拟边捍。其暹等违旨背律，谬奏之愆，请付昭玄，依僧律推处。"诏曰："暹等特可原之，余如奏。"

世宗笃好佛理，每年常于禁中，亲讲经论，广集名僧，标明义旨。沙门条录，为《内起居》焉。上既崇之，下弥企尚。至延昌中，天下州郡僧尼寺，〔三十〕积有一万三千七百二十七所，徒侣逾众。

熙平元年，诏遣沙门惠生使西域，采诸经律。正光三年冬，还京师。所得经论一百七十部，行于世。

二年春，灵太后令曰："年常度僧，依限大州应百人者，州郡于前十日解送三百人，其中州二百人，小州一百人。州统、维那与官及精练简取充数。〔三十一〕若无精行，不得滥采。若取非人，刺史为首，以违旨论，太守、县令、纲僚节级连坐，统及维那移五百里外异州为僧。自今奴婢悉不听出家，诸王及亲贵，亦不得辄启请。有犯者，以违旨论。其僧尼辄度他人奴婢者，亦移五百里外为僧。僧尼多养亲识及他人奴婢子，年大私度为弟子，自今断之。有犯还俗，被养者归本等。寺主听容一人，出寺五百里，二人千里。私度之僧，皆由三长罪不及已，容多隐滥。自今有一人私度，皆以违旨论。邻长为首，里、党各相降一等。县满十五人，郡满三十人，州镇满三十人，免官，僚吏节级连坐。私度之身，配当州下役。"时法禁宽褫，不能改肃也。

景明初，世宗诏大长秋卿白整准代京灵岩寺石窟，于洛南伊阙山，为高祖、文昭皇太后营石窟二所。初建之始，窟顶去地三百一十尺。至正始二年中，始出斩山二十三丈。至大长秋卿王质，谓斩山太高，费功难就，奏求下移就平，去地一百尺，南北一百四十尺。永平中，中尹刘腾奏为世宗复造石窟一，凡为三所。从景明元年至正光四年六月已前，用功八十万二千三百六十六。肃宗熙平中，于城内太社西，起永宁寺。灵太后亲率百僚，表基立刹。佛图九层，高四十余丈，其诸费用，不可胜计。景明寺佛图，亦其亚也。至于官私寺塔，其数甚众。

神龟元年冬，司空公、尚书令、任城王澄奏曰：

仰惟高祖，定鼎嵩瀍，卜世悠远。虑括终始，制洽天人，造物开符，垂之万叶。故都城制云，城内唯拟一永宁寺地，郭内唯拟尼寺一所，余悉城郭之外。欲令永遵此制，无敢逾矩。逮景明之初，微有犯禁。故世宗仰修先志，爰发明旨，城内不造立浮图、僧尼寺舍，亦欲绝其希觊。文武二帝，岂不爱尚佛法，盖以道俗殊归，理无相乱故也。但俗眩虚声，僧贪厚润，虽有显禁，犹自冒营。至正始三年，沙门统惠深有违景明之禁，便云："营就之寺，不忍移毁，求自今已后，更不听立。"先旨含宽，抑典从请。前班之诏，仍卷不行，后来私谒，弥以奔竞。永平二年，深等复立条制，启云："自今已后，欲造寺者，限僧五十已上，闻彻听造。若有辄营置者，依俗违敕之罪，其寺僧众，摈出外州。"尔来十年，私营转盛，罪摈之事，寂尔无闻。岂非朝格虽明，恃福共毁，僧制徒立，顾利莫从者也。不俗不道，务为损法，人而无厌，其可极乎！

夫学迹冲妙，非浮识所辩；玄门旷寂，岂短辞能究。然净居尘外，道家所先，功缘冥深，匪尚华遁。苟能诚信，童子聚沙，可迈于道场；纯陀俭设，足荐于双树。何必纵其盗窃，资营寺观。此乃民之多幸，非国之福也。然比日私造，动盈百数。或乘请公地，〔三十二〕辄树私福；或启得造寺，限外广制。如此期罔，非可稍计。臣以才劣，诚忝工务，奉遵成规，裁量是总。所以披寻旧旨，研究图格，辄遣府司马陆昶、属崔孝芬，都城之中及郭邑之内检括寺舍，数乘五百，〔三十三〕空地表刹，未立塔宇，不在其数。民不畏法，乃至于斯！自迁都已来，年逾二纪，寺夺民居，三分且一。高祖立制，非徒欲使缁素殊途，抑亦防微深虑。世宗述之，亦不锢禁营福，当在杜塞未萌。今之僧寺，无处不有。或比满城邑之中，或连溢屠沽之肆，或三五少僧，共为一寺。梵唱屠音，连檐接响，像塔缠于腥臊，性灵没于嗜欲，真伪混居，往来纷杂。下司因习而莫非，〔三十四〕僧曹对制而不问。其于污染真行，尘秽练僧，熏莸同器，不亦甚欤！往在北代，有法秀之谋；近日冀州，遭大乘之变。皆初假神教，以惑众心，终设奸逛，用逞私悖。太和之制，因法秀而杜远；景明之禁，虑大乘之将乱。始知祖宗叡圣，防遏处深。〔三十五〕履霜坚冰，不可不慎。

昔如来阐教，多依山林，今此僧徒，恋着城邑。岂湫隘是经行所宜，浮喧必栖禅之宅，当由利引其心，莫能自止。处者既失其真，造者或损其福，乃释氏之糟糠，法中之社鼠，内戒所不容，王典所应弃矣。非但京邑如此，天下州、镇僧寺亦然。侵夺细民，广占田宅，有伤慈矜，用长嗟苦。且人心不同，善恶亦异。或有栖心真趣，道业清远者；或外假法服，内怀悖德者。如此之徒，宜辨泾渭。若雷同一贯，何以劝善。然睹法赞善，凡人所知；矫俗避嫌，〔三十六〕物情同趣。臣独何为，孤议独发。诚以国典一废，追理至难，法纲暂失，条纲将乱。是以冒陈愚见，两愿其益。

　　臣闻设令在于必行，立罚贵能肃物。令而不行，不如无令。罚不能肃，孰与亡罚。顷明诏屡下，而造者更滋，严限骤施，而违犯不息者，岂不以假福托善，幸罪不加。人殉其私，吏难苟劾。前制无追往之辜，后旨开自今之恕，悠悠世情，遂忽成法。今宜加以严科，特设重禁，纠其来违，惩其往失。脱不峻检，方垂容借，恐今旨虽明，复如往日。又旨令所断，标榜礼拜之处，悉听不禁。愚以为，树榜无常，礼处难验，欲云有造，立榜证公，须营之辞，指言尝礼。如此则徒有禁名，实通造路。且徙御已后，断诏四行，而私造之徒，不惧制旨。岂是百官有司，怠于奉法？将由纲漏禁宽，容托有他故耳。如臣愚意，都城之中，虽有标榜，营造粗功，事可改立者，请依先制。在于郭外，任择所便。其地若买得，券证分明者，听其转之。若官地盗作，即令还官。若灵像既成，不可移撤，请依今敕，如旧不禁，悉令坊内行止，不听毁坊开门，以妨里内通巷。若被旨者，不在断限。郭内准此商量。其庙像严立，而逼近屠沽，请断旁屠杀，以洁灵居。虽有僧数，而事在可移者，令就闲敞，以避隘陋。如今年正月赦后造者，求依僧制，案法科治。若僧不满五十者，共相通容，小就大寺，必令充限。其地卖还，一如上式。自今外州，若欲造寺，僧满五十已上，先令本州表列，昭玄量审，奏听乃立。若有违犯，悉依前科。州郡已下，容而不禁，罪同违旨。庶仰遵先皇不朽之业，俯奉今旨慈悲之令，则绳墨可全，圣道不坠矣。

　　奏可。未几，天下丧乱，加以河阴之酷，朝士死者，其家多舍居宅，以施僧尼，京邑第舍，略为寺矣。前日禁令，不复行焉。

　　元象元年秋，诏曰："梵境幽玄，义归清旷，伽蓝净土，理绝嚣尘。前朝城内，先有禁断，自聿来迁邺，率由旧章。而百辟士民，届都之始，城外新城，并皆给宅。旧城中暂时普借，更拟后须，非为永久。如闻诸人，多以二处得地，或舍旧城所借之宅，擅立为寺。知非己有，假此一名。终恐因习滋甚，有亏恒式。宜付有司，精加隐括。且城中旧寺及宅，并有定帐，其新立之徒，悉从毁废。"冬，又诏："天下牧守令长，悉不听造寺。若有违者，不问财之所出，并计所营功庸，悉以枉法论。"兴和二年春，诏以邺城旧宫为天平寺。

　　世宗以来至武定末，沙门知名者，有惠猛、惠辨、惠深、僧暹、道钦、僧献、道晞、僧深、惠光、惠显、法荣、道长，并见重于当世。

魏有天下，至于禅让，佛经流通，大集中国，凡有四百一十五部，合一千九百一十九卷。正光已后，天下多虞，王役尤甚，于是所在编民，相与入道，假慕沙门，实避调役，猥滥之极，自中国之有佛法，未之有也。略而计之，僧尼大众二百万矣，其寺三万有余。流弊不归，一至于此，识者所以叹息也。

〔一〕项有日光　诸本作"顶有白光"，《册府》卷五一五六六页作"顶有日光"，《广弘明集》卷二录《释老志》如上摘句。按《水经注》卷一六《谷水篇》作"项佩日光"，《洛阳伽蓝记》卷四白马寺条作"项背日月光明"，《牟子理惑论》作"身有日光"。可证《广弘明集》引《志》是，今据改。

〔二〕汉因立白马寺于洛城雍门西　诸本"门"作"关"。按《水经注·谷水篇》、《伽蓝记》并称北魏洛阳之西阳门即汉之"雍门"，《牟子理惑论》云："时于洛阳城西雍门外起佛寺。"这里"关"乃"门"之讹，今改正。

〔三〕澡练神明　诸本"澡"作"藻"；《御览》卷六五三二九一七页、《广弘明集》卷二引《志》作"澡"。按下文叙道教也说"澡雪精神"，这里"藻"字讹，今据改。

〔四〕妇人道者曰比丘尼　百衲、南、汲、局四本"入"作"人"，北本、殿本作"入"。疑当作"妇人入道者"，旧本脱"入"字，北本改"人"为"入"。今姑从北、殿本。

〔五〕皆以□为本　百衲本空格作墨钉，北、汲、殿三本注"阙"，南本、局本作"五戒"。按南本当是以意补，今作空格。

〔六〕凡人修行粗为极　按语不可解，疑有讹脱，今于"极"字句断。

〔七〕其根业各差　诸本"各"作"太"，《广弘明集》卷二作"各"。按上云"有三种人"，作"各"是，今据改。

〔八〕弥历长远　诸本无"历"字，《广弘明集》卷二有。按文义当有此字，今据补。

〔九〕文言将来有弥勒佛　按"文"疑当作"又"。

〔十〕役诸鬼神　诸本"役"作"于"，《广弘明集》卷二作"役"。按阿育王役鬼神，一日一夜造八万四千塔的神话屡见佛教记载。"于"乃"役"之讹，今据改。

〔十一〕今洛阳彭城姑臧临淄皆有阿育王寺　诸本"淄"作"渭"，《广弘明集》卷二作"淄"。按《广弘明集》卷一五《列塔像神瑞迹》列举所谓阿育王塔无

“临渭”而有“临淄”，云“青州临淄城中有阿育王寺，其形象露盘在深林巨树下”。语出《高僧传》卷一〇《竺佛图澄传》。这里“渭”字乃“淄”形近而讹，今据改。

〔十二〕遂徙于道东　百衲本“东”字空格，诸本注“阙”字。按《法苑珠林》卷五三舍利篇叙此云“乃于道东造周闾百间”，知此《志》所脱是“东”字，今据补。“阁”“闾”皆可通。

〔十三〕文帝久在洛阳　诸本“久”作“又”，《册府》卷五一五六七页作“久”。按下称“昭成又至襄国”，两“又”字重复。卷一《序纪》称文帝沙漠汗自力微之四十二年至洛阳，四十八年始返，故云“久在洛阳”，“又”字讹，今据改。

〔十四〕修整宫舍　百衲、南、汲、局四本“宫”作“官”，北本、殿本作“宫”。按《册府》卷五一五六七页作“宫室”，知上一字当作“宫”，今从北、殿本。

〔十五〕时沙门道肜　诸本“肜”作“彤”。按《高僧传》卷六有《道融传》，曾参预鸠摩罗什译经。“融”古亦作“肜”，讹作“彤”，今改正。

〔十六〕接乞胡之诞言　诸本无“接”字，《广弘明集》卷二有。按“接乞胡”与下“用老庄”相对，原当有此字，今据补。

〔十七〕敕有司于五级大寺内　诸本“级”作“缎”，《册府》卷五一五六八页、《广弘明集》卷二作“级”。按五级，指寺之塔，也即称此寺为“五级寺”。卷七五《尔朱兆传》见晋阳五级寺，《高僧传》卷五《释道安传》见长安五级寺，亦名五重寺，虽非一地，可以类比。“缎”字讹，今据改。

〔十八〕都用赤金二十五万斤　诸本“二十五万斤”作“二万五千斤”，《册府》同上卷页、《广弘明集》卷二作“二十五万斤”。按下文称造释迦立像，高四十三尺，用赤金十万斤，黄金六百斤。这次造像五，各长一丈六尺。像虽较小，却有五个，决不会仅用二万五千斤。今据改。

〔十九〕演唱诸异　《册府》卷五一五六九页“异”作“典”。按“诸异”指诸故事，亦通。

〔二十〕兴光至此　诸本“兴”作“正”，《册府》同上卷页作“兴”。按上文叙太和元年四七七事，正光五二〇远在其后。兴光是文成帝元浚年号四五四—四五九，其时佛教重兴。这里“正”字显讹，今据改。

〔二十一〕诏以鹰师为报德寺　按卷一三《文明皇后冯氏传》称：“罢鹰师曹，以其地为报德佛寺。”卷七上《高祖纪》上太和四年正月丁巳作“罢畜鹰鹞之所，以其地为报德佛寺"。鹰师是训练鹰的人，鹰师曹是畜养鹰的机构与场所，"曹"字不宜省，当是脱文。

〔二十二〕可以释人染情　诸本"染"作"深"，《册府》同上卷页作"染"。按"染污"是佛教术语，"释人染情"意为"破除烦恼障"。"深情"用在这里不适合，"深"乃"染"之形讹，今据改。

〔二十三〕缁素荣之　诸本此句作"缋素之"三字，百衲本作"缋素之"，《册府》卷五一五七○页作"祭奠之"，《广弘明集》卷二如上摘句。按"缁素"即僧俗，传本"缁"讹"缋""绩"，又脱"荣"字，语不可解，《册府》以意改作，今据《广弘明集》补正。

〔二十四〕故道教彰于互显　《册府》同上卷页"互"作"玄"。按"玄显"犹言"幽显"，疑作"玄"是。

〔二十五〕以内律僧制治之　诸本脱"治"字，不可通，今据《册府》同上卷页补。《广弘明集》卷二引《志》"治"作"判"，乃避唐讳改。

〔二十六〕车牛净人　诸本"净"作"淫"，《册府》同上卷页作"净"。按"净人"是僧寺的仆役，"淫"乃"净"形近而讹，今据改。

〔二十七〕缘州外　按此三字文义不相连，疑有讹脱，《册府》同上卷页作"自此不得更尔"，或是以意改，今于"外"字句断。

〔二十八〕其寺僧众摈出外州　诸本"寺"上有"僧"字，《册府》同上卷页无。按下文元澄上奏引此条制，"寺"上亦无"僧"字，知这里衍文，今据删。

〔二十九〕不得专委维那都尉　诸本"专"作"传"，《册府》卷五一五七一页作"专"。按文义当作"专"，今据改。又当时管理僧人的机构"昭玄"，有都统、维那等，不闻有都尉，下文正光二年灵太后令有"州统、维那"，卷一一○《食货志》叙庄帝初入粟买官之制，僧人依入粟多寡授州统、大州都脱"统"字、畿郡都统、郡维那、县维那等。疑此"都尉"当作"都统"。

〔三十〕天下州郡僧尼寺　诸本"寺"作"等"，《册府》同上卷页作"寺"。按下接称"积有一万三千七百二十七所"，明是指"寺"，非指人。"等"乃"寺"之形讹，今据改。

〔三十一〕州统维那与官及精练简取充数　按"及"字与文义不协，疑是"司"之讹，或衍文。

〔三十二〕或乘请公地　《册府》卷五一五七二页"乘"作"剩"。按"剩"是额外多余之意，《通典》卷二引《关东风俗传》有"至有贫人，实非剩即剩长买匿"

语，意为实非额外多买，隐匿田地。所谓"剩请公田"，亦即额外多请公地。"乘"疑当作"剩"。

〔三十三〕数乘五百　《册府》同上卷页作"剩"。按"数剩五百"即数逾五百之意，"乘"也是"剩"之讹。

〔三十四〕下司因习而莫非　《册府》同上卷页"下"作"有"，疑是。

〔三十五〕防遏处深　《册府》同上卷页"处"作"虑"，疑是。

〔三十六〕矫俗避嫌　《册府》同上卷页"矫"作"随"。按"矫俗"与下"物情同趣"相背，疑作"随"是。

　　　　　　　　　　（《魏书》卷一百一十四《释老志十第二十》　3025）

北齐书

晋阳西山大佛像、大慈寺、宝林寺

[北齐幼主]凿晋阳西山为大佛像，一夜然油万盆，光照宫内。又为胡昭仪起大慈寺，未成，改为穆皇后大宝林寺，穷极工巧，运石填泉，劳费亿计，人牛死者不可胜纪。

（《北齐书》卷八《帝纪第八·幼主》 113）

文宣皇后李氏

文宣皇后李氏，讳祖娥，赵郡李希宗女也……［被武成帝挝挞后］犊车载送妙胜尼寺。后性爱佛法，因此为尼。齐亡入关，隋时得还赵郡。

（《北齐书》卷九《列传第一·文宣李后》 125）

武成皇后胡氏

武成皇后胡氏，安定胡延之女。其母范阳卢道约女，初怀孕，有胡僧诣门曰："此宅瓠芦中有月"，既而生后。天保初，选为长广王妃。产后主日，鸮鸣于产帐上……自武成崩后，［胡氏］数出诣佛寺，又与沙门昙献通。布金钱于献席下，又挂宝装胡床于献屋壁，武成平生之所御也。乃置百僧于内殿，托以听讲，日夜与昙献寝处。以献为昭玄统。僧徒遥指太后以弄昙献，乃至谓之为太上者。帝闻太后不谨而未之信，后朝太后，见二少尼，悦而召之，乃男子也。于是昙献事亦发，皆伏法，并杀元、山、王三郡君，皆太后之所昵也。

（《北齐书》卷九《列传第一·武成胡后》 126）

术士言亡高者黑衣

初，术士言亡高者黑衣，由是自神武后，每出行，不欲见沙门，为黑衣故也。是时文宣幸晋阳，以所忌问左右曰："何物最黑?"对曰："莫过漆。"

帝以〔上党刚肃王〕涣第七子为当之，乃使库真都督破六韩伯昇之邺征涣。涣至紫陌桥，杀伯昇以逃，凭河而度，土人执以送帝。铁笼盛之，与永安王浚同置地牢下。

（《北齐书》卷十《列传第二·太祖十一王·上党刚肃王涣》　136）

高孝琬得佛牙

时〔河间王高〕孝琬得佛牙，置于第内，夜有神光。昭玄都法顺请以奏闻，[一]不从。帝闻，使搜之，得镇库稍幡数百。帝闻之，以为反。

〔一〕夜有神光昭玄都法顺请以奏闻　诸本"昭"作"照室"二字，《北史》卷五二单作"照"。按《魏书》卷一一四《释老志》、《隋书》卷二七《百官志》中，魏末齐初管理佛教的机构叫"昭玄"，北齐置大统一人，统一人。昭玄大统也叫昭玄都，《北史》卷三二《崔暹传》见昭玄都法上，本书卷二四《杜弼传》见昭玄都僧达。《北史》"昭"讹"照"，补此传者以为不可通，妄加"室"字，今改正。

（《北齐书》卷十一《列传第三·文襄六王·河间王孝琬》　146）

郑氏以颈珠施佛

及兰陵〔王〕死，妃郑氏以颈珠施佛。广宁王使赎之。延宗手书以谏，而泪满纸。

（《北齐书》卷十一《列传第三·文襄六王·安德王延宗》　148）

进兵焚佛寺门屋

阿于子、段畅以千骑投周。周军攻东门，际昏，遂入。进兵焚佛寺门屋，飞焰照天地。

（《北齐书》卷十一《列传第三·文襄六王·安德王延宗》　150）

若动此浮图，北城失主

〔琅邪王〕俨之未获罪也，邺北城有白马佛塔，是石季龙为澄公所作。俨将修之，巫曰："若动此浮图，北城失主。"不从，破至第二级，得白蛇长数丈，回旋失之，数旬而败。

（《北齐书》卷十二《列传第四·武成十二王·琅邪王俨》　163）

雀离佛院

〔高叡〕出至永巷，遇兵被执，送华林园，于雀离佛院令刘桃枝拉而杀之，时年三十六。大雾三日，朝野冤惜之。

（《北齐书》卷十三《列传第五·赵郡王深》　173）

高思宗

上洛王［高］思宗，神武从子也。……子元海，累迁散骑常侍，愿处山林，修行释典，文宣许之。乃入林虑山，经二年，绝弃人事，志不能固，启求归……

元海好乱乐祸，然诈仁慈，不饮酒啖肉。文宣天保末年敬信内法，乃至宗庙不血食，皆元海所谋。及为右仆射，又说后主禁屠宰，断酤酒。然本心非靖，故终致覆败。

（《北齐书》卷十四《列传第六·上洛王思宗》　182）

高隆之寡姊为尼

［高］隆之虽不涉学，而钦尚文雅，缙绅名流，必存礼接。寡姊为尼，事之如母，训督诸子，必先文义。世甚以此称之。

（《北齐书》卷十八《列传第十·高隆之》　238）

刘世清

［刘］世清，武平末，侍中、开府仪同三司，任遇与孝卿相亚。情性甚整，周慎谨密，在孝卿之右。能通四夷语，为当时第一。后主命世清作突厥语翻《涅槃经》，以遗突厥可汗，敕中书侍郎李德林为其序。世清，隋开皇中，卒于开府、亲卫骠骑将军。

杜按：《北史》未记此事。

（《北齐书》卷二十《列传第十二·斛律羌举》　267）

王则旧京取像，毁以铸钱

［王］则性贪惏，在州取受非法，旧京取像，毁以铸钱，于时世号河阳钱，皆出其家。

（《北齐书》卷二十《列传第十二·王则》　272）

法　庆

初，延昌中，道人法庆作乱冀方，自号"大乘"，众五万余，遣大都督元遥及隆之擒获法庆，赐爵武城子。

杜按：《北史》本传（893）文稍异，意同。

（《北齐书》卷二十一《列传第十三·封隆之》　301）

杜弼论佛性

[杜弼]奉使诣阙，魏帝见之于九龙殿，曰："朕始读《庄子》，便值秦名，定是体道得真，玄同齐物。闻卿精学，聊有所问。经中佛性、法性为一为异？"弼对曰："佛性、法性，止是一理。"诏又问曰："佛性即非法性，何得为一？"对曰："性无不在，故不说二。"诏又问曰："说者皆言法性宽，佛性狭，宽狭既别，非二如何？"弼又对曰："在宽成宽，在狭成狭，若论性体，非宽非狭。"诏问曰："既言成宽成狭，何得非宽非狭？若定是狭，亦不能成宽。"对曰："以非宽狭，故能成宽狭，宽狭所成虽异，能成恒一。"上悦称善。乃引入经书库，赐《地持经》一部，帛一百匹……弼性好名理，探味玄宗，自在军旅，带经从役。注老子《道行经》二卷，表上之曰：……诏答云："李君游神冥宵，独观恍惚，玄同造化，宗极群有。从中被外，周应可以裁成；自己及物，运行可以资用。隆家宁国，义属斯文。卿才思优洽，业尚通远，息栖儒门，驰骋玄肆，既启专家之学，且畅释老之言。户列门张，途通径达，理事兼申，能用俱表，彼贤所未悟，遗老所未闻，旨极精微，言穷深妙。朕有味二《经》，倦于旧说，历览新注，所得已多，嘉尚之来，良非一绪。已敕杀青编，藏之延阁。"又上一本于高祖，一本于世宗。

……六年四月八日，魏帝集名僧于显阳殿讲说佛理，弼与吏部尚书杨愔、中书邢邵，秘书监魏收等并侍法筵。敕弼升师子座，当从敷演。昭玄都僧达及僧道顺并缁林之英，问难锋至，往复数十番，莫有能屈。帝曰："此贤若生孔门，则何如也？"……尝与邢邵扈从东山，共论名理。邢以为人死还生，恐为蛇画足。弼答曰："盖谓人死归无，非有能生之力。然物之未生，本亦无也，无而能有，不以为疑。因前生后，何独致怪？"邢云："圣人设教，本由劝奖，故惧以将来，理望各遂其性。"弼曰："圣人合德天地，齐信四时，言则为经，行则为法，而云以虚示物，以诡劝民，将同鱼腹之书，有异凿楹之诰，安能使北辰降光，龙宫韫椟。就如所论，福果可以镕铸性灵，弘奖风教，为益之大，莫极于斯。此即真教，何谓非实？"邢云："死之言'澌'，精神尽也。"弼曰："此所言澌，如射箭尽，手中尽也。《小雅》曰'无草不死'，《月令》又云'靡草死'，动植虽殊，亦此之类。无性之卉，尚得还生，含灵之物，何妨再造。若云草死犹有种在，则复人死亦有识。识种不见，谓以为无者。神之在形，亦非自瞩，离朱之明不能睹。虽蒋济观眸，〔一〕贤愚可察，钟生听曲，山水呈状。乃神之工，岂神之质。犹玉帛之非礼，钟鼓之非乐，以此而推，义斯见矣。"邢云："季札言无不之，亦言散尽，若复聚而为物，不得言无不之也。"弼曰："骨肉下归于土，魂气则无不之，此乃形坠魂游，往而非尽。如鸟出巢，如蛇出穴。由其尚有，故无所不之；若令无也，之将焉适？延陵有察微之识，知其不随于形；仲尼发习礼之叹，美其斯与形别。〔二〕若许以廓然，然则人皆季子。不谓高论，执此为无。"邢云："神之在人，犹光之在烛，烛尽则光穷，人死则神灭。"弼曰："旧学前儒，每有斯语，群疑众惑，咸由此起。盖辨之者未精，思之者不笃。窃有末见，可以核诸。烛则因质生光，质大光亦大；人则神不系形，形小神不小。故仲尼之智，必不短于长狄；孟德之雄，乃远奇于崔琰。神之于形，亦犹君之有国。国实君之所统，君非国之所生。不与同生，孰云俱灭？"邢云："舍此适彼，生生恒在。周、孔自应同庄周之鼓缶，和桑扈之循歌？"弼曰："共阴而息，尚有将别之悲；穷辙以游，亦兴中途之叹。况曰联体同气，化为异物，称情之服，何害于圣。"邢云："鹰化为鸠，鼠变为䴏，黄母为鳖，皆是生之类也。〔三〕类化而相生，犹光去此烛，复然彼烛。"弼曰："鹰未化为鸠，鸠则非有。鼠。既非二有，何可两立。〔四〕光去此烛，得燃彼烛，神去此形，亦托彼形，又何惑哉？"〔五〕邢云："欲使土化为人，木生眼鼻，造化神明，不应如此。"弼曰："腐草为萤，老木为蝎，造化不能，谁其然也？"

其后，别与邢书云："夫建言明理，宜出典证，而违孔背释，独为君子。若不师圣，物各有心，马首欲东，谁其能御。奚取于适衷，何贵于得一。逸韵虽高，管见未喻。"前后往复再三，邢邵理屈而止，文多不载。

〔一〕虽蒋济观眸　诸本"蒋济"作"孟轲"。三朝本、汲本及《文苑英华》卷七五八作"蒋济"。按《御览》卷三六六一六八七页引蒋子语曰："两目不相为视。昔吴有二人，共评王者，一人曰好，一人曰丑，久之不决。……王有定形，二人察之有得失，非苟相反，眼睛异耳。"此蒋子疑即蒋迹。这段话与杜弼语似不相应，可能还有上下文。孟轲论观眸知人，见《孟子·离娄》上，人所习知，不会讹作蒋济。必是后人疑作"蒋济"无据，臆改作"孟轲"。今从三朝本。

〔二〕美其斯与形别　《英华》卷七五八作"美夫神与形别"。按二人讨论的是形神关系问题。作"斯"无意义，疑作"神"是。

〔三〕皆是生之类也　《英华》卷七五八"生"上有"有"字，疑当有此字。

〔四〕鹰未化为鸠鸠则非有鼠既非二有何可两立　诸本"既非二有"脱"非"字。按《英华》卷七五八此段作"鹰未化鸠，鸠则非有。为此"为"字当在上"化"字下，错简在此。鼠未化为鴽，曰明本无此字，据傅增湘校本增。此"曰"字当是"鼠"字残缺则以无。论□相之疑当作"云"，乃似并对之称，既非二有，何可两立。"《英华》虽也多讹文，却可知此传"鼠"下有脱文。原文当作："鹰未化为鸠，鸠则非有；鼠未化为鴽，鼠则以无。论□相云，乃似并对之称，既非二有，何可两立。"文义尚可解释。《英华》既也有讹字，不能径补。但"鼠"下有脱文，"既二有"当作"既非二有"可以肯定，故但于"鼠"字下句断，并补"非"字。

〔五〕又何惑哉　《英华》卷七五八"惑"作"贰"。按这是说"神去此形，亦托彼形"，神是一非二，也是宣扬唯心主义神不灭论的观点。疑作"贰"是。

（《北齐书》卷二十四《列传第十六·杜弼》　　348）

陆法和

陆法和，不知何许人也。隐于江陵百里洲，衣食居处，一与苦行沙门同。耆老自幼见之，容色常不定，人莫能测也。或谓自出嵩高，遍游遐迩。既入荆州汶阳郡高安县之紫石山，〔一〕无故舍所居山，俄有蛮贼文道期之乱，时人以为预见萌兆。

及侯景始告降于梁，法和谓南郡朱元英曰："贫道共檀越击侯景去。"元英曰："侯景为国立效，师云击之，何也？"法和曰："正自如此。"及景渡江，法和时在青谿山，元英往问曰："景今围城，其事云何？"法和曰："凡人取果，宜待熟时，不撩自落。檀越但待侯景熟，何劳问也。"固问之，乃曰："亦克亦不克。"

景遣将任约击梁湘东王于江陵，法和乃诣湘东乞征约，召诸蛮弟子八百人在江津，二日便发。湘东遣胡僧佑领千余人与同行。法和登舰大笑曰："无量兵马。"江陵多神祠，人俗恒所祈祷，自法和军出，无复一验，人以为神皆从行故也。至赤沙湖，与约相对，法和乘轻船，不介胄，沿流而下，去约军一里乃还。谓将士曰："聊观彼龙睡不动，吾军之龙甚自踊跃，即攻之。

若得待明日，当不损客主一人而破贼，然有恶处。"遂纵火舫于前，而逆风不便，法和执白羽扇麾风，^[二]风势即返。约众皆见梁兵步于水上，于是大溃，皆投水而死。约逃窜不知所之，法和曰："明日午时当得。"及期而未得，人问之，法和曰："吾前于此洲水乾时建一刹，语檀越等，此虽为刹，实是贼标。今何不向标下求贼也。"如其言，果于水中见约抱刹，仰头裁出鼻，遂擒之。约言求就师目前死。法和曰："檀越有相，必不兵死。且于王有缘，决无他虑。王于后当得檀越力耳。"湘东果释用为郡守。及魏围江陵，约以兵赴救，力战焉。

法和既平约，往进见王僧辩于巴陵，谓曰："贫道已断侯景一臂，其更何能为？檀越宜即遂取。"^[三]乃请还。谓湘东王曰："侯景自然平矣，无足可虑。蜀贼将至，法和请守巫峡待之。"乃总诸军而往，亲运石以填江，三日，水遂分流，横之以铁锁。武陵王纪果遣蜀兵来渡，峡口势蹙，进退不可。王琳与法和经略，一战而殄之。

军次白帝，谓人曰："诸葛孔明可谓为名将，吾自见之。此城旁有其埋弩箭镞一斛许。"因插表令掘之，如其言。又尝至襄阳城北大树下，画地方二尺，令弟子掘之。得一龟，长尺半，以杖叩之曰："汝欲出不能得，已数百岁，不逢我者，岂天日乎？"为授三归，龟乃入草。初八叠山多恶疾人，法和为采药疗之，不过三服皆差，即求为弟子。山中毒虫猛兽，法和授其禁戒，不复噬螫。所泊江湖，必于峰侧结表，云"此处放生"。渔者皆无所得，才有少获，辄有大风雷。船人惧而放之，风雨乃定。晚虽将兵，犹禁诸军渔捕，有窃违者，中夜猛兽必来欲噬之，或亡其船缆。有小弟子戏截蛇头，来诣法和。法和曰："汝何意杀蛇！"因指以示之，弟子乃见蛇头醋袴裆而不落。法和使忏悔，为蛇作功德。又有人以牛试刀，一下而头断，来诣法和。法和曰："有一断头牛，就卿征命殊急，若不为作功德，一月内报至。"其人弗信，少日果死。法和又为人置宅图墓，以避祸求福。尝谓人曰："勿击马于碓。"其人行过乡曲，门侧有碓，因系马于其柱。入门中，忆法和戒，走出将解之，马已毙矣。

梁元帝以法和为都督、郢州刺史，封江乘县公。法和不称臣，其启文朱印名上，自称司徒。梁元谓其仆射王褒曰："我未尝有意用陆为三公，而自称何也？"褒曰："彼既以道术自命，容是先知。"梁元帝以法和功业稍重，遂就加司徒，都督、刺史如故。部曲数千人，通呼为弟子。唯以道术为化，不以法狱加人。又列肆之内，不立市丞牧佐之法，无人领受，但以空槛钥在道间，上开一孔受钱。贾客店人随货多少，计其估限，自委槛中。行掌之司，夕方开取，条其孔目，输之于库。又法和平常言若不出口，时有所论，则雄辩无敌，然犹带蛮音。善为攻战具。在江夏，大聚兵舰，欲袭襄阳而入武关，梁元帝使止之。法和曰："法和是求佛之人，尚不希释梵天王坐处，岂规王位？但于空王佛所与主上有香火因缘，见主人应有报至，故救援耳。今既被疑，是业定不可改也。"于是设供食，具大馄薄饼。及魏举兵，法和自郢入汉口，将赴江陵。梁元帝使人逆之曰："此自能破贼，但镇郢州，不须动也。"法和乃还州，垩其城门，着粗白布衫、布袴、邪巾，大绳束腰，坐苇席，终日乃脱之。及闻梁元败灭，复取前凶服着之，哭泣受吊。梁人入魏，果见馄饼焉。法和始于百里洲造寿王寺，既架佛殿，更截梁柱，曰："后四十许年佛法当遭雷电，此寺幽僻，可以免难。"及魏平荆州，宫室焚烬，总管欲发取寿王佛殿，嫌其材短，乃停。后周氏灭佛法，此寺隔在陈境，故不及难。

天保六年春，清河王岳进军临江，法和举州入齐。文宣以法和为大都督、十州诸军事、太尉公、西南道大行台，大都督、五州诸军事、荆州刺史、安湘郡公宋蒞为郢州刺史，[四] 官爵如故。蒞弟簉为散骑常侍、仪同三司、湘州刺史、义兴县公。梁将侯瑱来逼江夏，齐军弃城而退，法和与宋蒞兄弟入朝。文宣闻其奇术，虚心相见，备三公卤簿，于城南十二里供帐以待之。法和遥见邺城，下马禹步。辛术谓曰："公既万里归诚，主上虚心相待、何为作此术？"法和手持香炉，步从路车，至于馆。明日引见，给通幰油络纲车，仗身百人。诣阙通名，不称官爵，不称臣，但云荆山居士。文宣宴法和及其徒属于昭阳殿，赐法和钱百万、物千段、甲第一区，田一百顷、奴婢二百人，生资什物称是，宋蒞千段，其余仪同、刺史以下各有差。法和所得奴婢，尽免之，曰："各随缘去。"钱帛散施，一日便尽。以官所赐宅营佛寺，自居一房，与凡人无异。三年间再为太尉，世犹谓之居士。无疾而告弟子死期，至时，烧香礼佛，坐绳床而终。浴讫将敛，尸小，缩止三尺许。文宣令开棺视之，空棺而已。法和书其所居壁而涂之，及剥落，有文曰："十年天子为尚可，百日天子急如火，周年天子递代坐。"又曰："一母生三天，两天共五年。"说者以为娄太后生三天子，自孝昭即位，至武成传位后主，共五年焉。

法和在荆郢，有少姬，年可二十余，自称越姥，身披法服，不嫁，恒随法和东西。或与其私通十有余年。今者赐弃，别更他淫。〔五〕有司考验并实。越姥因尔改适，生子数人。

〔一〕既入荆州汶阳郡高安县之紫石山　诸本"安"作"要"。按《隋书》卷三一《地理志》下夷陵郡远安县条注："旧曰高安，置汶阳郡。"《太平环宇记》卷一四七云："晋安帝立高安县，属汶阳郡。""要"乃"安"的形讹，今据改。

〔二〕法和执白羽麾风　《北史》卷八九《陆法和传》"羽"下有"扇"字，疑此传脱去。

〔三〕檀越宜即遂取　《北史》卷八九"遂"作"逐"。按"即""遂"重复，疑当作"逐"。

〔四〕文宣以法和为大都督十州诸军事太尉公西南道大行台大都督五州诸军事荆州刺史安湘郡公宋茞为郢州刺史　诸本及《北史》卷八九无"道大行台"四字。按无此四字，则"西南大都督"当连读。但这个"大都督"是宋茞的官，不能混淆。二人授官，见本书卷四《文宣纪》天保六年二月，今据补。宋茞，《文宣纪》和卷二〇《慕容俨传》作"宋莅"，未知孰是。

〔五〕今者赐弃别更他淫　按这是越姥呈告官府的话，故下云"有司考验并实"。上面叙事，与此语联不起来，当有脱文。

杜按：《北史》本传（2941）文字稍异，意同。

（《北齐书》卷三十二《列传第二十四·陆法和》　427）

杨 愔

［杨］愔从兄幼卿为岐州刺史，以直言忤旨见诛。愔闻之悲惧，因哀感发疾，后取急就雁门温汤疗疾。郭秀素害其能，因致书恐之曰："高王欲送卿于帝所。"仍劝其逃亡。愔遂弃衣冠于水滨若自沉者，变易名姓，自称刘士安，入嵩山，与沙门昙谟征等屏居削迹。又潜之光州，因东入田横岛，以讲诵为业，海隅之士，谓之刘先生。太守王元景阴佑之。

神武知愔存，遣愔从兄宝猗赍书慰喻……见之悦……迁给事黄门侍郎，妻以庶女。又兼散骑常侍，为聘梁使主。至碻磝戍，州内有愔家旧佛寺，入精庐礼拜，见太傅容像，悲感恸哭，呕血数升，遂发病不成行，舆疾还邺。

（《北齐书》卷三十四《列传第二十六·杨愔》　455）

祖 珽

［祖珽犯罪在押］会并州定国寺新成，神武谓陈元康、温子升曰："昔作《芒山寺碑》文，时称妙绝，今《定国寺碑》当使谁作词也？"元康因荐［祖］珽才学，并解鲜卑语。乃给笔札就禁所具草。二日内成，其文甚丽。神武以其工而且速，特恕不问，然犹免官散参相府。文襄嗣事，以为功曹参军。

（《北齐书》卷三十九《列传第三十一·祖珽》　515）

童子佛寺

显祖尝登童子佛寺，望并州城曰："此是何等城？"或曰："此是金城汤池，天府之国。"帝云："我谓唐邕是金城，此非金城也。"其见重如此。

（《北齐书》卷四十《列传第三十二·唐邕》　531）

五台山

河清三年，突厥入境，代、忻二牧悉是细马，合数万匹，在五台山北柏谷中避贼。[一] 贼退后，敕［白］建就彼检校，续使人诣建间领马，送定州付民养饲。

〔一〕在五台山北柏谷中避贼。《册府》卷六六二七九—八页无"北"字，下有"经二十余日"五字，当是此传脱文。

（《北齐书》卷四十《列传第三十二·白建》　532）

孙灵晖

天统中，敕令朝臣推举可为南阳王绰师者，吏部尚书尉瑾表荐之，征为国子博士，授南阳王经……绰欲以管记马子结为咨议参军，乃表请转灵晖为王师，以子结为咨议……绰除大将军，灵晖以王师领大将军司马。绰诛，停废。从绰死后，每至七日及百日终，灵晖恒为绰请僧设斋，转经行道。齐亡后数年卒。

（《北齐书》卷四十四《列传第三十六·儒林·孙灵晖》　596）

苏　琼

　　［苏］琼性清慎，不发私书。道人道研为济州沙门统，资产巨富，在郡多有出息，常得郡县为征。及欲求谒，度知其意，每见则谈问玄理，应对肃敬，研虽为债数来，无由启口，其弟子问其故，研曰："每见府君，径将我入青云间，何由得论地上事。"……［琼］迁左丞，行徐州事。[一]徐州城中五级寺忽被盗铜像一百躯，有司征检，四邻防宿及纵迹所疑，逮系数十人，琼一时放遣。寺僧怨诉不为推贼，琼遣僧，谢曰："但且还寺，得像自送。"尔后十日，抄贼姓名及赃处所，径收掩，悉获实验，贼徒款引，道俗叹伏。

　　〔一〕迁左丞行徐州事　《北史》卷八六作"迁徐州行台左丞，行徐州事"，这里略去"徐州行台"四字，便像以尚书省左丞出任行徐州事，删节失当。

　　　　　　　　　（《北齐书》卷四十六《列传第三十八·循吏·苏琼》　643）

周　书

北周武帝时辨释三教先后

[建德二年]十二月癸巳，集群臣及沙门、道士等，帝升高座，辨释三教先后，以儒教为先，道教为次，佛教为后。

（《周书》卷五《帝纪第五·武帝上》　83）

朱皇后出俗为尼

宣帝朱皇后名满月，吴人也……后本非良家子，又年长于帝十余岁，疏贱无宠。以静帝故，特尊崇之，班亚杨皇后焉。宣帝崩，静帝尊为帝太（皇）后。[一]隋开皇元年，出俗为尼，名法净。六年殂，年四十，以尼礼葬京城。

〔一〕静帝尊为帝太（皇）后　《北史》卷一四《后妃传》下"太"下无"皇"字。张森楷云："《北史》是。"按卷八《静帝纪》正作"帝太后"，"皇"字衍，今据删。

（《周书》卷九《列传第一·皇后》　146）

彼沙门乃真盗耳

有贾人持金二十斤，诣京师交易，寄人停止。每欲出行，常自执管钥。无何，缄闭不异而失之。谓主人所窃，郡县讯问，主人遂自诬服。[柳]庆闻而叹之，乃召问贾人曰："卿钥恒置何处？"对曰："恒自带之。"庆曰："颇与人同宿乎？"曰："无。""与人同饮乎？"曰："日者曾与一沙门再度酣宴，醉而昼寝。"庆曰："主人特以痛自诬，[一]非盗也。彼沙门乃真盗耳。"即遣吏逮捕沙门，乃怀金逃匿。后捕得，尽获所失之金。

〔一〕主人特以痛自诬　"痛"原作"病"。宋本、南本、局本及《御览》卷二六三一二三一页作"痛"。二张都以为"病"字误。今径改。

（《周书》卷二十二《列传第十四·柳庆》　370）

《佛性论》《七经论》

〔苏〕绰又著《佛性论》《七经论》，并行于世。

（《周书》卷二十三《列传第十五·苏绰》 395）

韩使君佛寺浮图三层上有铎鸣

初，〔长孙〕绍远为太常，广召工人，创造乐器，土木丝竹，各得其宜。为黄钟不调，[一]绍远每以为意。尝因退朝，经韩使君佛寺前过，浮图三层之上，有鸣铎焉。忽闻其音，雅合宫调，取而配奏，方始克谐。绍远乃启世宗行之。

〔一〕为黄钟不调 宋本、南本、局本和《北史》卷二二《长孙道生》附玄孙《绍远传》、《册府》卷五六七六八—七页"为"都作"唯"。作"为"亦可通，今不改。

（《周书》卷二十六《列传第十八·长孙绍远》 430）

韦敻著《三教序》

武帝又以佛、道、儒三教不同，诏敻辨其优劣。敻以三教虽殊，同归于善，其迹似有深浅，其致理殆无等级。[一]乃著《三教序》奏之。帝览而称善。

〔一〕其致理殆无等级 宋本和《北史》百衲本"殆"作"如"。宋本《册府》卷四〇作"加"，亦"如"字之讹，明本《册府》改作"若"。

（《周书》卷三十一《列传第二十三·韦敻》 545）

皇甫遐

皇甫遐字永览，河东汾阴人也。累世寒微，而乡里称其和睦。遐性纯至，少丧父，事母以孝闻。保定末，又遭母丧，乃庐于墓侧，负土为坟。后于墓南作一禅窟，[一]阴雨则穿窟，晴霁则营墓，晓夕勤力，未尝暂停。积以岁年，坟高数丈，周回五十余步。禅窟重台两匝，总成十有二室，中间行道，可容百人，遐食粥枕块，栉风沐雨，形容枯悴，家人不识。当其营墓之初，乃有鸱鸟各一，徘徊悲鸣，不离墓侧，若助遐者，经月余日乃去。远近闻其至孝，竞以米面遗之。遐皆受而不食，悉以营佛斋焉。郡县表上其状，有诏旌异之。

〔一〕后于墓南作一禅窟 宋本、南本、北本、汲本"禅"作"神"。张元济《周书·跋》云："按'裈'字当从衣旁，训附，训小。盖遐于其母墓侧穿一窟室，取土培墓，己即处于窟中，冀朝夕不离其母。而殿本乃改为'禅窟'。按之本传绝无于彼习佛参禅之意。盖'裈''禅'形近，遂因而致误耳。"按《北史》本传作"禅"，殿本自是依《北史》改。《册府》卷七五七九〇—〇页亦作"禅"，或采《北史》。然原作"裈"，不成字，作"裈"作"禅"都要补缀笔画，未必作"禅"定误。下文说"禅窟重台两匝，总成十有二室，中间行道，可容百人"，规模如此巨大，绝非墓侧小窟。且下文说遐以远近所遗米面营佛斋，则亦未必不习佛参禅。今不改。下"禅窟重台两匝"同。

　　杜按：《北史》本传（2833）文字稍异，意同。

（《周书》卷四十六《列传第三十八·孝义·皇甫遐》　832）

张　元

　　［张］元性谦谨，有孝行。微涉经史，然精修释典……村陌有狗子为人所弃者，元见，即收而养之。其叔父怒曰："何用此为？"将欲更弃之。元对曰："有生之类，莫不重其性命。若天生天杀，自然之理。今为人所弃而死，非其道也。若见而不收养，无仁心也。是以收而养之。"叔父感其言，遂许焉。未几，乃有狗母衔一死兔，置元前而去。

　　及元年十六，其祖丧明三年，元恒忧泣，昼夜读佛经，礼拜以祈福佑。后读《药师经》，见盲者得视之言，遂请七僧，然七灯，七日七夜，转《药师经》行道。每言："天人师乎！元为孙不孝，使祖丧明。今以灯光普施法界，愿祖目见明，元求代暗。"如此经七日。其夜，梦见一老公，以金鎞治其祖目。[一] 谓元曰："勿忧悲也，三日之后，汝祖目必差。"元于梦中喜跃，遂即惊觉，乃遍告家人。居三日，祖果目明。

　　［一］以金鎞治其祖目　诸本"鎞"都作"钅比"。殿本当是依《北史》卷八四《张元传》改。张元济云："'鎞''钅比'通用。"

（《周书》卷四十六《列传第三十八·孝义·张元》　832）

强练大哭释迦牟尼佛

　　强练，不知何许人……恒寄住诸佛寺，好游行民家……建德中，每夜上街衢边树，大哭释迦牟尼佛，或至申旦，如此者累日，[一] 声甚哀怜。俄而废佛、道二教。

大象末，又以一无底囊，历长安市肆告乞，市人争以米麦遗之。强练张囊投之，随即漏之于地。人或问之曰："汝何为也？"强练曰："此亦无余，但欲使诸人见盛空耳。"……

又有蜀郡卫元嵩者，亦好言将来之事，盖江左宝志之流。天和中，著诗预论周，隋废兴及皇家受命，并有征验。性尤不信释教，尝上疏极论之。

〔一〕如此者累日　诸本及《北史》卷八九《强练传》"日"都作"月"。疑殿本刻误。

（《北周书》卷四十七《列传第三十九·艺术·褚该》　850）

萧　察

〔萧〕察少有大志，不拘小节。虽多猜忌，而知人善任使，抚将士有恩，能得其死力。性不饮酒，安于俭素，事其母以孝闻。又不好声色，尤恶见妇人，虽相去数步，遥闻其臭。经御妇人之衣，不复更着。又恶见人发，白事者必方便以避之。其在东扬州颇放诞，省览（薄）〔簿〕领，〔一〕好为戏论之言，以此获讥于世。笃好文义，所著文集十五卷，〔二〕内典《华严》《般若》《法华》《金光明义疏》四十六卷，〔三〕并行于世。

〔一〕省览（薄）〔簿〕领　局本、百衲本"薄"作"簿"。然宋本、南本、北本、汲本都作"薄"，或百衲本所据宋本有异。按文义作"簿"是，今据改。

〔二〕所著文集十五卷　《隋书》卷三五《经籍志》四有《梁岳阳王察集》十卷。

〔三〕四十六卷　《北史》本传作"三十六卷"。

（《周书》卷四十八《列传第四十·萧察》　862）

萧　岿

〔萧〕岿孝悌慈仁，有君人之量。四时祭享，未尝不悲慕流涕。性尤俭约，御下有方，境内称治。所著文集及《孝经》《周易义记》及《大小乘幽微》，并行于世。

（《周书》卷四十八《列传第四十·萧察》　865）

甄玄成

甄玄成字敬平。中山人。博达经史，善属文。少为简文所知。以录事参军随察镇襄阳……以江陵甲兵殷盛，遂怀贰心。密书梁元帝，申其诚款。遂有得其书者，进之于察。〔萧〕察深信佛法，常愿不杀诵《法华经》人。玄成素诵《法华经》，遂以此获免。察后见之，常曰："甄公好得《法华经》

力。"历位中书侍郎、御史中丞、祠部尚书、吏部尚书……有文集二十卷。〔一〕

〔一〕有文集二十卷　《隋书》卷三五《经籍志》四有"梁护军将军《甄玄成集》十卷并录"。

杜按：《北史》本传（3098）文稍异，意同。

（《周书》卷四十八《列传第四十·萧察》　872）

焉耆国

焉耆国在白山之南七十里，东去长安五千八百里……死亡者皆焚而后葬，其服制满七日则除之。丈夫并剪发以为首饰。文字与婆罗门同。俗事天神，并崇信佛法。尤重二月八日、四月八日。是日也，其国咸依释教，斋戒行道焉。

（《周书》卷五十《列传第四十二·异域下·焉耆》　916）

于阗国

于阗国在葱岭之北二百余里，东去长安七千七百里……自外风俗物产与龟兹略同。俗重佛法，寺塔僧尼甚众。王尤信向，每设斋日，必亲自洒扫馈食焉。城南五十里有赞摩寺，即昔罗汉比丘比卢旃为其王造覆盆浮图之所。石上有辟支佛跌处，〔一〕双迹犹存。

〔一〕石上有辟支佛跌处　《北史》卷九七《于阗传》"跌"作"跣"，《隋书》卷八三《于阗传》及《册府》卷九六〇——二九六页作"徒跣之迹"。

（《周书》卷五十《列传第四十二·异域下·于阗》　917）

隋　书

皇妣吕氏生高祖于冯翊般若寺

皇妣吕氏，以大统七年六月癸丑夜，生高祖于冯翊般若寺，紫气充庭。有尼来自河东，谓皇妣曰："此儿所从来甚异，不可于俗间处之。"尼将高祖舍于别馆，躬自抚养。皇妣尝抱高祖，忽见头上角出，遍体鳞起。皇妣大骇，坠高祖于地。尼自外入见曰："已惊我儿，致令晚得天下。"为人龙颜，额上有五柱入顶，目光外射，有文在手曰"王"。长上短下，沈深严重。

（《隋书》卷一《帝纪第一·高祖上》　　1）

沙门坏佛像以恶逆论

［开皇二十年十二月］辛巳，诏曰："佛法深妙，道教虚融，咸降大慈，济度群品，凡在含识，皆蒙覆护。所以雕铸灵相，图写真形，率土瞻仰，用申诚敬。其五岳四镇，节宣云雨，江、河、淮、海，浸润区域，并生养万物，利益兆人，故建庙立祀，以时恭敬。敢有毁坏偷盗佛及天尊像、岳镇海渎神形者，以不道论。沙门坏佛像，道士坏天尊者，以恶逆论。"

（《隋书》卷二《帝纪第二·高祖下》　　45）

仁寿元年颁舍利

［仁寿元年六月乙丑］颁舍利于诸州。

（《隋书》卷二《帝纪第二·高祖下》　　47）

盗数十人自称弥勒佛

［大业］六年春正月癸亥朔，旦，有盗数十人，皆素冠练衣，焚香持华，自称弥勒佛，入自建国门。监门者皆稽首。既而夺卫士仗，将为乱。齐王暕遇而斩之。于是都下大索，与相连坐者千余家。

（《隋书》卷三《帝纪第三·炀帝上》　　74）

设须弥山等伎

［第］二十七，设须弥山、黄山、三峡等伎。

（《隋书》卷十三《志第八·音乐上》　303）

梁武帝制文数篇，皆述佛法

［梁武］帝既笃敬佛法，又制《善哉》《大乐》《大欢》《天道》《仙道》《神王》《龙王》《灭过恶》《除爱水》《断苦轮》等十篇，[一]名为正乐，皆述佛法。又有法乐童子伎、童子倚歌梵呗，设无遮大会则为之。

〔一〕断苦轮　"轮"原作"转"，据《通典》一四二改。

（《隋书》卷十三《志第八·音乐上》　305）

西凉乐与汉不同

胡戎歌非汉魏遗曲，故其乐器声调，悉与书史不同。其歌曲有《永世乐》，解曲有《万世丰》，舞曲有《于阗佛曲》。

（《隋书》卷十五《志第十·音乐下》　378）

梁武帝幸同泰寺舍身

大通元年八月甲申，月掩填星。闰月癸酉，又掩之。占曰："有大丧，天下无主，国易政。"其后中大通元年九月癸巳，上又幸同泰寺舍身，王公以一亿万钱奉赎。十月己酉还宫，大赦，改元。中大通三年，太子薨，皆天下无主、易政及大丧之应。

（《隋书》卷二十一《志第十六·天文下》　594）

陈后主于太皇寺舍身作奴

后主至德元年正月壬戌，蓬星见。占曰："必有亡国乱臣。"后帝于太皇寺舍身作奴，以祈冥助，不恤国政，为施文庆等所惑，以至国亡。

（《隋书》卷二十一《志第十六·天文下》　600）

四后悉废为比丘尼

隋氏受命，废后为乐平公主，余四后悉废为比丘尼。

（《隋书》卷二十一《志第十六·天文下》　609）

梁武降号伽蓝

五事愆违则天地见异，况于日月星辰乎？况于水火金木土乎？若梁武之降号伽蓝，齐文宣之盘游市里，陈则蒋山之鸟呼曰"奈何"，周则阳武之鱼乘空而斗，隋则鹊巢黼帐，火炎门阙，岂唯天道，亦曰人妖，则祥眚呈形，于何不至？亦有脱略政教，张罗樽糈，崇信巫史，重增愆罚。

（《隋书》卷二十二《志第十七·五行上》 617）

梁武帝淫于佛道

中大通元年，朱雀航华表灾。明年，同泰寺灾。大同三年，朱雀门灾。水沴火也。是时帝崇尚佛道，宗庙牲牷，皆以面代之。又委万乘之重，数诣同泰寺，舍身为奴，令王公已下赎之。初阳为不许，后为默许，方始还宫。天诫若曰，梁武为国主，不遵先王之法，而淫于佛道，横多糜费，将使其社稷不得血食也。天数见变，而帝不悟，后竟以亡。及江陵之败，阖城为贱隶焉，既舍身为奴之应也。

（《隋书》卷二十二《志第十七·五行上》 620）

瓦官寺重阁门下一女子震死

陈太建元年七月，大雨，震万安陵华表，又震慧日寺刹，瓦官寺重阁门下一女子震死。

（《隋书》卷二十二《志第十七·五行上》 627）

雷震太皇寺刹

其年［陈太建十年］六月，又震太皇寺刹、庄严寺露盘、重阳阁东楼、鸿胪府门。太皇、庄严二寺，陈国奉佛之所，重阳阁每所游宴，鸿胪宾客礼仪之所在，而同岁震者，天戒若曰，国威已丧，不务修德，后必有恃佛道，耽宴乐，弃礼仪而亡国者。陈之君臣竟不悟。至后主之代，灾异屡起，惧而于太皇寺舍身为奴，以祈冥助，不恤国政，耽酒色，弃礼法，不修邻好，以取败亡。

（《隋书》卷二十二《志第十七·五行上》 628）

大雨雹，梁武帝数舍身为奴

梁中大通元年四月，大雨雹。《洪范五行传》曰：“雹，阴胁阳之象也。”时帝数舍身为奴，拘信佛法，为沙门所制。

（《隋书》卷二十二《志第十七·五行上》 629）

沙门志公赋五言诗

梁天监三年六月八日，武帝讲于重云殿，沙门志公忽然起舞歌乐，须臾悲泣，因赋五言诗曰："乐哉三十余，悲哉五十里！但看八十三，子地妖灾起。佞臣作欺妄，贼臣灭君子。若不信吾语，龙时侯贼起。且至马中间，衔悲不见喜。"梁自天监至于大同，三十余年，江表无事。至太清二年，台城陷，帝享国四十八年，所言五十里也。太清元年八月十三，而侯景自悬瓠来降，在丹阳之北，子地。帝惑朱异之言以纳景。景之作乱，始自戊辰之岁。至午年，帝忧崩。十年四月八日，志公于大会中又作诗曰："兀尾狗子始著狂，欲死不死啮人伤，须臾之间自灭亡。患在汝阴死三湘，横尸一旦无人藏。"侯景小字狗子。初自悬瓠来降，悬瓠则古之汝南也。巴陵南有地名三湘，既景奔败之所。

（《隋书》卷二十二《志第十七·五行上》　636）

梁武暮年君臣唯讲佛经、谈玄而已

梁武暮年，不以政事为意，君臣唯讲佛经、谈玄而已。朝纲紊乱，令不行，言不从之咎也。其后果至侯景之乱。

（《隋书》卷二十二《志第十七·五行上》　643）

袁村设佛会现异事

开皇十七年，大兴城西南四里，有袁村，设佛会。有老翁，皓首，白裙襦衣，来食而去。众莫识，追而观之，行二里许，不复见。但有一陂，中有白鱼，长丈余，小鱼从者无数。人争射之，或弓折弦断。后竟中之，剖其腹，得粳饭，始知此鱼向老翁也。后数日，漕渠暴溢，射人皆溺死。

（《隋书》卷二十三《志第十八·五行下》　651）

渭南有三沙门夜见大豕来诣其所

开皇末，渭南有沙门三人，行投陁法于人场圃之上。夜见大豕来诣其所，小豕从者十余，谓沙门曰："阿练，我欲得贤圣道，然犹负他一命。"言罢而去。贤圣道者，君上之所行也。

（《隋书》卷二十三《志第十八·五行下》　652）

京都大风，刹寺钟三鸣

开皇二十年十一月，京都大风，发屋拔树，秦、陇压死者千余人。地大震，鼓皆应。净刹寺钟三鸣，佛殿门锁自开，铜像自出户外。钟鼓自鸣者，近鼓妖也。扬雄以为人君不聪，为众所惑，空名得进，则鼓妖见。

（《隋书》卷二十三《志第十八·五行下》 655）

有桑门见乌向之作礼

　　［齐］后主时，有桑门，貌若狂人，见乌则向之作礼，见沙门则殴辱之。乌，周色也。未几，齐为周所吞，灭除佛法。

（《隋书》卷二十三《志第十八·五行下》 661）

桑门向海明自称弥勒佛出世

　　［开皇］七年，相州有桑门，变为蛇，尾绕树而自抽，长二丈许……

　　［大业］六年正月朔旦，有盗衣白练裙襦，手持香花，自称弥勒佛出世。入建国门，夺卫士仗，将为乱。齐王暕遇而斩之。后三年，杨玄感作乱，引兵围洛阳，战败伏诛……

　　九年，帝在高阳。唐县人宋子贤，善为幻术。每夜，楼上有光明，能变作佛形，自称弥勒出世。又悬大镜于堂上，纸素上画为蛇为兽及人形。有人来礼谒者，转侧其镜，遣观来生形像。或映见纸上蛇形，子贤辄告云："此罪业也，当更礼念。"又令礼谒，乃转人形示之。远近惑信，日数百千人。遂潜谋作乱，将为无遮佛会，因举兵，欲袭击乘舆。事泄，鹰扬郎将以兵捕之。夜至其所，绕其所居，但见火坑，兵不敢进。郎将曰："此地素无坑，止妖妄耳。"及进，无复火矣。遂擒斩之，并坐其党与千余家。其后复有桑门向海明，于扶风自称弥勒佛出世，潜谋逆乱。人有归心者，辄获吉梦。由是人皆惑之，三辅之士，翕然称为大圣。因举兵反，众至数万。官军击破之。京房《易飞候》曰："妖言动众者，兹谓不信。路无人行。不出三年，起兵。"自是天下大乱，路无人行。

（《隋书》卷二十三《志第十八·五行下》 662）

琅邪王坏北宫中白马浮图

　　武平三年，龙见邯郸井中，其气五色属天。又见汲郡佛寺涸井中……

　　琅邪王［高］俨坏北宫中白马浮图，石赵时澄公所建。见白蛇长数丈，回旋失所在。时俨专诛失中之咎也。见变不知戒，以及于难。

（《隋书》卷二十三《志第十八·五行下》 668）

天统中大修佛寺

至天统中，[一]又毁东宫，造修文、偃武、隆基嫔嫱诸院，起玳瑁楼。又于游豫园穿池，周以列馆，中起三山，构台，以象沧海，并大修佛寺，劳役巨万计。财用不给，乃灭朝士之禄，断诸曹粮膳及九州岛军人常赐以供之。

〔一〕至天统中　　"天"原作"大"，据《通典》五改。

（《隋书》卷二十四《志第十九·食货》　678）

梁武帝年老又专精佛戒

武帝年老，厌于万机，又专精佛戒，每断重罪，则终日弗怿。

（《隋书》卷二十五《志第二十·刑法》　701）

文宣受佛戒"放生"

自［北齐天保］六年之后，［文宣］帝遂以功业自矜，恣行酷暴，昏狂酗醟，任情喜怒。为大镬、长锯、剉碓之属，并陈于庭，意有不快，则手自屠裂，或命左右脔啖，以逞其意。时仆射杨遵彦，乃令宪司先定死罪囚，置于仗卫之中，帝欲杀人，则执以应命，谓之供御囚。经三月不杀者，则免其死。帝尝幸金凤台，受佛戒，多召死囚，编篿篨为翅，命之飞下，谓之放生。坠皆致死，帝视以为欢笑。

（《隋书》卷二十五《志第二十·刑法》　704）

沙门坏佛像以恶逆论

［隋文］帝以年龄晚暮，尤崇尚佛道，又素信鬼神。二十年，诏沙门道士坏佛像天尊，百姓坏岳渎神像，皆以恶逆论。

（《隋书》卷二十五《志第二十·刑法》　715）

华林园中总集释典

元徽元年，秘书丞王俭又造《目录》，大凡一万五千七百四卷。俭又别撰《七志》：一曰《经典志》，纪六艺、小学、史记、杂传；二曰《诸子志》，纪今古诸子；三曰《文翰志》，纪诗赋；四曰《军书志》，纪兵书；五曰《阴阳志》，纪阴阳图纬；六曰《术艺志》，纪方技；七曰《图谱志》，纪地域及图书。其道、佛附见，合九条。然亦不述作者之意，但于书名之下，每立一传，而又作九篇条例，编乎首卷之中。文义浅近，未为典则。齐永明中，秘书丞王亮、监谢朏，又造《四部书目》，大凡一万八千一十卷。齐末兵火，延烧秘阁，经籍遗散。梁初，秘书监任昉，躬加部集，又于文德殿内列藏众书，华林园中总集释典，大凡二万三千一百六卷，而释氏不豫焉。梁有秘书监任昉、殷钧《四部目录》，又《文德殿目录》。其术数之书，更为一部，使奉朝请祖暅撰其名。故梁有《五部目录》。普通中，有处士阮孝绪，沉静寡欲，笃好坟史，博采宋、齐已来，王公之家凡有书记，参校官簿，更为《七录》：一曰《经典录》，纪六艺；二曰《记传录》，纪史传；三曰《子兵录》，纪子书、兵书；四曰《文集录》，纪诗赋；五曰《技术录》，纪数术；六曰《佛录》；七曰《道录》。其分部题目，颇有次序，割析辞义，浅薄不经。梁武敦悦诗书，下化其上，四境之内，家有文史。元帝克平侯景，收文德之书及公私经籍，归于江陵，大凡七万余卷。周师入郢，咸自焚之。陈天嘉中，又更鸠集，考其篇目，遗阙尚多。

（《隋书》卷三十二《志第二十七·经籍一》　906）

道、佛经目录

炀帝即位……又于内道场集道、佛经，别撰目录。

（《隋书》卷三十二《志第二十七·经籍志》　908）

梁释法通《乾坤义》

《周易乾坤义》一卷齐步兵校尉刘瓛撰。梁又有齐临沂令李玉之、梁释法通等《乾坤义》各一卷，亡。

（《隋书》卷三十二《志第二十七·经籍一》　911）

陈沙门智匠撰《古今乐录》

《古今乐录》十二卷陈沙门智匠撰。

《乐元》一卷魏僧撰。

《当管七声》二卷魏僧撰。

（《隋书》卷三十二《志第二十七·经籍一》　926）

释慧琳注《孝经》

《集议孝经》一卷，晋东阳太守袁敬仲集。〔一〕梁有《孝经皇义》一卷，宋均撰；又有晋给事中杨泓，处士虞槃佐、孙氏，东阳太守殷仲文，晋陵太守殷权道，丹阳尹车胤，孔光各注《孝经》一卷；荀昶注《孝经》二卷；宋何承天、费沉，齐光禄大夫王玄载，国子博士明僧绍，梁五经博士严植之，尚书功论郎曹思文、羽林监江系之，江逊等注《孝经》各一卷；释慧始注《孝经》一卷；陶弘景《集注孝经》一卷；诸葛循《孝经序》一卷。亡。

《孝经》一卷，释慧琳注。梁有晋穆帝时晋《孝经》一卷，武帝时《送总明馆孝经讲》《议》各一卷，宋大明中《东宫讲》，齐永明三年《东宫讲》，齐永明中《诸王讲》及贺场讲、议《孝经义疏》各一卷，齐临沂令李玉之为始兴王讲《孝经义疏》二卷。亡。

〔一〕袁敬仲　释文叙录作"袁彦伯"。下"正始名士传"注同。

（《隋书》卷三十二《志第二十七·经籍一》　933）

释僧智《论语》略解

《论语》七卷卢氏注。梁有晋国子博士梁觊、益州刺史袁乔、尹毅、司徒左长史张凭及阳惠明、〔一〕宋新安太守孔澄之、齐员外郎虞遄及许容、曹思文注，释僧智略解，梁太史叔明集解，陶弘景集注论语各十卷；又论语音二卷，徐貌等撰。亡。

〔一〕阳惠明　《旧唐志》上、《新唐志》一及《通志》一九氏族略，"阳"作"畅"。

（《隋书》卷三十二《志第二十七·经籍一》　936）

《韵英》等两种

《韵英》三卷释静洪撰。

《杂体书》九卷释正度撰。

（《隋书》卷三十二《志第二十七·经籍一》　944）

婆罗门书

自后汉佛法行于中国，又得西域胡书，能以十四字贯一切音，文省而义广，谓之婆罗门书。与八体六文之义殊别。今取以附体势之下。

（《隋书》卷三十二《志第二十七·经籍一》　947）

释撰《天正旧事》

《天正旧事》三卷释撰，亡名。〔一〕

〔一〕释撰亡名　《新唐志》二作"杜惠明"。

（《隋书》卷三十三《志第二十八·经籍二》　967）

《僧家书仪》

《僧家书仪》五卷释昙瑗撰。

（《隋书》卷三十三《志第二十八·经籍二》 971）

虞孝敬《高僧传》

《高僧传》六卷虞孝敬撰。

（《隋书》卷三十三《志第二十八·经籍二》 975）

释宝唱《名僧传》等十一种

《名僧传》三十卷释宝唱撰。

《高僧传》十四卷释慧皎撰。〔一〕

《江东名德传》三卷释法进撰。

《法师传》十卷王巾撰。

《众僧传》二十卷裴子野撰。

《萨婆多部传》五卷释僧佑撰。

《梁故草堂法师传》一卷

《尼传》二卷释宝唱撰。〔二〕

《法显传》二卷

《法显行传》一卷

《梁武皇帝大舍》三卷严屠撰。

〔一〕 释慧皎 原作"释僧祐"，据《开元释教录》及《旧唐志》上、《新唐志》三改。两《唐志》，"慧"作"惠"。

〔二〕 释宝唱 原作"皎法师"，据《开元释教录》及《旧唐志》上、《新唐志》三改。

（《隋书》卷三十三《志第二十八·经籍二》 978）

王琰《冥祥记》等四种

《冥祥记》十卷王琰撰。

《续齐谐记》一卷吴均撰。

《幽明录》二十卷刘义庆撰。

《舍利感应记》三卷王劭撰。

（《隋书》卷三十三《志第二十八·经籍二》 980）

法显《佛国记》等两种

《佛国记》一卷沙门释法显撰。

《游行外国传》一卷沙门释智猛撰。

（《隋书》卷三十三《志第二十八·经籍二》　983）

《洛阳伽蓝记》等七种

《洛阳伽蓝记》五卷后魏杨衒之撰。

《四海百川水源记》一卷释道安撰。

《京师寺塔记》十卷录一卷。刘璆撰。

《京师寺塔记》二卷释昙宗撰。〔一〕

《外国传》五卷释昙景撰。

《历国传》二卷释法盛撰。

《慧生行传》一卷

〔一〕释昙宗　"宗"原作"景"，据《高僧传》改。

（《隋书》卷三十三《志第二十八·经籍二》　984）

释僧祐《世界记》等两种

《世界记》五卷释僧祐撰。

《大隋翻经婆罗门法师外国传》五卷

（《隋书》卷三十三《志第二十八·经籍二》　986）

释惠琳、释惠严注《老子道德经》

《老子道德经》二卷刘仲融注。梁有《老子道德经》二卷，巨生解；《老子道德经》二卷，晋西中郎将袁真注；《老子道德经》二卷，张凭注；《老子道德经》二卷，释惠琳注；《老子道德经》二卷，释惠严注；《老子道德经》二卷，王玄载注。亡。

（《隋书》卷三十四《志第二十九·经籍三》　1000）

释慧观撰《老子义疏》

《老子义疏》一卷顾欢撰。梁有《老子义疏》一卷，释慧观撰，亡。

（《隋书》卷三十四《志第二十九·经籍三》　1001）

《释氏谱》等六种

《释氏谱》十五卷

《内典博要》三十卷

《净住子》二十卷齐竟陵王萧子良撰。

《因果记》十卷

《历代三宝记》三卷费长房撰。

《真言要集》十卷

（《隋书》卷三十四《志第二十九·经籍三》　1009）

萧子良《义记》等七种

《义记》二十卷萧子良撰。

《感应传》八卷宋尚书郎王延秀撰。

《众僧传》二十卷裴子野撰。

《高僧传》六卷虞孝敬撰。

《皇帝菩萨清净大舍记》三卷谢吴撰，亡。

《宝台四法藏目录》一百卷大业中撰。

《玄门宝海》一百二十卷大业中撰。

（《隋书》卷三十四《志第二十九·经籍三》　1010）

《摩登伽经说星图》

《摩登伽经说星图》一卷

（《隋书》卷三十四《志第二十九·经籍三》　1020）

《婆罗门算法》等三种

《婆罗门算法》三卷

《婆罗门阴阳算历》一卷

《婆罗门算经》三卷

（《隋书》卷三十四《志第二十九·经籍三》　1026）

释智海撰《阳遁甲》

《阳遁甲》九卷释智海撰。

（《隋书》卷三十四《志第二十九·经籍三》　1032）

释道洪《寒食散对疗》等四种

《寒食散对疗》一卷释道洪撰。

《解寒食散方》二卷释智斌撰。梁《解散论》二卷。

《解寒食散论》二卷梁有《徐叔向解寒食散方》六卷，《释慧义寒食解杂论》七卷，亡。

《杂散方》八卷梁有《解散方》、《解散论》各十三卷，《徐叔向解散消息节度》八卷，《范氏解散方》七卷，《解释慧文解散方》一卷，亡。

（《隋书》卷三十四《志第二十九·经籍三》　1041）

《释僧深药方》

《范东阳方》一百五卷〔一〕录一卷。范汪撰。梁一百七十六卷。梁又有《阮河南药方》十六卷，阮文叔撰；《释僧深药方》三十卷，《孔中郎杂药方》二十九卷，《宋建平王典术》一百二十卷；《羊中散药方》三十卷，羊欣撰；《褚澄杂药方》二十卷，齐吴郡太守褚澄撰。亡。

《陶氏效验方》六卷梁五卷。梁又有《疗目方》五卷，《甘濬之疗耳眼方》十四卷，《神枕方》一卷；《杂戎狄方》一卷，宋武帝撰；《摩诃出胡国方》十卷，摩诃胡沙门撰；又《范晔上香方》一卷，《杂香膏方》一卷。亡。

〔一〕范东阳　原作“范阳东”。范汪为东阳太守，见《晋书》本传。《新唐志》三有《范东阳杂药方》一百七十卷。今据改。

（《隋书》卷三十四《志第二十九·经籍三》　1042）

沙门行矩撰《诸药异名》

《诸药异名》八卷沙门行矩撰。本十卷，今阙。

（《隋书》卷三十四《志第二十九·经籍三》　1044）

释莫满撰《单复要验方》等六种

《单复要验方》二卷释莫满撰。

《释道洪方》一卷

《疗百病杂丸方》三卷释昙鸾撰。

《论气治疗方》一卷释昙鸾撰。

《释僧匡针灸经》一卷

《龙树菩萨药方》四卷

（《隋书》卷三十四《志第二十九·经籍三》　1046）

《婆罗门药方》等四种

《婆罗门药方》五卷

《耆婆所述仙人命论方》二卷目一卷。本三卷。

《乾陀利治鬼方》十卷

《新录乾陀利治鬼方》四卷本五卷，阙。

（《隋书》卷三十四《志第二十九·经籍三》　1048）

释道骞传《楚辞》

后汉校书郎王逸，集屈原已下，迄于刘向，逸又自为一篇，并叙而注之，今行于世。隋时有释道骞，善读之，能为楚声，音韵清切，至今传《楚辞》者，皆祖骞公之音。

（《隋书》卷三十五《志第三十·经籍四》　1056）

《支遁集》

晋沙门《支遁集》八卷梁十三卷。又有《刘彧集》十六卷，亡。

（《隋书》卷三十五《志第三十·经籍四》　1067）

《支昙谛集》等四种

晋沙门《支昙谛集》六卷

晋沙门《释惠远集》十二卷

晋姚苌沙门《释僧肇集》一卷

（《隋书》卷三十五《志第三十·经籍四》　1070）

宋沙门《释惠琳集》五卷梁九卷，录一卷。又有宋《范昌集》十四卷。亡。

（《隋书》卷三十五《志第三十·经籍四》　1072）

《梁武帝净业赋》

《梁武帝净业赋》三卷

（《隋书》卷三十五《志第三十·经籍四》　1076）

《释亡名集》《释标集》等七种

后周沙门《释亡名集》十卷〔一〕

陈沙门《释标集》二卷

陈沙门《释洪偃集》八卷

陈沙门《释瑗集》六卷

陈沙门《释灵裕集》四卷

陈沙门《策上人集》五卷

陈沙门《释罨集》六卷

〔一〕释亡名　"亡"原作"忘"，据《旧唐志》下、《新唐志》四及《日本国见在书目》改。

（《隋书》卷三十五《志第三十·经籍四》　1080）

陆少玄撰《佛像杂铭》、释僧佑撰《箴器杂铭》

《古今箴铭集》十四卷张湛撰。录一卷。梁有《箴集》十六卷，《杂诚箴》二十四卷，《女箴》一卷，《女史箴图》一卷，又有《铭集》十一卷，又陆少玄撰《佛像杂铭》十三卷，释僧佑撰《箴器杂铭》五卷，亡。

（《隋书》卷三十五《志第三十·经籍四》　1085）

梁元帝撰《释氏碑文》等

《杂碑集》二十二卷梁有《碑集》十卷，谢庄撰；《释氏碑文》三十卷，梁元帝撰；《杂碑》二十二卷，《碑文》十五卷，晋将作大匠陈勰撰；《碑文》十卷，车灌撰；又有《羊祜堕泪碑》一卷，《桓宣武碑》十卷，《长沙景王碑文》三卷，《荆州杂碑》三卷，《雍州杂碑》四卷，《广州刺史碑》十二卷，《义兴周处碑》一卷，《太原王氏家碑诔颂赞铭集》二十六卷；《诸寺碑文》四十六卷，释僧佑撰；《杂祭文》六卷；《众僧行状》四十卷，释僧佑撰。亡。

（《隋书》卷三十五《志第三十·经籍四》　1086）

释宝唱撰《法集》

《法集》百七卷梁沙门释宝唱撰。

（《隋书》卷三十五《志第三十·经籍四》　1089）

道经说天地沦坏等略与佛经同

道经者，云有元始天尊，生于太元之先，禀自然之气，冲虚凝远，莫知其极。所以说天地沦坏，劫数终尽，略与佛经同。以为天尊之体，常存不灭。

（《隋书》卷三十五《志第三十·经籍四》　1091）

《隋书·经籍志》论佛籍始末

后周承魏，崇奉道法，每帝受箓，如魏之旧，寻与佛法俱灭。开皇初又兴，高祖雅信佛法，于道士蔑如也……

大乘经六百一十七部，二千七十六卷。五百五十八部，一千六百九十七卷，经。五十九部，三百七十九卷，疏。小乘经四百八十七部，八百五十二卷。杂经三百八十部，七百一十六卷。杂经目残缺甚，见数如此。杂疑经一百七十二部，三百三十六卷。大乘律五十二部，九十一卷。小乘律八十部，四百七十二卷。七十七部，四百九十卷，律。二部，二十三卷，讲疏。杂律二十七部，四十六卷。大乘论三十五部，一百四十一卷。三十部，九十四卷，论。十五部，四十七卷，疏。小乘论四十一部，五百六十七卷。二十一部，四百九十一卷，论。十部，七十六卷，讲疏。杂论五十一部，四百三十七卷。三十二部，二百九十九卷，论。九部，一百三十八卷，讲疏。记二十部，四百六十四卷。

右一千九百五十部，六千一百九十八卷。

佛经者，西域天竺之迦维卫国净饭王太子释迦牟尼所说。释迦当周庄王之九年四月八日，自母右胁而生，姿貌奇异，有三十二相，八十二好。舍太子位，出家学道，勤行精进，觉悟一切种智，而谓之佛，亦曰佛陀，亦曰浮屠，皆胡言也。华言译之为净觉。其所说云，人身虽有生死之异，至于精神，则恒不灭。此身之前，则经无量身矣。积而修习，精神清净，则成佛道。[一] 天地之外，四维上下，更有天地，亦无终极，然皆有成有败。一成一败，谓之一劫。自此天地已前，则有无量劫矣。每劫必有诸佛得道，出世教化，其数不同。今此劫中，当有千佛。自初至于释迦，已七佛矣。其次当有弥勒出世，必经三会，演说法藏，开度众生。由其道者，有四等之果。一曰须陀洹，二曰斯陀含，三曰阿那含，四曰阿罗汉。至罗汉者，则出入生死，去来隐显，而不为累。阿罗汉已上，至菩萨者，深见佛性，以至成道。每佛灭度，遗法相传，有正、象、末三等淳醨之异。年岁远近，亦各不同。末法已后，众生愚钝，无复佛教，而业行转恶，年寿渐短，经数百千载间，乃至朝生夕死。然后有大水、大火、大风之灾，一切除去之，而更立生人，又归淳朴，谓之小劫。每一小劫，则一佛出世。

初天竺中多诸外道，并事水火毒龙，而善诸变幻。释迦之苦行也，是诸邪道，并来媀恼，以乱其心，而不能得。及佛道成，尽皆摧伏，并为弟子。弟子，男曰桑门，译言息心，而总曰僧，译言行乞。女曰比丘尼。皆剃落须发，释累辞家，相与和居，治心修净，行乞以自资，而防心摄行。僧至二百五十戒，尼五百戒。俗人信凭佛法者，男曰优婆塞，女曰优婆夷，皆去杀、盗、淫、妄言、饮酒，是为五诫。释迦在世教化四十九年，乃至天龙人鬼并来听法，弟子得道，以百千万亿数。然后于拘尸那城娑罗双树间，以二月十五日，入般涅槃。涅槃亦曰泥洹，译言灭度，亦言常乐我净。初释迦说法，以人之性识根业各差，故有大乘小乘之说。至是谢世，弟子大迦叶与阿难等五百人，追共撰述，缀以文字，集载为十二部。后数百年，有罗汉菩萨，相继著论，赞明其义。然佛所说，我灭度后，正法五百年，像法一千年，末法三千年，其义如此。

推寻典籍，自汉已上，中国未传。或云久以流布，遭秦之世，所以埋灭。其后张骞使西域，盖闻有浮屠之教。哀帝时，博士弟子秦景使伊存口授浮屠经，[二]中土闻之，未之信也。后汉明帝，夜梦金人飞行殿庭，以问于朝，而傅毅以佛对。帝遣郎中蔡愔及秦景使天竺求之，得《佛经四十二章》及释迦立像，并与沙门摄摩腾、竺法兰东还。愔之来也，以白马负经，因立白马寺于洛城雍门西以处之。其经缄于兰台石室，而又画像于清凉台及显节陵上。[三]章帝时，楚王英以崇敬佛法闻，西域沙门，赍佛经而至者甚众。永平中，法兰又译《十住经》。其余传译，多未能通。至桓帝时，有安息国沙门安静，赍经至洛，翻译最为通解。灵帝时，有月支沙门支谶、天竺沙门竺佛朔等，并翻佛经。而支谶所译《泥洹经》二卷，学者以为大得本旨。汉末，太守竺融，亦崇佛法。三国时，有西域沙门康僧会，赍佛经至吴译之，吴主孙权，甚大敬信。魏黄初中，中国人始依佛戒，剃发为僧。先是西域沙门来此，译《小品经》。首尾乖舛，未能通解。甘露中，有朱仕行者，往西域，至于阗国，得经九十章，晋元康中，至邺译之，题曰《放光般若经》。太始中，有月支沙门竺法护，西游诸国，大得佛经，至洛翻译，部数甚多。佛教东流，自此而盛。

石勒时，常山沙门卫道安，性聪敏，诵经日至万余言。以胡僧所译《维摩》《法华》，未尽深旨，精思十年，心了神悟，乃正其乖舛，宣扬解释。时中国纷扰，四方隔绝，道安乃率门徒，南游新野，欲令玄宗所在流布，分遣弟子，各趋诸方。法性诣扬州，法和入蜀，道安与慧远之襄阳。后至长安，苻坚甚敬之。[四]道安素闻天竺沙门鸠摩罗什，思通法门，劝坚致之。什亦闻安令问，遥拜致敬。姚苌弘始二年，[五]罗什至长安，时道安卒后已二十载矣，什深慨恨。什之来也，大译经论，道安所正，与什所译，义如一，初无乖舛。

初，晋元熙中，新丰沙门智猛，策杖西行，到华氏城，得《泥洹经》及《僧祇律》，东至高昌，译《泥洹》为二十卷。后有天竺沙门昙摩罗谶复赍胡本，来至河西。沮渠蒙逊遣使至高昌取猛本，欲相参验，未还而蒙逊破灭。姚苌弘始十年，猛本始至长安，译为三十卷。昙摩罗谶又译《金光明》等经。时胡僧至长安者数十辈，惟鸠摩罗什才德最优。其所译则《维摩》《法华》《成实论》等诸经，及昙无忏所译《金光明》，昙摩罗忏所译《泥洹》等经，并为大乘之学。而什又译《十诵律》，天竺沙门佛陀耶舍译《长阿含经》及《四方律》，〔六〕兜佉勒沙门昙摩难提译《增一阿含经》，〔七〕昙摩耶舍译《阿毗昙论》，并为小乘之学。其余经论，不可胜记。自是佛法流通，极于四海矣。东晋隆安中，又有罽宾沙门僧伽提婆译《增一阿含经》及《中阿含经》。义熙中，沙门支法领，从于阗国得《华严经》三万六千偈，至金陵宣译。又有沙门法显，自长安游天竺，经三十余国。随有经律之处，学其书语，译而写之。还至金陵，与天竺禅师跋罗，参共辩定，谓《僧祇律》，学者传之。

齐梁及陈，并有外国沙门。然所宣译，无大名部可为法门者。梁武大崇佛法，于华林园中，总集释氏经典，凡五千四百卷。沙门宝唱，撰《经目录》。又后魏时，太武帝西征长安，以沙门多违佛律，群聚秽乱，乃诏有司，尽坑杀之，焚破佛像。长安僧徒，一时歼灭。自余征镇，豫闻诏书，亡匿得免者十一二。文成之世，又使修复。熙平中，遣沙门慧生使西域，采诸经律，得一百七十部。永平中，又有天竺沙门菩提留支，大译佛经，与罗什相埒。其《地持》《十地论》，并为大乘学者所重。后齐迁邺，佛法不改。至周武帝时，蜀郡沙门卫元嵩上书，称僧徒猥滥，武帝出诏，一切废毁。

开皇元年，高祖普诏天下，任听出家，仍令计口出钱，营造经像。而京师及并州、相州、洛州等诸大都邑之处，并官写一切经，置于寺内；而又别写，藏于秘阁。天下之人，从风而靡，竞相景慕，民间佛经，多于六经数十百倍。大业时，又令沙门智果，于东都内道场，撰诸经目，分别条贯，以佛所说经为三部：一曰大乘，二曰小乘，三曰杂经。其余似后人假托为之者，别为一部，谓之疑经。又有菩萨及诸深解奥义、赞明佛理者，名之为论，及戒律并有大、小及中三部之别。又所学者，录其当时行事，名之为记。凡十一种。今举其大数，列于此篇。

右道、佛经二千三百二十九部，七千四百一十四卷。

道、佛者，方外之教，圣人之远致也。俗士为之，不通其指，多离以迂怪，假托变幻乱于世，斯所以为弊也。故中庸之教，是所罕言，然亦不可诬也。故录其大纲，附于四部之末。

大凡经传存亡及道、佛，六千五百二十部，五万六千八百八十一卷。

〔一〕则成佛道　原作"则佛道"不成文。《通考》二二六，"佛"上有"成"字，据补。

〔二〕秦景使伊存口授浮屠经　《魏书·释老志》，"景"下有"宪受大月氏王"六字，疑此脱。

〔三〕清凉台　"凉"原作"源"，据《魏书·释老志》及王琰《冥祥记》改。

〔四〕苻坚甚敬之　"苻坚"上原衍"与"字，今据《通考》二二六删。

〔五〕姚苌弘始二年　"苌"或是"兴"字之误。下同。

〔六〕四方律　"方"当作"分"。

〔七〕兜佉勒沙门昙摩难提　"佉"原作"法"，"昙"原作"云"，据《高僧传》一改。

（《隋书》卷三十五《志第三十·经籍四》　1094）

赐死王谊

于时上柱国元谐亦颇失意，〔王〕谊数与相往来，言论丑恶。胡僧告之。公卿奏谊大逆不道，罪当死。上见谊怆然曰："朕与公旧为同学，甚相怜愍，将奈国法何？"于是下诏曰："谊，有周之世，早豫人伦，朕共游庠序，遂相亲好。然性怀险薄，巫觋盈门，鬼言怪语，称神道圣。朕受命之初，深存诫约，口云改悔，心实不悛。乃说四天王神道，谊应受命，书有谊谶，天有谊星，桃、鹿二川，岐州之下，岁在辰巳，兴帝王之业。密令卜问，伺殿省之灾。又说其身是明王，信用左道，所在诖误，自言相表当王不疑。此而赦之，将或为乱，禁暴除恶，宜伏国刑。"上复令大理正赵绰谓谊曰："时命如此，将若之何！"于是赐死于家，时年四十六。

（《隋书》卷四十《列传第五·王谊》　1170）

上慰王谊而释之

时上柱国王谊有功于国，与谐俱无任用，每相往来。胡僧告谐、谊谋反，上按其事，无逆状，上慰谕而释之。

（《隋书》卷四十《列传第五·元谐》 1171）

高颎除名为民

独孤皇后知颎不可夺，阴欲去之。初，夫人卒，后言于上曰："高仆射老矣，而丧夫人，陛下何能不为之娶！"上以后言谓颎，颎流涕谢曰："臣今已老，退朝之后，唯斋居读佛经而已。虽陛下垂哀之深，至于纳室，非臣所愿。"上乃止……

顷之，颎国令上颎阴事，称："其子表仁谓颎曰：'司马仲达初托疾不朝，遂有天下。公今遇此，焉知非福！'"于是上大怒，囚颎于内史省而鞠之。宪司复奏颎他事，云："沙门真觉尝谓颎云：'明年国有大丧。'尼令晖复云：'十七、十八年，皇帝有大厄。十九年不可过。'"上闻而益怒，顾谓群臣曰："帝王岂可力求。孔子以大圣之才，作法垂世，宁不欲大位邪？天命不可耳。颎与子言，自比晋帝，此何心乎？"有司请斩颎。……于是除名为民。

（《隋书》卷四十一《列传第六·高颎》 1182）

苏威屏居山寺

大冢宰宇文护见而礼之，以其女新兴主妻焉。［苏威］见护专权，恐祸及己，逃入山中，为叔父所逼，卒不获免。然威每屏居山寺，以讽读为娱。未几，授使持节、车骑大将军、仪同三司，改封怀道县公。

杜按：《北史》本传（2243）大同，故不录。

（《隋书》卷四十一《列传第六·苏威》 1185）

杨纶与沙门惠恩、崛多交通

炀帝即位，［杨纶］尤被猜忌。纶忧惧不知所为，呼术者王琛而问之。琛答曰："王相禄不凡。"乃因曰："縢即腾也，此字足为善应。"有沙门惠恩、崛多等，颇解占候，纶每与交通，常令此三人为度星法。有人告纶怨望咒诅，帝命黄门侍郎王弘穷治之。

（《隋书》卷四十四《列传第九·縢穆王瓚》 1222）

杨 俊

秦孝王俊字阿祇，高祖第三子也。开皇元年立为秦王……俊仁恕慈爱，崇敬佛道，请为沙门，上不许。

（《隋书》卷四十五《列传第十·文四子·秦孝王俊》　1239）

炀帝命五郡沙门设佛供

炀帝北巡，至恒安，见白骨被野，以问侍臣。侍臣曰："往者韩洪与虏战处也。"帝悯然伤之，收葬骸骨，命五郡沙门为设佛供，拜洪陇西太守。

（《隋书》卷五十二《列传第十七·韩擒虎》　1343）

明克让著《续名僧记》

[明克让]著《孝经义疏》一部，《古今帝代记》一卷，《文类》四卷，《续名僧记》一卷，集二十卷。

（《隋书》卷五十八《列传第二十三·明克让》　1416）

柳䛒撰《法华玄宗》

以其好内典，令撰《法华玄宗》，为二十卷，奏之。太子览而大悦，赏赐优洽，侪辈莫与为比。

（《隋书》卷五十八《列传第二十三·柳䛒》　1423）

杨侗布席焚香礼佛念咒

月余，宇文儒童、裴仁基等诛世充，复尊立[杨]侗，事泄，并见害。世充兄世恽因劝世充害[杨]侗，以绝民望。世充遣其侄行本赍鸩诣侗所曰："愿皇帝饮此酒。"侗知不免，请与母相见，不许。遂布席焚香礼佛，咒曰："从今以去，愿不生帝王尊贵之家。"于是仰药，不能时绝，更以帛缢之。世充伪谥为恭皇帝。

（《隋书》卷五十九《列传第二十四·炀三子·杨侗》　1442）

沈光上禅定寺幡竿，时人号为"肉飞仙"

沈光字总持，吴兴人也……光少骁捷，善戏马，为天下之最……初建禅定寺，其中幡竿高十余丈，适遇绳绝，非人力所及，诸僧患之。光见而谓僧曰："可持绳来，当相为上耳。"诸僧惊喜，因取而与之。光以口衔索，拍竿而上，直至龙头。系绳毕，手足皆放，透空而下，以掌拒地，倒行数十步。观者骇悦，莫不嗟异，时人号为"肉飞仙"。

（《隋书》卷六十四《列传第二十九·沈光》　1513）

王劭捃摭佛经撰《皇隋灵感志》

[王] 劭于是采民间歌谣，引图书谶纬，依约符命，捃摭佛经，撰为《皇隋灵感志》，合三十卷，奏之。上令宣示天下。劭集诸州朝集使，洗手焚香，闭目而读之，曲折其声，有如歌咏。经涉旬朔，遍而后罢。上益喜，赏赐优洽。

仁寿中，文献皇后崩，劭复上言曰："佛说人应生天上，及上品上生无量寿国之时，天佛放大光明，以香花妓乐来迎之。如来以明星出时入涅槃。伏惟大行皇后圣德仁慈，福善祯符，备诸秘记，皆云是妙善菩萨。臣谨案：八月二十二日，仁寿宫内再雨金银之花。二十三日，大宝殿后夜有神光。二十四日卯时，永安宫北有自然种种音乐，震满虚空。至夜五更中，奄然如寐，便即升遐，与经文所说，事皆符验。臣又以愚意思之，皇后迁化，不在仁寿、大兴宫者，盖避至尊常居正处也。在永安宫者，象京师之永安门，平生所出入也。后升遐后二日，苑内夜有钟声三百余处，此则生天之应显然也。"上览而且悲且喜。

（《隋书》卷六十九《列传第三十四·王劭》 1608）

王文同毁法

及帝征辽东，令 [王] 文同巡察河北诸郡。文同见沙门斋戒菜食者，以为妖妄，皆收系狱。比至河间，召诸郡官人，小有迟违者，辄皆覆面于地而棰杀之。求沙门相聚讲论，及长老共为佛会者数百人，文同以为聚结惑众，尽斩之。又悉裸僧尼，验有淫状非童男女者数千人，复将杀之。郡中士女号哭于路，诸郡惊骇，各奏其事。帝闻而大怒，遣使者达奚善意驰锁之，斩于河间，以谢百姓。雠人剖其棺，脔其肉而啖之，斯须咸尽。

（《隋书》卷七十四《列传第三十九·酷吏·王文同》 1702）

辛彦之于潞州城内立浮图二所

[辛] 彦之又崇信佛道，于 [潞州] 城内立浮图二所，并十五层。开皇十一年，州人张元暴死，数日乃苏，云游天上，见新构一堂，制极崇丽。元问其故，人云潞州刺史辛彦之有功德，造此堂以待之。彦之闻而不悦。其年卒官。

杜按：《北史》本传（2752）大同，故不录。

（《隋书》卷七十五《列传第四十·儒林·辛彦之》 1709）

李士谦舍宅为伽蓝

［李］士谦服阕，舍宅为伽蓝，脱身而出。

杜按：《北史》本传（1232）同，故不录。

（《隋书》卷七十七《列传第四十二·隐逸·李士谦》　1752）

李士谦辩五道轮转

［李］士谦善谈玄理，尝有一客在坐，不信佛家应报之义，以为外典无闻焉。士谦喻之曰："积善余庆，积恶余殃，高门待封，扫墓望丧，岂非休咎之应邪？佛经云轮转五道，无复穷已，此则贾谊所言，千变万化，未始有极，忽然为人之谓也。佛道未东，而贤者已知其然矣。至若鲧为黄熊，杜宇为鹈鸼，褒君为龙，牛哀为兽，君子为鹄，小人为猿，彭生为豕，如意为犬，黄母为鼋，宣武为鳖，邓艾为牛，徐伯为鱼，铃下为乌，书生为蛇，羊祜前身，李氏之子，此非佛家变受异形之谓邪？"客曰："邢子才云，岂有松柏后身化为樗栎，仆以为然。"士谦曰："此不类之谈也。变化皆由心而作，木岂有心乎？"客又问三教优劣，士谦曰："佛，日也；道，月也；儒，五星也。"客亦不能难而止。

（《隋书》卷七十七《列传第四十二·隐逸·李士谦》　1753）

卢太翼

卢太翼字协昭，河间人也，本姓章仇氏……及长，闲居味道，不求荣利。博综群书，爰及佛道，皆得其精微。

（《隋书》卷七十八《列传第四十三·艺术·卢太翼》　1769）

韦鼎寓居僧寺

侯景之乱，［韦］鼎兄昂卒于京城，鼎负尸出，寄于中兴寺。求棺无所得，鼎哀愤恸哭，忽见江中有物，流至鼎所，鼎切异之。往见，乃新棺也，因以充殓。元帝闻之，以为精诚所感……至德初，鼎尽质货田宅，寓居僧寺。友人大匠卿毛彪问其故，答曰："江东王气尽于此矣。吾与尔当葬长安。期运将及，故破产耳。"

杜按：《南史》本传（1435）大同，故不录。

（《隋书》卷七十七《列传第四十三·艺术·韦鼎》　1771）

韦鼎断案

又有人客游，通主家之妾，及其还去，妾盗珍物，于夜亡，寻于草中为人所杀。主家知客与妾通，因告客杀之。县司鞫问，具得奸状，因断客死。狱成，上于鼎，鼎览之曰："此客实奸，而杀非也。乃某寺僧詃妾盗物，令奴杀之，赃在某处。"即放此客，遣掩僧，并获赃物。自是部内肃然不言，咸称其有神，道无拾遗。寻追入京，以年老多病，累加优赐。顷之，卒，年七十九。

　　　　　　　　（《隋书》卷七十八《列传第四十三·艺术·韦鼎》　1772）

胡僧所传乃是四夷之乐

又太子洗马苏夔以钟律自命，尤忌［万］宝常。夔父威，方用事，凡言乐者，皆附之而短宝常。数诣公卿怨望，苏威因诘宝常，所为何所传受。有一沙门谓宝常曰："上雅好符瑞，有言征祥者，上皆悦之。先生当言就胡僧受学，云是佛家菩萨所传音律，则上必悦。先生所为，可以行矣。"宝常然之，遂如其言以答威。威怒曰："胡僧所传，乃是四夷之乐，非中国所宜行也。"其事竟寝。

　　杜按：《北史》卷九十（2987）文稍异，意同。故不录。

　　　　　　　　（《隋书》卷七十八《列传第四十三·艺术·万宝常》　1784）

杨氏为尼

上令以犊车载［独孤］陀夫妻，将赐死于其家。陀弟司勋侍中整诣阙求哀，于是免陀死，除名为民，以其妻杨氏为尼。

　　　　　　　　（《隋书》卷七十九《列传第四十四·外戚·独孤罗》　1791）

南阳公主削发为尼

［南阳公］主寻请［窦］建德削发为尼。

　　　　　　　　（《隋书》卷八十《列传第四十五·烈女·南阳公主》　1799）

百济国

［百济］有僧尼，多寺塔。

　　　　　　　　（《隋书》卷八十一《列传第四十六·东夷·百济》　1818）

倭　国

［倭国］男女多黥臂点面文身，没水捕鱼。无文字，唯刻木结绳。敬佛

法，于百济求得佛经，始有文字。知卜筮，尤信巫觋……大业三年，其王多利思比孤遣使朝贡。使者曰："闻海西菩萨天子重兴佛法，故遣朝拜，兼沙门数十人来学佛法。"其国书曰"日出处天子致书日没处天子无恙"云云。帝览之不悦，谓鸿胪卿曰："蛮夷书有无礼者，勿复以闻。"明年，上遣文林郎裴清使于倭国。〔一〕

〔一〕裴清　应作"裴世清"，唐人避讳，省"世"字。

（《隋书》卷八十一《列传第四十六·东夷·倭国》　1827）

林邑国

［林邑国］王死七日而葬，有官者三日，庶人一日。皆以函盛尸，鼓舞导从，舆至水次，积薪焚之。收其余骨，王则内金罂中，沉之于海；有官者以铜罂，沉之于海口；庶人以瓦，送之于江。男女皆截发，随丧至水次，尽哀而止，归则不哭。每七日，然香散花，复哭，尽哀而止，尽七七而罢，至百日、三年，亦如之。人皆奉佛，文字同于天竺。

（《隋书》卷八十二《列传第四十七·南蛮·林邑》　1832）

赤土国

赤土国，扶南之别种也……其王姓瞿昙氏，名利富多塞，不知有国近远。称其父释王位出家为道，传位于利富多塞，在位十六年矣。有三妻，并邻国王之女也。居僧祇城，有门三重，相去各百许步。每门图画飞仙、仙人、菩萨之像，县金花铃毦，妇女数十人，或奏乐，或捧金花。又饰四妇人，容饰如佛塔边金刚力士之状，夹门而立。门外者持兵仗，门内者执白拂。夹道垂素网，缀花。王宫诸屋悉是重阁，北户，北面而坐。坐三重之榻。衣朝霞布，冠金花冠，垂杂宝璎珞。四女子立侍，左右兵卫百余人。王榻后作一木龛，以金银五香木杂钿之。龛后悬一金光焰，夹榻又树二金镜，镜前并陈金瓮，瓮前各有金香炉。当前置一金伏牛，牛前树壹宝盖，盖左右皆有宝扇。婆罗门等数百人，东西重行，相向而坐……其俗敬佛，尤重婆罗门。

（《隋书》卷八十二《列传第四十六·南蛮·赤土》　1833）

真腊国

［真腊国］其丧葬，儿女皆七日不食，剔发而哭，僧尼、道士、亲故皆

来聚会，音乐送之。以五香木烧尸，收灰以金银瓶盛，送于大水之内。贫者或用瓦，而以彩色画之。亦有不焚，送尸山中，任野兽食者……［真腊］多奉佛法，尤信道士，佛及道士并立像于馆。

（《隋书》卷八十二《列传第四十七·南蛮·真腊》　1837）

杜行满使西蕃诸国

炀帝时，遣侍御史韦节、司隶从事杜行满使于西蕃诸国。至罽宾，得玛瑙杯；王舍城，得佛经；史国，得十舞女、师子皮、火鼠毛而还。帝复令闻喜公裴矩于武威、张掖间往来以引致之。

（《隋书》卷八十三《列传第四十八·西域》　1841）

高昌国

高昌国者，则汉车师前王庭也，去敦煌十三日行……俗事天神，兼信佛法。

（《隋书》卷八十三《列传第四十八·西域·高昌》　1846）

康　国

康国者，康居之后也……俗奉佛，为胡书。

（《隋书》卷八十三《列传第四十八·西域·康国》　1848）

女　国

女国，在葱岭之南，其国代以女为王……俗事阿修罗神，又有树神，岁初以人祭，或用弥猴。

（《隋书》卷八十三《列传第四十八·西域·女国》　1850）

焉耆国

焉耆国……其俗奉佛书，类婆罗门。婚姻之礼有同华夏。死者焚之，持服七日。

（《隋书》卷八十三《列传第四十八·西域·焉耆》　1851）

吐火罗国

吐火罗国，都葱岭西五百里，与挹怛杂居……其俗奉佛。

（《隋书》卷八十三《列传第四十八·西域·吐火罗》　1853）

挹恒国

挹恒国，都乌浒水南二百余里，大月氏之种类也。……多寺塔，皆饰以金。

（《隋书》卷八十三《列传第四十八·西域·挹怛》　1854）

附 国

附国者，蜀郡西北二千余里，即汉之西南夷也……其碉高至十余丈，下至五六丈，每级丈余，以木隔之。基方三四步，碉上方二三步，状似浮图。于下级开小门，从内上通，夜必关闭，以防贼盗。

（《隋书》卷八十三《列传第四十八·西域·附国》　1858）

惠 琳

［北］齐有沙门惠琳，被掠入突厥中，因谓佗钵曰："齐国富强者，为有佛法耳。"遂说以因缘果报之事。佗钵闻而信之，建一伽蓝，遣使聘于齐氏，求《净名》《涅槃》《华严》等经，并《十诵律》。佗钵亦躬自斋戒，绕塔行道，恨不生内地。

（《隋书》卷八十四《列传第四十九·北狄·突厥》　1865）

司马德戡

［司马］德戡幼孤，以屠豕自给。有桑门释粲，通德戡母和氏，〔一〕遂抚教之，因解书计。

〔一〕和氏　《北史》本传作"娥氏"。

（《隋书》卷八十五《列传第五十·司马德戡》　1893）

南 史

宋武帝卧竹林寺堂前，上有五色龙章

[宋武帝]尝游京口竹林寺，独卧讲堂前，上有五色龙章，众僧见之，惊以白帝，帝独喜曰："上人无妄言。"

（《南史》卷一《宋本纪上第一》 1）

沙门谓宋武帝当安江表

[宋武帝]又经客下邳逆旅，会一沙门谓帝曰："江表当乱，安之者，其在君乎。"帝先患手创，积年不愈，沙门有一黄药，因留与帝，既而忽亡，帝以黄散傅之，其创一傅而愈。宝其余及所得童子药，每遇金创，傅之并验。

（《南史》卷一《宋本纪上第一》 2）

废帝往青园尼寺

[后废帝]又于蛮冈赌跳，因乘露车，无复卤簿，往青园尼寺。晚至新安寺偷狗，〔一〕就昙度道人煮之饮酒。

〔一〕晚至新安寺偷狗 各本脱"晚至"二字，据《宋书》补。

（《南史》卷三《宋本纪下第三》 89）

齐世祖累石为佛图

[齐世祖]又于山累石为佛图，其侧忽生一树，状若华盖，青翠扶疏，有殊群木。上将讨戴凯之，大飨士卒。是日大热，上各令折荆枝自蔽，言未终而有云垂荫，正当会所，会罢乃散。

（《南史》卷四《齐本纪上第四》 116）

佛法言有福生帝王家

帝谓豫章王妃庾氏曰："阿婆，佛法言有福生帝王家，今见作天王，便是大罪，左右主帅，动见拘执，不如市边屠酤富儿百倍。"

（《南史》卷五《齐本纪下第五》　135）

声云度霍氏为尼，以余人代之

帝与文帝幸姬霍氏淫通，改姓徐氏，龙驹劝长留宫内，声云度霍氏为尼，以余人代之。

（《南史》卷五《齐本纪下第五》　137）

禅灵寺

先是武帝立禅灵寺于都下，当世以为壮观，天意若曰"禅"者禅也，"灵"者神明之目也，武帝晏驾而鼎业倾移也。[一]

〔一〕禅者禅也灵者神明之目也武帝晏驾而鼎业倾移也　元大德本作"武帝"，其
　　　他各本并作"文帝"；而又讹第二"也"字为"汉"。钱大昕《廿二史考
　　　异》："汉字误，文帝谓文惠太子也。"按文惠太子未即位死，不当称晏驾。
　　　元大德本作武帝不误。

（《南史》卷五《齐本纪下第五》　140）

沙门僧悭谓萧衍"项有伏龙"

[萧衍] 寻为司州刺史。有沙门自称僧悭，谓帝曰："君项有伏龙，非人臣也。"复求，莫知所之。

（《南史》卷五《梁本纪上第六》　170）

梁武帝幸同泰寺设四部无遮大会

[中大通元年] 秋九月辛巳，朱雀航华表灾。癸巳，幸同泰寺，设四部无遮大会。上释御服，披法衣，行清净大舍，以便省为房，素床瓦器，乘小车，私人执役。甲午，升讲堂法坐，为四部大众开《涅槃经》题。癸卯，群臣以钱一亿万奉赎皇帝菩萨大舍，僧众默许。乙巳，百辟诣寺东门奉表，请还临宸极，三请乃许。帝三答书，前后并称顿首。

冬十月己酉，又设四部无遮大会，道俗五万余人。会毕，帝御金辂还宫，御太极殿，大赦，改元……

二年夏四月癸丑，幸同泰寺，设平等会。庚申，大雨雹……

[三年] 冬十月己酉，上幸同泰寺，升法坐，为四部众说《涅槃经》，迄于乙卯……

十一月乙未，上幸同泰寺，升法座，为四部众说《般若经》，迄于十二

月辛丑。

梁武帝幸同泰寺说《摩诃波若》

［中大通五年］二月癸未，幸同泰寺，设四部大会，升法坐，发《金字般若经》题。讫于己丑。

梁武帝幸同泰寺铸银像设无碍会

［大同元年］夏四月庚子，波斯国遣使朝贡。壬戌，〔一〕幸同泰寺，铸十方银像，并设无碍会。

〔一〕壬戌 上有夏四月庚子。按大同元年四月丁丑朔，是月无壬戌。五月丙午朔，十七日壬戌。

梁武帝幸同泰寺设平等法会

［大同二年］三月庚申，诏求谠言，及令文武在位举士。戊寅，帝幸同泰寺，〔一〕设平等法会。

〔一〕戊寅帝幸同泰寺 按三月壬寅朔，无戊寅。而"庚申"后有丙寅、戊辰，疑为此二日辰之讹。

梁武帝幸同泰寺设四部无碍法会

［大同二年］秋九月辛亥，幸同泰寺，设四部无碍法会。

梁武帝幸同泰寺设无碍会

［大同二年］冬十月乙亥，诏大举北侵。壬午，幸同泰寺，设无碍大会。

梁武帝幸同泰寺铸金铜像

［大同三年］夏五月癸未，〔一〕幸同泰寺，铸十方金铜像，设无碍法会。

〔一〕夏五月癸未 按大同三年五月乙未朔，是月无癸未。

梁武帝幸阿育王寺

　　［大同三年］八月辛卯，幸阿育王寺，设无碍法喜食，大赦。

（《南史》卷七《梁本纪中第七》　213）

梁武帝以李胤之降象牙如来真形大赦

　　［大同四年］秋七月癸亥，诏以东冶徒李胤之降象牙如来真形，大赦。

（《南史》卷七《梁本纪中第七》　213）

河南王求释迦像

　　［大同六年］五月巳卯，河南王遣使朝，献马及方物，求释迦像并经论十四条。敕付像并《制旨涅槃》《般若》《金光明讲疏》一百三卷。

（《南史》卷七《梁本纪中第七》　215）

百济求《涅槃经》

　　［大同七年］是岁，宕昌，蠕蠕、高丽、百济、滑国各遣使朝贡。百济求《涅槃》等经疏及医工、画师、《毛诗》博士，并许之。

（《南史》卷七《梁本纪中第七》　216）

梁武帝于皇基寺设法会

　　［大同十年三月］辛丑，哭于修陵。壬寅，于皇基寺设法会，诏赐兰陵老少位一阶，并加颁赉。

（《南史》卷七《梁本纪中第七》　217）

梁武帝于同泰寺讲经施身

　　［中大同元年］三月乙巳，大赦。庚戌，幸同泰寺讲《金字三慧经》，仍施身。

　　夏四月丙戌，皇太子以下奉赎，仍于同泰寺解讲，[一]设法会，大赦，改元。是夜，同泰寺灾。

　　〔一〕仍于同泰寺解讲　各本并脱"讲"字，据《梁书》、《册府元龟》一九四补。

（《南史》卷七《梁本纪中第七》　218）

梁武帝幸同泰寺舍身

　　［太清元年］三月庚子，幸同泰寺，设无遮大会。上释御服，服法衣，行清净大舍，名曰"羯磨"。以五明殿为房，设素木床、葛帐、土瓦器，乘小舆，私人执役。乘舆法服，一皆屏除。……乙巳，帝升光严殿讲堂，坐师

子座，〔一〕讲《金字三慧经》，舍身。

〔一〕坐师子座　"师子"下各本脱"座"字，据《册府元龟》一九四补。

（《南史》卷七《梁本纪中第七》　218）

群臣赎皇帝菩萨

[太清元年]夏四月庚午，群臣以钱一亿万奉赎皇帝菩萨，僧众默许。戊寅，百辟诣凤庄门奉表，三请三答，顿首，并如中大通元年故事。

（《南史》卷七《梁本纪中第七》　219）

梁武帝于钟山造大爱敬寺等

[梁武帝]及居帝位，即于钟山造大爱敬寺，青溪边造智度寺，于台内立至敬等殿，又立七庙堂。月中再设净馔，每至展拜，涕泗滂沱，哀动左右……晚乃溺信佛道，日止一食，膳无鲜腴，惟豆羹粝饭而已。或遇事拥，日晻移中，便嗽口以过。制《涅槃》《大品》《净名》《三慧》诸经义记数百卷。听览余闲，即于重云殿及同泰寺讲说，名僧硕学，四部听众，常万余人。

身衣布衣，木绵皂帐，一冠三载，一被二年。自五十外便断房室，后宫职司贵妃以下，六宫袆褕三翟之外，皆衣不曳地，傍无锦绮。不饮酒，不听音声，非宗庙祭祀、大会飨宴及诸法事，未尝作乐。

（《南史》卷七《梁本纪中第七》　222）

梁武帝与宝志诗

[梁武帝]虽在蒙尘，斋戒不废，及疾不能进膳，盥漱如初。皇太子日中再朝，每问安否，涕泗交面。贼臣侍者，莫不掩泣……

始天监中，沙门释宝志为诗曰："昔年三十八，今年八十三，四中复有四，城北火酣酣。"帝使周舍封记之。及中大同元年，同泰寺灾，帝启封见舍手迹，为之流涕。帝生于甲辰，三十八，克建邺之年也。遇灾岁实丙寅，八十三矣。四月十四日而火，火起之始，自浮屠第三层。〔一〕三者，帝之昆季次也。帝恶之，召太史令虞履筮之，遇《巛》。履曰："无害。其《䜌》云：'西南得朋，东北丧朋，安贞吉。'《文言》云：'东北丧朋，乃终有庆。'"帝曰："斯魔鬼也。酉应见卯，金来克木，卯为阴贼。鬼而带贼，非魔何也。孰为致之？酉为口舌，当乎说位。说言乎《兑》，故知善言之口，宜前为法事。"于是人人赞善，莫不从风。或刺血洒地，或刺血书经，穿心然灯，坐禅不食。及太清元年，帝舍身光严、重云殿，游仙化生皆震动，三日乃止。当时谓之祥瑞。识者以非动而动，在《鸿范》为妖。以比石季龙之败，殿壁画人颈皆缩入头之类。

时海中浮鹄山，去余姚岸可千余里，上有女人年三百岁，有女官道士四五百人，年并出百，但在山学道。遣使献红席。帝方舍身时，其使适至，云此草席有红鸟居下，故以为名。观其图状，则鸾鸟也。时有男子不知何许人，于大众中自割身以饴饥鸟，血流遍体，而颜色不变。又沙门智泉铁钩挂体，以然千灯，一日一夜，端坐不动，开讲日，有三足鸟集殿之东户，自户适于西南县楣，三飞三集。白雀一，见于重云阁前连理树。又有五色云浮于华林园昆明池上。帝既流遁益甚，境内化之，遂至丧亡云。

〔一〕四月十四日而火火起之始自浮屠第三层　"而火"之"火"各本并脱，据《通志》补。

（《南史》卷七《梁本纪中第七》　224）

萧绎著《内典博要》

［梁帝萧绎］著《孝德传》《忠臣传》各三十卷……《周易讲疏》十卷，《内典博要》百卷……

（《南史》卷八《梁本纪下第八》　246）

大皇寺、庄严寺

［太建十年］闰六月丁卯，大雨，震大皇寺刹、庄严寺露盘、重阳阁东楼、千秋门内槐树及鸿胪府门。〔一〕

〔一〕闰六月丁卯大雨震大皇寺刹庄严寺露盘重阳阁东楼千秋门内槐树及鸿胪府门　按是年南朝置闰在五月，北朝置闰在六月。此六月丁酉，实北朝之六月丁酉也，在南朝为闰五月丁酉。闰六月丁卯，亦据北朝历，在南朝为六月丁卯。

（《南史》卷十《陈本纪下第十》　298）

僧尼挟邪左道者并皆禁绝

［太建十四年］夏四月丙申，立皇子永康公胤为皇太子，赐天下为父后者爵一级，王公以下赉帛各有差，庚子，诏："镂金银薄、庶物化生、土木人、彩华之属，及布帛短狭轻疎者，并伤财废业，尤成蠹患。又僧尼道士，

挟邪左道，不依经律，人间淫祀妖书诸珍怪事，详为条制，并皆禁绝。"

（《南史》卷十《陈本纪下第十》　302）

有狐入陈后主床下

有狐入其［陈后主］床下，捕之不见。以为妖，乃自卖于佛寺为奴以禳之。于郭内大皇佛寺起七层塔，未毕，火从中起，飞至石头，烧死者甚众。

（《南史》卷十《陈本纪下第十》　307）

僧尼道士尽皆执役

于是以萧摩诃为皇畿大都督……分兵镇守要害，僧尼道士尽皆执役。

（《南史》卷十《陈本纪下第十》　308）

丁贵嫔信佛

［梁武帝丁］贵嫔性仁恕，及居宫接驭，自下皆得其欢心。不好华饰，器服无珍丽。未尝为亲戚私谒。及武帝弘佛教，贵嫔长进蔬膳。受戒日，甘露降于殿前，方一丈五尺。帝所立经义，[一] 皆得其指归，尤精《净名经》。

〔一〕帝所立经义　"经"字各本并脱，据《梁书》补。

（《南史》卷十二《列传第二·后妃下·武丁贵嫔》　340）

梁元帝徐妃与瑶光寺智远私通

［梁元帝徐妃］与荆州后堂瑶光寺智远道人私通。酷妒忌，见无宠之妾，便交杯接坐。才觉有娠者，即手加刀刃。帝左右暨季江有姿容，又与淫通。季江每叹曰："柏直狗虽老犹能猎，萧溧阳马虽老犹骏，徐娘虽老犹尚多情。"时有贺徽者美色，妃要之于普贤尼寺，书白角枕为诗相赠答。

既而贞惠世子方诸母王氏宠爱，未几而终，元帝归咎于妃；及方等死，愈见疾。太清三年，遂逼令自杀。妃知不免，乃透井死。帝以尸还徐氏，谓之出妻。葬江陵瓦官寺。帝制《金楼子》述其淫行。

杜按：《梁书》本传（163）仅言其"太清三年五月，被谴死，葬江陵瓦官寺"。余无载。

（《南史》卷十二《列传第二·后妃下·元徐妃》　342）

沈皇后为尼

［后主沈皇］后性端静，有识量，寡嗜欲，聪敏强记，涉猎经史，工书翰……而身居俭约，衣服无锦绣之饰，左右近侍才百许人，唯寻阅图史及释

典为事。尝遇岁旱，自暴而诵佛经，应时雨降。无子，养孙姬子胤为己子。数上书谏争，后主将废之，而立张贵妃，会国亡不果，乃与后主俱入长安。及后主薨，后自为哀辞，文甚酸切。

隋炀帝每巡幸，恒令从驾。及炀帝被杀，后自广陵过江，于毗陵天静寺为尼，名观音。贞观初卒。

（《南史》卷十二《列传第二·后妃下·后主沈皇后》　346）

刘义庆

[刘义庆后]改授江州，又迁南兖州刺史，并带都督。寻即本号加开府仪同三司。性简素，寡嗜欲，爱好文义，文辞虽不多，足为宗室之表。历任无浮淫之过；唯晚节奉沙门颇致费损。少善骑乘，及长，不复跨马，招聚才学士，远近必至……所著《世说》十卷，撰《集林》二百卷，并行于世。文帝每与义庆书，常加意斟酌。

（《南史》卷十三《列传第三·宋宗室及诸王上·临川烈武王道规》　359）

李弘乘佛舆

[永元二年]明年十月，巴西人赵续伯反，奉其乡人李弘为圣主。弘乘佛舆，以五彩裹青石，诳百姓云，天与己玉印，当王蜀。季连遣中兵参军李奉伯大破获之。将刑，谓刑人曰："我须臾飞去。"复曰："汝空杀我，我三月三日会更出。"遂斩之。

（《南史》卷十三《列传第三·宋宗室及诸王上·营浦侯遵考》　362）

道育变服为尼

上[宋文帝]惊恸，即收鹦鹉家，得劭、浚手书，皆咒诅巫蛊之言。得所埋上形像于宫内。道育叛亡，捕之不得。上诘责劭、浚，劭、浚唯陈谢而已。道育变服为尼，逃匿东宫……三十年正月，大风飞霰且雷，上忧有窃发，辄加劭兵，东宫实甲万人。其年二月，浚自京口入朝，当镇江陵，复载道育还东宫，欲将西上。有告上云："京口人张旿家有一尼服食，出入征北内，似是严道育。"上使掩得二婢，云："道育随征北还都。"上惘怅惋骇，须检覆，废劭赐浚死。

（《南史》卷十四《列传第四·宋宗室及诸王下·宋文帝诸子》　387）

徐湛之

广陵旧有高楼，[徐]湛之更修整，南望钟山。城北有陂泽，水物丰盛，湛之更起风亭、月观，吹台、琴室，果竹繁茂，花药成行。招集文士，尽游玩之适。时有沙门释惠休善属文，湛之与之甚厚。孝武命使还俗。本姓汤，位至扬州从事史。

（《南史》卷十五《列传第五·徐羡之》 437）

诵《观音经》千遍则免杀

初，[王]玄谟始将见杀，梦人告曰："诵《观世音》千遍则免。"玄谟梦中曰："何可竟也。"仍见授，既觉诵之，且得千遍。明日将刑，诵之不辍。忽传唱停刑，遣代守碙磝。

（《南史》卷十六《列传第六·王玄谟》 465）

禅岗寺、禅乡寺、禅亭寺、禅封寺

[萧惠开]丁父艰，居丧有孝性。家素事佛，凡为父起四寺：南岗下名曰禅岗寺，曲阿旧乡宅名曰禅乡寺，京口墓亭名曰禅亭寺，所封封阳县名曰禅封寺。谓国僚曰："封秩鲜而兄弟甚多，若全关一人，则在我所让，若人人等分，又事可悲耻。寺众既立，自宜悉供僧众。"……

惠开素有大志，至蜀欲广树经略。善于叙述，闻其言者皆以为大功可立……明识过人，尝供三千沙门，〔一〕一阅其名，退无所失。

……寺内所住斋前，乡种花草甚美，惠开悉划除别种白杨。每谓人曰："人生不得行胸怀，虽寿百岁犹为夭也。"

〔一〕尝供三千沙门 "供"字各本并脱，据《宋书》补。

（《南史》卷十八《列传第八·萧思话》 497）

北僧南渡葫芦中藏《汉书序传》

始[萧]琛为宣城太守，有北僧南度，唯赍一葫芦，中有《汉书序传》。僧云："三辅旧老相传，〔一〕以为班固真本。"琛固求得之，其书多有异今者，而纸墨亦古，文字多如龙举之例，非隶非篆，琛甚秘之。及是以书饷鄱阳王范，献于东宫。

〔一〕三辅旧老相传 "老"各本作"书"，据《梁书》改。

（《南史》卷十八《列传第八·萧思话》 506）

梁武帝奉同泰寺讲经

中大通五年，帝幸同泰寺开讲，设四部大会，众数万人。南越所献驯象忽于众中狂逸，众皆骇散，唯〔臧〕盾与散骑侍郎裴之礼巍然自若，帝甚嘉焉。

（《南史》卷十八《列传第八·臧焘》　512）

谢　微

子〔谢〕微字玄度，〔一〕美风采，好学善属文，位兼中书舍人……时魏中山王元略还北，梁武帝饯于武德殿，赋诗三十韵，限三刻成。微二刻便就，文甚美，帝再览焉。又为临汝侯猷制《放生文》，亦见赏于世。

〔一〕子微字玄度　"微"《梁书》作"征"。

（《南史》卷十九《列传第九·谢裕》　530）

生天当在灵运前，成佛必在灵运后

太守孟颛事佛精恳，而为灵运所轻，尝谓颛曰："得道应须慧业，丈人生天当在灵运前，成佛必在灵运后。"颛深恨此言。

（《南史》卷十九《列传第九·谢灵运》　540）

谢弘微

〔谢弘微〕居身清约，器服不华，而饮食滋味尽其丰美。兄曜历御史中丞，彭城王义康骠骑长史，卒官。弘微哀戚过礼，服虽除犹不啖鱼肉。沙门释慧琳尝与之食，见其犹蔬素，谓曰："檀越素既多疾，即吉犹未复膳。若以无益伤生，岂所望于得理。"弘微曰："衣冠之变，礼不可逾，在心之哀，实未能已。"遂废食歔欷不自胜。

（《南史》卷二十《列传第十·谢弘微》　551）

谢　举

上起禅灵寺，敕〔谢〕瀹撰碑文……瀹子览……览弟举……〔谢〕举尤长玄理及释氏义，为晋陵郡时，常与义学僧递讲经论，征士何胤自虎丘山出赴之，其盛如此。先是，北度人卢广有儒术，为国子博士，于学发讲，仆射徐勉以下毕至。举造坐屡折广，辞理遒迈。广深叹服，仍以所执麈尾、斑竹杖、滑石书格荐之，以况重席焉……曾要何征君讲《中论》，何难以巾褐入南门，乃从东园进。〔一〕致诗往复，为《虎丘山赋》题于寺……举宅内山斋舍以为寺，泉石之美，殆若自然。临川、始兴诸王常所游践……举托情玄胜，尤长佛理，注《净名经》，常自讲说。有文集二十卷。

〔一〕乃从东园进　"东园"各本作"东困"，据《通志》改。

（《南史》卷二十《列传第十·谢弘微》　562）

何尚之于宅设八关斋

先是，何尚之致仕，复膺朝命，于宅设八关斋，大集朝士，自行香，次至僧达曰："愿郎且放鹰犬，勿复游猎。"僧达答曰："家养一老狗，放无处去，已复还。"尚之失色。

（《南史》卷二十一《列传第十一·王弘》　574）

梁武帝欲买王骞田施寺

〔梁〕武帝于钟山西造大爱敬寺，〔王〕骞旧墅在寺侧者，即王导赐田也。帝遣主书宣旨，就骞市之，欲以施寺。答云："此田不卖；若敕取，所不敢言。"酬对又脱略。帝怒，遂付市评田价，以直逼还之。由是忤旨，出为吴兴太守。

（《南史》卷二十二《列传第十二·王昙首》　597）

钟山宋熙寺

〔王规〕寻为吴郡太守，主书芮珍宗家在吴，前守宰皆倾意附之，至是珍宗假还，规遇之甚薄，珍宗还都，密奏规不理郡事。俄征为左户尚书。郡境千余人诣阙请留，表三奏不许……后为太子中庶子，领步兵校尉，辞疾不拜，遂于钟山宋熙寺筑室居焉。

（《南史》卷二十二《列传第十二·王昙首》　598）

王　慈

〔王〕慈字伯宝。年八岁，外祖宋太宰江夏王义恭迎之内斋，施宝物恣所取，慈取素琴石砚及《孝子图》而已，义恭善之……十岁时，与蔡兴宗子约入寺礼佛，正遇沙门忏，约戏慈曰："众僧今日可谓虔虔。"慈应声曰："卿如此，何以兴蔡氏之宗。"历位吴郡太守，大司马长史，侍中，领步兵校尉，司徒左长史。

杜按：《南齐书》本传（802）不记其遇沙门事。

（《南史》卷二十二《列传第十二·王昙首》　606）

王　筠

［王筠］奉敕制开善寺宝志法师碑文，辞甚丽逸。

（《南史》卷二十二《列传第十二·王昙首》　610）

王　固

［王］固清虚寡欲，居丧以孝闻。又信佛法。及丁所生母忧，遂终身蔬食，夜则坐禅，昼诵佛经。尝聘魏，因宴飨际，[一]请停杀一羊。羊于固前跪拜。又宴昆明池，魏人以南人嗜鱼，大设罛纲，固以佛法咒之，遂一鳞不获。

〔一〕因宴飨际　"际"各本作"祭"，据《陈书》改。

（《南史》卷二十三《列传第十三·王彧》　644）

到　溉

［溉］家门雍睦，兄弟特相友爱，初与弟洽恒共居一斋，洽卒后，便舍为寺。蒋山有延贤寺者，溉家世创立。溉得禄俸，皆充二寺。因断腥膻，终身蔬食。别营小室，朝夕从僧徒礼诵。武帝每月三致净馔，恩礼甚笃。性不好交游，唯与朱异、刘之遴、张绾同志友密。及卧疾，门可罗雀，唯三人每岁时恒鸣驺枉道以相存问，置酒极欢而去。

以太清二年卒，临终托张、刘勒子孙薄葬之礼。曰："气绝便敛，敛以法服，先有冢窆，敛竟便葬，不须择日。凶事必存约俭，孙侄不得违言。"便屏家人请僧读经赞呗，及卒，颜色如恒，手屈二指，即佛道所云得果也。

（《南史》卷二十五《列传第十五·到彦之》　679）

曾口寺沙门淫人妇

时南郡江陵县人苟蒋之弟胡之妇为曾口寺沙门所淫，夜入苟家，蒋之杀沙门，为官司所检，蒋之列家门秽行，欲告则耻，欲忍则不可，实己所杀，胡之列又如此，兄弟争死。

（《南史》卷二十六《列传第十六·袁湛》　707）

褚翔请沙门祈福

［褚］翔少有孝性。为侍中时，母疾笃，请沙门祈福，中夜忽见户外有异光，又闻空中弹指，及旦，疾遂愈，咸以为翔精诚所致云。

（《南史》卷二十八《列传第十八·褚裕之》　755）

招提寺

[褚]彦回薨，澄以钱一万一千就招提寺赎高帝所赐彦回白貂坐褥，坏作裘及缨，又赎彦回介帻犀导及彦回常所乘黄牛。

（《南史》卷二十八《列传第十八·褚裕之》　756）

何　求

[何求]仍住吴，隐居波若寺，足不逾户，人莫见其面。

宋明帝崩，出奔国哀，除永嘉太守。求时寄住南涧寺，不肯诣台，乞于野外拜受，见许。一夜忽乘小船逃归吴，隐武丘山。[一]齐永明四年，拜太中大夫，不就，卒。

〔一〕隐武丘山　"武"字本"虎"，避唐讳改。

（《南史》卷三十《列传第二十·何尚之》　787）

何点与何胤

[何]点门世信佛，从弟遁以东篱门园居之，德璋为筑室焉。园有卞忠贞冢，点植花于冢侧，每饮必举酒酹之。招携胜侣，及名德桑门，清言赋咏，优游自得……后点在法轮寺，子良就见之，点角巾登席，子良欣悦无已，遗点嵇叔夜酒杯、徐景山酒枪。

点少时尝患渴利，积岁不愈。后在吴中石佛寺建讲，于讲所昼寝，梦一道人，形貌非常，授丸一掬，梦中服之，自此而差，时人以为淳德所感。

性通倪好施，远近致遗，一无所逆，随复散焉。尝行经朱雀门街，有自车后盗点衣者，见而不言，旁人擒盗与之，点乃以衣施盗。盗不敢受，点令告有司，盗惧乃受之……

永元中，崔慧景围城，人间无薪，点悉伐园树以赡亲党。慧景性好佛义，先慕交点，点不顾之。至是乃逼召点，点裂裙为裤，往赴其军，终日谈说，不及军事……

[何]胤以会稽山多灵异，往游焉，居若邪山云门寺。初，胤二兄求、点并栖遁，求先卒，至是胤又隐，世号点为"大山"，胤为"小山"，亦曰"东山"。兄弟发迹虽异，克终皆隐，世谓何氏三高……

[何胤]至吴，居武丘山西寺讲经论，学僧复随之。东境守宰经途者，莫不毕至。胤常禁杀，有虞人逐鹿，鹿径来趋胤，伏而不动。又有异鸟如鹤

红色，集讲堂，驯狎如家禽。

初，开善寺藏法师与胤遇于秦望山，后还都，卒于钟山。死日，胤在波若寺见一名僧，授胤香炉奁并函书，[一]云："贫道发自扬都，呈何居士。"言讫失所在。胤开函，乃是《大庄严论》，世中未有。访之香炉，乃藏公所常用。又于寺内立明珠柱，柱乃七日七夜放光。太守何远以状启昭明太子，太子钦其德，遣舍人何思澄致手令以褒美之。中大通三年卒，年八十六……

初，胤侈于味，食必方丈，后稍欲去其甚者，犹食白鱼、䱉脯，糟蟹，以为非见生物……汝南周颙与胤书，劝令食菜，曰："变之大者，莫过死生，生之所重，无逾性命。性命之于彼极切，滋味之在我可赊。若云三世理诬，则幸矣良快，如使此道果然，而受形未息，一往一来，生死常事，则伤心之惨，行亦自及。丈人于血气之类，虽不身践，至于晨凫夜鲤，不能不取备屠门。财贝之经盗手，犹为廉士所弃，生性之一启銮刀，宁复慈心所忍。骐虞虽饥，非自死之草不食，闻其风者，岂不使人多愧。丈人得此有素，聊复片言发起耳。"故胤末年遂绝血味。

胤注《百论》《十二门论》各一卷，注《周易》十卷，《毛诗总集》六卷，《毛诗隐义》十卷，《礼记隐义》二十卷，《礼答问》五十五卷。子撰亦不仕，有高风……

初，沙门释宝志尝谓［何］敬容曰："君后必贵，终是'何'败耳。"及敬容为宰相，谓何姓当为其祸，故抑没宗族，无仕进者，至是竟河东所败。

中大同元年三月，武帝幸同泰寺讲《金字三慧经》，敬容启预听，敕许之。又起为金紫光禄大夫，未拜，又加侍中。敬容旧时宾客门生喧哗如昔，冀其复用……

何氏自晋司空充、宋司空尚之奉佛法，并建立塔寺，至敬容又舍宅东为伽蓝，趋权者因助财造构，敬容并不拒，故寺堂宇颇为宏丽。时轻薄者因呼为"众造寺"。及敬容免职出宅，止有常用器物及囊衣而已，竟无余财货，时亦以此称之。

敬容特为从兄胤所亲爱，胤在若邪山尝疾笃，有书云："田畴馆宇悉奉众僧，书经并归从弟敬容。"其见知如此。

〔一〕胤在波若寺见一名僧授胤香炉奁并函书 《梁书》无"名"字，疑此衍文。

（《南史》卷三十《列传第二十·何尚之》 788）

僧 达

〔齐太祖〕驾幸庄严寺听僧达道人讲《维摩》，坐远不闻〔张〕绪言，上难移绪，乃迁僧达以近之。

（《南史》卷三十一《列传第二十一·张裕》 809）

刘义恭

〔刘〕义恭就文帝求一学义沙门，会〔张〕敷赴假还江陵，入辞，文帝令以后车载沙门往，谓曰："道中可得言晤。"敷不奉诏，曰："臣性不耐杂。"上甚不悦。

（《南史》卷三十二《列传第二十二·张邵》 826）

张 融

〔张融〕建武四年，病卒，遗令建白旒无旐，不设祭，令人捉麈尾登屋复魂。曰："吾生平所善，自当陵云一笑。三千买棺，无制新衾。左手执《孝经》《老子》，右手执小品《法华经》。妾二人哀事毕，〔一〕各遣还家。"曰："吾生平之风调，何至使妇人行哭失声，不须暂停闱合。"

〔一〕妾二人哀事毕 "哀事"各本互倒，据《南齐书》乙正。

（《南史》卷三十二《列传第二十二·张邵》 837）

范 泰

〔范〕泰博览篇籍，好为文章，爱奖后生，孜孜无倦。撰《古今善言》二十四篇及文集传于世。暮年事佛甚精，于宅西立祇洹精舍。

（《南史》卷三十三《列传第二十三·范泰》 848）

法 略

有法略道人先为义康所养，粗被知待。又有王国寺法静尼出入义康家内，皆感激旧恩，规相拯拔，并与〔孔〕熙先往来。使法略罢道。法略本姓孙，改名景玄，以为臧质宁远参军。

熙先善疗病兼能诊脉，法静尼妹夫许耀领队在台，宿卫殿省，尝有疾，因法静尼就熙先乞疗得损，因成周旋。熙先以耀胆干，因告逆谋，耀许为内应。豫章胡藩子遵世与法静甚款，亦密相酬和。法静尼南上，熙先遣婢采藻随之，付以笺书，陈说图谶。法静还，义康饷熙先铜匕铜镊袍段綦奁等物。熙先虑事泄，鸩采藻杀之。

（《南史》卷三十三《列传第二十三·范泰》　851）

释慧琳

时沙门释慧琳以才学为文帝所赏，朝廷政事多与之谋，遂士庶归仰。上每引见，常升独榻，［颜］延之甚疾焉。因醉白上曰："昔同子参乘，袁丝正色。此三台之坐，岂可使刑余居之。"上变色。

（《南史》卷三十四《列传第二十四·颜延之》　880）

释僧含

初，沙门释僧含精有学义，谓［颜］竣曰："贫道常见谶记，当有真人应符，名称次第，属在殿下。"后竣在彭城，尝于亲人叙之，言遂宣布，闻于文帝。时元凶巫蛊事已发，故上不加推案。

（《南史》卷三十四《列传第二十四·颜延之》　882）

周　颙

宋明帝颇好玄理，以［周］颙有辞义，引入殿内，亲近宿直。帝所为惨毒之事，颙不敢显谏，辄诵经中因缘罪福事，帝亦为之小止……颙音辞辩丽，长于佛理，著《三宗论》言空假义。西凉州智林道人遗颙书深相赞美，言"捉麈尾来四十余载，颇见宗录，唯此涂白黑无一人得者，为之发病，非意此音猥来入耳"。其论见重如此。颙于钟山西立隐舍，休沐则归之……何胤亦精信佛法，无妻。太子又问颙："卿精进何如何胤？"颙曰："三涂八难，共所未免，然各有累。"太子曰："累伊何？"对曰："周妻何肉。"其言辞应变如此。

（《南史》卷三十四《列传第二十四·周朗》　894）

周弘正

藏法师于开善寺讲说，门徒数百，［周］弘正年少，未知名，着红裈，锦绞髻，踞门而听，众人蔑之，弗遣也。既而乘间进难，举坐尽倾，法师疑非世人，觇知，大相赏狎……弘正特善玄言，兼明释典，虽硕德名僧，莫不请质疑滞。

（《南史》卷三十四《列传第二十四·周朗》　897）

江紑

[江]紑字含洁，幼有孝性，年十三，父蒨患眼，紑待疾将期月，衣不解带。夜梦一僧云："患眼者饮慧眼水必差。"及觉说之，莫能解者。紑第三叔禄与草堂寺智者法师善，往访之。智者曰："《无量寿经》云，慧眼见真，能度彼岸。"蒨乃因智者启舍同夏县界牛屯里舍为寺，乞赐嘉名。敕答云："纯臣孝子往往感应，晋时颜含遂见冥中送药，又近见智者以卿第二息梦云'饮慧眼水'。慧眼则五眼之一号，可以慧眼为名。"及就创造，泄故井，井水清冽，异于恒泉。依梦取水洗眼及煮药，稍觉有瘳，因此遂差。时有谓之孝感。

南康王为徐州，召为迎主簿。紑性沈静，好庄、老玄言，尤善佛义，不乐进仕。及父卒，紑庐于墓，终日号恸不绝声，月余乃卒。

（《南史》卷三十六《列传第二十六·江夷》　945）

《平等寺金像碑》

[刘]孝绰弟[刘]潜字孝仪，幼孤，与诸兄弟相勖以学，并工属文。孝绰尝云"三笔六诗"，三即孝仪，六谓孝威也。

举秀才，累迁尚殿中郎。敕令制雍州《平等寺金像碑》，文甚宏丽。

（《南史》卷三十九《列传第二十九·刘勔》　1013）

萧几

[萧几]末年专尚释教。为新安太守，郡多山水，物其所好，适性游履，遂为之记。

（《南史》卷四十一《列传第三十一·齐宗室·曲江公遥欣》　1043）

长沙寺僧业富沃

长沙寺僧[业富沃]，铸黄金为龙数千两埋土中，历相传付，称为下方黄铁，[萧]颖胄因取此龙，以充军实。

（《南史》卷四十一《列传第三十一·南丰伯赤斧》　1048）

萧子晖

[萧]子云弟子晖字景光，少涉学，亦有文才。性恬静，寡嗜欲，尝预重云殿听制讲《三慧经》，退为《讲赋》奏之，甚见赏。

（《南史》卷四十二《列传第三十·齐高帝诸子上·豫章文献王嶷》　1076）

太子与竟陵王子良多立楼观塔宇

太子与竟陵王子良俱好释氏，立六疾馆以养穷人。而性颇奢丽，宫内殿堂，皆雕饰精绮，过于上宫。开拓玄圃园与台城北堑等。其中起出土山池阁楼观塔宇，穷奇极丽，费以千万。多聚异石，妙极山水。虑上宫中望见，乃旁列修竹，外施高鄣，造游墙数百间，〔一〕施诸机巧，宜须鄣蔽，须臾成立，若应毁撤，应手迁徙。制珍玩之物，织孔雀毛为裘，光采金翠，过于雉头远矣。以晋明帝为太子时立西池，乃启武帝引前例，求于东田起小苑，上许之。

永明中，二宫兵力全实，太子使宫中将吏更番筑役，营城包巷，〔二〕制度之盛，观者倾都。上性虽严，太子所为，无敢启者。后上幸豫章王宅，还过太子东田，见其弥亘华远，壮丽极目，于是大怒，收监作主帅，太子惧，皆藏之，由是见责。

〔一〕造游墙数百间　　"墙"各本作"观"，据《南齐书》改。
〔二〕太子使宫中将吏更番筑役营城包巷　　"筑役""营城包巷"《南齐书》作"役筑""宫城苑巷"，疑是。

（《南史》卷四十四《列传第三十四·齐武帝诸子》　1100）

萧子良

[永明]五年，[萧子良]正位司徒，给班剑二十人，侍中如故。移居鸡笼山西邸，集学士抄《五经》百家，依《皇览》例为《四部要略》千卷。招致名僧，讲论佛法，造经呗新声，道俗之盛，江左未有。

武帝好射雉，子良启谏。先是左卫殿中将军邯郸超上书谏射雉，武帝为止，久之，超竟被诛。永明末，上将复射雉，子良复谏，前后所陈，上虽不尽纳，而深见宠爱。

又与文惠太子同好释氏，甚相友悌。子良敬信尤笃，数于邸园营斋戒，大集朝臣众僧，至赋食行水，或躬亲其事，世颇以为失宰相体。劝人为善，未尝厌倦，以此终致盛名。

八年，给三望车。九年，都下大水，吴兴偏剧，子良开仓振救贫病不能立者，于第北立廨收养，给衣及药……

武帝不豫，诏子良甲仗入延昌殿侍医药。子良启进沙门于殿户前诵经，武帝为感梦见优昙钵花。子良案佛经宣旨，使御府以铜为花，插御床四角。日夜在殿内，太孙间日入参。武帝暴渐，内外惶惧，百僚皆已变服，物议疑立子良。

（《南史》卷四十四《列传第三十四·齐武帝诸子》 1103）

王斌与慧超

时有王斌者，不知何许人。著《四声论》行于时。斌初为道人，博涉经籍，雅有才辩，善属文，能唱导而不修容仪。[一]尝弊衣于瓦官寺听云法师讲《成实论》，无复坐处，唯僧正慧超尚空席，斌直坐其侧。慧超不能平，乃骂曰："那得此道人，禄蕀似队父唐突人。"因命驱之。斌笑曰："既有叙勋僧正，何为无队父道人。"不为动。而抚机问难，辞理清举，四座皆属目。后还俗，以诗乐自乐，人莫能名之。

〔一〕能唱导而不修容仪 "唱"各本作"昌"，"不"各本脱，并据《通志》改补。

（《南史》卷四十八《列传第三十八·陆慧晓》 1197）

陆 瑜

弟〔陆〕瑜字干玉。少笃学，美词藻。州举秀才……瑜聪敏强记，常受《庄》《老》于汝南周弘正，学《成实论》于僧滔法师，并通大旨。时皇太子好学，欲博览群书，以子集繁多，命瑜抄撰，未就而卒。

（《南史》卷四十八《列传第三十八·陆慧晓》 1203）

刘 霁

〔刘霁〕母明氏寝疾，霁年已五十，衣不解带者七旬，诵《观世音经》数万遍。夜中感梦，见一僧谓曰："夫人算尽，君精诚笃志，当相为申延。"后六十余日乃亡。霁庐于墓，哀恸过礼，常有双白鹤循翔庐侧，处士阮孝绪致书抑譬焉。霁思慕不已，未终丧而卒。著《释俗语》八卷，文集十卷。

（《南史》卷四十九《列传第三十九·刘怀珍》 1222）

刘歊著《革终论》

天监十七年，〔刘歊〕忽著《革终论》。以为：

形者无知之质，神者有知之性。有知不独存，依无知以自立，故形之于神，逆旅之馆耳。及其死也，神去此馆，速朽得理。是以子羽沈川，汉伯方圹，文楚黄壤，士安麻索：此四子者得理也。若从四子而游，则平生之志得矣。然积习生常，难卒改革，一朝肆志，傥不见从。今欲翦截烦厚，务存俭易，进不裸尸，退异常俗，〔一〕不伤存者之念，有合至人之道。且张奂止用幅巾，王肃唯盥手足，范冉敛毕便葬，爰珍无设筵几，〔二〕文度故舟为棺，子廉牛车载枢，叔起诚绝坟陇，康成使无卜吉。此数公者，尚或如之，况为吾人，而尚华泰。今欲仿佛景行，以为轨则。气绝不须复魂，盥漱而敛。以一千钱市成棺，单故裙衫，衣巾枕履。此外送往之具，棺中常物，一不得有所施。世多信李、彭之言，可谓惑矣。余以孔、释为师，差无此惑。敛讫，载以露车，归于旧山，随得一地，地足为坎，坎足容棺。不须砖甓，不劳封树，勿设祭飨，勿置几筵。其蒸尝继嗣，言象所绝，事止余身，无伤世教……

始沙门释宝志遇歆于兴皇寺，惊起曰："隐居学道，清净登仙。"如此三说。歆未死之春，有人为其庭中栽柿，歆谓兄子峹曰："吾不见此实，尔其勿言。"至秋而亡，人以为知命。亲故谋其行迹，谥曰"贞节处士"。

〔一〕进不裸尸退异常俗　"异"各本作"毕"，据《梁书》改。
〔二〕爰珍无设筵几　"爰珍"《梁书》作"奚珍"，未知孰是。

（《南史》卷四十九《列传第三十九·刘怀珍》　1225）

刘 讦

［刘］讦善玄言，尤精意释典，曾与［刘］歆听讲钟山诸寺，因共卜筑宋熙寺东涧，有终焉之志。尚书郎何炯尝遇之于路，曰："此人风神颖俊，盖荀奉倩、卫叔宝之流也。"命驾造门，拒而不见。族祖孝标与书称之曰："讦超超越俗，如半天朱霞。歆矫矫出尘，如云中白鹤。皆俭岁之梁稷，寒年之纤纩。"

（《南史》卷四十九《列传第三十九·刘怀珍》　1227）

明僧绍

庆符罢任，［明］僧绍随归住江乘摄山。僧绍闻沙门释僧远凤德，往候定林寺。高帝欲出寺见之，僧远问僧绍曰："天子若来，居士若为相对？"僧绍曰："山薮之人，政当凿坏以遁；若辞不获命，便当依戴公故事。"既而遁还摄山、建栖霞寺而居之，高帝甚以为恨。昔戴颙高卧牖下，以山人之服加其身，僧绍故云……渤海封延伯者，高行士也，闻之叹曰："明居士身弥后而名弥先，亦宋、齐之儒仲也。"

（《南史》卷五十《列传第四十·明僧绍》 1242）

刘 虬

［刘］虬精信释氏，衣粗布，礼佛长斋，注《法华经》，自讲佛义，以江陵西沙洲去人远，乃徙居之。建武二年，诏征国子博士，不就。其冬虬病，正昼有白云徘徊檐户之内，又有香气及磬声。其日卒，年五十八。虬子之遴。

（《南史》卷五十《列传第四十·刘虬》 1249）

刘之遴

之遴字思贞，八岁能属文。虬曰："此儿必以文兴吾宗。"常谓诸子曰："若比之颜氏，之遴得吾之文。"由是州里称之。时有沙门僧惠有异识，每诣虬必呼之遴小字曰："僧伽福德儿。"握手而进之。

……

侯景初以萧正德为帝，［刘］之遴时落景所，将使授玺绂。之遴预知，仍剃发披法服乃免。先是，平昌伏挺出家，之遴为诗嘲之曰："《传》闻伏不斗，化为支道林。"及之遴遇乱，遂披染服，时人笑之。

（《南史》卷五十《列传第四十·刘虬》 1249）

萧 昱

普通五年，［萧昱］坐于宅内铸钱，为有司所奏，下廷尉，得免死，徙临海郡。行至上虞，有敕追还，令受菩萨戒。既至，恂恂尽礼，改意蹈道，持戒又精洁，帝甚嘉之。

（《南史》卷五十一《列传第四十一·梁宗室上·武平侯景》 1265）

梁武帝叹萧藻

［梁武］帝每称其小字，叹曰："子弟并如迦叶，吾复何忧。"

（《南史》卷五十一《列传第四十一·梁宗室上·长沙武宣王懿》 1268）

萧 伟

［萧伟］晚年崇信佛理，尤精玄学，著《二旨义》，〔一〕制《性情》《几神》等论。其义僧宠及周舍、〔二〕殷钧、陆倕并名精解而不能屈。朝廷得失，

时有匡正。

〔一〕著二旨义　"二旨"各本作"二暗"，据《梁书》及《册府元龟》二九三改。

〔二〕其义僧宠及周舍　"其"字据《梁书》补。

（《南史》卷五十二《列传第四十二·梁宗室下·南平元襄王伟》　1292）

慧龙治眼

［鄱阳忠烈王恢］有孝性，初镇蜀，所生费太妃犹停都。后于都不豫，恢未之知，一夜忽梦还侍疾。及觉，忧惶废寝食。俄而都信至，太妃已瘳。后有目疾，久废视瞻，有道人慧龙得疗眼术，恢请之。及至，空中忽见圣僧。及慧龙下针，豁然开朗，咸谓精诚所致。

（《南史》卷五十二《列传第四十二·梁宗室下·鄱阳忠烈王恢》　1295）

昭明太子

昭明太子统字德施，小字维摩，武帝长子也……太子生而聪叡，三岁受《孝经》《论语》，五岁遍读《五经》，悉通讽诵。性仁孝，自出宫，恒思恋不乐。帝知之，每五日一朝，多便留永福省，或五日三日乃还宫……

［天监］十四年正月朔旦，帝临轩，冠太子于太极殿。旧制太子着远游冠、金蝉翠緌缨，至是诏加金博山。太子美姿容，善举止，读书数行并下，过目皆忆。每游宴祖道，赋诗至十数韵，或作剧韵，皆属思便成，无所点易。帝大弘佛教，亲自讲说。太子亦素信三宝，遍览众经。乃于宫内别立慧义殿，专为法集之所。招引名僧，自立《二谛》《法身义》。〔一〕普通元年四月，甘露降于慧义殿，咸以为至德所感。时俗稍奢，太子欲以己率物，服御朴素，身衣浣衣，膳不兼肉。

〔一〕自立二谛法身义　"二谛"各本作"三谛"；"法身义"各本脱"身"字。按《全梁文》载萧统《令旨解二谛义》及《令旨解法身义》，谓二谛为"真谛""俗谛"。谓"法者，轨则为旨；身者，有体之义。轨则之体，故曰法身"。今据正。

（《南史》卷五十三《列传第四十三·梁武帝诸子·昭明太子统》　1307）

萧大球

建平王大球字仁玉。〔一〕简文帝第十七子也。大宝元年，封建平郡王。〔二〕性明慧夙成。初，侯景围台城，武帝素归心释教，每发誓愿，恒云"若有众生应受诸苦，衍身代当"。时大球年甫七岁，闻而惊谓母曰："官家尚尔，儿安敢辞。"乃六时礼佛，亦云"凡有众生应获苦报，悉大球代受"。其早慧如此。

〔一〕建平王大球字仁玉 "仁玉"《梁书》作"仁玨"。

〔二〕封建平郡王 "建平"各本作"建安"。按本卷前《序》及《梁书》皆作"建平"，是，今据改。

（《南史》卷五十四《列传第四十四·梁简文帝诸子》 1343）

白马寺

湘东遣使责让誉，索〔张〕缵部下，仍遣缵向雍州。前刺史岳阳王〔萧〕詧推迁未去镇，但以城西白马寺处之。

（《南史》卷五十六《列传第四十六·张弘策》 1388）

范缜与萧子良论因果

时竟陵王〔萧〕子良盛招宾客，〔范〕缜亦预焉。尝侍子良，子良精信释教，而缜盛称无佛。子良问："君不信因果，何得富贵贫贱？"缜答曰："人生如树花同发，随风而堕，自有拂帘幌坠于茵席之上，自有关篱墙落于粪溷之中。坠茵席者，殿下是也；落粪溷者，下官是也。贵贱虽复殊途，因果竟在何处。"子良不能屈，然深怪之。退论其理，著《神灭论》。以为："神即形也，形即神也，形存则神存，形谢则神灭。形者神之质，神者形之用。是则形称其质，神言其用，形之与神，不得相异。神之于质，犹利之于刀，〔一〕形之于用，犹刀之于利。利之名非刀也，刀之名非利也，然而舍利无刀，舍刀无利。未闻刀没而利存，岂容形亡而神在。"此论出，朝野喧哗。子良集僧难之而不能屈。太原王琰乃著论讥缜曰："呜呼范子！曾不知其先祖神灵所在。"欲杜缜后对。缜又对曰："呜呼王子！知其祖先神灵所在，而不能杀身以从之。"其险诣皆此类也。子良使王融谓之曰："神灭即自非理，而卿坚执之，恐伤名教。以卿之大美，〔二〕何患不至中书郎，而故乖剌为此，可便毁弃之。"缜大笑曰："使范缜卖论取官，已至令仆矣，何但中书郎邪。"

〔一〕神之于质犹利之于刀 据范缜《神灭论》原文"刀"应作"刃"，下同。

〔二〕以卿之大美 "大美"《通志》作"才美"。

（《南史》卷五十七《列传第四十七·范云》 1421）

韦　叡

武帝方锐意释氏，天下咸从风而化。[韦] 叡自以信受素薄，位居大臣，不欲与众俯仰，所行略如佗日。

（《南史》卷五十八《列传第四十八・韦叡》　1430）

中兴寺、禅灵寺

次新亭，贼列阵于中兴寺，相持至晚各解归……[侯] 景登禅灵寺门，望粲营未立，便率锐卒来攻。

（《南史》卷五十八《列传第四十八・韦叡》　1433）

中兴寺

侯景之乱，[韦] 鼎兄昂于京口战死，鼎负尸出，寄于中兴寺。求棺无所得，鼎哀愤恸哭，忽见江中有物流至鼎所，窃异之。往视乃新棺也，因以充殓。元帝闻之，以为精诚所感……至德初，鼎尽货田宅，寓居僧寺。友人大匠卿毛彪问其故，答曰："江东王气，尽于此矣。吾与尔当葬长安。期运将及，故破产尔。"

（《南史》卷五十八《列传第四十八・韦叡》　1435）

江　革

魏徐州刺史安丰王 [元] 延明闻 [江] 革才名，厚加接待。革称脚疾不拜，延明将害之，见革辞色严正，更加敬重。时祖暅同被拘絷，延明使暅作《欹器漏刻铭》，革唾骂暅曰："卿荷国厚恩，已无报答，乃为虏立铭，孤负朝廷。"延明闻之，乃令革作《丈八寺碑》并《祭彭祖文》，革辞以囚执既久，无复心思……时帝惑于佛教，朝贤多启求受戒。革精信因果，而帝未知，谓革不奉佛法，乃赐革《觉意诗》五百字，云："唯当勤精进，自强行胜修。岂可作底突，如彼必死因。以此告江革，并及诸贵游。"[一] 又手敕曰："果报不可不信，岂得底突如对元延明邪。"革因乞受菩萨戒。

　〔一〕以此告江革并及诸贵游　"江""并"二字据《梁书》补。按上"乃赐革
　　　　《觉意诗》五百字"，则此末二句不应四字为句也。

（《南史》卷六十《列传第五十・江革》　1475）

陈庆之

[陈] 庆之马步数千结阵东反，[尔朱] 荣亲自来追，军人死散。庆之乃

落发为沙门，间行至豫州，州人程道雍等潜送出汝阴。至都，仍以功除右卫将军，封永兴侯。

出为北兖州刺史、都督缘淮诸军事。会有妖贼沙门僧强自称为帝，土豪蔡伯宠起兵应之，[一]攻陷北徐州。诏庆之讨焉。庆之斩伯宠、僧强，传其首。

〔一〕土豪蔡伯宠起兵应之 "伯宠"《梁书》作"伯龙"。

（《南史》卷六十一《列传第五十一·陈庆之》 1500）

贺革还乡造寺

［贺革］在荆州历为郡县，所得俸秩，不及妻孥，专拟还乡造寺，以申感思。

（《南史》卷六十二《列传第五十二·贺玚》 1508）

庄严寺

侯景陷城，琛被创未死，贼求得之，舆至阙下，求见仆射王克、领军朱异，劝开城纳贼。克等让之，涕泣而止。贼复舆送庄严寺疗之。

（《南史》卷六十二《列传第五十二·贺玚》 1513）

徐 摛

［徐］摛文体既别，春坊尽学之，"宫体"之号，自斯而始。帝闻之怒，召摛将加消责，及见，应对明敏，辞义可观，乃意释。因问《五经》大义，次问历代史及百家杂记，末论释教。摛商较从横，应答如响，帝甚加叹异，更被亲狎，宠遇日隆。

（《南史》卷六十二《列传第五十二·徐摛》 1521）

徐 陵

［徐陵］少而崇信释教，经论多所释解。后主在东宫，令陵讲《大品经》，义学名僧，自远云集，每讲筵商较，四坐莫能与抗。目有青精，时人以为聪慧之相也。

（《南史》卷六十二《列传第五十二·徐摛》 1525）

徐孝克

［徐］陵弟［徐］孝克，有口辩，能谈玄理。性至孝，遭父忧殆不胜丧。事所生母陈氏，尽就养之道。梁末，侯景寇乱，孝克养母，馔粥不能给。妻东

莞臧氏，领军将军盾女也，甚有容色。孝克乃谓曰："今饥荒如此，供养交阙，欲嫁卿与富人，望彼此俱济，[一]于卿如何？"臧氏弗许之。时有孔景行者，为侯景将，多从左右逼而迎之，臧氏涕泣而去，所得谷帛，悉以遗母。孝克又剃发为沙门，改名法整，兼乞食以充给焉。臧氏亦深念旧恩，数私致馈饷，故不乏绝。后景行战死，臧氏伺孝克于途中，累日乃见，谓孝克曰："往日之事，非为相负，今既得脱，当归供养。"孝克默然无答。于是归俗，更为夫妻。

后东游，居钱唐之佳义里，与诸僧讨论释典，遂通《三论》。每日二时讲，且讲佛经，晚讲《礼》传，道俗受业者数百人。天嘉中，除剡令，非其好，寻去职。太建四年，征为秘书丞，不就。乃蔬食长斋，持菩萨戒，昼夜讲诵《法华经》。宣帝甚嘉其操行……孝克性清素，好施惠，故不免饥寒。后主敕以石头津税给之，孝克悉用设斋写经，随尽。

二年，为散骑常侍，侍东宫。陈亡，随例入长安。家道壁立，所生母患，欲粳米为粥，不能常办。母亡后，孝克遂常啖麦，有遗粳米者，孝克对而悲泣，终身不复食焉。

开皇十二年，长安疾疫，隋文帝闻其名行，召令于尚书都堂讲《金刚般若经》。寻授国子博士。后侍东宫，讲《礼》传。

十九年，以疾卒，年七十三。临终政坐念佛，室内有非常香气，邻里皆惊异之。子万载，位太子洗马。

〔一〕欲嫁卿与富人望彼此俱济　"富人"各本作"当世人"，据《陈书》改。张森楷《南史校勘记》："此盖误'富'为'当'，校者以不可通，而又误读下'望'断句，于是妄添'世'字。而不知当世人望何能济之。且孔景行不过富耳，何尝为人望也。"按张说是。"世"为唐讳，李延寿亦不可能改"富人"为"当世人"。

（《南史》卷六十二《列传第五十二·徐摛》　1527）

释宝志谶云：萧氏当灭

先是，天监中沙门释宝志为谶云："太岁龙，将无理。萧经霜，草应死。余人散，十八子。"时言萧氏当灭，李氏代兴。

（《南史》卷六十三《列传第五十三·王念神》　1539）

陈 详

遂兴侯［陈］详字文几，少出家为沙门。善书记，谈论清雅。武帝讨侯景，召令还俗，配以兵马，从定建邺。

（《南史》卷六十五《列传第五十五·陈宗室诸王·遂兴侯详》 1572）

彭叔陵

［天嘉］十一年，［叔陵］丁所生母彭氏忧，去职。顷之，起为本职。晋世王公贵人，多葬梅岭，及彭氏卒，叔陵启求梅岭葬之，乃发故太傅谢安旧墓，弃去［谢］安枢，以葬其母。初丧日，伪为哀毁，自称刺血写《涅槃经》。未及十旬，乃日进甘膳。又私召左右妻女，与之奸合，所作尤不轨，侵淫上闻。宣帝责御史中丞王政以不举奏，免政官。又黜其典签、亲事，仍加鞭捶。宣帝素爱叔陵，不绳以法，但责让而已。服阕，又为侍中、中军大将军。

（《南史》卷六十五《列传第五十五·陈宗室诸王·宣帝诸子·始兴王叔陵》 1584）

香岩寺

及文帝为［张］彪所袭，文育时顿城北香岩寺，文帝夜往趋之。彪又来攻，文育苦战，遂破平彪。

（《南史》卷六十六《列传第五十六·周文育》 1603）

孙 玚

［孙玚］常于山斋设讲肆，集玄儒之士，冬夏资奉，为学者所称。而处己率易，不以名位骄物。时兴皇寺慧朗法师该通释典，〔一〕玚每造讲筵，时有抗论，法侣莫不倾心。又巧思过人，为起部尚书，军国器械，多所创立。

〔一〕时兴皇寺慧朗法师该通释典 "慧朗"各本作"朗"，据《陈书》、《册府元龟》八二一补。按《陈书·陆缮传》作"惠朗法师"；慧、惠古字通。

（《南史》卷六十七《列传第五十七·孙玚》 1639）

慧 标

初，沙门慧标涉猎有才思，及宝应起兵，作五言诗以送之曰："送马犹临水，离旗稍引风。好看今夜月，当照紫微宫。"宝应得之甚悦。慧标以示［虞］寄，寄一览使便止，正色无言。慧标退，寄谓所亲曰："标公既以此始，必以此终。"后竟坐是诛。

（《南史》卷六十九《列传第五十九·虞荔》　1685）

傅縡

[傅]縡笃信佛教，从兴皇寺慧朗法师受《三论》，尽通其学。寻以本官兼通直散骑侍郎使齐，还，累迁太子庶子、仆。[一]

〔一〕累迁太子庶子仆　"仆"字各本并脱，据《陈书》补。按太子仆官阶高于
　　　　太子中庶子，见《南齐书·百官志》。

杜按： 傅縡著《明道论》《南史》尽删，然《陈书》本传（401）存。

（《南史》卷六十九《列传第五十九·傅縡》　1686）

章 华

时有吴兴章华，字仲宗，家本农夫，至华独好学，与士君子游处，颇通经史，善属文。侯景之乱，游岭南，居罗浮山寺，专精习业。

（《南史》卷六十九《列传第五十九·傅縡》　1687）

姚 察

初，[姚]察欲读一藏经，并已究竟，将终，曾无痛恼，但西向坐正念，云"一切空寂"。其后身体柔软，颜色如恒。两宫悼惜，赠赗甚厚。

（《南史》卷六十九《列传第五十九·姚察》　1691）

甄彬还长沙寺金

[甄]法崇孙彬。彬有行业，乡党称善。尝以一束苎就州长沙寺库质钱，后赎苎还，于苎束中得五两金，以手巾裹之，彬得，送还寺库。道人惊云："近有人以此金质钱，时有事不得举而失。檀越乃能见还，辄以金半仰酬。"往复十余，彬坚然不受，因谓曰："五月披羊裘而负薪，岂拾遗金者邪。"卒还金。梁武帝布衣而闻之，及践阼，以西昌侯藻为益州刺史，乃以彬为府录事参军，带郫县令。将行，同列五人，帝诫以廉慎。至彬，独曰："卿昔有还金之美，故不复以此言相属。"由此名德益彰。及在蜀，藻礼之甚厚云。

（《南史》卷七十《列传第六十·循吏·甄法崇》　1705）

湘宫寺

[宗明]帝以故宅起湘宫寺，费极奢侈。以孝武庄严刹七层，帝欲起十层，不可立，分为两刹，各五层。新安太守巢尚之罢郡还见帝，曰："卿至

湘宫寺末？我起此寺是大功德。"〔虞〕愿在侧曰："陛下起此寺，皆是百姓卖儿贴妇钱，〔一〕佛若有知，当悲哭哀愍。罪高佛图，有何功德？"尚书令袁粲在坐，为之失色。帝大怒，使人驱曳下殿，〔二〕愿徐去无异容。以旧恩，少日中已复召入。

〔一〕皆是百姓卖儿贴妇钱　　"钱"字各本并脱，据《南齐书》补。

〔二〕使人驱曳下殿　　"驱"各本作"驰"，据《南齐书》改。

（《南史》卷七十《列传第六十·循吏·虞愿》　　1710）

郭祖深论佛教

〔梁武〕帝溺情内教，朝政纵弛，〔郭〕祖深舆櫬诣阙上封事，其略曰：……

臣闻人为国本，食为人命，故《礼》曰国无六年之储，谓非其国也。推此而言，农为急务。而郡县苛暴，不加劝奖，今年丰岁稔，犹人有饥色，设遇水旱，何以救之？陛下昔岁尚学，置立五馆，行吟坐咏，诵声溢境。比来慕法，普天信向，家家斋戒，人人忏礼，不务农桑，空谈彼岸。夫农桑者今日济育，功德者将来胜因，岂可堕本勤末，置迩效赊也，今商旅转繁，游食转众，耕夫日少，杼轴日空。陛下若广兴屯田，贱金贵粟，勤农桑者擢以阶级，惰耕织者告以明刑。如此数年，则家给人足，廉让可生。

夫君子小人，智计不同，君子志于道，小人谋于利。志于道者安国济人，志于利者损物图己。道人者害国小人也，忠良者捍国君子也。臣见疾者诣道士则劝奏章，僧尼则令斋讲，俗师则鬼祸须解，医诊则汤熨散丸，皆先自为也。臣谓为国之本，与疗病相类，疗病当去巫鬼，寻华、扁，为国当黜佞邪，用管、晏。今之所任，腹背之毛耳。论外则有勉、舍，说内则有云、旻。云、旻所议则伤俗盛法，勉、舍之志唯原安枕江东。主慈臣恇，息谋外甸，使中国士女南望怀冤，若贾谊重生，岂不恸哭。臣今直言犯颜，罪或容宥，而乖忤贵臣，则祸在不测。所以不惮鼎镬区区必闻者，正以社稷计重而蝼蚁命轻。使臣言入身灭，臣何所恨。

……

时帝大弘释典，将以易俗，故祖深尤言其事，条以为：

都下佛寺五百余所，穷极宏丽。僧尼十余万，资产丰沃。所在郡县，不可胜言。道人又有白徒，尼则皆畜养女，皆不贯人籍，天下户口几亡其半。而僧尼多非法，养女皆服罗纨，其蠹俗伤法，抑由于此。请精加检括，若无道行，四十已下，皆使还俗附农。罢白徒养女，听畜奴婢。婢唯着青布衣，僧尼皆令蔬食。如此，则法兴俗盛，国富人殷。不然，恐方来处处成寺，家家剃落，尺土一人，非复国有。

　　杜按：《梁书》不见《郭祖深传》。

（《南史》卷七十《列传第六十·循吏·郭祖深》　1720）

瓦官寺

　　时明帝不重儒术，[伏]曼容宅在瓦官寺东，施高坐于听事，有宾客，辄升高坐为讲说，生徒常数十百人。

（《南史》卷七十一《列传第六十一·儒林·伏曼容》　1731）

伏　挺

　　[伏挺]后遂出仕，除南台书侍御史。因事纳贿被劾，惧罪，乃变服出家名僧挺，久之藏匿，后遇赦，乃出天心寺。[一]会邵陵王为江州，携挺之镇。王好文义，深被恩礼。挺不堪蔬素，因此还俗。

　　〔一〕乃出天心寺　"天心"各本作"大心"，据《册府元龟》九四九改。

（《南史》卷七十一《列传第六十一·儒林·伏曼容》　1733）

白马寺

　　[贺]德基少游学都下，积年不归，衣资罄乏，又耻服故弊，盛冬止衣夹襦袴。尝于白马寺前逢一妇人，容服甚盛，呼德基入寺门，脱白纶巾以赠之。仍谓曰："君方为重器，不久贫寒，故以此相遗耳。"问姓名，不答而去。德基于《礼记》称为精明，位尚书祠部郎。虽不至大官，而三世儒学，俱为祠部郎，时论美其不坠。

（《南史》卷七十一《列传第六十一·儒林·郑灼》　1749）

张　讥

　　后主尝幸钟山开善寺，召从臣坐于寺西南松林下，敕[张]讥竖义。时索麈尾未至，后主敕取松枝，手以属讥，曰："可代麈尾。"顾群臣曰："此即张讥后事。"陈亡入隋，终于长安，年七十六。

　　讥性恬静，不求荣利，常慕闲逸。所居宅营山池，植花果，讲《周易》

《老》《庄》而教授焉。吴郡陆元朗、朱孟博、一乘寺沙门法才、法云寺沙门慧拔、〔一〕至真观道士姚绥，皆传其业。

〔一〕法云寺沙门慧拔 "慧拔"《陈书》作"慧休"。

（《南史》卷七十一《列传第六十一·儒林·张讥》 1751）

陆 庆

时有吴郡陆庆，少好学，遍诵《五经》，尤明《春秋左氏传》，节操甚高……乃筑室屏居，以禅诵为事，由是传经受业者盖鲜焉。

（《南史》卷七十一《列传第六十一·儒林·王元规》 1756）

居士何胤筑室若耶山

时居士何胤筑室若邪山，〔一〕山发洪水，漂拔树石，此室独存，元简令嵘作《瑞室颂》以旌表之，辞甚典丽。

〔一〕时居士何胤筑室若邪山 "若邪山"《梁书》同。按《梁书·处士·何胤传》："胤以若邪处势迫隘，不容生徒，乃迁秦望山。"是筑室于秦望非若邪。

（《南史》卷七十二《列传第六十二·文学·钟嵘》 1779）

梁武帝以三桥旧宅为光宅寺

时武帝以三桥旧宅为光宅寺，敕兴嗣与陆倕各制寺碑，及成俱奏，帝用兴嗣所制。

（《南史》卷七十二《列传第六十二·文学·周兴嗣》 1780）

刘 勰

刘勰字彦和，东莞莒人也。父尚，越骑校尉。勰早孤，笃志好学。家贫不婚娶，依沙门僧佑居，遂博通经论，因区别部类，录而序之。定林寺经藏，勰所定也……勰为文长于佛理，都下寺塔及名僧碑志，必请勰制文。敕与慧震沙门于定林寺撰经证。功毕，遂求出家，先燔须发自誓，敕许之。乃变服改名慧地云。

（《南史》卷七十二《列传第六十二·文学·刘勰》 1781）

任孝恭

敕遣［任孝恭］制《建陵寺刹下铭》，又启撰武帝集序文，并富丽。自是专掌公家笔翰。孝恭为文敏速，若不留思，每奏称善，累赐金帛。少从萧寺云法师读经论，明佛理，至是蔬食持戒，信受甚笃。而性颇自伐，以才能尚人，于流辈中多有忽略，世以此少之。

（《南史》卷七十二《列传第六十·文学·任孝恭》 1784）

梁武帝幸同泰寺舍身，敕徐勉撰仪注

中大通元年，梁武帝幸同泰寺舍身，敕［徐］勉撰仪注。[一]勉以先无此礼，召［杜］之伟草具其仪。

〔一〕中大通元年梁武帝幸同泰寺舍身敕勉撰仪注 "中大通"各本作"中大同"。按徐勉卒于大同元年，中大同在大同之后。又据《梁书·武帝纪》，萧衍于同泰寺舍身凡三次，一在大通元年，一在中大通元年，一在太清元年。无中大同元年事。观下出"大同七年"，则此为其前之"中大通元年"无疑，今订正。

（《南史》卷七十二《列传第六十二·文学·杜之伟》 1787）

佛像及夹侍自门而入

滕昙恭，豫章南昌人也。年五岁，母杨氏患热，思食寒瓜，土俗所不产。昙恭历访不能得，衔悲哀切。俄值一桑门问其故，昙恭具以告。桑门曰："我有两瓜，分一相遗。"还以与母，举室惊异，寻访桑门，莫知所在。及父母卒，昙恭并水浆不入口者旬日，感恸呕血，绝而复苏。隆冬不着蚕絮，蔬食终身。每至忌日，思慕不自堪，昼夜哀恸。其门外有冬生树二株，时忽有神光自树而起，俄见佛像及夹侍之仪，容光显著，自门而入，昙恭家人大小咸共礼拜，久之乃灭。远近道俗咸传之。

（《南史》卷七十四《列传第六十四·孝义下·滕昙恭》 1835）

谢 贞

初［谢］贞父蔺以忧毁卒，家人宾客复忧贞，从父洽、族兄暠乃共请华严寺长爪禅师为贞说法。仍譬以母须侍养，不宜毁灭，乃少进馔粥。及魏克江陵，入长安。暠逃难番禺，贞母出家于宣明寺。

（《南史》卷七十四《列传第六十四·孝义·谢蔺》 1846）

宗少文

［宗］少文［又名宗炳］妙善琴书图画，精于言理，每游山水，往辄忘归。征西长史王敬弘每从之，未尝不弥日也。乃下入庐山，就释慧远考寻文义。兄臧为南平太守，逼与俱还，乃于江陵三湖立宅，闲居无事……妻罗氏

亦有高情，与少文协趣。罗氏没，少文哀之过甚，既乃悲情顿释，谓沙门释慧坚曰："死生之分，未易可达，三复至教，方能遣哀。"

（《南史》卷七十五《列传第六十五·隐逸上·宗少文》　1860）

宗　测

[宗] 测送弟丧还西，仍留旧宅永业寺，绝宾友，唯与同志庾易、刘虬、宗人尚之等往来讲说。荆州刺史随王子隆至镇，[一] 遣别驾宗忻口致劳问。测笑曰："贵贱理隔，何以及此。"竟不答。建武二年，征为司徒主簿，不就，卒。

测善画，自图阮籍遇苏门于行鄣上，坐卧对之。又书永业佛影台，皆为妙作。好音律，善《易》《老》，续皇甫谧《高士传》三卷。尝游衡山七岭，著《衡山》《庐山记》。

〔一〕荆州刺史随王子隆至镇　"镇"字各本并脱，据《南齐书》补。

（《南史》卷七十五《列传第六十五·隐逸上·宗少文》　1862）

沈道虔

[沈道虔] 累世事佛，推父祖旧宅为寺。至四月八日每请像，请像之日，辄举家感恸焉。

（《南史》卷七十五《列传第六十五·隐逸上·沈道虔》　1863）

孔淳之

[孔淳之] 居会稽剡县。性好山水，每有所游，必穷其幽峻，或旬日忘归。尝游山，遇沙门释法崇，因留共止，遂停三载。法崇叹曰："缅想人外三十年矣，今乃倾盖于兹，不觉老之将至也。"及淳之还，乃不告以姓。除著作佐郎、太尉参军，并不就。

（《南史》卷七十五《列传第六十五·隐逸上·孔淳之》　1864）

周续之

周续之字道祖，雁门广武人也。其先过江，居豫章建昌县……续之年十二，诣[范]宁受业。居学数年，通《五经》《五纬》，号曰十经，名冠同门，称为颜子。[一] 既而闲居读《老》《易》，入庐山事沙门释慧远。时彭城刘遗人遁迹庐山，[二] 陶深明亦不应征命，谓之寻阳三隐。

〔一〕名冠同门称为颜子　《建康实录》作"名冠当时，同门称为颜子"。

〔二〕时彭城刘遗人遁迹庐山　　"遗人"宋书作"遗民"，此避唐讳改。

（《南史》卷七十五《列传第六十五·隐逸上·周续之》　　1865）

戴颙与戴逵

衡阳王义季镇京口，长史张邵与〔戴〕颙姻通，迎来止黄鹄山，山北有竹林精舍，林涧甚美，颙憩于此涧，义季亟从之游，颙服其野服，不改常度。为义季鼓琴，并新声变曲，基三调《游弦》《广陵》《止息》之流，皆与世异……自汉世始有佛像，形制未工，〔戴〕逵特善其事，颙亦参焉。宋世子铸丈六铜像于瓦官寺，既成，面恨瘦，工人不能改，乃迎颙看之。颙曰："非面瘦，乃臂胛肥耳。"及灭臂胛，瘦患即除，无不叹服。

（《南史》卷七十五《列传第六十五·隐逸上·戴颙》　　1866）

雷次宗

雷次宗字仲伦，豫章南昌人也。少入庐山，事沙门释慧远，笃志好学，尤明《三礼》《毛诗》。隐退不受征辟。

（《南史》卷七十五《列传第六十五·隐逸上·雷次宗》　　1867）

顾欢著《夷夏论》论佛、老

初，〔顾〕欢以佛道二家教异，学者互相非毁，乃著《夷夏论》曰：

夫辩是与非，宜据圣典。道经云："老子入关之天竺维卫国，〔一〕国王夫人名曰净妙，老子因其昼寝，乘日精入净妙口中，后年四月八日夜半时，剖右腋而生。坠地即行七步，于是佛道兴焉。"此出《玄妙》内篇。佛经云"释迦成佛，有尘劫之数"，出《法华》《无量寿》。或"为国师道士，儒林之宗"。出《瑞应本起》。

欢论之曰：五帝三皇，不闻有佛；国师道士，无过老、庄；儒林之宗，孰出周、孔。若孔、老非圣，谁则当之？然二经所说，如合符契。道则佛也，佛则道也，其圣则符，其迹则反。或和光以明近，或曜灵以示远。道济天下，故无方而不入，智周万物，故无物而不为。其入不同，其为必异，各成其性，不易其事。是以端委搢绅，诸华之容；剪发旷衣，群夷之服。擎跽磬折，侯甸之恭；狐蹲狗踞，荒流之肃。棺殡椁葬，中夏之风；火焚水沉，西戎之俗。全形守礼，继善之教；毁貌易性，绝恶之学。岂伊同人，爰及异物，鸟王兽长，往往是佛。无穷世界，圣人代兴，或昭五典，或布三乘。在鸟而鸟鸣，在兽而兽吼，教华而华言，化夷而夷语耳。虽舟车均于致远，而有川陆之节；佛道齐乎达化，而有夷夏之别。若谓其致既均，其法可换者，而车可涉川，舟可行陆乎？今以中夏之性，效西戎之法，既不全同，又不全异。下弃妻孥，〔二〕上绝宗祀。嗜欲之物，皆以礼伸，孝敬之典，独以法屈。悖礼犯顺，曾莫之觉，弱丧忘归，孰识其旧。且理之可贵者道也，事之可贱者俗也，舍华效夷，义将安取？若以道邪？道固符合矣。若以俗邪？俗则大乖矣。屡见刻舷沙门，守株道士，交诤小大，互相弹射。或域道以为两，或混俗以为一，是牵异以为同，破同以为异，则乖争之由，淆乱之本也。

寻圣道虽同，而法有左右，始乎无端，终乎无末，泥洹仙化，各是一术。佛号正真，道称正一，一归无死，真会无生。在名则反，在实则合。但无生之教赊，无死之化切，切法可以进谦弱，赊法可以退夸强。佛教文而博，道教质而精，精非粗人所信，博非精人所能。佛言华而引，道言实而抑，抑则明者独进，引则昧者竞前。佛经繁而显，道经简而幽，幽则妙门难见，显则正路易遵。此二法之辨也。

圣匠无心，方圆有体，器既殊用，教亦易施。佛是破恶之方，道是兴善之术，兴善则自然为高，破恶则勇猛为贵。佛迹光大，宜以化物。道迹密微，利用为己。优劣之分，大略在兹。

夫蹲夷之仪，娄罗之辩，各出彼俗，自相聆解。犹虫跃鸟聒，何足述效。

欢虽同二法，而意党道教。宋司徒袁粲托为道人通公驳之。其略曰：

白日停光，恒星隐照，诞降之应，事在老先，似非入关，方昭斯瑞。又西域之记，佛经之说，俗以膝行为礼，不慕蹲坐为恭。道以三绕为虔，不尚踞傲为肃。岂专戎土，爰亦兹方。襄童谒帝，膝行而进，赵王见周，三环而止。今佛法垂化，或因或革。清信之士，容衣不改，息心之人，服貌必变。变本从道，不遵彼俗，俗风自殊，无患其乱。

孔、老、释迦，其人或同，观方设教，其道必异。孔、老教俗为本，〔三〕释氏出世为宗，发轸既殊，其归亦异。又仙化以变形为上，泥洹以陶神为先。变形者白首还缁，而未能无死；陶神者使尘惑日损，湛然常存。泥洹之道，无死之地，乖诡若此，何谓其同？

欢答曰：

案道经之作，著自西周，佛经之来，始乎东汉。年逾八百，代悬数十。若谓黄、老虽久而滥在释前，是吕尚盗陈恒之齐，刘季窃王莽之汉也。又夷俗长踞，法与华异，翘左跂右，全是蹲踞。故周公禁之于前，仲尼诫之于后。又佛起于戎，岂非戎俗素恶邪？道出于华，岂非华风本善邪？今华风既变，恶同戎狄，佛来破之，良有以矣。佛道实贵，故戒业可遵；戎俗实贱，故言貌可弃。今诸华士女，氏族弗革，而露首偏踞，滥用夷礼。

又若观风流教，其道必异。佛非东华之道，道非西夷之法，鱼鸟异川，永不相关。安得老、释二教，交行八表。今佛既东流，道亦西迈，故知俗有精粗，教有文质。然则道教执本以领末，佛教救末以存本。请问所归，异在何许？若以翦落为异，则胥靡翦落矣；若以立像为异，则俗巫立像矣。此非所归，归在常住，常住之象，常道孰异。

神仙有死，权便之说。神仙是大化之总称，非穷妙之至名。至名无名，其有名者二十七品。[四] 仙变成真，真变成神，或谓之圣，各有九品。品极则入空寂，无为无名。若服食茹芝，延寿万亿，寿尽则死，药极则枯，此修考之士，非神仙之流也。

明僧绍《正二教论》，以为"佛明其宗，老全其生。守生者蔽，明宗者通。今道家称长生不死，名补天曹，大乖老、庄立言本理"。文惠太子、竟陵王子良并好释法，吴兴孟景翼为道士，太子召入玄圃，众僧大会。子良使景翼礼佛，景翼不肯。子良送《十地经》与之，景翼造《正一论》，大略曰："《宝积》云，'佛以一音广说法'。《老子》云，'圣人抱一以为天下式'。一之为妙，空玄绝于有境，神化赡于无穷。为万物而无为，处一数而无数。莫之能名，强号为一。在佛曰'实相'，在道曰'玄牝'。道之大象，即佛之法身。以不守之守守法身，以不执之执执大象。但物有八万四千行，说有八万四千法。法乃至于无数，行亦达于无央，[五] 等级随缘，须导归一。归一曰回向，向正即无邪。邪观既遣，亿善日新。三五四六，随用而施，独立不改，绝学无忧。旷劫诸圣，共遵斯一。老、释未始于尝分，迷者分之而未合。亿善遍修，修遍成圣，虽十号千称，终不能尽。终不能尽，岂可思议。"司徒从事中郎张融作《门律》云："道之与佛，逗极无二。[六] 吾见道士与道人战儒墨，道人与道士辨是非。昔有鸿飞天首，积远难亮，越人以为凫，楚人以为乙。人自楚、越，鸿常一耳。"以示太子仆周颙。颙叹之曰："虚无法性，其寂虽同，位寂之方，其旨则别。论所谓'逗极无二'者，为逗极于虚无，当无二于法性邪。足下所宗之本一物为鸿乙耳，驱驰佛道，无免二末，未知高鉴，缘何识本？轻而宗之，其有旨乎。"往复文多不载。

欢口不辩，善于著论。又注王弼《易》二《系》，学者传之。知将终，赋诗言志曰："五涂无恒宅，三清有常舍。精气因天行，游魂随物化。鹏鹍适大海，蜩鸠之桑柘。达生任去留，善死均日夜。委命安所乘，何方不可驾。翘心企前觉，融然从此谢。"自克死日，自择葬时，卒于剡山，时年六十四。身体香软，道家谓之尸解仙化焉。还葬旧墓，木连理生墓侧。县令江山图表状，武帝诏欢诸子撰欢文议三十卷。

〔一〕老子入关之天竺维卫国 王鸣盛《十七史商榷》六四以为入关当作出关，下引袁粲驳语亦误。

〔二〕下弃妻孥 "弃"各本作"育"，据《弘明集》七改。

〔三〕孔老教俗为本 "教俗"《南齐书》作"治世"，此因避唐讳而改。

〔四〕其有名者二十七品 "名"字各本并脱，据《南齐书》补。

〔五〕行亦达于无央 "达"《南齐书》作"逮"。

〔六〕道之与佛逗极无二 "逗"各本作"遥"，据《南齐书》改。按"逗极"谓投合无间，作"遥"讹。

（《南史》卷七十五《列传第六十五·隐逸上·顾欢》 1875）

徐伯珍

〔徐〕伯珍少孤贫，学书无纸。常以竹箭、箬叶、甘蕉及地上学书。山水暴出，漂溺宅舍，村邻皆奔走，伯珍累床而坐，诵书不辍。叔父璠之与颜延之友善，还袪蒙山立精舍讲授，伯珍往从学。积十年，究寻经史，游学者多依之。太守琅邪王昙生、吴郡张淹并加礼辟，伯珍应召便退，如此者凡十二焉。征士沈俨造膝谈论，〔一〕申以素交。吴郡顾欢摘出《尚书》滞义，伯珍训答，甚有条理，儒者宗之。好释氏、《老》《庄》，兼明道术，岁尝旱，伯珍筮之，如期而雨。举动有礼，过曲木之下，趋而避之。早丧妻，晚不复娶，自比曾参。

〔一〕征士沈俨造膝谈论　"沈俨"《南齐书·沈骠士传》作"沈俨之"。

（《南史》卷七十六《列传第六十六·隐逸下·徐伯珍》　1889）

陶弘景

　　天监四年，〔陶弘景〕移居积金东涧。弘景善辟谷导引之法，〔一〕自隐处四十许年，年逾八十而有壮容。仙书云："眼方者寿千岁。"弘景末年一眼有时而方。曾梦佛授其菩提记云，名为胜力菩萨。乃诣鄮县阿育王塔自誓，受五大戒。后简文临南徐州，钦其风素，召至后堂，以葛巾进见，与谈论数日而去，简文甚敬异之。天监中，献丹于武帝。中大通初，又献二刀，其一名善胜，一名威胜，并为佳宝。〔二〕

　　无疾，自知应逝，逆克亡日，仍为《告逝诗》。大同二年卒，时年八十一。〔三〕颜色不变，屈申如常，香气累日，氤氲满山。遗令："既没不须沐浴，不须施床，止两重席于地，因所着旧衣，上加生祴裙及臂衣韝冠巾法服。左肘录铃，右肘药铃，佩符络左腋下，绕腰穿环结于前，钗符于髻上。通以大袈裟覆衾蒙首足。明器有车马。道人道士并在门中，道人左，道士右。百日内夜常燃灯，旦常香火。"弟子遵而行之。诏赠太中大夫，谥曰贞白先生。

〔一〕弘景善辟谷导引之法　"善"字各本并脱，据《梁书》补。

〔二〕中大通初又献二刀其一名善胜一名威胜并为佳宝　"二刀""威胜"各本作"二丹""成胜"。按王应麟《玉海》一五一引《神剑录》略谓"大通中，弘景献二刀于武帝，一名善胜，一名威胜"。此二刀武帝仍赐与太宗简文帝，《艺文类聚》六〇载梁简文帝《谢敕赉善胜威胜刀启》，可知"二丹""成胜"为讹，今从改。

〔三〕大同二年卒时年八十一　"八十一"各本作"八十五"，据《全梁文》载《艺文类聚》三七梁简文帝《华阳陶先生墓志铭》及《文苑英华》八七三邵陵王纶《隐居贞白先生陶君碑》改。按传云"宋孝建三年生"，至梁大同二年四五六—五三六，正八十一岁。

（《南史》卷七十六《列传第六十六·隐逸下·陶弘景》　1899）

释宝志

　　时有沙门释宝志者，不知何许人，有于宋泰始中见之，出入钟山，往来都邑，年已五六十矣。齐、宋之交，稍显灵迹，被发徒跣，语默不伦。或被锦袍，饮啖同于凡俗，恒以铜镜剪刀镊属挂杖负之而趍。〔一〕或征索酒肴，或累日不食，预言未兆，识他心智。〔二〕一日中分身易所，远近惊赴，所居噂嗒。齐武帝忿其惑众，收付建康狱。旦日，咸见游行市里，既而检校，犹在狱中。其夜，又语狱史：“门外有两舆食，金钵盛饭，汝可取之。”果是文惠太子及竟陵王子良所供养。县令吕文显以启武帝，帝乃迎入华林园。少时忽重着三布帽，亦不知于何得之。俄而武帝崩，文惠太子、豫章文献王相继薨，齐亦于此季矣。

灵味寺沙门释宝亮欲以纳被遗之，〔三〕未及有言，宝志忽来牵被而去。蔡仲熊尝问仕何所至。了自不答，直解杖头左索绳掷与之，莫之解。仲熊至尚书左丞，方知言验。

永明中，住东宫后堂，从平旦门中出入。末年忽云“门上血污衣”，褰裳走过。至郁林见害，果以犊车载尸出自此门，舍故阉人徐龙驹宅，而帝颈血流于门限焉。

梁武帝尤深敬事，尝问年祚远近。答曰：“元嘉元嘉。”帝欣然，以为享祚倍宋文之年。虽剃须发而常冠帽，下裙纳袍，〔四〕故俗呼为志公。好为谶记，所谓《志公符》是也。高丽闻之，遣使赍绵帽供养。

天监十三年卒。将死，忽移寺金刚像出置户外，语人云：“菩萨当去。”旬日无疾而终。先是琅邪王筠至庄严寺，宝志遇之，与交言欢饮。至亡，敕命筠为碑，盖先觉也。

〔一〕恒以铜镜剪刀镊属挂杖负之而趍　　“铜镜”二字各本互倒，据《太平御览》八三〇引乙。

〔二〕预言未兆识他心智　　“识他心智”《太平御览》八三〇引作“识之多验”。

〔三〕灵味寺沙门释宝亮欲以纳被遗之　　“灵呋”呋，和本字各本作“灵味”，据《通志》改。

〔四〕虽剃须发而常冠帽下裙纳袍　　“帽”各本在“裙”下，据《通志》移正。

　　　　　　　　（《南史》卷七十六《列传第六十六·隐逸下·陶弘景》　1900）

刘慧斐

刘慧斐字宣文，彭城人也……慧斐少博学，能属文，起家梁安成王法曹行参军。尝还都，途经寻阳，游于匡山，遇处士张孝秀，相得甚欢，遂有终焉之志。因不仕，居东林寺。又于山北构园一所，号曰离垢园，时人乃谓为离垢先生。

慧斐尤明释典，工篆隶，在山手写佛经二千余卷，常所诵者百余卷。昼夜行道，孜孜不怠，远近钦慕之。简文临江州，遗以几杖。论者云，自远法师没后将二百年，始有张、刘之盛矣。元帝及武陵王等书问不绝。大同三年卒。

（《南史》卷七十六《列传第六十六·隐逸下·刘慧斐》　1902）

药王寺

子昙净字符光，笃行有父风……母丧权殡药王寺，时天寒，昙净身衣单布，庐于殡所。昼夜哭泣不绝声，哀感行路，未期而卒。

（《南史》卷七十六《列传第六十六·隐逸下·刘慧斐》　1903）

范元琰

范元琰字伯珪，一字长玉，吴郡钱塘人也……及长好学，博通经史，兼精佛义。然谦敬不以所长骄人。

（《南史》卷七十六《列传第六十六·隐逸下·范元琰》　1903）

庾诜

庾诜字彦宝，新野人也。幼聪警笃学，经史百家，无不该综……梁武帝少与诜善，及起兵，署为平西府记室参军，诜不屈。平生少所游狎，河东柳恽欲与交，拒而弗纳。普通中，诏以为黄门侍郎，称疾不起。晚年尤遵释教，宅内立道场，环绕礼忏，六时不辍。诵《法华经》，每日一遍。后夜中忽见一道人道自称愿公，容止甚异，呼诜为上行先生，授香而去。中大通四年，因寝忽惊觉，曰：“愿公复来，不可久住。”颜色不变，言终而亡，年七十八。举室咸闻空中唱“上行先生已生弥陀净域矣”。武帝闻而下诏，谥贞节处士，以显高烈。

（《南史》卷七十六《列传第六十六·隐逸下·庾诜》　1904）

张孝秀

张孝秀字文逸，南阳宛人也。徙居寻阳……遇刺史陈伯之叛，孝秀与州中士大夫谋袭之，事觉，逃于盆水侧。有商人置诸褚中，展转入东林。伯之得其母郭，以蜡灌杀之。孝秀遣妻妾，入匡山修行学道。服阕，建安王召为别驾。因去职归山，居于东林寺，有田数十顷，部曲数百人，率以力田，尽供山众。远近归慕，赴之如市。

［张］孝秀性通率，不好浮华，常冠谷皮巾，蹑蒲履，手执并间皮麈尾，服寒食散，盛冬卧于石上。博涉群书，专精释典。僧有亏戒律者，集众佛前，作羯磨而笞之，多能改过。善谈论，工隶书，凡诸艺能，莫不明习。普通三年卒，室中皆闻非常香。梁简文甚伤悼焉，与刘慧斐书，述其贞白云。

（《南史》卷七十六《列传第六十六·隐逸下·张孝秀》 1905）

庾承先

庾承先字子通，颖川鄢陵人也……玄经释典，靡不该悉；九流《七略》，咸所精练。辟功曹不就，乃与道士王僧镇同游衡岳。晚以弟疾还乡里，遂居土台山。梁鄱阳忠烈王在州，钦其风味，要与游处，令讲《老子》。远近名僧，咸来赴集，论难锋起，异端竞至，承先徐相酬答，皆得所未闻。忠烈王尤所钦重。

（《南史》卷七十六《列传第六十六·隐逸下·庾承先》 1906）

马 枢

马枢字要理，扶风郿人也。祖灵庆，齐竟陵王录事参军。

枢数岁而孤，为其姑所养。六岁，能诵《孝经》《论语》《老子》。及长，博极经史，尤善佛经及《周易》《老子》义。梁邵陵王纶为南徐州刺史，素闻其名，引为学士。纶时自讲《大品经》，令枢讲《维摩》《老子》《周易》，同日发题，道俗听者二千人。王欲极观优劣，乃谓众曰："与马学士论义，必使屈服，不得空立客主。"于是数家学者，各起问端。枢乃依次剖判，开其宗旨，然后枝分派别，转变无穷，论者拱默听受而已，纶甚嘉之。

（《南史》卷七十六《列传第六十六·隐逸下·马枢》 1907）

杨法持

宋时道人杨法持与高帝有旧，元徽末，宣传密谋。升明中，以为僧正。建元初，罢道，为宁朔将军，封州陵男。二年，遣法持为军主，领支军救援朐山。永明四年，坐役使将客，夺其鲑禀，削封，卒。

（《南史》卷七十七《列传第六十七·恩倖·纪僧真》 1926）

林邑国王事尼乾道

［林邑国］其国俗，居处为阁，名曰干阑。门户皆北向，书树叶为纸。男女皆以横幅古贝绕腰以下，谓之干漫，亦曰都漫。穿耳贯小环。贵者着革屣，贱者跣行。自林邑、扶南以南诸国皆然也。其王者着法服，加璎珞，如佛像之饰。出则乘象，吹螺击鼓，罩古贝伞，以古贝为幡旗。国不设刑法，有罪者使象蹋杀之。其大姓号婆罗门，嫁娶必用八月。女先求男，由贱男而贵女。同姓还相婚姻。使婆罗门引婿见妇，握手相付，咒曰"吉利吉利"为成礼。死者焚之中野，谓之火葬。其寡妇孤居，散发至老。国王事尼乾道，[一]铸金银人像大十围。

〔一〕国王事尼乾道。"尼乾道"《太平御览》七八六引《通志》并作"竺乾道"。

（《南史》卷七十八《列传第六十八·夷貊上·海南诸国·林邑国》　1949）

扶南国遣使送珊瑚佛像等

齐永明中，［扶南国］王憍陈如阇邪跋摩遣使贡献。梁天监二年，跋摩复遣使送珊瑚佛像，并献方物，诏授安南将军、扶南王。

其国人皆丑黑拳发，所居不穿井，数十家共一池引汲之。俗事天神，天神以铜为像，二面者四手，四面者八手，手各有所持。或小儿，或鸟兽，或日月。其王出入乘象，嫔侍亦然。王坐则偏踞翘膝，垂左膝至地，以白叠敷前，设金盆香炉于其上。国俗，居丧则剃除须发。死者有四葬：水葬则投之江流，火葬则焚为灰烬，土葬则瘗埋之，鸟葬则弃之中野。人性贪吝无礼义，男女恣其奔随。

十年、十三年，跋摩累遣使贡献，其年死。庶子留陁跋摩杀其嫡弟自立。十六年，遣使竺当抱老奉表贡献。十八年，复遣使送天竺旃檀瑞像、婆罗树叶；并献火齐珠，郁金、苏合等香。普通元年、中大通二年、大同元年，累遣使献方物。五年，复遣使献生犀。又言其国有佛发，长一丈二尺。诏遣沙门释云宝随使往迎之。

先是，三年八月，武帝改造阿育王佛塔，出旧塔下舍利及佛爪发，发青绀色，众僧以手伸之，随手长短，放之则旋屈为蠡形。按《僧伽经》云："佛发青而细，犹如藕茎丝。"《佛三昧经》云："我昔在宫沐头，以尺量发，长一丈二尺。放已右旋，还成蠡文。"则与帝所得同也。阿育王即铁轮王，王阎浮提一天下。佛灭度后，一日一夜，役鬼神造八万四千塔，此即其一。吴时有尼居其地为小精舍，孙綝寻毁除之，塔亦同灭。吴平后，诸道人复于旧处建立焉。晋元帝初度江，更修饰之。至简文咸安中，使沙门安法程造小塔，[一] 未及成而亡。弟子僧显继而修立，至孝武太元九年，上金相轮及承露。

其后，有西河离石县胡人刘萨何遇疾暴亡，而心犹暖，其家未敢便殡，经七日更苏。说云："有两吏见录，向西北行，不测远近。至十八地狱，随报重轻，受诸楚毒。观世音语云：'汝缘未尽，若得活可作沙门。洛下、齐城、丹阳、会稽并有阿育王塔，可往礼拜。若寿终则不坠地狱。'"语竟如坠高岩，忽然醒悟。因此出家名慧达。游行礼塔，次至丹阳，未知塔处，及登越城四望，见长干里有异气，因就礼拜，果是先阿育王塔所，屡放光明，由是定知必有舍利。乃集众就掘入一丈，得三石碑，并长六尺。中一碑有铁函，函中有银函，函中又有金函，盛三舍利及发爪各一枚，发长数尺。即迁舍利近北对简文所造塔西造一层塔。十六年，又使沙门僧尚加为三层。[二] 即是武帝所开者也。初穿土四尺，得龙窟及昔人所舍金银环钏钗镊等诸杂宝物。可深九尺许至石磉，磉下有石函，函内有铁壶以盛银坩，坩内有金镂罂盛三舍利如粟粒大，圆正光洁。函内有琉璃椀，椀内得四舍利及发爪。爪有四枚，并为沈香色。至其月二十七日，帝又到寺礼拜，设无碍大会，大赦。是日以金钵盛水泛舍利，其最小者隐不出，帝礼数十拜，舍利乃于钵内放光，旋回久之，乃当中而止。帝问大僧正慧念曰："见不可思议事不？"慧念答曰："法身常住，湛然不动。"帝曰："弟子欲请一舍利还台供养。"至九月五日，又于寺设无碍大会，遣皇太子王侯朝贵等奉迎。是日风景明净，倾都观属。所设金银供具等物，并留寺供养，并施钱一千万为寺基业。至四年九月十五日，帝又至寺设无碍大会，竖二刹，各以金罂，次玉罂，重盛舍利及爪发内七宝塔内。又以石函盛宝塔，分入两刹刹下，及王侯妃主百姓富室所舍金银环钏等珍宝充积。十一年十一月二日，寺僧又请帝于寺发《般若经》题。尔夕二塔俱放光明，敕镇东邵陵王纶制寺《大功德碑》文。先是，二年改造会稽鄮县塔，开旧塔中出舍利，遣光宅寺释敬脱等四僧及舍人孙照暂迎还台。帝礼拜竟，即送还县，入新塔下，此县塔亦是刘萨何所得也。

晋咸和中，丹阳尹高悝行至张侯桥，见浦中五色光长数尺，不知何怪，乃令人于光处得金像，无有光趺。悝乃下车载像还至长干巷首，牛不肯进，悝乃令驭人任牛所之，牛径牵至寺，悝因留付寺僧。每至夜中，常放光明，又闻空中有金石之响。经一岁，临海渔人张系世于海口忽见有铜花趺浮出，取送县，县人以送台，乃施像足，宛然合。会简文咸安元年，交州合浦人董宗之采珠没水底，得佛光焰，交州送台，以施于像，又合焉。自咸和中得像，至咸安初，历三十余年，光趺始具。

初，高悝得像，后有西域胡僧五人来诣悝曰："昔于天竺得阿育王造像，来至邺下，逢胡乱，埋于河边。今寻觅失所。"五人尝一夜俱梦见像曰："已出江东，为高悝所得。"悝乃送此五僧至寺，见像嘘欷涕泣，像便放光，照烛殿宇。又瓦官寺慧邃欲摸写像形，寺主僧尚虑损金色，谓邃曰："若能令像放光，回身西向，乃可相许。"慧邃便恳拜请。其夜像即转坐放光，回身西向。明旦便许摸之。像趺先有外国书，莫有识者，后有三藏那跋摩识之，云是阿育王为第四女所造也。〔三〕

及大同中，出旧塔舍利，敕市寺侧数百家宅地以广寺域，造诸堂殿并瑞像周回阁等，穷于轮奂焉。其图诸经变，并吴人张繇运手。繇丹青之工，一时冠绝。

〔一〕使沙门安法程造小塔　　"安法程"《梁书》作"安法师程"。

〔二〕又使沙门僧尚加为三层　　"加"《梁书》作"伽"。

〔三〕后有三藏那跋摩识之云是阿育王为第四女所造也　　"那"下《梁书》有"求"字。

（《南史》卷七十八《列传第六十八·夷貊上·海南诸国·扶南国》　1953）

诃罗陁国

西南夷诃罗陁国，宋元嘉七年，遣使奉表曰："伏承圣主信重三宝，兴立塔寺，周满世界，今故遣使二人，表此微心。"

（《南史》卷七十八《列传第六十八·夷貊上·西南夷·诃罗陁国》　1957）

呵罗单国

呵罗单国都阇婆洲，元嘉七年，遣使献金刚指环、赤鹦鹉鸟、天竺国白叠、古贝、叶波国古贝等物。十年，呵罗单国王毗沙跋摩奉表曰："常胜天子陛下，诸佛世尊，常乐安隐，三达六通，为世间导，是名如来，是故至诚五体敬礼。"其后为子所篡夺。十三年，又上表。

阇婆达国

阇婆达国，[一]元嘉十二年，国王师黎婆达呵陁罗跋摩遣使奉表曰：[二]"宋国大主大吉天子足下，教化一切，种智安隐，天人师降伏四魔，成等正觉，转尊法轮，度脱众生。我虽在远，亦沾灵润。"

〔一〕阇婆达国 "阇婆"下《宋书》更有"婆"字。按《文帝纪》作"阇婆婆达"，《通志》同。

〔二〕国王师黎婆达呵陁罗跋摩遣使奉表曰 "呵陁"《宋书》作"陁呵"。

盘盘国送菩提国舍利及画塔等

盘盘国，元嘉、孝建、大明中，并遣使贡献。梁中大通元年、四年，其王使使奉表累送佛牙及画塔，并献沉檀等香数十种。六年八月，复遣使送菩提国舍利及画塔图，并菩提树叶、詹糖等香。

丹丹国送牙像及画塔

丹丹国，中大通三年，其王遣使奉表送牙像及画塔二躯，并献火齐珠、古贝、杂香药等。大同元年，复遣使献金银、瑠璃、杂宝、香药等物。

干陁利国

干陁利国，在南海洲上，[一]其俗与林邑、扶南略同，出斑布、古贝、槟榔……宋孝武世，王释婆罗那邻陁遣长史竺留陁献金银宝器。梁天监元年，其王瞿昙修跋陁罗以四月八日梦一僧谓曰："中国今有圣主，十年之后，佛法大兴。汝若遣使贡奉礼敬，则土地丰乐，商旅百倍；若不信我，则境土不得自安。"初未之信，既而又梦此僧曰："汝若不信我，当与汝往观。"乃于梦中至中国拜觐天子。既觉心异之，陁罗本工画，乃写梦中所见武帝容质，饰以丹青，仍遣使并画工奉表献玉盘等物。使人既至，摸写帝形以还其国，比本画则符同焉。因盛以宝函，日加敬礼。

〔一〕干陁利国在南海洲上　　"干陁利"《宋书》作"斤陁利"。按《天竺·迦毗
　　　黎国传》出"斤陁利国"。"南海"各本作"海南"，据《梁书》、《太平御
　　　览》七八七引乙。

（《南史》卷七十八《列传第六十八·夷貊上·西南夷·干陀利国》　1959）

嘉维、舍卫、叶波等国

郁金独出罽宾国，华色正黄而细，与芙蓉华里被莲者相似。国人先取以
上佛寺，积日槁乃粪去之，贾人以转与他国也……其时吴遣中郎康泰使扶
南，及见陈、宋等，具问天竺土俗，云："佛道所兴国也。人敦庞，土饶沃，
其王号茂论。所都城郭，水泉分流，绕于渠堑，下注大江。其宫殿雕文镂
刻，街曲市里，屋舍楼观，钟鼓音乐，服饰香华，水陆通流，百贾交会，器
玩珍玮，恣心所欲。左右嘉维、舍卫、叶波等十六大国，去天竺或二三千
里，共尊奉之，以为在天地之中。"

（《南史》卷七十八《列传第六十八·夷貊上·西南夷·中天竺国》　1961）

天竺迦毗黎国

天竺迦毗黎国，元嘉五年，国王月爱遣使奉表，献金刚指环、摩勒金环
诸宝物，赤白鹦鹉各一头。明帝泰始二年，又遣使贡献，以其使主竺扶大、
竺阿珍并为建威将军。〔一〕元嘉十八年，苏摩黎国王那罗跋摩遣使献方物。
孝武孝建二年，斤陁利国王释婆罗那邻陁遣长史竺留陁及多献金银宝器。后
废帝元徽元年，婆黎国遣使贡献。〔二〕凡此诸国皆事佛道。

〔一〕又遣使贡献以其使主竺扶大竺阿珍并为建威将军　上"使"字各本并脱，
　　　据《宋书》补。"阿珍"《宋书》作"阿弥"。
〔二〕后废帝元徽元年婆黎国遣使贡献　按婆黎国即婆利国。上婆利国据《梁书》
　　　为传，此又据《宋书》为说，重出。

（《南史》卷七十八《列传第六十八·夷貊上·西南夷·天竺迦毗黎国》　1962）

佛道自后汉明帝法始东流

佛道自后汉明帝法始东流，自此以来，其教稍广，别为一家之学。元嘉
十二年，丹阳尹萧摹之奏曰："佛化被于中国，已历四代，而自顷以来，更
以奢竞为重。请自今以后有欲铸铜像者，悉诣台自闻；兴造塔寺精舍，皆先
列言，须许报然后就功。"诏可。又沙汰沙门罢道者数百人。孝武大明二年，
有昙标道人与羌人高阇谋反，上因是下诏，所在精加沙汰，后有违犯，严其

诛坐。于是设诸条禁，自非戒行精苦，并使还俗，而诸寺尼出入宫掖，交关妃后，此制竟不能行。先是，晋世庾冰始创议欲使沙门敬王者，后桓玄复述其义，并不果行。大明六年，孝武使有司奏沙门接见皆尽敬，诏可。前废帝初复旧。

孝武宠姬殷贵妃薨，为之立寺，贵妃子子鸾封新安王，故以新安为寺号。前废帝杀子鸾，乃毁废新安寺，驱斥僧徒，寻又毁中兴、天宝诸寺。明帝定乱，下令修复。

宋世名僧有道生道人，彭城人，父为广戚令。道生为沙门法大弟子，幼而聪悟。年十五便能讲经，及长有异解，立顿悟义，时人推服。元嘉十一年，卒于庐山，沙门慧琳之为之诔。

慧琳者，秦郡秦县人，姓刘氏。少出家，信冶城寺。有才章，兼内外之学，为庐陵王义真所知。尝著《均善论》，颇贬裁佛法，云："有白学先生，以为中国圣人经纶百世，其德弘矣，智周万变，天人之理尽矣。道无隐旨，教罔遗筌，总叡迪哲，何负于殊论哉。有黑学道士陋之，谓不照幽冥之涂，弗及来生之化，虽尚虚心，未能虚事，不逮西域之深也。" 为客主酬答，其归以为"六度与五教并行，信顺与慈悲齐立"。论行于世。旧僧谓其败黜释氏，欲加摈斥。文帝见论赏之，元嘉中，遂参权要，朝廷大事皆与议焉。宾客辐凑，门车常有数十两。四方赠赂相系，势倾一时。方筵七八，座上恒满。琳着高屐，披貂裘，置通呈书佐，权侔宰辅。会稽孔觊尝诣之〔一〕，遇宾客填咽，暄凉而已。觊慨然曰："遂有黑衣宰相，可谓冠履失所矣。"注《孝经》及《庄子·逍遥篇》文论传于世。

又有慧严、慧议道人，并住东安寺。学行精整，为道俗所推。时斗场寺多禅僧，都下为之语曰："斗场禅师窟，东安谈义林。"

孝武大明四年，于中兴寺设斋，有一异僧，众莫之识，问名，答言名明慧，从天安寺来。忽然不见。天下无此寺名，乃改中兴曰天安寺。大明中，外国沙门摩诃衍苦节有精理，于都下出新经《胜鬘经》，尤见重释学。

〔一〕会稽孔觊尝诣之　 "孔觊"各本讹为"孔颜"，下同，今改正。按《宋书》
　　　　有《孔觊传》。

（《南史》卷七十八《列传第六十八·夷貊上·西南夷·天竺迦毗黎国》 1962）

师子国

师子国，天竺旁国也……晋义熙初，始遣使献玉像，经十载乃至。像高四尺二寸，玉色洁润，形制殊特，殆非人工。此像历晋、宋在瓦官寺，先有征士戴安道手制佛像五躯，及顾长康《维摩画图》，世人号之三绝。至齐东昏遂毁玉像，前截臂，次取身，为嬖妾潘贵妃作钗钏。

（《南史》卷七十八《列传第六十八·夷貊上·西南夷·师子国》　1964）

百济国

中大通六年、大同七年，［百济］累遣使献方物，并请《涅槃》等经义、《毛诗》博士并工匠画师等，并给之。

（《南史》卷七十九《列传第六十九·夷貊下·东夷·百济国》　1973）

益州立九层佛寺

梁兴，进代为征西将军。代死，子伏连筹袭爵位。[一] 天监十三年，遣使献金装马脑钟二口，又表于益州立九层佛寺，诏许焉。

〔一〕子伏连筹袭爵位　　“伏连筹”各本作“休运筹”，据《册府元龟》九六七改。钱大昕《廿二史考异》谓“休运”当作“伏连”。

（《南史》卷七十九《列传第六十九·夷貊下·西戎·河南》　1978）

禅灵寺

司州刺史柳仲礼、衡州刺史韦粲、南陵太守陈文彻、宣猛将军李孝钦等，皆来赴援。……［侯景］乃登禅灵寺门楼以望之，见韦粲营垒未合，度兵击之……十一月，百济使至，见城邑丘墟，于端门外号泣，行路见者莫不洒泣。景闻之大怒，收小庄严寺，禁不听出入。

（《南史》卷八十《列传第七十·贼臣·侯景》　2003）

侯景立简文，礼佛为盟

上［梁简文帝］闻丝竹，凄然下泣。［侯］景起谢曰：“陛下何不乐？”上为笑曰：“丞相言索超世闻此以为何声？”景曰：“臣且不知，岂独超世。”上乃命景起舞，景即下席应弦而歌。上顾命淑妃，淑妃固辞乃止。景又上礼，遂逼上起舞。酒阑坐散，上抱景于床曰：“我念丞相。”景曰：“陛下如不念臣，臣何至此。”上索筌蹄，曰：“我为公讲。”命景离席，使其唱经。景问超世何经最小，超世曰：“唯《观世音》小。”景即唱“尔时无尽意菩萨"。上大笑，夜乃罢……景立简文，升重云殿礼佛为盟曰："臣乞自今两无疑贰，臣固不负陛下，陛下亦不得负臣。"

（《南史》卷八十《列传第七十·贼臣·侯景》　2009）

宝志曰：掘尾狗子自发狂

天监中，沙门释宝志曰："掘尾狗子自发狂，当死未死啮人伤，须臾之间自灭亡，起自汝阴死三湘。"又曰："山家小儿果攘臂，太极殿前作虎视。"狗子，景小字，山家小儿，猴状。景遂覆陷都邑，毒害皇家。起自悬瓠，即昔之汝南。巴陵有地名三湘，景奔败处。其言皆验……及景将败，有僧通道人者，意性若狂，饮酒啖肉，不异凡等。世间游行已数十载，姓名乡里，人莫能知。初言隐伏，久乃方验。人并呼为阇梨。景甚信敬之。景尝于后堂与其徒共射，时僧通在坐，夺景弓射景阳山，大呼云"得奴已"。景后又宴集其党，又召僧通。僧通取肉搵盐以进景，问曰："好不？"景答："所恨大咸。"僧通曰："不咸则烂。"及景死，僧辩截其二手送齐文宣，传首江陵，果以盐五斗置腹中，送于建康，暴之于市。

（《南史》卷八十《列传第七十·贼臣·侯景》　2016）

北 史

禁私养沙门

[太平真君五年正月] 戊申，诏自王公已下至于庶人，私养沙门、巫及金银工巧之人在其家者，皆遣诣官曹，限今年二月十五日。过期不出，巫、沙门身死，主人门诛。庚戌，诏自三公已下至于卿士，〔一〕其子息皆诣太学，其百工伎巧驺卒子息当习其父兄所业，不听私立学校，违者师身死，主人门诛。

〔一〕诏自三公已下至于卿士　《魏书》《通志》《通鉴》卷一二四三九〇三页"三"并作"王"。按上文有"自王公已下，至于庶人"，疑此"三"是"王"之讹。

（《北史》卷二《魏本纪第二》　56）

诏诸州坑沙门，毁诸佛像

[太平真君七年] 三月，诏诸州坑沙门，毁诸佛像，徙长安城内工巧二千家于京师。

夏四月甲申，车驾至自长安。戊子，毁邺城五层佛图，于泥像中得玉玺二，其文皆曰"受命于天，既寿永昌"。其一刻其旁曰"魏所受汉传国玺"。

（《北史》卷二《魏本纪第二》　58）

献文帝幸武州山石窟寺

[皇兴元年] 秋八月丁酉，[献文帝拓跋弘] 幸武州山石窟寺。

（《北史》卷二《魏本纪第二》　75）

孝文帝幸建明佛寺

[承明元年] 冬十月丁巳，起七宝永安行殿……辛未，幸建明佛寺，大宥罪人。

（《北史》卷三《魏本纪第三》　92）

报德佛寺

[太和四年正月] 丁巳，罢畜鹰鹞之所，以其地为报德佛寺。

（《北史》卷三《魏本纪第三》 96）

孝文帝

[孝文帝] 雅好读书，手不释卷。《五经》之义，览之便讲。学不师受，探其精奥，史传百家，无不该涉。善谈庄、老，尤精释义。才藻富赡，好为文章，诗赋铭颂，在兴而作……至十五，便不复杀生，射猎之事悉止。性俭素，常服瀚濯之衣，鞍勒铁木而已。

（《北史》卷三《魏本纪第三》 121）

奚康生讨泾州沙门刘慧汪

[永平] 二年春正月，泾州沙门刘慧汪聚众反，诏华州刺史奚康生讨之。

（《北史》卷四《魏本纪第四》 138）

诏禁屠杀含孕

[永平二年] 十一月甲申，[一] 诏禁屠杀含孕，以为永制。己丑，帝于式乾殿为诸僧、朝臣讲《维摩诘经》。

〔一〕十一月甲申　诸本"十"上衍"冬"字，据《魏书》删。

（《北史》卷四《魏本纪第四》 139）

秦州捕斩沙门刘光秀

[永平] 三年春二月壬子，秦州沙门刘光秀谋反，州郡捕斩之。

（《北史》卷四《魏本纪第四》 139）

刘僧绍聚众反

[延昌三年十一月] 丁巳，幽州沙门刘僧绍聚众反，自号净居国明法王。州郡捕斩之。

（《北史》卷四《魏本纪第四》 142）

北魏世宗

[世宗] 帝幼有大度，喜怒不形于色，雅性俭素。初，孝文欲观诸子志尚，大陈宝物，任其所取，京兆王愉等皆竞取珍玩，帝唯取骨如意而已。孝文大奇之。及庶人恂失德，孝文谓彭城王勰曰："吾固疑此儿有非常志相，今果然矣。"乃见立为储贰。雅爱经史，尤长释氏之义，每至讲论，连夜忘

疲。善风仪，美容貌，临朝深默，端严若神，有人君之量矣。

（《北史》卷四《魏本纪第四》　143）

皇太后出俗为尼

［延昌四年二月］己亥，尊胡充华为皇太妃。[一]三月甲辰朔，皇太后出俗为尼，徙御金墉城。

〔一〕己亥尊胡充华为皇太妃　诸本"己"作"乙"，《魏书》卷九《肃宗纪》作"己"。按是年二月甲戌朔，乙亥是二日，己亥是二十五日。上有庚辰七日、辛巳八日、癸未十日，依日序应作"己亥"。今据改。

（《北史》卷四《魏本纪第四》　144）

法　庆

［延昌四年］夏六月，沙门法庆聚众反于冀州，杀阜城令，自称大乘……［九月］甲寅，征北大将军元遥破斩法庆，[一]传首京师。

〔一〕征北大将军元遥破斩法庆　诸本"北"作"西"，《魏书》作"北"。按《汉魏·南北朝墓志集释》简称《墓志集释》《元遥墓志》作"北"。今据改。

（《北史》卷四《魏本纪第四》　144）

以尼礼葬高太后

［神龟元年］九月戊申，皇太后高氏崩于瑶光寺。冬十月丁卯，以尼礼葬高太后于芒山。

（《北史》卷四《魏本纪第四》　146）

永宁寺

［永安三年十二月甲辰孝庄］帝步出云龙门。［尔朱］兆逼帝幸永宁寺，杀皇子……甲子，帝遇弑于城内三级佛寺，时年二十四。

（《北史》卷五《魏本纪第五》　166）

龙花寺

［节闵］帝以元叉擅权，讬称暗病，绝言垂一纪。居于龙花佛寺，无所交通。

（《北史》卷五《魏本纪第五》　167）

崇训佛寺

［魏］兰根忌帝雅德，还致毁谤，竟从崔㥄议，废帝于崇训佛寺，而立

平阳王脩，是为孝武帝。

沙门惠臻负玺持千牛刀以从孝武

［永熙三年七月］丙午，［孝武］帝率南阳王宝炬、清河王亶、广阳王湛、斛斯椿以五千骑宿于瀍西杨王别舍，〔一〕沙门都维那惠臻负玺持千牛刀以从。有牛百头，尽杀以食军士。众知帝将出，其夜亡者过半。

〔一〕以五千骑宿于瀍西杨王别舍 《通鉴》卷一五六四八五一页"杨王"作"南阳王"，《通志·后魏纪》作"广阳王"。按"杨王"不可解，疑误。

草堂佛寺

［永熙七年闰十二月癸巳］须臾，帝饮酒，遇鸩而崩，时年二十五。谥曰孝武。殡于草堂佛寺，十余年乃葬云陵。

杜按：《魏书》本纪不载"殡于草堂佛寺"事。

天保元年八月诏

［天保元年八月］庚寅，诏曰："朕以虚薄，嗣弘王业，思所以赞扬盛绩，播之万古。虽史官执笔，有闻无坠，犹恐绪言遗美，时或未书。在位王公、文武大小，降及庶人，爰至僧徒，或亲奉音旨，或承传旁说，凡可载之文籍，悉条封上。"

诏禁网捕鹰鹞

［天统］五年春正月辛亥，诏以金凤等三台未入寺者，施大兴圣寺……二月乙丑……又诏禁网捕鹰鹞及畜养笼放之物。……夏四月甲子，诏以并州尚书省为大基圣寺，晋祠为大崇皇寺。

凿晋阳西山大佛像，起大慈寺、大宝林寺

［北齐幼主］凿晋阳西山为大佛像，一夜燃油万盆，光照宫内。又为胡昭仪起大慈寺，未成，改为穆皇后大宝林寺。穷极工巧，运石填泉，劳费亿计，人牛死者，不可胜纪。

周武帝集百僚及沙门道士亲讲《礼记》

[天和三年七月] 癸酉，[周武] 帝御大德殿，集百僚及沙门道士等，亲讲《礼记》。

（《北史》卷十《周本纪下第十》　354）

辨释三教先后，佛教为后

[建德二年] 十二月癸巳，集群官及沙门道士等，帝升高座，辨释三教先后。以儒教为先，道教次之，佛教为后。

（《北史》卷十《周本纪下第十》　359）

北周断佛、道二教

[建德三年夏五月] 丙子，初断佛、道二教，经像悉毁，罢沙门、道士，并令还俗。并禁诸淫祀，非祀典所载者，尽除之。

（《北史》卷十《周本纪下第十》　360）

皇妣吕氏生高祖于冯翊波若寺

[隋文] 帝，武元皇帝之长子也。皇妣曰吕氏，以周大统七年六月癸丑夜，生帝于冯翊波若寺。有紫气充庭。时有尼来自河东，谓皇妣曰："此儿所从来甚异，不可于俗间处之。"乃将帝舍于别馆，躬自抚养。皇妣抱帝，忽见头上出角，遍体起鳞，坠帝于地。尼自外见，曰："已惊我儿，致令晚得天下。"帝龙颔，额上有五柱入顶，目光外射，有文在手曰"王"字，长上短下，沈深严重。

（《北史》卷十一《隋本纪上第十一》　399）

颁舍利于诸州

[仁寿元年六月] 乙丑，废太学及州县学，唯留国子一学，取正三品以上子七十二人充生。颁舍利于诸州。

（《北史》卷十一《隋本纪上第十一》　424）

报德佛寺、思燕佛图

承明元年，尊曰太皇太后，复临朝听政……孝文诏罢鹰师曹，以其地为太后立报德佛寺。太后与孝文游于方山，顾川阜有终焉之志，因谓群臣曰："舜葬苍梧，二妃不从。岂必远祔山陵，然后为贵哉！吾百岁后，神其安此。"孝文乃诏有司营建寿陵于方山，又起永固石室，将终为清庙焉。太和五年起作，八年而成，刊石立碑，颂太后功德。

太后以帝富于春秋，乃作《劝戒歌》三百余章，又作《皇诰》十八篇，文多不载。太后立文宣王庙于长安，〔一〕又立思燕佛图于龙城，皆刊石立碑。

〔一〕太后立文宣王庙于长安　钱氏《考异》云："按《外戚冯熙传》，冯朗追赠燕宣王，立庙长安。'文宣'当为'燕宣'之伪。"按钱说是。《墓志集释·冯季华墓志》、《冯令华墓志》图版一二六、《元诱妻冯氏墓志》图版一三七、《冯会芟墓志》图版一七二都称朗为燕宣王，无作"文宣王"者。

（《北史》卷十三《列传第一·后妃上·文成文明皇后冯氏》　495）

孝文幽皇后曾为尼

文明太皇太后欲家世贵宠，乃简［冯］熙二女，俱入掖庭，时年十四。其一早卒。后有姿媚，偏见爱幸。未几，疾病，太后乃遣还家为尼，帝犹留念焉。岁余而太后崩，帝服终，颇存访之。又闻后素疹痊除，遣阉官双三念玺书劳问，遂迎赴洛阳。及至，宠爱过本初，当夕，宫人稀复进见。拜为左昭仪，后立为皇后。

（《北史》卷十三《列传第一·后妃上·孝文幽皇后冯氏》　499）

永宁寺

［灵太后］寻幸永宁寺，观建刹于九级之基，僧尼士女赴者数万人。及改葬文昭高后，太后不欲令明帝主事，乃自为丧主。

（《北史》卷十三《列传第一·后妃上·宣武灵皇后胡氏》　504）

灵太后自落发

有蜜多道人，能胡语，帝置于左右。［胡］太后虑其传致消息，三月三日，于城南大巷中杀之，方悬赏募贼。……［武泰元年］及尔朱荣称兵度河，太后尽召明帝六宫，皆令入道，太后亦自落发。荣遣骑拘送太后及幼主于河阴。太后对荣多所陈说，荣拂衣而起。太后及幼主并沈于河。太后妹冯翊君收瘗于双灵寺。武帝时，始葬以后礼，而追加谥曰灵。

（《北史》卷十三《列传第一·后妃上·宣武灵皇后胡氏》　505）

乙弗氏出家为尼

时新都关中，务欲东讨，蠕蠕寇边，未遑北伐，故帝结婚以抚之。于是更纳悼后，命后逊居别宫，出家为尼。悼后犹怀猜忌，复徙后居秦州，依子秦州刺史武都王。帝虽限大计，恩好不忘，后密令养发，有追还之意。然事秘禁，外无知者。

六年春，蠕蠕举国度河，前驱已过夏。颇有言虏为悼后之故兴此役。帝曰："岂有百万之众为一女子举也？虽然，致此物论，朕亦何颜以见将帅邪！"乃遣中常侍曹宠赍手敕令后自尽。后奉敕，挥泪谓宠曰："愿至尊享千万岁，天下康宁，死无恨也。"因命武都王前，与之决。遗语皇太子，辞皆凄怆，因恸哭久之。侍御咸垂涕失声，莫能仰视。召僧设供，令侍婢数十人出家，手为落发。事毕，乃入室，引被自覆而崩，年三十一，凿麦积崖为龛而葬，神柩将入，有二丛云先入龛中，顷之一灭一出，后号寂陵。及文帝山陵毕，手书云，万岁后欲令后配飨。公卿乃议追谥曰文皇后，祔于太庙。废帝时，合葬于永陵。

（《北史》卷十三《列传第一·后妃上·文帝文皇后乙弗氏》　506）

文宣皇后李氏

文宣皇后李氏讳祖娥，赵郡李希宗女也……［被武成帝挞挞后］犊车载送妙胜尼寺。后性爱佛法，因此为尼。齐亡，入关。隋时得还赵郡。

（《北史》卷十四《列传第二·后妃下·文宣皇后李氏》　521）

武成皇后胡氏

武成皇后胡氏，安定胡延之女。其母范阳卢道约女，初怀孕，有胡僧诣门曰"此宅瓠芦中有月"，既而生后。天保初，选为长广王妃。产后主日，有鸮鸣于产帐上。初，武成时，后与诸阉人亵狎。武成宠幸和士开，每与后握槊，因此与后奸通。自武成崩后，［胡氏］数出诣佛寺，又与沙门昙献通。布金钱于献席下，又挂宝装胡床于献屋壁，武成平生之所御也。乃置百僧于内殿，托以听讲，日夜与昙献寝处。以献为昭玄统。僧徒遥指太后以弄昙献，乃至谓之为太上者。帝闻太后不谨，而未之信。后朝太后，见二少尼，悦而召之，乃男子也。于是昙献事亦发，皆伏法。并杀元山王三郡君，皆太后之所昵也。

（《北史》卷十四《列传第二·后妃下·武成皇后胡氏》　522）

斛律氏为尼

后主皇后斛律氏，左丞相光之女也。初为皇太子妃，后主受禅，立为皇后。武平三年正月，生女，帝欲悦光，诈称生男，为之大赦。光诛，后废在别宫，后令为尼。齐灭，嫁为开府元仁妻。

（《北史》卷十四《列传第二·后妃下·后主皇后斛律氏》 523）

元氏为尼

孝闵皇后元氏，名胡摩，魏文帝第五女也……帝被废，后出俗为尼。建德初，武帝诛晋公护，上帝尊号，以后为孝闵皇后，居崇义宫。隋革命，后出居里第。大业十二年，殂。

（《北史》卷十四《列传第二·后妃下·孝闵皇后元氏》 527）

武皇后李氏出俗为尼

武皇后李氏，名娥姿，楚人也。于谨平江陵，后家被籍没。至长安，周文以后赐武帝。后得亲幸，生宣帝。……宣帝崩，静帝尊为大帝太后。隋开皇元年三月，出俗为尼，改名常悲。八年，殂，以尼礼葬于京城南。

（《北史》卷十四《列传第二·后妃下·武皇后李氏》 529）

宣帝后朱氏、陈氏、元氏、尉迟氏出俗为尼

宣帝后朱氏，名满月，吴人也……宣帝崩，静帝尊后为帝太后。隋开皇元年二月，出俗为尼，改名法净。六年，殂，以尼礼葬于京城西。

宣帝后陈氏，名月仪，自云颍川人，大将军山提之第八女也……帝崩，后出俗为尼，改名华光。后永徽初终……

宣帝皇后元氏，名乐尚，河南洛阳人，开府晟之第二女也……帝崩，后出家为尼，改名华胜。初，后与陈皇后同时被选入宫，俱拜为妃；及升后，又同日受册。帝宠遇二后，礼数均等，年齿复同，特相亲爱。及为尼后，李、朱及尉迟后并相继殒殁，而二后贞观中尚存。

宣帝皇后尉迟氏名繁炽，蜀公迥之孙女也……大象二年三月，立为天左大皇后。[一]帝崩，后出俗为尼，改名华道。隋开皇十五年，殂。

〔一〕立为天左大皇后　诸本"左"作"右"，《周书》作"左"。张森楷云："按上文，元后已为天右，此不当复为右，作'左'是也。"按《宣帝纪》也作"左"，今据改。

（《北史》卷十四《列传第二·后妃下·宣皇后朱氏》 530）

立寺追福

　　［隋文献皇］后雅好读书，识达今古，凡言事皆与上意合，宫中称为二圣。尝梦周阿史那后，言受罪辛苦，求营功德。明日言之，上为立寺追福焉。

　　杜按：《隋书》本传不记此事。

（《北史》卷十四《列传第二・后妃下・隋文献皇后独孤氏》　533）

嵩山闲居寺

　　正光五年秋，灵太后对明帝谓群臣，求出家于嵩山闲居寺，欲自下发。帝与群臣大惧，叩头泣涕。遂与太后密谋图之。乂对乂流涕，叙太后欲出家忧怖之心。乂乃劝帝从太后意。于是太后数御显阳，二宫无复禁碍。

（《北史》卷十六《列传第四・道武七王》　598）

法庆被斩

　　时冀州沙门法庆既为妖幻，遂说勃海人李归伯。归伯合家从之，招率乡人，推法庆为主。法庆以归伯为十住菩萨、平魔军司、定汉王；自号大乘。杀一人者为一住菩萨，杀十人者为十住菩萨。又合狂药，令人服之，父子兄弟不相知识，唯以杀害为事。[一] 刺史萧宝夤遣兼长史崔伯骥讨之，败于煮枣城，伯骥战没。凶众遂盛，所在屠灭寺舍，斩戮僧尼，焚烧经像，云："新佛出世，除去众魔。"诏以遥为使持节、都督北征诸军事，讨破之。[二] 禽法庆，并其妻尼惠晖等，斩法庆，传首京师，后擒归伯，戮于都市。[三]

　　〔一〕唯以杀害为事　《魏书》"事"下有"于是聚众杀阜城令，破渤海郡，杀害吏人"十六字。《御览》卷三二六—四九八页引《北史》亦有。按《魏书》此卷本是以《北史》补，此十六字当是《北史》脱文。但不补可通，今仍之。

　　〔二〕诏以遥为使持节都督北征诸军事讨破之　《魏书》于"诸军事"下有"帅步骑十万以讨之。法庆相率攻遥，遥并击破之。遥遣辅国将军张虬等率骑追掩"三十二字，《御览》引《北史》唯无"率骑追掩"四字，余同《魏书》。按此亦是《北史》脱文。

　　〔三〕斩法庆传首京师后禽归伯戮于都市　各本无"后禽归伯"四字，文义不通，南本从《魏书》挖补。按《御览》引《北史》亦有此四字。今从南本。

（《北史》卷十七《列传第五・景穆十二王上》　634）

永宁、太上公等佛寺

〔神龟元年〕时太后锐于兴缮，在京师则起永宁、太上公等佛寺，工费不少，外州各造五级佛图。又数为一切斋会，施物动至万计。百姓疲于土木之功，金银之价为之踊上。削夺百官禄力，费损库藏。兼曲赉左右，日有数千。澄上表极言得失。

（《北史》卷十八《列传第六·景穆十二王下》　661）

元鸾缮起佛寺

〔元〕鸾爱乐佛道，缮起佛寺，劝率百姓，大为土木之劳，公私费扰，颇为人患。宣武闻之，诏夺禄一周。

（《北史》卷十八《列传第六·景穆十二王下》　673）

元怿表谏

孝明熙平初……时有沙门惠怜者，自云咒水饮人，能差诸病。病人就之者，日有千数。灵太后诏给衣食，事力优重，使于城西之南，治疗百姓病。〔一〕怿表谏曰："臣闻律深惑众之科，礼绝妖淫之禁，皆所以大明居正，防遏奸邪。昔在汉末，有张角者，亦以此术，荧惑当时。论其所行，与今不异。遂能眩诱生人，致黄巾之祸。天下涂炭数十年间，角之由也。昔新垣奸，不登于明堂；五利侥，终婴于显戮。〔此事可为至鉴"。灵太后深纳之。〕〔二〕

〔一〕灵太后诏给衣食事力优重使于城西之南治疗百姓病　诸本脱"优"字，据《魏书》补。"事力"是当时给予官吏的一种变相俸禄，"事力优重"犹言薪给丰厚。又《通志》无"之"字，此当是衍文。又《北史》例避"治"字，这里当是后人回改。

〔二〕〔此事可为至鉴灵太后深纳之〕　诸本脱括号内十二字，文义不完，据《通志》补。

（《北史》卷十九《列传第七·孝文六王·清河王元怿》　717）

元　悦

汝南王〔元〕悦，〔一〕好读佛经，览书史，为性不伦，傲佷难测……有崔延夏者，以左道与悦游，合服仙药松术之属，时轻与出采之，宿于城外小人之所。遂断酒肉粟稻，唯食麦饭。又绝房中，而更好男色。轻忿妃妾，至加捶挞，同之婢使。

〔一〕汝南王悦　按悦传脱去前半，此四字后人所补。

（《北史》卷十九《列传第七·孝文六王·汝南王元悦》　718）

崔　浩

〔崔〕浩非毁佛法，而妻郭氏敬好释典，时时读诵。浩怒，取而焚之，捐灰厕中。及浩幽执，被置槛内，送于城南，使卫士数十人溲其上，呼声嗷嗷，闻于行路。自宰司之被戮辱，未有如浩者，世皆以为报应之验。

（《北史》卷二十一《列传第九·崔宏》　789）

韩使君佛寺浮图三层上有铎鸣

初，〔长孙〕绍远为太常，广召工人，创造乐器，唯黄钟不调，每恒恨之。尝经韩使君佛寺，闻浮图三层上铎鸣，其音雅合宫调，因取而配奏，方始克谐。

（《北史》卷二十二《列传第十·长孙道生》　824）

崔彧学医于沙门

〔崔〕彧字文若……彧少逢隐沙门，教以《素问》《甲乙》，遂善医术。中山王英子略曾病，王显等不能疗，彧针之，抽针即愈。

（《北史》卷二十四《列传第十二·崔逞》　869）

法　庆

延昌中，道人法庆作乱冀州，自号大乘，众五万人。隆之以开府中兵参军与大都督元遥讨之，获法庆。

（《北史》卷二十四《列传第十二·封懿》　893）

李义徽

〔李〕义徽。太和中，以儒学博通，有才华，补清河王怿府记室……性好《老》《庄》，甚嗤释教。灵太后临朝，属有沙门惠怜以咒水饮人，云能愈疾，百姓奔凑，日以千数。义徽白怿，称其妖妄。因令义徽草奏以谏，太后纳其言。元乂恶怿，徙义徽都水使者。俄而怿被害，因弃官隐于大房山。

杜按：此事《魏书》不载。

（《北史》卷二十七《列传第十五·李先》　979）

沙门道可

时武邑郡奸人石华告沙门道可与［源］贺谋反，有司以闻。文成曰："贺保无此。"乃精加讯检，华果引诬。

（《北史》卷二十八《列传第十六·源贺》　1025）

萧　赞

［萧］赞既弃州，为沙门，潜诣长白山，未几，至阳平，病卒。

（《北史》卷二十九《列传第十七·萧宝夤》　1058）

卢景裕

［卢］景裕虽不聚徒教授，所注《易》大行于世。又好释氏，通其大义。天竺胡沙门道悕，每译诸经论，辄托景裕为之序。景裕之败也，系晋阳狱，至心诵经，枷锁自脱。是时，又有人负罪当死，梦沙门教讲经，觉时如所梦，谓诵千遍，临刑刀折。主者以闻，赦之。此经遂行，号曰《高王观世音》。

（《北史》卷三十《列传第十八·卢同》　1099）

卢光造浮图

［卢］光性崇佛道，至诚信敬。常从周文狩于檀台山，时猎围既合，帝遥指山上谓群公曰："公等有所见不？"咸曰："无所见。"光独曰："见一桑门。"帝曰："是也。"即解围而还。令光于桑门立处造浮图。掘基一丈，得瓦钵锡杖各一，帝称叹，因立寺焉。及为京兆，而郡舍先是数有妖怪，前后郡将，无敢居者。光曰："吉凶由人，妖不妄作。"遂入居之。未几，光所乘马忽升厅事，登床，南首而立；食器无故自破。光并不以介怀，其精诚守正如此。注《道德经章句》行于世。

（《北史》卷三十《列传第十八·庐同》　1105）

高　允

［高允］又雅信佛道，时设斋讲，好生恶杀。

（《北史》卷三十一《列传第十九·高允》　1131）

崔暹令沙门明藏著《佛性论》而署己名

［崔暹］然好大言，调戏无节。尝密令沙门明藏著《佛性论》而署己名，〔一〕传诸江表。

〔一〕尝密令沙门明藏著佛性论而署己名　诸本脱"性"字，据《北齐书》《通志》补。

（《北史》卷三十二《列传第二十·崔挺》　1189）

江南多以僧寺停客

〔李概〕后为太子舍人，为副使聘于江南。江南多以僧寺停客，出入常祖露。还，坐事解。

（《北史》卷三十三《列传第二十一·李灵》　1212）

昙无谶

又西域沙门昙无谶有方术，在凉州，诏追之，顺受蒙逊金，听杀之。浩并知之，密言于帝……克凉州后，闻受蒙逊金而听其杀昙无谶，益嫌之。犹以宠旧，未加其罪，尚诏顺差次群臣，赐以爵位。顺颇受纳，品第不平。凉州人徐桀发其事，浩又毁之。帝大怒，刑顺于城西。

（《北史》卷三十三《列传第二十一·李顺》　1214）

李士谦舍宅为伽蓝

〔李〕士谦服阕，舍宅为伽蓝。脱身而出，诣学请业，研精不倦，遂博览群籍，善天文术数。

（《北史》卷三十三《列传第二十一·李孝伯》　1232）

李士谦论三教

〔李〕士谦善谈玄理，尝有客在坐，〔一〕不信佛家应报义。士谦喻之曰："积善余庆，积恶余殃，岂非休咎邪？佛经云'转轮五道，无复穷已'，此则贾谊所言'千变万化，未始有极，忽然为人'之谓也。佛道未来，而贤者已知其然矣。至若鲧为黄熊，杜宇为鹈鸠，褒君为龙，牛哀为猛兽，君子为鹄，小人为猿，彭生为豕，如意为犬，黄母为鼋，宣武为鳖，邓艾为牛，徐伯为鱼，铃下为鸟，书生为蛇，羊祜前身李氏之子，此非佛家变受异形之谓邪？"客曰："邢子才云'岂有松柏后身，化为樗栎'，仆以为然。"士谦曰："此不类之谈也，变化皆由心作，木岂有心乎？"客又问三教优劣，士谦曰："佛，日也；道，月也；儒，五星也。"客亦不能难而止。

〔一〕尝有客在坐　诸本脱"在"字，据《隋书》及《通志》卷一七八《李士谦传》补。

（《北史》卷三十三《列传第二十一·李孝伯》　1234）

源贺作《祇洹精舍图偈》

陇西王源贺采佛经幽旨作《祇洹精舍图偈》六卷，［赵］柔为之注解，为当时俊僧所钦味。又凭立铭赞，颇行于世。

（《北史》卷三十四《列传第二十二·赵柔》　1269）

王慧龙

王慧龙，太原晋阳人，晋尚书仆射［王］愉之孙，散骑侍郎缉之子也[一]……初，宋武微时，愉不为之礼，及得志，愉合家见诛。慧龙年十四，为沙门僧彬所匿，因将过江。津人见其行意忽忽，疑为王氏子孙。彬称为受业者，乃免。既济，遂西上江陵，依叔祖忱故吏荆州前中从事习辟强……罗脩等将慧龙又与僧彬北诣襄阳。晋雍州刺史鲁宗之资给慧龙，送度江，遂奔姚兴，自言也如此……真君元年，拜［王慧龙］使持节、宁南将军、武牢镇都副将，未至镇而卒。……时制，南人入国者，皆葬桑乾。晔等申遗意，诏许之。赠安南将军、荆州刺史，谥穆侯。吏人及将士共于墓所起佛寺，图慧龙及僧彬像而赞之。吕玄伯感全宥之恩，留守墓侧，终身不去。

〔一〕散骑侍郎缉之子也　诸本"骑"下衍"常"字，据《魏书》卷三八《王慧龙传》删。

（《北史》卷三十五《列传第二十三·王慧龙》　1287）

文献皇后崩，王劭上言说感应

及文献皇后崩，［王］劭复上言："佛经说人应生天上及上品上生无量寿国之时，天佛放大光明，以香花妓乐来迎之。如来以明星出时入涅槃。伏惟大行皇后，圣德仁慈，福善祯符，备诸秘记，皆云是妙善菩萨。臣谨案：八月二十二日，仁寿宫内再雨金银之花；二十三日，大宝殿后，夜有神光；二十四日卯时，永安宫北，有自然种种音乐，震满虚空。至五更中，奄然如寐，便即升遐。与经文所说，事皆符验。臣又以愚意思之，皇后迁化不在仁寿大兴宫者，盖避至尊常居正处也。在永安宫者，象京师永安门，平生所出入也。后升遐后二日，苑内夜有钟声二百余处，此则生天之应，显然也。"上览之，且悲且喜。

（《北史》卷三十五《列传第二十三·王慧龙》　1300）

奚康生

[奚] 康生久为将，及临州，多所杀戮。而乃信向佛道，每舍居宅立寺塔，凡历四州，皆有建置。死时年五十四。……康生于南山立佛图三层，先死，忽梦崩坏。沙门有为解云："檀越当不吉利，无人供养佛图，故崩耳。"康生称然，竟及于祸。

（《北史》卷三十七《列传第二十五·奚康生》　1362）

兵士配尼姑

时从驾骁果数有逃散，帝忧之，以问 [裴] 矩。矩曰："今车驾留此，已经二年。骁果之徒，尽无家口，人无匹合，则不能久安。臣请听兵士于此纳室。" [炀] 帝大喜曰："公定多智，此奇计也。"因令矩检校为将士等娶妻。矩召江都境内寡妇及未嫁女皆集宫监，又召诸将帅及兵等恣其所取。因听自首，先有奸通妇女及尼、女官等，并即配之。

（《北史》卷三十八《列传第二十六·裴佗》　1392）

灵太后

灵太后曾幸芒山，集僧尼斋会，公卿尽在坐，太后引见 [羊] 深，欣然劳问之。顾谓左右曰："羊深真忠臣也。"举坐倾心。

（《北史》卷三十九《列传第二十七·羊祉》　1433）

韩显宗与法抚

兴宗弟显宗，字茂亲。刚直，能面折廷诤，亦有才学。沙门法抚，三齐称其聪悟，尝与显宗校试，抄百余人名，各读一遍，随即覆呼，法抚犹有一二舛谬，显宗了无误错。法抚叹曰："贫道生平以来，唯服郎耳。"

（《北史》卷四十《列传第二十八·韩麒麟》　1444）

宣武帝婕妤出家为比丘尼

宣武崩后，[李彪女] 为比丘尼，通习经义，法座讲说，诸僧叹重之。

（《北史》卷四十《列传第二十八·李彪》　1466）

高聪妓十余人出家为尼

[高] 聪有妓十余人，有子无子皆注籍为妾，以悦其情。及病，欲不适他人，并令烧指吞炭，出家为尼。聪所作文笔二十卷。

（《北史》卷四十《列传第二十八·高聪》　1479）

太原杨愔

[杨] 愔从兄幼卿为岐州刺史，[一] 以直言忤旨见诛。愔闻之悲惧，因哀感发疾，后取急就雁门温汤疗疾。郭秀素害其能，[二] 因致书恐之曰，高王欲送卿于帝所，仍劝其逃亡。愔遂弃衣冠于水滨，若自沈者，[三] 变易名姓，自称刘士安，入嵩山，与沙门昙谟徵等屏居削迹。又潜之光州，因东入田横岛，以讲诵为业，海隅之士谓之刘先生。太守王元景阴佑之。

神武知愔存，遣愔从兄宝猗赍书慰喻……神武见之悦……迁给事黄门侍郎，妻以庶女。又兼散骑常侍，为聘梁使主，至碻磝，州内有愔家旧佛寺。入精庐礼拜，见太傅容像，悲感恸哭，呕血数升，遂发病不成行，舆疾还邺。

〔一〕愔从兄幼卿为岐州刺史　《通志》卷一五三《杨愔传》"幼"作"稚"。按《魏书》卷五八《杨播传》，播弟顺有子名稚卿，自即此人。《北史》避唐讳，改"稚"为"幼"。

〔二〕郭秀素害其能　诸本"秀"作"季"，《北齐书》卷三四补、《通志》卷一五三《杨愔传》作"秀"。按事见本书卷九二《郭秀传》，今据改。

〔三〕若自沈者　诸本"自"作"见"，《北齐书》及《通志》作"自"。按"见沈"是为人所沈，与上文"弃衣冠"意思不合。"见"是形似致讹，今据改。

（《北史》卷四十一《列传第二十九·杨愔》　1502）

公主尝作尼

先是童谣曰："白羊头毟秃，羖䍽头生角。"又曰："羊羊吃野草，不吃野草远我道，不远打尔脑。"又曰："阿麼姑，祸也；道人姑夫，死也。"羊为愔也，"角"文为用刀，"道人"谓废帝小名，太原公主尝作尼，故曰"阿麼姑"，愔、子献、天和皆尚帝姑，故曰"道人姑夫"云。

（《北史》卷四十一《列传第二十九·杨播》　1506）

刘　芳

[刘芳] 聪敏过人，笃志坟典，昼则佣书以自资给，夜则诵经不寝，至有易衣并日之弊，而澹然自守，不急急于荣利，不戚戚于贫贱，乃著《穷通论》以自慰。常为诸僧佣写经论，笔迹称善，卷直一缣，岁中能入百余匹，

如此数年，赖以颇振。由是与德学大僧多有还往。

时有南方沙门慧度以事被责，未几暴亡，芳因缘闻知，文明太后召入禁中，鞭之一百。时中官李丰主其始末，知芳笃学有志行，言之于太后，微愧于心……芳才思深敏，特精经义，博闻强记，兼览《苍》《雅》，尤长音训，辩析无疑。于是礼遇日隆，尝赉丰渥。

　　　　　　　　　　　　（《北史》卷四十二《列传第三十·刘芳》　1542）

邢　晏

〔邢〕伟弟晏，字幼平，美风仪，博涉经史，善谈释老，雅好文咏。

　　　　　　　　　　　　（《北史》卷四十三《列传第三十一·邢峦》　1586）

崔光上表谏灵太后

二年八月，灵太后幸永宁寺，躬登九层佛图。〔崔〕光表谏曰："伏见亲昇上级，仵跸表刹之下，祇心图构，诚为福善，圣躬玉趾，非所践陟。臣庶恇惶，窃谓未可。"九月，灵太后幸嵩山佛寺，光上表谏，不从。

　　　　　　　　　　　　（《北史》卷四十四《列传第三十二·崔光》　1621）

崔　光

〔崔光〕崇信佛法，礼拜读诵，老而逾甚。终日怡怡，未曾恚忿。曾于门下省昼坐读经，有鸽飞集膝前，遂入于怀，缘臂上肩，久之乃去。道俗赞咏诗颂者数十人。每为沙门、朝贵请讲《维摩》《十地经》，听者常数百人。即为二经义疏三十余卷，识者知其疏略。凡所为诗赋铭赞诔颂表启数百篇，五十余卷，别有集。

　　　　　　　　　　　　（《北史》卷四十四《列传第三十二·崔光》　1623）

崔敬友

〔崔〕光弟敬友，本州从事〔一〕……敬友精心佛道，昼夜诵经，免丧之后，遂菜食终身。恭宽接下，修身厉节。自景明已降，频岁不登，饥寒请丐者，皆取足而去。又置逆旅于肃然山南大路之北，设食以供行者。卒于家。

〔一〕本州从事　《魏书》卷六七"从事"作"治中"。按《北史》避唐讳，例改"治中"为"中从事"，疑此脱"中"字。

　　　　　　　　　　　　（《北史》卷四十四《列传第三十二·崔光》　1624）

崔长文

[崔] 光从祖弟长文，字景翰……永安中，累迁平州刺史，以老还家，专读佛经，不关世事。

（《北史》卷四十四《列传第三十二·崔光》 1629）

张普惠上疏论佛教

[张] 普惠又表乞朝直之日，时听奉见。自此之后，月一陛见。又以孝明不亲视朝，过崇佛法，郊庙之事，多委有司，上疏曰："伏惟陛下重晖纂统，钦明文思，天地属心，百神伫望。伏愿躬致郊庙之虔，亲纡朔望之泽，释奠成均，竭心千亩，明发不寐，洁诚禋祼，孝弟可以通神明，德教可以光四海。然后精进三宝，信心如来。道由化深，故诸漏可尽；法随礼积，故彼岸可登。量撤僧寺不急之华，还复百官久折之秩。〔一〕已兴之构，务从简成；将来之造，权令停息。但仍旧贯，亦何必改作。庶节用爱人，法俗俱赖。"寻别敕付外，议释奠之礼。

〔一〕还复百官久折之秩　诸本"官"讹作"宫"，据《魏书》改。

（《北史》卷四十六《列传第三十四·张普惠》 1695）

鹿悆

[鹿] 悆好兵书、阴阳、释氏之学。彭城王勰召为馆客。

（《北史》卷四十六《列传第三十四·鹿悆》 1702）

永宁寺塔

永宁寺塔大兴，经营务广，灵太后曾幸作所，凡有顾问，[张] 耀敷陈指画，无所遗阙，太后善之。

（《北史》卷四十六《列传第三十四·张耀》 1705）

祖珽

[祖珽犯罪在押] 未及科，会并州定国寺新成，神武谓陈元康、温子昇曰："昔作芒山寺碑文，时称妙绝，今定国寺碑当使谁作词也？"元康因荐珽才学并解鲜卑语，乃给笔札，就禁所具草，二日内成，其文甚丽。神武以其工而且速，特恕不问，然犹免官，散参相府。

（《北史》卷四十七《列传第三十五·祖莹》 1738）

尔朱荣见沙弥重骑一马

[尔朱荣] 曾见沙弥重骑一马，荣即令相触，力穷不复能动，遂使傍人

以头相击，死而后已。

（《北史》卷四十八《列传第三十六·尔朱荣》 1762）

永宁佛寺

庄帝步出云龙门外，为［尔朱］兆骑所絷，[一]幽于永宁佛寺。兆扑杀皇子，污辱妃嫔，纵兵虏掠。停洛旬余，先令卫送庄帝于晋阳，兆后于河梁监阅财货。

〔一〕为兆骑所絷　诸本"絷"讹"系"，据《魏书》及《通志》卷一五一《尔朱兆传》改。

（《北史》卷四十八《列传第三十六·尔朱兆》 1765）

高谦之

［高谦之］以父舅氏沮渠蒙逊曾据凉土，国书漏阙，乃修《凉书》十卷，行于世。凉国盛事佛道，为论贬之，称佛是九流之一家。当世名流，竞以佛理来难，谦之还以佛义对之，竟不能屈。

（《北史》卷五十《列传第三十八·高道穆》 1831）

雀离佛院

［高叡］出至永巷，被执送华林园，[一]于雀离佛院令刘桃枝拉杀之，[二]时年三十六。大雾三日，朝野冤惜之。

〔一〕被执送华林园　诸本脱"执"字，据《北齐书》《通志》补。

〔二〕于雀离佛院令刘桃枝拉杀之　诸本"雀"讹作"崔"，据《北齐书》改。雀离佛图见本书卷九七《西域传·乾陁国》。当时业都盖仿其形制建塔，故有雀离佛院。

（《北史》卷五十一《列传第三十九·齐宗室诸王上·赵郡王琛》 1846）

高元海

上洛王［高］思宗，神武从子也。……子元海，累迁散骑常侍，愿处山林，修行释典，文宣许之。乃入林虑山，经二年，绝弃人事。志不能固，自启求归……元海好乱乐祸，然诈仁慈，不饮酒啖肉。文宣天保末年，敬信内法，乃至宗庙不血食，皆元海所为。及为右仆射，又说后主禁屠宰，断酤酒。然本心非靖，故终致覆败。

（《北史》卷五十一《列传第三十九·齐宗室诸王上·上洛王思宗》 1852）

术士言亡高者黑衣

初，术士言亡高者黑衣，由是自神武后每出行不欲见桑门，为黑衣故也。是时文宣幸晋阳，以所忌问左右曰："何物最黑？"对曰："莫过漆。"帝以［上党刚肃王］涣第七，为当之，乃使库真都督破六韩伯昇之邺征涣。涣至紫陌桥，杀伯昇以逃，凭河而度，土人执以送帝。铁笼盛之，与永安王浚同置地牢下。

（《北史》卷五十一《列传第三十九·齐宗室诸王上·神武诸子》 1864）

高孝琬得佛牙

时［河间王高］孝琬得佛牙，置于第内，夜有神光。昭玄都法顺请以奏，〔一〕不从。帝闻，使搜之，得填库稍幡数百。帝闻，以为反状。

〔一〕夜有神光昭玄都法顺请以奏　诸本"昭"作"照"。按北齐管理佛教机关名昭玄寺，置大统一人，称"昭玄统"，又名"昭玄都"。本书卷三二《崔暹传》、《北齐书》卷二四《杜弼传》，并见此名。"昭"，北朝人常写作"照"，屡见碑志，今改"照"作"昭"。

（《北史》卷五十二《列传第四十·齐宗室诸王下·文襄诸子》 1878）

郑氏以颈珠施佛

及兰陵［王］死，妃郑氏以颈珠施佛，广宁王使赎之，延宗手书以谏，而泪满纸。

（《北史》卷五十二《列传第四十·齐宗室诸王下·文襄诸子》 1880）

若动此浮图，北城失主

［琅邪王］俨之未获罪也，邺北城有白马佛塔，是石季龙为澄公所作。俨将修之，巫曰："若动此浮图，北城失主。"不从，破至第二级，得白蛇，长数丈，回旋失之，数旬而败。

（《北史》卷五十二《列传第四十·齐宗室诸王下·武成诸子》 1891）

韩贤以斫破经函致祸

韩贤字普贤……天平初，为洛州刺史。州人韩木兰等起兵，贤破之。亲自案检收甲仗。有一贼窘迫藏尸间，见将至，忽起斫贤，断其胫而卒。始汉明帝时，西域以白马负佛经送洛，因立白马寺。其经函传于此寺，形制厚朴，世以古物，历代宝之。贤知，故斫破之，未几而死，论者谓因此致祸。

（《北史》卷五十三《列传第四十一·韩贤》 1905）

薛孤延绕浮图与霹雳斗

神武尝阅马于北牧，道逢暴雨，大雷震地。火烧浮图，神武令［薛孤］延视之。延案稍直前，大呼绕浮图走，火遂灭。延还，须及马鬃尾皆焦。神武叹其勇决，曰："延乃能与霹雳斗。"

（《北史》卷五十三《列传第四十一·薛孤延》　1911）

沙门预言暴显后将贵极人臣

［暴］显幼时，见一沙门指之曰："此郎子有好相表，大必为良将，贵极人臣。"语终失之。

（《北史》卷五十三《列传第四十一·暴显》　1924）

高隆之寡姊为尼

［高］隆之虽不学涉，而钦尚文雅，搢绅名流，必存礼接。寡姊为尼，事之如母。训督诸子，必先文义。世以此称之。

（《北史》卷五十四《列传第四十二·高隆之》　1946）

杜弼论佛性

［杜弼］奉使诣阙，魏帝见之九龙殿，曰："闻卿精学，聊有所问。经中佛性法性，为一为异？"〔一〕弼曰："正是一理。"又问曰："说者妄，皆言法性宽，佛性狭，如何？"〔二〕弼曰："在宽成宽，在狭成狭，若论性体，非狭非宽。"诏曰："既言成宽成狭，何得非狭非宽？"弼曰："若定是宽，则不能为狭；若定是狭，亦不能为宽。以非宽非狭，所成虽异，能成恒一。"〔三〕上称善，引入经库，赐《地持经》一部，帛百匹。弼性好名理，探味玄宗，在军恒带经行。注老子《道德经》二卷，表上之。迁廷尉卿……后魏帝集名僧于显阳殿讲说佛理，敕弼升师子座，莫有能屈。帝叹曰："此贤若生孔门，则何如也！"……

常与邢邵扈从东山，共论名理。邢以为人死还生，恐是为蛇画足。弼曰："物之未生，本亦无也。无而能有，不以为疑；因前生后，何独致怪？"邢云："圣人设教，本由劝奖，故惧以有来，望各遂其性。"弼曰："圣人合德天地，齐信四时，言则为经，行则为法，而云以虚示物，以诡劝人，安得使北辰降光，龙宫韫椟。既如所论，〔四〕福果可以镕铸性灵，弘奖风教，为益之大，莫极于斯。此即真教，何谓非实？"邢云："季札言无不之，亦言散尽，若复聚而为物，不得言无不之也。"弼曰："骨肉下归于土，魂气则无不之，此乃形坠魂游，往而非尽。由其尚有，故云无所不之。若也全无，之将焉适？"邢云："神之在人，犹光之在烛，烛尽则光穷，人死则神灭。"弼曰："烛则因质生光，质大光亦大；人则神不系形，形小神不小。故仲尼之智，必不短于长狄；孟德之雄，乃远奇于崔琰。"其后，别与邢书，前后往复再三，邢理屈而止。

〔一〕经中佛性法性为一为异　诸本脱"为一"二字，据《北齐书》补。

〔二〕说者妄皆言法性宽佛性狭如何　《北齐书》无"妄"字，《通志》卷一五四《杜弼传》"妄皆"作"皆妄"。按魏帝此问，无以说者为妄之意。"妄"字当是衍文。又诸本"狭"作"悾"，《北齐书》作"狭"，通志作"陕"。按"陕"即"狭"字，"悾"乃"陕"之讹。今从《北齐书》改作"狭"。下文同改。

〔三〕诏曰既言成宽成狭何得非狭非宽弼曰若定是宽则不能为狭若定是狭亦不能为宽以非宽非狭所成虽异能成恒一　《北齐书》作"诏问曰：既言成宽成狭，何得非宽非狭？若定是狭，亦不能成宽。对曰：以非宽狭，故能成宽狭。宽狭所成虽异，能成恒一"。按疑各有所略。而《北史》不如《齐书》明白。这里"以非宽非狭"下疑脱"故能成宽狭"五字。

〔四〕既如所论　按《北齐书》作"就如所论"，是退一步言之，疑作"就"是。或"既"是"即"之讹。

　　　　　　　　（《北史》卷五十五《列传第四十三·杜弼》　1987）

童子佛寺

文宣尝登并州童子佛寺望并州城，曰："此何等城？"或曰："金城汤池，天府之国。"帝云："我谓唐邕是金城，此非也。"

　　　　　　　　（《北史》卷五十五《列传第四十三·唐邕》　2001）

五台山

〔河清〕三年，突厥入境，代、忻二牧，悉是细马，合数万匹，在五台山北柏谷中避贼。贼退，敕〔白〕建送马定州，付人养饲。

　　　　　　　　（《北史》卷五十五《列传第四十三·白建》　2004）

昙璨

而东益氐、蜀寻反，攻逼唐永，永弃城而走，乃丧一藩矣。初永之走，

［魏］子建客有沙门昙璨及钜鹿人耿显皆没落氏手，及知子建之客，垂泣追衣物还之，送出白马。遗爱所被如此。

（《北史》卷五十六《列传第四十四·魏收》　2024）

魏收《释老志》一卷

十一月复奏十志：《天象》四卷，《地形》三卷，《律历》二卷，《礼乐》四卷，《食货》一卷，《刑罚》一卷，《灵征》二卷，《官氏》二卷，《释老》一卷，凡二十卷。

（《北史》卷五十六《列传第四十四·魏收》　2030）

苏　绰

［苏］绰又著《佛性论》《七经论》，并行于世……［苏］威见［宇文］护专权，恐祸及己，逃入山。为叔父所逼，卒不获免。然每居山寺，以讽读为娱。

（《北史》卷六十三《列传第五十一·苏绰》　2243）

彼沙门乃真盗耳

有贾人持金二十斤诣京师，寄人居止。每欲出行，常自执管钥。无何，缄闭不异而并失之。谓主人所窃。郡县讯问，主人遂自诬服。［柳］庆疑之，乃召问贾人曰："卿钥恒置何处？"对曰："恒自带之。"庆曰："颇与人同宿乎？"曰："无。""与同饮乎？"曰："日者曾与一沙门再度酣宴，醉而昼寝。"庆曰："沙门乃真盗耳。"即遣吏捕沙门，乃怀金逃匿。后捕得，尽获所失之金。

（《北史》卷六十四《列传第五十二·柳虬》　2283）

杨　俊

［秦王杨］俊仁恕慈爱，崇敬佛道，请为沙门，不许。

（《北史》卷七十一《列传第五十九·隋宗室诸王·文帝四王》　2466）

冯　熙

洛阳虽经破乱，而旧《三字石经》宛然犹在，至［冯］熙与常伯夫相继为州，废毁分用，大至颓落。熙为政不能仁厚，而信佛法。自出家财在诸州镇建佛图精舍，合七十二处。写十六部一切经。延致名德沙门，日与讲论，精勤不倦，所费亦不赀。而营塔寺多在高山秀阜，伤杀人牛。有沙门劝止之，熙曰："成就后，人唯见佛图，焉知杀人牛也。"其北芒寺碑文，中书侍郎贾元寿词。孝文频登北芒寺，亲读碑文，称为佳作。熙为州，因取人子女为奴婢，有容色者幸之为妾，有子女数十人，号为贪纵。

（《北史》卷八十《列传第六十八·外戚·冯熙》 2677）

胡国珍

[胡]国珍年虽笃老，而雅敬佛法，时事洁斋，自礼拜。至于出入侍从，犹能跨马据鞍。神龟元年四月七日，步从所建佛像，发第至阊阖门四五里。八日，又立观像，晚乃肯坐。劳热增甚，因遂寝疾。灵太后亲侍药膳，十二日薨，年八十。给东园温明秘器，五时朝服各一具，衣一袭，赠布五千匹，钱一百万，蜡千斤。大鸿胪持节监护丧事。太后还宫，成服于九龙殿，遂居九龙寝室。明帝服小功服，举哀于太极东堂。又诏自始薨至七七，皆为设千僧斋，斋令七人出家；百日设万人斋，二七人出家。先是巫觋言将有凶，劝令为厌胜法，国珍拒而不从，云吉凶有定分，唯修德以禳之。临死，与太后诀，云"母子善临天下"，殷勤至于再三。

（《北史》卷八十《列传第六十八·外戚·胡国珍》 2688）

孙惠蔚

魏初已来，儒生寒宦，惠蔚最为显达。先单名蔚，正始中，侍讲禁内，夜论佛经，有惬帝旨，诏使加"惠"，号惠蔚法师焉。卒于官，赠瀛洲刺史，谥曰戴。

（《北史》卷八十一《列传第六十九·儒林上·孙惠蔚》 2717）

辛彦之于潞州城内立浮图二所

[辛]彦之又崇信佛道，于[潞州]城内立浮图二所，并十五层。开皇十一年，州人张元暴死，数日乃苏。云游天上，见新构一堂，制极崇丽。元问其故，云潞州刺史辛彦之有功德，造此堂以待之。彦之闻而不悦。其年卒，谥曰宣。

（《北史》卷八十二《列传第七十·儒林下·辛彦之》 2752）

柳䛒

[柳䛒]性嗜酒，言杂诽谐。由是弥为太子所亲狎。以其好内典，令撰《法华玄宗》，为二十卷上之，太子大悦，赏赐优洽，侪辈莫比。

（《北史》卷八十三《列传第七十一·文苑·柳䛒》 2800）

皇甫遐

皇甫遐字永贤，河东汾阴人也，累世寒微，而乡里称其和睦。

遐性纯至，少丧父，事母以孝闻。后遭母丧，乃庐于墓侧，负土为坟。复于墓南人作一禅窟，阴雨则穿窟，晴霁则营墓。晓夕勤力，未尝暂停。积以岁年，坟高数丈，周回五十余步。禅窟重台两匝，总成十有二室，中间行道，可容百人，遐食粥枕块，栉风沐雨，形容枯悴，家人不识。当其营墓之初，乃有鸥鸟各一，徘徊悲鸣，不离墓侧，若助遐者，经月余日乃去。远近闻其至孝，竞以米面遗之。遐皆受而不食，悉以营佛斋焉。郡县表上其状，有诏旌异之。

（《北史》卷八十四《列传第七十二·孝行·皇甫遐》　2833）

张　元

［张］元性谦谨，有孝行。微涉经史，然精释典……村陌有狗子为人所弃者，元即收而养之。其叔父怒曰："何用此为？"将欲更弃之。元对曰："有生之类，莫不重其性命。若天生天杀，自然之理。今为人所弃而死，非其道也。若见而不收养，无仁心也。是以收而养之。"叔父感其言，遂许焉。未几，乃有狗母衔一死兔置元前而去。

及［张］元年十六，其祖丧明三年。元恒忧泣，昼夜读佛经，礼拜以祈福佑。后读《药师经》，见"盲者得视"之言。遂请七僧，然七灯，七日七夜转《药师经》行道。每言："天人师乎！元为孙不孝，使祖丧明。今以灯光普施法界，愿祖目见明，元求代暗。"如此经七日。其夜梦见一老翁，以金镵疗其祖目。于梦中喜跃，遂即惊觉。乃遍告家人。三日，祖目果明。

（《北史》卷八十四《列传第七十二·孝行·张元》　2833）

苏　琼

［苏］琼性清慎，不发私书。道人道研为济州沙门统，资产巨富，在郡多出息，常得郡县为征。及欲求谒，度知其意，[一] 每见则谈问玄理。研虽为债数来，无由启口。其弟子问其故，研曰："每见府君，径将我入青云间，何由得论地上事。"师徒还归，遂焚债券。

〔一〕度知其意　《通志》卷一七〇《苏琼传》"度"上有"琼"字，是。

（《北史》卷八十六《列传第七十四·循吏·苏琼》　2877）

王文同毁法

及帝征辽东，令［王］文同巡察河北诸郡，文同见沙门斋戒菜食者，以为妖妄，皆收系之。北至河间，召诸郡官人，[一]小有迟违者，辄覆面于地而捶杀之。求沙门相聚讲论及长老共为佛会者数百人，文同以为聚结惑众，尽斩之。又悉裸僧尼，验有淫状非童男女者数千人，复将杀之。郡中士女，号哭于路，诸郡惊骇，各奏其事。帝闻大怒，遣使者达奚善意驰锁之，斩于河间，以谢百姓。雒人剖其棺，脔其肉啖之，斯须咸尽。

〔一〕召诸郡官人　诸本脱“诸”字，据《隋书》及《通志》卷一七一《王文同传》补。

（《北史》卷八十七《列传第七十五·酷吏·王文同》　2903）

冯　亮

冯亮字灵通，南阳人，梁平北将军蔡道恭之甥也。少博览诸书，又笃好佛理。随道恭至义阳，会中山王英平义阳，获焉。英素闻其名，以礼待接。亮性清静，后隐居嵩山，感英之德，以时展觐。英亡，亮奔赴，尽其哀恸。宣武尝召以为羽林监，领中书舍人，将令侍讲《十地》诸经，固辞不许。[一]又欲使衣帻入见，苦求以幅巾就朝，遂不强逼。还山数年，与僧礼诵为业，蔬食饮水，有终焉之志。会逆人王敞事发，连山中沙门法。而亮被执赴尚书省，[二]十余日，诏特免雪。亮不敢还山，遂寓居景明寺，敕给衣食及其从者数人。后思其旧居，复还山室。

亮既雅爱山水，又兼工思，结架岩林，甚得栖游之适。颇以此闻，宣武给其工力，令与沙门统僧暹、河南尹甄琛等同视嵩山形胜之处，[三]遂造闲居佛寺，林泉既奇，营制又美，曲尽山居之妙。亮时出京师，延昌二年冬，因遇笃疾，宣武敕以马舆送令还山，居嵩高道场寺，数日卒。诏赠帛二百匹，以供凶事。

遗诫兄子综，殓以衣帢，左手持板，右手执《孝经》一卷，置尸盘石上，去人数里外，积十余日，乃焚于山，灰烬处，起佛塔经藏。初、亮以盛冬丧，连日骤雪，穷山荒涧，鸟兽饥窘，僵尸山野，无所防护。时有寿春道人惠需，每旦往看其尸，拂去尘霾，禽虫之迹，交横左右，而初无侵毁。衣服如本，唯风吹帢巾稍侧。[四]又以亮识旧南方法师信大栗十枚，[五]言期之将来十地果报，开亮手，以置把中。经宿，乃为虫鸟盗食，皮壳在地，而亦不伤肌体。焚燎之日，有素雾蓊郁，回绕其傍，自地属天，弥朝不绝。山中道俗营助者百余人，莫不异焉。

〔一〕固辞不许　《魏书》卷九〇补《冯亮传》"许"作"拜"，是。

〔二〕连山中沙门法而亮被执赴尚书省　南本及《通志》卷一七八《冯亮传》"法"作"既"，从下读。《魏书》无"法"字。按"法"可能是僧名，下有脱字，今从"法"下断。

〔三〕令与沙门统僧暹河南尹甄琛等同视嵩山形胜之处　诸本"琛"讹作"深"，据《魏书》改。甄琛见本书卷四〇，曾为河南尹。

〔四〕衣服如本唯风吹帢巾稍侧　诸本脱"吹"字，及"稍侧"二字，据《通志》补。

〔五〕又以亮识旧南方法师信大栗十枚　通志"信"上有"遗"字。

（《北史》卷八十八《列传第七十六·隐逸·冯亮》　2909）

殷绍

殷绍，长乐人也。达《九章》《七曜》。太武时，为算生博士，给事东宫西曹。太安四年，上《四序堪舆》，表言："以姚氏之时，行学伊川，遇游遁大儒成公兴，从求《九章》要术。兴字广明，自云胶东人也，山居隐迹，希在人间。兴将臣到阳翟九崖岩沙门释昙影间，兴即北还。臣独留住，依止影所，求请《九章》。影复将臣向长广东山，就道人法穆。法穆时共影为臣开述《九章》数家杂要。复以先师和公所注黄帝《四序经》文三十六卷，合有三百二十四章，专说天地阴阳之本。其第一，孟序，九卷八十一章，说阴阳配合之原；第二，仲序，九卷八十一章，解四时气王，休杀吉凶；第三，叔序，九卷八十一章，明日月辰宿，交会相生为表里；第四，季序，九卷八十一章，具释六甲，刑祸福德。以此经文，传授于臣。山神禁严，不得赍出。寻究经年，粗举纲要。山居险难，无以自供，不堪窘迫，心生懈怠。以甲寅之年，日维鹑火，感物怀归。自尔至今，四十五载。〔一〕臣前在东宫，以状奏闻，奉被景穆皇帝圣诏，敕臣撰录，集其要最。仰奉明旨，谨审先所见《四序经》文，抄撮要略，当世所须吉凶举动，集成一卷。上至天子，下及庶人，贵贱等级，尊卑差别，吉凶所用，罔不毕备。未及内呈，先帝晏驾。依先撰录，谨以上闻。"其《四序堪舆》遂大行于世。

〔一〕自尔至今四十五载　诸本"四"作"二"，《魏书》卷九一《殷绍传》作"四"。按绍太安四年上表，自言甲寅之年怀归。太安四年公元四五八年为戊戌，逆推至甲寅，为魏神瑞元年公元四一四年，正得四十五年。《魏书》是，今据改。

（《北史》卷八十九《列传第七十七·艺术上·殷绍》　2925）

灵　远

沙门灵远者，不知何许人，有道术。尝言尔朱荣成败，预知其时。又言代魏者齐，葛荣闻之，故自号齐。及齐神武至信都，灵远与勃海李嵩来谒。神武待灵远以殊礼，问其天文人事。对曰："齐当兴，东海出天子。今王据勃海，是齐地。又太白与月并，宜速用兵，迟则不吉。"灵远后罢道，姓荆字次德。求之，不知所在。

　　杜按：《魏书·刘灵助传》不载沙门远事。

（《北史》卷八十九《列传第七十七·艺术上·刘灵助》　2928）

檀特师

檀特师者，名惠丰，身为比丘，不知何处人。饮酒啖肉，语默无常，逆论来事，后皆如言。居于凉州，宇文仲和为刺史，请之至州内，历观厩库。乃云："何意畜他官马官物！"仲和怒，不听住凉州。未几，仲和拒不受代，朝廷令独孤信禽之，仲和身死，资财没官。周文遣书召之，檀特发至岐州，会齐神武来寇玉壁，檀特曰："狗岂能至龙门也？"神武果不至龙门而还。侯景未叛东魏之前，忽捉一杖，杖头刻为猕猴，令其面常向西，日夜弄之。又索一角弓，牵挽之。俄而景启降，寻复背叛，人皆以为验。

至大统十七春初，忽着一布帽，周文左右惊问之。檀特曰："汝亦着，王亦着也。"至三月而魏文帝崩。复取一白绢帽着之，左右复问之。檀特曰："汝亦着，王亦着也。"未几，丞相夫人薨。后又着白绢帽，左右复问之。云："汝不着，王亦着也。"寻而丞相第二儿武邑公薨。其事验多如此也。俄而疾死。

（《北史》卷八十九《列传第七十七·艺术上·檀特师》　2930）

沙门学相

初，魏正始前，有沙门学相，游怀朔，举目见人，皆有富贵之表。以为必无此理，燔其书。而后皆如言，乃知相法不虚也。

杜按：《北齐书》本传（678）不载此事。

（《北史》卷八十九《列传第七十七·艺术上·皇甫玉》　2939）

此人别有异算术

[綦母怀文] 每云：“昔在晋阳为监馆，馆中有一蠕蠕客，同馆胡沙门指语怀文云：‘此人别有异算术。’仍指庭中一枣树云：‘令其布算子，即知其实数。’乃试之，并辨若干纯赤，若干赤白相半。于是剥数之，唯少一子。算者曰：‘必不少，但更撼之。’果落一实。”

（《北史》卷八十九《列传第七十七·艺术上·綦母怀文》　2940）

陆法和

陆法和，不知何许人也。隐于江陵百里洲，衣食居处，一与苦行沙门同。耆老自幼见之，容色常定，人莫能测也。或谓出自嵩高，遍游遐迩。既入荆州汶阳郡高安县之紫石山，〔一〕无故舍所居山，俄有蛮贼文道期之乱，时人以为预见萌兆。

及侯景始告降于梁，法和谓南郡朱元英曰：“贫道共檀越击侯景去。”元英曰：“侯景为国立效，师云击之何也？”法和曰：“正自如此。”及景度江，法和时在青溪山，元英往问曰：“景今围城，其事云何？”法和曰：“凡人取果，宜待熟时。”〔二〕固问之，曰：“亦剋，亦不剋。”

景遣将任约击梁湘东王于江陵，法和乃诣湘东乞征约，召诸蛮弟子八百人在江津，二日便发。湘东遣胡僧佑领千余人与同行。法和登舰，大笑曰：“无量兵马。”江陵多神祠，人俗恒所祈祷，自法和军出，无复一验，人以为神皆从行故也。至赤沙湖，与约相对，法和乘轻船，不介胄，沿流而下，去约军一里乃还。谓将士曰：“聊观彼龙睡不动，吾军之龙，甚自踊跃，即攻之。若得待明日，〔三〕当不损客主一人而破贼，然有恶处。”遂纵火船，而逆风不便，法和执白羽扇麾风，风即返。约众皆见梁兵步于水上，于是大溃，皆投水。约逃窜不知所之，法和曰：“明日午时当得。”及期而未得，人问之，法和曰：“吾前于此洲水乾时建一刹，语檀越等，此虽为刹，实是贼标。今何不向标下求贼也？”如其言，果于水中见约抱刹，仰头裁出鼻，遂禽之。约言：“求就师目前死。”法和曰：“檀越有相，必不兵死。且于王有缘，决无他虑。王于后当得檀越力耳。”湘东果释用为郡守。及魏围江陵，约以兵赴救，力战焉。

法和既平约，往进见王僧辩于巴陵，谓曰："贫道已却侯景一臂，其更何能为？檀越宜即逐取。"乃请还。谓湘东王曰：〔四〕"侯景自然平矣，无足可虑。蜀贼将至，法和请守巫峡待之。"乃总诸军而往，亲运石以填江，三日，水遂不流，横之以铁锁。武陵王纪果遣蜀兵来度，峡口势蹙，进退不可。王琳与法和经略，一战而殄之。

军次白帝，谓人曰："诸葛孔明可谓为名将，吾自见之。此城旁有其埋弩箭镞一斛许。"因插表令掘之，如其言。又尝至襄阳城北大树下，画地方二尺，令弟子掘之。得一龟，长尺半，以杖叩之曰："汝欲出，不能得，已数百岁，不逢我者，岂见天日乎？"为授《三归》，龟乃入草。初，八叠山多恶疾人，法和为采药疗之，不过三服，皆差，即求为弟子。山中多毒虫猛兽，法和授其禁戒，不复噬螫。所泊江湖，必于峰侧结表，云此处放生，渔者皆无所得。才或少获，辄有大风雷，船人惧而放之，风雨乃定。晚虽将兵，犹禁诸军渔捕，有窃违者，中夜猛兽必来欲噬之，或亡其船缆。有小弟子戏截蛇头，来诣法和。法和曰："汝何意杀！"因指以示之，弟子乃见蛇头醋袴裆而不落。法和使忏悔，为蛇作功德。又有人以牛试刀，一下而头断，来诣法和。法和曰："有一断头牛，就卿徵命殊急，若不为作功德，一月内报至。"其人弗信，少日果死。法和又为人置宅图墓以避祸求福。尝谓人曰："勿系马于碓。"其人行过乡曲，门侧有碓，因系马于其柱。入门中，忆法和戒，走出将解之，马已毙矣。

梁元帝以法和为都督、郢州刺史，封江乘县公。法和不称臣，其启文朱印名上，自称居士，后称司徒。梁元谓其仆射王褒曰："我未尝有意用陆为三公，而自称，何也？"褒曰："彼既以道术自命，容是先知。"梁元帝以法和功业稍重，遂就加司徒，都督、刺史如故。部曲数千人，通呼为弟子。唯以道术为化，不以法狱加人。又列肆之所，不立市丞，牧佐之法，无人领受。但以空槛钥在道间，上开一孔以受钱，贾客店人，随货多少，计其估限，自委槛中。所掌之司，夕方开取，条其孔目，输之于库。又法和平常言若不出口，时有所论，则雄辩无敌，然犹带蛮音。善为攻战具。

在江夏，大聚兵舰，欲袭襄阳而入武关，梁元帝使止之。法和曰："法和是求佛之人，尚不希释梵天王坐处，岂规王位？但于空王佛所与主上有香火因缘，见主上应有报至，故救援耳。今既被疑，是业定不可改也。”于是设供食，具大馄薄饼。及魏举兵，法和自郢入汉口，将赴江陵，梁元帝使人逆之曰：“此自能破贼，师但镇郢州，不须动也。”法和乃还州，垩其城门，着粗白布衫，布裤邪巾，[五]大绳束腰，坐莗席，终日乃脱之。及闻梁元败灭，复取前凶服着之，哭泣受吊。梁人入魏，果见馄饼焉。法和始于百里洲造寿王寺，既架佛殿，更截梁柱，曰：“后四十许年，佛法当遭雷雹，此寺幽僻，可以免难。”及魏平荆州，宫室焚烬，总管欲发取寿王佛殿，嫌其材短，乃停。后周氏灭佛法，此寺隔在陈境，故不及难。

天保六年春，清河王岳进军临江，法和举州入齐。文宣以法和为大都督、十州诸军事、太尉公、西南道大行台、大都督、五州诸军事、荆州刺史、[六]安湘郡公宋蒞为郢州刺史，官爵如故。蒞弟箎为散骑常侍、仪同三司、湘州刺史、义兴县公。梁将侯瑱来逼江夏，齐军弃城而退，法和与宋蒞兄弟入朝。文宣闻其奇术，虚心想见之，备三公卤簿，于城南十二里供帐以待之。法和遥见邺城，下马禹步。辛术谓曰：“公既万里归诚，主上虚心相待，何为作此术？”法和手持香炉，步从路车至于馆。明日引见，给通幰油络网车，仗身百人。诣阙通名，不称官爵，不称臣，但云荆山居士。文宣宴法和及其徒属于昭阳殿，赐法和钱百万、物万段、甲第一区、田一百顷、奴婢二百人，生资什物称是；宋蒞千段；其余仪同、刺史以下各有差。法和所得奴婢，尽免之，曰：“各随缘去。”钱帛散施，一日便尽。以官所赐宅营佛寺，自居一房，与凡人无异。三年间再为太尉，世犹谓之居士。无疾而告弟子死期，至时，烧香礼佛，坐绳床而终。浴讫将殡，尸小缩止三尺许。文宣令开棺而视之，空棺而已。

法和书其所居屋壁而涂之，及剥落，有文曰：“十年天子为尚可，百日天子急如火，周年天子递代坐。”又曰：“一母生三天，两天共五年。”说者以为娄太后生三天子，自孝昭即位至武成传位后主，共五年焉。

法和在荆郢，有少姬，年可二十余，自称越姥，身披法服，不肯嫁娶，[七]恒随法和东西，或与其私通，十有余年。今者赐弃，别更他淫。[八]有司考验，并实。越姥因尔改适，生子数人。

〔一〕既入荆州汶阳郡高安县之紫石山　诸本"安"作"要"。钱氏《考异》云："按《宋书·州郡志》汶阳领僮阳、沮阳、高安三县。《隋志》_{《隋书地理志》}下荆州夷陵郡，远安县旧曰高安，置汶阳郡。此作"高要"者误也。高要在岭南，与此不相涉。"按钱说是，今据改。

〔二〕凡人取果宜待熟时　《北齐书》卷三二《陆法和传》下有"不撩自落。檀越但待侯景熟，何劳问也"十五字。按《北齐书》此传是以《北史》补，此十五字当是《北史》脱文。

〔三〕若得待明日　诸本"待"讹作"彼"，据《北齐书》改。

〔四〕谓湘东王曰　诸本脱"谓"字，据《北齐书》及《通志》卷一八三《陆法和传》补。

〔五〕布裤邪巾　诸本"布裤"倒作"裤布"，据《北齐书》乙。

〔六〕西南道大行台至荆州刺史　诸本无"道大行台"四字。按《北齐书》卷四《文宣纪》天保六年，"以陆法和为使持节、都督荆雍江巴梁益湘万交广十州诸军事、太尉公、大都督、西南道大行台，梁镇北将军侍中荆州刺史宋茝为使持节、骠骑将军、郢州刺史"。知此脱"道大行台"四字，今据补。下文"大都督五州诸军事荆州刺史"是宋茝_{即宋茝}在梁所任官职。

〔七〕不肯嫁娶　《北齐书》无"肯"字、"娶"字。张森楷云："娶字误衍。"

〔八〕今者赐弃别更他淫　按此是越姥呈诉官府语，与上文连接不上，疑"今"上有脱文。

（《北史》卷八十九《列传第七十七·艺术上·陆法和》　2941）

强练大哭释迦牟尼佛

强练，不知何许人……恒寄住诸佛寺，好行人家……建德中，每夜上街衢边树，大哭释迦牟尼佛，或至申旦。如此者累月，声甚哀苦。俄而废佛、道二教。大象末，又以一无底囊，历长安市肆告乞，市人争以米麦遗之。强练张囊受之，随即漏之于地。人或问之，强练曰："但欲使诸人见盛空耳。"……

又有蜀郡卫元嵩者，亦好言将来事，盖江左宝志之流。天和中，遂著诗，预论周隋废兴及皇家受命，并有征验。尤不信释教，尝上疏极论之。

（《北史》卷八十九《列传第七十七·艺术上·强练》　2946）

李　脩

李脩字思祖，本阳平馆陶人也。父亮，少学医术，未能精究。太武时奔宋，又就沙门僧坦，略尽其术。针灸授药，罔不有效。徐、兖间，多所救恤。

（《北史》卷九十《列传第七十八·艺术下·李脩》　2967）

武成帝病中见美妇人变为观世音

天统四年，〔徐之才〕累迁尚书左仆射，俄除兖州刺史，特给铙吹一部。之才医术最高，偏被命召。武成酒色过度，恍忽不恒。曾病发，自云，初见空中有五色物，稍近，变成一美妇人，去地数丈，亭亭而立。食顷，变为观世音。之才云："此色欲多，大虚所致。"即处汤方，服一剂，便觉稍远；又服，还变成五色物；数剂汤，疾竟愈。

杜按：《魏书》本传（1968）不载此事。

（《北史》卷九十《列传第七十八·艺术下·徐謇》　2972）

沙门相王显后当富贵

始〔王〕显布衣为诸生，有沙门相显，后当富贵，诫其勿为吏官，为吏必败。由是宣武时，或欲令其兼摄吏部，每殷勤辞避。及宣武崩，帝夜即位，受玺策，于仪须兼太尉及吏部，仓卒，百官不具，以显兼吏部行事。

（《北史》卷九十《列传第七十八·艺术下·王显》　2975）

胡僧所传乃是四夷之乐

又太子洗马苏夔以钟律自命，尤忌〔万〕宝常。夔父威方用事，凡言乐者附之而短宝常。数诣公卿怨望，苏威因诘宝常所为，何所传受。有一沙门谓宝常曰："上雅好符瑞，有言徵祥者，上皆悦之。先生当言从胡僧受学，云是佛家菩萨所传音律，则上必悦。先生当言，所为可以行矣。"宝常遂如其言以答威。威怒曰："胡僧所传，乃四夷之乐，非中国宜行。"其事竟寝。

（《北史》卷九十《列传第七十八·艺术下·万宝常》　2982）

永宁寺九层佛图

宣武、明帝时，豫州人柳俭、殿中将军关文备、郭安兴并机巧。洛中制永宁寺九层佛图，安兴为匠也。

（《北史》卷九十《列传第七十八·艺术下·蒋少游》　2985）

灵太后为孟栾设二百僧斋

[孟]栾初出，灵太后闻之曰："栾必不济，我为之忧。"及奏其死，为之下泪曰："其事我如此，不见我一日忻乐时也。"赐帛三百匹、黄绢一十匹，以供丧用。七日，灵太后为设二百僧斋。

（《北史》卷九十二《列传第七十八·恩幸·孟栾》 3041）

苻氏死，沙门素服

苻氏死，[慕容]熙拥其尸僵仆绝息，久而乃苏，悲号擗踊，斩衰食粥。大敛之后，复启而交接。制百官哭临，沙门素服。

（《北史》卷九十三《列传第八十一·僭伪附庸·燕慕容氏》 3073）

昙无谶

[北魏太武帝]真君八年，[沮渠牧犍]其所亲人及守藏者告之，乃穷竟其事，搜其家中，悉得所藏器物。又告牧犍父子多畜毒药，前后隐窃杀人，乃有百数，姊妹皆为左道，朋行淫佚，曾无愧颜。始罽宾沙门曰昙无谶，东入鄯善，自云能使鬼疗病，令妇人多子。与鄯善王妹曼头陁林淫通，发觉，亡奔凉州。蒙逊宠之，号曰圣人。昙无谶以男女交接术教授妇女，蒙逊诸女、子妇，皆往受法。太武闻诸行人言昙无谶术，乃召之。蒙逊不遣，遂发露其事，拷讯杀之。至此，帝知之，于是赐昭仪沮渠氏死，诛其宗族。唯万年及祖以前先降，得免。

（《北史》卷九十三《列传第八十一·僭伪附庸·北凉沮渠氏》 3084）

萧詧

梁帝萧詧字理孙，兰陵人，武帝之孙，昭明太子统之第三子也。幼好学，善属文，尤长佛义，特为梁武嘉赏……詧笃好文义，所著文集十五卷，内典《华严》《般若》《法华》《金光明义疏》三十六卷，并行于世。

（《北史》卷九十三《列传第七十八·僭伪附庸·梁萧氏》 3086）

萧岿

[萧]岿孝悌慈仁，有君人之量。四时祭享，未尝不悲慕流涕。性尤俭约，御下有方，境内安之。所著文集及《孝经》《周易义记》及《大小乘幽微》，并行于世。

（《北史》卷九十三《列传第七十八·僭伪附庸·梁萧氏》 3092）

甄玄成

甄玄成字敬平，中山人。博达经史，善属文。少为简文所知。以录事参军随詧镇襄阳……以江陵甲兵殷盛，遂怀贰心。密书与元帝，具申诚款。或有得其书，送于詧。〔萧〕詧深信佛法，常愿不杀诵《法华经》人。玄成素诵《法华经》，遂以此获免。詧后见之，常曰："甄公好得《法华经》力。"后位吏部尚书，有文集二十卷。

（《北史》卷九十三《列传第七十八·僭伪附庸·梁萧氏》　3098）

倭　国

〔倭国〕敬佛法，于百济求得佛经，始有文字……大业三年，其王多利思比孤遣朝贡。使者曰："闻海西菩萨天子重兴佛法，故遣朝拜，兼沙门数十人来学佛法。"

（《北史》卷九十四《列传第八十二·倭》　3137）

林邑国人皆奉佛

林邑，其先所出，事具《南史》……王死，七日而葬；有官者，三日；庶人，一日。皆以函盛尸，鼓舞导从，舆至水次，〔一〕积薪焚之。收其余骨，王则内金罌中，沉之于海；有官者，以铜罌，沉之海口；庶人以瓦，送之于江。男女皆截发，哭至水次，尽哀而止，归则不哭。每七日，燃香散花，复哭尽哀而止，百日、三年，皆如之。人皆奉佛，文字同于天竺。

〔一〕舆至水次　诸本"水"讹作"外"，《隋书》《通典》《通志》并作"水"。按下文言收余骨沉之于江海，作"水"是。今据改。

（《北史》卷九十五《列传第八十三·林邑》　3158）

赤土国

赤土国，扶南之别种也……每门图画菩萨飞仙之象，悬金花铃眊，妇人数十人，或奏乐，或捧金花。又饰四妇人，容饰如佛塔边金刚力士之状，夹门而立，门外者持兵仗，门内者执白拂。夹道垂素纲，缀花……其俗，皆穿耳剪发，无跪拜之礼，以香油涂身。其俗敬佛，尤重婆罗门。

（《北史》卷九十五《列传第八十三·赤土》　3159）

真腊国

真腊国在林邑西南，本扶南之属国也……多奉佛法，尤信道士。佛及道士，并立像于其馆。

（《北史》卷九十五《列传第八十三·真腊》　3162）

附　国

附国王字宜缯……俗好复雠，故垒石为碉，以避其患。其碉高至十余丈，下至五六丈，每级以木隔之，基方三四步，碉上方二三步，状似浮图。

（《北史》卷九十六《列传第八十四·附国》　3193）

杜行满使西蕃诸国

［隋］炀帝时，乃遣侍御史韦节、司隶从事杜行满使于西藩诸国，至罽宾得玛瑙杯，王舍城得佛经，史国得十舞女、师子皮、火鼠毛而还。

（《北史》卷九十七《列传第八十五·西域》　3207）

于阗国

于阗国，在且末西北……自外风俗物产，与龟兹略同。俗重佛法，寺塔、僧尼甚众。王尤信尚，每设斋日，必亲自洒扫馈食焉。城南五十里有赞摩寺，即昔罗汉比丘卢旃为其王造覆盆浮图之所。[一] 石上有辟支佛跣处，双迹犹存。于阗西五百里有比摩寺，云是老子化胡成佛之所。俗无礼义，多盗贼淫纵。自高昌以西诸国人等，深目高鼻，唯此一国，貌不甚胡，颇类华夏。

〔一〕即昔罗汉比丘卢旃为其王造覆盆浮图之所　《周书》卷五〇、《隋书》卷八三《于阗传》"卢"上有"比"字。按《洛阳伽蓝记》卷五《惠生行记》作"毗卢旃"，此当脱"比"字。

（《北史》卷九十七《列传第八十五·西域·于阗》　3209）

高昌国

［高昌国］多蒲桃酒。俗事天神，兼信佛法。

（《北史》卷九十七《列传第八十五·西域·高昌》　3212）

焉耆国

焉耆国，在车师南，都员渠城，白山南七十里，汉时旧国也……婚姻略同华夏。死亡者，皆焚而后葬，其服制满七日则除之。丈夫并翦发以为首饰。文字与婆罗门同。俗事天神，并崇信佛法也。尤重二月八日、四月八日。是日也，其国咸依释教，斋戒行道焉。

（《北史》卷九十七《列传第八十五·西域·焉耆》　3216）

疏勒国

疏勒国，在姑默西，白山南百余里，汉时旧国也。去代一万一千二百五十里。文成末，其王遣使送释迦牟尼佛袈裟一，长二丈余。帝以审是佛衣，应有灵异，遂烧之以验虚实，置于猛火之上，经日不然。观者莫不悚骇，心形俱肃。其王戴金师子冠。

（《北史》卷九十七《列传第八十五·西域·疏勒》　3219）

小月氏国

小月氏国，都富楼沙城。其王本大月氏王寄多罗子也。……其城东十里有佛塔，周三百五十步，高八十丈。自佛塔初建计至武定八年，八百四十二年，所谓百丈佛图也。

（《北史》卷九十七《列传第八十五·西域·小月氏》　3228）

宋云行经西域诸国

初，熙平中，明帝遣剙伏子统宋云、〔一〕沙门法力等使西域，访求佛经，时有沙门慧生者，亦与俱行。正光中，还。慧生所经诸国，不能知其本末及山川里数，盖举其略云。〔二〕

朱居国，〔三〕在于阗西。其人山居，有麦，多林果。咸事佛，语与于阗相类，役属嚈哒。

渴盘陁国，在葱岭东，朱驹波西……亦事佛道，附于嚈哒……

赊弥国，在波知之南。山居，不信佛法，专事诸神。亦附嚈哒。

东有钵卢勒国，路险，缘铁锁而度，下不见底。熙平中，宋云等竟不能达。

乌苌国，在赊弥南……事佛，多诸寺塔，极华丽……西南有檀特山，山上立寺，以驴数头运食山下，无人控御，自知往来也。

乾陀国，在乌苌西……所都城东南七里有佛塔，高七十丈，周三百步，即所谓雀离佛图也。〔四〕

康国者，康居之后也，迁徙无常……国立祖庙，以六月祭之，诸国皆助祭。奉佛，为胡书。……

女国，在葱岭南……俗事阿修罗神，又有树神，岁初以人祭，或用猕猴。

〔一〕明帝遣剩伏子统宋云　《魏书》"剩"作"王"，《通典》《通志》无此字。按不解其义。

〔二〕初熙平中至盖举其略云　诸本此段误置于"永熙以后，朝献遂绝"下。按此下朱居、渴盘陀、钵和、波知、赊弥、乌苌、乾陁七国即慧生所经诸国，见《洛阳伽蓝记》卷五。慧生所历尚有吐谷浑、鄯善、于阗、嚈哒诸国，上文已见，故不重叙。这段是下文的小引，不可割离，今移正。

〔三〕朱居国　《通典》卷一九三、《通志》卷一九六作"朱俱波"，《洛阳伽蓝记》作"朱驹波"。按本卷《于阗传》《疏勒传》并见"朱俱波"，《渴盘陀传》见"朱驹波"。一卷之中自不统一。又据近人考证，"朱居波"即"悉居半"。北史误分为二。

〔四〕即所谓雀离佛图也　诸本脱"所"字，据《魏书》卷一〇二《乾陀传》补。

（《北史》卷九十七《列传第八十六·西域》　3231）

蠕蠕遣沙门奉献珠像

永平四年九月，〔蠕蠕主〕丑奴遣沙门洪宣奉献珠像。

（《北史》卷九十八《列传第八十六·蠕蠕》　3257）

惠　琳

〔北〕齐有沙门惠琳，掠入突厥中，因谓〔突厥〕他钵曰："齐国富强，皆为有佛法。"遂说以因缘果报之理。他钵闻而信之，建一伽蓝，遣使聘齐，求《净名》《涅槃》《华严》等经，并《十诵律》。〔一〕他钵亦躬自斋戒，绕塔行道，恨不生内地。建德二年，他钵遣使献马。及齐灭，齐定州刺史、范阳王高绍义自马邑奔之。他钵立绍义为齐帝，召集所部，云为之复雠。

〔一〕并十诵律　诸本作"十人并诵律"。按《十诵律》是佛教戒律，今据《隋书》改。

（《北史》卷九十九《列传第八十七·突厥》　3290）

康寺三少

〔李〕伯卿子师上，聪敏好学，雅有词致。外祖魏收无子，惟有一女，生师上，甚爱重之，童龀便自教属文，有名于世。后与范阳卢公顺俱为符玺郎，待诏文林馆。与博陵崔君洽同志友善，从驾晋阳，寓居僧寺，朝士谓之康寺三少，为物论推许若此。

（《北史》卷一百《列传第八十·序传》　3319）

旧唐书

违制之事，悉宜停断

[武德九年] 夏五月辛巳，以京师寺观不甚清净，诏曰：

释迦阐教，清净为先，远离尘垢，断除贪欲。所以弘宣胜业，修植善根，开导愚迷，津梁品庶。是以敷演经教，检约学徒，调忏身心，舍诸染着，衣服饮食，咸资四辈。

自觉王迁谢，像法流行，末代陵迟，渐以亏滥。乃有猥贱之侣，规自尊高；浮惰之人，苟避徭役。妄为剃度，托号出家，嗜欲无厌，营求不息。出入闾里，周旋阛阓，驱策田产，聚积货物。耕织为生，估贩成业，事同编户，迹等齐人。进违戒律之文，退无礼典之训。至乃亲行劫掠，躬自穿窬，造作妖讹，交通豪猾。每罹宪网，自陷重刑，黩乱真如，倾毁妙法。譬兹稂莠，有秽嘉苗；类彼淤泥，混夫清水。又伽蓝之地，本曰净居，栖心之所，理尚幽寂。近代以来，多立寺舍，不求闲旷之境，唯趋喧杂之方。缮采崎岖，栋宇殊拓，错舛隐匿，诱纳奸邪。或有接延鄽邸，邻近屠酤，埃尘满室，膻腥盈道。徒长轻慢之心，有亏崇敬之义。且老氏垂化，本贵冲虚，〔一〕养志无为，遗情物外。全真守一，是谓玄门，驱驰世务，尤乖宗旨。

朕膺期驭宇，兴隆教法，志思利益，情在护持。欲使玉石区分，熏莸有辨，长存妙道，永固福田，正本澄源，宜从沙汰。诸僧、尼、道士、女冠等，有精勤练行、守戒律者，并令大寺观居住，给衣食，勿令乏短。其不能精进、戒行有阙、不堪供养者，并令罢遣，各还桑梓。所司明为条式，务依法教，违制之事，悉宜停断。京城留寺三所，观二所。其余天下诸州，各留一所。余悉罢之。

事竟不行。

〔一〕本贵冲虚　"贵"字各本原作"实"，据《广弘明集》卷二五改。

（《旧唐书》卷一《本纪第一·高祖》　16）

高宗御安福门观玄奘迎御制

[显庆元年] 夏四月戊申，[高宗] 御安福门，观僧玄奘迎御制并书慈恩寺碑文，导从以天竺法仪，其徒甚盛。

（《旧唐书》卷四《本纪第四·高宗上》　75）

天宫寺度僧

[龙朔元年] 九月甲辰，以河南县大女张年百三岁，亲幸其第。又幸李勣之第。天宫寺是高祖潜龙时旧宅，上周历殿宇，感怆久之，度僧二十人。

（《旧唐书》卷四《本纪第四·高宗上》　82）

令道士、女冠、僧、尼等并尽礼致拜其父母

[龙朔二年] 六月己未朔，皇子旭轮生。乙丑，初令道士、女冠、僧、尼等，并尽礼致拜其父母。乙亥，制蓬莱宫诸门殿亭等名。

（《旧唐书》卷四《本纪第四·高宗上》　83）

德业寺、崇敬寺

[麟德元年] 三月辛亥，展大射礼。[一] 丁卯，长女追封安定公主，谥曰思，其卤簿鼓吹及供葬所须，并如亲王之制，于德业寺迁于崇敬寺。

〔一〕展大射礼　　"射"字各本原作"赦"，据《唐会要》卷二六、《御览》卷一一〇改。

（《旧唐书》卷四《本纪第四·高宗上》　85）

大云寺

[载初元年] 秋七月……有沙门十人伪撰《大云经》，表上之，盛言神皇受命之事。[武后] 制颁于天下，令诸州各置大云寺，总度僧千人。

杜按：《新唐书》本纪（90）此仅有"颁《大云经》于天下"七字。

（《旧唐书》卷六《本纪第六·则天皇后》　121）

令释教在道法之上

[天授二年] 夏四月，令释教在道法之上，僧尼处道士女冠之前。

（《旧唐书》卷六《本纪第六·则天皇后》　121）

加金轮圣神皇帝号

[长寿二年] 秋九月，上加金轮圣神皇帝号，大赦天下，大酺七日。

（《旧唐书》卷六《本纪第六·则天皇后》　123）

加越古金轮圣神皇帝号

[长寿三年] 五月，上加尊号为越古金轮圣神皇帝，大赦天下，改元为延载，大酺七日。

（《旧唐书》卷六《本纪第六·则天皇后》　123）

加慈氏越古金轮圣神皇帝号

证圣元年春一月，上加尊号曰慈氏越古金轮圣神皇帝，大赦天下，改元，大酺七日。

（《旧唐书》卷六《本纪第六·则天皇后》　124）

去慈氏越古尊号

[证圣元年] 春二月，上去慈氏越古尊号。

（《旧唐书》卷六《本纪第六·则天皇后》　124）

加天册金轮圣神皇帝号

[证圣元年] 秋九月，亲祀南郊，加尊号天册金轮圣神皇帝，大赦天下，改元为天册万岁，大辟罪已下及犯十恶常赦所不原者，咸赦除之，大酺九日。

（《旧唐书》卷六《本纪第六·则天皇后》　124）

社稷、陵寝、寺宇等并依永淳已前故事

[神龙元年] 二月甲寅，复国号，依旧为唐。社稷、宗庙、陵寝、郊祀、行军旗帜、服色、天地、日月、寺宇、台阁、官名，并依永淳已前故事。

（《旧唐书》卷七《本纪第七·中宗》　136）

禁《化胡经》

[神龙元年] 九月壬午，亲祀明堂，大赦天下。禁《化胡经》及婚娶之家父母亲亡停丧成礼。天下大酺三日。

（《旧唐书》卷七《本纪第七·中宗》　140）

幸龙门香山寺

[神龙元年] 冬十月癸亥，幸龙门香山寺。

（《旧唐书》卷七《本纪第七·中宗》　141）

改中兴寺为龙兴寺

[神龙三年二月] 庚寅，改中兴寺、观为龙兴，内外不得言"中兴"。

（《旧唐书》卷七《本纪第七·中宗》　143）

幸荐福寺

[神龙三年] 夏四月辛巳,以嗣雍王守礼女为金城公主,出降吐蕃赞普。庚寅,幸荐福寺,曲赦雍州。

(《旧唐书》卷七《本纪第七·中宗》 144)

于化度寺门设无遮大斋

[景龙] 四年春正月乙卯,于化度寺门设无遮大斋。丙寅上元夜,帝与皇后微行观灯,因幸中书令萧至忠之第。是夜,放宫女数千人看灯,因此多有亡逸者。丁卯夜,又微行看灯。

(《旧唐书》卷七《本纪第七·中宗》 149)

天下滥度僧尼

[景云二年] 天下滥度僧尼、道士、女冠并依旧。

(《旧唐书》卷七《本纪第七·睿宗》 157)

兴圣寺

[景云二年] 八月乙卯,诏以兴圣寺是高祖旧宅,有柿树,天授中枯死,至是重生,大赦天下。

(《旧唐书》卷七《本纪第七·睿宗》 157)

宝昌寺

[景龙四年] 至六月,中宗暴崩,韦后临朝称制。韦温、宗楚客、纪处讷等谋倾宗社,以睿宗介弟之重,先谋不利。道士冯道力、处士刘承祖皆善于占兆,诣上布诚款。上所居里名隆庆,时人语讹以"隆"为"龙";韦庶人称制,改元又为唐隆,皆符御名。上益自负,乃与太平公主谋之,公主喜,以子崇简从。上乃与崇简、朝邑尉刘幽求、长上折冲麻嗣宗、押万骑果毅葛福顺李仙凫、宝昌寺僧普润等定策诛之。

(《旧唐书》卷八《本纪第八·玄宗上》 166)

令道士、女冠、僧尼致拜父母

[开元] 二年春正月,关中自去秋至于是月不雨,人多饥乏,遣使赈给。制求直谏昌言弘益政理者。[一] 名山大川,并令祈祭。丙寅,紫微令姚崇上言请检责天下僧尼,以伪滥还俗者二万余人。……闰月癸亥,令道士、女冠、僧尼致拜父母。

〔一〕直谏昌言　　"昌"字各本原无，据《册府》一四四补。

积香寺

［至德二载九月］壬寅，与贼将安守忠、李归仁等战于香积寺西北，贼军大败，斩首六万级，贼帅张通儒弃京城东走。

安福寺

［广德二年］十一月乙未，怀恩与蕃军自溃，京师解严。丁未，子仪自泾阳入觐，诏宰臣百僚迎之于开远门，上御安福寺待之。

复讲《仁王经》

［永泰元年］冬十月己未，复讲《仁王经》于资圣寺。吐蕃至邠州，与回纥相遇，复合从入寇。

荐福寺

［永泰二年］九月庚申，京兆尹黎干以京城薪炭不给，奏开漕渠，自南山谷口入京城，至荐福寺东街，北抵景风、延喜门入苑，阔八尺，深一丈。渠成，是日上幸安福门以观之。

诏绫锦花文不得用盘龙、对凤、狮子、万字等

［大历六年四月］戊寅，诏："纂组文绣，正害女红。今师旅未息，黎元空虚，岂可使淫巧之风，有亏常制。其绫锦花文所织盘龙、对凤、麒麟、狮子、天马、辟邪、孔雀、仙鹤、芝草、万字、双胜、透背，及大䌷绵、竭凿、六破已上，并宜禁断。其长行高丽白锦、大小花绫锦，任依旧例织造。有司明行晓谕。"

诏自今更不得奏置寺观及度人

［大历十四年］六月己亥朔……［诏］自今更不得奏置寺观及度人。

都民僧道，欢呼感应

[兴元元年七月]壬午，至自兴元。时浑瑊、韩游环、戴休颜以其众扈从，李晟、骆元光、尚可孤以其众奉迎，步骑十余万，旌旗连亘数十里，都民僧道，欢呼感泣。

（《旧唐书》卷十二《本纪第十二·德宗上》　345）

诏送岐州无忧王寺佛指骨

[贞元六年二月]岐州无忧王寺有佛指骨寸余，先是取来禁中供养，乙亥，诏送还本寺。

（《旧唐书》卷十三《本纪第十三·德宗下》　369）

命沙门、道士、文儒官讨论三教

[贞元十二年四月]庚辰，上降诞日，命沙门、道士加文儒官讨论三教，上大悦。

（《旧唐书》卷十三《本纪第十三·德宗下》　383）

摩尼寺

[元和二年正月]庚子，回纥请于河南府、太原府置摩尼寺，许之。

（《旧唐书》卷十四《本纪第十四·宪宗上》　420）

诏僧尼道士全隶左右街功德使

[元和二年]二月辛酉，诏僧尼道士全隶左右街功德使，自是祠部司封不复关奏。

（《旧唐书》卷十四《本纪第十四·宪宗上》　420）

孟简等译《大乘本生心地观音经》

[元和]六年春正月丙寅朔……敕谏议大夫孟简、给事中刘伯刍、工部侍郎归登、右补阙萧俛等于丰泉寺翻译《大乘本生心地观音经》。

（《旧唐书》卷十四《本纪第十四·宪宗上》　434）

元和六年中书门下奏

[元和六年六月中书门下奏]国家自天宝已后，中原宿兵，见在军士可使者八十余万。其余浮为商贩，度为僧道，杂入色役，不归农桑者，又十有五六。则是天下常以三分劳筋苦骨之人，奉七分坐衣待食之辈。今内外官给俸料者不下一万余员，其间有职出异名，奉离本局，府寺旷废，簪组因循者甚众。

（《旧唐书》卷十四《本纪第十四·宪宗上》　435）

诃陵国遣使献僧祇僮、嵩山僧圆净谋反

[元和十年] 八月己亥朔，日有蚀之。丙寅，诃陵国遣使献僧祇僮及五色鹦鹉，频伽鸟并异香名宝。丁未，淄青节度使李师道阴与嵩山僧圆净谋反，勇士数百人伏于东都进奏院，乘洛城无兵，欲窃发焚烧宫殿而肆行剽掠。小将杨进、李再兴告变，留守吕元膺乃出兵围之，贼突围而出，入嵩岳，山棚尽擒之。讯其首，僧圆净主谋也。僧临刑叹曰："误我事，不得使洛城流血！"

（《旧唐书》卷十五《本纪第十五·宪宗下》　454）

迎法门寺佛骨

[元和] 十四年春正月庚辰朔，以东师宿野，不受朝贺。壬午，复置仗内教坊于延政里。丁亥，徐州军破贼二万于金乡。迎凤翔法门寺佛骨至京师，留禁中三日，乃送诣寺，王公士庶奔走舍施如不及。刑部侍郎韩愈上疏极陈其弊。癸巳，贬愈为潮州刺史。

（《旧唐书》卷十五《本纪第十五·宪宗下》　465）

诏 "僧大通医方不精"

[穆宗] 诏曰："山人柳泌轻怀左道，上惑先朝。固求牧人，贵欲疑众，自知虚诞，仍更遁逃。僧大通医方不精，药术皆妄。既延祸衅，俱是奸邪。邦国固有常刑，人神所宜共弃，付京兆府决杖处死。"金吾将军李道古贬循州司马。宪宗末年，锐于服饵，皇甫镈与李道古荐术人柳泌、僧大通待诏翰林。泌于台州为上炼神丹，上服之，日加躁渴，遂弃万国。

（《旧唐书》卷十六《本纪第十六·穆宗》　475）

安国寺、慈恩寺、千福寺、开业寺、章敬寺

[元和十五年七月甲寅] 是日，上幸安国寺观于兰盆……壬戌，盛饰安国、慈恩、千福、开业、章敬等寺，纵吐蕃使者观之。

（《旧唐书》卷十六《本纪第十六·穆宗》　479）

刘 总

[长庆元年二月] 己卯，幽州节度使刘总奏请去位落发为僧……[三月]甲子，刘总请以私第为佛寺，乃遣中使赐寺额曰报恩。幽州奏刘总坚请为僧，又赐以僧衣，赐号大觉。总是夜遁去，幽州人不知所之……夏四月丙寅

朔，授刘总弟约及总男等一十一人官，内五人为刺史，余朝班环卫。庚午，易定奏刘总已为僧，三月二十七日卒于当道界，赠太尉。

（《旧唐书》卷十六《本纪第十六·穆宗》　486）

章敬寺

［长庆元年七月］辛酉，太和长公主发赴回纥，上以半仗御通化门临送，群臣班于章敬寺前。

（《旧唐书》卷十六《本纪第十六·穆宗》　490）

诏五坊鹰隼并解放

［长庆二年］十二月丁亥朔，诏五坊鹰隼并解放，猎具皆毁之。

（《旧唐书》卷十六《本纪第十六·穆宗》　501）

观作毗沙门神

［长庆三年］十一月，上［穆宗］御通化门，观作毗沙门神，因赐绢五百匹。……

十二月，浙西观察使李德裕奏去管内淫祠一千一十五所。

（《旧唐书》卷十六《本纪第十六·穆宗》　503）

吐蕃求五台山图

［长庆四年九月］甲子，吐蕃遣使求《五台山图》。

（《旧唐书》卷十七上《本纪第十七上·敬宗》　512）

宪宗朝有敕禁私度戒坛

［长庆四年十二月］乙未，徐泗王智兴请置僧尼戒坛，浙西观察使李德裕奏状论其奸幸。时自宪宗朝有敕禁私度戒坛，智兴冒禁陈请，盖缘久不兴置，由是天下沙门奔走如不及。智兴邀其厚利，由是致富，时议丑之。

（《旧唐书》卷十七上《本纪第十七上·敬宗》　513）

盗销钱为佛像者，请以盗铸钱论

［宝历元年］十月庚子朔，河南尹王起奏，盗销钱为佛像者，请以盗铸钱论。

（《旧唐书》卷十七上《本纪第十七上·敬宗》　517）

禅智寺

［宝历二年春正月］丙申，盐铁使王播奏："扬州城内，旧漕河水浅，舟

船涩滞，输不及期程。今从阊门外古七里港开河，向东屈曲，取禅智寺桥，东通旧官河，计长一十九里。其功役所费，当使自方圆支遣。"从之。

（《旧唐书》卷十七上《本纪第十七上·敬宗》　518）

殷侑擅制戒坛

［宝历二年三月］辛未，江西观察使殷侑请于洪州宝历寺置僧尼戒坛，敕殷侑故违制令，擅置戒坛，罚一季俸料。

（《旧唐书》卷十七上《本纪第十七上·敬宗》　519）

僧惟贞等并配流岭南

［宝历二年十二月］甲辰，僧惟真、齐贤、正简，道士赵归真，并配流岭南……［庚申，诏］……妖妄僧惟贞、道士赵归真等或假于卜筮，或托以医方，疑众挟邪，已从流窜。其情非奸恶，迹涉讹误者，一切不问。

（《旧唐书》卷十七上《本纪第十七上·文宗上》　523）

昭德寺

［大和二年十一月］甲辰，禁中巳时昭德寺火，直宣政殿之东，至午未间，北风起，火势益甚，至暮稍息。

（《旧唐书》卷十七上《本纪第十七上·文宗上》　530）

沈传师奏请起方等戒坛

［大和三年］冬十月戊申朔。己酉，江西沈传师奏：皇帝诞月，请为僧尼起方等戒坛。诏曰："不度僧尼，累有敕命。传师忝为藩守，合奉诏条，诱致愚妄，庸非理道，宜罚一月俸料。"

（《旧唐书》卷十七上《本纪第十七上·文宗上》　533）

南蛮放还先虏百姓、工巧、僧道四千人

［大和五年五月］戊午，西川李德裕奏：南蛮放还先虏掠百姓、工巧、僧道约四千人还本道。

（《旧唐书》卷十七下《本纪第十七下·文宗下》　542）

僧徒、道士讲论于麟德殿

［大和七年］冬十月癸未朔，扬州江都等七县水，害稼。壬辰，上降诞日，僧徒、道士讲论于麟德殿。翌日，御延英，上谓宰臣曰："降诞日设斋，起自近代。朕缘相承已久，未可便革，虽置斋会，唯对王源中等暂入殿，至

僧道讲论，都不临听。"宰相路随等奏："诞日斋会，诚资景福，本非中国教法。臣伏见开元十七年张说、源乾曜请以诞日为千秋节，内外宴乐，以庆昌期，颇为得礼。"上深然之，宰臣因请十月十日为庆成节，上诞日也。从之。

（《旧唐书》卷十七下《本纪第十七下·文宗下》　552）

改《三教珠英》为《海内珠英》

[开成二年]冬十月辛卯朔，诏改天后所撰《三教珠英》为《海内珠英》。

（《旧唐书》卷十七下《本纪第十七下·文宗下》　571）

出宫人四百八十，送两街寺观安置

[开成三年]六月丁未朔。辛酉，出宫人四百八十，送两街寺观安置。

（《旧唐书》卷十七下《本纪第十七下·文宗下》　574）

章敬寺、神龙寺

[会昌三年]三月，太和公主至京师，百官班于章敬寺迎谒，仍令所司告宪宗、穆宗二室……六月，西内神龙寺灾。

（《旧唐书》卷十八上《本纪第十八上·武宗》　595）

会昌四年敕

[会昌]四年春正月乙酉朔，以泽潞用兵，罢元会。其日，杨弁逐太原节度使李石。敕："斋月断屠，出于释氏，国家创业，犹近梁、隋，卿相大臣，或沿兹弊。鼓刀者既获厚利，纠察者潜受请求。正月以万物生植之初，宜断三日。列圣忌断一日。仍准开元二十二年敕，三元日各断三日，余月不禁。"壬子，河东监军使吕义忠收复太原，生擒杨弁，尽斩其乱卒，百僚称贺。

（《旧唐书》卷十八上《本纪第十八上·武宗》　599）

道士赵归真排毁释氏

[会昌四年]三月……以道士赵归真为左右街道门教授先生。时帝志学神仙，师归真。归真乘宠，每对，排毁释氏，言非中国之教，蠹耗生灵，尽宜除去，帝颇信之。

（《旧唐书》卷十八上《本纪第十八上·武宗》　600）

衡山道士刘玄靖及归真胶固排毁释氏

[会昌]五年春正月己酉朔，敕造望仙台于南郊坛……归真自以涉物论，遂举罗浮道士邓元起有长年之术，帝遣中使迎之。由是与衡山道士刘玄靖及

归真胶固，排毁释氏，而拆寺之请行焉。

（《旧唐书》卷十八上《本纪第十八上·武宗》　603）

唐武宗下敕毁佛寺等

[会昌五年]夏四月……敕祠部检括天下寺及僧尼人数，大凡寺四千六百，兰若四万，僧尼二十六万五百……秋七月庚子，敕并省天下佛寺。中书门下条疏闻奏："据令式，诸上州国忌日官吏行香于寺，其上州望各留寺一所，有列圣尊容，便令移于寺内；其下州寺并废。其上都、东都两街请留十寺，寺僧十人。"敕曰："上州合留寺，工作精妙者留之；如破落，亦宜废毁。其合行香日，官吏宜于道观。其上都、下都每街留寺两所，寺留僧三十人。上都左街留慈恩、荐福，右街留西明、庄严。"中书又奏："天下废寺，铜像、钟磬委盐铁使铸钱，其铁像委本州铸为农器，金、银、鍮石等像销付度支。衣冠士庶之家所有金、银、铜、铁之像，敕出后限一月纳官，如违，委盐铁使依禁铜法处分。其土、木、石等像合留寺内依旧。"又奏："僧尼不合隶祠部，请隶鸿胪寺。其大秦穆护等祠，释教既已厘革，邪法不可独存。其人并勒还俗，递归本贯充税户。如外国人，送还本处收管。"

八月，制：

朕闻三代已前，未尝言佛，汉、魏之后，像教浸兴。是由季时，传此异俗，因缘染习，蔓衍滋多。以至于蠹耗国风，而渐不觉；诱惑人意，而众益迷。洎于九州山原，两京城阙，僧徒日广，佛寺日崇。劳人力于土木之功，夺人利于金宝之饰，遗君亲于师资之际，违配偶于戒律之间。坏法害人，无逾此道。且一夫不田，有受其饥者；一妇不蚕，有受其寒者。今天下僧尼，不可胜数，皆待农而食，待蚕而衣。寺宇招提，莫知纪极，皆云构藻饰，僭拟宫居。晋、宋、齐、梁，物力凋瘵，风俗浇诈，莫不由是而致也。况我高祖、太宗，以武定祸乱，以文理华夏，执此二柄，足以经邦，岂可以区区西方之教，与我抗衡哉！贞观、开元，亦尝厘革，划除不尽，流衍转滋。朕博览前言，旁求舆议，弊之可革，断在不疑。而中外诚臣，协予至意，条疏至当，宜在必行。惩千古之蠹源，成百王之典法，济人利众，予何让焉。其天下所拆寺四千六百余所，还俗僧尼二十六万五百人，收充两税户，拆招提、兰若四万余所，收膏腴上田数千万顷，收奴婢为两税户十五万人。隶僧尼属主客，显明外国之教。勒大秦穆护、祆三千余人还俗，〔一〕不杂中华之风。于戏！前古未行，似将有待；及今尽去，岂谓无时。驱游惰不业之徒，已逾十万；废丹腹无用之室，何啻亿千。自此清净训人，慕无为之理；简易齐政，成一俗之功。将使六合黔黎，同归皇化。尚以革弊之始，日用不知，下制明廷，宜体予意。

〔一〕祆　各本原作"祓"，据《唐会要》卷四七、《通鉴》卷二四八改。

（《旧唐书》卷十八上《本纪第十八上·武宗》　604）

唐武宗下敕

[会昌五年] 十月乙亥，中书奏："汜水县武牢关是太宗擒王世充、窦建德之地，关城东峰有二圣塑容，在一堂之内。伏以山河如旧，城垒犹存，威灵皆盛于轩台，风云疑还于丰沛。诚宜百代严奉，万邦式瞻。西汉故事，祖宗尝行幸处，皆令邦国立庙。今缘定觉寺例合毁拆。望取寺中大殿材木，于东峰以造一殿，四面置宫墙，伏望名为昭武庙，以昭圣祖武功之盛。委怀孟节度使差判官一人勾当。缘圣像年代已久，望令李石于东都拣好画手，就增严饰。初兴功日，望令东都差分司官一员荐告。"从之。

十一月甲辰，敕："悲田养病坊，缘僧尼还俗，无人主持，恐残疾无以取给，两京量给寺田赈济。诸州府七顷至十顷，各于本管选耆寿一人勾当，以充粥料。"

（《旧唐书》卷十八《本纪第十八上·武宗》　606）

史臣论唐武宗削浮图之法

史臣曰：……[武宗] 于是削浮图之法，惩游惰之民，志欲矫步丹梯，求珠赤水。徒见萧衍、姚兴之谬学，不悟秦王、汉武之非求，盖惑于左道之言，偏斥异方之说。况身毒西来之教，向欲千祀，蚩蚩之民，习以成俗，畏其教甚于国法，乐其徒不异登仙。如文身祝发之乡，久习而莫知其丑；以吐火吞刀之戏，乍观而便以为神。安可正之以《咸》《韶》，律之以章甫。加以笮融、何充之佞，代不乏人，非荀卿、孟子之贤，谁兴正论。一朝瘝残金狄，燔弃胡书，结怨于膜拜之流，犯怒于鄙夫之口。哲王之举，不骇物情，前代存而勿论，实为中道。欲革斯弊，以俟河清，昭肃明照，听斯弊矣。

（《旧唐书》卷十八上《本纪第十八上·武宗》　610）

改寺名

会昌五年，留守李石因太微宫正殿圮堕，以废弘敬寺为太庙，迎神主祔之。又下百僚议，皆言准故事，无两都俱置之礼，唯礼部侍郎陈商议云："周之文、武，有镐、洛二庙，令两都异庙可也。然不宜置主于庙，主宜依礼瘗于庙之北墉下。"事未行而武宗崩。宣宗即位，因诏有司迎太微宫寓主，祔废寺之新庙，而知礼者非之。制皇长男温可封郓王，二男泾可封雅王，第三男滋可封薪王，第四男沂可封庆王。

五月，左右街功德使奏："准今月五日赦书节文，上都两街旧留四寺外，更添置八所。[一]两所依旧名兴唐寺、[二]保寿寺。六所请改旧名，宝应寺改为资圣寺，青龙寺改为护国寺，菩提寺改为保唐寺，清禅寺改为安国寺，法云尼寺改为唐安寺，崇敬尼寺改为唐昌寺。右街添置八所。西明寺改为福寿寺，庄严寺改为圣寿寺，旧留寺。二所旧名，千福寺改为兴元寺。[三]化度寺改为崇福寺，永泰寺改为万寿寺，温国寺改为崇圣寺，经行寺改为龙兴寺，奉恩寺改为兴福寺。"赦旨依奏。诛道士刘玄靖等十二人，以其说惑武宗，排毁释氏故也。

〔一〕更添置八所　《通鉴》卷二四八作上京两街"更各增置八寺"。"更"字下疑脱"各"字。

〔二〕两所依旧名　据《唐会要》卷四八、《通鉴》卷二四八胡注，"两所"上疑脱"左街"两字。本卷下文云"右街添置八所"，此处当有"左街"为宜。

〔三〕千福寺改为兴元寺　据《唐会要》卷四八、《通鉴》卷二四八胡注，此处之千福寺为僧寺，兴元寺（《通鉴》作兴圣寺）乃尼寺，为新添八寺中之二寺，均"依旧名"。又下文"兴福寺"下，两寺均有"尼寺一所，万善寺改为延唐寺"之文，正合添置八寺之数。疑此处"改为"两字为衍文。

（《旧唐书》卷十八下《本纪第十八下·宣宗》　614）

修创会昌毁寺

[大中元年]闰三月，敕："会昌季年，并省寺宇。虽云异方之教，无损致理之源。中国之人，久行其道，厘革过当，事体未弘。其灵山胜境、天下州府，应会昌五年四月所废寺宇，有宿旧名僧，复能修创，一任住持，所司不得禁止。"

（《旧唐书》卷十八下《本纪第十八下·宣宗》　617）

《统史》内容下至僧道是非

[大中五年十一月] 太子詹事姚康献《帝王政纂》十卷；又撰《统史》三百卷，上自开辟，下尽隋朝，帝王美政、诏令、制置、铜盐钱谷损益、用兵利害，下至僧道是非，无不备载，编年为之。

（《旧唐书》卷十八下《本纪第十八下·宣宗》　630）

僧昙延进《大乘百法门明论》

[咸通七年] 七月，沙州节度使张义潮进甘峻山青骹鹰四联、延庆节马二匹、吐蕃女子二人。僧昙延进《大乘百法门明论》等。

（《旧唐书》卷十九上《本纪第十九上·懿宗》　660）

颍州僧道百姓举留刺史宗回

[咸通十三年] 六月，义成军节度使、检校工部尚书杜慆奏：当管颍州僧道百姓举留刺史宗回。敕曰："回清干临人，自有月限，方藉绥辑，未议替移。"

（《旧唐书》卷十九上《本纪第十九上·懿宗》　680）

诏两街僧于法门寺迎佛骨

[咸通十四年三月] 庚午，诏两街僧于凤翔法门寺迎佛骨，是日天雨黄土遍地。

四月八日，佛骨至京，自开远门达安福门，彩棚夹道，念佛之音震地。上登安福门迎礼之，迎入内道场三日，出于京城诸寺。士女云合，威仪盛饰，古无其比。制曰："朕以寡德，缵承鸿业，十有四年。顷属寇猖狂，王师未息。朕忧勤在位，爱育生灵，遂乃尊崇释教，至重玄门，迎请真身，为万姓祈福。今观睹之众，隘塞路歧。载念狴牢，寝兴在虑，嗟我黎人，陷于刑辟。况渐当暑毒，系于缧绁，或积幽凝滞，有伤和气，或关连追扰，有妨农务。京畿及天下州府见禁囚徒，除十恶忤逆、故意杀人、官典犯赃、合造毒药、放火持仗、开发坟墓外，余罪轻重节级递减一等。其京城军镇，限两日内疏理讫闻奏；天下州府，敕到三日内疏理闻奏。"

（《旧唐书》卷十九上《本纪第十九上·懿宗》　683）

史臣曰"报应必无"

史臣曰：臣常接咸通耆老，言恭惠皇帝故事……然器本中庸，流于近习，所亲者巷伯，所昵者桑门。以蛊惑之侈言，乱骄淫之方寸，欲无怠忽，其可得乎！……然犹削军赋而饰伽蓝，困民财而修净业，以谀佞为爱己，谓忠谏为妖言……是以干戈布野，虫旱弥年，佛骨才入于应门，龙辂已泣于苍野，报应无必，斯其验欤！土德凌夷，祸阶于此。

（《旧唐书》卷十九上《本纪第十九上·懿宗》　684）

龙兴寺

［文德元年四月］魏博衙军杀其帅乐彦祯于龙兴寺，又击乐从训，败之。

（《旧唐书》卷二十上《本纪第二十上·昭宗》　736）

陟岵寺

［光化元年］四月庚子……上幸陟岵寺，宴从官于韩建所献御庄。

（《旧唐书》卷二十上《本纪第二十上·昭宗》　764）

昭明寺

［天祐二年六月］丙午，全忠奏："得宰相柳璨记事，欲拆北邙山下玄元观移入都内，于清化坊取旧昭明寺基，建置太微宫，准备十月九日南郊行事。缘延资库盐铁并无物力，令臣商量者。臣已牒判六军诸卫张全义指挥工作讫。"优诏嘉之。

（《旧唐书》卷二十下《本纪第二十下·哀帝》　797）

加号为天册金轮大圣皇帝

及则天革命，天册万岁元年，加号为天册金轮大圣皇帝，亲享南郊，合祭天地。

（《旧唐书》卷二十一《志第一·礼仪一》　830）

武后亲享明堂

永昌元年正月元日，［武后］始亲享明堂，大赦改元。……［二月］命侍臣及僧、道士等以次论议，日昃乃罢。

（《旧唐书》卷二十二《志第二·礼仪二》　864）

佛堂、明堂并尽

时则天又于明堂后造天堂，以安佛像，高百余尺。始起建构，为大风振倒。俄又重营，其功未毕。证圣元年正月丙申夜，佛堂灾，延烧明堂，至曙，二堂并尽。寻时又无云而雷，起自西北。则天欲责躬避正殿。宰相姚璹曰："此实人火，非是天灾。至如成周宣榭，卜代逾长；汉武建章，盛德弥永。今明堂是布政之所，非宗祀也。"则天乃御端门观酺宴，下诏令文武九品已上各上封事，极言无有所隐。左拾遗刘承庆上疏曰：

臣闻自古帝王，皆有美恶，休祥所以昭其德，灾变所以知其咎，天道之常理，王者之常事。

……臣愚以为火发既先从麻主，[一]后及总章，意将所营佛舍，恐劳而无益。但崇其教，即是津梁，何假绀宫，方存汲引？既僻在明堂之后，又前逼牲牢之筵，兼以厥构崇大，功多难毕。立像弘法，本拟利益黎元；伤财役人，却且烦劳家国。承前大风摧木，天诫已显；今者毒焰冥炽，人孽复彰。圣人动作，必假天人之助，一兴功役，二者俱违，厥应昭然，殆将缘此。

臣以为明堂是正阳之位，至尊所居，展礼班常，崇化立政，玉帛朝会，神灵依凭。营之可曰大功，损之实非轻事，既失严禋之所，复伤孝理之情。陛下昨降明制，犹申寅畏之旨，群僚理合兢畏震悚，勉力司存，岂合承恩耽乐，安然酺宴？又下人感荷圣德，睹变憎惶，[二]神体克宁，岂非深悦。但以火气初止，尚多惊惧，余忧未息，遽以欢事遏之。臣恐忧喜相争，伤于情理。故传曰："可忧而为乐，取忧之道。"又古者有火，祭四墉。四墉，积阴之气，祈之以禳火灾。火，阳之气，欢乐阳事，火气方胜，不可复兴阳事。

臣闻灾变之兴，至圣不免，聿修其德，来患可禳。陛下垂制博访，许陈至理。而左史张鼎以为"今既火流王屋，弥显大周之祥"，通事舍人逢敏奏称："当弥勒初成佛道时，有天魔烧宫，七宝台须臾散坏。"斯实诡妄之邪言，实非君臣之正论。晻昧王化，无益万机。夫天道虽高，其察弥近；神心虽寂，其听弥聪。交际皇王，事均影响。今大风烈火，谴告相仍，实天人丁宁，匡谕圣主，使鸿基益固，天禄永终之意也。伏愿陛下乾乾在虑，翼翼为怀，若涉巨川，如承大祭，审其致灾之理，详其降眚之由，无蹶天人之心，而兴不急之役，则兆人蒙赖，福禄靡穷，幸甚，幸甚！

则天寻令依旧规制重造明堂，凡高二百九十四尺，东西南北广三百尺。上施宝凤，俄以火珠代之。明堂之下，圜绕施铁渠，以为辟雍之象。天册万岁二年三月，重造明堂成，号为通天宫。四月朔日，又行亲享之礼，大赦，改元为万岁通天。翼日，则天御通天宫之端扆殿，命有司读时令，布政于群后。

〔一〕麻主　闻本、殿本、惧盈斋本、广本同。局本、《册府》卷五四三作"庙主"。

〔二〕睹变憎惶　"憎"字疑误，《册府》卷五四三作"悚"，《全唐文》卷二〇三作"增"。

（《旧唐书》卷二十二《志第二·礼仪二》　865）

萧昕又奏

及［永泰二年］二月朔上丁释奠，萧昕又奏：诸宰相元载、杜鸿渐、李抱玉及常参官、六军军将就国子学听讲论，赐钱五百贯。令京兆尹黎干造食。集诸儒、道、僧，质问竟日。此礼久废，一朝能举。

（《旧唐书》卷二十四《志第四·礼仪四》　923）

拆大寺材木修建东都太庙

会昌五年八月，中书门下奏："东都太庙九室神主，共二十六座，自禄山叛后，取太庙为军营，神主弃于街巷，所司潜收聚，见在太微宫内新造小屋之内。其太庙屋室并在，可以修崇。……如合置，望以所拆大寺材木修建。既是宗室官居守，便望令充修东都太庙使，勾当修缮。"奉敕宜依。

（《旧唐书》卷二十六《志第六·礼仪六》　983）

天竺国王子为沙门来游

后魏有曹婆罗门，受龟兹琵琶于商人，世传其业，至孙妙达，尤为北齐高洋所重，常自击胡鼓以和之。周武帝聘虏女为后，西域诸国来媵，于是龟兹、疏勒、安国、康国之乐，大聚长安。胡儿令羯人白智通教习，颇杂以新声。张重华时，天竺重译贡乐伎，后其国王子为沙门来游，又传其方音。

（《旧唐书》卷二十九《志第九·音乐二》　1069）

瞿昙罗

天后时，瞿昙罗造《光宅历》。中宗时，南宫说造《景龙历》。皆旧法之所弃者，复取用之。徒云革易，宁造深微，寻亦不行。开元中，僧一行精诸家历法，言《麟德历》行用既久，晷纬渐差。宰相张说言之，玄宗召见，令造新历。遂与星官梁令瓒先造《黄道游仪图》，考校七曜行度，准《周易》大衍之数，别成一法，行用垂五十年。

（《旧唐书》卷三十二《志第十二·历一》　1152）

僧一行改造新历

玄宗开元九年，太史频奏日蚀不效，诏沙门〔僧〕一行改造新历。一行奏云，今欲创历立元，须知黄道进退，请太史令测候星度。有司云："承前唯依赤道推步，官无黄道游仪，无由测候。"时率府兵曹梁令瓒待制于丽正书院，因造游仪木样，甚为精密。一行乃上言曰："黄道游仪，古有其术而无其器。以黄道随天运动，难用常仪格之，故昔人潜思皆不能得。今梁令瓒创造此图，日道月交，莫不自然契合，既于推步尤要，望就书院更以铜铁为之，庶得考验星度，无有差舛。"从之，至十三年造成。又上疏曰：

按《舜典》云："在璇枢玉衡，以齐七政。"说者以为取其转运者为枢，持正者为衡，皆以玉为之，用齐七政之变，知其盈缩进退，得失政之所在，即古太史浑天仪也。

自周室衰微，畴人丧职，其制度遗象，莫有传者。汉兴，丞相张苍首创律历之学。至武帝诏司马迁等更造汉历，乃定东西、立晷仪、下漏刻，以追二十八宿相距星度，与古不同。故唐都分天部，洛下闳运算转历，今赤道历星度，则其遗法也。

后汉永元中，左中郎将贾逵奏言："臣前上傅安等用黄道度日月，弦望多近。史官壹以赤道度之，不与天合，至差一日以上。愿请太史官日月宿簿及星度课，〔一〕与待诏星官考校。奏可。问典星待诏姚崇等十二人，皆曰：'星图有规法，日月实从黄道，官无其器，不知施行。'甘露二年，大司农丞耿寿昌奏，以圆仪度日月行，考验天运。日月行赤道，至牵牛、东井，〔二〕日行一度，月行十五度；至娄、角，日行一度，月行十三度，此前代所共知也。"是岁永元四载也。明年，始诏太史造黄道铜仪。冬至，日在斗十九度四分度之一，〔三〕与赤道定差二度。史官以校日月弦望，虽密近，而不为望日。〔四〕仪，〔五〕黄道与度运转，难候，是以少终其事。其后刘洪因黄道浑仪，以考月行出入迟速。而后代理历者不遵其法，更从赤道命文，以验贾逵所言，差谬益甚，此理历者之大惑也。

今灵台铁仪，后魏明元时都匠解兰所造，〔六〕规制朴略，度刻不均，赤道不动，乃如胶柱，不置黄道，进退无准。此据赤道月行以验入历迟速，多者或至十七度，少者仅出十度，不足以上稽天象，敬授人时。近祕阁郎中李淳风著《法象志》，备载黄道浑仪法，以玉衡旋规，别带日道，傍列二百四十九交，以携月游，用法颇杂，其术竟寝。

臣伏承恩旨，更造游仪，使黄道运行，以追列舍之变，因二分之中以立黄道，交于轸、奎之间，二至陟降各二十四度。黄道之内，又施白道月环，用究阴阳朓朒之数，动合天运，简而易从，足以制器垂象，永传不朽。

于是玄宗亲为制铭，置之于灵台以考星度。其二十八宿及中外官与古经不同者，凡数十条。又诏一行与梁令瓒及诸术士更造浑天仪，铸铜为圆天之象，上具列宿赤道及周天度数。注水激轮，令其自转，一日一夜，天转一周。又别置二轮络在天外，缀以日月，令得运行。每天西转一匝，日东行一度，月行十三度十九分度之七，凡二十九转有余而日月会，三百六十五转而日行匝。仍置木柜以为地平，令仪半在地下，晦明朔望，迟速有准。又立二木人于地平之上，前置钟鼓以候辰刻，每一刻自然击鼓，每辰则自然撞钟。皆于柜中各施轮轴，钩键交错，关锁相持。既与天道合同，当时共称其妙。铸成，命之曰水运浑天俯视图，置于武成殿前以示百僚。无几而铜铁渐涩，不能自转，遂收置于集贤院，不复行用。

今录游仪制度及所测星度异同，开元十二年分遣使诸州所测日晷长短，李淳风、僧一行所定十二次分野，武德已来交蚀及五星祥变，著于篇。

〔一〕愿请太史官日月宿簿及星度课　"宿"字各本原作"星"，据《后汉书·律历志中》、《唐会要》卷四二改。

〔二〕至牵牛、东井　"至"字各本原无，据《后汉书·律历志中》、《唐会要》卷四二补。

〔三〕日在斗十九度四分度之一　下"度"字各本原无，据《后汉书·律历志中》、《唐会要》卷四二补。

〔四〕而不为望日　"望"字《后汉书·律历志中》作"注"。

〔五〕仪　《唐会要》卷四二"仪"上有"铜"字。

〔六〕都匠解兰　"解"字《新书》卷三一《天文志》作"斛"。

（《旧唐书》卷三十五《志第十五·天文上》　1293）

僧一行修《大衍图》

又凡日晷差，冬夏至不同，南北亦异，而先儒一以里数齐之，丧其事实。沙门僧一行因修《大衍图》，更为《覆矩图》，自丹穴以暨幽都之地，凡为图二十四，以考日蚀之分数，知夜漏之短长。

（《旧唐书》卷三十五《志第十五·天文上》 1307）

僧一行增损《法象志》

贞观中，李淳风撰《法象志》，始以唐之州县配焉。至开元初，沙门一行又增损其书，更为详密。既事包今古，与旧有异同，颇裨后学，故录其文著于篇。

（《旧唐书》卷三十六《志第十六·天文下》 1311）

凉州昌松奇石有文

〔贞观〕十七年八月四日，凉州昌松县鸿池谷有石五，[一]青质白文，成字曰"高皇海出多子李元王八十年太平天子李世民千年太子李治书燕山人士乐太国主尚汪谭奖文仁迈千古大王五王六王七王十凰毛才子七佛八菩萨及上果佛田天子文武贞观昌大圣延四方上下治示孝仙戈入为善"。凉州奏。其年十一月三日，遣使祭之，曰："嗣天子某，祚继鸿业，君临宇县，夙兴旰食，无忘于政，导德齐礼，愧于前修。天有成命，表瑞贞石，文字昭然，历数唯永。既旌高庙之业，又锡眇身之祚。迨于皇太子治，亦降贞符，具纪姓氏，列于石言。仰瞻睿汉，空铭大造，甫惟寡薄，弥增寅惧。敢因大礼，重荐玉帛，上谢明灵之贶，以申祇栗之诚。"

〔一〕凉州昌松县 "凉"字各本原作"原"，据本书卷四〇《地理志》、《新书》卷三五《五行志》改。下文"凉州奏"原作"原州奏"，同改。

（《旧唐书》卷三十七《志第十七·五行》 1349）

天竺寺、奉先寺

〔开元〕十年二月四日，伊水泛涨，毁都城南龙门天竺、奉先寺，坏罗郭东南角，平地水深六尺已上，入漕河，水次屋舍树木荡尽。

（《旧唐书》卷三十七《志第十七·五行》 1357）

普门佛寺

〔开元十五年〕八月八日，渑池县夜有暴雨，[一]涧水、穀水涨合，毁郭邑百余家及普门佛寺。

〔一〕渑池县夜有暴雨 "渑"字各本原作"沔"，据《新书》卷三六《五行志》、

《通考》卷二九六改。

（《旧唐书》卷三十七《志第十七·五行》　1358）

京城宫寺卢舍多坏

上元二年，京师自七月霖雨，八月尽方止。京城宫寺卢舍多坏，街市沟渠中漉得小鱼……［永泰］二年夏，洛阳大雨，水坏二十余坊及寺观廨舍。

（《旧唐书》卷三十七《志第十七·五行》　1359）

经行寺塔

大和八年六月癸未，暴风雷雨坏长安县廨及经行寺塔。

（《旧唐书》卷三十七《志第十七·五行》　1362）

滋善寺佛舍

开成元年夏六月，凤翔麟游县暴风雨，飘害九成宫正殿及滋善寺佛舍，坏百姓屋三百间，死者百余人，牛马不知其数。

（《旧唐书》卷三十七《志第十七·五行》　1363）

庄严寺佛图、家令寺、开业寺

大历十年二月，庄严寺佛图灾。初有疾风，震雷薄击，俄而火从佛图中出，寺僧数百人急救之，乃止，栋宇无损。

贞元七年，苏州火。十九年四月，家令寺火。二十年四月，开业寺火。

（《旧唐书》卷三十七《志第十七·五行》　1367）

相国寺

大顺二年七月，汴州相国寺佛阁灾。是日晚，微雨，震电，寺僧见赤块在三门楼藤网中，周绕一匝而火作。良久，赤块北飞，越前殿飞入佛阁网中，如三门周绕转而火作。如是三日不息，讫为灰烬。

（《旧唐书》卷三十七《志第十七·五行》　1367）

白马寺铁像头无故自落

玄宗初即位，东都白马寺铁像头无故自落于殿门外。后姚崇秉政，以僧惠范附太平乱政，谋汰僧尼，令拜父母，午后不出院，其法颇峻。

大历十三年二月，太仆寺廨有佛堂，堂内小脱空金刚左臂上忽有黑汗滴下，以纸承之，色即血也。明年五月，代宗崩。

（《旧唐书》卷三十七《志第十七·五行》　1374）

每寺立三纲

郎中、员外郎之职，掌祠祀、享祭、天文、漏刻、国忌、庙讳、卜筮、医药、僧尼之事。……凡天下寺有定数，每寺立三纲，以行业高者充。诸州寺总五千三百五十八所，三千二百三十五所僧，二千一百二十二所尼。每寺上座一人，寺主一人，都维那一人。凡僧簿籍，三年一造。凡别敕设斋，应行道并官给料。凡国忌日，两京大寺各二，以散斋僧尼。文武五品已上，清官七品已上皆集，行香而退。天下州府亦然。凡远忌日，虽不废务，然非军务急切，亦不举事。余如常式。

（《旧唐书》卷四十三《志第二十三·职官二》　1831）

凡天下寺观三纲

凡天下寺观三纲，及京都大德，皆取其道德高妙、为众所推者补充，申尚书祠部。

（《旧唐书》卷四十四《志第二十四·职官三》　1885）

《开元内外经录》

其外有释氏经律论疏，道家经戒符箓，凡二千五百余部，九千五百余卷。亦具翻译名氏，序述指归，又勒成目录十卷，名曰《开元内外经录》。若夫先王秘传，列代奥文，自古之粹籍灵符，绝域之神经怪牒，尽载于此二书矣。

（《旧唐书》卷四十六《志第二十六·经籍上》　1965）

《释道录目》

毘等《四部目》及《释道目》，并有小序及注撰人姓氏，卷轴繁多，今并略之，但纪篇部，以表我朝文物之大。其《释道录目》附本书，今亦不取，据开元经籍为之志。

（《旧唐书》卷四十六《志第二十六·经籍上》　1966）

虞孝敬等撰杂传十八种

《高僧传》六卷虞孝敬撰。

《名僧传》三十卷释宝唱撰。

《比丘尼传》四卷释宝唱撰。

《高僧传》十四卷释惠皎撰。

《续高僧传》二十卷释道宣撰。

《续高僧传》三十卷释道宣撰。

《西域求法高僧传》二卷释义净撰。〔一〕

《名僧录》十五卷裴子野撰。

《萨婆多部传》四卷释僧佑撰。

《草堂法师传》一卷陶弘景撰。

又一卷萧理撰。

《稠禅师传》一卷

《幽明录》三十卷刘义庆撰。

《感应传》八卷王延秀撰。〔二〕

《冥祥记》十卷王琰撰。

《续冥祥记》十一卷王曼颖撰。

《系应验记》一卷陆果撰。

《神录》五卷刘之遴撰。

《冥报记》二卷唐临撰。

〔一〕《西域求法高僧传》二卷释义净撰　　"求"字各本原作"永"，据《新志》改。

〔二〕《感应传》八卷王延秀撰　　"延"字各本原作"廷"，《隋志》《新志》均作"延"。慧皎《高僧传》序云："太原王延秀撰《感应传》。"据改。

（《旧唐书》卷四十六《志第二十六·经籍上》　2003）

阳衒之等撰地理两种

《洛阳伽蓝记》五卷阳衒之撰。

《中天竺国行记》十卷王玄策撰。

（《旧唐书》卷四十六《志第二十六·经籍上》　2016）

鸠摩罗什等注道家二十六种

《老子》二卷鸠摩罗什注。

《老子》二卷释惠严注。

《老子》四卷陶弘景注。

《老子》二卷释义盈注。

《老子指归》十四卷严遵志。

《净住子》二十卷萧子良撰，王融颂。

《统略净住子》二卷释道宣撰。

《法苑》十五卷释僧祐撰。

《内典博要》三十卷虞孝景撰。

《真言要集》十卷释贤明撰。

《历代三宝记》三卷

《修多罗法门》二十卷郭瑜撰。

《集古今佛道论衡》四卷释道宣撰。

《六趣论》六卷杨上善撰。

《十门辩惑论》二卷释复礼志。

《经论纂要》十卷骆子义撰。

《通惑决疑录》二卷释道宣撰。

《夷夏论》二卷顾欢撰。

《笑道论》三卷甄鸾撰。

《齐三教论》七卷卫元嵩撰。

《辩正论》八卷释法琳撰。

《破邪论》三卷释法琳撰。

《三教诠衡》十卷杨上善撰。

《甄正论》三卷杜乂撰。

《心镜论》十卷李思慎撰。

《崇正论》六卷释彦琮撰。

（《旧唐书》卷四十七《志第二十七·经籍下》　2027）

别集类八种

《金轮集》十卷天后撰。

沙门《昙谛集》六卷

沙门《惠远集》十五卷

沙门《惠琳集》五卷

沙门《昙瑗集》六卷

沙门《亡名集》十卷

沙门《灵裕集》二卷

沙门《支遁集》十卷

（《旧唐书》卷四十七《志第二十七·经籍下》　2052）

总集类三种

《弘明集》十四卷释僧祐撰。

《广弘明集》三十卷释道宣撰。

《陶神论》五卷释灵祐撰。

（《旧唐书》卷四十七《志第二十七·经籍下》　2079）

收公私经籍归于江陵

梁元帝克平侯景，收公私经籍归于江陵，凡七万余卷。盖佛老之书，计于其间。

（《旧唐书》卷四十七《志第二十七·经籍下》　2082）

杨国忠使崔众纳钱度僧尼道士

及安禄山反于范阳，两京仓库盈溢而不可名。杨国忠设计，称不可耗正库之物，乃使御史崔众于河东纳钱度僧尼道士，旬日间得钱百万。

（《旧唐书》卷四十八《志第二十八·食货上》　2087）

寺观钟像盗铸为钱

［乾元］二年三月，琦入为相……长安城中，竞为盗铸，寺观钟及铜象，多坏为钱。奸人豪族，犯禁者不绝。

（《旧唐书》卷四十八《志第二十八·食货上》　2100）

长孙皇后论佛教

［贞观］八年［长孙皇后］从幸九成宫，染疾危惙，太子李承乾入侍，密启后曰："医药备尽，尊体不疗，请奏赦囚徒，并度人入道，冀蒙福助。"后曰："死生有命，非人力所加。若修福可延，吾素非为恶；若行善无效，何福可求。赦者国之大事，佛道者示存异方之教耳，非惟政体靡弊，又是上所不为，岂以吾一妇人而乱天下法？"承乾不敢奏，以告左仆射房玄龄，玄龄以闻，太宗及侍臣莫不歔欷。朝臣咸请肆赦，太宗从之，后闻之固争，乃止。

（《旧唐书》卷五十一《列传第一·后妃上》　2166）

感业寺

初，武皇后贞观末随太宗嫔御居于感业寺，后及左右数为之言，高宗由是复召入宫，立为昭仪。

（《旧唐书》卷五十一《列传第一·后妃上》　2170）

左道僧明悟为王后祭南北斗

［玄宗王皇后］后兄［王］守一以后无子，常惧有废立，导以符厌之事。有左道僧明悟为祭南北斗，刻霹雳木书天地字及上讳，合而佩之，且祝曰："佩此有子，当与则天皇后为比。"事发，上亲究之，皆验。开元十二年秋七月己卯，下制曰："皇后王氏……可废为庶人……"守一赐死。其年十月，庶人卒，以一品礼葬于无相寺。

（《旧唐书》卷五十一《列传第一·后妃上》　2177）

杨贵妃缢死于佛室

及潼关失守，［杨贵妃］从幸至马嵬，禁军大将陈玄礼密启太子，诛国忠父子。既而四军不散，玄宗遣力士宣问，对曰"贼本尚在"，盖指贵妃也。力士复奏，帝不获已，与妃诀，遂缢死于佛室。时年三十八，瘗于驿西道侧。

（《旧唐书》卷五十一《列传第一·后妃上》　2180）

韦妃削发被尼服

肃宗韦妃，……［李］林甫罗织，起柳勣之狱，［妃兄韦］坚连坐得罪，兄弟并赐死。太子惧，上表自理，言与妃情义不睦，请离婚，玄宗慰抚之，听离。妃遂削发被尼服，居禁中佛舍。西京失守，妃亦陷贼。

（《旧唐书》卷五十二《列传第二·后妃下》　2186）

石瓮寺

太后尝幸骊山，登石瓮寺，上命景王率禁军侍从，帝自于昭应奉迎，游豫行乐，数日方还。敬宗即位，尊为太皇太后。

（《旧唐书》卷五十二《列传第二·后妃下》　2197）

高昙晟与高开道

先是，有怀戎沙门高昙晟者，因县令设斋，士女大集，昙晟与其僧徒五十人拥斋众而反，杀县令及镇将，自称大乘皇帝，立尼静宣为耶输皇后，建元为法轮。至夜，遣人招诱［高］开道，结为兄弟，改封齐王。开道以众五千人归之，居数月，袭杀昙晟，悉并其众。

　　杜按：《新唐书》本传（3714）"数月"作"三月"，"五千人"作"众"，余大同，
　　　　故不录。

　　　　　　　　　　　　　　　　（《旧唐书》卷五十五《列传第五·高开道》　2256）

法　雅

　　［贞观］三年，有沙门法雅，初以恩倖出入两宫，至是禁绝之，法雅怨望，出妖言，伏法。兵部尚书杜如晦鞫其狱，法雅乃称［裴］寂知其言，寂对曰："法雅惟云时候方行疾疫，初不闻妖言。"法雅证之，坐是免官，削食邑之半，放归本邑。寂请住京师，太宗数之曰："计公勋庸，不至于此，徒以恩泽，特居第一。武德之时，政刑纰缪，官方弛紊，职公之由。但以旧情，不能极法，归扫坟墓，何得复辞？"寂遂归蒲州。

　　未几，有狂人自称信行，寓居汾阴，言多妖妄，常谓寂家僮曰："裴公有天分。"于时信行已死，寂监奴恭命以其言白寂，寂惶惧不敢闻奏，阴呼恭命杀所言者。恭命纵令亡匿，寂不知之。寂遣恭命收纳封邑，得钱百余万，因用而尽。寂怒，将遣人捕之，恭命惧而上变。太宗大怒，谓侍臣曰："寂有死罪者四：位为三公而与妖人法雅亲密，罪一也；事发之后，乃负气愤怒，称国家有天下，是我所谋，罪二也；妖人言其有天分，匿而不奏，罪三也；阴行杀戮以灭口，罪四也。我杀之非无辞矣。议者多言流配，朕其从众乎。"于是徙交州，竟流静州。俄逢山羌为乱，或言反獠劫寂为主，太宗闻之曰："我国家于寂有性命之恩，必不然矣。"未几，果称寂率家僮破贼。

　　杜按：《新唐书》本传（3738）文简许多，意同，故不录。

　　　　　　　　　　　　　　　　（《旧唐书》卷五十七《列传第七·裴寂》　2288）

萧　瑀

　　萧瑀字时文。高祖梁武帝。曾祖昭明太子。祖詧，后梁宣帝。父岿，明帝。瑀年九岁，封新安郡王，幼以孝行闻。姊为隋晋王妃，从入长安。聚学属文，端正鲠亮。好释氏，常修梵行，每与沙门难及苦空，必诣微旨。常观刘孝标《辩命论》，恶其伤先王之教，迷性命之理，乃作《非辩命论》以释之。大旨以为："人禀天地以生，孰云非命，然吉凶祸福，亦因人而有，若

一之于命，其蔽已甚。"时晋府学士柳顾言、诸葛颖见而称之曰："自孝标后数十年间，言性命之理者，莫能诋诘。今萧君此论，足疗刘子膏肓。"……太宗以〔萧〕瑀好佛道，尝赍绣佛像一躯，并绣瑀形状于佛像侧，以为供养之容。又赐王褒所书《大品般若经》一部，并赐袈裟，以充讲诵之服焉……

会瑀请出家，太宗谓曰："甚知公素爱桑门，今者不能违意。"瑀旋踵奏曰："臣顷思量，不能出家。"太宗以对群臣吐言而取舍相违，心不能平。瑀寻称足疾，时诣朝堂，又不入见，太宗谓侍臣曰："瑀岂不得其所乎，而自慊如此？"遂手诏曰：

朕闻物之顺也，虽异质而成功；事之违也，亦同形而罕用。是以舟浮楫举，可济千里之川；辕引轮停，不越一毫之地。故知动静相循易为务，曲直相反难为功，况乎上下之宜、君臣之际者矣。朕以无明于元首，期托德于股肱，思欲去伪归真，除浇反朴。至于佛教，非意所遵，虽有国之常经，固弊俗之虚术。何则？求其道者，未验福于将来；修其教者，翻受辜于既往。至若梁武穷心于释氏，简文锐意于法门，倾帑藏以给僧祇，殚人力以供塔庙。及乎三淮沸浪，五岭腾烟，假余息于熊蹯，引残魂于雀鷇。子孙覆亡而不暇，社稷俄顷而为墟，报施之征，何其缪也。

而太子太保、宋国公瑀践覆车之余轨，袭亡国之遗风。弃公就私，未明隐显之际；身俗口道，莫辩邪正之心。修累弃之殃源，祈一躬之福本，上以违忤君主，下则扇习浮华。往前朕谓张亮云："卿既事佛，何不出家？"瑀乃端然自应，请先入道，朕即许之，寻复不用。一回一惑，在于瞬息之间；自可自否，变于帷扆之所。乖栋梁之大体，岂具瞻之量乎？朕犹隐忍至今，瑀尚全无悛改。宜即去兹朝阙，出牧小藩，可商州刺史，仍除其封。

（《旧唐书》卷六十三《列传第十三·萧瑀》　2398）

孙令问论杀生

令问虽特承恩宠，未尝干预时政，深为物论所称。然厚于自奉，食馔丰侈，广畜刍豢，躬临宰杀。时方奉佛，其笃信之士或讥之，令问曰："此物畜生，与果菜何异，胡为强生分别，不亦远于道乎？"略不以恩眄自恃，闲适郊野，从禽自娱。

（《旧唐书》卷六十七《列传第十七·李靖》　2482）

智　永

又同郡沙门智永善王羲之书，［虞］世南师焉，妙得其体，由是声名籍甚。……［虞卒后，唐太宗下制曰：］可于其家为设五百僧斋，并为造天尊像一区。

杜按：《新唐书》不记"设五百僧斋"事。

（《旧唐书》卷七十二《列传第二十二·虞世南》　2565）

薛曜修《三教珠英》

［薛元超］子曜，亦以文学知名，圣历中，修《三教珠英》，官至正谏大夫。

（《旧唐书》卷七十三《列传第二十三·薛收》　2591）

马嘉运

马嘉运者，魏州繁水人也。少出家为沙门，明于《三论》。后更还俗，专精儒业，尤善论难。贞观初，累除越王东阁祭酒；顷之，罢归，隐居白鹿山。十一年，召拜太学博士，兼弘文馆学士，预修《文思博要》。嘉运以颖达所撰《正义》颇多繁杂，每掎摭之，诸儒亦称为允当。

（《旧唐书》卷七十三《列传第二十三·孔颖达》　2603）

柳泽评太平公主事胡僧慧范

［柳泽上疏曰］今海内咸称太平公主令胡僧慧范曲引此辈，将有误于陛下矣。谤议盈耳，咨嗟满衢，故语曰："姚、宋为相，邪不如正；太平用事，正不如邪。"《书》曰："无偏无陂，遵王之义，无反无侧，王道正直。"臣恐因循，流近至远，积小为大，累微起高。勿谓何伤，其祸将长；勿谓何害，其祸将大。

（《旧唐书》卷七十七《列传第二十七·柳亨》　2683）

张昌宗修《三教珠英》

以［张］昌宗丑声闻于外，欲以美事掩其迹，乃诏昌宗撰《三教珠英》于内。乃引文学之士李峤、阎朝隐、徐彦伯、张说、宋之问、崔湜、富嘉谟等二十六人，分门撰集，成一千三百卷，上之。加昌宗司仆卿，封邺国公，易之为麟台监，封恒国公，各实封三百户。

（《旧唐书》卷七十八《列传第二十八·张行成》　2707）

傅奕论佛教

〔武德〕七年，〔傅〕奕上疏请除去释教，曰：

佛在西域，言妖路远，汉译胡书，恣其假讬。故使不忠不肖，削发而揖君亲；游手游食，易服以逃租赋。演其妖书，述其邪法，伪启三涂，谬张六道，恐吓愚夫，诈欺庸品。凡百黎庶，通识者稀，不察根源，信其矫诈。乃追既往之罪，虚规将来之福。布施一钱，希万倍之报；持斋一日，冀百日之粮。遂使愚迷，妄求功德，不惮科禁，轻犯宪章。其有造作恶逆，身坠刑网，方乃狱中礼佛，口诵佛经，昼夜忘疲，规免其罪。且生死寿夭，由于自然；刑德威福，关之人主。乃谓贫富贵贱，功业所招，而愚僧矫诈，皆云由佛。窃人主之权，擅造化之力，其为害政，良可悲矣！

案《书》云："惟辟作福威，惟辟玉食。臣有作福、作威、玉食，害于而家，凶于而国，人用侧颇僻。"降自牺、农，至于汉、魏，皆无佛法，君明臣忠，祚长年久。汉明帝假托梦想，始立胡神，西域桑门，自传其法。西晋以上，国有严科，不许中国之人，辄行髡发之事。泊于苻、石、羌胡乱华，主庸臣佞，政虐祚短，皆由佛教致灾也。梁武、齐襄，足为明镜。昔褒姒一女，妖惑幽王，尚致亡国；况天下僧尼，数盈十万，翦刻缯彩，装束泥人，而为厌魅，迷惑万姓者乎！今之僧尼，请令匹配，即成十万余户，产育男女，十年长养，一纪教训，自然益国，可以足兵。四海免蚕食之殃，百姓知威福所在，则妖惑之风自革，淳朴之化还兴。

且古今忠谏，鲜不及祸。窃见齐朝章仇子他上表言："僧尼徒众，糜损国家，寺塔奢侈，虚费金帛。"为诸僧附会宰相，对朝谗毁；诸尼依托妃主，潜行谤讟。子他竟被囚执，刑于都市。及周武平齐，制封其墓。臣虽不敏，窃慕其踪。

又上疏十一首，词甚切直。高祖付群官详议，唯太仆卿张道源称奕奏合理。中书令萧瑀与之争论曰："佛，圣人也。奕为此议，非圣人者无法，请置严刑。"奕曰："礼本于事亲，终于奉上，此则忠孝之理著，臣子之行成。而佛逾城出家，逃背其父，以匹夫而抗天子，以继体而悖所亲。萧瑀非出于空桑，乃遵无父之教。臣闻非孝者无亲，其瑀之谓矣！"瑀不能答，但合掌曰："地狱所设，正为是人。"高祖将从奕言，会传位而止。

奕武德九年五月密奏太白见秦分，秦王当有天下，高祖以状授太宗。及太宗嗣位，召奕赐之食，谓曰："汝前所奏，几累于我，然今后但须尽言，无以前事为虑也。"太宗常临朝谓奕曰："佛道玄妙，圣迹可师，且报应显然，屡有征验，卿独不悟其理，何也？"奕对曰："佛是胡中桀黠，欺诳夷狄，初止西域，渐流中国。遵尚其教，皆是邪僻小人，模写庄、老玄言，文饰妖幻之教耳。于百姓无补，于国家有害。"太宗颇然之。

贞观十三年卒，年八十五。临终诫其子曰："老、庄玄一之篇，周、孔六经之说，是为名教，汝宜习之。妖胡乱华，举时皆惑，唯独窃叹，众不我从，悲夫！汝等勿学也。古人裸葬，汝宜行之。"奕生平遇患，未尝请医服药，虽究阴阳数术之书，而并不之信。又尝醉卧，蹶然起曰："吾其死矣！"因自为墓志曰："傅奕，青山白云人也。因酒醉死，呜呼哀哉！"其纵达皆此类。注《老子》，并撰《音义》，又集魏、晋已来驳佛教者为《高识传》十卷，行于世。

（《旧唐书》卷七十九《列传第二十九·傅奕》　2715）

上官仪

上官仪，本陕州陕人也。父弘，隋江都宫副监，因家于江都。大业末，弘为将军陈棱所杀，仪时幼，藏匿获免。因私度为沙门，游情释典，尤精《三论》，兼涉猎经史，善属文。

（《旧唐书》卷八十《列传第三十·上官仪》　2743）

百济僧道琛等立扶余丰王

百济为僧道琛，旧将福信率众复叛，立故王子扶余丰为国王，引兵围仁愿于府城。诏仁轨检校带方州刺史，代文度统众，便道发新罗兵合势以救仁愿。转斗而前，仁轨军容整肃，所向皆下。道琛等乃释仁愿之围，退保任存城。

寻而福信杀道琛，并其兵马，招诱亡叛，其势益张，仁轨乃与仁愿合军休息。

（《旧唐书》卷八十四《列传第三十四·刘仁轨》　2790）

卢伽阿逸多

又有胡僧卢伽阿逸多受诏合长年药，高宗将饵之。处俊谏曰："修短有命，未闻万乘之主，轻服蕃夷之药。昔贞观末年，先帝令婆罗门僧那罗迩娑寐依其本国旧方合长生药。胡人有异术，征求灵草秘石，历年而成。先帝服之，竟无异效，大渐之际，名医莫知所为。时议者归罪于胡人，将申显戮，又恐取笑夷狄，法遂不行。龟镜若是，惟陛下深察。"高宗纳之，但加卢伽为怀化大将军，不服其药。

杜按：《新唐书》本传文稍简，意同，故不录。

（《旧唐书》卷八十四《列传第三十四·郝处俊》 2799）

唐临撰《冥报记》

显庆四年，[唐临]坐事贬为潮州刺史，卒官，年六十。所撰《冥报记》二卷，大行于世。

（《旧唐书》卷八十五《列传第三十五·唐临》 2813）

韦嗣立上疏

景龙三年，[韦嗣立]转兵部尚书、同中书门下三品。时中宗崇饰寺观，又滥食封邑者众，国用虚竭。[韦]嗣立上疏谏曰：……臣窃见比者营造寺观，其数极多，皆务取宏博，竞崇环丽。大则费耗百十万，小则尚用三五万余，略计都用资财，动至千万已上。转运木石，人牛不停，废人功，害农务，事既非急，时多怨咨。故《书》曰："不作无益害有益，功乃成；不贵异物贱用物，民乃足。"诚哉此言，非虚谈也。且玄旨秘妙，归于空寂，苟非修心定慧，诸法皆涉有为。至如土木雕刻等功，唯是殚竭人力，但学相夸壮丽，岂关降伏身心。且凡所兴功，皆须掘凿，蛰虫在土，种类实多。每日杀伤，动盈万计，连年如此，损害可知。圣人慈悲为心，岂有须行此事，不然之理，皎在目前。世俗众僧，未通其旨，不虑府库空竭，不思圣人忧劳，谓广树福田，即是增修法教。倘水旱为灾，人至饥馁，夷狄作梗，兵无资粮，陛下虽有龙象如云，伽蓝概日，岂能裨万分之一，救元元之苦哉！于道法既有乖，在生人极为损，陛下岂可不深思之！

（《旧唐书》卷八十八《列传第三十八·韦思谦》 2870）

狄仁杰上疏谏武则天造大像

[武]则天又将造大像，用功数百万，令天下僧尼每日人出一钱，以助成之。[狄]仁杰上疏谏曰：

臣闻为政之本，必先人事。陛下矜群生迷谬，溺丧无归，欲令像教兼行，睹相生善。非为塔庙必欲崇奢，岂令僧此皆须檀施？得筏尚舍，而况其余。今之伽蓝，制过宫阙，穷奢极壮，画缋尽工，宝珠殚于缀饰，环材竭于轮奂。工不使鬼，止在役人，物不天来，终须地出，不损百姓，将何以求？生之有时，用之无度，编户所奉，常若不充，痛切肌肤，不辞棰楚。游僧一说，矫陈祸福，剪发解衣，仍惭其少。亦有离间骨肉，事均路人，身自纳妻，谓无彼我。皆托佛法，诖误生人。里陌动有经坊，阛阓亦立精舍。化诱倍急，切于官征，法事所须，严于制敕。膏腴美业，倍取其多；水碾庄园，数亦非少。逃丁避罪，并集法门，无名之僧，凡有几万，都下检括，已得数千。且一夫不耕，犹受其弊，浮食者众，又劫人财。臣每思惟，实所悲痛。

往在江表，像法盛兴，梁武、简文，舍施无限。及其三淮沸浪，五岭腾烟。列刹盈衢，无救危亡之祸；缁衣蔽路，岂有勤王之师！比年已来，风尘屡扰，水旱不节，征役稍繁。家业先空，疮痍未复，此时兴役，力所未堪。伏惟圣朝，功德无量，何必要营大像，而以劳费为名。虽敛僧钱，百未支一。尊容既广，不可露居，覆以百层，尚忧未遍，自余廊庑，不得全无。又云不损国财，不伤百姓，以此事主，可谓尽忠？臣今思惟，兼采众议，咸以为如来设教，以慈悲为主，下济群品，应是本心，岂欲劳人，以存虚饰。当今有事，边境未宁，宜宽征镇之徭，省不急之费。设令雇作，皆以利趋，既失田时，自然弃本。今不树稼，来岁必饥，役在其中，难以取给。况无官助，义无得成，若费官财，又尽人力，一隅有难，将何救之！

则天乃罢其役。是岁九月，病卒，则天为之举哀，废朝三日，赠文昌右相，谥曰文惠。

（《旧唐书》卷八十九《列传第三十九·狄仁杰》　2893）

玉泉寺

则天尝幸万安山玉泉寺，以山径危悬，欲御腰舆而上。[王]方庆谏曰："昔汉元帝尝祭庙，出便门，御楼船，光禄勋张猛奏曰：'乘船危，就桥安。'元帝乃从桥，即前代旧事。今山径危险，石路曲狭，上瞻骇目，下视寒心，比于楼船，安危不等，陛下蒸人父母，奈何践此畏涂？伏望停舆驻跸。"则天纳其言而止。是岁，改封石泉子。

（《旧唐书》卷八十九《列传第三十九·王方庆》 2898）

姚璹论明堂火

时武三思率蕃夷酋长，请造天枢于端门外，刻字纪功，以颂周德，［姚］璹为督作使。证圣初，璹加秋官尚书、同平章事。是岁，明堂灾，则天欲责躬避正殿，璹奏曰："此实人火，非曰天灾。至如成周宣榭，卜代愈隆；汉武建章，盛德弥永。臣又见《弥勒下生经》云，当弥勒成佛之时，七宝台须臾散坏。睹此无常之相，便成正觉之因，故知圣人之道，随缘示化，方便之利，博济良多。可使由之，义存于此。况今明堂，乃是布政之所，非宗庙之地，陛下若避正殿，于礼未为得也。"左拾遗刘承庆廷奏云："明堂宗祀之所，今既被焚，陛下宜辍朝思过。"璹又持前议以争之，则天乃依璹奏。先令璹监造天枢，至是以功当赐爵一等。璹表请回赠父一官，乃追赠其父豫州司户参军处平为博州刺史。天后将封嵩岳，命璹总知撰仪注，并充封禅副使。及重造明堂，又令璹充使督作，以功加银青光禄大夫。

（《旧唐书》卷八十九《列传第三十九·姚璹》 2902）

理中与姚璹

时新都丞朱待辟坐赃至死，逮捕系狱。待辟素善沙门理中，阴结诸不逞，因待辟以杀［姚］璹为名，拟据巴蜀为乱。人密表告之者，制令璹按其狱。璹深持之，事涉疑似引而沫死者，仅以千数。

杜按：《新唐书》本传文稍异，意同，故不录。

（《旧唐书》卷八十九《列传第三十九·姚璹》 2904）

桓彦范表论时政

［桓］彦范尝表论时政数条，其大略曰："……臣闻京师喧喧，道路籍籍，皆云胡僧慧范矫托佛教，诡惑后妃，故得出入禁闱，挠乱时政。陛下又轻骑微行，数幸其室，上下媟黩，有亏尊严。臣抑尝闻兴化致理，必由进善；康国宁人，莫大弃恶。故孔子曰：'执左道以乱政者杀，假鬼神以危人者杀。'今慧范之罪，不殊于此也，若不急诛，必生变乱。除恶务本，去邪勿疑，实愿天聪，早加裁贬。"疏奏不纳。时有墨敕授方术人郑普思祕书监，叶净能国子祭酒，彦范苦言其不可。帝曰："既要用之，无容便止。"彦范又

对曰："陛下自龙飞宝位，遽下制云：'军国政化，皆依贞观故事。'昔贞观中尝以魏徵、虞世南、颜师古为秘书监，孔颖达为国子祭酒。至如普思等是方伎庸流，岂足以比踪前烈？臣恐物议谓陛下官不择才，滥以天秩加于私爱。惟陛下少加慎择。"帝竟不纳。

（《旧唐书》卷九十一《列传第四十一·桓彦范》　2929）

郭霸表称武则天是弥勒佛身

时有御史郭霸上表称则天是弥勒佛身，凤阁舍人张嘉福与洛州人王庆之等请立武承嗣为皇太子，皆请［张］仁愿连名署表，仁愿正色拒之，甚为有识所重。

（《旧唐书》卷九十三《列传第四十三·张仁愿》　2981）

李峤上疏谏武则天于白司马坂建大像

长安末，则天将建大像于白司马坂，［李］峤上疏谏之，其略曰："臣以法王慈敏，菩萨护持，唯拟饶益众生，非要营修土木。伏闻造像，税非户口，钱出僧尼，不得州县祗承，必是不能济办，终须科率，岂免劳扰！天下编户，贫弱者众，亦有佣力客作以济糇粮，亦有卖舍贴田以供王役。造像钱见有一十七万余贯，若将散施，广济贫穷，人与一千，济得一十七万余户。拯饥寒之弊，省劳役之勤，顺诸佛慈悲之心，沾圣君亭育之意，人神胥悦，功德无穷。"疏奏不纳。

（《旧唐书》卷九十四《列传第四十四·李峤》　2994）

僧崇一

僧崇一疗［李］宪稍瘳，上［玄宗］大悦，特赐绯袍鱼袋，以赏异崇一。

（《旧唐书》卷九十五《列传第四十五·睿宗诸子·让皇帝宪》　3012）

张易之移京城大德僧配定州私置寺

是时，张易之请移京城大德僧十人配定州私置寺，僧等苦诉，元之断停，易之屡以为言，元之终不纳。由是为易之所潜，改为司仆卿，知政事如故，使充灵武道大总管。

（《旧唐书》卷九十六《列传第四十六·姚崇》　3022）

姚崇论佛教

先是，中宗时，公主外戚皆奏请度人为僧尼，亦有出私财造寺者，富户强丁，皆经营避役，远近充满。至是，［姚］崇奏曰："佛不在外，求之于心。佛图澄最贤，无益于全赵；罗什多艺，不救于亡秦。何充、苻融，皆遭败灭；齐襄、梁武，未免灾殃。但发心慈悲，行事利益，使苍生安乐，既是佛身。何用妄度奸人，令坏正法？"上纳其言，令有司隐括僧徒，以伪滥还俗者万二千余人。

（《旧唐书》卷九十六《列传第四十六·姚崇》　3023）

姚崇为遗令以诫子孙

　　崇先分其田园，令诸子侄各守其分，仍为遗令以诫子孙，其略曰：……今之佛经，罗什所译，姚兴执本，与什对翻。姚兴造浮屠于永贵里，倾竭府库，广事庄严，而兴命不得延，国亦随灭。又齐跨山东，周据关右，周则多除佛法而修缮兵威，齐则广置僧徒而依凭佛力。及至交战，齐氏灭亡，国既不存，寺复何有？修福之报，何其蔑如！梁武帝以万乘为奴，胡太后以六宫入道，岂特身戮名辱，皆以亡国破家。近日孝和皇帝发使赎生，倾国造寺，太平公主、武三思、悖逆庶人、张夫人等皆度人造寺，竟术弥街，咸不免受戮破家，为天下所笑。经云："求长命得长命，求富贵得富贵"，"刀寻段段坏，火坑变成池"。比来缘精进得富贵长命者为谁？生前易知，尚觉无应，身后难究，谁见有征。且五帝之时，父不葬子，兄不哭弟，言其致仁寿、无夭横也。三王之代，国祚延长，人用休息，其人臣则彭祖、老聃之类，皆享遐龄。当此之时，未有佛教，岂抄经铸像之力，设斋施物之功耶？《宋书·西域传》，有名僧为《白黑论》，理证明白，足解沈疑，宜观而行之。

　　且佛者觉也，在乎方寸，假有万像之广，不出五蕴之中，但平等慈悲，行善不行恶，则佛道备矣。何必溺于小说，惑于凡僧，仍将喻品，用为实录，抄经写像，破业倾家，乃至施身亦无所吝，可谓大惑也。亦有缘亡人造像，名为追福，方便之教，虽则多端，功德须自发心，旁助宁应获报？递相欺诳，浸成风俗，损耗生人，无益亡者。假有通才达识，亦为时俗所拘。如来普慈，意存利物，损众生之不足，厚豪僧之有余，必不然矣。且死者是常，古来不免，所造经像，何所施为？

　　夫释伽之本法，为苍生之大弊，汝等各宜警策，正法在心，勿效儿女子曹，终身不悟也。吾亡后必不得为此弊法。若未能全依正道，须顺俗情，从初七至终七，任设七僧斋。若随斋须布施，宜以吾缘身衣物充，不得辄用余财，为无益之枉事，亦不得妄出私物，徇追福之虚谈。

道士者，本以玄牝为宗，初无趋竞之教，而无识者慕僧家之有利，约佛教而为业。敬寻老君之说，亦无过斋之文，抑同僧例，失之弥远。汝等勿拘鄙俗，辄屈于家。汝等身没之后，亦教子孙依吾此法云。

（《旧唐书》卷九十六《列传第四十六·姚崇》　3026）

张说预修《三教珠英》

张说字道济……预修《三教珠英》。……长安初，修《三教珠英》毕，迁右史、内供奉，兼知考功贡举事，擢拜凤阁舍人。

（《旧唐书》卷九十七《列传第四十七·张说》　3049）

崔日用与普润

中宗暴崩，韦庶人称制，[崔]日用恐祸及己。知玄宗将图义举，乃因沙门普润、道士王晔密诣藩邸，深自结纳，潜谋翼戴。玄宗尝谓曰："今谋此举，直为亲，不为身。"日用曰："此乃孝感动天，事必克捷。望速发，出其不意，若少迟延，或恐生变。"

（《旧唐书》卷九十九《列传第四十九·崔日用》　3087）

胡僧婆陀请夜开门燃百千灯

睿宗好乐，听之忘倦，玄宗又善音律。先天二年正月望，胡僧婆陀请夜开门燃百千灯，睿宗御延喜门观乐，凡经四日。[严挺之]上疏谏曰："……恐无益于圣朝。"

杜按：《新唐书》本传（4482）文略，意同，故不录。

（《旧唐书》卷九十九《列传第四十九·严挺之》　3103）

严挺之

[严]挺之素归心释典，事僧惠义。及至东都，郁郁不得志，成疾。自为墓志曰："天宝元年，严挺之自绛郡太守抗疏陈乞，天恩允请，许养疾归闲，兼授太子詹事。前后历任二十五官，每承圣恩，尝忝奖擢，不尽驱策，驽蹇何阶，仰答鸿造？春秋七十，无所展用，为人士所悲。其年九月，寝疾，终于洛阳某里之私第。十一月，葬于大照和尚塔次西原，礼也。尽忠事君，叨载国史，勉拙从仕，或布人谣。陵谷可以自纪，文章焉用为饰，遗文

薄葬，敛以时服。”挺之与裴宽皆奉佛，开元末，惠义卒，挺之服缌麻送于龛所。宽为河南尹，僧普寂卒，宽与妻子皆服缌经，设次哭临，妻子送丧至嵩山。故挺之志文云“葬于大照塔侧”，祈其灵祐也。挺之素重交结，有许与，凡旧交先殁者，厚抚其妻子，凡嫁孤女数十人，时人重之。

（《旧唐书》卷九十九《列传第四十九·严挺之》 3106）

裴漼谏睿宗造寺观

太极元年，睿宗为金仙、玉真公主造观及寺等，时属春旱，兴役不止。〔裴〕漼上疏谏曰：

臣谨案《礼记》春、夏令曰：无聚大众，无起大役，不可兴土功，恐妨农事。若号令乖度，役使不时，则人加疾疫之危，[一]国有水旱之灾，此五行之必应也。今自春至夏，时雨愆期，下人忧心，莫知所出。陛下虽降哀矜之旨，两都仍有寺观之作，时旱之应，实此之由。且春令告期，东作方始，正是丁壮就功之日，而土木方兴，臣恐所妨尤多，所益尤少，耕夫蚕妾，饥寒之源。故《春秋》“庄公三十一年冬，不雨”，《五行传》以为“岁三筑台”；“僖公二十一年夏，大旱”，《五行传》以“时作南门，劳人兴役”。陛下每以万方为念，睿旨殷勤，安国济人，防微虑远。伏愿下明制，发德音，顺天时，副人望，两京公私营造及诸和市木石等并请且停，则苍生幸甚。农桑失时，户口流散，纵寺观营构，岂救黎元饥寒之弊哉！

疏奏不报。寻转兵部侍郎，以铨叙平允，特授一子为太子通事舍人。

〔一〕则人加疾疫之危　“人”字各本原无，据《册府》卷五五二、《英华》卷六二一改。

（《旧唐书》卷一百《列传第五十·裴漼》 3128）

僧惠范

〔景云中〕时僧惠范恃太平公主权势，逼夺百姓店肆，州县不能理。谦光将加弹奏，或请寝之，谦光曰：“宪台理冤滞，何所回避，朝弹暮黜，亦可矣。”遂与殿中慕容珣奏弹之，反为太平公主所构，出为岐州刺史。

（《旧唐书》卷一百一《列传第五十一·薛登》 3141）

张廷珪论佛教

张廷珪，河南济源人，其先自常州徙焉。廷珪少以文学知名，性慷慨，有志尚。弱冠应制举。长安中，累迁监察御史。则天税天下僧尼出钱，欲于白司马坂营建大像。廷珪上疏谏曰：

夫佛者，以觉知为义，因心而成，不可以诸相见也。经云："若以色见我，以音声求我，是人行邪道，不能见如来。"此真如之果不外求也，陛下信心归依，发宏誓愿，壮其塔庙，广其尊容，已遍于天下久矣。盖有住于相而行布施，非最上第一希有之法。何以言之？经云："若人满三千大千世界七宝以用布施，及恒河沙等身命布施，其福甚多。若人于此经中受持及四句偈等为人演说，其福胜彼。"如佛所言，则陛下倾四海之财，殚万人之力，穷山之木以为塔，极冶之金以为像，虽劳则甚矣，费则多矣，而所获福不愈于一禅房之匹夫。

菩萨作福德，不应贪着，盖有为之法不足高也。况此营建，事殷木土，或开发盘礴，峻筑基阶，或塞穴洞，通转采斫，辗压虫蚁，动盈巨亿。岂佛标坐夏之义，愍蠢动而不忍害其生哉！又役鬼不可，唯人是营，通计工匠，率多贫窭，朝驱暮役，劳筋苦骨，箪食瓢饮，晨炊星饭，饥渴所致，疾疹交集。岂佛标徒行之义，愍畜兽而不忍残其力哉！又营筑之资，僧尼是税，虽乞丐所致，而贫阙犹多。州县征输，星火逼迫，或谋计靡所，或鬻卖以充，怨声载路，和气未洽。岂佛标随喜之义，愍愚蒙而不忍夺其产哉！且边朔未宁，军装日给，天下虚竭，海内劳弊。伏惟陛下慎之重之，思菩萨之行为利益一切众生，应如是布施，则其福德若南西北方四维上下虚空不可思量矣，何必勤于住相，凋苍生之业，崇不急之务乎！臣以时政论之，则宜先边境，蓄府库，养人力；臣以释教论之，则宜救苦厄，灭诸相，崇无为。伏愿陛下察臣之愚，行佛之意，务以理为上，不以人废言，幸甚幸甚。

则天从其言，即停所作，仍于长生殿召见，深赏慰之。景龙末，为中书舍人，再转洪州都督，仍为江南西道按察使。

（《旧唐书》卷一百一《列传第五十一·张廷珪》　3150）

辛替否论佛教

当今疆场危骇，仓廪空虚，揭竿守御之士赏不及，肝脑涂地之卒输不充。而方大起寺舍，广造第宅，伐木空山，不足充梁栋，运土塞路，不足充墙壁。夸古耀今，踰章越制，百僚钳口，四海伤心。夫释教者，以清净为基，慈悲为主，故当体道以济物，不欲利己以损人，故常去己以全真，不为荣身以害教。三时之月，掘山穿池，损命也；殚府虚帑，损人也，广殿长廊，荣身也。损命则不慈悲，损人则不济物，荣身则不清净，岂大圣大神之心乎！臣以为非真教，非佛意，违时行，违人欲。自像王西下，佛教东传，青螺不入于周前，白马方行于汉后。风流雨散，千帝百王，饰弥盛而国弥空，役弥重而祸弥大。覆车继轨，曾不改途，晋臣以佞佛取讥，梁主以舍身构隙。若以造寺必为其理体，养人不足以经邦，则殷、周已往皆暗乱，汉、魏已降皆圣明；殷、周已往为不长，汉、魏已降为不短。臣闻夏为天子二十余代而殷受之，殷为天子二十余代而周受之，周为天子三十余代而秦受之，自汉已后历代可知也。何者？有道之长，无道之短，岂因其穷金玉、修塔庙，方得久长之祚乎？

臣闻于经曰："菩萨心住于法而行布施，如人入暗，即无所见。"又曰："一切有为法，如梦幻泡影，如露亦如电。"臣以减雕琢之费以赈贫下，是有如来之德；息穿掘之苦以全昆虫，是有如来之仁；罢营构之直以给边陲，是有汤、武之功；回不急之禄以购廉清，是有唐、虞之理。陛下缓其所急，急其所缓，亲未来而疏见在，失真实而冀虚无，重俗人之所为而轻天子之功业，臣窃痛之矣。当今出财依势者尽度为沙门，避役奸讹者尽度为沙门；其所未度，唯贫穷与善人。将何以作范乎？将何以役力乎？臣以为出家者，舍尘俗，离朋党，无私爱。今殖货营生，非舍尘俗，拔亲树知，非离朋党；畜妻养孥，非无私爱。是致人以毁道，非广道以求人。伏见今之宫观台榭，京师之与洛阳，不增修饰，犹恐奢丽。陛下尚欲填池堑，捐苑囿，以赈贫人无产业者。今天下之寺盖无其数，一寺当陛下一宫，壮丽之甚矣！用度过之矣！是十分天下之财而佛有七八，陛下何有之矣！百姓何食之矣！虽以阴阳为炭，万物为铜，役不食之人，使不衣之士，犹尚不给。况资于天生地养，风动雨润，而后得之乎！臣闻国无九年之储，国非其国。伏计仓廪，度府库，百僚供给，百事用度，臣恐卒岁不充，况九年之积乎！一旦风尘再扰，霜雹荐臻，沙门不可攘干戈，寺塔不足攘饥馑，臣窃痛之矣！

疏奏不纳。岁余，安乐公主被诛。

睿宗即位，又为金仙、玉真公主广营二观。先是，中宗时斜封受官人一切停任，凡数百千人，又有敕放令却上。替否时为左补阙，又上疏陈时政曰：

……

伏以太宗文武圣皇帝，陛下之祖，拨乱反正，开阶立极，得至理之体，设简要之方。省其官，清其吏，举天下职司无一虚授，用天下财帛无一枉费。赏必俟功，官必得俊，所为无不成，所征无不伏。不多造寺观而福德自至，不多度僧尼而殃咎自灭。道合乎天地，德通乎神明。故天地怜之，神明祐之，使阴阳不愆，风雨合度。四人乐其业，五谷逐其成，腐粟烂帛，填街委巷。千里万里，贡赋于郊；九夷百蛮，归款于阙。自有帝皇已来，未有若斯之神圣者也，故得享国久长，多历年所，陛下何不取而则之？

中宗孝和皇帝，陛下之兄，居先人之业，忽先人之化，不取贤良之言，而恣子女之意。官爵非择，虚食禄者数千人；封建无功，妄食土者百余户。造寺不止，枉费财者数百亿；度人不休，免租庸者数十万。是使国家所出加数倍，所入减数倍。仓不停卒岁之储，库不贮一时之帛。所恶者逐，逐多忠良；所爱者赏，赏多谗慝。朋佞喋喋，交相倾动。容身不为于朝廷，保位皆由于党附。夺百姓之食，以养残凶；剥万人之衣，以涂土木。于是人怨神怒，亲忿众离，水旱不调，疾疫屡起。远近殊论，公私嚣然。五六年间，再三祸变，享国不永，受终于凶妇人。寺舍不能保其身，僧尼不能护妻子，取讥万代，见笑四夷。此陛下之所眼见也，何不除而改之？

依太宗之理国，则百官以理，百姓无忧，故太山之安立可致矣；依中宗之理国，则万人以怨，百事不宁，故累卵之危立可致矣。顷自夏已来，霖雨不解，谷荒于垄，麦烂于场。入秋已来，亢旱成灾，苗而不实，霜损虫暴，草叶枯黄。下人咨嗟，未知赒赈；而营寺造观，日继于时，检校试官，充台溢署。伏惟陛下爱两女，为造两观，烧瓦运木，载土填坑，道路流言，皆云计用钱百余万贯。惟陛下，圣人也，无所不知；陛下，明君也，无所不见。既知且见，知仓有几年之储，库有几年之帛？知百姓之间可存活乎？三边之上可转输乎？当今发一卒以御边陲，遣一兵以卫社稷，多无衣食，皆带饥寒。赏赐之间，迥无所出，军旅骤败，莫不由斯。而乃以百万贯钱造无用之观，以受六合之怨乎！以违万人之心乎！伏惟陛下续阿韦之丑迹，而不改阿韦之乱政。忍弃太宗之理本，不忍弃中宗之乱阶；忍弃太宗久长之谋，不忍弃中宗短促之计。陛下又何以继祖宗、观万国？

昔陛下为皇太子，在阿韦之时，危亡是惧，常切齿于群凶。今贵为天子，富有海内，而不改群凶之事，臣恐复有切齿于陛下者也，陛下又何以非群凶而诛之？臣往见明敕，自今已后，一依贞观故事。且贞观之时，岂有今日之造寺营观，加僧尼道士，益无用之官，行不急之务，而乱政者也！臣以为弃其言而不行其信，慕其善而不迁其恶，陛下又何以刑于四海？往者，和帝之怜悖逆也，为奸人之所误，宗晋卿劝为第宅，赵履温劝为园亭，损数百家之居，侵数百家之地。工徒斫而未息，义兵纷以交驰，卒使亭不得游，宅不得坐。信邪佞之说，成骨肉之刑，此陛下之所眼见也。今兹造观，臣必知非陛下、公主之本意，得无赵履温之徒将劝为之，冀误其骨肉，不可不明察也。

臣闻出家修道者，不预人事，专清其身心，以虚泊为高，以无为为妙，依两卷《老子》，视一躯天尊，无欲无营，不损不害。何必璇台玉榭，宝像珍龛，使人困穷，然后为道哉！且旧观足可归依，无造无营，以取穷竭。若此行之三年，国不富，人不安，朝廷不清，陛下不乐，则臣请杀身于朝，以令天下言事者。伏惟陛下行非常之惠，权停两观，以俟丰年。以两观之财，为公主施贫穷，填府库，则公主福德无穷矣。不然，臣恐下人怨望，不减于前朝之时。前朝之时，贤愚知败，人虽有口而不敢言，言未发声，祸将及矣。韦月将受诛于丹徼，燕钦融见杀于紫庭，此人皆不惜其身而纳忠于主，身既死矣，朝亦危矣。故先朝诛之，陛下赏之，是陛下知直言之士有裨于国。臣今直言，亦先代之直，惟陛下察之。

疏奏，睿宗嘉其公直。稍迁为右台殿中侍御史。开元中，累转颍王府长史。天宝初卒，年八十余。

（《旧唐书》卷一百一《列传第五十一·辛替否》 3156）

刘子玄预修《三教珠英》

［刘子玄］预修《三教珠英》《文馆词林》《姓族系录》，论《孝经》非郑玄注、《老子》无河上公注，修《唐书实录》，皆行于代，有集三十卷。

（《旧唐书》卷一百二《列传第五十二·刘子玄》 3173）

赤佛堂

天宝六载八月，［高］仙芝虏勃律王及公主趣赤佛堂路班师。

（《旧唐书》卷一百四《列传第五十四·高仙芝》　3205）

普　润

沙门普润先与玄宗筮，克清内难，加三品，食实封，常入太子宫。［王］琚见之，说以天时人事，历然可观。普润白玄宗，玄宗异之。

（《旧唐书》卷一百六《列传第五十六·王琚》　3249）

杜鸿渐

［杜］鸿渐心无远图，志气怯懦，又酷好浮图道，不喜军戎。既至成都，惧旰雄武，不复问罪，乃以剑南节制表让于旰……

鸿渐晚年乐于退静，私第在长兴里，馆宇华靡，宾僚宴集。鸿渐悠然赋诗曰："常愿追禅理，安能挹化源。"朝士多属和之。及休致后病，令僧剃顶发，及卒，遗命其子依胡法塔葬，不为封树，冀类缁流，物议哂之。

（《旧唐书》卷一百八《列传第五十八·杜鸿渐》　3283）

崔光斩寺中贼

尝有贼剽掠泾阳县界，于僧寺中椎牛酾酒，连夜酣饮，去［崔］光远营四十里。光远侦知之，率马步二千乙夜趋其所。贼徒多醉，光远领百余骑持满扼其要，分命骁勇持陌刀呼而斩之，杀贼徒二千余人，虏马千匹，俘其渠酋一人。贼中以光远勇劲，常避其锋。

（《旧唐书》卷一百一十一《列传第六十一·崔光远》　3318）

太原旧俗僧徒以尸饲鸟兽

太原旧俗，有僧徒以习禅为业，及死不殡，但以尸送近郊以饲鸟兽。如是积年，土人号其地为"黄坑"，侧有饿狗千数，食死人肉，因侵害幼弱，远近患之，前后官吏不能禁止。［李］暠到官，申明礼宪，期不再犯，发兵捕杀群狗，其风遂革。

（《旧唐书》卷一百一十二《列传第六十二·李暠》　3335）

裴冕度尼僧道士，以储积为务

［裴］冕性忠勤，悉心奉公，稍得人心。然不识大体，以聚人曰财，乃下令卖官鬻爵，度尼僧道士，以储积为务。人不愿者，科令就之，其价益

贱，事转为弊。

杜按：《新唐书》本传（4646）无"度尼僧道士"句。

（《旧唐书》卷一百一十三《列传第六十三·裴冕》 3354）

食去荤血，心依定惠

维上元元年，太岁庚子，六月己未朔，二十六日甲申，皇第十二子持节凤翔等四州节度观察大使兴王佋，薨于中京内邸，殡于寝之西阶……爰诏史司，恭宣懿德。其辞曰：

惟天祚唐……《五经》在口，六律谐心，才优艺洽，绝古超今。蛇豕犹梗，寰区未乂。涤虑祈真，焚香演偈。食去荤血，心依定惠。庶福邦家，俾清凶秽。雾露婴疾，聪明害神，沉疴始遭，弥旷盈旬。

（《旧唐书》卷一百一十六《列传第六十六·肃宗代宗诸子》 3389）

王 缙

王缙字夏卿，河中人也。少好学，与兄维早以文翰著名……

缙弟兄奉佛，不茹荤血，缙晚年尤甚。与杜鸿渐舍财造寺无限极。妻李氏卒，舍道政里第为寺，为之追福，奏其额曰宝应，度僧三十人住持。每节度观察使入朝，必延至宝应寺，讽令施财，助己修缮。初，代宗喜祠祀，未甚重佛，而元载、杜鸿渐与缙喜饭僧徒。代宗尝问以福业报应事，载等因而启奏，代宗由是奉之过当，尝令僧百余人于宫中陈设佛像，经行念诵，谓之内道场。其饮膳之厚，穷极珍异，出入乘厩马，度支具廪给。每西蕃入寇，必令群僧讲诵《仁王经》，以攘虏寇。苟幸其退，则横加锡赐。胡僧不空，官至卿监，封国公，通籍禁中，势移公卿，争权擅威，日相凌夺。凡京畿之丰田美利，多归于寺观，吏不能制。僧之徒侣，虽有赃奸畜乱，败戮相继，而代宗信心不易，乃诏天下官吏不得棰曳僧尼。又见缙等施财立寺，穷极环丽，每对扬启沃，必以业果为证。以为国家庆祚灵长，皆福报所资，业力已定，虽小有患难，不足道也。故禄山、思明毒乱方炽，而皆有子祸；仆固怀恩将乱而死；西戎犯阙，未击而退。此皆非人事之明征也。帝信之愈甚。公卿大臣既挂以业报，则人事弃而不修，故大历刑政，日以陵迟，有由然也。

五台山有金阁寺，铸铜为瓦，涂金于上，照耀山谷，计钱巨亿万。缙为宰相，给中书符牒，令台山僧数十人分行郡县，聚徒讲说，以求货利。代宗七月望日于内道场造盂兰盆，饰以金翠，所费百万。又设高祖已下七圣神座，备幡节、龙伞、衣裳之制，各书尊号于幡上以识之，舁出内，陈于寺观。是日，排仪仗，百僚序立于光顺门以俟之，幡花鼓舞，迎呼道路。岁以为常，而识者嗤其不典，其伤教之源始于缙也。

李氏，初为左丞韦济妻，济卒，奔缙。缙嬖之，冒称为妻，实妾也。又纵弟妹女尼等广纳财贿，贪猥之迹如市贾焉。元载得罪，缙连坐贬括州刺史，移处州刺史。大历十四年，除太子宾客，留司东都。建中二年十二月卒，年八十二。

（《旧唐书》卷一百一十八《列传第六十八·王缙》　3416）

香积寺

[郭]晞，子仪第三子……从广平王收复两京，晞力战于香积寺、陕西，皆出奇兵克捷，以功加银青光禄大夫、鸿胪卿。

（《旧唐书》卷一百二十《列传第七十·郭子仪》　3468）

僧圆静

贼出长夏门，转掠郊墅，东济伊水，入嵩山。[吕]元膺诚境上兵重购以捕之。数月，有山棚鬻鹿于市，贼遇而夺之，山棚走而征其党，或引官军共围之谷中，尽获之。穷理得其魁首，乃中岳寺僧圆静，年八十余，尝为史思明将，伟悍过人。初执之，使巨力者奋锤，不能折胫。圆静骂曰："鼠子，折人脚犹不能，敢称健儿乎！"乃自置其足教折之。临刑，乃曰："误我事，不得使洛城流血。"死者凡数十人。留守御将二人、都亭驿卒五人、甘水驿卒三人，皆潜受其职署，而为之耳目，自始谋及将败，无知者。

初，[李]师道多买田于伊阙、陆浑之间，凡十所处，欲以舍山棚而衣食之。有訾嘉珍、门察者，潜部分之，以属圆静，以师道钱千万伪理嵩山之佛光寺，期以嘉珍窃发时举火于山中，集二县山棚人作乱。

杜按：《新唐书》本传（5989）无"贼出长夏门"至"无知者"一段。余大同，故不录。

（《旧唐书》卷一百二十四《列传第七十四·李正己》　3539）

僧与徒放饮，醉而延火

大历初，魏少游镇江西，奏署判官，累授检校司封郎中。州理有开元寺僧与徒夜饮，醉而延火，归罪于守门暗奴，军候亦受财，同上其状，少游信焉。人知奴冤，莫肯言。［柳］浑与崔祐甫遽入白，少游惊问，醉僧首伏。

彭偃论佛道

彭偃，少负俊才，锐于进取，为当涂者所抑，形于言色。大历末，为都官员外郎。时剑南东川观察使李叔明上言，以"佛，道二教，无益于时，请粗加澄汰。其东川寺观，请定为二等：上寺留僧二十一人，［一］上观留道士十四人，降杀以七，皆精选有道行者，余悉令返初。兰若、道场无名者皆废"。德宗曰："叔明此奏，可为天下通制，不唯剑南一道。"下尚书集议。［彭］偃献议曰：

王者之政，变人心为上，因人心次之，不变不因，循常守固者为下。故非有独见之明，不能行非常之事。今陛下以惟新之政，为万代法，若不革旧风，令归正道者，非也。

当今道士，有名无实，时俗鲜重，乱政犹轻。唯有僧尼，颇为秽杂。自西方之教，被于中国，去圣日远，空门不行五浊，比丘但行粗法。爰自后汉，至于陈、隋，僧之废灭，其亦数乎！或至坑杀，殆无遗余。前代帝王，岂恶僧道之善如此之深耶？盖其乱人亦已甚矣。且佛之立教，清净无为，若以色见，即是邪法，开示悟入，唯有一门，所以三乘之人，比之外道。况今出家者皆是无识下劣之流，纵其戒行高洁，在于王者，已无用矣，况是苟避征徭，于杀盗淫秽，无所不犯者乎！今叔明之心甚善，然臣恐其奸吏诋欺，而去者未必非，留者不必是，无益于国，不能息奸。既不变人心，亦不因人心，强制力持，难致远耳。

臣闻天生烝人，必将有职，游行浮食，王制所禁，故有才者受爵禄，不肖者出租征，此古之常道也。今天下僧道，不耕而食，不织而衣，广作危言险语，以惑愚者。一僧衣食，岁计约三万有余，五丁所出，不能致此。举一僧以计天下，其费可知。陛下日旰忧勤，将去人害，此而不救，奚其为政？臣伏请僧道未满五十者，每年输绢四疋；尼及女道士未满五十者，每年输绢二疋；其杂色役与百姓同。有才智者令入仕，请还俗为平人者听。但令就役输课，为僧何伤。臣窃料其所出，不下今之租赋三分之一，然则陛下之国富矣，苍生之害除矣。其年过五十者，请皆免之。夫子曰："五十而知天命。"

列子曰："不班白，不知道。"人年五十，嗜欲已衰，纵不出家，心已近道，况戒律检其情性哉！臣以为此令既行，僧道规避还俗者固已太半。其年老精修者，必尽为人师，则道、释二教益重明矣。

议者是之，上颇善其言。大臣以二教行之已久，列圣奉之，不宜顿扰，宜去其太甚，其议不行。

偃以才地当掌文诰，以躁求为时论所抑，郁郁不得志。泾师之乱，从驾不及，匿于田家，为贼所得，朱泚素知之，得偃甚喜，伪署中书舍人，僭号辞令，皆偃为之。贼败，与伪中丞崔宣、贼将杜如江、吴希光等十三人，李晟收之，俱斩于安国寺前。

〔一〕上寺　各本原作"上等"，据《合钞》卷一七八《彭偃传》改。

（《旧唐书》卷一百二十七《列传第七十七·彭偃》　3579）

郑延祚母卒二十九年殡于僧舍垣地

有郑延祚者，母卒二十九年，殡僧舍垣地，〔颜〕真卿劾奏之，兄弟三十年不齿，天下耸动。

> 杜按：《新唐书》本传作"劾奏朔方令郑延祚母死不葬三十年，有诏终身不齿，闻者耸然"。无"殡僧舍垣地"五字。

（《旧唐书》卷一百二十八《列传第七十八·颜真卿》　3589）

龙兴寺

后其大将周曾等谋袭汝州，因回兵杀希烈，奉真卿为节度。事泄，希烈杀曾等，遂送真卿于龙兴寺。真卿度必死，乃作遗表，自为墓志、祭文，常指寝室西壁下云："吾殡所也。"

（《旧唐书》卷一百二十八《列传第七十八·颜真卿》　3596）

韩滉毁撤上元县佛寺道观四十余所

然自关中多难，〔韩〕滉即于所部闭关梁，筑石头五城，自京口至玉山，禁马牛出境；造楼船战舰三十余艘，以舟师五千人由海门扬威武，至申浦而还；毁撤上元县佛寺道观四十余所，修坞壁，建业抵京岘，楼雉相属，以佛殿材于石头城缮置馆第数十。时滉以国家多难，恐有永嘉渡江之事，以为备预，以迎銮驾，亦申儆自守也……以其所亲吏卢复为宣州刺史、采石军使，增营垒，教习长兵。以佛寺铜钟铸弩牙兵器。陈少游时镇扬州，以甲士三千人临江大阅，混亦以兵三千人临金山，与少游相应，楼船于江中，以金银缯彩互相聘赉。

（《旧唐书》卷一百二十九《列传第七十九·韩滉》　3601）

皇太子献佛像

德宗载诞日，皇太子献佛像，德宗命［韦］执谊为画像赞，上令太子赐执谊缣帛以酬之。执谊至东宫谢太子，卒然无以藉言，太子因曰："学士知王叔文乎？彼伟才也。"执谊因是与叔文交甚密。

杜按：《新唐书》本传（5123）文稍异，意同，故不录。

（《旧唐书》卷一百三十五《列传第八十五·韦执谊》　3732）

女尼真如

［窦参］乃再贬为骧州司马。男景伯，配泉州；女尼真如，隶郴州；其财物婢妾，传送京师。

（《旧唐书》卷一百三十六《列传第八十六·窦参》　3748）

崔损姊为尼

［崔损］身居宰相，母野殡，不言展墓，不议迁祔；姊为尼，殁于近寺，终丧不临，士君子罪之。

（《旧唐书》卷一百三十六《列传第八十六·崔损》　3755）

襄州佛寺被焚

是时，承宗、师道之盗，所在窃发，焚襄州佛寺，斩建陵门戟，烧献陵寝宫，欲伏甲屠洛阳。

（《旧唐书》卷一百四十二《列传第九十二·王武俊》　3881）

刘　总

及［吴］元济就擒，李师道枭首，王承宗忧死，田弘正入镇州，总既无党援，怀惧，每谋自安之计。初，总弑逆后，每见父兄为祟，甚惨惧，乃于官署后置数百僧，厚给衣食，令昼夜乞恩谢罪。每公退，则憩于道场，若入他室，则悯惕不敢寐。晚年恐悸尤甚，故请落发为僧，冀以脱祸，乃以判官张皋为留后。总以落发，上表归朝，穆宗授天平军节度使，既闻落发，乃赐紫，号"大觉师"。总行至易州界，暴卒。

（《旧唐书》卷一百四十三《列传第九十三·刘怦》　3902）

李广弘

李广弘者，或云宗室亲王之胤。落发为僧，自云见五岳、四渎神，已当为人主。贞元三年，自邠州至京师，有市人董昌者，通导广弘，舍于资敬寺尼智因之室。智因本宫人。董昌以酒食结殿前射生将韩钦绪、李政谏、南珍霞，神策将魏修、李儋，前越州参军刘昉、陆缓、陆绛、陆充、徐纲等，同谋为逆。广弘言岳渎神言，可以十月十日举事，必捷。自钦绪已下，皆有署置为宰相，以智因尼为后。谋于举事日夜令钦绪击鼓于凌霄门，焚飞龙厩舍草积；又令珍霞盗击街鼓，集城中人；又令政谏、修、儋等领射生、神策兵内应；事克，纵剽五日，朝官悉杀之。事未发，魏修、李儋上变，令内官王希迁等捕其党与斩之，德宗因禁止诸色人不得辄入寺观。

（《旧唐书》卷一百四十四《列传第九十四·韩游环》　3920）

归　登

［归登］与孟简、刘伯刍、萧俛受诏同翻译《大乘本生心地观经》。又为东宫及诸王侍读，献《龙楼箴》以讽。

（《旧唐书》卷一百四十九《列传第九十九·归崇敬》　4020）

佛堂原

高崇文，其先渤海人……贞元中，随韩全义镇长武城，治军有声。五年夏，吐蕃三万寇宁州，崇文率甲士三千救之，战于佛堂原，大破之，死者过半。

（《旧唐书》卷一百五十一《列传第一百一·高崇文》　4051）

姚南仲谏代宗于章敬寺北起陵庙

大历十三年，贞懿皇后独孤氏崩，[一]代宗悼惜不已，令于近城为陵墓，冀朝夕临望于目前。［姚］南仲上疏谏曰：

伏闻贞懿皇后今于城东章敬寺北以起陵庙，臣不知有司之请乎，陛下之意乎，阴阳家流希旨乎？臣愚以为非所宜也。谨具疏陈论，伏愿暂留天眷而省察焉。

臣闻人臣宅于家，君上宅于国。长安城是陛下皇居也，其可穿凿兴动，建陵墓于其侧乎？此非宜一也。夫葬者藏也，欲人之不得见也。是以古帝前王葬后妃，莫不凭丘原，远郊郭……如骨肉归土，魂无不之，章敬之北，竟何所益？视之兆庶，则彰溺爱；垂之万代，则累明德，此非所宜二也。

〔一〕大历十三年贞懿皇后独孤氏崩　据本书卷一一《代宗纪》、《新书》卷一六
二《姚南仲传》、《通鉴》卷二二五，贞懿死于大历十年；《唐会要》卷二
一一："大历十三年七月，将葬贞懿皇后。"则大历十三年应为贞懿葬年，此
云"崩"，当误。

（《旧唐书》卷一百五十三《列传第一百三·姚南仲》　4081）

僧圆净

[吕]元膺诚境上兵，重购以捕之。数月，有山棚卖鹿于市，贼过，山棚乃召集其党，引官兵围于谷中，尽获之。穷理其魁，乃中岳寺僧圆净，年八十余，尝为史思明将，伟悍过人。初执之，使折其胫，锤之不折。圆净骂曰："脚犹不解折，乃称健儿乎！"自置其足教折之。临刑叹曰："误我事，不得使洛城流血！"死者凡数十人。留守防御将二人，都亭驿卒五人，甘水驿卒三人，皆潜受其职署而为之耳目，自始谋及将败无知者。初，李师道多买田于伊阙、陆浑之间，凡十余处，故以舍山棚而衣食之。有訾嘉珍、门察者，潜部分之，以属圆净。以师道钱千万伪理佛寺，期以嘉珍窃发时举火于山中，集二县山棚人作乱。及穷按之，嘉珍、门察皆称害武元衡者。元膺以闻，送之上都，赏告变人杨进、李再兴锦彩三百匹、宅一区，授之郎将。元膺因请募山河子弟以卫宫城，从之。盗发之日，都城震恐，留守兵寡弱不可倚，而元膺坐皇城门，指使部分，气意自若，以故居人帖然。

杜按：《新唐书》本传（4997）未记"中岳寺僧圆净"事。

（《旧唐书》卷一百五十四《列传第一百四·吕元膺》　4105）

法　凑

时有玄法寺僧法凑为寺众所诉，万年县尉卢伯达断还俗，后又复为僧，伯达上表论之。诏中丞宇文邈、刑部侍郎张彧、大理卿郑云逵等三司与功德使判官诸葛述同按鞫。

（《旧唐书》卷一百五十八《列传第一百八·郑余庆》　4163）

韩愈谏唐宪宗迎佛骨

凤翔法门寺有护国真身塔，塔内有释迦文佛指骨一节，其书本传法，三十年一开，开则岁丰人泰。[元和]十四年正月，上令中使杜英奇押宫人三

十人，持香花，赴临皋驿迎佛骨。自光顺门入大内，留禁中三日，乃送诸寺。王公士庶，奔走舍施，唯恐在后。百姓有废业破产、烧顶灼臂而求供养者。愈素不喜佛，上疏谏曰：

伏以佛者，夷狄之一法耳。自后汉时始流入中国，上古未尝有也。昔黄帝在位百年，年百一十岁；少昊在位八十年，年百岁；颛顼在位七十九年，年九十八岁；帝喾在位七十年，年百五岁；帝尧在位九十八年，年百一十八岁；帝舜及禹年皆百岁。此时天下太平，百姓安乐寿考，然而中国未有佛也。其后殷汤亦年百岁，汤孙太戊在位七十五年，武丁在位五十年，书史不言其寿，推其年数，盖亦俱不减百岁。周文王年九十七岁，武王年九十三岁，穆王在位百年。此时佛法亦未至中国，非因事佛而致此也。

汉明帝时始有佛法，明帝在位才十八年耳。其后乱亡相继，运祚不长，宋、齐、梁、陈、元魏已下，事佛渐谨，年代尤促。唯梁武帝在位四十八年，前后三度舍身施佛，宗庙之祭，不用牲牢，昼日一食，止于菜果；其后竟为侯景所逼，饿死台城，国亦寻灭，事佛求福，乃更得祸。由此观之，佛不足信，亦可知矣。

高祖始受隋禅，则议除之。当时群臣识见不远，不能深究先王之道、古今之宜，推阐圣明，以救斯弊，其事遂止。臣尝恨焉！伏惟皇帝陛下，神圣英武，数千百年以来未有伦比。即位之初，即不许度人为僧尼、道士，又不许别立寺观。臣当时以为高祖之志，必行于陛下之手。今纵未能即行，岂可恣之转令盛也！

今闻陛下令群僧迎佛骨于凤翔，御楼以观，舁入大内，令诸寺递迎供养。臣虽至愚，必知陛下不惑于佛，作此崇奉以祈福祥也。直以年丰人乐，徇人之心，为京都士庶设诡异之观、戏玩之具耳。安有圣明若此而肯信此等事哉？然百姓愚冥，易惑难晓，苟见陛下如此，将谓真心信佛。皆云天子大圣，犹一心敬信，百姓微贱，于佛岂合惜身命。所以灼顶燔指，百十为群，解衣散钱，自朝至暮，转相仿效，唯恐后时，老幼奔波，弃其生业。若不即加禁遏，更历诸寺，必有断臂脔身以为供养者。伤风败俗，传笑四方，非细事也。

佛本夷狄之人，与中国言语不通，衣服殊制。口不道先王之法言，身不服先王之法服，〔一〕不知君臣之义、父子之情。假如其身尚在，奉其国命，来朝京师，陛下容而接之，不过宣政一见，礼宾一设，赐衣一袭，卫而出之于境，不令惑于众也。况其身死已久，枯朽之骨，凶秽之余，岂宜以入宫禁！孔子曰："敬鬼神而远之。"古之诸侯，行吊于国，尚令巫祝先以桃茢，祓除不祥，然后进吊。今无故取朽秽之物，亲临观之，巫祝不先，桃茢不用，群臣不言其非，御史不举其失，臣实耻之。乞以此骨付之水火，永绝根本，断天下之疑，绝后代之惑。使天下之人，知大圣人之所作为出于寻常万万也，岂不盛哉！岂不快哉！佛如有灵，能作祸祟，凡有殃咎，宜加臣身。上天鉴临，臣不怨悔。

疏奏，宪宗怒甚。间一日，出疏以示宰臣，将加极法。裴度、崔群奏曰："韩愈上忤尊听，诚宜得罪，然而非内怀忠恳，不避黜责，岂能至此？伏乞稍赐宽容，以来谏者。"上曰："愈言我奉佛太过，我犹为容之。至谓东汉奉佛之后，帝王咸致夭促，何言之乖剌也？愈为人臣，敢尔狂妄，固不可赦。"于是人情惊惋，乃至国戚诸贵亦以罪愈太重，因事言之，乃贬为潮州刺史。

〔一〕先王之法服 "服"字各本原作"行"，据《韩昌黎集》卷三九、《通鉴》卷二四〇改。

（《旧唐书》卷一百六十《列传第一百一十·韩愈》 4198）

唐宪宗评韩愈

宪宗谓宰臣曰："昨得韩愈到潮州表，因思其所谏佛骨事，大是爱我，我岂不知？然愈为人臣，不当言人主事佛乃年促也。我以是恶其容易。"上欲复用愈，故先语及，观宰臣之奏对。

（《旧唐书》一百六十《列传第一百一十·韩愈》 4202）

韦 绶

韦绶字子章，京兆人。少有至性，丧父，刺血写佛经。

（《旧唐书》卷一百六十二《列传第一百一十二·韦绶》 4244）

孟 简

［孟］简明于内典，六年，诏与给事中刘伯刍、工部侍郎归登、右补阙萧俛等，同就醴泉佛寺翻译《大乘本生心地观经》，简最擅其理。

（《旧唐书》卷一百六十三《列传第一百一十三·孟简》 4257）

李绛评安国寺立《圣政碑》

时中官吐突承璀自藩邸承恩宠，为神策护军中尉，乃于安国佛寺建立《圣政碑》，大兴功作，仍请翰林为其文。绛上言曰：

陛下布惟新之政，划积习之弊，四海延颈，日望德音。今忽立《圣政碑》，示天下以不广。《易》称：大人者与天地合德，与日月合明。执契垂拱，励精求理，岂可以文字而尽圣德，碑表而赞皇猷？若可叙述，是有分限，亏损盛德，岂谓敷扬至道哉？故自尧、舜、禹、汤、文、武，并无建碑之事。至秦始皇荒逸之君，烦酷之政，然后有罘、峄之碑，扬诛伐之功，纪巡幸之迹，适足为百王所笑，万代所讥，至今称为失道亡国之主，岂可拟议于此？陛下嗣高祖、太宗之业，举贞观、开元之政，思理不遑食，从谏如顺流，固可与尧、舜、禹、汤、文、武方驾而行，又安得追秦皇暴虐不经之事而自损圣政？近者，阎巨源请立纪圣功碑，陛下详尽事宜，皆不允许。今忽令立此，与前事颇乖。况此碑既在安国寺，不得不叙载游观崇饰之事，述游观且乖理要，叙崇饰又匪政经，固非哲王所宜行也。其碑，伏乞圣恩特令寝罢。

宪宗深然之，其碑遂止。

（《旧唐书》卷一百六十四《列传第一百一十四·李绛》　4286）

时废浮图法，以铜像铸钱

时废浮图法，以铜像铸钱。［柳］仲郢为京畿铸钱使，钱工欲于模加"新"字，仲郢止之，唯淮南加"新"字，后竟为僧人取之为像设钟磬。

（《旧唐书》卷一百六十五《列传第一百一十五·柳公绰》　4306）

柳仲郢

［柳］仲郢以礼法自持，私居未尝不拱手，内斋未尝不束带。三为大镇，厩无名马，衣不熏香。退公布卷，不舍昼夜。《九经》《三史》一钞，魏、晋已来南北史再钞，手钞分门三十卷，号《柳氏自备》。又精释典，《瑜伽》《智度大论》皆再钞，自余佛书，多手记要义。小楷精谨，无一字肆笔。撰《尚书二十四司箴》，韩愈、柳宗元深赏之。有文集二十卷。

（《旧唐书》卷一百六十五《列传第一百一十五·柳公绰》　4307）

柳公权

［柳］公权初学王书，遍阅近代笔法，体势劲媚，自成一家。当时公卿大臣家碑板，不得公权手笔者，人以为不孝。外夷入贡，皆别署货贝，曰此购柳书。上都西明寺《金刚经碑》备有钟、王、欧、虞、褚、陆之体，尤为得意……大中初，转少师……一纸行书十一字，曰"永禅师真草《千字文》得家法"；一纸草书八字，曰"谓语助者焉哉乎也"。

（《旧唐书》一百六十五《列传第一百一十五·柳公绰》　4311）

昭德寺

大和二年十一月，宫中昭德寺火。寺在宣政殿东隔垣，火势将及，宰臣、两省、京兆尹、中尉、枢密，皆环立于日华门外，令神策兵士救之，晡后稍息。

（《旧唐书》卷一百六十五《列传第一百一十五·温造》　4316）

白居易

［白］居易儒学之外，尤通释典，常以忘怀处顺为事，都不以迁谪介意。在浔城，立隐舍于庐山遗爱寺，尝与人书言之曰："予去年秋始游庐山，到东西二林间香镼峰下，见云木泉石，胜绝第一。爱不能舍，因立草堂。前有乔松十数株，修竹千余竿，青萝为墙援，白石为桥道，流水周于舍下，飞泉落于檐间，红榴白莲，罗生池砌。"居易与凑、满、朗、晦四禅师，追永、远、宗、雷之迹，为人外之交。每相携游咏，跻危登险，极林泉之幽邃。至于翛然顺适之际，几欲忘其形骸。或经时不归，或踰月而返，郡守以朝贵遇之，不之责……［白居易与元稹书曰：］自长安抵江西三四千里，凡乡校、佛寺、逆旅、行舟之中，往往有题仆诗者；士庶、僧徒、孀妇、处女之口，每有咏仆诗者。此诚雕篆之戏，不足为多，然今俗所重，正在此耳……文宗即位，征拜秘书监，赐金紫。九月上诞节，召居易与僧惟澄、道士赵常盈对御讲论于麟德殿。居易论难锋起，辞辨泉注，上疑宿构，深嗟挹之……［开成］四年冬，［白居易］得风病，伏枕者累月，乃放诸妓女樊、蛮等，仍自为墓志，病中吟咏不辍。自言曰："予年六十有八，始患风痹之疾，体瘝首眩，左足不支。盖老病相乘，有时而至耳。予栖心释梵，浪迹老、庄，因疾观身，果有所得。何则？外形骸而内忘忧患，先禅观而后顺医治。旬月以

还，厥疾少间，杜门高枕，澹然安闲。吟咏兴来，亦不能遏，遂为《病中诗》十五篇以自谕。"

会昌中，请罢太子少傅，以刑部尚书致仕。与香山僧如满结香火社，每肩舆往来，白衣鸠杖，自称香山居士。大中元年卒，时年七十六，赠尚书右仆射。有文集七十五卷，《经史事类》三十卷，并行于世……居易尝写其文集，送江州东西二林寺、洛城香山圣善等寺，如佛书杂传例流行之。无子，以其侄孙嗣。遗命不归下邽，可葬于香山如满师塔之侧，家人从命而葬焉。

（《旧唐书》卷一百六十六《列传第一百一十六·白居易》　4345）

段文昌

［段］文昌于荆、蜀皆有先祖故第，至是赎为浮图祠。又以先人坟墓在荆州，别营居第以置祖祢影堂，岁时伏腊，良辰美景享荐之。彻祭，即以音声歌舞继之，如事生者，搢绅非焉。

杜按：《新唐书》本传（3763）不记"赎为浮图祠"事。

（《旧唐书》卷一百六十七《列传第一百一十七·段文昌》　4369）

段成式

［段］成式字柯古，以荫入官，为秘书省校书郎。研精苦学，秘阁书籍，披阅皆遍……解印，寓居襄阳，以闲放自适。家多书史，用以自娱，尤深于佛书。所著《酉阳杂俎》传于时。

杜按：《新唐书》本传《酉阳杂俎》作《酉阳书》。

（《旧唐书》卷一百六十七《列传第一百一十七·段文昌》　4369）

冯　宿

元和十二年，［冯宿］从裴度东征，为彰义军节度判官。淮西平，拜比部郎中。会韩愈论佛骨，时宰疑宿草疏，出为歙州刺史。

杜按：《新唐书》本传（5277）未记"会韩愈论佛骨"事。

（《旧唐书》卷一百六十八《列传第一百一十八·冯宿》　4389）

李训与宗密

是日，［李］训中拳而仆，知事不济，乃单骑走入终南山，投寺僧宗密。训与宗密素善，欲剃其发匿之，从者止之，乃趋凤翔，欲依郑注。出山，为盩厔镇将宗楚所得，械送京师。至昆明池，训恐入军别受搒掠，乃谓兵士曰：“所在有兵，得我者即富贵，不如持我首行，免被夺取。”乃斩训，持首而行。训弟仲景、再从弟户部员外郎元皋，皆伏法。

仇士良以宗密容李训，遣人缚入左军，责以不告之罪。将杀之，宗密怡然曰：“贫僧识训年深，亦知反叛。然本师教法，遇苦即救，不爱身命，死固甘心。”中尉鱼弘志嘉之，奏释其罪。

（《旧唐书》卷一百六十九《列传第一百一十九·李训》　4398）

神策镇将捕蓝田县念佛人

寻而蓝田县人贺兰进与里内五十余人相聚念佛，神策镇将皆捕之，以为谋逆，当大辟。［高］元裕疑其冤，上疏请出贺兰进等付台覆问，然后行刑，从之。

（《旧唐书》卷一百七十一《列传第一百二十一·高元裕》　4452）

萧仿论佛教

懿宗怠临朝政，僻于奉佛，内结道场，聚僧念诵。又数幸诸寺，施与过当。［萧］仿上疏论之曰：

臣闻玄祖之道，由慈俭为先；而素王之风，以仁义为首。相沿百代，作则千年，至圣至明，不可易也。如佛者，生于天竺，去彼王宫，割爱中之至难，取灭后之殊胜，名归象外，理绝尘中，非为帝王之所能慕也。昔贞观中，高宗在东宫，以长孙皇后疾亟，尝上言曰：“欲请度僧，以资福事。”后曰：“为善有征，吾未为恶，善或无报，求福非宜。且佛者，异方之教，所可存而勿论。岂以一女子而紊王道乎？”故谥为文德。且母后之论，尚能如斯，哲王之谟，安可反是？

伏睹陛下留神天竺，属意桑门，内设道场，中开讲会，或手录梵筴，或口扬佛音。虽时启于延英，从容四辅；虑稍稀于听政，废失万机。居安思危，不可忽也。夫从容者君也，必畴咨于臣，尽忠匡救，外逆其耳，内沃其心，陈皋陶之谟，述仲虺之诰，发挥王道，恢益帝图，非赐对之闲徒侍坐而已。夫废失者，上拒其谏，下希其旨，言则狎玩，意在顺从。汉重神仙，东方朔著《十洲》之记；梁崇佛法，刘孝仪咏《七觉》之诗。致祠祷无休，讲诵不已，以至大空海内，中辍江东。以此言之，是废失也。然佛者，当可以悟取，不可以相求。汉、晋已来，互兴宝刹；姚、石之际，亦有高僧。或问以苦空，究其不灭，止闻有性，多曰忘言。执着贪缘，非其旨也。必乞陛下力求民瘼，虔奉宗祧。思缪赏与滥刑，其殃立至；俟胜残而去杀，得福甚多。幸罢讲筵，频亲政事。昔年韩愈已得罪于宪宗，今日微臣固甘心于褪徽。

疏奏，帝甚嘉之。

（《旧唐书》卷一百七十二《列传第一百二十二·萧俛》 4480）

文宗出宫人送两街寺观

文宗以旱放系囚，出宫人刘好奴等五百余人，送两街寺观，任归亲戚。

（《旧唐书》卷一百七十三《列传第一百二十三·郑覃》 4492）

李德裕论泗州置僧尼戒坛

元和已来，累敕天下州府，不得私度僧尼。徐州节度使王智兴聚货无厌，以敬宗诞月，请于泗州置僧坛，度人资福，以邀厚利。江、淮之民，皆群党渡淮。[李]德裕奏论曰："王智兴于所属泗州置僧尼戒坛，自去冬于江、淮已南，所在悬榜招置。江、淮自元和二年后，不敢私度。自闻泗州有坛，户有三丁必令一丁落发，意在规避王徭，影庇资产。自正月已来，落发者无算。臣今于蒜山渡点其过者，一日一百余人，勘问唯十四人是旧日沙弥，余是苏、常百姓，亦无本州岛文凭，寻已勒还本贯。访闻泗州置坛次第，凡僧徒到者，人纳二缗，给牒即回，别无法事。若不特行禁止，比到诞节，计江、淮已南，失却六十万丁壮。此事非细，系于朝延法度。"状奏，即日诏徐州罢之。

（《旧唐书》卷一百七十四《列传第一百二十四·李德裕》 4514）

李德裕论亳州圣水

宝历二年，亳州言出圣水，饮之者愈疾。德裕奏曰："臣访闻此水，本因妖僧诳惑，狡计丐钱。数月已来，江南之人，奔走塞路。每三二十家，都顾一人取水。拟取之时，疾者断食荤血，既饮之后，又二七日蔬飧，危疾之人，俟之愈病。其水斗价三贯，而取者益之他水，沿路转以市人，老疾饮之，多至危笃。昨点两浙、福建百姓渡江者，日三五十人。臣于蒜山渡已加捉搦。若不绝其根本，终无益黎氓。昔吴时有圣水，宋、齐有圣火，事皆妖妄，古人所非。乞下本道观察使令狐楚，速令填塞，以绝妖源。"从之。

敬宗为两街道士赵归真说以神仙之术，宜访求异人以师其道；僧惟贞、齐贤、正简说以祠祷修福，以致长年。四人皆出入禁中，日进邪说。山人杜景先进状，请于江南求访异人。至浙西，言有隐士周息元寿数百岁，帝即令高品薛季稜往润州迎之，仍诏德裕给公乘遣之。德裕因中使还，献疏曰：

臣闻道之高者莫若广成、玄元，人之圣者莫若轩黄、孔子。昔轩黄问广成子，理身之要，何以长久？对曰："无视无听，抱神以静。形将自正，神必自清。无劳子形，无摇子精，乃可长生。慎守其一，以处其和。故我修身千二百岁矣，吾形未尝衰。"又云："得吾道者，上为皇而下为王。"玄元语孔子曰："去子之骄气与多欲，态色与淫志，是皆无益于子之身。吾所告子者是已。"故轩黄发谓天子叹，孔子兴犹龙之感。前圣于道，不其至乎？

伏惟文武大圣广孝皇帝陛下，用玄祖之训，修轩黄之术，凝神闲馆，物色异人，将以觌冰雪之姿，屈顺风之请。恭惟圣感，必降真仙。若使广成、玄元混迹而至，语陛下之道，授陛下之言，以臣度思，无出于此。臣所虑赴召者，必迂怪之士，苟合之徒，使物淳冰，以为小术，衒耀邪僻，蔽欺聪明。如文成、五利，一无可验。臣所以三年之内，四奉诏书，未敢以一人塞诏，实有所惧。

臣又闻前代帝王，虽好方士，未有服其药者。故《汉书》称黄金可成，以为饮食器则益寿。又高宗朝刘道合、玄宗朝孙甑生，皆成黄金，二祖竟不敢服，岂不以宗庙社稷之重，不可轻易。此事炳然载于国史。以臣微见，倘陛下睿虑精求，必致真隐，唯问保和之术，不求饵药之功，纵使必成黄金，止可充于玩好。则九庙灵鉴，必当慰悦，寰海兆庶，谁不欢心？臣思竭愚衷，以裨玄化，无任兢忧之至。

（《旧唐书》卷一百七十四《列传第一百二十四·李德裕》 4516）

裴 休

[裴]休性宽惠，为官不尚皦察，而吏民畏服。善为文，长于书翰，自成笔法。家世奉佛，休尤深于释典。太原、凤翔近名山，多僧寺。视事之隙，游践山林，与义学僧讲求佛理。中年后，不食荤血，常斋戒，屏嗜欲。香炉贝典，不离斋中，咏歌赞呗，以为法乐。与尚书纥干臮皆以法号相字。时人重其高洁而鄙其太过，多以词语嘲之，休不以为忤。

（《旧唐书》卷一百七十七《列传第一百二十七·裴休》 4594）

刘瞻论佛教

[咸通] 十一年八月，同昌公主薨，懿宗尤嗟惜之。以翰林医官韩宗召、康仲殷等用药无效，收之下狱。两家宗族，枝蔓尽捕三百余人，狴牢皆满。[刘] 瞻召谏官令上疏，无敢极言。瞻自上疏曰：

臣闻修短之期，人之定分，贤愚共一，今古攸同……陛下信崇释典，留意生天，大要不过喜舍慈悲，方便布施，不生恶念，所谓福田。则业累尽消，往生忉利，比居浊恶，未可同年。伏望陛下尽释系囚，易怒为喜，虔奉空王之教，以资爱主之灵。中外臣僚，同深恳激。

帝阅疏大怒，即日罢瞻相位，检校刑部尚书、同平章事、江陵尹，充荆南节度等使。

杜按：《新唐书》本传（5352）不载与佛教有关文。

（《旧唐书》卷一百七十七《列传第一百二十七·刘瞻》　4605）

安国寺

可及善音律，尤能转喉为新声，音辞曲折，听者忘倦……尝于安国寺作《菩萨蛮舞》，如佛降生，帝益怜之。

（《旧唐书》卷一百七十七《列传第一百二十七·曹确》　4608）

李蔚论佛教

懿宗奉佛太过，常于禁中饭僧，亲为赞呗。以栴檀为二高座，赐安国寺僧彻，逢八饭万僧。[李] 蔚上疏谏曰：

臣闻孔丘圣者也，言则引周任之言；苻融贤者也，谏必称王猛之议。诚以事求师古，词贵达情。陛下自缵帝图，克崇佛事，止当修外，未甚得中。臣略采本朝名臣启奏之言，以证奉佛初终之要。

天后时，曾营大像，功费百万，狄仁杰谏曰："夫宝铰殚于缀饰，环材竭于轮奂。功不使鬼，必在役人，物不天来，皆从地出，非苦百姓，物何以求？物生有时，用之无度，臣每思惟，实所悲痛。至如往在江表，像法盛兴，梁武、简文，施舍无限。及乎三淮沸浪，五岭腾烟，列刹盈衢，无救危亡之祸；缁衣蔽路，岂益勤王之师？况近年以来，风尘屡扰，水旱失节，征役稍繁。必若多费官财，又苦人力，一隅有难，将何以救？"此切当之言一也。

中宗时，公主外戚，奏度僧尼，姚崇谏曰："佛不在外，求之于心。佛图澄最贤，无益于后赵；罗什多艺，不救于姚秦。何充、苻融，皆遭败灭；齐襄、梁武，未免灾殃。但志发慈悲，心行利益，若苍生安乐，即是佛身。"此切当之言二也。

睿宗为金仙、玉真二公主造二道宫，辛替否谏曰："自夏已来，淫雨不解，谷荒于垄，麦烂于场。入秋已来，亢旱为灾，苗而不实，霜损虫暴，草菜枯黄，下人咨嗟，未加赈贷。陛下爱两女而造两观，烧瓦运木，载土填沙。道路流言，皆云用钱百万。陛下圣人也，远无不知；陛下明君也，细无不见。既知且见，知仓有几年之储？库有几年之帛？知百姓之间可存活乎？三边之士可转输乎？今发一卒以扞边陲，追一兵以卫社稷，多无衣食，皆带饥寒，赏赐之间，迥无所出。军旅骤败，莫不由斯。而陛下破百万贯钱，造不急之观，以贾六合之怨，以违万人之心。"此切当之言三也。

替否又谏造寺曰："释教以清净为基，慈悲为主。常体道以济物，不利己而害人；每去己以全真，不营身以害教。今三时之月，筑山穿池，损命也；殚府虚藏，损人也；广殿长廊，营身也。损命则不慈悲，损人则不济物，营身则不清净。岂大圣至神之心乎？佛书曰：'一切有为法，如梦幻泡影，如露亦如电。'臣以为减雕琢之费以赈贫人，是有如来之德；息穿掘之苦以全昆虫，是有如来之仁；罢营葺之直以给边陲，是有汤武之功；回不急之禄以购清廉，是有唐虞之治。陛下缓其所急，急其所缓，亲未来而疏见在，失真实而冀虚无。重俗人之所为，轻天子之功业，臣实痛之。"此切当之言四也。

臣观仁杰，天后时上公也；姚崇，开元时贤相也；替否，睿宗之直臣也。臣每览斯言，未尝不废卷而太息，痛其言之不行也。伏以陛下深重缁流，妙崇佛事，其为乐善，实迈前踪。但细详时代之安危，渺鉴昔贤之敷奏，则思过半矣，道远乎哉！臣过忝渥恩，言亏匡谏，但举从绳之义，少裨负扆之明。营缮之间，稍宜停减。

优诏嘉之。寻拜京兆尹、太常卿。

杜按：《新唐书》本传（5353）李蔚此《疏》。

（《旧唐书》卷一百七十八《列传第一百二十八·李蔚》　4625）

尼奉仙自言通神

［广明元年］九月，［毕］师铎出城战败，虑［高］骈为贼内应，又有尼奉仙，自言通神，谓师铎曰："扬府灾，当有大人死应之，自此善也。"秦彦曰："大人非高令公耶？"即令师铎以兵攻道院，侍者白骈曰："有贼攻门。"曰："此秦彦来。"整衣候之。俄而乱卒升阶曳骈数之曰："公上负天子恩，下陷扬州民，淮南涂炭，公之罪也。"骈未暇言，首已堕地矣。

　　　　杜按：《新唐书》本传（6402）"尼奉仙"作"女巫王奉仙"，意同。余文大同，
　　　　　　故不录。

　　　　　　　　　　（《旧唐书》卷一百八十二《列传第一百三十二·高骈》　4712）

大明寺

［光启三年］四月，［毕师铎］趋广陵，营于大明寺。扬州大骇。

　　　　　　　　　　（《旧唐书》卷一百八十二《列传第一百三十二·高骈》　4713）

尼曰：走为上计也

［光启三年］九月，毕师铎出战，又败，自是日与秦彦相对嗟惋。问神尼奉仙何以获济，尼曰："走为上计也。"十月，彦与师铎突围投孙儒，并为所杀。

　　　　杜按：《新唐书》本传"尼奉仙"作"奉仙"。

　　　　　　　　　　（《旧唐书》卷一百八十二《列传第一百三十二·高骈》　4716）

荣氏至汴州为尼

乾宁四年正月，城中食竭，［朱］瑄与妻荣氏出奔，至中都，为野人所害，传首汴州。荣氏至汴州为尼。

　　　　　　　　　　（《旧唐书》卷一百八十二《列传第一百三十二·朱瑄》　4718）

惠　范

有胡僧惠范，家富于财宝，善事权贵，［太平］公主与之私，奏为圣善寺主，加三品，封公，殖货流于江剑。公主惧玄宗英武，乃连结将相，专谋异计。其时宰相七人，五出公主门，常元楷、李慈掌禁兵，常私谒公主。

先天二年七月，玄宗在武德殿，事渐危逼，乃勒兵诛其党窦怀贞、萧至忠、岑羲等。公主遽入山寺，数日方出，赐死于家。公主诸子及党与死者数十人。籍其家，财货山积，珍奇宝物，侔于御府，马牧羊牧田园质库，数年

征敛不尽。惠范家产亦数十万贯。

（《旧唐书》卷一百八十三《列传第一百三十三·外戚·武承嗣》 4739）

薛怀义

薛怀义者，京兆鄠县人，本姓冯，名小宝。以鬻台货为业，伟形神，有膂力，为市于洛阳，得幸于千金公主侍儿。公主知之，入宫言曰："小宝有非常材用，可以近侍。"因得召见，恩遇日深。则天欲隐其迹，便于出入禁中，乃度为僧。又以怀义非士族，乃改姓薛，令与太平公主婿薛绍合族，令绍以季父事之。自是与洛阳大德僧法明、处一、惠俨、棱行、感德、感知、静轨、宣政等在内道场念诵。怀义出入乘厩马，中官侍从，诸武朝贵，匍匐礼谒，人间呼为薛师。

垂拱初，说则天于故洛阳城西修故白马寺，怀义自护作，寺成，自为寺主。颇恃恩狂蹶，其下犯法，人不敢言。右台御史冯思勖屡以法劾之，怀义遇勖于途，令从者殴之，几死。又于建春门内敬爱寺别造殿宇，改名佛授记寺。垂拱四年，拆乾元殿，于其地造明堂，怀义充使督作。凡役数万人，曳一大木千人，置号头，头一嘇，千人齐和。明堂大屋凡三层，计高三百尺。又于明堂北起天堂，广袤亚于明堂。怀义以功拜左威卫大将军，封梁国公。永昌中，突厥默啜犯边，以怀义为清平道大总管，率军击之，至单于台，刻石纪功而还。加辅国大将军，进右卫大将军，改封鄂国公、柱国，赐帛二千段。

怀义与法明等造《大云经》，陈符命，言则天是弥勒下生，作阎浮提主，唐氏合微。故则天革命称周，怀义与法明等九人并封县公，赐物有差，皆赐紫袈裟、银龟袋。其伪《大云经》颁于天下，寺各藏一本，令升高座讲说。则天将革命，诛杀宗属诸王，唯千金公主以巧媚善进奉独存，抗疏请以则天为母，因得曲加恩宠，改邑号为延安大长公主，加实封，赐姓武氏。以子克义娶魏王武承嗣女，内门参问，不限早晚，见则尽欢。长寿二年，默啜复犯塞，又以怀义为代北道行军大总管，以李多祚、苏宏晖为将。未行，改朔方道行军大总管，以内史李昭德为行军长史，凤阁侍郎、平章事苏味道为行军司马，契苾明、曹仁师、沙吒忠义等十八将军以讨之。未行虏退，乃止。

怀义后厌入宫中，多居白马寺，刺血画大像，选有膂力白丁度为僧，数满千人。侍御史周矩疑其奸，奏请劾之，不许，固请之，则天曰："卿且退，朕即令去。"矩至台，薛师亦至，乘马躐阶而下，便坦腹于床。矩召台吏，将按之，遽乘马而去。矩具以闻，则天曰："此道人风病，不可苦问。所度僧任卿勘当。"矩按之，穷其状以闻，诸僧悉配远州。迁矩天官员外郎，竟为薛师所构，下狱，免官。

后有御医沈南璆得幸，薛师恩渐衰，恨怒颇甚。证圣中，乃焚明堂、天堂，并为灰烬，则天愧而隐之，又令怀义充使督作。乃于明堂下置九州鼎，铸铜为十二属形象，置于本辰位，皆高一丈，怀义率人作号头安置之。其后益骄倨，则天恶之，令太平公主择膂力妇人数十，密防虑之。人有发其阴谋者，太平公主乳母张夫人令壮士缚而缢杀之，以辇车载尸送白马寺。其侍者僧徒，皆流窜远恶处。

　　杜按：《新唐书》不为薛怀义立传。

　　　　（《旧唐书》卷一百八十三《列传第一百三十三·外戚·武承嗣》　4741）

柳　晟

　　柳晟者，肃宗皇后之甥……泾师之乱，从幸奉天，晟密启曰："愿受诏入京城，游说群贼，冀其携贰。"德宗壮而许之。晟与贼帅多有旧，出入其门说诱之。事泄，为朱泚所擒，械之于狱。晟有力，乃于狱中穿垣破械而遁，落发为僧，间道归行在。迁将作少监。

　　杜按：《新唐书》本传（4961）"落发为僧"作"断发为浮屠"；"间道归行在"作
　　　　"间归奉天"。余大同，故不录。

　　　　（《旧唐书》卷一百八十三《列传第一百三十三·外戚·柳晟》　4750）

宝寿佛寺

　　［高］力士资产殷厚，非王侯能拟，于来庭坊造宝寿佛寺、兴宁坊造华封道士观，宝殿珍台，侔于国力。于京城西北截澧水作碾，并转五轮，日碾麦三百斛。初，宝寿寺钟成，力士斋庆之，举朝毕至。凡击钟者，一击百千；有规其意者，击至二十杵，少尚十杵。

　　　　（《旧唐书》卷一百八十四《列传第一百三十四·宦官·高力士》　4758）

李辅国

　　［李］辅国不茹荤血，常为僧行，视事之隙，手持念珠，人皆信以

为善。

(《旧唐书》卷一百八十四《列传第一百三十四·宦官·李辅国》 4759)

章敬寺、兴唐寺

大历二年，朝恩献通化门外赐庄为寺，以资章敬太后冥福，仍请以章敬为名，复加兴造，穷极壮丽。以城中材木不足充费，乃奏坏曲江亭馆、华清宫观楼及百司行廨、将相没官宅给其用，土木之役，仅逾万亿。三年，让判国子监事，加韩国公。章敬太后忌日，百僚于兴唐寺行香，朝恩置斋馔于寺外之车坊，延宰臣百僚就食。朝恩恣口谈时政，公卿慑息。

(《旧唐书》卷一百八十四《列传第一百三十四·宦官·鱼朝恩》 4764)

宦官病令诸寺僧设斋祈福

是岁［霍］仙鸣病，［德宗］帝赐马十匹，令于诸寺为僧斋以祈福。久病不愈，十四年，仓卒而卒。

(《旧唐书》卷一百八十四《列传第一百三十四·宦官·霍仙鸣》 4766)

僧道笞死于京兆府

［天复三年正月］是日，诸司宦官百余人，及随驾凤翔群小又二百余人，一时斩首于内侍省，血流涂地。及宫人宋柔等十一人，两街僧道与内官相善者二十余人，并笞死于京兆府。

(《旧唐书》卷一百八十四《列传第一百三十四·宦官·杨复恭》 4779)

恒州鹿泉寺僧净满为弟子所谋

时恒州鹿泉寺僧净满为弟子所谋，密画女人居高楼，仍作净满引弓而射之，藏于经笥。已而诣阙上言僧咒诅，大逆不道。则天命［裴］怀古按问诛之。怀古究其辞状，释净满以闻，则天大怒，怀古奏曰："陛下法无亲疏，当与天下画一。岂使臣诛无辜之人，以希圣旨。向使净满有不臣之状，臣复何颜能宽之乎？臣今慎守平典，虽死无恨也。"则天意乃解。

(《旧唐书》卷一百八十五下《列传第一百三十五下·良吏下·裴怀古》 4807)

杨元琰奏请削发出家

俄而张柬之、敬晖等为武三思所构，元琰觉变，奏请削发出家，仍辞官爵实封，中宗不许。敬晖闻而笑曰："向不知奏请出家，合赞成其事，剃却胡头，岂不妙也。"元琰多须类胡，晖以此言戏之。元琰曰："功成名遂，不退将危。此由衷之请，不徒然也。"晖知其意，瞿然不悦。

（《旧唐书》卷一百八十五下《列传第一百三十五下·

良吏下·杨元琰》　4811）

郭霸请僧转经设斋

　　［郭霸］尝推芳州刺史李思徵，榜捶考禁，不胜而死。圣历中，屡见思徵，甚恶之。尝因退朝遽归，命家人曰："速请僧转经设斋。"须臾见思徵从数十骑上其廷，曰："汝枉陷我，我今取汝。"霸周章惶怖，援刀自刿其腹，斯须蛆烂矣。是日，闾里亦见兵马数十骑驻于门，少顷不复见矣。

　　杜按：《新唐书》本传（5110）无"速请僧转经设斋"事。

（《旧唐书》卷一百八十六上《列传第一百三十六上·

酷吏上·郭霸》　4848）

李憕二子为僧

　　［李］憕有子十余人，二子为僧，与憕同遇害；二子彭、源，存焉。

（《旧唐书》卷一百八十七下《列传第一百三十七下·

忠义下·李憕》　4889）

李　源

　　［李］源时年八岁，为贼所俘，转徙流离，凡七八年。及史朝义走河北，洛阳故吏有义源者，赎之于民家。代宗闻之，授河南府参军，转司农寺主簿。以父［李憕］死祸难，无心禄仕，誓不婚妻，不食酒肉。洛阳之北惠林寺，［李］憕之旧墅也，源乃依寺僧，寓居一室，依僧斋戒，人未尝见其所习。先穴地为墓，预为终制，时时偃仰于穴中。

　　长庆三年，御史中丞李德裕表荐之曰："处士李源，即故礼部尚书、东都留守、赠司徒、忠烈公李憕之少子。天与忠孝，嗣兹贞烈。以父死国难，哀缠终身，自司农寺主簿，绝心禄仕，垂五十年。暨于衰暮，多依惠林佛寺，本憕之墅也。寺之正殿，即憕之寝室，源过殿必趋，未尝登践。随僧一食，已五十年。其端心执孝，无有不至。抱此贞节，弃于清朝，臣窃为陛下惜之。"诏曰：

　　……穆宗寻令中使赍手诏、绯袍、牙笏、绢二百匹，往洛阳惠林寺宣赐。源受诏，对中使苦陈疾甚年高，不能趋拜，附表谢恩，其官告服色绢，皆辞不受。竟卒于寺。

　　杜按：《新唐书》（5511）作"李源依祠居，合户日一食，祠殿，其先寝也，每过心趋，未始登阶，自营墓为终制，时时偃卧埏中"。余意大同，故不赘录。

（《旧唐书》卷一百八十七《列传第一百三十七下·
忠义下·李憕》　4889）

惠 乘

　　后高祖亲临释奠，时徐文远讲《孝经》，沙门惠乘讲《波若经》，道士刘进喜讲《老子》，德明难此三人，各因宗指，随端立义，众皆为之屈。高祖善之，赐帛五十匹。贞观初，拜国子博士，封吴县男。寻卒。撰《经典释文》三十卷、《老子疏》十五卷、《易疏》二十卷，并行于世。太宗后尝阅德明《经典释文》，甚嘉之，赐其家束帛二百段。[一]

　　〔一〕赐其家束帛　　"家"字各本原无，据《御览》卷六〇一、《册府》卷六〇一补。

（《旧唐书》卷一百八十九上《列传第一百三十九上·
儒学上·陆德明》　4945）

张士衡论佛教

　　承乾又问曰："布施营功德，有果报不？"［张士衡］对曰："事佛在于清净无欲，仁恕为心。如其贪婪无厌，骄虐是务，虽复倾财事佛，无救目前之祸。且善恶之报，若影随形，此是儒书之言，岂徒佛经所说。是为人君父，当须仁慈；为人臣子，宜尽忠孝。仁慈忠孝，则福祚攸永；如或反此，则殃祸斯及。此理昭然，愿殿下勿为忧虑。"

（《旧唐书》卷一百八十九上《列传第一百三十九上·
儒学上·张士衡》　4949）

王绍宗

　　［王］绍宗少勤学，遍览经史，尤工草隶。家贫，常佣力写佛经以自给，每月自支钱足即止，虽高价盈倍，亦即拒之。寓居寺中，以清净自守，垂三十年。文明中，徐敬业于扬州作乱，闻其高行，遣使征之，绍宗称疾固辞。又令唐之奇亲诣所居逼之，竟不起。

（《旧唐书》卷一百八十九下《列传第一百三十九下·
儒学下·王绍宗》　4963）

杜元琰诵《婆罗门咒》

时中宗数引近臣及修文学士，与之宴集，尝令各效伎艺，以为笑乐。工部尚书张锡为《谈容娘舞》，将作大匠宗晋卿舞《浑脱》，左卫将军张洽舞《黄獐》，左金吾卫将军杜元琰诵《婆罗门咒》，给事中李行言唱《驾车西河》，中书舍人卢藏用效道士上章。[郭] 山恽独奏曰："臣无所解，请诵古诗两篇。"帝从之，于是诵《鹿鸣》《蟋蟀》之诗。

　　杜按：《新唐书》本传（4106）无"杜元琰诵《婆罗门咒》"事。

（《旧唐书》卷一百八十九下《列传第一百三十九下·

儒学下·郭山恽》　4970）

杨　炯

[杨] 炯俄迁詹事司直。则天初，坐从祖弟神让犯逆，左转梓州司法参军。秩满，选授盈川令。如意元年七月望日，宫中出盂兰盆，分送佛寺，则天御洛南门，与百僚观之。炯献《盂兰盆赋》，词甚雅丽。炯至官，为政残酷，人吏动不如意，辄搒杀之。又所居府舍，多进士亭台，皆书榜额，为之美名，大为远近所笑。

　　杜按：《新唐书》本传（5741）不记杨炯献《盂兰盆赋》等与佛教有关事。

（《旧唐书》卷一百九十上《列传第一百四十上·文苑上·杨炯》　5003）

乔备预修《三教珠英》

[乔] 备，预修《三教珠英》，长安中卒于襄阳令。

（《旧唐书》卷一百九十中《列传第一百四十中·文苑中·乔知之》　5012）

富嘉谟预修《三教珠英》

[富] 嘉谟作《双龙泉颂》《千蠋谷颂》，[吴] 少微撰《崇福寺钟铭》，词最高雅，作者推重。并州长史张仁亶待以殊礼，坐必同榻。嘉谟后为寿安尉，预修《三教珠英》。

（《旧唐书》卷一百九十中《列传第一百四十中·文苑中·富嘉谟》　5013）

员半千预修《三教珠英》

[员] 半千以控鹤之职，古无其事，又授斯任者率多轻薄，非朝廷进德之选，上疏请罢之。由是忤旨，左迁水部郎中，预修《三教珠英》。

（《旧唐书》卷一百九十中《列传第一百四十中·文苑中·员半千》　5015）

沈佺期预修《三教珠英》

沈佺期，相州内黄人也。进士举。长安中，累迁通事舍人，预修《三教珠英》。

（《旧唐书》卷一百九十中《列传第一百四十中·文苑中·沈佺期》　5017）

阎朝隐预修《三教珠英》

阎朝隐，赵州栾城人也……朝隐文章虽无《风》《雅》之体，善构奇，甚为时人所赏。累迁给事中，预修《三教珠英》……

朝隐修《三教珠英》时，成均祭酒李峤与张昌宗为修书使，尽收天下文词之士为学士，预其列者，有王无竞、李适、尹元凯，并知名于时。

（《旧唐书》卷一百九十中《列传第一百四十中·文苑中·阎朝隐》　5026）

圣善寺

许景先，常州义兴人，后徙家洛阳。少举进士，授夏阳尉。神龙初，东都起圣善寺报慈阁。景先诣阙献《大像阁赋》，词甚美丽，擢拜左拾遗。

（《旧唐书》卷一百九十中《列传第一百四十中·文苑中·许景先》　5031）

天下寺观，多求李邕作颂文

初，［李］邕早擅才名，尤长碑颂。虽贬职在外，中朝衣冠及天下寺观，多斋持金帛，往求其文。前后所制，凡数百首，受纳馈遗，亦至钜万。时议以为自古鬻文获财，未有如邕者。有文集七十卷。其《张韩公行状》〔一〕《洪州放生池碑》《批韦巨源谥议》，文士推重之。

〔一〕张韩公行状　"张"字各本原无，据《册府》卷八四〇、《御览》卷五八九补。

杜按：《新唐书》本传（5754）无"天下寺观"等与佛教有关语。

（《旧唐书》卷一百九十中《列传第一百四十中·文苑中·李邕》　5043）

李华与萧颖士

［李华］乃为《祭古战场文》，熏污之如故物，置于佛书之阁。华与［萧］颖士因阅佛书得之，华谓之曰："此文何如？"颖士曰："可矣。"华曰："当代秉笔者，谁及于此？"颖士曰："君稍精思，便可及此。"华愕然。

（《旧唐书》卷一百九十下《列传第一百四十下·文苑下·李华》　5048）

萧颖士、李华与陆据

［萧颖士］尝与李华、陆据同游洛南龙门，三人共读路侧古碑，颖士一

阅，即能诵之，华再阅，据三阅，方能记之。议者以三人才格高下亦如此。

　　杜按：《新唐书》本传（5770）文稍异，意同。

　　　　（《旧唐书》卷一百九十下《列传第一百四十下·文苑下·萧颖士》　5048）

元德秀刺血画像写佛经

　　元德秀者，河南人，字紫芝。开元二十一年登进士第……登第后，母亡，庐于墓所，食无盐酪，藉无茵席，刺血画像写佛经。

　　杜按：《新唐书》本传（5563）无"刺血画像写佛经"句。

　　　　（《旧唐书》卷一百九十下《列传第一百四十下·文苑下·元德秀》　5050）

王　维

　　王维字摩诘，太原祁人……〔安〕禄山陷两都，玄宗出幸，维扈从不及，为贼所得。维服药取痢，伪称喑病。禄山素怜之，遣人迎置洛阳，拘于普施寺，迫以伪署……维弟兄俱奉佛，居常蔬食，不茹荤血，晚年长斋，不衣文彩……在京师日饭十数名僧，以玄谈为乐。斋中无所有，唯茶铛、药臼、经案、绳床而已。退朝之后，焚香独坐，以禅诵为事。妻亡不再娶，三十年孤居一室，屏绝尘累。乾元二年七月卒。临终之际，以〔王〕缙在凤翔，忽索笔作别缙书，又与平生亲故作别书数幅，多敦厉朋友奉佛修心之旨，舍笔而绝。

　　　　（《旧唐书》卷一百九十卷《列传第一百四十下·文苑下·王维》　5051）

孙思邈

　　孙思邈，京兆华原人也。七岁就学，日诵千余言。弱冠，善谈庄、老及百家之说，兼好释典……

　　上元元年，辞疾请归，特赐良马，及鄱阳公主邑司以居焉。当时知名之士宋令文、孟诜、卢照邻等，执师资之礼以事焉。思邈尝从幸九成宫，照邻留在其宅。时庭前有病梨树，照邻为之赋，其序曰："癸酉之岁，余卧疾长安光德坊之官舍。父老云：'是鄱阳公主邑司。昔公主未嫁而卒，故其邑废。'时有孙思邈处士居之。邈道合古今，学殚数术。高谈正一，则古之蒙庄子；深入不二，则今之维摩诘耳。其推步甲乙，度量乾坤，则洛下闳、安期先生之俦也……〔孙思邈〕自注《老子》《庄子》，撰《千金方》三十卷，行于代。又撰《福禄论》三卷，《摄生真录》及《枕中素书》《会三教论》各一卷。

> 杜按：《新唐书》本传（5569）未有其"兼好释典"及"今之维摩诘耳"等与佛
> 教有关记载。

（《旧唐书》卷一百九十一《列传第一百四十一·方伎·孙思邈》   5094）

叶法善排挤佛法

［叶］法善自高宗、则天、中宗历五十年，常往来名山，数召入禁中，尽礼问道。然排挤佛法，议者或讥其向背。以其术高，终莫之测。睿宗即位，称法善有冥助之力，先天二年，拜鸿胪卿，封越国公，仍依旧为道士，止于京师之景龙观，又赠其父为歙州刺史。当时尊宠，莫与为比。

（《旧唐书》卷一百九十一《列传第一百四十一·方伎·叶法善》   5107）

玄　奘

僧玄奘，姓陈氏，洛州偃师人。大业末出家，博涉经论。尝谓翻译者多有讹谬，故就西域，广求异本以参验之。贞观初，随商人往游西域。玄奘即辩博出群，所在必为讲释论难，蕃人远近咸尊伏之。在西域十七年，经百余国，悉解其国之语，仍采其山川谣俗，土地所有，撰《西域记》十二卷。贞观十九年，归至京师。太宗见之，大悦，与之谈论。于是诏将梵本六百五十七部于弘福寺翻译，仍敕右仆射房玄龄、太子左庶子许敬宗，广召硕学沙门五十余人，相助整比。

高宗在东宫，为文德太后追福，造慈恩寺及翻经院，内出大幡，敕《九部乐》及京城诸寺幡盖众伎，送玄奘及所翻经像、诸高僧等入住慈恩寺。显庆元年，高宗又令左仆射于志宁，侍中许敬宗，中书令来济、李义府、杜正伦，黄门侍郎薛元超等，共润色玄奘所定之经，国子博士范义硕、太子洗马郭瑜、弘文馆学士高若思等，助加翻译。凡成七十五部，奏上之。后以京城人众竞来礼谒，玄奘乃奏请逐静翻译，敕乃移于宜君山故玉华宫。六年卒，时年五十六，归葬于白鹿原，士女送葬者数万人。

> 杜按：《新唐书》未立玄奘传。

（《旧唐书》卷一百九十一《列传第一百四十一·方伎·僧玄奘》   5108）

神秀、惠能、普寂、义福

僧神秀，姓李氏，汴州尉氏人。少遍览经史，隋末出家为僧。后遇蕲州双峰山东山寺僧弘忍，以坐禅为业，乃叹伏曰："此真吾师也。"便往事弘忍，专以樵汲自役，以求其道。

昔后魏末，有僧达摩者，本天竺王子，以护国出家，入南海，得禅宗妙法，云自释迦相传，有衣钵为记，世相付授。达摩斋衣钵航海而来，至梁，诣武帝，帝问以有为之事，达摩不说。乃之魏，隐于嵩山少林寺，遇毒而卒。其年，魏使宋云于葱岭回，见之，门徒发其墓，但有衣履而已。达摩传慧可，慧可尝断其左臂，以求其法；慧可传璨；璨传道信；道信传弘忍。

弘忍姓周氏，黄梅人。初，弘忍与道信并住东山寺，故谓其法为东山法门。神秀既师事弘忍，弘忍深器异之，谓曰："吾度人多矣，至于悬解圆照，无先汝者。"弘忍以咸亨五年卒，神秀乃往荆州，居于当阳山。则天闻其名，追赴都，肩舆上殿，亲加跪礼，敕当阳山置度门寺以旌其德。时王公已下及京都士庶，闻风争来谒见，望尘拜伏，日以万数。中宗即位，尤加敬异。中书舍人张说尝问道，执弟子之礼，退谓人曰："禅师身长八尺，庞眉秀耳，威德巍巍，王霸之器也。"

初，神秀同学僧慧能者，新州人也，与神秀行业相埒。弘忍卒后，慧能住韶州广果寺。韶州山中，旧多虎豹，一朝尽去，远近惊叹，咸归伏焉。神秀尝奏则天，请追慧能赴都，慧能固辞。神秀又自作书重邀之，慧能谓使者曰："吾形貌矬陋，北土见之，恐不敬吾法。又先师以吾南中有缘，亦不可违也。"竟不度岭而死。天下乃散传其道，谓神秀为北宗，慧能为南宗。

神秀以神龙二年卒，士庶皆来送葬。有诏赐谥曰大通禅师。又于相王旧宅置报恩寺，岐王范、张说及征士卢鸿一皆为其碑文。神秀卒后，弟子普寂、义福，并为时人所重。

普寂姓冯氏，蒲州河东人也。年少时遍寻高僧，以学经律。时神秀在荆州玉泉寺，普寂乃往师事，凡六年，神秀奇之，尽以其道授焉。久视中，则天召神秀至东都，神秀因荐普寂，乃度为僧。及神秀卒，天下好释氏者咸师事之。中宗闻其高年，特下制令普寂代神秀统其法众。开元十三年，敕普寂于都城居止。时王公士庶，竞来礼谒，普寂严重少言，来者难见其和悦之容，远近尤以此重之。二十七年，终于都城兴唐寺，年八十九。时都城士庶曾谒者，皆制弟子之服。有制赐号为大照禅师。及葬，河南尹裴宽及其妻子，并衰麻列于门徒之次，士庶倾城哭送，闾里为之空焉。

义福姓姜氏，潞州铜鞮人。初止蓝田化感寺，处方丈之室，凡二十余年，未尝出宇之外。后隶京城慈恩寺。开元十一年，从驾往东都，途经蒲、虢二州，刺史及官吏士女，皆赍幡花迎之，所在途路充塞。以二十年卒，有制赐号大智禅师。葬于伊阙之北，送葬者数万人。中书侍郎严挺之为制碑文。

神秀，禅门之杰，虽有禅行，得帝王重之，而未尝聚徒开堂传法。至弟子普寂，始于都城传教，二十余年，人皆仰之。

杜按：《新唐书》未立神秀传。

（《旧唐书》卷一百九十一《列传第一百四十一·方伎·神秀》 5109）

僧一行

僧一行，姓张氏，先名遂，魏州昌乐人，襄州都督、郯国公公谨之孙也。父擅，武功令。一行少聪敏，博览经史，尤精历象、阴阳、五行之学。时道士尹崇博学先达，素多坟籍。一行诣崇，借扬雄《太玄经》，将归读之。数日，复诣崇，还其书。崇曰："此书意指稍深，吾寻之积年，尚不能晓，吾子试更研求，何遽见还也？"一行曰："究其义矣。"因出所撰《大衍玄图》及《义决》一卷以示崇。崇大惊，因与一行谈其奥赜，甚嗟伏之，谓人曰："此后生颜子也。"一行由是大知名。武三思慕其学行，就请与结交，一行逃匿以避之。寻出家为僧，隐于嵩山，师事沙门普寂。睿宗即位，敕东都留守韦安石以礼征，一行固辞以疾，不应命。后步往荆州当阳山，依沙门悟真以习梵律。

开元五年，玄宗令其族叔礼部郎中洽赍敕书就荆州强起之。一行至京，置于光太殿，数就之，访以安国抚人之道，言皆切直，无有所隐。开元十年，永穆公主出降，敕有司优厚发遣，依太平公主故事。一行以为高宗末年，唯有一女，所以特加其礼，又太平骄僭，竟以得罪，不应引以为例。上纳其言，遽追敕不行，但依常礼。其谏净皆此类也。

一行尤明著述，撰《大衍论》三卷，《摄调伏藏》十卷，《天一太一经》及《太一局遁甲经》《释氏系录》各一卷。时《麟德历经》推步渐疏，敕一行考前代诸家历法，改撰新历，又令率府长史梁令瓒等与工人创造黄道游仪，以考七曜行度，互相证明。于是一行推《周易》大衍之数，立衍以应之，改撰《开元大衍历经》。至十五年卒，年四十五，赐谥曰大慧禅师。

初，一行从祖东台舍人太素，撰《后魏书》一百卷，其《天文志》未成，一行续而成之。上为一行制碑文，亲书于石，出内库钱五十万，为起塔于铜人之原。明年，幸温汤，过其塔前，又驻骑徘徊，令品官就塔以告其出豫之意，更赐绢五十匹，以莳塔前松柏焉。

初，一行求访师资，以穷大衍，至天台山国清寺，见一院，古松十数，门有流水，一行立于门屏间，闻院僧于庭布算声，而谓其徒曰："今日当有弟子自远求吾算法，已合到门，岂无人导达也？"即除一算。又谓曰："门前水当却西流，弟子亦至。"一行承其言而趋入，稽首请法，尽受其术焉，而门前水果却西流。道士邢和璞尝谓尹愔曰："一行其圣人乎？汉之洛下闳造历，云：'后八百岁当差一日，必有圣人正之。'今年期毕矣，而一行造《大衍》正其差谬，则洛下闳之言信矣，非圣人而何？"

时又有黄州僧泓者，善葬法。每行视山原，即为之图，张说深信重之。

杜按：《新唐书》未立僧一行传。但在《历志》等篇多次记一行事迹，与《旧唐书》所记大同，故不赘录。

（《旧唐书》卷一百九十一《列传第一百四十一·方伎·一行》　5111）

宝志谓王昙选"生子当为神仙之宗伯也"

［王］远知母，梁驾部郎中丁超女也。尝昼寝，梦灵凤集其身，因而有娠，又闻腹中啼声，沙门宝志谓［王］昙选曰："生子当为神仙之宗伯也。"远知少聪敏，博综群书。初入茅山，师事陶弘景，传其道法。后又师事宗道先生臧兢。

杜按：《新唐书》本传（5803）文稍异，意同，故不录。

（《旧唐书》卷一百九十二《列传第一百四十二·隐逸·王远知》　5125）

吴　筠

［吴］筠在翰林时，特承恩顾，由是为群僧之所嫉。骠骑高力士素奉佛，尝短筠于上前，筠不悦，乃求还山。故所著文赋，深诋释氏，亦为通人所讥。然词理宏通，文彩焕发，每制一篇，人皆传写。虽李白之放荡，杜甫之壮丽，能兼之者，其唯筠乎！

（《旧唐书》卷一百九十二《列传第一百四十二·隐逸·吴筠》　5130）

崔绘妻卢氏出家为尼

崔绘妻卢氏，幽州范阳人也，为山东著姓。……绘早终，卢既年少，诸兄常欲嫁之，卢辄称病固辞。卢亡姊之夫李思冲，神龙初为工部侍郎，又求续亲。……卢谓左右曰："吾自誓久已定矣。"乃夜中出自窦中，奔归崔氏，发面尽为粪秽所污，宗族见者皆为之垂泪。因出家为尼，诸尼钦其操行，皆尊事之。开元中，以老病而卒。

（《旧唐书》卷一百九十三《列传第一百四十三·
列女·崔绘妻卢氏》　5147）

突厥人暾欲谷论造寺观

[毗伽可汗以开元四年即位，本番号为小杀]小杀又欲修筑城壁，造立寺观，暾欲谷曰："不可。突厥人户寡少，不敌唐家百分之一，所以常能抗拒者，正以随逐水草，居处无常，射猎为业，又皆习武。强则进兵抄掠，弱则窜伏山林，唐兵虽多，无所施用。若筑城而居，改变旧俗，一朝失利，必将为唐所并。且寺观之法，教人仁弱，本非用武争强之道，不可置也。"小杀等深然其策。

（《旧唐书》卷一百九十四上《列传第一百四十四上·突厥上》　5174）

兴唐寺盟吐蕃

永泰元年三月，吐蕃请和，遣宰相元载、杜鸿渐等于兴唐寺与之盟而罢。

（《旧唐书》卷一百九十六上《列传第一百四十六上·吐蕃上》　5239）

吐蕃求《五台山图》

[长庆]四年九月，[吐蕃]遣使求《五台山图》。

（《旧唐书》卷一百九十六下《列传第一百四十六下·吐蕃下》　5266）

林邑国尤信佛法

[林邑国]俗有文字，尤信佛法，人多出家。父母死，子则剔发而哭，以棺盛尸，积柴燔柩，收其灰，藏于金瓶，送之水中。

（《旧唐书》卷一百九十七《列传第一百四十七·
南蛮 西南蛮·林邑》　5270）

骠 国

骠国，在永昌故郡南二千余里，去上都一万四千里……其罗城构以砖
甃，周一百六十里，濠岸亦构砖，相传本是舍利佛城。城内有居人数万家，
佛寺百余区。其堂宇皆错以金银，涂以丹彩，地以紫矿，覆以锦罽。其俗好
生恶杀……男女七岁则落发，止寺舍，依桑门，至二十不悟佛理，乃复长发
为居人。

（《旧唐书》卷一百九十七《列传第一百四十七·

南蛮 西南蛮·骠国》　5285）

龟兹国

龟兹国……学胡书及婆罗门书、算计之事，尤重佛法。其王以锦蒙项，
着锦袍金宝带，坐金狮子床。

（《旧唐书》卷一百九十八《列传第一百四十八·西戎·龟兹》　5303）

于阗国

于阗国，西南带葱岭，与龟兹接……其国出美玉。俗多机巧，好事袄
神，崇佛教。

（《旧唐书》卷一百九十八《列传第一百四十八·西戎·于阗》　5305）

中天竺国

中天竺据四天竺之会，其都城周回七十余里，北临禅连河。云昔有婆罗
门领徒千人，肆业于树下，树神降之，遂为夫妇。宫室自然而立，僮仆甚
盛。于是使役百神，筑城以统之，经日而就。此后有阿育王，复役使鬼神，
累石为宫阙，皆雕文刻镂，非人力所及。阿育王颇行苛政，置炮烙之刑，谓
之地狱，今城中见有其迹焉……其王与大臣多服锦罽。上为螺髻于顶，余发
翦之使拳。俗皆徒跣。衣重白色，唯梵志种姓披白叠以为异。死者或焚尸取
灰，以为浮图；或委之中野，以施禽兽；或流之于河，以饲鱼鳖。无丧纪之
文……有文字，善天文算历之术。其人皆学《悉昙章》，云是梵天法。书于
贝多树叶以纪事。不杀生饮酒。国中往往有旧佛迹……贞观十年，沙门玄奘
至其国，将梵本经论六百余部而归。

（《旧唐书》卷一百九十八《列传第一百四十七·西戎·天竺》　5306）

伽没路国

五天竺所属之国数十，风俗物产略同。有伽没路国，其俗开东门以向日。王玄策至，其王发使贡以奇珍异物及地图，因请老子像及《道德经》。那揭陀国，有醯罗城，中有重阁，藏佛顶骨及锡杖。

（《旧唐书》卷一百九十八《列传第一百四十八·西戎·天竺》 5308）

罽宾国

罽宾国，在葱岭南，去京师万二千二百里。常役属于大月氏。其地暑湿，人皆乘象，土宜粳稻，草木凌寒不死。其俗尤信佛法。

（《旧唐书》卷一百九十八《列传第一百四十八·西戎·罽宾》 5309）

康　国

康国，即汉康居之国也。其王姓温，月氏人。[一]先居张掖祁连山北昭武城，为突厥所破，南依葱岭，[二]遂有其地。枝庶皆以昭武为姓氏，不忘本也。其人皆深目高鼻，多须髯……有婆罗门为之占星候气，以定吉凶。颇有佛法。至十一月，鼓舞乞寒，以水相泼，盛为戏乐。

〔一〕月氏人　 “人”字各本原无，据《册府》卷九五六、《寰宇记》卷一八三补。

〔二〕南依葱岭　《册府》卷九五六、《寰宇记》卷一八三作“西逾葱岭”。

（《旧唐书》卷一百九十八《列传第一百四十八·西戎·康国》 5310）

高　丽

［高丽］其所居必依山谷，皆以茅草葺舍，唯佛寺、神庙及王宫、官府乃用瓦。

（《旧唐书》卷一百九十九上《列传第一百四十九上·东夷·高丽》 5320）

倭　国

［倭国］地多女少男。颇有文字，俗敬佛法。

（《旧唐书》卷一百九十九上《列传第一百四十九上·东夷·倭国》 5340）

日本学问僧空海来唐

贞元二十年，［日本国］遣使来朝，留学生橘逸势、[一]学问僧空海。元和元年，日本国使判官高阶真人上言：“前件学生，艺业稍成，愿归本国，便请与臣同归。”从之。

〔一〕橘逸势　 “逸”字各本原作“免”，据日本《续群书类丛》传部《橘逸势传》改。

（《旧唐书》卷一百九十九上《列传第一百四十九上·东夷·日本》　5341）

呼地道中人"地藏菩萨"

［李］光弼使为地道，至贼阵前。骁贼方戏弄城中人，地道中人出擒之，敌以为神，呼为"地藏菩萨"。

（《旧唐书》卷二百上《列传第一百五十上·史思明》　5378）

僧法坚有巧思

西明寺僧法坚有巧思，为［朱］泚造云梯。十五日辰时，梯临城东北隅，城内震骇。

杜按：《新唐书》本传（6441）不载此事。

（《旧唐书》卷二百下《列传第一百五十下·朱泚》　5388）

新唐书

李世民复浮屠、老子法

[武德九年] 六月丁巳，太白经天。庚申，秦王世民杀皇太子建成、齐王元吉。大赦。复浮屠、老子法。

（《新唐书》卷一《本纪第一·高祖》 19）

为死兵者立浮屠祠

[贞观三年十二月] 闰月癸丑，为死兵者立浮屠祠。辛酉，虑囚。

（《新唐书》卷二《本纪第二·太宗》 31）

武才人太宗崩后削发为尼

[武] 后年十四，太宗闻其有色，选为才人。太宗崩，后削发为比丘尼，居于感业寺。高宗幸感业寺，见而悦之，复召入宫。

（《新唐书》卷四《本纪第四·则天皇后》 81）

享于万象神宫

永昌元年正月乙卯，享于万象神宫，大赦，改元，赐酺七日。

（《新唐书》卷四《本纪第四·则天皇后》 88）

薛怀义

[永昌元年五月] 己巳，白马寺僧薛怀义为新平道行军大总管，以击突厥。

（《新唐书》卷四《本纪第四·则天皇后》 88）

颁《大云经》于天下

[天授元年] 七月辛巳，流舒王 [李] 元名于和州。颁《大云经》于天下……[十月] 辛未，贬邢文伟为珍州刺史。置大云寺。

（《新唐书》卷四《本纪第四·则天皇后》 90）

加金轮圣神皇帝号

［长寿二年］九月丁亥朔，日有蚀之。乙未，加号金轮圣神皇帝，大赦，赐酺七日，作七宝。

（《新唐书》卷四《本纪第四·则天皇后》　93）

加越古金轮圣神皇帝号

［延载元年］五月甲午，加号越古金轮圣神皇帝，大赦，改元，赐酺七日。

（《新唐书》卷四《本纪第四·则天皇后》　94）

加慈氏越古金轮圣神皇帝号

天册万岁元年正月辛巳，加号慈氏越古金轮圣神皇帝，改元证圣。大赦，赐酺三日。

（《新唐书》卷四《本纪第四·则天皇后》　95）

加天册金轮大圣皇帝号

［天册万岁元年］九月甲寅，祀南郊。加号天册金轮大圣皇帝。大赦，改元，赐酺九日。以崇先庙为崇尊庙。

（《新唐书》卷四《本纪第四·则天皇后》　95）

罢天册金轮大圣号

［久视元年］五月己酉朔，日有蚀之。癸丑，大赦，改元，罢"天册金轮大圣"号，赐酺五日，给复告成县一年。

（《新唐书》卷四《本纪第四·则天皇后》　101）

普　润

庶人韦氏已弑中宗，矫诏称制。玄宗乃与太平公主子薛崇简、尚衣奉御王崇晔……道士冯处澄、僧普润定策讨乱。

（《新唐书》卷五《本纪第五·玄宗》　121）

鬻爵、度僧尼

［天宝］十月辛巳朔，日有食之。癸未，次彭原郡。诏御史谏官论事勿先白大夫及宰相。始鬻爵、度僧尼。

（《新唐书》卷六《本纪第六·肃宗》　157）

香积寺

至德二载九月……关内行营节度使王思礼为后军，屯于香积寺。

（《新唐书》卷六《本纪第六·代宗》　166）

神龙寺

［会昌三年］六月，西内神龙寺火。

（《新唐书》卷八《本纪第八·武宗》　242）

会昌五年大毁佛寺

［会昌五年］八月壬午，大毁佛寺，复僧尼为民。

（《新唐书》卷八《本纪第八·武宗》　245）

武宗去浮图之法甚锐

武宗用一李德裕，逐成其功烈。然其奋然除去浮图之法甚锐，而躬受道家之箓，服药以求长年。以此见其非明智之不惑者，特好恶有不同尔。

（《新唐书》卷八《本纪第八·宣宗》　253）

迎佛骨于凤翔

［咸通十四年］三月，迎佛骨于凤翔。

（《新唐书》卷九《本纪第九·懿宗》　263）

明　堂

至则天始毁东都乾元殿，以其地立明堂，其制淫侈，无复可观，皆不足记。其后火焚之，既而又复立；开元五年，复以为乾元殿而不毁。初，则天以木为瓦，夹纻漆之。二十五年，玄宗遣将作大匠康𥯨素毁之。

（《新唐书》卷十三《志第三·礼乐三》　338）

僧一行作新历

开元九年，《麟德历》署日蚀比不效，诏僧一行作新历，推大衍数立术以应之，较经史所书气朔、日名、宿度可考者皆合。十五年，草成而一行卒，诏特进张说与历官陈玄景等次为《历术》七篇、《略例》一篇、《历议》十篇，玄宗顾访者则称制旨……自太初至麟德，历有二十三家，与天虽近而未密也。至一行，密矣，其倚数立法固无以易也。后世虽有改作者，皆依仿而已，故详录之。

（《新唐书》卷二十七《志第十七上·历三上》　587）

僧一行考月为图

及一行考月行出入黄道，为图三十六，究九道之增损，而盖天之状见矣……及一行作《大衍历》，诏太史测天下之晷，求其土中，以为定数……而一行以为，天下山河之象存乎两戒。

（《新唐书》卷三十一《志第二十一·天文一》　811）

明堂火，东都宫佛寺火

证圣元年正月丙申夜，明堂火，武太后欲避正殿，彻乐……［开元］十八年二月丙寅，大雨雪，俄而雷震，左飞龙厩灾。占曰："天火烧厩，兵大起。"十月乙丑，东都宫佛光寺火。

（《新唐书》卷三十四《志第二十四·五行一》　885）

庄严寺浮图、家令寺

大历十年二月，庄严寺浮图灾。初有疾风震电，俄而火从浮图中出……［贞元］十九年四月，家令寺火。

（《新唐书》卷三十四《志第二十四·五行一》　886）

相国寺

大顺二年六月乙酉，幽州市楼灾，延及数百步。七月癸丑甲夜，汴州相国寺佛阁灾。是日暮，微雨震电，或见有赤块转门谯藤网中，周而火作。顷之，赤块北飞，转佛阁藤网中，亦周而火作。

（《新唐书》卷三十四《志第二十四·五行一》　887）

唐安寺、玄法寺

开成元年闰五月丙戌，乌集唐安寺，逾月散。雀集玄法寺，燕集萧望之冢。

（《新唐书》卷三十四《志第二十四·五行一》　890）

神策军浮屠像没地四尺

咸通五年十月，贞陵隧道摧陷。神策军有浮屠像，懿宗尝跪礼之，像没地四尺。

（《新唐书》卷三十五《志第二十五·五行二》　912）

凉州昌松奇石有文

贞观十七年八月，凉州昌松县鸿池谷有石五，青质白文成字曰："高皇海出多子李元王八十年太平天子李世民千年太子李治书燕山人土乐太国主尚汪谍奖文仁迈千古大王五王六王七王十凤毛才子七佛八菩萨及上果佛田天子文武贞观昌大圣延四方上不治示孝仙戈八为善"。太宗遣使祭之曰："天有成命，表瑞贞石，文字昭然，历数惟永，既旌高庙之业，又锡眇身之祚。迨于皇太子治，亦降贞符，具纪姓氏。甫惟寡薄，弥增寅惧。"昔魏以土德代汉，凉州石有文。石，金类，以五胜推之，故时人谓为魏氏之妖，而晋室之瑞。唐亦土德王，石有文，事颇相类。然其文初不可晓，而后人因推已事以验之。盖武氏革命，自以为金德王，其"佛菩萨"者，慈氏金轮之号也；"乐太国主"则镇国太平公主、安乐公主，皆以女乱国；其"五王六王七王"者，唐世十八之数。

杜按：金德王。"德"应为"轮"。

（《新唐书》卷三十五《志第二十五·五行二》 913）

白马寺铁像头无故自落

神龙中，东都白马寺铁像头无故自落于殿门外。

（《新唐书》卷三十五《志第二十五·五行二》 925）

胡僧无畏咒蛇死

天宝中，洛阳有巨蛇，高丈余，长百尺，出芒山下，胡僧无畏见之曰："此欲决水潴洛城。"即以天竺法咒之，数日蛇死。

（《新唐书》卷三十六《志第二十六·五行三》 951）

太原尼志觉死十日而苏

武德四年，太原尼志觉死，十日而苏。

（《新唐书》卷三十六《志第二十六·五行三》 954）

祠部置郎中、员外郎各一人，掌祠祀、天文、僧尼等事

祠部郎中、员外郎，各一人，掌祠祀、享祭、天文、漏刻、国忌、庙讳、卜筮、医药、僧尼之事。珠玉珍宝供祭者，不求于市。驾部、比部岁会牲之死亡，输皮于太府。郊祭酒醴、脯醢、黍稷、果实，所司长官封署以供。两京及碛西诸州火祆，[一]岁再祀，而禁民祈祭。

〔一〕两京及碛西诸州火祆 "祆"，各本原作"祅"。按《唐书释音》卷五作"祆"，呼烟切。《说文》云："祆，胡神也，从示，天声。"据改。

（《新唐书》卷四十六《志第三十六·百官一》 1195）

殿中侍御史分察寺观

凡十道巡按，以判官二人为佐，务繁则有支使……国忌斋，则与殿中侍御史分察寺观。莅宴射、习射及大祠、中祠，视不如仪者以闻。

（《新唐书》卷四十八《志第三十八·百官三》　1240）

崇玄署

令一人，正八品下；丞一人，正九品下。掌京都诸观名数与道士帐籍、斋醮之事。[一]新罗、日本僧入朝学问，九年不还者编诸籍。道士、女官、僧、尼，见天子必拜。凡止民家，不过三夜。出逾宿者，立案连署，不过七日，路远者州县给程。天下观一千六百八十七，道士七百七十六，女官九百八十八；寺五千三百五十八，僧七万五千五百二十四，尼五万五百七十六。两京度僧、尼、道士、女官，御史一人莅之。每三岁州、县为籍，一以留县，一以留州；僧、尼，一以上祠部，道士、女官，一以上宗正，一以上司封。

有府二人，史三人，典事六人，掌固二人，崇玄学博士一人、学生百人。隋以署隶鸿胪，又有道场，玄坛。唐置诸寺观监，隶鸿胪寺，每寺观有监一人。贞观中，废寺观监。上元二年，置漆园监，寻废。开元二十五年，置崇玄学于玄元皇帝庙。天宝元年，两京置博士、助教各一员，学生百人，每祠享，以学生代斋郎。二载，改崇玄学曰崇玄馆，博士曰学士，助教曰直学士，置大学士一人，以宰相为之，领两京玄元宫及道院，改天下崇玄学为通道学，博士曰道德博士，未几而罢。宝应、永泰间，学生存者亡几。大历三年，复增至百人。初，天下僧、尼、道士、女官，皆隶鸿胪寺，武后延载元年，以僧、尼隶祠部。开元二十四年，道士、女官隶宗正寺，天宝二载，以道士隶司封。贞元四年，崇玄馆罢大学士，后复置左右街大功德使、东都功德使、修功德使，总僧、尼之籍及功役。元和二年，以道士、女官隶左右街功德使。会昌二年，以僧、尼隶主客，太清宫置玄元馆，亦有学士，至六年废，而僧、尼复隶两街功德使。

〔一〕诸观名数　“观”，各本原作“亲”，据《唐六典》卷一六及《旧书》卷四四《职官志》改。

（《新唐书》卷四十八《志第三十八·百官三》　1252）

武宗即位，废浮图法

武宗即位，废浮图法，天下毁寺四千六百、招提兰若四万，籍僧尼为民二十六万五千人，奴婢十五万人，田数千万顷，大秦穆护、祆二千余人。上都、东都每街留寺二，每寺僧三十人，诸道留僧以三等，不过二十人。腴田鬻钱送户部，中下田给寺家奴婢丁壮者为两税户，人十亩。以僧尼既尽，两京悲田养病坊，给寺田十顷，诸州七顷，主以耆寿。

（《新唐书》卷五十二《志第四十一·食货二》　1361）

宋云等撰地理类四种

　　　　宋云《魏国以西十一国事》一卷

　　　　王玄策《中天竺国行记》十卷

　　　　僧智猛《游行外国传》一卷

　　　　僧法盛《历国传》二卷

（《新唐书》卷五十八《志第四十八·艺文二》　1505）

僧惠琳等注《老子》三种

　　　　僧惠琳注二卷

　　　　惠严注二卷

　　　　鸠摩罗什注二卷

（《新唐书》卷五十九《志第四十九·艺文三》　1515）

载释氏书目一百八十二种

　　凡释氏二十五家，四十部，三百九十五卷。失姓名一家，玄琬以下不著录七十四家，九百四十一卷。

　　　　萧子良《净注子》二十卷王融颂。

　　　　僧僧祐《法苑集》十五卷

　　　　又《弘明集》十四卷

　　　　《释迦谱》十卷

　　　　《萨婆多师资传》四卷

　　　　虞孝敬《高僧传》六卷

　　　　又《内典博要》三十卷

　　　　僧贤明《真言要集》十卷

　　　　郭瑜《修多罗法门》二十卷

　　　　骆子义《经论纂要》十卷

顾欢《夷夏论》二卷

甄鸾《笑道论》三卷

卫元嵩《齐三教论》七卷

杜乂《甄正论》三卷

李思慎《心镜论》十卷

裴子野《名僧录》十五卷

僧宝唱《名僧传》二十卷

又《比丘尼传》四卷

僧惠皎《高僧传》十四卷

僧道宗《续高僧传》三十二卷

陶弘景《草堂法师传》一卷

萧回理《草堂法师传》一卷

《稠禅师传》一卷

阳衒之《洛阳伽蓝记》五卷

费长房《历代三宝记》三卷长房，成都人，隋翻经学士。

僧彦琮《崇正论》六卷

又集《沙门不拜俗议》六卷

《福田论》一卷

道宣《统略净住子》二卷

又《通惑决疑录》二卷

《广弘明集》三十卷

《集古今佛道论衡》四卷

《续高僧传》二十卷起梁初，尽贞观十九年。

《后集续高僧传》十卷

《东夏三宝感通录》三卷

《大唐贞观内典录》十卷

义净《大唐西域求法高僧传》二卷

法琳《辩正论》八卷陈子良注。

又《破邪论》二卷琳，姓陈氏。太史令傅弈请废佛法，琳净之，放死蜀中。

复礼《十门辨惑论》二卷永隆二年，答太子文学权无二《释典稽疑》。

杨上善《六趣论》六卷

又《三教铨衡》十卷

僧玄琬《佛教后代国王赏罚三宝法》一卷

又《安养苍生论》一卷

《三德论》一卷姓杨氏，新丰人。贞观十年上。

《入道方便门》二卷

《众经目录》五卷

《镜谕论》一卷

《无碍缘起》一卷

《十种读经仪》一卷

《无尽藏仪》一卷

《发戒缘起》二卷

《法界僧图》一卷

《十不论》一卷

《忏悔罪法》一卷

《礼佛仪式》二卷

李师政《内德论》一卷上党人，贞观门下典仪。

僧法云《辨量三教论》三卷

又《十王正业论》十卷绛州人。

道宣又撰《注戒本》二卷

《疏记》四卷

《注羯磨》二卷

《疏记》四卷

《行事删补律仪》三卷或六卷

《释门正行忏悔仪》三卷

《释门亡物轻重仪》二卷

《释门章服仪》二卷

《释门归敬仪》二卷

《释门护法仪》二卷

《释氏谱略》二卷

《圣迹见在图赞》二卷

《佛化东渐图赞》二卷

《释迦方志》二卷

僧彦琮《大唐京寺录传》十卷

又《沙门不敬录》六卷龙朔人，并隋有二彦琮。

玄应《大唐众经音义》二十五卷

玄恽《敬福论》十卷

又《略论》二卷

《大小乘观门》十卷

《法苑珠林集》一百卷

《四分律僧尼讨要略》五卷

《金刚般若经集注》三卷

《百愿文》一卷玄恽，本名道世。

玄范注《金刚般若经》一卷

又注《二帝三藏圣教序》一卷太宗、高宗。

慧觉《华严十地维摩缵义章》十三卷姓范氏，武德人。

行友《己知沙门传》一卷序僧海顺事。

道岳《三藏本疏》二十二卷姓孟氏，河阳人，贞观中。

道基《杂心玄章并钞》八卷

又《大乘章钞》八卷姓吕氏，东平人，贞观时。

智正《华严疏》十卷姓白氏，安喜人，贞观中。

慧净《杂心玄文》三十卷姓房，隋国子博士徽远从子。

又《俱舍论文疏》三十卷

《大庄严论文疏》三十卷

《法华经缵述》十卷

那提《大乘集议论》四十卷

《释疑论》一卷

《注金刚般若经》一卷

《诸经讲序》一卷

玄会《义源文本》四卷

又《时文释钞》四卷

《涅槃义章句》四卷字怀默，姓席氏，安定人，贞观中。

慧休《杂心玄章钞疏》卷亡。姓乐氏，瀛州人。

灵润《涅槃义疏》十三卷

又《玄章》三卷

《遍摄大乘论义钞》十三卷

《玄章》三卷姓梁氏，虞乡人。

辩相《摄论疏》五卷辩相，居净影寺。

玄奘《大唐西域记》十二卷姓陈氏，缑氏人。

辩机《西域记》十二卷

清彻《金陵塔寺记》三十六卷

师哲《前代国王修行记》五卷尽中宗时。

《大唐内典录》十卷西明寺僧撰。

毋煚《开元内外经录》十卷道、释书二千五百余部，九千五百余卷。

智矩《宝林传》十卷

法常《摄论义疏》八卷

又《玄章》五卷姓张氏，南阳人，贞观末。

慧能《金刚般若经口诀正义》一卷姓卢氏，曲江人。

僧灌顶《私记天台智者词旨》一卷

又《义记》一卷字法云，姓吴氏，章安人。

道绰《净土论》二卷姓卫氏，并州文水人。

道绰《行图》一卷

智首《五部区分钞》二十一卷姓皇甫氏。

法砺《四分疏》十卷

又《羯磨疏》三卷

《舍忏仪》一卷

《轻重仪》一卷姓李氏，赵郡人。

慧满《四分律疏》二十卷姓梁氏，京兆长安人。

慧旻《十诵私记》十三卷

又《僧尼行事》三卷

《尼众竭磨》二卷

《菩萨戒义疏》四卷字玄素，河东人。

空藏《大乘要句》三卷姓王氏，新丰人。

道宗《续高僧传》三十二卷

玄宗注《金刚般若经》一卷

道氤《御注金刚般若经疏宣演》三卷

《高僧懒残传》一卷天宝人。

元伟《真门圣胄集》五卷

僧法海《六祖法宝记》一卷

辛崇《僧伽行状》一卷

神楷《维摩经疏》六卷

灵湍《摄山栖霞寺记》一卷

《破胡集》一卷会昌沙汰佛法诏敕。

法藏《起信论疏》二卷

《法琳别传》二卷

《大唐京师寺录》卷亡。

玄觉《永嘉集》十卷庆州刺史魏靖编次。

怀海《禅门规式》一卷

希运《传心法要》一卷裴休集。

玄嶷《甄正论》三卷

光瑶注《僧肇论》二卷

李繁《玄圣蓬庐》一卷

白居易《八渐通真议》一卷

《七科义状》一卷云南国使段立之问，僧悟达答。

《栖贤法隽》一卷僧惠明与西川节度判官郑愚、汉州刺史赵璘论佛书。

《禅关八问》一卷杨士达问，唐宗美对。

僧一行《释氏系录》一卷

宗密《禅源诸诠集》一百一卷

又《起信论》二卷

《起信论钞》三卷

《原人论》一卷

《圆觉经大小疏钞》各一卷

楚南《般若经品颂偈》一卷

又《破邪论》一卷大顺中人。

希还《参同契》一卷〔一〕

良价《大乘经要》一卷

又《激励道俗颂偈》一卷

光仁《四大颂》一卷

又《略华严长者论》一卷

无殷《垂诫》十卷

神清《参元语录》十卷

智月《僧美》三卷

惠可《达摩血脉》一卷

靖迈《古今译经图纪》四卷

智昇《续古今译经图纪》一卷

又《续大唐内典录》一卷

《续古今佛道论衡》一卷

《对寒山子诗》七卷天台隐士。台州刺史闾丘胤序，僧道翘集。寒山子隐唐兴县寒山岩，于国清寺与隐者拾得往还。

庞蕴《诗偈》三卷字道玄，衡州衡阳人，贞元初人，三百余篇。

智闲《偈颂》一卷二百余篇。

李吉甫《一行传》一卷

王彦威《内典目录》十二卷

〔一〕希还《参同契》一卷　《宋史》卷二○五《艺文志》载"石头和尚参同契

一卷"。据《景德传灯录》（四部丛刊影宋本）卷一四及《宋高僧传》卷九，石头和尚，名希迁，唐僧。"希还"疑为"希迁"之讹。

（《新唐书》卷五十九《志第四十九·艺文三》　1524）

刘义庆等撰小说类六种

刘义庆《幽明录》三十卷

陆果《系应验记》一卷

王琰《冥祥记》一卷

王曼颖《续冥祥记》十一卷

刘泳《因果记》十卷

颜之推《冤魂志》三卷

（《新唐书》卷五十九《志第四十九·艺文三》　1540）

《天竺胡僧渡水放牧图》

韦鹍画《天竺胡僧渡水放牧图》銮子。

（《新唐书》卷五十九《志第四十九·艺文三》　1561）

别集类十三种

僧《昙谛集》六卷

《惠远集》十五卷

《支遁集》十卷

《惠琳集》五卷

《昙瑗集》六卷

《灵裕集》二卷

武后《垂拱集》一百卷

又《金轮集》十卷

僧《惠頵集》八卷姓李，江陵人。

僧《玄范集》二十卷

僧《法琳集》三十卷

僧《灵彻诗集》十卷姓汤，字源澄，越州人。

《皎然诗集》十卷字清昼，姓谢，湖州人，灵运十世孙，居杼山。颜真卿为刺史，集文士撰《韵海镜源》，预其论著。贞元中，集贤御书院取其集以藏之，刺史于頗为序。

长孙皇后论佛教

[长孙皇后] 从幸九成宫，方属疾，会柴绍等急变闻，帝甲而起，后舆疾以从，宫司谏止，后曰："上震惊，吾可自安？"疾稍亟，太子欲请大赦，泛度道人，被塞灾会。后曰："死生有命，非人力所支。若修福可延，吾不为恶；使善无效，我尚何求？且赦令，国大事，佛、老异方教耳，皆上所不为，岂宜以吾乱天下法！"太子不敢奏，以告房玄龄，玄龄以闻，帝嗟美。

太宗崩，武则天与嫔御皆为比丘尼

[武则天] 既见帝，赐号武媚。及帝崩，与嫔御皆为比丘尼。高宗为太子时，入侍，悦之。

薛怀义

诏毁乾元殿为明堂，以浮屠薛怀义为使督作。怀义，鄠人，本冯氏，名小宝，伟岸淫毒，佯狂洛阳市，千金公主嬖之。主上言："小宝可入侍。"后召与私，悦之。欲掩迹，得通籍出入，使祝发为浮屠，拜白马寺主。诏与太平公主婿薛绍通昭穆，绍父事之。给厩马，中官为驺侍，虽承嗣、三思皆尊事惟谨。至是护作，士数万，巨木率一章千人乃能引。又度明堂后为天堂，鸿丽严奥次之。堂成，拜左威卫大将军、梁国公。

……薛怀义宠稍衰，而御医沈南璆进，怀义大望，因火明堂，太后羞之，掩不发。怀义愈很恣怏怏。乃密诏太平公主择健妇缚之殿中，命建昌王武攸宁、将作大匠宗晋卿率壮士击杀之，以畚车载尸还白马寺。怀义负幸昵，气盖一时，出百官上，其徒多犯法。御史冯思勖劾其奸，怀义怒，遇诸道，命左右殴之，几死，弗敢言。默啜犯塞，拜新平、伐逆、朔方道大总管，提十八将军兵击胡，宰相李昭德、苏味道至为之长史、司马。后厌人禁中，阴募力少年千人为浮屠，有逆谋。侍御史周矩劾状请治验，太后曰："第出，朕将使诣狱。"矩坐台，少选，怀义怒马造廷，直往坐大榻上，矩召吏受辞，怀义即乘马去。矩以闻，太后曰："是道人素狂，不足治，力少年听穷劾。"矩悉投放丑裔。怀义构矩，俄免官。

……自怀义死，张易之、昌宗得幸，乃置控鹤府，有监，有丞及主簿、录事等，监三品，以易之为之。

（《新唐书》卷七十六《列传第一·后妃上·则天武皇后》　3479）

享万象神宫

永昌元年，享万象神宫，改服衮冕，搢大圭，执镇圭，睿宗亚献，太子终献。

（《新唐书》卷七十六《列传第一·后妃上·则天武皇后》　3480）

又享万象神宫

载初中，又享万象神宫，以太穆、文德二皇后配皇地祇，引周忠孝太后从配……拜薛怀义辅国大将军，封鄂国公，令与群浮屠作《大云经》，言神皇受命事……自称圣神皇帝，旗帜尚赤，以皇帝为皇嗣。

（《新唐书》卷七十六《列传第一·后妃上·则天武皇后》　3481）

加金轮圣神皇帝，置七宝于廷

太后又自加号金轮圣神皇帝，置七宝于廷：曰金轮宝，曰白象宝，曰女宝，曰马宝，曰珠宝，曰主兵臣宝，曰主藏臣宝，率大朝会则陈之……延载二年，武三思率蕃夷诸酋及耆老请作天枢，纪太后功德，以黜唐兴周，制可。使纳言姚璹护作。乃大裒铜铁合冶之，署曰"大周万国颂德天枢"，置端门外。其制若柱，度高一百五尺，八面，面别五尺，冶铁象山为之趾，负以铜龙，石镵怪兽环之。柱颠为云盖，出大珠，高丈，围三之。作四蛟，度丈二尺，以承珠。其趾山周百七十尺，度二丈。无虑用铜铁二百万斤。乃悉镂群臣、蕃酋名氏其上。

（《新唐书》卷七十六《列传第一·后妃上·则天武皇后》　3482）

加号天册金轮圣神皇帝

太后祀天南郊，以文王、武王、士蒦与唐高祖并配。太后加号"天册金轮圣神皇帝"。遂封嵩山，禅少室，册山之神为帝，配为后。封坛南有大槲，敕日置鸡其杪，赐号"金鸡树"。自制《升中述志》，刻石示后。改明堂为通天宫，铸九州鼎，各位其方，列廷中。

（《新唐书》卷七十六《列传第一·后妃上·则天武皇后》　3483）

浮屠明悟教王守一祭北斗

[玄宗] 帝密欲废 [王皇] 后，以语姜蛟。蛟漏言，即死。后兄守一惧，为求压胜，浮屠明悟教祭北斗，取霹雳木刻天地文及帝讳合佩之，曰："后有子，与则天比。"开元十二年，事觉，帝自临劾有状，乃制诏有司："皇后天命不祐，华而不实，有无将之心，不可以承宗庙、母仪天下，其废为庶人。"赐守一死。

（《新唐书》卷七十六《列传第一·后妃上·王皇后》 3490）

肃宗血写佛书

[肃宗] 帝不豫，后自箴血写佛书以示诚。

（《新唐书》卷七十七《列传第二·后妃下·张皇后》 3498）

太原俗为浮屠法者，死不葬，以尸饲鸟兽

太原俗为浮屠法者，死不葬，以尸弃郊饲鸟兽，号其地曰"黄坑"。有狗数百头，习食齄，颇为人患，吏不敢禁。暠至，遣捕群狗杀之，申厉禁条，约不再犯，遂革其风。

（《新唐书》卷七十八《列传第三·宗室·淮安王神通》 3531）

僧崇一

[李宪] 后有疾，护医将膳，骑相望也。僧崇一者疗之，少损，帝喜甚，赐绯袍、银鱼。

（《新唐书》卷八十一《列传第六·三宗诸子·让皇帝宪》 3598）

辩　机

会御史劾盗，得浮屠辩机金宝神枕，自言 [合浦公] 主所赐。初，浮屠庐主之封地，会主与 [房] 遗爱猎，见而悦之，具帐其庐，与之乱，更以二女子从遗爱，私饷亿计。至是，浮屠殊死，杀奴婢十余，主益望，帝崩无哀容。

又浮屠智勖迎占祸福，惠弘能视鬼，道士李晃高医，皆私侍主。

（《新唐书》卷八十三《列传第八·诸帝公主·太宗二十一女》 3648）

慧范不法

长安浮屠慧范畜赀千万，谐结权近，本善张易之。及易之诛，或言其豫谋者，于是封上庸郡公，月给奉稍。主乳媪与通，奏擢三品御史大夫。御史

魏传弓劾其奸赃四十万，请论死。中宗欲赦之，进曰："刑赏，国大事，陛下赏已妄加矣，又欲废刑，天下其谓何？"帝不得已，削银青阶。大夫薛谦光劾慧范不法，不可贷，[太平公]主为申理，故谦光等反得罪。

（《新唐书》卷八十三《列传第八·诸帝公主·高宗三女》　3651）

群浮屠疾史崇玄

[史]崇玄本寒人，事太平公主，得出入禁中，拜鸿胪卿，声势光重。观始兴，诏崇玄护作，日万人。群浮屠疾之，以钱数十万赂狂人段谦冒入承天门，升太极殿，自称天子。有司执之，辞曰："崇玄使我来。"诏流岭南，且敕浮屠、方士无两竞。太平败，崇玄伏诛。

（《新唐书》卷八十三《列传第八·诸帝公主·睿宗十一女》　3656）

高昙晟与高开道

先是，怀戎浮屠高昙晟因县令具供，与其徒袭杀令，伪号大乘皇帝，以尼静宣为耶输皇后，建元法轮，遣使约开道为兄弟，封齐王，开道引众从之。居三月，杀昙晟，并其众，复称燕王，建元，署置百官。

（《新唐书》卷八十六《列传第十一·刘黑闼》　3714）

法　雅

浮屠法雅坐妖言，辞连[裴]寂，坐免官，削封邑半，归故郡。寂请留京师，帝让曰："公勋不称位，徒以恩泽居第一。武德之政，间或弛紊，职公为之。今归扫坟墓，尚何辞？"寂遂归。

（《新唐书》卷八十八《列传第十三·裴寂》　3738）

昭德寺

大和二年，内昭德寺火，延禁中"野狐落"，野狐落者，宫人所居也，死者数百人。

（《新唐书》卷九十一《列传第十六·温大雅》　3785）

高阳公主与浮屠辩机乱

[房玄龄]次子遗爱，诞率无学，有武力。尚高阳公主，为右卫将军。公主，帝所爱，故礼与它婿绝。主骄蹇，疾遗直任嫡，遗直惧，让爵，帝不许。主稍失爱，意快快。与浮屠辩机乱，帝怒，斩浮屠，杀奴婢数十人，主怨望，帝崩，哭不哀。高宗时，出遗直汴州刺史，遗爱房州刺史。主又诬遗

直罪，帝敕长孙无忌鞫治，乃得主与遗爱反状，遗爱伏诛，主赐死。遗直以先勋免，贬铜陵尉。诏停配享。

　　杜按：《旧唐书》本传（2467）不记高阳公主"浮屠辩机乱，帝怒，斩浮屠，杀奴婢数十人"事。

　　　　　　　　　　　　（《新唐书》卷九十六《列传第二十一·房玄龄》　3858）

萧瑀好浮屠法

　　［萧］瑀好浮屠法，间请舍家为桑门，帝许之矣，复奏自度不能为，又足疾不入谒，帝曰："瑀岂不得其所邪？"乃诏夺爵，下除商州刺史。未几，复其封，加特进。卒，年七十四。遗命敛以单衣，无卜日。诏赠司空、荆州都督，陪葬昭陵。

　　　　　　　　　　　　（《新唐书》卷一百一《列传第二十六·萧瑀》　3951）

懿宗喜佛道，萧仿谏之

　　咸通初，为左散骑常侍。懿宗怠政事，喜佛道，引桑门入禁中为祷祠事，数幸佛庐，广施予。［萧］仿谏，以为："天竺法割爱取灭，非帝王所尚慕。今笔梵言，口佛音，不若惩谬赏滥罚，振殃祈福。况佛者可以悟取，不可以相求。"帝虽昏纵，犹嘉叹其言。后官数迁，拜义成军节度使。

　　　　　　　　　　　　（《新唐书》卷一百一《列传第二十六·萧瑀》　3960）

和州浮屠上《大云经》

　　和州浮屠上《大云经》，著革命事，［武］后喜，始诏天下立大云寺。［岑］长倩争不可，繇是与诸武忤，罢为武威道行军大总管，征吐蕃。未至，召还，下狱。

　　　　　　　　　　　　（《新唐书》卷一百二《列传第二十七·岑文本》　3968）

虞世南

　　［虞］世南始学书于浮屠智永，究其法，为世秘爱。

　　　　　　　　　　　　（《新唐书》卷一百二《列传第二十七·虞世南》　3972）

姚璹论明堂火

　　证圣初，加秋官尚书。明堂火，后欲避正殿，应天变。［姚］璹奏："此人火，非天灾也。昔宣榭火，周世延；建章焚，汉业昌。且弥勒成佛，七宝台须臾散坏。圣人之道，随物示化，况明堂布政之宫，非宗庙，不宜避正殿，贬常礼。"左拾遗刘承庆曰："明堂所以宗祀，为天所焚，当侧身思过，振除前犯。"璹挟前语以倾后意。后乃更御端门，大酺，燕群臣，与相娱乐，遂造天枢著己功德，命璹为使，董督之。功费浩广，见金不足，乃敛天下农器并铸。以功赐爵一级。后封嵩山，诏璹总知仪注，为封禅副使。更造明堂，又以使护作，加银青光禄大夫。大食使者献师子，璹曰："是兽非肉不食，自碎叶至都，所费广矣。陛下鹰犬且不蓄，而厚资养猛兽哉！"有诏大食停献。时九鼎成，后欲用黄金涂之。璹奏："鼎者，神器，贵质朴，不待外饰。臣观其上先有五采杂眴，岂待涂金为符曜耶？"后乃止。

（《新唐书》卷一百二《列传第二十七·姚思廉》　3980）

理中与姚璹

新都丞朱待辟坐赃应死，待辟所厚浮屠理中谋杀璹，据剑南。有密告后者，诏璹穷按。

（《新唐书》卷一百二《列传第二十七·姚思廉》　3981）

张昌宗等撰《三教珠英》

［武］后知丑声甚，思有以掩覆之，乃诏昌宗即禁中论著，引李峤、张说、宋之问、富嘉谟、徐彦伯等二十有六人撰《三教珠英》。

（《新唐书》卷一百四《列传第二十九·张行成》　4014）

上官仪

上官仪字游韶，陕州陕人。父弘，为隋江都宫副监，大业末，为陈棱所杀。时仪幼，左右匿免，冒为沙门服。浸工文词，涉贯坟典。

（《新唐书》卷一百五《列传第三十·上官仪》　4035）

傅弈论佛教

武德七年，［傅弈］上疏极诋浮图法曰：

西域之法，无君臣父子，以三涂六道吓愚欺庸。追既往之罪，窥将来之福，至有身陷恶逆，狱中礼佛，口诵梵言，以图偷免。且生死寿夭，本诸自然；刑德威福，系之人主。今其徒矫托，皆云由佛，攘天理，窃主权。《书》曰："惟辟作福，惟辟作威，惟辟玉食。臣有作福作威玉食，害于而家，凶于而国。"

五帝三王，未有佛法，君明臣忠，年祚长久。至汉明帝始立胡祠，然惟西域桑门自传其教。西晋以上，不许中国髡发事胡。至石、苻乱华，乃弛厥禁，主庸臣佞，政虐祚短，事佛致然。梁武、齐襄尤足为戒。昔褒姒一女，营惑幽王，能亡其国。况今僧尼十万，刻缯泥像，以惑天下，有不亡乎？陛下以十万之众自相夫妇，十年滋产，十年教训，兵农两足，利可胜既邪？昔高齐章仇子他言僧尼塔庙，外见毁宰臣，内见疾妃嫱，阳谀阴谤，卒死都市，周武帝入齐，封宠其墓，臣窃贤之。

又上十二论，言益痛切。帝下弈议有司，唯道源佐其请。中书令萧瑀曰：“佛，圣人也，非圣人者无法，请诛之。”弈曰：“礼，始事亲，终事君。而佛逃父出家，以匹夫抗天子，以继体悖所亲。瑀非出空桑，乃尊其言，盖所谓非孝者无亲。”瑀不答，但合爪曰：“地狱正为是人设矣。”帝善弈对，未及行，会传位止。

初，九年，太白蹠秦分，弈奏秦王当有天下，帝以奏付王。及太宗即位，召赐食，谓曰：“向所奏，几败我！虽然，自今毋有所讳而不尽言。”又尝问：“卿拒佛法，奈何？”弈曰：“佛，西胡黠人尔，欺诈夷狄以自神。至入中国，而蘖儿幻夫摸象庄、老以文饰之，有害国家，而无补百姓也。”帝异之。

贞观十三年，卒，年八十五。弈病，未尝问医。忽酣卧，蹶然悟曰：“吾死矣乎！”即自志曰：“傅弈，青山白云人也。以醉死，呜乎！”遗言戒子：“六经名教言，若可习也；妖胡之法，慎勿为。吾死当裸葬。”弈虽善数，然尝自言其学不可以传。又注《老子》，并集晋、魏以来与佛议驳者为《高识篇》。

（《新唐书》卷一百七《列传第三十二·傅弈》　4060）

陈子昂论建明堂

垂拱初，诏问群臣“调元气当以何道”？[陈]子昂因是劝后兴明堂、大学，即上言：……陛下含天地之德，日月之明，眇然远思，欲求太和，此伏羲氏所以为三皇首也。昔者，天皇大帝揽元符，东封太山，然未建明堂，享上帝，使万世鸿业阙而不照，殆留此盛德，以发挥陛下哉！臣谓和元气，睦人伦，舍此则无以为也……臣愿陛下为唐恢万世之业，相国南郊，建明堂，与天下更始，按《周礼》《月令》而成之。遇月孟春，乘鸾辂，驾苍龙，朝三公、九卿、大夫于青阳左个，负斧扆，冯玉几，听天下之政。

杜按：武则天之明堂多于佛教有关，故录此文。

（《新唐书》卷一百七《列传第三十二·陈子昂》　4068）

百济僧道琛立扶余丰王

初，苏定方既平百济，留郎将刘仁愿守其城，左卫中郎将王文度为熊津都督，抚纳残党。文度死，百济故将福信及浮屠道琛迎故王子扶余丰立之，引兵围仁愿。诏仁轨检校带方州刺史，统文度之众，并发新罗兵为援。仁轨将兵严整，转斗陷阵，所向无前。信等释仁愿围，退保任存城。既而福信杀道琛，并其众，招还叛亡，势张甚。仁轨与仁愿合，则解甲休士。

（《新唐书》卷一百八《列传第三十三·刘仁轨》　4082）

安国寺

于时，岁犯左执法，术家又言［窦］怀贞且有祸，大惧，表请为安国寺奴，不许。逾年，复同中书门下三品，兼太子詹事，监修国史。

（《新唐书》卷一百九《列传第三十四·窦怀贞》　4100）

道佛不惩而戒

［韩琬上言］国安危在于政。政以法，暂安焉必危；以德，始不便焉终治。夫法者，智也；德者，道也。智，权宜也；道，可以久大也。故以智治国，国之贼；不以智治国，国之福。

贞观、永徽之间，农不劝而耕者众，法施而犯者寡；俗不偷薄，器不行窳；吏贪者士耻同列，忠正清白者比肩而立；罚虽轻而不犯，赏虽薄而劝；位尊不倨，家富不奢；学校不励而勤，道佛不惩而戒；土木质厚，禆贩弗蛊。其故奈何？杂以皇道也。自兹以来，任巧智，斥謇谔；趋势者进，守道者退；谐附者无黜剥之忧，正直者有后时之叹；人趋家竞，风俗沦替。其故奈何？行以霸道也。

（《新唐书》卷一百一十二《列传第三十七·韩思彦》　4164）

僧慧范夺民邸肆

景云中，［薛登］为御史大夫。僧慧范怙太平公主势，夺民邸肆，官不能直，登将治之，或劝以自安，答曰："宪府直枉，朝奏暮黜可矣。"遂劾奏，反为主所构，出岐州刺史。

（《新唐书》卷一百一十二《列传第三十七·薛登》　4171）

柳泽评太平公主事胡僧慧范

［柳泽上疏曰］今天下咸称太平公主与胡僧慧范以此误陛下，故语曰：

"姚、宋为相，邪不如正；太平用事，正不如邪。"臣恐流遁至远，积小为大，累微成高。勿谓何伤，其祸将长；勿谓何害，其祸将大。

（《新唐书》卷一百一十二《列传第三十七·柳泽》 4174）

狄仁杰上疏谏武则天造大像

[武则天]后将造浮屠大像，度费数百万，官不能足，更诏天下僧日施一钱助之。[狄]仁杰谏曰："工不役鬼，必在役人；物不天降，终由地出。不损百姓，且将何求？今边垂未宁，宜宽征镇之徭，省不急之务。就令顾作，以济穷人，既失农时，是为弃本。且无官助，理不得成。既费官财，又竭人力，一方有难，何以救之？"后由是罢役。

（《新唐书》卷一百一十五《列传第四十·狄仁杰》 4213）

卢伽逸多

[郝处俊]入拜东台侍郎。时浮屠卢伽逸多治丹，曰"可以续年"。高宗欲遂饵之，处俊谏曰："修短固有命，异方之剂，安得轻服哉？昔先帝诏浮屠那罗迩娑寐案其方书为秘剂，取灵蘤怪石，历岁乃能就。先帝饵之，俄而大渐，上医不知所为。群臣请显戮其人，议者以为取笑夷狄，故法不得行。前鉴不远，惟陛下深察。"帝纳其言，弟拜卢伽逸多为怀化大将军，进处俊同东西台三品。

> **杜按：**卢伽逸多。《旧唐书》作"卢伽阿逸多"，《宋会要辑稿·蕃夷四》作"卢伽逸多"。

（《新唐书》卷一百一十五《列传第四十·郝处俊》 4216）

韦嗣立建言

[韦]嗣立建言：……伏见营立寺观，累年不绝，鸿侈繁丽，务相矜胜，大抵费常千万以上。转徙木石，废功害农；地藏开发，蛰虫伤露。上圣至慈，理必不然。准之道法则乖，质之生人则损。陛下岂不是思？

（《新唐书》卷一百一十六《列传第四十一·韦思谦》 4232）

张廷珪论佛教

张廷珪，河南济源人……武后税天下浮屠钱，营佛祠于白司马坂，作大象，廷珪谏，以为："倾四海之财，殚万民之力，穷山之木为塔，极冶之金为象，然犹有为之法，不足高也。填塞涧穴，覆压虫蚁，且巨亿计。工员穷婆，驱役为劳，饥渴所致，疾疹方作。又僧尼乞丐自赡，而州县督输，星火迫切，鬻卖以充，非浮屠所谓随喜者。今天下虚竭，苍生雕弊，谓宜先边境，实府库，养人力。"后善之，召见长生殿，赏慰良厚，因是罢役……神龙初，诏白司马坂复营佛祠，廷珪方奉诏抵河北，道出其所，见营筑劳亟，怀不能已，上书切争，且言："自中兴之初，下诏书，弛不急，斥少监杨务廉，以示中外。今土木复兴，不称前诏；掘壤伐木，浸害生气。愿罢之，以纾穷乏。"帝不省。寻为中书舍人。再迁礼部侍郎。

（《新唐书》卷一百一十八《列传第四十三·张廷珪》　4261）

辛替否论佛教

辛替否字协时，京兆万年人……武崇训死，主弃故宅，别筑第，侈费过度；又盛兴佛寺，公私疲匮。替否上疏曰：

古之建官不必备，九卿有位而阙其选。故赏不僭，官不滥；士有完行，家有廉节；朝廷余奉，百姓余食；下忠于上，上礼于下；委裘无仓卒之危，垂拱无颠沛之患。夫事有惕耳目，动心虑，作不师古，以行于今，臣得言之。陛下倍百行赏，倍十增官，金银不供于印，束帛不充于锡，何所愧于无用之臣、无力之士哉？

……今疆场危骇，仓廪空虚，卒输不充，士赏不及，而大建寺宇，广造第宅。伐木空山，不给栋梁；运土塞路，不充墙壁。所谓佛者，清净慈悲，体道以济物，不欲利以损人，不荣身以害教。今三时之月，掘山穿地，损命也；殚府虚帑，损人也；广殿长廊，荣身也。损命则不慈悲，损人则不爱物，荣身则不清净，宁佛者之心乎？昔夏为天子二十余世而商受之，商二十余世而周受之，周三十余世而汉受之，由汉而后，历代可知已。咸有道之长，无道之短，岂穷金玉修塔庙享久长之祚乎？臣以为减雕琢之费以赒不足，是有佛之德；息穿掘之苦以全昆虫，是有佛之仁；罢营构之直以给边垂，是有汤、武之功；回不急之禄以购廉清，是有唐、虞之治。陛下缓其所急，急其所缓，亲未来，疏见在，失真实，冀虚无，重俗人之所为，而轻天子之业，臣窃痛之。

今出财依势，避役亡命，类度为沙门，其未度者，穷民善人耳。拔亲树知，岂离朋党，畜妻养孥，非无私爱，是致人毁道，非广道求人也。陛下常欲填池堑，捐苑囿，以赈贫人。今天下之寺无数，一寺当陛下一宫，壮丽用度尚或过之。十分天下之财而佛有七八，陛下何有之矣？虽役不食之人、不衣之士，犹尚不给，况必待天生地养、风动雨润而后得之乎？臣闻国无九年之储，曰非其国。今计仓廪，度府库，百僚共给，万事用度，臣恐不能卒岁。假如兵旱相乘，则沙门不能擐甲胄，寺塔不足穰饥馑矣。

帝不省。

睿宗立，罢斜封官千余人，俄诏复之。方营金仙、玉真观。替否以左补阙上疏曰：

臣谓古之用度不时、爵赏不当、国破家亡者，口说不若身逢，耳闻不若目见，臣请以有唐治道得失，陛下所及见者言之。

太宗，陛下之祖，拨乱立极，得至治之体。省官清吏，举天下职司无虚授，用天下财帛无枉费；赏必待功，官必得才，为无不成，征无不服。不多寺观而福禄至，不度僧尼而咎殃灭。阴阳不愆，五谷遂成，粟腐帛烂。万里贡赋，百蛮归款。享国久长，多历年所。陛下何惮而不法之？

中宗，陛下之兄，居先帝之业，忽先帝之化，不听贤臣之言，而悦子女之意。虚食禄者数千人，妄食土者百余户；造寺蠹财数百亿，度人免租、庸数十万。是故国家所出日加，所入日减，仓乏半岁之储，库无一时之帛。所恶者逐，逐必忠良；所爱者赏，赏皆谗慝。朋佞喋喋，交相倾动。夺百姓之食以养残凶，剥万人之衣以涂土木。人怨神怒，亲忿众离，水旱疾疫，六年之间，三祸为变。享国不永，受终于凶妇，取讥万代，诒笑四夷，陛下所见也。若法太宗治国，太山之安可致也；法中宗治国，累卵之危亦可致也。

顷淫雨不解，谷荒于垄，麦烂于场，入秋亢旱，霜损虫暴，草木枯黄，下人咨嗟，未知所济。而营寺造观，日继于时，道路流言，计用缗钱百余万。陛下知仓有几岁储？库有几岁帛？百姓何所活？三边何所输？民散兵乱，职此由也。而以百万构无用之观，受天下之怨。陛下忍弃太宗之治本，不忍弃中宗之乱阶；忍弃太宗久长之谋，不忍弃中宗短促之计。何以继祖宗、观万国耶？陛下在韦氏时，切齿群凶；今贵为天子，不改其事，恐复有切齿于陛下者。

往见明敕，一用贞观故事。且贞观有营寺观，加浮屠、黄老，益无用之官，行不急之务者乎？往者和帝之怜悖逆也，宗晋卿劝为第宅，赵履温劝为园亭，工徒未息，义兵交驰，亭不得游，宅不得息，信邪僻之说，成骨肉之刑，陛下所见也。今兹二观，得无晋卿之徒阴劝为之，冀误骨肉？不可不察也。惟陛下停二观以须丰年，以所费之财给贫穷，填府库，则公主福无穷矣。

疏奏，帝不能用，然嘉切直。

（《新唐书》卷一百一十八《列传第四十三·辛替否》　4277）

武平一

武平一名甄，以字行，颍川郡王载德子也。博学，通《春秋》，工文辞。武后时，畏祸不敢与事，隐嵩山修浮图法，屡诏不应。

（《新唐书》卷一百一十九《列传第四十四·武平一》　4293）

白居易

［白居易］与弟行简、从祖弟敏中友爱。东都所居履道里，疏沼种树，构石楼香山，凿八节滩，自号醉吟先生，为之传。暮节惑浮屠道尤甚，至经月不食荤，称香山居士。尝与胡杲、吉旼、郑据、刘真、卢真、张浑、狄兼谟、卢贞燕集，皆高年不事者，人慕之，绘为《九老图》……后履道第卒为佛寺。东都、江州人为立祠焉。

（《新唐书》卷一百一十九《列传第四十四·白居易》　4304）

慧范托浮屠法

［桓彦范上书曰］又道路籍籍，皆云胡僧慧范托浮屠法，诡惑后妃，出入禁奥，渎挠朝政。陛下尝轻骑微服，数幸其居，上下污慢，君臣亏替。臣谓兴化致治以康乂国家者，繇进善而弃恶。孔子曰："执左道以乱政者杀，假鬼神以危人者杀。"今慧范乱政危人者也，不急诛，且有变。除恶务本，愿早裁之。

帝屡昏，狃左右，不能有所省纳。

俄墨敕以方士郑普思为秘书监，叶静能为国子祭酒。彦范执不可，帝曰："要已用之，不可止。"彦范曰："陛下始复位，制诏：'军国皆用贞观故事。'贞观时，以魏征、虞世南、颜师古为监，以孔颖达为祭酒，如普思等方伎猥下，安足继踪前烈。臣恐物议谓陛下官不择才，以天秩加私爱。"

不从。

杨元琰请祝发事浮屠

敬晖等为武三思所构，[杨]元琰知祸未已，乃诡计请祝发事浮屠，悉还官封。中宗不许。晖闻，尚戏曰："胡头应祝。"以多鬓似胡云。元琰曰："功成不退，惧亡。我不空言。"晖感之，然已不及计。晖等死，独元琰全。

崔日用与普润

帝崩，韦后专制，畏祸及，更因僧普润、道士王晔私谒临淄王以自托，且密赞大计。王曰："谋非计身，直纾亲难尔。"日用曰："至孝动天，举无不克。然利先发，不则有后忧。"及韦氏平，夜诏权雍州长史，以功授黄门侍郎，参知机务，封齐国公，赐实户二百。

袁楚客论佛教

[陈州袁楚客曰]今度人既多，缁衣半道，不本行业，专以重宝附权门，皆有定直。昔之卖官，钱入公府，今之卖度，钱入私家。以兹入道，徒为游食。此朝廷三失也。

杜按：《旧唐书》同传不载袁楚客上书事。

李峤上疏谏武则天于白司马坂建大像

武后将建大像于白司马坂，[李]峤谏："造像虽俾浮屠输钱，然非州县承办不能济，是名虽不税而实税之。臣计天下编户，贫弱者众，有卖舍、帖田供王役者。今造像钱积十七万缗，若颁之穷人，家给千钱，则纾十七万户饥寒之苦，德无穷矣。"不纳。

姚崇论佛教

[姚]崇因跪奏："臣愿以十事闻，陛下度不可行，臣敢辞。"帝曰："试为朕言之。"崇曰："垂拱以来，以峻法绳下；臣愿政先仁恕，可乎？……武

后造福先寺，上皇造金仙、玉真二观，费钜百万；臣请绝道佛营造，可乎？"……中宗时，近戚奏度僧尼，温户疆丁因避赋役。至是崇建言："佛不在外，悟之于心。行事利益，使苍生安稳，是谓佛理。乌用奸人以汩真教？"帝善之，诏天下汰僧伪滥，发而农者余万二千人。

（《新唐书》卷一百二十四《列传第四十九·姚崇》　4383）

姚崇治令诸子

[姚]崇析赀产，令诸子各有定分。治令曰：……今之佛经，罗什所译，姚兴与之对翻，而兴命不延，国亦随灭。梁武帝身为寺奴，齐胡太后以六宫入道，皆亡国殄家。近孝和皇帝发使赎生，太平公主、武三思等度人造寺，身婴夷戮，为天下笑。五帝之时，父不丧子，兄不哭弟，致仁寿，无凶短也。下逮三王，国祚延久，其臣则彭祖、老聃皆得长龄，此时无佛，岂抄经铸像力邪？缘死丧造经像，以为追福。夫死者生之常，古所不免，彼经与像何所施为？儿曹慎不得为此！

（《新唐书》卷一百二十四《列传第四十九·姚崇》　4386）

苏环论佛教

武后铸浮屠，立庙塔，役无虚岁。[苏]环以为"縻损浩广，虽不出国用，要自民产日殚。百姓不足，君孰与足？天下僧尼滥伪相半，请并寺，著僧常员数，缺则补"。后善其言。

（《新唐书》卷一百二十五《列传第五十·苏环》　4398）

杜鸿渐

[杜]鸿渐性畏怯，无它远略，而晚节溺浮图道，畏杀戮……鸿渐自蜀还，食千僧，以为有报，搢绅效之。病甚，令僧剔顶发，遗命依浮图葬，不为封树。

（《新唐书》卷一百二十六《列传第五十一·杜遑》　4424）

为太宗刻玉像

始，高祖仕隋时，太宗方幼而病，为刻玉像于荥阳佛祠以祈年，久而刓晦，[张]仲方在郑，敕吏治护，镂石以闻，传于时。

（《新唐书》卷一百二十六《列传第五十一·张九龄》　4432）

韩滉毁上元道、佛祠四十区

[韩滉] 毁上元道、佛祠四十区，修坞壁，起建业、抵京岘，楼雉相望。

（《新唐书》卷一百二十六《列传第五十一·韩休》　4435）

胡僧婆陀请夜开门燃百千灯

睿宗好音律，每听忘倦。先天二年正月望夜，胡人婆陁请夜然百千灯，因弛门禁，又追赐元年酺，帝御延喜、安福门纵观，昼夜不息，阅月未正。挺之上疏谏，以为："酺者因人所利，合醵为欢也，不使靡敝。今暴衣冠，罗伎乐，杂郑、卫之音，纵倡优之玩，不深戒慎，使有司跛倚，下人罢剧，府县里阎课赋苛严，呼嗟道路，贸坏家产，营百戏，扰方春之业，欲同其乐而反遗之患。"

（《新唐书》卷一百二十九《列传第五十四·严挺之》　4482）

严挺之

[严] 挺之重交游，许与生死不易，嫁故人孤女数十人，当时重之。然溺志于佛，与浮屠惠义善，义卒，衰服送其丧，已乃自葬于其塔左，君子以为偏。

（《新唐书》卷一百二十九《列传第五十四·严挺之》　4483）

裴漼谏睿宗造寺观

睿宗造金仙、玉真二观，时旱甚，役不止，[裴] 漼上言："春夏毋聚大众，起大役，不可兴土功，妨农事。若役使乖度，则有疾疫水旱之灾，此天人常应也。今自冬徂春，雨不时降，人心憔然，莫知所出，而土木方兴，时暵之孽，职为此发。今东作云始，丁壮就功，妨多益少，饥寒有渐……陛下以四方为念，宜下明制，令二京营作、和市木石，一切停止。有如农桑失时，户口流散，虽寺观营立，能救饥寒敝哉！"不报。

（《新唐书》卷一百三十《列传第五十五·裴漼》　4488）

崔隐甫劾惠范

浮屠惠范倚太平公主胁人子女，[崔] 隐甫劾状，反为所挤，贬邛州司马。

（《新唐书》卷一百三十《列传第五十五·崔隐甫》　4497）

香积寺

李嗣业为前军，元帅为中军，[郭] 子仪副之，王思礼为后军；阵香积寺之北，距沣水，临大川，弥亘一舍。

（《新唐书》卷一百三十七《列传第六十二·郭子仪》　4600）

房　琯

[房] 琯有远器，好谈老子、浮屠法，喜宾客，高谈有余，而不切事。

（《新唐书》卷一百三十九《列传第六十四·房琯》　4628）

裴冕度尼僧道士，以储积为务

冕以忠勤自将，然不知宰相大体。性豪侈，既素贵，舆服食饮皆光丽珍丰，枥马直数百金者常十数，每广会宾客，不能名其馔，自制巾子工甚，人争效之，号"仆射巾"。

（《新唐书》卷一百四十《列传第六十五·裴冕》　4646）

巫曰：为浮屠道缓死

柳浑字夷旷，一字惟深，本名载，梁仆射恢六世孙，后籍襄州。早孤，方十余岁，有巫告曰："儿相夭且贱，为浮屠道可缓死。"诸父欲从其言，浑曰："去圣教，为异术，不若速死。"学愈笃，与游者皆有名士。天宝初，擢进士第，调单父尉，累除衢州司马。弃官隐武宁山……大历初，江西魏少游表为判官。州僧有夜饮火其庐者，归罪痁奴，军候受财不诘，狱具，浑与其僚崔祐甫白奴冤，少游趣讯僧，僧首伏，因厚谢二人。

（《新唐书》卷一百四十二《列传第六十七·柳浑》　4671）

饭千桑门追福

[田神功] 自力入朝，卒，代宗为彻乐，赠司徒，诏其弟曹州刺史神玉知汴州留事，赙绢千匹、布五百端，百官吊丧，赐屏风茵褥，饭千桑门追福。至德后，节度使不兼宰相者，惟神功恩礼最笃。

（《新唐书》卷一百四十四《列传第六十九·田神功》　4703）

元载女少为尼

[元载] 女真一，少为尼，没入掖庭。德宗时，始告以载死，号踊投地，左右呵止，帝曰："安有闻亲丧责其哀殒乎？"命扶出。

（《新唐书》卷一百四十五《列传第七十·元载》　4714）

王　缙

[王] 缙素奉佛，不茹荤食肉，晚节尤谨。妻死，以道政里第为佛祠，

诸道节度、观察使来朝，必邀至其所，讽令出财佐营作。初，代宗喜祠祀，而未重浮屠法，每从容问所以然，缙与元载盛陈福业报应，帝意向之。繇是禁中祀佛，讽呗斋熏，号“内道场”，引内沙门日百余，馔供珍滋，出入乘厩马，度支具禀给。或夷狄入寇，必合众沙门诵《护国仁王经》为禳厌，幸其去，则横加锡与，不知纪极。胡人官至卿监、封国公者，著籍禁省，势倾公王，群居赖宠，更相凌夺，凡京畿上田美产，多归浮屠。虽藏奸宿乱踵相逮，而帝终不悟，诏天下官司不得棰辱僧尼。初，五台山祠铸铜为瓦，金涂之，费亿万计。缙给中书符，遣浮屠数十辈行州县，敛丐赀货。缙为上言：“国家庆祚灵长，福报所冯，虽时多难，无足道者。禄山、思明毒乱方煽，而皆有子祸，仆固怀恩临乱而踣，西戎内寇，未及击辄去，非人事也。”故帝信愈笃。七月望日，宫中造盂兰盆，缀饰镠琲，设高祖以下七圣位，幡节、衣冠皆具，各以帝号识其幡，自禁内分诣道佛祠，铙吹鼓舞，奔走相属。是日立仗，百官班光顺门奉迎导从，岁以为常。群臣承风，皆言生死报应，故人事而置不修，大历政刑，日以堙陵，由缙与元载、杜鸿渐倡之也。

性贪冒，纵亲戚尼姏招纳财贿，猥屑相稽，若市贾然。及败，刘晏等鞫其罪，同载论死，晏曰：“重刑再覆，有国常典，况大臣乎！法有首从，不容俱死。”于是以闻，上悯其耄，不加刑，乃贬括州刺史。久之，迁太子宾客，分司东都。建中二年死，年八十二。

（《新唐书》卷一百四十五《列传第七十·王缙》 4716）

李叔明论道佛

［李］叔明素恶道、佛之弊，上言曰：“佛，空寂无为者也；道，清虚寡欲者也。今迷其内而饰其外，使农夫工女堕业以避役，故农桑不劝，兵赋日屈，国用军储为斁耗。臣请本道定寺为三等，观为二等，上寺留僧二十一，上观道士十四，每等降杀以七，皆择有行者，余还为民。”德宗善之，以为不止本道，可为天下法，乃下尚书省杂议。于是都官员外郎彭偃曰：“王者之政，变人心为上，因人心次之，不变不因为下。今道士有名亡实，俗鲜归重，于乱政轻；僧尼帑秽，皆天下不逞，苟避征役，于乱人甚。今叔明之请虽善，然未能变人心，亦非因人心者。夫天生蒸人，必将有职；游闲浮食，王制所禁。故贤者受爵禄，不肖者出租税，古常道也。今僧、道士不耕而

食，不织而衣，一僧衣食，岁无虑三万，五夫所不能致。举一僧以计天下，其费不赀。臣谓僧、道士年未满五十，可令岁输绢四，尼及女官输绢二，杂役与民同之；过五十者免。凡人年五十，嗜欲已衰，况有戒法以检其性情哉！"刑部员外郎裴伯言曰："衣者，蚕桑也；食者，耕农也；男女者，继祖之重也。而二教悉禁，国家著令，又从而助之，是以夷狄不经法反制中夏礼义之俗也。传曰：'女子十四有为人母之道，四十九绝生育之理；男子十六有为人父之道，六十四绝阳化之理。'臣请僧、道士一切限年六十四以上，尼、女官四十九以上，许终身在道，余悉还为编人，官为计口授地，收废寺观以为庐舍。"议虽上，罢之。

　　杜按：《旧唐书》本传（3506）不载此事。

　　　　　　　　　　　　（《新唐书》卷一百四十七《列传第七十二·李叔明》　4758）

常衮论佛教

　　常衮，京兆人，天宝末，及进士第。性狷洁，不妄交游……衮建言："今西蕃盘桓境上，数入寇，若相连结，以乘无备，其变不细，请早图之。"又天子诞日，诸道争以侈丽奉献，不则为老子、浮屠解祷事。衮以为："汉文帝还千里马不用，晋武帝焚雉头裘，宋高祖碎琥珀枕，是三主者，非有聪明大圣以致治安，谨身率下而已。今诸道馈献，皆淫侈不急，而节度使、刺史非能男耕女织者，类出于民，是敛怨以媚上也，请皆还之。今军旅未宁，王畿户口十不一在，而诸祠寺写经造像，焚币埋玉，所以赏赉若比丘、道士、巫祝之流，岁巨万计。陛下若以易刍粟，减贫民之赋，天下之福岂有量哉！"代宗嘉纳。

　　杜按：《旧唐书》本传（3445）不载此事。

　　　　　　　　　　　　（《新唐书》卷一百五十《列传第七十五·常衮》　4809）

李绛评安国寺立《圣政碑》

　　是时，盛兴安国佛祠，倖臣吐突承璀请立石纪圣德焉，营构华广，欲使〔李〕绛为之颂，将遗钱千万。绛上言："陛下荡积习之弊，四海延颈望德音，忽自立碑，示人以不广。易称：'大人与天地合德。'谓非文字所能尽，若令可述，是陛下美有分限。尧、舜至文、武，皆不传其事，惟秦始刻峄山，扬暴诛伐巡幸之劳，失道之君，不足为法。今安国有碑，若叙游观，即非治要；述崇饰，又非政宜。请罢之。”帝怒，绛伏奏愈切，帝悟曰：“微绛，我不自知。”命百牛倒石，令使者劳谕绛。襄阳裴均违诏书，献银壶瓮数百具，绛请归之度支，示天下以信。帝可奏，仍赦均罪。时议还卢从史昭义，已而将复召之，从史以军无见储为解。李吉甫谓郑绸漏其谋，帝召绛议，欲逐绸，绛为开白，乃免。

（《新唐书》卷一百五十二《列传第七十七·李绛》　4836）

章敬寺

明日，孟涉屯白华，尚可孤屯望仙门，骆元光屯章敬寺，[李]晟屯安国寺。

（《新唐书》卷一百五十四《列传第七十九·李晟》　4868）

佛祠干木为攻具

[朱]泚大治战棚、云桥，士皆惧，[韩]游环曰：“贼取佛祠干木为攻具，可以火之。”

（《新唐书》卷一百五十六《列传第八十一·韩游环》　4904）

李广弘

[李]广弘者，自言宗室子，始为浮屠，妄曰：“我尝见岳、渎神，当作天子，可复冠。”男子董昌舍广弘于资敬寺，召相工唐郇视之，教郇告人曰：“广弘且大贵。”乃诱钦绪、神策将魏循李俊、越州参军事刘昉等作乱。昉家数具酒大会广弘所，阴相署置。又妄曰：“神戒我十月十日趣举。”约钦绪夜击鼓，噪凌霄门，焚飞龙厩，循等以神策兵迎广弘，事捷，大酺三日。循、俊上变，乃擒广弘及支党鞫仗内，付三司讯实，皆殊死。广弘临刑，色自如。由是禁人不得入观、祠。

（《新唐书》卷一百五十六《列传第八十一·韩游环》　4907）

柳　晟

德宗立，[柳]晟亲信用事。朱泚反，从帝至奉天，自请入京师说贼党以携沮之，帝壮其志，得遣。泚将右将军郭常、左将军张光晟皆晟雅故，晟出密诏，陈祸福逆顺，常奉诏受命，约自拔归。要籍朱既昌告其谋，泚捕系晟及常外狱，晟夜半坎垣毁械而亡，断发为浮屠，间归奉天，帝见，为流涕。乘舆还京师，擢原王府长史。吴通玄得罪，晟上书理其辜，其弟止曰：

"天子方怒，无诒悔！"不听。凡三上书，帝意解，通玄得减死。

（《新唐书》卷一百五十九《列传第八十四·柳晟》　4961）

孟　简

[孟] 简尤工诗，闻江、淮间。尚节义，与之交者，虽殁，视恤其孤不少衰。晚路殊躁急，佞佛过甚，为时所诮。尝与刘伯刍、归登、萧俛译次梵言者。

（《新唐书》卷一百六十《列传第八十五·孟简》　4969）

韦　绶

韦绶字子章，京兆万年人。有至性，然不好经，丧父，镵臂血写浮屠书。

（《新唐书》卷一百六十《列传第八十五·韦绶》　4976）

柳仲郢

[柳] 仲郢方严，尚气义，事亲甚谨……每私居内斋，束带正色，服用简素。父子更九镇，五为京兆，再为河南，皆不奏瑞，不度浮屠。急于摘贪吏，济单弱。每旱潦，必贷匮蠲负，里无逋家。衣冠孤女不能自归者，斥禀为婚嫁。在朝，非庆吊不至宰相第。其迹略相同。

家有书万卷，所藏必三本：上者贮库，其副常所阅，下者幼学焉。仲郢尝手钞六经，司马迁、班固、范晔史皆一钞，魏、晋及南北朝史再，又类所钞它书凡三十篇，号《柳氏自备》，旁录仙佛书甚众，皆楷小精真，无行字。

（《新唐书》卷一百六十三《列传第八十八·柳公绰》　5025）

柳公权

[柳] 公权字诚悬，公绰弟也。年十二，工辞赋。元和初，擢进士第。李听镇夏州，表为掌书记。因入奏，穆宗曰："朕尝于佛庙见卿笔迹，思之久矣。"即拜右拾遗、侍书学士，再迁司封员外郎。帝问公权用笔法，对曰："心正则笔正，笔正乃可法矣。"时帝荒纵，故公权及之。帝改容，悟其以笔谏也……公权博贯经术，于《诗》《书》《左氏春秋》《国语》、庄周书尤邃，每解一义，必数十百言……宣宗召至御座前，书纸三番，作真、行、草三体，奇祕，赐以器币，且诏自书谢章，无限真、行。当时大臣家碑志，非其笔，人以子孙为不孝。外夷入贡者，皆别署货贝曰："此购柳书。"尝书

京兆西明寺《金刚经》，有钟、王、欧、虞、褚、陆诸家法，自为得意。

（《新唐书》卷一百六十三《列传第八十八·柳公绰》 5029）

法 凑

浮屠法凑以罪为民诉阙下，诏御史中丞宇文邈、刑部侍郎张彧、大理卿郑云逵为三司，与功德判官诸葛述参按。

（《新唐书》一百六十五《列传第九十·郑余庆》 5059）

高郢论佛教

宝应初，[高郢]及进士第。代宗为太后营章敬寺，郢以白衣上书谏曰：

陛下大孝因心，与天罔极，烝烝之思，要无以加。臣谓悉力追孝，诚为有益，妨时剿人，不得无损。舍人就寺，何福之为？昔鲁庄公丹桓公庙楹而刻其桷，《春秋》书之为非礼。汉孝惠、孝景、孝宣令郡国诸侯立高祖、文、武庙，至元帝，与博士、议郎斟酌古礼，一罢之。夫庙犹不越礼而立，况寺非宗祏所安、神灵所宅乎？殚万人之力，邀一切之报，其为不可亦明矣。

间者昆吾孔炽，荐食生人，百姓懍懍，无日不惕。遣将攘却，亡尺寸功，陇外壤地，委诸豺狼。太宗艰难之业，传之陛下，一夫不获，尺土见侵，告成之时，犹恐有阙。况用武以来十三年，伤者不救，死者不收，缮卒补乘，于今未已。夫兴师十万，日费千金，计十三年，举百万之众，资粮扉屦，取足于人，劳罢宛转，十不一在。父子兄弟，相视无聊，延颈嗷嗷，以役王命。纵未能出禁财，赡鳏寡，犹当稍息劳弊，以噢休之。奈何戎虏未平，侵地未复，金革未戢，疲人未抚，太仓无终岁之储，大农有榷酤之敝，欲以此时兴力役哉？比八月雨不润下，菽麦失时，黔首狼顾，忧在艰食，若遂不给，将何以救之？无寺犹可，无人其可乎？然土木之勤，功用之费，不虚府库，将焉取之？府库既竭，则又诛求，若人不堪命，盗贼相挺而兴，戎狄乘间，以为风尘，得不为陛下深忧乎？

臣闻圣人受命于天，以人为主，苟功济于天，天人同和，则宗庙受福，子孙蒙庆。传曰："德教加于百姓，刑于四海，天子之孝也。"又曰："无念尔祖，聿修厥德"；"既受帝祉，施于孙子"。是知王者之孝，在于承顺天地，严配宗考，恭慎德教，以临兆民。俾四海之内，欢心助祭，延福流祚，永永无穷。未闻崇树梵宫，雕琢金玉之为孝者。夏禹卑宫室，尽力沟洫，人到于今称之。梁武帝穷土木，饰塔庙，人无称焉。陛下若节用爱人，当与夏后齐美，何必劳人动众，蹂梁武遗风乎？及制作之初，伎费尚浅，人贵量力，不贵必成，事贵相时，不贵必遂。陛下若回思虑，从人心，则圣德孝思，格于天地，千福万禄，先后受之，曾是一寺较功德邪？

书奏。未报。复上言：

王者将有为也，将有行也，必稽于众而顺于人，则自然之福，不求而至，未然之祸，不除而绝。臣闻神人无功者，不为有功之功；圣人无名者，不为有名之名。不为有功之功，故功莫大；不为有名之名，故名莫厚。古之明王积善以致福，不费财以求福；修德以销祸，不劳人以攘祸。陛下之营作，臣窃惑之。若以为功，则天覆地载，阴施阳化，未曾有为也。若以为名，则至德要道，以顺天下，未曾有待也。若以致福，则通于神明，光于四海，不在费财。若以攘祸，则方务厥德，罔有天灾，不在劳人。今兴造趣急，人徒竭作，土木并起，日课万工，不遑食息，搒笞愁痛，盈于道路。以此望福，臣恐不然。陛下戡定多难，励精思治，务行宽仁，以幸天下。今固违群情，徇左右过计，臣窃为陛下惜之。

不纳。

（《新唐书》卷一百六十五《列传第九十・高郢》　5070）

田季安以五千缣助营开业佛祠

魏博田季安以五千缣助营开业佛祠，［崔］群以为无名之献，不当受。有诏却之。进户部侍郎。

（《新唐书》卷一百六十五《列传第九十・崔群》　5080）

神龙佛祠

［帝］又造神龙佛祠，须材五十尺者。［裴］延龄妄奏："同州得大谷，木数千章，度皆八十尺。"帝曰："吾闻开元时，近山无巨木，求之岚、胜间。今何地之近，材之良邪？"延龄曰："异材瑰产，处处有之，待圣主乃出。今生近辅，岂开元所当得也！"帝悦。

（《新唐书》卷一百六十七《列传第九十二・裴延龄》　5107）

方士柳泌、浮屠大通为长年药

［皇甫］镈罢度支，进门下侍郎平章事。尝与金吾将军李道古共荐方士

柳泌、浮屠大通为长年药，帝惑之。穆宗在东宫，闻其奸妄，始听政，集群臣于月华门，贬镈崖州司户参军，死其所。

泌者，本杨仁昼也，习方伎。道古荐于镈，召入禁中，自云能致药为不死者，因言："天台山灵仙所舍，多异草，愿官天台，求采之。"起徒步拜台州刺史，〔一〕赐金紫。谏臣固争，以为列圣亦有宠方士，未尝使牧民，帝曰："烦一州而致长年于君父，何爱哉？"后不敢言。泌驱吏民采药山谷间，鞭笞苛急，岁余无所获。惧诈穷，举族遁去，浙东观察使捕得。镈与道古营解，乃复待诏翰林。帝饵泌药，浸躁怒不常，宦侍惧，以弑崩。大通自言百五十岁，镈败，与泌皆诛。初，吏责泌妄，答曰："皆道古教我。"解衣即刑，卒无它异。

〔一〕台州刺史　"台州"，各本原作"天台"。按唐无"天台州"而有台州，隶江南东道，天台山在其境。本书卷七及《旧书》卷一五《宪宗纪》、《旧书》卷一三五《皇甫镈传》、《通鉴》卷二四〇均作"台州"，据改。

（《新唐书》卷一百六十七《列传第九十二·皇甫镈》　5114）

皇太子献佛像

帝诞日，皇太子献画浮屠像，帝使〔韦〕执谊赞之，太子赐以帛，诏执谊到东宫谢太子，卒见无所藉言者，乃曰："君知王叔文乎？美才也。"执谊由是与叔文善。

（《新唐书》卷一百六十八《列传第九十三·韦执谊》　5123）

佛堂原

吐蕃三万寇宁州，〔高〕崇文率兵三千往救，战佛堂原，大破之，封渤海郡王。

（《新唐书》卷一百七十《列传第九十五·高崇文》　5161）

韩愈谏唐宪宗迎佛骨

宪宗遣使者往凤翔迎佛骨入禁中，三日，乃送佛祠。王公士人奔走膜呗，至为夷法灼体肤，委珍贝，腾沓系路。〔韩〕愈闻恶之，乃上表曰：

佛者，夷狄之一法耳。自后汉时始入中国，上古未尝有也。昔黄帝在位百年，年百一十岁；少昊在位八十年，年百岁；颛顼在位七十九年，年九十岁；帝喾在位七十年，年百五岁；尧在位九十八年，年百一十八岁；帝舜在位及禹年皆百岁。此时天下太平，百姓安乐寿考，然而中国未有佛也。其后，汤亦年百岁，汤孙太戊在位七十五年，武丁在位五十年，书史不言其寿，推其年数，盖不减百岁。周文王年九十七岁，武王年九十三岁，穆王在位百年。此时佛法亦未至中国，非因事佛而致然也。汉明帝时始有佛法，明帝在位才十八年。其后乱亡相继，运祚不长。宋、齐、梁、陈、元魏以下，事佛渐谨，年代尤促。唯梁武帝在位四十八年，前后三舍身施佛，宗庙祭不用牲牢，昼日一食，止于菜果，后为侯景所逼，饿死台城，国亦寻灭。事佛求福，乃更得祸。由此观之，佛不足信，亦可知矣。

高祖始受隋禅，则议除之。当时群臣识见不远，不能深究先王之道、古今之宜，推阐圣明，以救斯弊，其事遂止。臣常恨焉！伏惟睿圣文武皇帝陛下，神圣英武，数千百年以来，未有伦比。即位之初，即不许度人为僧尼、道士，又不许别立寺观。臣当时以为高祖之志，必行于陛下。今纵未能即行，岂可恣之令盛也？今陛下令群僧迎佛骨于凤翔，御楼以观，舁入大内，又令诸寺递加供养。臣虽至愚，必知陛下不惑于佛，作此崇奉以祈福祥也。直以丰年之乐，徇人之心，为京都士庶设诡异之观、戏玩之具耳。安有圣明若此，而肯信此等事哉？然百姓愚冥，易惑难晓，苟见陛下如此，将谓真心信佛，皆云："天子大圣，犹一心信向，百姓微贱，于佛岂合更惜身命？"以至灼顶燔指，十百为群，解衣散钱，自朝至暮，转相放效，唯恐后时，老幼奔波，弃其生业。若不即加禁遏，更历诸寺，必有断臂脔身以为供养者。伤风败俗，传笑四方，非细事也。

佛本夷狄之人，与中国言语不通，衣服殊制，口不道先王之法言，身不服先王之法服，不知君臣之义、父子之情。假如其身尚在，奉其国命来朝京师，陛下容而接之，不过宣政一见，礼宾一设，赐衣一袭，卫而出之于境，不令贰于众也。况其身死已久，枯朽之骨，凶秽之余，岂宜以入宫禁？孔子曰："敬鬼神而远之。"古之诸侯吊于其国，必令巫祝先以桃茢祓除不祥，然后进吊。今无故取朽秽之物，亲临观之，巫祝不先，桃茢不用，群臣不言其非，御史不举其失，臣实耻之。乞以此骨付之水火，永绝根本，断天下之疑，绝前代之惑，使天下之人知大圣人之所作为出于寻常万万也。佛如有灵，能作祸祟，凡有殃咎，宜加臣身。上天鉴临，臣不怨悔。

　　表入，帝大怒，持示宰相，将抵以死。裴度、崔群曰："愈言讦牾，罪之诚宜。然非内怀至忠，安能及此？愿少宽假，以来谏争。"帝曰："愈言我奉佛太过，犹可容；至谓东汉奉佛以后，天子咸夭促，言何乖剌邪？愈，人臣，狂妄敢尔，固不可赦。"于是中外骇惧，虽戚里诸贵，亦为愈言，乃贬潮州刺史。

　　既至潮，以表哀谢曰：

　　臣以狂妄戆愚，不识礼度，陈佛骨事，言涉不恭，正名定罪，万死莫塞。陛下哀臣愚忠，恕臣狂直，谓言虽可罪，心亦无它，特屈刑章，以臣为潮州刺史，既免刑诛，又获禄食，圣恩宽大，天地莫量，破脑刳心，岂足为谢！

（《新唐书》卷一百七十六《列传第一百一·韩愈》　5258）

张籍论韩愈

　　张籍者，字文昌，和州乌江人……当时有名士皆与游，而〔韩〕愈贤重之。籍性狷直，尝责愈喜博簺及为驳杂之说，论议好胜人，其排释老不能著书若孟轲、杨雄以垂世者。

（《新唐书》卷一百七十六《列传第一百一·韩愈》　5266）

福先寺

　　留守裴度辟为判官。度修福先寺，将立碑，求文于白居易。〔皇甫〕湜怒曰："近舍湜而远取居易，请从此辞。"度谢之。湜即请斗酒，饮酣，援笔立就。度赠以车马缯彩甚厚，湜大怒曰："自吾为《顾况集序》，未常许人。今碑字三千，字三缣，何遇我薄邪？"度笑曰："不羁之才也。"从而酬之。

（《新唐书》卷一百七十六《列传第一百一·韩愈》　5267）

贾　岛

　　〔贾〕岛字浪仙，范阳人，初为浮屠，名无本。来东都，时洛阳令禁僧午后不得出，岛为诗自伤。〔韩〕愈怜之，因教其为文，遂去浮屠，举进士。当其苦吟，虽逢值公卿贵人，皆不之觉也。一日见京兆尹，跨驴不避，呼诘之，久乃得释。累举，不中第。文宗时，坐飞谤，贬长江主簿。

（《新唐书》卷一百七十六《列传第一百一·韩愈》　5268）

史臣赞韩愈

赞曰：唐兴，承五代剖分，王政不纲，文弊质穷，捷俚混并。天下已定，治荒剔蠹，讨究儒术，以兴典宪，薰酝涵浸，殆百余年，其后文章稍稍可述。至贞元、元和间，［韩］愈遂以六经之文为诸儒倡，障堤末流，反刓以朴，划伪以真。然愈之才，自视司马迁、杨雄，至班固以下不论也。当其所得，粹然一出于正，刊落陈言，横鹜别驱，汪洋大肆，要之无抵捂圣人者。其道盖自比孟轲，以荀况、杨雄为未淳，宁不信然？至进谏陈谋，排难恤孤，矫拂偷末，皇皇于仁义，可谓笃道君子矣。自晋汔隋，老佛显行，圣道不断如带。诸儒倚天下正议，助为怪神。愈独喟然引圣，争四海之惑，虽蒙讪笑，跲而复奋，始若未之信，卒大显于时。昔孟轲拒杨、墨，去孔子才二百年。愈排二家，乃去千余岁，拨衰反正，功与齐而力倍之，所以过况、雄为不少矣。自愈没，其言大行，学者仰之如泰山、北斗云。

（《新唐书》卷一百七十六《列传第一百一·韩愈》　5269）

李训与宗密

［李］训时时进贤才伟望，以悦士心，人皆惑之。尝建言天下浮屠避徭赋，耗国衣食，请行业不如令者还为民。既执政，自白罢，因以市恩……训既败，被绿衣，诡言黜官，走终南山，依浮屠宗密。宗密欲匿之，其徒不可，乃奔凤翔，为盩厔将所执，械而东。训恐为宦人酷辱，祈监者曰："得我者有赏，不如持首去。"乃斩之，传其首，余党悉禽……训死，［仇］士良捕宗密将杀之，怡然曰："与训游久，浮屠法遇困则救，死固其分。"乃释之。

（《新唐书》卷一百七十九《列传第一百四·李训》　5311）

李德裕论圣水

时亳州浮屠诡言水可愈疾，号曰"圣水"，转相流闻，南方之人，率十户僦一人使往汲。既行若饮，病者不敢近荤血，危老之人率多死。而水斗三十千，取者益它汲转鬻于道，互相欺诒，往者日数十百人。［李］德裕严勒津逻捕绝之，且言："昔吴有圣水，宋、齐有圣火，皆本妖祥，古人所禁。请下观察使令狐楚填塞，以绝妄源。"从之。

帝方惑佛老，祷福祈年，浮屠方士，并出入禁中。狂人杜景先上言，其友周息元寿数百岁，帝遣宦者至浙西迎之，诏在所驰驲敦遣。德裕上疏曰："道之高者，莫若广成、玄元；人之圣者，莫若轩辕、孔子……又前世天子虽好方士，未有御其药者。故汉人称黄金可成，以为饮食器则寿。高宗时刘道合、玄宗时孙甑生皆能作黄金，二祖不之服，岂非以宗庙为重乎？傥必致真隐，愿止师保和之术，慎毋及药，则九庙尉悦矣。"息元果诞谲不情，自言与张果、叶静能游。帝诏画工肖状为图以观之，终帝世无它验。文宗即位，乃逐之。

（《新唐书》卷一百八十《列传第一百五·李德裕》　5330）

毁属下浮屠私庐数千

毁属下浮屠私庐数千，以地予农。蜀先主祠旁有猱村，其民剔发若浮屠者，畜妻子自如，［李］德裕下令禁止。蜀风大变。

（《新唐书》卷一百八十《列传第一百五·李德裕》　5332）

僧亡命多趣幽州

后除浮屠法，僧亡命多趣幽州，［李］德裕召邸吏戒曰："为我谢张仲武，刘从谏招纳亡命，今视之何益？"仲武惧，以刀授居庸关吏曰："僧敢入者斩！"

（《新唐书》卷一百八十《列传第一百五·李德裕》　5342）

刘瞻论佛教

咸通十一年，［刘瞻］以中书侍郎同中书门下平章事。同昌公主薨，懿宗捕太医韩宗绍等送诏狱，逮系宗族数百人。瞻喻谏官，皆依违无敢言，即自上疏固争："宗绍穷其术不能效，情有可矜。陛下徇爱女，囚平民，忿不顾难，取肆暴不明之谤。"帝大怒，即日赐罢，以检校刑部尚书、同平章事为荆南节度使。路岩、韦保衡从为恶言闻帝，俄斥廉州刺史。于是，翰林学士郑畋以责诏不深切，御史忠丞孙瑝、谏议大夫高湘等坐与瞻善，分贬岭南。岩等殊未慊，按图视驩州道万里，即贬驩州司户参军事，命李庚作诏极诋，将遂杀之。天下谓瞻鲠正，特为谗挤，举以为冤。幽州节度使张公素上疏申解，岩等不敢害。

（《新唐书》卷一百八十一《列传第一百六·刘瞻》　5352）

饭万僧于禁中

懿宗惑浮屠，常饭万僧禁中，自为赞呗。[李]蔚上疏切谏，引狄仁杰、姚元崇、辛替否所言，讥病时弊。帝不听，但以虚礼褒答……

始，懿宗成安国祠，赐宝坐二，度高二丈，构以沈檀，涂髹，缕龙凤葩花，金扣之，上施复坐，陈经几其前，四隅立瑞鸟神人，高数尺，磴道以升，前被绣囊锦襜，珍丽精绝。咸通十四年春，诏迎佛骨凤翔，或言："昔宪宗尝为此，俄晏驾。"帝曰："使朕生见之，死无恨！"乃以金银为刹，珠玉为帐，孔翠周饰之，小者寻丈，高至倍，刻檀为槝注，陛城涂黄金，每一刹，数百人举之。香舆前后系道，缀珠瑟瑟幡盖，残彩以为幢节，费无赀限。夏四月，至长安，彩观夹路，其徒导卫。天子御安福楼迎拜，至泣下。诏赐两街僧金币，京师耆老及见元和事者，悉厚赐之。不逞小人至断臂指，流血满道。所过乡聚，皆衰土为刹，相望于涂，争以金翠扙饰。传言刹悉震摇，若有光景云。京师高赀相与集大衢，作缯台缦阙，注水银为池，金玉为树木，聚桑门罗像，考鼓鸣螺继日夜，锦车绣舆，载歌舞从之。秋七月，帝崩。方人主甘心笃向，如蔚言者甚多，皆不能救。僖宗立，诏归其骨，都人耆耄辞饯，或呜咽流涕。

（《新唐书》卷一百八十一《列传第一百六·李蔚》　5354）

《新唐书》史臣赞论佛教

赞曰：人之惑怪神也，甚哉！若佛者，特西域一槁人耳。裸颠露足，以乞食自资，癯辱其身，屏营山樊，行一概之苦，本无求于人，徒属稍稍从之。然其言荒茫漫靡，夷幻变现，善推不验无实之事，以鬼神死生贯为一条，据之不疑。掊嗜欲，弃亲属，大抵与黄老相出入。至汉十四叶，书入中国。迹夫生人之情，以耳目不际为奇，以不可知为神，以物理之外为畏，以变化无方为圣，以生而死、死复生、回复偿报、歆艳其间为或然，以贱近贵远为意。鞮译差殊，不可研诘。华人之谲诞者，又攘庄周、列御寇之说佐其高，层累架腾，直出其表，以无上不可加为胜，妄相夸胁而倡其风。于是，自天子逮庶人，皆震动而祠奉之。

初，宰相王缙以缘业事佐代宗，于是始作内道场，昼夜梵呗，冀禳寇戎，大作盂兰，肖祖宗像，分供塔庙，为贼臣嘻笑。至宪宗世，遂迎佛骨于凤翔，内之宫中。韩愈指言其弊，帝怒，窜愈濒死，宪亦弗获天年。幸福而祸，无亦左乎！懿宗不君，精爽夺迷，复陷前车而覆之。兴哀无知之场，丐庇百解之裔，以死自誓，无有顾藉，流泪拜伏，虽事宗庙上帝，无以进焉。屈万乘之贵，自等太古胡，数千载而远，以身为徇。呜呼，运疼祚殚，天告之矣！懿不三月而徂，唐德之不竞，厥有来哉，悲夫！

（《新唐书》卷一百八十一《列传第一百六·史臣赞》 5355）

裴　休

[裴休] 能文章，书楷遒媚有体法。为人酝藉，进止雍闲。宣宗尝曰："休真儒者。"然嗜浮屠法，居常不御酒肉，讲求其说，演绎附著数万言，习歌呗以为乐。与纥干臮素善，至为桑门号以相字，当世嘲薄之，而所好不衰。

（《新唐书》卷一百八十二《列传第一百七·裴休》 5372）

慈恩寺

懿宗诞日，宴慈恩寺，[赵] 隐侍母以安舆临观，宰相方率百官拜恩于廷，即回班候夫人起居，搢绅以为荣。

（《新唐书》卷一百八十二《列传第一百七·赵隐》 5375）

李罕之

李罕之，陈州项城人。少拳捷。初为浮屠，行丐市，穷日无得者，抵钵褫祇袯去，聚众攻剽五台下。先是，蒲、绛民壁摩云山避乱，群贼往攻不克，罕之以百人径拔之，众号"李摩云"。

（《新唐书》卷一百八十七《列传第一百一十二·李罕之》 5442）

出军攻战，必祷佛祠

[钟传] 凡出军攻战，必祷佛祠，积饵饼为犀像，高数寻。晚节重敛，商人至弃其货去。

（《新唐书》卷一百九十《列传第一百一十五·钟传》 5487）

李　源

[李] 源八岁家覆，俘为奴，转侧民间。及史朝义败，故吏识源于洛阳者赎出之，归其宗属。代宗闻，授河南府参军，迁司农主簿。以父死贼手，常悲愤，不仕不娶，绝酒荤。惠林佛祠者，澄旧墅也，源依祠居，阖户日一

食。祠殿，其先寝也，每过必趋，未始践阶。自营墓为终制，时时偃卧埏中。

（《新唐书》一百九十一《列传第一百一十六·忠义上·李澄》　5511）

霁云矢射佛寺浮图

［霁云］抽矢回射佛寺浮图，矢着砖，曰："吾破贼还，必灭贺兰，此矢所以志也！"

（《新唐书》卷一百九十二《列传第一百一十七·忠义中·许远》　5539）

吴　筠

吴筠字贞节，华州华阴人。通经谊，美文辞，举进士不中。性高鲠，不耐沈浮于时，去居南阳倚帝山。

天宝初，召至京师，请隶道士籍，乃入嵩山依潘师正，究其术。南游天台，观沧海，与有名士相娱乐，文辞传京师。玄宗遣使召见大同殿，与语甚悦，敕待诏翰林，献《玄纲》三篇。帝尝问道，对曰："深于道者，无如《老子》五千文，其余徒丧纸札耳。"复问神仙治炼法，对曰："此野人事，积岁月求之，非人主宜留意。"筠每开陈，皆名教世务，以微言讽天子，天子重之。群沙门嫉其见遇，而高力士素事浮屠，共短筠于帝，筠亦知天下将乱，恳求还嵩山。诏为立道馆。安禄山欲称兵，乃还茅山。而两京陷，江、淮盗贼起，因东入会稽剡中。大历十三年卒，弟子私谥为宗元先生。

始，筠见恶于力士而斥，故文章深诋释氏。筠所善孔巢父、李白，歌诗略相甲乙云。

（《新唐书》卷一百九十六《列传第一百二十一·隐逸·吴筠》　5604）

恒州浮屠为其徒诬告

裴怀古，寿州寿春人。仪凤中……恒州浮屠为其徒诬告祝诅不道，武后怒，命按诛之。怀古得其枉，为后申析，不听，因曰："陛下法与天下画一，岂使臣杀无辜以希盛旨哉？即其人有不臣状，臣何情宽之？"后意解，得不诛。

（《新唐书》卷一百九十七《列传第一百二十二·循吏·裴怀古》　5625）

慧　乘

高祖已释奠，召博士徐文远、浮屠慧乘、道士刘进喜各讲经，［陆］德明随方立义，遍析其要。帝大喜曰："三人者诚辩，然德明一举辄蔽，可谓贤矣!”赐帛五十匹，迁国子博士，封吴县男。

（《新唐书》卷一百九十八《列传第一百二十三·儒学上·陆德明》　5640）

马嘉运

马嘉运，魏州繁水人。少为沙门，还治儒学，长论议。贞观初，累除越王东阁祭酒。退隐白鹿山，诸方来授业至千人。

（《新唐书》卷一百九十八《列传第一百二十三·儒学上·孔颖达》　5645）

张士衡论佛教

张士衡，瀛州乐寿人。父文庆，北齐国子助教……

太子以士衡齐人也，问高氏何以亡？士衡曰：“高阿那环之凶险，骆提婆之佞，韩长鸾之虐，皆奴隶才，是信是使，忠良外诛，骨肉内离，剥丧黎元，故周师临郊，人莫为之用，此所以亡。”复问：“事佛营福，其应奈何?”对曰：“事佛在清静仁恕尔，如贪惏骄虐，虽倾财事之，无损于祸。且善恶必报，若影赴形，圣人言之备矣。为君仁，为臣忠，为子孝，则福祚永；反是而殃祸至矣!”时太子以过失闻，士衡因是规之，然不能用也。太子废，给传罢归乡里，卒。

（《新唐书》卷一百九十八《列传第一百二十三·儒学上·张士衡》　5648）

徐坚等与修《三教珠英》

[徐坚]与徐彦伯、刘知几、张说与修《三教珠英》，时张昌宗、李峤总领，弥年不下笔，坚与说专意撰综，条汇粗立，诸儒因之乃成书。

（《新唐书》卷一百九十九《列传第一百二十四·儒学中·徐齐聃》　5662）

瑶台佛寺

会昭陵寝宫为原火延燔，而客祭瑶台佛寺。又故宫在山上，乏水泉，作者惮劳，欲即行宫作寝，诏宰相百官议。

（《新唐书》卷二百《列传第一百二十五·儒学下·史臣赞》　5709）

吴少微豫修《三教珠英》

天下文章尚徐、庚、浮俚不竞，独[富]嘉谟、[吴]少微本经术，雅厚雄迈，人争慕之，号“吴富体”。豫修《三教珠英》。

（《新唐书》卷二百二《列传第一百二十七·文艺中·尹元凯》　5752）

王　维

王维，字摩诘，九岁知属辞，与弟缙齐名，资孝友……

维工草隶，善画，名盛于开元、天宝间，豪英贵人虚左以迎，宁、薛诸王待若师友。画思入神，至山水平远，云势石色，绘工以为天机所到，学者不及也。客有以按乐图示者，无题识，维徐曰："此《霓裳》第三叠最初拍也。"客未然，引工按曲，乃信。

兄弟皆笃志奉佛，食不荤，衣不文彩。别墅在辋川，地奇胜，有华子冈、欹湖、竹里馆、柳浪、茱萸沜、辛夷坞，与裴迪游其中，赋诗相酬为乐。丧妻不娶，孤居三十年。母亡，表辋川第为寺，终葬其西。

（《新唐书》卷二百二《列传第一百二十七·文艺中·王维》　5764）

郑虔于慈恩寺贮柿叶数屋作诗画

初，［郑］虔追绌故书可志者得四十余篇，国子司业苏源明名其书为《会粹》。虔善图山水，好书，常苦无纸，于是慈恩寺贮柿叶数屋，遂往日取叶肄书，岁久殆遍。尝自写其诗并画以献，帝大署其尾曰："郑虔三绝。"迁著作郎。

（《新唐书》卷二百二《列传第一百二十七·文艺中·郑虔》　5766）

萧颖士、李华与陆据

［萧颖士］尝与［李］华、［陆］据游洛龙门，读路旁碑，颖士即诵，华再阅，据三乃尽记。闻者谓三人才高下，此其分也。

（《新唐书》卷二百二《列传第一百二十七·文艺中·萧颖士》　5770）

李华与萧颖士

［李华］晚事浮图法，不甚著书，惟天下士大夫家传、墓版及州县碑颂，时时赍金帛往请，乃强为应……因著《吊古战场文》，极思研推，已成，污为故书，杂置梵书之庋。它日，与［萧］颖士读之，称工，华问："今谁可及？"颖士曰："君加精思，便能至矣。"华愕然而服。

（《新唐书》卷二百三《列传第一百二十八·文艺下·李华》　5776）

宝志谓王昙选："生子当为世方士"

王远知，系本琅邪，后为扬州人。父［王］昙选，为陈扬州刺史。母昼寝，梦凤集其身，因有娠。浮屠宝志谓昙选曰："生子当为世方士。"

（《新唐书》卷二百四《列传第一百二十九·方技·袁天纲》　5803）

夜 光

[师]夜光者，蓟州人，少为浮屠。至长安，因九仙公主得召见温泉，帝奇其辩，赐冠带，授四门博士，赐绯衣、银鱼、金缯千数，得侍左右如幸臣。

杜按：《旧唐书》本传（5016）不载夜光为"蓟州人，少为浮屠"等语。

（《新唐书》卷二百四《列传第一百二十九·方伎·张果》 5811）

武后诏崔绘妻为浮屠尼以终

崔绘妻卢者，鸾台侍郎献之女。献有美名。绘丧，卢年少，家欲嫁之，卢称疾不许。女兄适工部侍郎李思冲，早亡。思冲方显重，表求继室，诏许，家内外姻皆然可。思冲归币三百舆，卢不可，曰："吾岂再辱于人乎？宁没身为婢。"是夕，出自窦，粪秽蔑面，还崔舍，断发自誓。思冲以闻，武后不夺也，诏为浮屠尼以终。

（《新唐书》卷二百五《列传第一百三十·列女·崔绘妻卢》 5821）

山阳女愿毁服依浮屠法以报父罪

山阳女赵者，父盗盐，当论死，女诣官诉曰："迫饥而盗，救死尔，情有可原，能原之邪？否则请俱死。"有司义之，许减父死。女曰："身今为官所赐，愿毁服依浮屠法以报。"即截耳自信，侍父疾，卒不嫁。

（《新唐书》卷二百五《列传第一百三十·列女·山阳女赵》 5831）

李辅国

[李]辅国能随事觑觑谨密，取人主亲信，而内深贼未敢肆。不啖荤，时时为浮屠诡行，人以为柔良，不忌也。

（《新唐书》卷二百八《列传第一百三十三·宦者下·李辅国》 5879）

浮屠大通自言寿百五十岁

方宪宗喜方士说，诏天下求其人，宰相皇甫镈、左金吾将军李道古等白见杨仁昼、浮屠大通。仁昼更姓名曰柳泌，大通自言寿百五十岁，有不死药，并待诏翰林。虢人田元佐言有祕方，能化瓦砾为黄金，诏除虢令，与董景珍、李元戡皆介泌，大通荐于天子，天子惑其说。泌以金石进帝饵之，躁甚，数暴怒，恚责左右，踵得罪，禁中累息，帝自是不豫。

（《新唐书》卷二百八《列传第一百三十三·宦者下·王守澄》 5882）

刘　总

及吴元济、李师道平，承宗忧死，田弘正入镇州，［刘］总失支助，大恐，谋自安。又数见父兄为祟，乃衣食浮屠数百人，昼夜祈禳，而总憩祠场则暂安，或居卧内，辄惊不能寐。晚年益惨悸，请剔发，衣浮屠服，欲被除之……会穆宗冲逸，宰相崔植、杜元颖无远谋，欲宠弘靖，重其权，故全付总地，唯分瀛、莫置观察使。拜总检校司徒兼侍中、天平节度使。又赐浮屠服，号大觉，榜其第为佛祠，遣使者以节、印偕来。时总已自髡祝，让节、印，遂衣浮屠服。行及定州，卒。

（《新唐书》卷二百一十二《列传第一百三十七·藩镇卢龙·刘怦》　5975）

刘仁恭招浮屠讲法

是时，中原方多故，［刘］仁恭得倚燕强且远，无所惮，意自满。从方士王若讷学长年，筑馆大安山，掠子女充之。又招浮屠，与讲法。以堇土为钱，敛真钱，穴山藏之，杀匠灭口。禁南方茶，自撷山为茶，号山曰大恩，以邀利。

杜按：《旧五代史》本传（1802）无"招浮屠"三字，"与讲法"作"讲求法要"。又《新五代史》本传（423）无与佛教有关事。余文稍异，意大同。

（《新唐书》卷二百一十二《列传第一百三十七·

藩镇卢龙·刘仁恭》　5987）

僧圆静

初，师道置邸东都，多买田伊阙、陆浑之间，以舍山棚，遣将訾嘉珍、门察部分之，嵩山浮屠圆静为之谋。

（《新唐书》卷二百一十三《列传第一百三十八·

藩镇淄青横海·李正己》　5993）

相国寺

汴有相国寺，或传佛躯汗流，［刘］玄佐自往大施金帛，于是将吏、商贾奔走输金钱，惟恐后。十日，玄佐敕止，籍所入得巨万，因以赡军。其权谲类若此。

（《新唐书》卷二百一十四《列传第一百三十九·

藩镇武彰义泽潞·刘玄佐》　6000）

吐蕃国事必以桑门参决

〔吐蕃〕喜浮屠法，习咒诅，国之政事，必以桑门参决。

（《新唐书》卷二百一十六上《列传第一百四十一上·吐蕃上》　6072）

回纥火浮屠

初，回纥至东京，放兵攘剽，人皆遁保圣善、白马二祠浮屠避之，回纥怒，火浮屠，杀万余人，及是益横，诟折官吏，至以兵夜斫含光门，入鸿胪寺。

（《新唐书》卷二百一十七上《列传第一百四十二上·回鹘上》　6119）

龟兹国

龟兹……俗善歌乐，旁行书，贵浮图法。产子以木压首。俗断发齐顶，惟君不翦发。姓白氏。居伊逻卢城，北倚阿羯田山，亦曰白山，常有火。王以锦冒顶，锦袍、宝带。岁朔，斗羊马橐它七日，观胜负以卜岁盈耗云。

（《新唐书》卷二百二十一上《列传第一百四十六上·西域上·龟兹》　6230）

于阗国

于阗，或曰瞿萨旦那……俗机巧，言迂大，喜事祆神、浮屠法，然貌恭谨，相见皆跪。

（《新唐书》卷二百二十一上《列传第一百四十六上·西域上·于阗》　6235）

天竺国

天竺国，汉身毒国也……尚浮图法，不杀生饮酒，国中处处指曰佛故迹也。信盟誓，传禁咒，能致龙起云雨。

隋炀帝时，遣裴矩通西域诸国，独天竺、拂菻不至为恨。武德中，国大乱，王尸罗逸多勒兵战无前，象不弛鞍，士不释甲，因讨四天竺，皆北面臣之。会唐浮屠玄奘至其国，尸罗逸多召见曰：“而国有圣人出，作《秦王破阵乐》，试为我言其为人。”玄奘粗言太宗神武，平祸乱，四夷宾服状，王喜，曰：“我当东面朝之。”贞观十五年，自称摩伽陀王，遣使者上书，帝命云骑尉梁怀璥持节慰抚，尸罗逸多惊问国人：“自古亦有摩诃震旦使者至吾国乎？”皆曰：“无有。”戎言中国为摩诃震旦。乃出迎，膜拜受诏书，戴之顶，复遣使者随入朝。诏卫尉丞李义表报之，大臣郊迎，倾都邑纵观，道上焚香，尸罗逸多率群臣东面受诏书，复献火珠、郁金、菩提树。

（《新唐书》卷二百二十一上《列传第一百四十六上·西域上·天竺》　6236）

那烂陀祠

高宗又遣王玄策至其国［摩揭它］摩诃菩提祠立碑焉。后德宗自制钟铭，赐那烂陀祠。

（《新唐书》卷二百二十一上《列传第一百四十六上·西域上·摩揭它》　6239）

阇宾国

阇宾，隋漕国也，居葱岭南……地暑湿，人乘象，俗治浮屠法。

（《新唐书》卷二百二十一上《列传第一百四十六上·西域上·阇宾》　6240）

康　国

［康国］尚浮图法，祠祆神，出机巧技。

（《新唐书》卷二百二十一下《列传第一百四十六下·西域下·康》　6244）

南蛮俗尚浮屠法

［高］骈以其俗尚浮屠法，故遣浮屠景仙摄使往，酋龙与其下迎谒且拜，乃定盟而还。遣清平官酋望赵宗政、质子三十入朝乞盟，请为兄弟若舅甥。诏拜景仙鸿胪卿、检校左散骑常侍。骈结吐蕃尚延心、嗢末鲁耨月等为间，筑戎州马湖、沐源川、大度河三城，列屯拒险，料壮卒为平夷军，南诏气夺。

（《新唐书》卷二百二十二中《列传第一百四十七中·
南蛮中·南昭下》　6290）

崔胤毁浮图，以铜铁为兵仗

［朱］全忠知其意，阳相然许。［崔］胤乃毁浮图，取铜铁为兵仗。

（《新唐书》卷二百二十三下《列传第一百四十八下·
奸臣下·崔胤》　6358）

香积寺

帝乃诏广平王为元帅，使怀恩统回纥兵，从王战香积寺北。

（《新唐书》卷二百二十四上《列传第一百四十九下·
叛臣上·仆固怀恩》　6366）

高　骈

［高］骈久囚拘，供亿窘狭，群奴彻延和阁阑楯为薪，煮革带以食。骈召幕府卢渥曰：“予粗立功，比求清净，非与此世争利害，今而及此，神道何望邪？”涕下不能已。师铎既败，虑骈内应。有女巫王奉仙谓师铎曰：“扬

州灾，有大人死，可以厌。"彦曰："非高公邪？"命左右陈赏等往杀之。侍者白有贼，骈曰："此必秦彦来。"正色须之。众入，骈骂曰："军事有监军及诸将在，何遽尔？"众辟易，有奋而击骈者，曳廷下数之曰："公负天子恩，陷人涂炭，罪多矣，尚何云？"骈未暇答，仰首如有所伺，即斩之。左右奴客遁归行密，行密举军缟素，大临而祭，独用之缞服哭三日。

（《新唐书》卷二百二十四下《列传第一百四十九下·

叛臣下·高骈》 6402）

旧五代史

泉州僧智宣自西域回

〔开平元年〕五月……泉州僧智宣自西域回，进辟支佛骨及梵夹经律。

（《旧五代史》卷三《梁书三·太祖纪第三》　51）

改耀州报恩禅院为兴国寺

〔开平元年〕六月……改耀州报恩禅院为兴国寺。

（《旧五代史》卷三《梁书三·太祖纪第三》　53）

太祖召释、道二教对御谈论

〔开平元年〕十月……庚午，大明节，〔一〕内外臣僚各以奇货良马上寿。故事，内殿开宴，〔太祖〕召释、道二教对御谈论，宣旨罢之。命合门使以香合赐宰臣佛寺行香。

〔一〕庚午大明节　殿本、刘本同。按本书卷一、《会要》卷一皆云朱晃生于十月二十一日，《会要》注："以其日为大明节。"本卷上文开平元年五月辛巳，有司奏以降诞之日为大明节。据《二十史朔闰表》，是年十月乙巳朔，庚午为二十六日，二十一日当为乙丑。

（《旧五代史》卷三《梁书三·太祖纪第三》　54）

赐僧法通、道璘紫衣

〔开平二年六月〕邕州奏，镆铘山僧法通、道璘有道行，各赐紫衣。

（《旧五代史》卷四《梁书四·太祖纪第四》　62）

设斋相国寺

〔开平二年十月〕己未，大明节，诸道节度刺史各进献鞍马、银器、绫帛以祝寿，宰臣百官设斋相国寺。

（《旧五代史》卷四《梁书四·太祖纪第四》　65）

禁屠宰，修佛事

[开平三年七月]己丑夕，寝殿栋折，诘旦，召近臣诸王视栋折之迹，帝惨然曰："几与卿等不相见。"君臣对泣久之。遂诏有司释放禁人，从八月朔日后减膳，进素食，禁屠宰，避正殿，修佛事，以禳其咎。

（《旧五代史》卷四《梁书四·太祖纪第四》　70）

设斋僧道

[开平三年]十月癸未，大明节，帝御文明殿，设斋僧道，召宰臣、翰林学士预之，诸道节度、刺史及内外诸司使咸有进献。

（《旧五代史》卷五《梁书五·太祖纪第五》　78）

大梁万岁之寺

[开平三年十二月乙丑腊]福建节度使王审知奏，舍钱造寺一所，请赐寺额。敕名大梁万岁之寺，仍许度僧四十九人。

（《旧五代史》卷五《梁书五·太祖纪第五》　81）

湖南开元寺

[开平四年正月]壬寅，幸保宁球场，锡宴宰臣及文武百官……赐湖南开元寺禅长老可复号惠光大师，仍赐紫衣。

（《旧五代史》卷五《梁书五·太祖纪第五》　81）

侍宴广化寺

[乾化元年]四月丁卯，[太祖]幸龙虎门，[一]召宰臣、学士、金吾上将军、大将军侍宴广化寺。[二]

〔一〕龙虎门　殿本、刘本同。明本《册府》卷一九七《宴会门》作龙虎门，庆赐门作龙门。残宋本《册府》两处均作龙门。

〔二〕广化寺　殿本此下有"壬申，契丹遣使来恭"八字。按该事见《册府》卷九七二，文异。

（《旧五代史》卷六《梁书六·太祖纪第六》　95）

太祖诏修天宫佛寺

[乾化元年六月丁巳，太祖]诏修天宫佛寺。又，湖南奏："潭州僧法思、桂州僧归真并乞赐紫衣。"从之……[乾化元年八月]丙子，阅四蕃将军、屯卫兵士于天津桥，南至龙门广化寺。

（《旧五代史》卷六《梁书六·太祖纪第六》　96）

禁断屠宰

　　［乾化二年四月］丙辰，敕："近者星辰违度，式在修禳，宜令两京及宋州、魏州取此月至五月禁断屠宰。仍各于佛寺开建道场，以迎福应。"

　　　　　　　　　　　　　　（《旧五代史》卷七《梁书七·太祖纪第七》　106）

陈州"上乘"

　　［贞明六年］冬十月，陈州妖贼毋乙、董乙伏诛。陈州里俗之人，喜习左道，依浮图氏之教，自立一宗，号曰"上乘"。不食荤茹，诱化庸民，揉杂淫秽，宵聚昼散。州县因循，遂致滋蔓……毋乙数辈，渐及千人，攻掠乡社，长吏不能诘。是岁秋，其众益盛，南通淮夷，朝廷累发州兵讨捕，反为贼所败，陈、颖、蔡三州大被其毒。

　　　　　　　　　　　　　　（《旧五代史》卷十《梁书十·末帝纪下》　144）

不许妄求师号紫衣

　　［龙德元年］三月丁亥朔，祠部员外郎李枢上言："请禁天下私度僧尼，及不许妄求师号紫衣。如愿出家受戒者，皆须赴阙比试艺业施行，愿归俗者一听自便。"自便，原本作"自使"，今据文改正。（影库本粘签）［末帝］诏曰："两都左右街赐紫衣及师号僧，委功德使具名闻奏。今后有阙，方得奏荐，仍须道行精至，夏腊高深，方得补填。每遇明圣节，两街各许官坛度七人。诸道如要度僧，亦仰就京官坛，仍令祠部给牒。今后只两街置僧录，道录僧正并废。"〔一〕

　　　〔一〕道录僧正并废　殿本、刘本同。彭校及《册府》卷一九四作"诸道僧正
　　　　　并废"。

　　　　　　　　　　　　　　（《旧五代史》卷十《梁书十·末帝纪下》　146）

朱友贞尸殡于佛寺

　　案《通鉴·后唐纪》：辛巳，诏王瓒收朱友贞尸，殡于佛寺，漆其首函之，藏于太社。薛《史》作张全义，当别有据。

　　　　　　　　　　　　　　（《旧五代史》卷十《梁书十·末帝纪下》　152）

朱瑾妻为尼

　　案《五代会要》：太祖皇后张氏早崩……又，《北梦琐言》云：梁祖魏国夫人张氏，砀山富室女，父蘙，曾为宋州刺史……张［氏］贤明有礼，［朱］

温虽虎狼其心，亦所景伏……初收兖、郓，得朱瑾妻，温告之曰："彼既无依，寓于辎车。"张氏遣人召之，瑾妻再拜，张氏答拜泣下，谓之曰："兖、郓与司空同姓之国，昆仲之间，以小故寻戈，致吾姒如此。设不幸汴州失守，妾亦似吾姒之今日也。"又泣下，乃度为尼，张恒给其费。

（《旧五代史》卷十一《梁书十一·后妃列传第一》 156）

金华公主出家为尼

今考《通鉴考异》引《梁功臣列传》云：罗廷规尚安阳公主，又尚金华公主。薛《史·罗绍威传》亦载开平四年，[梁太祖]诏金华公主出家为尼。

（《旧五代史》卷十一《梁书十一·后妃列传第一》 157）

广王之后与尼讼田

《梁史·广王全昱传》曰：昱朴野，常呼帝为"三"。宫中博戏之事讳之……及庄宗即位，尽诛朱氏，惟全昱先令终。至道初，知单州有称广王之后与尼讼田者，岂以一言之善，独存其嗣耶！

（《旧五代史》卷十二《梁书十二·宗室列传第二》 160）

龙兴寺

光启末，[乐]彦贞子从训骄盈太横，招聚兵甲，欲诛牙军。牙军怒，聚噪攻之，从训出据相州。牙军废彦贞，因于龙兴寺，逼令为僧，寻杀之，推小校赵文建为留后。

（《旧五代史卷》卷十四《梁书十四·列传第四》 187）

金华公主出家为尼

开平四年夏，[太祖]诏金华公主出家为尼，居于宋州元静寺，盖太祖推恩于罗氏，令终其妇节也。

（《旧五代史》卷十二《梁书十四·列传第四》 192）

李罕之

李罕之，陈州项城人。父文，世田家，罕之拳勇趫捷，力兼数人。少学为儒，不成，又落发为僧，以其无赖，所至不容。曾乞食于酸枣县，自旦至晡，无与之者，乃掷钵于地，毁弃僧衣，亡命为盗。案《北梦琐言》云：罕之即其僧名。

杜按：《新五代史》本传（454）文稍异，意同，故不录。

（《旧五代史》卷十五《梁书十五·列传第五》 206）

敬爱寺

［光启二年冬］时［刘］经保敬爱寺，［李］罕之保苑中飞龙厩，罕之激励其众攻敬爱寺，数日，因风纵火，尽燔之，经众奔窜，追斩殆尽。

（《旧五代史》十五《梁书十五·列传第五》　207）

张　策

张策，字少逸，燉煌人……策少聪警好学，尤乐章句……然而妙通因果，酷奉空教，未弱冠，落发为僧，居雍之慈恩精庐，颇有高致。唐广明末，大盗犯阙，策遂返初服，奉父母逃难，君子多之。及丁家艰，以孝闻。服满，自屏郊薮，一无干进意，若是者十余载，案《唐摭言》云：张策自少从学浮图，法号藏机，粲名内道场为大德……又，《北梦琐言》载赵崇凝之辞曰："张策衣冠子弟，无故出家，不能参禅访道，抗迹尘外，乃于御帘前进诗，希望恩泽，如此行止，岂掩人口。某十度知举，十度斥之。"薛《史》以为自屏郊薮，无仕进意，与《摭言》诸书异。（孔本）方出为广文博士，改秘书郎。

（《旧五代史》卷十八《梁书十八·列传第八》　243）

封禅寺

太祖击蔡贼于板桥、赤堈、酸枣门、封禅寺、枯河北，［牛］存节皆预其行。

（《旧五代史》卷二十二《梁书二十二·列传第十二》　299）

曹唐馆开元寺

曹唐，郴州人。少好道，为大小游仙诗各百篇，又著《紫府玄珠》一卷，皆叙三清、十极纪胜之事。其游仙之句，则有《汉武帝宴西王母诗》云："花影暗回三殿月，树声深锁九门霜。"又云："树底有天春寂寂，人间无路月茫茫。"皆为士林所称。其后游信州，馆于开元寺三学院，一旦卧疾，众僧忽见二青衣缓步而至，且四向顾视，相谓曰："只此便是'树底有天春寂寂，人间无路月茫茫'。"言讫，直入唐之卧室。众僧惊异，亦随之而入，逾阈，而青衣不复见，但见唐已殂矣。

（《旧五代史》卷二十四《梁书二十四·列传第十四》　327）

新城北有毗沙天王祠

武皇即献祖之第三子也……年十三，见双凫翔于空，射之连中，众皆臣伏。新城北有毗沙天王祠，祠前井一日沸溢，武皇因持卮酒而奠曰："予有尊主济民之志，无何井溢，故未察其祸福，惟天王若有神奇，可与仆交谈。”奠酒未已，有神人被金甲持戈，有神人被金甲持戈，《北梦琐言》作有龙形出于壁间。盖传闻之异，今附识于此。（影库本粘签）隐然出于壁间，见者大惊走，唯武皇从容而退，繇是益自负。

（《旧五代史》卷二十五《唐书一·武皇纪上》　332）

封禅寺

［中和四年五月］是月，班师过汴，汴帅迎劳于封禅寺，请武皇休于府第，乃以从官三百人及监军使陈景思馆于上源驿。

（《旧五代史》卷二十五《唐书一·武皇纪上》　338）

魏州开元寺僧传真获传国宝

天祐十八年春正月，魏州开元寺僧传真获传国宝，献于行台。验其文，即“受命于天，子孙宝之”八字也，群僚称贺。自“开元寺”至此三十三字，原本阙佚，今从《册府元龟》增入。传真师于广明中，遇京师丧乱得之，秘藏已四十年矣。篆文古体，人不之识，至是献之。

（《旧五代史》卷二十九《唐书五·庄宗纪第三》　397）

开元寺

［天祐十九年春正月甲午，庄宗］帝至定州，王都迎谒，是夜宿于开元寺。

（《旧五代史》卷二十九《唐书五·庄宗纪第三》　400）

五台山僧献铜鼎三

［庄宗］同光元年春正月丙子，五台山僧献铜鼎三，言于山中石崖间得之。

（《旧五代史》卷二十九《唐书五·庄宗纪第三》　402）

天下寺观门额并复旧名

［同光元年十月丙戌］又诏除毁朱氏宗庙神主，伪梁二主并降为庶人。天下官名府号及寺观门额，曾经改易者，并复旧名。

（《旧五代史》卷三十《唐书六·庄宗纪第四》　414）

幸龙门佛寺祈雪

［同光二年十二月乙酉，庄宗］幸龙门佛寺祈雪。

（《旧五代史》卷三十二《唐书八·庄宗纪第六》　444）

幸龙门佛寺祈雨

[同光三年五月戊申，庄宗] 幸龙门广化寺祈雨，[己未] 幸玄元庙祷雨。

（《旧五代史》卷三十二《唐书八·庄宗纪第六》　448）

封禅寺

[明宗] 帝先至汴州，攻封丘门，汴将王瓒开门迎降。帝至建国门，闻梁主己殂，乃号令安抚，回军于封禅寺。

（《旧五代史》卷三十五《唐书十一·明宗纪第一》　486）

宦者落发为僧

初，庄宗遇内难，宦者数百人窜匿山谷，落发为僧，奔至太原七十余人，至是尽诛于都亭驿。

（《旧五代史》卷三十六《唐书十二·明宗纪第二》　497）

不得辄造寺院、私自剃度

[天成元年十一月壬戌] 以前房州刺史朱罕为颍州团练使。是日，诏曰："应今日已前修盖得寺院，无令毁废，自此已后不得辄有建造。如要愿在僧门，并须官坛受戒，不得衷私剃度。"

（《旧五代史》卷三十七《唐书十三·明宗纪第三》　512）

赐紫尼智愿为圆惠大师

[天成四年八月] 甲子，幸金真观，改赐建法大师赐紫尼智愿为圆惠大师，即武皇夫人陈氏也。

（《旧五代史》卷四十《唐书十六·明宗纪第六》　554）

幸龙门佛寺祈雨

[长兴二年夏四月乙巳，明宗] 帝幸龙门佛寺祈雨。

（《旧五代史》卷四十二《唐书十八·明宗纪第八》　577）

刘遂清荐泰山僧一人

[长兴四年秋七月] 己卯，东岳三郎神赠威雄大将军。初，[明宗] 帝不豫，前淄州刺史刘遂清荐泰山僧一人，刘遂清，原本作"队请"，今从《册府元龟》改正。（影库本粘签）云善医，及召见，乃庸僧耳。问方药，僧曰："不工医，尝于泰山中亲睹岳神，谓僧曰：'吾第三子威灵可爱，而未有爵秩，师

为我请之。'"宫中神其事，故有是命，识者嫉遂清之妖佞焉。诏应台官出行，须令人诃引，使军巡职掌等规避。

（《旧五代史》卷四十四《唐书二十·明宗纪第十》　605）

北方天王

［同光二年］时有王安节者，昭宗朝相杜让能之宅吏也。安节少善贾，得相术于奇士，因事见帝于私邸，退谓人曰："真北方天王相也，位当为天子，终则我莫知也。"

（《旧五代史》卷四十六《唐书二十二·末帝纪上》　626）

日讽佛书阴祷

［长兴元年末］帝尚惧重诲多方危陷，但日讽佛书阴祷而已。

（《旧五代史》卷四十六《唐书二十二·末帝纪上》　627）

女尼入宫

闵帝即位，加兼侍中。既而帝子重吉出刺亳州，女尼入宫，帝方忧不测。

（《旧五代史》卷四十六《唐书二十二·末帝纪上》　628）

女尼惠明

［清泰元年六月］甲申，帝为故皇子亳州刺史重吉、皇长女尼惠明大师幼澄举哀行服，群臣诣阁门奉慰。

（《旧五代史》卷四十六《唐书二十二·末帝纪上》　637）

幸龙门佛寺祈雨祈雪

［清泰元年秋七月］甲辰，［末帝］幸龙门佛寺祷雨……［十二月］庚寅，幸龙门祈雪，自九月至是无雪雨故也。

（《旧五代史》卷四十六《唐书二十二·末帝纪上》　637）

又幸龙门佛寺祈雪

［清泰三年春正月］戊戌，［末帝］幸龙门佛寺祈雪。

（《旧五代史》卷四十八《唐书二十四·末帝纪下》　657）

魏国夫人陈氏落发为尼持经

魏国夫人陈氏，襄州人，本昭宗之宫嫔也……陈氏性既静退，不以宠侍自侈，武皇常呼为阿婼。及武皇大渐之际，陈氏侍医药，垂泣言："妾为王执扫除之役，十有四年矣，王万一不幸，妾将何托！既不能以身为殉，愿落发为尼，为王读一藏佛经，以报平昔。"武皇为之流涕。及武皇薨，陈氏果落发持经，法名智愿。后居于洛阳佛寺，庄宗赐号建法大师。天成中，明宗幸其院，改赐圆惠大师。晋天福中，卒于太原。追谥光国大师，塔以惠寂为名也。

（《旧五代史》卷四十九《唐书二十五·后妃列传第一》　673）

庄宗刘后欲造寺为尼

案：《刘后传》《永乐大典》原缺。考《北梦琐言》云："庄宗刘皇后，魏州成安人，家世寒微……正位之后，凡贡奉先入后宫，惟写佛经施尼师，他无所赐……先是，庄宗自为俳优，名曰李天下，杂于涂粉优杂之间，[一]时为诸优朴挟捆搭，竟为嚣妇恩伶之倾玷，有国者得不以为前鉴！刘后以囊盛金合犀带四，欲于太原造寺为尼，沿路复通皇弟存渥，同簀而寝，明宗闻其秽，即令自杀。"

〔一〕优杂　殿本、刘本同。影库本粘签云："优杂，疑当作'优剧'，考《北梦琐言》诸刻本俱作'杂'字，今姑仍其旧。"

（《旧五代史》卷四十九《唐书二十五·后妃列传第一》　674）

李克让为山僧所害

黄巢犯阙，僖宗幸蜀，[李]克让时守潼关，为贼所败……以部下六七骑伏于南山佛寺，夜为山僧所害。

克让既死，纪纲浑进通冒刃获免，归于黄巢。中和二年冬，武皇入关讨贼，屯沙苑。黄巢遣使米重威赂修好，因送浑进通至，兼擒送害克让僧十人。武皇燔伪诏，还其使，尽诛诸僧，为克让发哀行服，悲恸久之。《永乐大典》卷一万三百八十八。

（《旧五代史》卷五十《唐书二十六·宗室列传第二》　681）

李存霸削发僧服

《通鉴》云：……[李]存霸至晋阳，从兵逃散俱尽，存霸削发僧服谒李彦超："愿为山僧，幸垂庇护。"军士争欲杀之，彦超曰："六相公来，当奏取进止。"军士不听，杀之于府门之碑下。

（《旧五代史》卷五十《唐书二十七·宗室列传第三》　689）

庄宗诸儿削发为苾刍

案《清异录》：唐福庆公主下降孟知祥。长兴四年，明宗晏驾，唐室乱，庄宗诸儿削发为苾刍，间道走蜀。时知祥新称帝，为公主厚待犹子，赐予千计。[一]（《旧五代史考异》）

〔一〕赐予千计　殿本、刘本同。孔本此下有"考《清异录》记载多舛，惟庄宗诸子入蜀宜可信云"十九字。

（《旧五代史》卷五十一《唐书二十七·宗室列传第三》　692）

高辇落发为僧

《五代史补》：秦王从荣，明宗之爱子。好为诗，判河南府，辟高辇为推官。辇尤能为诗，宾主相遇甚欢……初，从荣之败也，高辇窜于民家，且落发为僧。

（《旧五代史》卷五十一《唐书二十七·宗室列传第三》　695）

宝寿佛寺

景福二年春，匡威帅精骑数万，再来赴援，会匡威弟匡俦夺据兄位，[一]匡威退无归路，镕乃延入府第，馆于宝寿佛寺。

〔一〕匡俦　原作"彦俦"，据殿本、刘本、《旧唐书》卷一八〇、《新唐书》二一二《李全忠传》改。

（《旧五代史》卷五十四《唐书三十·列传第六》　726）

王　镕

［王］镕宴安既久，惑于左道，专求长生之要，常聚缁黄，合炼仙丹，或讲说佛经，亲受符箓。[一]西山多佛寺，又有王母观，镕增置馆宇，雕饰土木……次子昭诲，当镕被祸之夕，昭诲为军人携出府第，置之地穴十余日，乃髡其发，被以僧衣。属湖南纲官李震南还，军士以昭诲托于震，震置之茶褚中。既至湖湘，乃令依南岳寺僧习业，岁给其费。昭诲年长思归，震即赍送而还。时镕故将符习为汴州节度使，会昭诲来投，即表其事曰："故赵王王镕小男昭诲，年十余岁遇祸，为人所匿免，今尚为僧，名崇隐，谨令赴阙。"明宗赐衣一袭，令脱僧服。

〔一〕亲受符箓　"受"原作"授"，"箓"原作"录"，据殿本、《通鉴》卷二七一改。下文"镕方焚香受箓"句"受"字同。

（《旧五代史》卷五十四《唐书三十·列传第六》　729）

邮亭佛寺多有乌震题迹

乌震，冀州信都人也。少孤，自勤于乡校。弱冠从军，初为镇州队长，以功渐升部将，与符习从征于河上，颇得士心……震略涉书史，尤嗜《左氏传》，好为诗，善笔札，凡邮亭佛寺，多有留题之迹。及其遇祸，燕、赵之士皆叹惜之。《永乐大典》卷一万八千一百二十九。

杜按：《新五代史》本传（279）无"凡邮亭佛寺"等语。

（《旧五代史》卷五十九《唐书三十五·列传第十一》　793）

梁主尸权厝于佛寺

及王师袭汴，时［王］瓒为开封府尹。开封，原本脱"封"字，今据通鉴增入。（影库本粘签）梁主闻王师将至，自登建国门楼，日夜垂泣，时持国宝谓瓒曰："吾终保有此者，系卿耳。"令瓒阅市人散徒，登城为备。洎明宗至封丘门，瓒开门迎降。翌日，庄宗御玄德殿，瓒与百官待罪及进币马，诏释之，仍令收梁主尸，备槽椟，权，厝于佛寺，漆首，函送于郊社。

（《旧五代史》卷五十九《唐书三十五·列传第十一》　795）

圣善寺、无畏师塔、龙门广化寺

光启初，［诸葛］爽卒，其子仲方为留后。部将刘经与李罕之争据洛阳，罕之败经于圣善寺，圣善寺，原本作"圣喜"，今从《新唐书》改正。（影库本粘签）乘胜欲攻河阳，营于洛口……

案《洛阳搢绅旧闻记》……［齐王张令公］王诚信，每水旱祈祭，必具汤沐，素食别寝，至祠祭所，俨然若对至尊，容如不足。遇旱，祈祷未雨，左右必曰"王可开塔"，即无畏师塔也，在龙门广化寺。王即依言而开塔，未尝不澍雨，故当时俚谚云："王祷雨，买雨具。"

（《旧五代史》卷六十三《唐书三十九·列传第十五》　837）

张全义

［张全义］位极王公，不衣罗绮，心奉释、老，而不溺左道。〔一〕如是数者，〔二〕人以为难。自庄宗至洛阳，趋向者皆由径以希恩宠，全义不改素履，尽诚而已。

〔一〕不溺左道　"左"原作"枉"，据殿本、刘本、《册府》卷三一〇改。影库本批校云："'枉道'之'枉'，原本作'在'字，误。按文义，似作'左'

字理较长，刊本改。"

〔二〕如是数者　"是"字原无，据《册府》卷三一〇补。

杜按：《新五代史》本传（489）不记"心奉释老"事。

　　　　　　　　　　（《旧五代史》卷六十三《唐书三十九·列传第十五》　842）

佛牙大如拳

赵凤，幽州人也。少为儒。唐天祐中，燕帅刘守光尽率部内丁夫为军伍，而黥其面，为儒者患之，多为僧以避之，凤亦落发至太原……明年〔天成二年〕春，有僧自西国取经回，得佛牙大如拳，褐渍皱裂，进于明宗。凤扬言曰："曾闻佛牙锤锻不坏，请试之。"随斧而碎。时宫中所施已逾数千缗，闻毁乃止。

　　　　　　　　　　（《旧五代史》卷六十七《唐书四十三·列传第十九》　889）

塔　庙

〔封舜卿〕从子翘，于梁贞明中亦为翰林学士。《册府元龟》卷七百七十一。天成中，为给事中，因转对上言，以星辰合度，风雨应时，请御前香一合，帝亲爇一炷，馀令于塔庙中焚之，贵表精至。议者以翘时推名族……而忽有此请，乃近诸妖佞耳，物望由是减之。

　　　　　　　　　　（《旧五代史》卷六十八《唐书四十四·列传第二十》　903）

晋阳千佛院

〔同光四年四月六日〕翌日，符彦超诛吕、郑，军城大乱，燔剽达曙。〔张〕宪初闻有变，出奔沂州。〔一〕既而有司纠其委城之罪，四月二十四日，赐死于晋阳之千佛院。

〔一〕出奔沂州　殿本、刘本同。《通鉴》卷二七五作"出奔忻州"。注云："《九
　　域志》：太原府东北至忻州二百里。此以宋氏徙府后言也。"

　　　　　　　　　　（《旧五代史》卷六十九《唐书四十五·列传第二十一》　914）

龙门广化寺

〔清泰二年〕及晋高祖入洛，〔刘〕延皓逃匿龙门广化寺，数日，自经而死。

　　　　　　　　　　（《旧五代史》卷六十九《唐书四十五·列传第二十一》　921）

萧希甫

萧希甫，宋州人也。少举进士，为梁开封尹袁象先书记……以希甫为巡官，希甫不乐，乃弃其母妻，变姓名，亡之镇州，自称青州掌书记，进谒王镕。镕以希甫为参军，尤不乐，居岁余，又亡之易州，削发为僧，居百丈山。

（《旧五代史》卷七十一《唐书四十七·列传第二十三》　940）

诚　惠

同光时，以方术著者，又有僧诚惠。《永乐大典》卷一万六百二十五。诚惠，系许寂附传，《永乐大典》割截分载，今仍为连缀，以仍为旧。（影库本粘签）诚惠初于五台山出家，能修戒律，称通皮、骨、肉三命，人初归向，声名渐远，四方供馈，不远千里而至者众矣。自云能役使毒龙，可致风雨，其徒号曰降龙大师。京师旱，庄宗迎至洛下，亲拜之，六宫参礼，士庶瞻仰，谓朝夕可致甘泽。祷祝数句，略无征应。或谓官以祈雨无验，将加焚燎，诚惠惧而遁去。及卒，赐号法雨大师，塔曰“慈云之塔”。《永乐大典》卷九百二十五。

（《旧五代史》卷七十一《唐书四十七·列传第二十三》　945）

周玄豹

周玄豹者，周玄豹，《锦绣万花谷》作“崔玄豹”，系传写之讹。考《欧阳史》《通鉴》俱作“周”，今仍其旧。（影库本粘签）本燕人，世为从事。玄豹少为僧，其师有知人之鉴，从游十年余，苦辛无惮，师知其可教，遂以袁、许之术授之。大略状人形貌，比诸龟鱼禽兽，目视臆断，咸造其理。及还乡，遂归俗。

（《旧五代史》卷七十一《唐书四十七·列传第二十三》　945）

斛律寺

武皇伪戮罪人首级以奉诏，匿〔张〕承业于斛律寺，昭宗遇弑，乃复请为监军。

（《旧五代史》卷七十二《唐书四十八·列传第二十四》　949）

聂　屿

聂屿，聂屿传，《永乐大典》仅存一条，今录《册府元龟》以补其缺。（影库本粘签）邺中人。少为僧，渐学吟咏。

（《旧五代史》卷七十三《唐书四十九·列传第二十五》　960）

古刹佛像忽摇动不已

　　[后唐]末帝，真定常山人也，有先人旧庐，其侧有古佛刹，刹有石像，忽摇动不已，人皆异之……晋阳有北宫，宫城之上有祠曰毗沙门天王，[后晋]帝[石敬唐]曾焚修默而祷之。经数日，城西北隅正受敌处，军候报称，夜来有一人长丈余，介金执殳，行于城上，久方不见，帝心异之。又，牙城有僧坊曰崇福，崇福，原本作"从福"，今从《册府元龟》改正。（影库本粘签）坊之庑下西北隅有泥神，神之首忽一日有烟生，其腾郁如曲突之状。坊僧奔赴，以为人火所延，及俯而视之，无所有焉。事寻达帝，帝召僧之腊高者问焉，僧曰："贫道见庄宗将得天下，曾有此烟，观此喷涌，甚于当时，兆可知矣。"自此，日旁多有五色云气，如莲芰之状。

（《旧五代史》卷七十五《晋书一·高祖纪第一》　987）

赐号弘梵大师

　　[天福二年春正月]丙寅……是日，[高祖]诏曰："西天中印土摩竭陀舍卫国大菩提寺三藏阿阇梨沙门室利缚罗，宜赐号弘梵大师。"

（《旧五代史》卷七十六《晋书二·高祖纪第二》　995 ）

幸相国寺祈雪

　　[天福二年十二月]甲辰，[高祖]车驾幸相国寺祈雪。

（《旧五代史》卷七十六《晋书二·高祖纪第二》　1009）

开晋禅院、广法禅院

　　[天福三年十二月]戊子，以河阳潜龙旧宅为开晋禅院，邢州潜龙旧宅为广法禅院。

（《旧五代史》卷七十七《晋书三·高祖纪第三》　1023）

城郭村坊不得创造僧尼院舍

　　[天福四年十二月]丙辰，诏今后城郭村坊，不得创造僧尼院舍。

（《旧五代史》卷七十八《晋书四·高祖纪第四》　1034）

命朝臣诸寺观祷雨

　　[天福七年三月]壬戌，[高祖]分命朝臣诸观寺祷雨……[丁丑]宰臣

于寺观祷雨。

（《旧五代史》卷八十《晋书六·高祖纪第六》　1058）

命朝臣诣寺观祷雨

［天福七年九月］己卯，［少帝］分命朝臣诣寺观祷雨。

（《旧五代史》卷八十一《晋书七·少帝纪第一》　1071）

东都人士僧道请复幸东京

天福八年春正月辛巳，盗发唐坤陵，庄宗母曹太后之陵也……时州郡蝗旱，百姓流亡，饿死者千万计，东都人士僧道，请车驾复幸东京。

（《旧五代史》卷八十一《晋书七·少帝纪第一》　1074）

少帝命宰臣寺观祷雨

［天福八年五月］癸巳，［少帝］命宰臣等分诣寺观祷雨……乙巳，幸相国寺祈雨。

（《旧五代史》卷八十一《晋书七·少帝纪第一》　1077）

禁止天下僧尼典买院舍

［开运二年秋七月］甲寅，左谏议大夫李元龟奏，请禁止天下僧尼典买院舍，从之。

（《旧五代史》卷八十四《晋书十·少帝纪第四》　1109）

幸相国寺祷雨

［开运三年夏四月］戊寅，［少帝］幸相国寺祷雨。

（《旧五代史》卷八十四《晋书十·少帝纪第四》　1114）

百官宿封禅寺

［开运三年十二月］丙戌晦，百官宿封禅寺。

（《旧五代史》卷八十五《晋书十一·少帝纪第五》　1126）

贾少瑜

初，［刘］昫避难河朔，匿于北山兰若，有贾少瑜者为僧，辍衾袍以温燠之。及昫官达，致少瑜进士及第，拜监察御史，闻者义之。

杜按：《新五代史》本传（625）不记此事。

（《旧五代史》卷八十九《晋书十五·列传第四》　1173）

张从训

张从训，字德恭。本姑臧人，其先回鹘别派，随沙陀徙居云中，后从唐武皇家于太原，〔一〕从训遂为太原人。祖君政，云州长史，识蕃字，通佛理。

〔一〕太原 原作"太平"，据殿本、刘本改。影库本批校云："'太平'应作'太原'。"

（《旧五代史》卷九十一《晋书十七·列传第六》 1204）

龙兴寺

韩恽，字子重，太原晋阳人……天福七年夏，车驾在邺，恽病脚气，卒于龙兴寺，时年六十余。

（《旧五代史》卷九十二《晋书十八·列传第七》 1223）

尼说鏊脚

[潘]环历六部两镇，所至以聚敛为务。在宿州时，有牙将因微过见怒，环绐言笞之，牙校因托一尼尝熟于环者，献白金两铤。尼诣环白牙校饷鏊脚两枚，两枚，原本作"两枝"，今从《册府元龟》改正。（影库本粘签）求免其责，环曰："鏊本几脚？"尼曰："三脚。"环复曰："今两脚能成鏊乎？"尼则以三数致之，当时号环为"潘鏊脚"。

（《旧五代史》卷九十四《晋书二十·列传第九》 1244）

刘处让寄居封禅寺

[长兴]八年，[刘处让]从驾归汴，寄居于封禅寺，遇疾而卒，年六十三。赠太尉，再赠太师。

（《旧五代史》卷九十四《晋书二十·列传第九》 1251）

迁少帝于封禅寺

崔廷勋，不知何许人也。《通鉴》注引宋白曰：廷勋本河内人。（《旧五代史考异》）形貌魁伟，美须髯。幼陷契丹，历伪命云州节度使，官至待中。契丹入汴，迁少帝于封禅寺，遣廷勋以兵防守，寻授河阳节度使，甚得民情。

（《旧五代史》卷九十八《晋书二十四·列传第十三》 1317）

晋少帝蒙尘于封禅寺

[天福十二年春正月]癸巳，晋少帝蒙尘于封禅寺。

（《旧五代史》卷九十九《汉书一·高祖纪上》 1324）

幸道宫、佛寺祷雨

［乾祐元年四月］丁亥，［隐帝］幸道宫、佛寺祷雨。

（《旧五代史》卷一百一《汉书三·隐帝纪上》　1347）

［乾祐元年秋七月］丙辰，以久旱，［隐帝］幸道宫、佛寺祷雨，是日大澍。

（《旧五代史》卷一百一《汉书三·隐帝纪上》　1349）

僧聚髑髅二十万

［乾祐三年正月］丙寅，〔一〕分命使臣赴永兴、凤翔、河中，收葬用兵已来所在骸骨，〔二〕时已有僧聚髑髅二十万矣。

〔一〕丙寅　原作“丙辰”，据《通鉴》卷二八九改。按《二十史朔闰表》，乾祐三年正月己亥朔，丙辰为十八日，今在癸亥二十五日后，当为丙寅二十八日。

〔二〕收葬用兵已来所在骸骨　“来”原作“未”，据殿本、刘本及彭校改。影库本批校云：“用兵以来，‘来’讹‘未’。”

（《旧五代史》卷一百三《汉书五·隐帝纪下》　1365）

垒浮图须与合却尖

时［李］崧最在下位……翌日，晋祖既受太原之命，使心腹达意于崧云：“垒浮图须与合却尖。”盖感之深也。

（《旧五代史》卷一百八《汉书十·列传第五》　1420）

李守贞

［李］守贞以汉室新造，嗣君缵立，自谓举无遗策。又有僧总伦者，以占术干守贞，谓守贞有人君之位……既而［守贞败］城中粮尽，杀人为食，召总伦诘其休咎，总伦至曰：“王自有天分，人不能夺。然分野灾变，俟磨灭将尽，存留一人一骑，即王鹊起之际也。”守贞深以为信。

（《旧五代史》卷一百九《汉书十一·列传第六》　1439）

诏废无名额僧尼寺院五十八所

［广顺三年闰正月］己酉，开封府奏，都城内录到无名额僧尼寺院五十八所。诏废之。

（《旧五代史》卷一百一十二《周书三·太祖纪第三》　1490）

柏谷寺

［显德元年夏四月］丁巳，［世宗］幸柏谷寺。

（《旧五代史》卷一百一十四《周书五·世宗纪第一》　1516）

皇建禅院

［显德元年］九月壬申朔，以东京旧宅为皇建禅院。

（《旧五代史》卷一百一十四《周书五·世宗纪第一》　1520）

诏限州郡寺数

［显德二年五月］甲戌，诏曰：

释氏贞宗，圣人妙道，助世劝善，其利甚优。前代以来，累有条贯，近年已降，颇紊规绳。近览诸州奏闻，继有缁徒犯法，盖无科禁，遂至尤违，私度僧尼，日增猥杂，创修寺院，渐至繁多，乡村之中，其弊转甚。漏网背军之辈，苟剃削以逃刑；行奸为盗之徒，托住持而隐恶。将隆教法，须辨否臧，宜举旧章，用革前弊。

诸道州府县镇村坊，应有敕额寺院，一切仍旧，其无敕额者，并仰停废，所有功德佛像及僧尼，并腾并于合留寺院内安置。天下诸县城郭内，若无敕额寺院，祇于合停废寺院内，选功德屋宇最多者，或寺院僧尼各留一所，若无尼住，祇留僧寺院一所。诸军镇坊郭及二百户已上者，亦依诸县例指挥。如边远州郡无敕额寺院处，于停废寺院内僧尼各留两所。今后并不得创造寺院兰若。兰若，原本作“兰著”，今从《五代会要》改正。（影库本粘签）王公戚里诸道节刺已下，〔一〕今后不得奏请创造寺院及请开置戒坛。男子女子如有志愿出家者，并取父母、祖父母处分，已孤者取同居伯叔兄处分，候听许方得出家。男年十五已上，念得经文一百纸，或读得经文五百纸，女年十三已上，念得经文七十纸，或读得经文三百纸者，经本府陈状乞剃头，委录事参军本判官试验经文。其未剃头间，须留发髻，如有私剃头者，却勒还俗，其本师主决重杖勒还俗，仍配役三年。两京、大名府、京兆府、青州各处置戒坛，候受戒时，两京委祠部差官引试，其大名府等三处，祇委本判官录事参军引试。如有私受戒者，其本人、师主、临坛三纲、知事僧尼，并同私剃头例科罪。应合剃头受戒人等，逐处闻奏，候敕下，委祠部给付凭由，方得剃头受戒。应男女有父母、祖父母在，别无儿息侍养，不听出家。曾有罪犯，遭官司刑责之人，及弃背父母、逃亡奴婢、奸人细作、恶逆徒党、山林亡命、未获贼徒、负罪潜窜人等，并不得出家剃头。如有寺院辄容受者，其本人及师主、三纲、知事僧尼、邻房同住僧，并仰收捉禁勘，申奏取裁。

僧尼俗士，自前多有舍身、烧臂、炼指、钉截手足、带铃挂灯、诸般毁坏身体、戏弄道具、符禁左道、妄称变现还魂坐化、圣水圣灯妖幻之类，皆是聚众眩惑流俗，今后一切止绝。如有此色人，仰所在严断，递配边远，仍勒归俗，其所犯罪重者，准格律处分。每年造僧账两本，其一本奏闻，一本申祠部，逐年四月十五日后，勒诸县取索管界寺院僧尼数目申州，州司攒账，至五月终以前文帐到京，僧尼籍帐内无名者，并勒还俗。其巡礼行脚，出入往来，一切取便。

是岁，诸道供到帐籍，所存寺院凡二千六百九十四所，废寺院凡三万三百三十六，僧尼系籍者六万一千二百人。

〔一〕王公戚里诸道节刺已下　"王公"原作"公王"，据殿本、《会要》卷一二改。"下"，殿本、刘本同，《会要》卷一二作"上"。

（《旧五代史》卷一百一十五《周书六·世宗纪第二》　1529）

新修天清寺、天寿寺、显静寺、显宁寺额

［显德四年］冬十月丙辰，赐京城内新修四寺额，以天清、天寿、显静、显宁为名。

（《旧五代史》卷一百一十七《周书八·世宗纪第四》　1562）

《孝先寺碑》

［显德五年九月壬申］江南进奉使商崇仪代李景捧寿觞以献。

案《宋类苑》云：汤悦，父殷举，唐末有才名。本名崇义，建隆初，避宣祖讳改姓汤。〔一〕初在吴为舍人，受诏撰扬州《孝先寺碑》，世宗亲征，驻跸此寺，读其文赏叹。及画江议定，后主遣悦入贡，世宗为之加礼。

〔一〕改姓汤　"姓"原作"名"，据殿本、刘本改。

（《旧五代史》卷一百一十八《周书九·世宗纪第五》　1575）

皇建寺

贵妃张氏，恒州真定人也……汉隐帝末，萧墙变起，屠害大臣，太祖在邺都被谮，妃与诸皇属同日遇害于东京旧第。太祖践祚，追册为贵妃，发

哀，故世宗有起复之命。世宗嗣位，以太祖旧宅即妃遇祸之地，因施为僧院，以皇建为名焉。

　　　　　　（《旧五代史》卷一百二十一《周书十二·后妃列传第一》　1601）

世宗皇后

　　《五代史补》：世宗皇后符氏，即魏王彦卿之女……至世宗即位，纳为皇后。既免河中之难，其母欲使出家，资其福寿，后不悦曰："死生有命，谁能髡首跣足以求苟活也！"母度不可逼，遂止。世宗素以后贤，又闻命不以出家为念，愈贤之，所以为天下母也。

　　　　　　（《旧五代史》卷一百二十一《周书十二·后妃列传第一》　1604）

宋彦筠

　　初，〔宋〕彦筠入成都，据一甲第，第中资货钜万，妓女数十辈，尽为其所有。一旦，与其主母微忿，遽击杀之，自后常有所睹，彦筠心不自安，乃修浮屠法以禳之，因而溺志于释氏。其后，每岁至金仙入涅之日，常衣斩缞号恸于其像前，其佞佛也如是。家有侍婢数十人，皆令削发披缁，以侍左右，大为当时所诮。

　　　　　　（《旧五代史》卷一百二十三《周书十四·列传第三》　1623）

开元寺

　　王殷，瀛州人……殷自言生于魏州之开元寺，既长从军，渐为偏将。

　　　　　　（《旧五代史》卷一百二十四《周书十五·列传第四》　1625）

邺城寺

　　〔广顺三年〕是岁春末，邺城寺钟悬绝而落，〔一〕又火光出幡竿之上。〔王〕殷之入觐也，都人饯于离亭，上马失镫，翻堕于地，人讶其不祥，果及于祸。太祖寻令澶帅郑仁诲赴邺，殷次子为衙内指挥使，不出候谒，〔二〕仁诲诛之，迁其家属于登州。

　　〔一〕邺城寺钟悬绝而落　"寺"下原重出"寺"字，据《大典》（胶卷）卷六八五一，《册府》卷九五一删。

　　〔二〕不出候谒　"出"字原无，据《大典》（胶卷）卷六八五一，《册府》卷九五一补。

　　　　　　（《旧五代史》卷一百二十四《周书十五·列传第四》　1627）

孙方谏与尼深意

孙方谏，鄚州清苑县人也。[一]本名方简，广顺初，以犯庙讳，故改焉。定州西北二百里有狼山，山上有堡，边人赖之以避剽掠之患，因中置佛舍。有尼深意者，俗姓孙氏，主其事，以香火之教聚其徒，声言尸不坏，因复以衣襟，瞻礼信奉，有同其生。方谏即其宗人也，嗣行其教，率众不食荤茹，其党推之为砦主……其弟行友继为定州节度。皇朝乾德中，以其妖妄惑众，诏毁狼山佛寺，迁其尼朽骨赴京，遣焚于北郊，以行友为诸卫大将军，自是妖徒遂息焉……案《续通鉴长编》：建隆二年八月，义成节度使、同平章事孙行友，在镇逾八年，而狼山妖尼深意党益盛……己酉，制削夺行友官爵，禁锢私第，取尼深意尸，焚之都城西北隅。行友弟易州刺史方进，佺保塞军使全晖，皆诣阙待罪，诏释之。

〔一〕鄚州清苑县人　"鄚州"原作"郑州"，据殿本、刘本改。按《宋史》卷二五三《孙行友传》云："孙行友，莫州清苑人。"莫州即鄚州，见《旧唐书》卷三九《地理志》。

（《旧五代史》卷一百二十五《周书十六·列传第五》　1649）

此时百姓，佛再出救不得，唯皇帝救得

晋少帝即位，加守太尉，进封燕国公。[冯]道尝问朝中熟客曰："道之在政事堂，人有何说？"客曰："是非相半。"道曰："凡人同者为是，不同为非，而非道者，十恐有九。昔仲尼圣人也，犹为叔孙武叔所毁，况道之虚薄者乎！"然道之所持，始终不易。后有人间道于少帝曰："道好平时宰相，无以济其艰难，如禅僧不可呼鹰耳！"由是出道为同州节度使。岁余，移镇南阳，加中书令。

契丹入汴，道自襄、邓召入，戎王因从容问曰："天下百姓，如何可救？"道曰："此时百姓，佛再出救不得，唯皇帝救得。"其后衣冠不至伤夷，皆道与赵延寿阴护之所至也。是岁三月，随契丹北行，与晋室公卿俱抵常山……道在常山，见有中国士女为契丹所俘者，出囊装以赎之，皆寄于高尼精舍，后相次访其家以归之。

（《旧五代史》卷一百二十六《周书十七·列传第六》　1659）

马裔孙

[马]裔孙好古，慕韩愈之为人，尤不重佛。及废居里巷，追感唐末帝平昔之遇，乃依长寿僧舍读佛书，冀申冥报，岁余枕籍黄卷中，见《华严》《楞严》，词理富赡，繇是酷赏之，仍抄撮之，相形于歌咏，谓之《法喜集》。〔一〕又纂诸经要言为《佛国记》，凡数千言。或嘲之曰："公生平以傅奕、韩愈为高识，何前倨而后恭，是佛佞公耶？公佞佛耶？"裔孙笑而答曰："佛佞予则多矣。"……每闭关养素，唯事讴吟著述，嗜八分书，往来酬答，必亲札以衒其墨迹。

〔一〕法喜集　"喜"原作"善"，据殿本、刘本改。

（《旧五代史》卷一百二十七《周书十八·列传第七》　1670）

杨凝式洛川寺观题记殆遍

[杨]凝式长于歌诗，案《别传》云：……然凝式诗句自佳，其题壁有"院似禅心静，花如觉性圆"，清丽可喜。（《旧五代史考异》）善于笔札，洛川寺观蓝墙粉壁之上，题纪殆遍，案《别传》云：凝式虽仕历五代，以心疾闲居，故时人目以"风子"。其笔迹遒放，宗师欧阳询与颜真卿，而加以纵逸。既久居洛，多遨游佛道祠，遇山水胜概，流连赏咏，有垣墙圭缺处，顾视引笔，且吟且书，若与神会，率宝护之。其号或以姓名，或称癸巳人，或称杨虚白，或称希维居士，或称关西老农……尝迫冬，家人未挟纩，会有故人过洛，赠以绵五十两，绢百端，凝式悉留之修行尼舍，俾造袜以施崇德、普明两寺饭僧，其家虽号寒啼饥，而凝式不屑屑也。留守闻其事，乃自制衣给米遗之，凝式笑谓家人曰："我固知留守必见周也。"每旦起将出，仆请所之，杨曰："宜东游广爱寺。"仆曰："不若西游石壁寺。"凝式举鞭曰："姑游广爱。"仆又以石壁为请，凝式乃曰："姑游石壁。"闻者拊掌。（《旧五代史考异》）时人以其纵诞，有"风子"之号焉。《永乐大典》卷六千五十二……案《游宦纪闻》载《杨凝式年谱》《家谱》《传》，与正史多异同，今附录以备参考。其《年谱》云：唐咸通十四年癸巳，是年凝式生，故题识多自称癸巳人。唐天祐四年丁卯，是年夏，朱全忠篡唐，凝式谏其父唐相涉，宜辞押宝使。涉惧事泄，凝式自此遂佯狂，时年三十五。〔一〕《五代史补》言时年方弱冠，误也。晋天福四年己亥三月，有《洛阳风景四绝句》诗，年六十七。据诗云，"到此今经三纪春"，盖自丁卯至己亥实三十年，则自全忠之篡，凝式即居洛矣。真迹今在西都唐故大圣善寺胜果院东壁，字画尚完。亦有石刻，书侧有画象，亦当时画。又广爱寺西律院有壁题云"后岁六十九"，亦当

是此年所题。此书凡两壁，行草大小甚多，真迹今存，但多漫暗，故无石刻。天福六年辛丑，是年六月有天宫寺题名，称太子宾客，时年六十九。真迹今在此寺东序，题维摩诘后……天福七年壬寅，是年有《真定智大师诗》二首，时年七十……开运二年乙巳，是年五月，于天宫寺题壁《论维摩经》等语，八月再题"太子少保，时年七十三"，真迹今在此寺东序……开运四年丁未，是年二月并七月，有《寄惠才大师左郎中诗》三首，称"会同丁未岁"。会同即契丹入晋改元之号也，时年七十五，称太子少傅。真迹在文潞公家，刻石在苏太宁家。周广顺三年癸丑，是年于长寿寺华严东壁题名，时年八十一。后又题"院似禅心静"等二诗，称太子少师，亦应此年真迹，今为人移去，石刻亦不存，人或得旧本耳……凝式本名家，既不遇时，而唐、梁之际，以节义自立，襟量宏廓，竟免五季之祸，以寿考终。洛阳诸佛宫画迹至多，本朝兴国中，三川大寺刹，率多颓圮，翰墨所存无几，今有数壁存焉。士大夫家亦有爱其书帖，皆藏弄以为清玩。世以凝式行书颇类颜鲁公，故谓之颜、杨云。

〔一〕时年三十五　《知不足斋丛书》本《游宦纪闻》作"时年三十"。

（《旧五代史》卷一百二十八《周书十九·列传第八》　1684）

慕容彦超致祭于开元寺

［慕容］彦超进呈郓州节度使高行周来书，其书意即行周毁谮太祖结连彦超之意，帝览之，笑曰："此必是彦超之诈也。"试令验之，果然。其郓州印元有缺，文不相接，其为印即无阙处，帝寻令赍书示谕行周，行周上表谢恩。《永乐大典》卷一万八千四百十七。先是，填星初至角、亢，占者曰：角，郑分，兖州属焉，彦超即率军府宾佐，步出州西门三十里致祭，迎于开元寺，塑像以事之，谓之"菩萨"，日至祈祷，又令民家竖黄幡以禳之。及城陷，彦超方在土星院燃香，急乃驰去。

杜按：《新五代史》本传（609）作"超即率军府将吏出西门三十里致祭，迎于开元寺，塑像以事之，日常一至，又使民家立典幡祉之"。

（《旧五代史》卷一百三十《周书二十一·列传第十》　1716）

张沆好释氏

［张］沆性儒雅，好释氏，虽久居禄位，家无余财，死之日，图书之外，唯使郓之赀耳……汉隐帝末年，杨、史遇害，翼日，沆方知之，听犹未审，忽问同僚曰："窃闻盗杀史公，其盗获否？"是时京师恟惧之次，闻者笑之。有士人申光逊者，与沆友善，沆未病时，梦沆手出小佛塔示光逊，视其上有

诗十四字云："今生不见故人面，明月高高上翠楼。"光逊既窜，心恶之，俄闻沈卒。

扈载游相国寺

扈载，少好学，善属文，赋颂碑赞尤其所长。广顺初，随计于礼部，文价为一时之最，是岁升高等。《册府元龟》卷八百四十。载因游相国寺，见庭竹可爱，作《碧鲜赋》题其壁。世宗闻之，遣小黄门就壁录之，览而称善，因拜水部员外郎知制诰，迁翰林学士，赐绯。

华严寺、石门山之佛寺

时后唐武皇上表，请讨三镇以宁关辅。是岁七月……昭宗登承天门楼避乱，令捧日都将李云案：《新唐书》及《通鉴》俱作李筠，《薛史·韩建传》亦作李筠，惟此传作李云。守楼下，继鹏率众攻云。昭宗凭轩慰谕，继鹏弯弧大呼，矢拂御衣，中楼楢。侍臣掖昭宗下楼还宫，继鹏即纵火攻宫门。昭宗召诸王谋其所向，李云奏曰："事急矣，请且幸臣营。"云乃与扈跸都将李君庆卫昭宗出启夏门，驻华严寺。晡晚，出幸南山之莎城，驻于石门山之佛寺。

李从昶

［李］从昶生于纨绮，少习华侈，以逸游宴乐为务，而音律图画无不通之。然性好谈笑，喜接宾客，以文翰为赏，曾无虚日。复笃信释氏，时岐下有僧曰阿阇梨，通五天竺语，为士人所归。

僧问彭氏"夫人谁家妇女"？

《五代史补》：……文昭王夫人彭氏，封秦国夫人，常往城北报恩寺烧香。时僧魁谓之长老，问曰："夫人谁家妇女？"彭氏大怒，索檐子疾驱而归，文昭惊曰："何归之速也？"夫人曰："今日好没兴，被个老秃贼问妾是谁家妇女，〔一〕且大凡妇女皆不善之辞，安得对妾而发！"文昭笑曰："此所谓禅机也，夫人宜答弟子是彭家女，马家妇，是则通其理矣，何怒之有乎！"夫人素负才智，耻不能对，乃曰："如此则妾所谓无见性也。"于是惭赧数日。

〔一〕秃贼　原作"秃兵"，据《五代史补》卷三改。

僧洪道

僧洪道，不知何许人。通内外学，道行尤高，大为时人所重。天福中，居于衡州石羊镇山谷中。马氏文昭王之嗣位也，闻其名，召于府，使于报慈寺住持。洪不应命，文昭坚欲致之，督责州县，忧惧，计无所出，率五七十人拱拥入州。〔一〕洪道知之，乃引徒弟数辈转徙入深山中，得一岩，遂且止息。然离旧居抵于山岩下，则众鸟千万和鸣而随之，州县虽失其踪，或有相谓曰："且深山之中，众鸟何故而鸣，又声韵优逸，得非和尚在彼耶？"试寻，果得之于岩所。父老再拜曰："和尚佛之徒也，佛不遗众生愿，大王崇重，要与和尚相见，辄不应召，窜入山林，于是和尚即得计矣，而州县与乡村得无劳扰，而和尚忍不为之开慈悯耶！"洪道于是始点头曰："如此则吾为汝行矣。"及至府，文昭以国师待之。未几，坚乞归山，文昭知不可留，乃许焉。其后竟不知所终。初，洪道之入岩也，见一虎在穴乳二子，徒弟大骇，洪道叱曰："无惧，彼当移去。"言讫，虎衔二子趋出穴，至行之所感也如此。马希范常重一僧，号报慈长老，能入定观人休咎。希范因问之曰："吾于富贵固无遗恨，但不知者寿尔，吾师以为何如？"报慈曰："大王无忧，当与佛齐年。"希范喜，以为享寿无穷，及薨也，止于四十九……初，〔马〕希萼之来也，〔马〕希广以全军付亲校许可琼，使遂击之。可琼睹希萼众盛，恐惧，夜送旗鼓乞降，希萼大喜，于是兼可琼之众长驱而至。希广素奉佛，闻之，计无所出，乃被缁衣引群僧念"宝胜如来"，谓之禳灾。顷之，府廨火起，人忽纷扰，犹念诵之声未辍，其戆如此……初，〔边〕镐尝为僧，以觇湖南，尤善弄钹，每侵晨必弄钹行乞，遇城往往掷起钹以度门之高下。及来湖南，士庶颇有识之者。

〔一〕拱拥入州　刘本、《旧五代史考异》、《五代史补》卷三同。影库本粘签云："'拱拥'，疑当作'哄拥'，考《五代史补》诸本俱作'拱拥'，今姑仍其旧。"

僧 昭

僧昭者，通于术数，居两浙，大为钱塘钱镠所礼，谓之国师。一旦谒镠，有宫中小儿嬉于侧，坠下钱数十文，镠见，谓之曰："速收，虑人恐踏破汝钱。"昭师笑曰："汝钱欲踏破，须是牛即可。"镠喜，以为社稷坚牢之义。后至曾孙俶，举族入朝，因而国除。俶年属丑为牛，可谓牛踏钱而破矣。

（《旧五代史》卷一百三十三《世袭列传第二》 1775）

僧契盈

僧契盈，闽中人。通内外学，性尤敏速。广顺初，游戏钱塘，一旦，陪吴越王游碧浪亭，时潮水初满，舟楫辐辏，望之不见其首尾。王喜曰："吴越地去京师三千余里，〔一〕而谁知一水之利有如此耶！"契盈对曰〔二〕："可谓三千里外一条水，十二时中两度潮。"时人谓之佳对。时江南未通，两浙贡赋自海路而至青州，故云三千里也。

〔一〕吴越 原作"吴国"，据《五代史补》卷五改。按钱氏国号吴越。

〔二〕契盈对曰 四字原无，据《五代史补》卷五补。按《五代史补》此四字系顾广圻所校补，其下有批注云："《十国春秋》有此四字。"

（《旧五代史》卷一百三十三《世袭列传第二》 1775）

大明寺

光启三年……〔杨〕行密攻广陵，营于大明寺，秦、毕出兵以攻行密之营，短兵才接，行密伪遁，秦、毕之兵争入其栅，以取金帛，行密发伏兵以击之，秦、毕大败，退走其壁，自是不复出战。

（《旧五代史》卷一百三十四《僭伪列传第一》 1779）

僧谦光

僧谦光，金陵人也。素有才辨，江南国主以国师礼之。然无羁检，饮酒如常，国主无以禁制，而又于诸肉中尤嗜鹅、鳖，国主常以从容语及释氏果报，且问曰："吾师莫有志愿否？寡人固欲□之。"谦光对曰〔一〕："老僧无他愿，但得鹅生四双腿，鳖长两重裙足矣。"国主大笑。显德中，政乱，国主犹晏然不以介意。一旦，因赏花，命谦光赋诗，因为所讽，诗云："拥衲对芳丛，由来事不同。鬓从今日白，花似去年红。艳冶随朝露，馨香逐晓风。

何须对零落，然后始知空。"

〔一〕吾师莫有志愿否寡人固欲□之谦光对曰　十六字原无。据《五代史补》卷
　　　五补。"欲"字下空一格，今作□，示有阙文。

（《旧五代史》卷一百三十四《僭伪列传第一》　1790）

僧上蓝曰：不怕羊入屋，只怕钱入腹

初，王潮尝假道于洪州，时钟传为洪州节度使，以王潮若得福建，境土相接，必为己患，阴欲诛之。有僧上蓝者，通于术数，动皆先知，大为钟所重。因入谒，察传词气，惊曰："令公何故起恶意，是欲杀王潮否？"传不敢隐，尽以告之。上蓝曰："老僧观王潮与福建有缘，必变，彼时作一好世界。令公宜加礼厚待，若必杀之，令公之福去矣。"于是传加以援送。及审知之嗣位也，杨行密方盛，常有吞东南之志气。审知居常忧之，因其先人尝为上蓝所知，乃使人赍金帛往遗之，号曰"送供"，且问国之休咎。使回，上蓝以十字为报，其词曰："不怕羊入屋，只怕钱入腹。"审知得之叹曰："羊者杨也，腹者福也，得非福州之患，不在杨行密而在钱氏乎？今内外将吏无姓钱者，必为子孙后世之忧矣。"至延义为连重遇所杀，诸将争立，江南乘其时命查文徽领兵伐之，经年不能下。会两浙救兵至，文徽腹背受敌，遂大败。自是福州果为钱氏所有，入腹之谶始应。盖国之兴衰，皆冥数先定矣。

（《旧五代史》卷一百三十四《僭伪列传第一》　1793）

刘仁恭招浮屠讲法

是时，天子播迁，中原多故，仁恭啸傲蓟门，志意盈满，师道士王若讷，祈长生羽化之道。幽州西有名山曰大安山，仁恭乃于其上盛饰馆宇，僭拟宫掖，聚室女艳妇，穷极侈丽。又招聚缁黄。"招聚缁黄"原本作"紫黄"，今改正。（影库本粘签）合仙丹，讲求法要。又以墐泥作钱，令部内行使，尽敛铜钱于大大安山巅，铜钱，原本作"铜钤"，引用错谬，今据《欧阳史》改正。（《旧五代史考异》）凿穴以藏之，藏毕即杀匠石以灭其口。

（《旧五代史》卷一百三十五《僭伪列传第二》　1802）

梵僧善占算之术

〔刘〕陟之季年，有梵僧善占算之术，谓陟不利名龚，他年虑有此姓败

事，陟又改名夔。夔读为俨，古文无此字，盖妄撰也。

（《旧五代史》卷一百三十五《僭伪列传第二》 1808）

法性寺菩提树高一百四十尺

先是，广州法性寺有菩提树一株，高一百四十尺，大十围，传云萧梁时西域僧真谛之所手植，盖四百余年矣。皇朝乾德五年夏，为大风所拔。是岁秋，[刘]铢之寝室屡为雷震，识者知其必亡。

（《旧五代史》卷一百三十五《僭伪列传第二》 1810）

阿保机筑城于漠北

天祐末，阿保机乃自称皇帝，署中国官号。其俗旧随畜牧，素无邑屋，得燕人所教，乃为城郭宫室之制于漠北，距幽州三千里，名其邑曰西楼邑，屋门皆东向，如车帐之法。城南别作一城，以实汉人，名曰汉城，城中有佛寺三，僧尼千人。其国人号阿保机为天皇王。

（《旧五代史》卷一百三十七《外国列传第一》 1830）

凉州僧至京师

唐长兴四年，凉州留后孙超遣大将拓拔承谦及僧道士耆老杨通信等至京师，明宗拜孙超节度使。

（《旧五代史》一百三十八《外国列传第二》 1840）

史臣评天竺胡僧

臣检讨先代图籍，今古历书，皆无蚀神首尾之文，盖天竺胡僧之妖说也。

（《旧五代史》卷一百四十《志二·历志》 1866）

封禅寺

长兴二年四月辛丑，汴州封禅寺门扉上欻然火起，延烧近舍。

（《旧五代史》卷一百四十一《志三·五行志》 1888）

高尼辞郡人：此地当有兵难

[晋开运]二年正月，汴州封丘门外，壕水东北隅水上有文，若大树花叶芬敷之状，相连数十株，宛若图画，倾都观之。识者云："唐景福中，卢彦威浮阳壕水有树文亦如此，时有高尼辞郡人曰：'此地当有兵难。'至光化中，其郡果为燕帅刘仁恭所陷。"

（《旧五代史》卷一百四十一《志三·五行志》 1890）

新五代史

禁私度僧尼

〔龙德元年〕三月丁亥朔，禁私度僧尼。

（《新五代史》卷三《梁本纪第三》 28）

封禅寺

〔晋王李克用〕过汴州，休军封禅寺。

（《新五代史》卷四《唐本纪第四·庄宗上》 34）

观音门

〔晋王李克用〕进攻观音门。

（《新五代史》卷四《唐本纪第四·庄宗上》 37）

魏州僧传真献唐受命宝一

〔天祐〕十八年正月，魏州僧传真献唐受命宝一。

（《新五代史》卷五《唐本纪第五·庄宗下》 43）

蒲池佛寺

〔广顺元年二月〕癸丑，寒食，〔周太祖郭威〕望祭于蒲池〔一〕。

〔一〕蒲池　佛寺名也。

（《新五代史》卷十一《周本纪第十一·太祖》 112）

周世宗禁私度

〔显德二年五月〕甲戌，〔周世宗柴荣〕大毁佛寺，禁民亲无侍养而为僧尼及私自度者。

（《新五代史》卷十二《周本纪第十二·世宗》 119）

周世宗废天下佛寺

〔周世宗〕即位之明年，废天下佛寺三千三百三十六。是时，中国乏钱，乃诏悉毁天下铜佛像以铸钱，尝曰："吾闻佛说以身世为妄，而以利人为急，使其真身尚在，苟利于世，犹欲割截，况此铜像，岂其所惜哉？"

（《新五代史》卷十二《周本纪第十二·恭帝》　125）

朱瑾妻为尼

郴王友裕攻徐州，破朱瑾于石佛山……

［梁］太祖已破朱瑾，纳其妻以归……乃送瑾妻为尼。

（《新五代史》卷十三《梁家人传第一·元贞皇后张氏》　129）

梁太祖昭仪陈氏为尼

［梁］太祖尝疾，昭仪［陈氏］与尼数十人昼夜为佛法，未尝少懈……开平三年，度为尼，居宋州佛寺。

（《新五代史》卷十三《梁家人传第一·昭仪陈氏》　130）

梁末帝妃郭氏为尼

梁亡，唐庄宗入汴……［梁末帝次妃郭氏］已而度为尼，赐名誓正，居于洛阳。

（《新五代史》卷十三《梁家人传第一·次妃郭氏》　131）

陈州"上乘"

而陈［州］俗好淫祠左道，其学佛者，自立一法，号曰"上乘"，昼夜伏聚，男女杂乱。妖人母乙、董乙聚众称天子，建置官属，友能初纵之，乙等攻劫州县，末帝发兵击灭之。

（《新五代史》卷十三《梁家人传第一·广王全昱》　133）

石佛山

［朱］友裕败［朱］瑾于石佛山，瑾走。

（《新五代史》卷十三《梁家人传第一·郴王友裕》　135）

封禅寺

［唐］太祖东追黄巢，还军过梁，馆于封禅寺。

（《新五代史》卷十四《唐太祖家人传第二·正室刘氏》　141）

后唐庄宗皇后刘氏、诚惠

［后唐庄宗皇后刘氏］自以出于贱微，逾次得立，以为佛力……惟写佛书，馈赂僧尼，而庄宗由此亦佞佛。

有胡僧自于阗来，庄宗率皇后及诸子迎拜之。僧游五台山，遣中使供顿，所至倾动城邑。又有僧诚惠，自言能降龙。尝过镇州，王镕不为之礼，诚惠怒曰："吾有毒龙五百，当遣一龙揭片石，常山之人，皆鱼鳖也。"会明年滹沱河大水，坏镇州关城，人皆以为神。庄宗及后率诸子、诸妃拜之，诚惠端坐不起，由是士无贵贱皆拜之，独郭崇韬不拜也……许州节度使温韬以后佞佛，因请以私第为佛寺，为后荐福。

（《新五代史》卷十四《唐太祖家人传第二·皇后刘氏》　144）

庄宗刘后欲造寺为尼

［唐庄宗崩，皇后刘氏］欲于太原造寺为尼。在道与存渥奸，及至太原，乃削发为尼。……虢国夫人夏氏……后嫁契丹突欲李赞华。赞华性酷毒，喜杀人，婢妾微过，常加刲灼。夏氏惧，求离婚，乃削发为尼以卒。

（《新五代史》卷十四《唐太祖家人传第二·皇后刘氏》　146）

李克让为寺僧所获

黄巢犯长安，［李］克让守潼关，为贼所败，奔于南山，匿佛寺，为寺僧所杀。

（《新五代史》卷十四《唐太祖家人传第二·克让》　147）

李存霸剪发僧衣

［李］存霸闻京师乱，亦自河中奔太原，比至，麾下皆散走，惟使下康从弁不去。存霸乃剪发、衣僧衣，谒符彦超曰："愿为山僧，冀公庇护。"彦超欲留之，为军众所杀。

（《新五代史》卷十四《唐太祖家人传第二·太祖子·存霸》　151）

愿辞皇帝为比丘尼

废帝入立，尝置酒妃院，［明宗淑妃王氏］妃举酒曰："愿辞皇帝为比丘尼。"……

晋高祖立，妃自请为尼，不可，乃迁于至德宫。

（《新五代史》卷十五《唐太祖家人传第三·淑妃王氏》　159）

吾尝于此饭僧数万，今日岂不相悯邪

［开运］四年正月丁亥朔，［耶律］德光入京师，［晋出］帝与太后肩舆至郊外，德光不见，馆于封禅寺，遣其将崔廷勋以兵守之。[一]是时雨雪寒

冻，皆苦饥。太后使人谓寺僧曰："吾尝于此饭僧数万，今日岂不相悯邪？"寺僧辞以虏意难测，不敢献食。帝阴祈守者，乃稍得食。

〔一〕崔廷勋　原作"崔延勋"，据宋丙本、宗文本改。按《旧五代史》卷八五《晋少帝纪》五叙其事作"皆为契丹主阻绝"。

（《新五代史》卷十七《晋家人传第五·高祖皇后李氏》　177）

焚其骨送范阳佛寺

［乾祐二年］八月［晋李太后］疾亟，谓帝曰："我死，焚其骨送范阳佛寺，无使我为虏地鬼也！"遂卒。帝与皇后、宫人、宦者，东西班，皆被发徒跣，扶舁其柩至赐地，焚其骨，穿地而葬焉。

（《新五代史》卷十七《晋家人传第五·高祖皇后李氏》　179）

何必妄毁形发

宣懿皇后符氏……初适李守贞子崇训……其母以后夫家灭亡，而独脱死兵刃之间，以为天幸，欲使削发为尼，后不肯，曰："死生有命，天也。何必妄毁形发为！"

（《新五代史》卷二十《周世宗家人传第八·皇后符氏》　203）

石佛山

［朱］友裕败［时］溥于石佛山，［朱］瑾收余兵去。

（《新五代史》卷二十一《梁臣传第九·庞师古》　213）

朱瑾败于石佛山

梁攻郓州，朱瑾来救……［霍］存发伏击之，遂败瑾等于石佛山，存中流矢卒。

（《新五代史》卷二十一《梁臣传第九·霍存》　217）

邮亭佛寺多有乌震题诗

乌震，冀州信都人也。少事赵王王镕为军卒，稍以功迁裨校，隶符习军。习从庄宗于河上，而镕为张文礼所弑，震从习讨文礼，而家在赵，文礼执震母妻及十余人以招震，震不顾。文礼乃自断其手鼻，割而不诛，纵至习军，军中皆不忍正视。震一恸而止，愤激自励，身先士卒。晋军攻破镇州，震以功拜刺史，历深、赵二州。

（《新五代史》卷二十六《唐臣传第十四·乌震》　279）

斧斫佛开，应手而碎

燕王刘守光时，悉黥燕人以为兵，［赵］凤惧，因髡为僧，依燕王弟守奇自匿。

有僧游西域，得佛牙以献，明宗以示大臣。凤言："世传佛牙水火不能伤，请验其真伪。"因以斧斫之，应手而碎。是时，宫中施物已及数千，因凤碎之乃止。

（《新五代史》卷二十八《唐臣传第十六·赵凤》　308）

永王存霸

庄宗遇弒，明宗入京师，太原犹未知，而永王存霸奔于太原。……已而存霸削发，见北京巡检符彦超，愿为僧以求生，彦超麾下兵大噪，杀存霸。

（《新五代史》卷二十八《唐臣传第十六·张宪》　313）

萧希甫

［萧希甫］又亡之易州，削发为僧，居百丈山。庄宗将建国于魏，置百官，求天下隐逸之士，幽州李绍宏荐希甫为魏州推官。

（《新五代史》卷二十八《唐臣传第十六·萧希甫》　314）

皇太后召尼诵佛书

［后汉隐帝］时天下旱蝗，黄河决溢，京师大风拔木，坏城门，宫中数见怪物投瓦石、撼门扉……［汉］皇太后乃召尼诵佛书以禳之，一尼如厕，既还，悲泣不知人者数日，及醒讯之，莫知其然。

（《新五代史》卷三十《汉臣传第十八·李业》　336）

扈载游相国寺

扈载……因游相国寺，见庭竹可爱，作《碧鲜赋》，题其壁，世宗闻之，遣小黄门就壁录之，览而称善，因拜水部员外郎、知制诰。

（《新五代史》卷三十一《周臣传第十九·扈载》　345）

石昂禁其家不可以佛事污先人

［石］昂父亦好学，平生不喜佛说，父死，昂于枢前诵《尚书》，曰："此吾先人之所欲闻也。"禁其家："不可以佛事污吾先人。"

（《新五代史》卷三十四《一行传第二十二·石昂》　420）

张　策

[张]策少好浮图之说，乃落发为僧，居长安慈恩寺。

（《新五代史》卷三十五《唐六臣传第二十三·张策》　378）

斛律寺

其后崔胤诛宦官，宦官在外者，悉诏所在杀之。晋王怜[张]承业，不忍杀，匿之斛律寺。

（《新五代史》卷三十八《宦者传第二十六·张承业》　403）

宦者落发为浮屠

明宗入立，又诏天下悉捕宦者而杀之。宦者亡窜山谷，多削发为浮图。其亡至太原者七十余人，悉捕而杀之都亭驿，流血盈庭。

（《新五代史》卷三十八《宦者传第二十六·张居翰》　408）

王　镕

[王]镕小子昭海，年十岁，其军士有德镕者，藏之穴中，乱定，髡其发，被以僧衣，遇湖南人李震，匿昭海于茶笼中，载之湖南，依南岳为浮图，易名崇隐。

（《新五代史》卷三十九《杂传第二十七·王镕》　414）

李罕之

李罕之，陈州项城人也……少学，读书不成，去为僧，以其无赖，所往皆不容，乃乞食酸枣市中，市中人皆不与，罕之掷器于地，裂其衣，又去为盗。

（《新五代史》卷四十二《杂传第三十·李罕之》　454）

王建立

[王]建立好杀人，其晚节始惑浮图法，戒杀生，所至人稍安之。

（《新五代史》卷四十六《杂传第三十四·王建立》　513）

孙方谏与尼深意

孙方谏，郑州清苑人也。初，定州西北有狼山堡，定人常保以避契丹，有尼深意居其中，以佛法诱民，民多归之。后尼死，堡人言其尸不朽，因奉而事之。尼姓孙氏，方谏自以为尼族人，即继行其法，堡人推以为主。

（《新五代史》卷四十九《杂传第三十七·孙方谏》　560）

李守贞与僧总伦

[后汉]高祖崩，杜重威死，[李]守贞惧不自安，以谓汉室新造，隐帝初立，天下易以图，而门下僧总伦以方术阴干守贞，为言有非常之相，守贞乃决计反……初，守贞召总伦问之济否，总伦曰："王当自有天下，然分野方灾，俟杀人垂尽，则王事济矣。"守贞以为然。

（《新五代史》卷五十二《杂传第四十·李守贞》　595）

开元寺

[慕容]彦超即率军府将吏，步出西门三十里致祭，迎于开元寺，塑像以事之，日常一至，又使民家立黄幡以禳之。

（《新五代史》卷五十三《杂传第四十一·慕容彦超》　609）

冯道曰：佛救不得百姓

耶律德光尝问[冯]道曰："天下百姓如何救得？"道为俳语以对曰："此时佛出救不得，惟皇帝救得。"人皆以谓契丹不夷灭中国之人者，赖道一言之善也。

（《新五代史》卷五十四《杂传第四十二·冯道》　614）

废帝谓李愚无所事

废帝亦谓[李]愚等无所事，常目宰相曰："此粥饭僧尔！"以谓饱食终日，而无所用心也。

（《新五代史》卷五十四《杂传第四十二·李愚》　622）

天宫寺

潞王从珂自凤翔以兵犯京师，愍帝出奔于卫州。宰相冯道、李愚集百官于天宫寺，将出迎潞王于郊……

（《新五代史》卷五十四《杂传第四十二·卢导》　622）

马胤孙

[马]胤孙既学韩愈为文，故多斥浮屠氏之说，及罢归，乃反学佛，撰《法喜集》《佛国记》行于世。时人诮之曰："佞清泰不彻，乃来佞佛。"清泰，废帝年号也。人有戏胤孙曰："公素慕韩愈为人，而常诵傅弈之论，今反佞佛，是佛佞公邪，公佞佛邪？"胤孙答曰："岂知非佛佞我也？"时人传以为笑。

（《新五代史》卷五十五《杂传第四十三·马胤孙》　630）

为浮屠者，必合其尖

契丹入雁门，明宗选将以捍太原，晋高祖欲之……［李］崧独曰："太原，国之北门，宜得重臣，非石敬瑭不可也！"由是从崧议。晋高祖深德之，阴遣人谢崧曰："为浮屠者，必合其尖。"盖欲使崧终始成己事也。

（《新五代史》卷五十七《杂传第四十五·李崧》　　654）

相国寺

［张］允事汉为吏部侍郎，隐帝诛戮大臣，京师皆恐，允常退朝不敢还家，止于相国寺。周太祖以兵入京师，允匿于佛殿承尘，坠而卒，年六十五。

（《新五代史》卷五十七《杂传第四十五·张允》　　660）

山光寺

后［李］昇自润州入觐，知训与饮于山光寺，又欲害之，徐知谏以其谋告昇，昇起遁去。

（《新五代史》卷六十二《南唐世家第二·李昇》　　766）

冯延鲁

周师南征，……［李］景东都副留守冯延鲁、光州刺史张绍、舒州刺史周祚、泰州刺史方讷皆弃城走；延鲁削发为僧，为周兵所获。

（《新五代史》卷六十二《南唐世家第二·李昇》　　773）

李　煜

［李］煜性骄侈，好声色，又喜浮图，为高谈，不恤政事。

（《新五代史》卷六十二《南唐世家第二·李昇》　　779）

王昭远、孟知祥、智谭

［王］昭远，成都人也，年十三，事东郭禅师智谭为童子。［孟］知祥尝饭僧于府，昭远执巾履从智谭以入，知祥见之，爱其惠黠。

（《新五代史》卷六十四《后蜀世家第四·孟知祥》　　806）

楚僧善占算之术

［乾亨］九年，白龙见南宫三清殿，改元曰白龙，［南汉刘龑］又更名龑，以应龙见之祥。有胡僧言："谶书：'灭刘氏者龑也。'"龑乃采《周易》"飞龙在天"之义为"龑"字，音"俨"，以名焉。

（《新五代史》卷六十五《南汉世家第五·刘隐》　　812）

洪杲死前佛前作祝

[刘] 晟大怒，使使者夜召洪杲。洪杲知不免，乃留使者，入具沐浴，诣佛前祝曰："洪杲误念，来生王宫，今见杀矣！后世当生民家，以免屠害。"涕泣与家人诀别，然后赴召，至则杀之。

（《新五代史》卷六十五《南汉世家第五·刘隐》　815）

龙兴寺

天复二年……成及代 [钱] 镠与 [徐] 绾战，斩首百余级，绾屯龙兴寺。

（《新五代史》卷六十七《吴越世家第七·钱镠》　839）

雪峰寺

[福州将李仁达] 欲自立，惧众不附，以雪峰寺僧卓俨明示众曰："此非常人也。"被以衮冕，率诸将吏北面而臣之。已而又杀俨明，乃自立……

（《新五代史》卷六十八《闽世家第八·王审知》　854）

北汉刘承钧与继颙

[北汉] 地狭产薄，以岁输契丹，故国用日削，[刘承钧] 乃拜五台山僧继颙为鸿胪卿。

继颙，故燕王刘守光之子，守光之死，以孽子得不杀，削发为浮图，后居五台山，为人多智，善商财利，自旻世颇以赖之。继颙能讲《华严经》，四方供施，多积畜以佐国用。五台当契丹界上，继颙常得其马以献，号"添都马"，岁率数百匹。又于柏谷置银冶，募民凿山取矿，烹银以输，刘氏仰以足用，即其冶建宝兴军。继颙后累官至太师、中书令，以老病卒，追封定王。

（《新五代史》卷七十《东汉世家第十·刘旻》　868）

上京僧尼道士多中国人

[契丹上京又谓] 西楼有邑屋市肆，交易无钱而用布。有绫锦诸工作、宦者、翰林、伎术、教坊、角抵、秀才、僧、尼、道士等，皆中国人，而并、汾、幽、蓟之人尤多。

（《新五代史》卷七十三《四夷附录第二》　906）

凉州僧至京师

唐长兴四年，凉州留后孙超遣大将拓拔承谦及僧、道士、耆老杨通信等至京师求旌节。

（《新五代史》卷七十四《四夷附录第三》　 914）

于阗俗喜鬼神而好佛

　　〔于阗〕俗喜鬼神而好佛。〔国王李〕圣天居处，尝以紫衣僧五十人列侍，其年号同庆二十九年。

（《新五代史》卷七十四《四夷附录第三》　 918）

正史·通鉴·续通鉴

佛教文献辑录

下册

杜斗城
姜涛 辑录

兰州大学出版社
LANZHOU UNIVERSITY PRESS

明　史

清史稿

通鉴佛教文献

汉　纪

宋　纪

晋　纪

续通鉴佛教文献

宋　史

襄阳僧寺老僧说赵匡胤

汉初，［赵匡胤］漫游无所遇，舍襄阳僧寺，有老僧善术数，顾曰："吾厚赆汝，北往则有遇矣。"会周祖以枢密使征李守真，应募居帐下。

（《宋史》卷一《本纪第一·太祖一》　2）

建隆寺

［建隆二年春正月］戊申，以扬州行宫为建隆寺。

（《宋史》卷一《本纪第一·太祖一》　8）

太祖幸崇夏寺

［建隆二年八月］辛亥，［太祖］幸崇夏寺，观修三门。

（《宋史》卷一《本纪第一·太祖一》　9）

太祖幸相国寺

［建隆二年十一月］己巳，幸相国寺，遂幸国子监。

（《宋史》卷一《本纪第一·太祖一》　10）

太祖幸相国寺祷雨

［建隆三年］五月甲子，幸相国寺祷雨，遂幸迎春苑宴射。……甲申，诏均户役，敢蔽占者有罪。复幸相国寺祷雨。

（《宋史》卷一《本纪第一·太祖一》　11）

甘州回鹘遣僧献佛牙

［乾德三年］十一月丙子，甘州回鹘可汗遣僧献佛牙、宝器。

（《宋史》卷二《本纪第二·太祖二》　23）

僧行勤等一百五十七人游西域

［乾德四年］三月癸酉，罢义仓。甲戌，占城国遣使来献。癸未，僧行

勤等一百五十七人，各赐钱三万，游西域。

（《宋史》卷二《本纪第二·太祖二》　　23）

太祖还幸相国寺

［开宝元年］八月乙卯，按鹘于近郊，还幸相国寺。

（《宋史》卷二《本纪第二·太祖二》　　27）

太祖幸封禅寺

［开宝二年］秋七月丁巳，幸封禅寺。

（《宋史》卷二《本纪第二·太祖二》　　29）

太祖幸开宝寺

［开宝三年九月］己酉，幸开宝寺观新钟。

（《宋史》卷二《本纪第二·太祖二》　　31）

［开宝四年夏四月］癸未，幸开宝寺。

（《宋史》卷二《本纪第二·太祖二》　　33）

太祖禁铁铸浮屠及佛像

［开宝］五年春正月壬辰朔，雨雪，不御殿。禁铁铸浮屠及佛像。

（《宋史》卷三《本纪第三·太祖三》　　37）

太祖幸龙兴寺

［开宝八年十二月］己酉，幸龙兴寺。

（《宋史》卷三《本纪第三·太祖三》　　45）

太祖幸广化寺

［开宝九年三月］辛卯，幸广化寺，开无畏三藏塔。

（《宋史》卷三《本纪第三·太祖三》　　47）

太祖再幸龙兴寺

［开宝九年八月］己亥，幸新龙兴寺。……又幸开宝寺观藏经。

（《宋史》卷三《本纪第三·太祖三》　　48）

太祖幸相国寺

［开宝九年十一月］癸未，幸相国寺。

（《宋史》卷四《本纪第四·太宗一》　　54）

［太平兴国二年春正月］丙子，幸相国寺，还御东华门观灯。……戊午，幸太平兴国寺，遂幸造船务，还幸建隆观。

　　[三月] 己丑，幸开宝寺。

（《宋史》卷四《本纪第四·太宗一》　55）

太宗幸开宝寺

　　[太平兴国三年三月] 壬子，幸开宝寺。

（《宋史》卷四《本纪第四·太宗一》　58）

括西京寺观

　　[太平兴国四年五月] 优赏归顺将校，尽括僧道隶西京寺观，官吏及高赀户授田河南。

（《宋史》卷四《本纪第四·太宗一》　62）

以天竺僧天息灾等并为朝请大夫

　　[雍熙二年] 冬十月辛丑朔，虑囚。丙午，以天竺僧天息灾、施护、法天并为朝请大夫、试鸿胪少卿。

（《宋史》卷五《本纪第五·太宗二》　76）

太宗幸建隆观、相国寺祈雪

　　[雍熙三年] 十一月丙戌，[太宗] 幸建隆观、相国寺祈雪。

（《宋史》卷五《本纪第五·太宗二》　79）

　　[雍熙四年] 十二月壬寅，[太宗] 幸建隆观、相国寺祈雪。

（《宋史》卷五《本纪第五·太宗二》　81）

　　[淳化二年十一月] 己酉，幸建隆观、相国寺祈雪。

（《宋史》卷五《本纪第五·太宗二》　88）

西僧你尾尼来朝

　　[咸平元年春正月] 辛巳，僧你尾尼等自西天来朝，称七年始达。

（《宋史》卷六《本纪第六·真宗一》　106）

真宗幸太一宫、天清寺祈雨

　　[咸平二年闰三月] 戊子，幸太一宫、天清寺祈雨。

（《宋史》卷六《本纪第六·真宗一》　108）

真宗制《圣教序》

　　[咸平二年七月] 壬寅，制《圣教序》赐传法院。

（《宋史》卷六《本纪第六·真宗一》　109）

真宗幸开宝寺

　　[咸平四年八月] 壬子，幸开宝寺。又幸御龙营阅武艺，赐缗钱有差。

　　　　　　　　　　　　　（《宋史》卷六《本纪第六·真宗一》　115）

真宗幸太平兴国寺

　　[咸平五年秋七月] 戊戌，幸启圣院、太平兴国寺、上清宫致祷，雨霁，遂幸龙卫营视所坏垣室，劳赐有差。

　　　　　　　　　　　　　（《宋史》卷六《本纪第六·真宗一》　117）

真宗幸大相国寺

　　[咸平六年十一月] 壬寅，幸大相国寺。

　　　　　　　　　　　　　（《宋史》卷七《本纪第七·真宗二》　122）

真宗幸兴国寺观新译经

　　[景德二年九月] 群臣三表上尊号，不允。庚午，幸兴国寺传法院观新译经。辛未，命近臣虑开封府系囚。

　　　　　　　　　　　　　（《宋史》卷七《本纪第七·真宗二》　129）

真宗幸开宝寺

　　[景德三年夏四月] 丙子，幸开宝寺，遂幸御龙直班院，观教阅弓刀。又幸左骐骥院，赐从官马、群牧使等器币。还幸崇文院观图籍，赐编修官金帛有差。

　　　　　　　　　　　　　（《宋史》卷七《本纪第七·真宗二》　130）

交州来贡，赐佛氏书

　　[景德四年秋七月] 乙亥，交州来贡，赐黎龙廷《九经》及佛氏书。

　　[景德四年] 八月壬寅，幸大相国寺，遂幸崇文院观书，赐修书官器币。又幸内藏库。

　　　　　　　　　　　　　（《宋史》卷七《本纪第七·真宗二》　134）

真宗幸广相寺

　　[大中祥符元年十一月] 壬戌，次中都县，幸广相寺。癸亥，次郓州，幸开元寺。丁卯，赐曲阜孔子庙经史。辛未，幸河渎庙，加封。

　　　　　　　　　　　　　（《宋史》卷七《本纪第七·真宗二》　139）

真宗幸大相国寺

[大中祥符二年二月] 乙巳，幸大相国等寺、上清宫祈雨。

　　　　　　　　　　　　（《宋史》卷七《本纪第七·真宗二》　140）

[大中祥符五年九月] 壬申，观新作延安桥。幸大相国寺、上清宫。

　　　　　　　　　　　　（《宋史》卷八《本纪第八·真宗三》　151）

真宗祈雨于开宝寺

[天圣五年] 六月甲戌，祈雨于玉清昭应宫、开宝寺。

　　　　　　　　　　　　（《宋史》卷九《本纪第九·仁宗一》　183）

奉安太祖御容于太平兴国寺

[天圣八年] 冬十月壬辰，奉安太祖御容于太平兴国寺开先殿。

　　　　　　　　　　　　（《宋史》卷九《本纪第九·仁宗一》　188）

仁宗祈雨于开宝寺

[明道二年] 三月庚午，加恩百官。丁亥，祈雨于会灵观、上清宫、景德开宝寺。

　　　　　　　　　　　　（《宋史》卷十《本纪第十·仁宗二》　195）

奉安太祖御容于杨州建隆寺

[景祐四年六月] 己丑，奉安太祖御容于扬州建隆寺。

　　　　　　　　　　　　（《宋史》卷十《本纪第十·仁宗二》　203）

仁宗禁以金箔饰佛像

[康定元年] 八月戊戌，禁以金箔饰佛像。

　　　　　　　　　　　　（《宋史》卷十《本纪第十·仁宗二》　208）

仁宗祈雨于相国寺、会灵观

[庆历三年五月] 庚辰，祈雨于相国寺、会灵观。

　　　　　　　　　　　　（《宋史》卷十一《本纪第十一·仁宗三》　216）

仁宗祈雨于相国天清寺、会灵祥源观

[庆历五年二月] 辛亥，祈雨于相国天清寺、会灵祥源观。

　　　　　　　　　　　　（《宋史》卷十一《本纪第十一·仁宗三》　220）

仁宗遣官谢天地、宗庙寺观

[嘉祐元年三月] 辛未，司天监言：自至和元年五月，客星晨出东方守

天关，至是没。壬申，遣官谢天地、宗庙、社稷、寺观、诸祠。

（《宋史》卷十二《本纪第十二·仁宗四》　239）

英宗命宰臣祈福于宗庙、寺观

［嘉祐八年五月］戊辰，［英宗］初御延和殿。以疾未平，命宰臣祈福于天地、宗庙、社稷及寺观，又祷于岳渎名山。

（《宋史》卷十三《本纪第十三·英宗》　254）

英宗祈雨于相国天清寺

［治平元年夏四月］甲午，祈雨于相国天清寺、醴泉观。

（《宋史》卷十三《本纪第十三·英宗》　255）

神宗又幸大相国寺

［熙宁四年春正月］庚子，［神宗］幸集禧观宴从臣，又幸大相国寺，御宣德门观灯。

（《宋史》卷十五《本纪第十五·神宗二》　278）

哲宗幸相国寺祈雨

元祐元年春正月……丙辰，久旱，幸相国寺祈雨。立神宗原庙。戊午，甘露降。

（《宋史》卷十七《本纪第十七·哲宗一》　320）

徽宗令天下郡皆建崇宁寺

［崇宁二年九月］癸巳，［徽宗］令天下郡皆建崇宁寺。

（《宋史》卷十九《本纪第十九·徽宗一》　368）

佛改号大觉金仙，僧为德士

宣和元年春正月……乙卯，诏："佛改号大觉金仙，余为仙人、大士。僧为德士，易服饰，称姓氏。寺为宫，院为观。"改女冠为女道，尼为女德。

三月……己未……诏天下知宫观道士与监司、郡县官以客礼相见。

（《宋史》卷二十二《本纪第二十二·徽宗四》　403）

诏德士并许入道学，依道士法

［宣和元年］五月丙午朔，有物如龙形，见京师民家。丁未，诏德士并许入道学，依道士法。

（《宋史》卷二十二《本纪第二十二·徽宗四》　404）

徽宗复寺院额

[宣和二年六月] 丁亥，复寺院额。

（《宋史》卷二十二《本纪第二十二·徽宗四》　406）

钦宗令流民得占官舍寺观以居

[靖康元年十一月] 庚午，诏河北、河东、京畿清野，令流民得占官舍寺观以居。

（《宋史》卷二十三《本纪第二十三·钦宗》　432）

高宗幸普照寺

[建炎元年冬十月] 庚午，次泗州，幸普照寺。

（《宋史》卷二十四《本纪第二十四·高宗一》　450）

高宗诣寿宁寺谒祖宗神主

[建炎二年春正月] 甲午，诣寿宁寺谒祖宗神主。

（《宋史》卷二十五《本纪第二十五·高宗二》　453）

换给僧道度牒

[建炎四年春正月] 己巳，换给僧道度牒，人输钱十千。

（《宋史》卷二十六《本纪第二十六·高宗三》　476）

诏括寺观田租

[建炎四年十一月] 诏诸路转运司括借寺观田租芦场三年。

（《宋史》卷二十六《本纪第二十六·高宗三》　484）

卖度牒钱

[绍兴十一年] 三月庚子朔，张浚^[一]进鬻田及卖度牒钱六十三万缗助军用。

〔一〕张浚　"张浚"，原作"张俊"，据《系年要录》卷一三九、《中兴圣政》卷二七改。

（《宋史》卷二十九《本纪第二十九·高宗六》　548）

停给度僧牒

[绍兴十二年五月丙午] 停给度僧牒。

（《宋史》卷三十《本纪第三十·高宗七》　556）

命僧道纳免丁钱

　　[绍兴十五年春正月] 辛未，初命僧道纳免丁钱。

　　　　　　　　　　　　　（《宋史》卷三十《本纪第三十·高宗七》　562）

毁诸路淫祠

　　[绍兴十六年二月] 壬寅，毁诸路淫祠。

　　　　　　　　　　　　　（《宋史》卷三十《本纪第三十·高宗七》　564）

高宗幸天竺寺

　　[绍兴] 十八年春正月己巳，幸天竺寺，遂幸玉津园。

　　　　　　　　　　　　　（《宋史》卷三十《本纪第三十·高宗七》　567）

寺观绝产田宅入官

　　[绍兴二十二年三月] 丁巳，遣司农丞钟世明诣福建路籍寺观绝产田宅入官，其后岁入钱三十四万缗。

　　　　　　　　　　　　　（《宋史》卷三十《本纪第三十·高宗七》　574）

减僧道免丁钱

　　[绍兴二十九年九月] 丙申，为太后祈福。蠲中下户所欠税赋及江、浙蝗潦州县租。丁酉，减僧道免丁钱。己亥，蠲见监赃罚赏钱。

　　　　　　　　　　　　　（《宋史》卷三十一《本纪第三十一·高宗八》　593）

鬻僧道度牒

　　[绍兴三十一年二月] 乙丑，复鬻僧道度牒。

　　　　　　　　　　　　　（《宋史》卷三十二《本纪第三十二·高宗九》　599）

龟山寺

　　[绍兴三十一年十一月] 乙未，金人陷泰州。是日，金人弑其主亮于扬州龟山寺。

　　　　　　　　　　　　　（《宋史》卷三十二《本纪第三十二·高宗九》　607）

孝宗幸天竺寺

　　[隆兴八年春正月] 丁酉，朝献景灵宫，遂幸天竺寺、玉津园。

　　　　　　　　　　　　　（《宋史》卷三十四《本纪第三十四·孝宗二》　652）

孝宗幸报恩寺

　　[淳熙三年三月] 癸亥，幸报恩寺，遂幸聚景园。

　　　　　　　　　　　　　（《宋史》卷三十四《本纪第三十四·孝宗二》　661）

孝宗幸明庆寺

［淳熙十年秋七月］丙寅，幸明庆寺祷雨。

（《宋史》卷三十五《本纪第三十五·孝宗三》　680）

孝宗幸明庆寺祷雨

［淳熙十四年］六月戊寅，以久旱，班画龙祈雨法。甲申，幸太一宫、明庆寺祷雨。

（《宋史》卷三十五《本纪第三十五·孝宗三》　686）

修吉寺

［庆元六年八月］癸卯，权攒慈懿皇后于临安府南山之修吉寺。

（《宋史》卷三十七《本纪第三十七·宁宗一》　727）

江心寺

［德祐二年五月］大元兵至高亭山……遣人召陈宜中于清澳，宜中来谒，复召张世杰于定海，世杰亦以所部兵来温之江心寺。高宗南奔时尝至是，有御座在寺中，众相率哭座下，奉昺为天下兵马都元帅，昺副之。

（《宋史》卷四十七《本纪第四十七·瀛国公》　939）

庐山记

僧法琳《庐山记》一卷

（《宋史》卷二百四《志第一百五十七·艺文三》　5154）

载释氏书目二百二十二种

鸠摩罗什译《金刚般若波罗蜜经》一卷

沙门昙景译《佛说未曾有因缘经》二卷

玄奘译《波般若波罗蜜多心经》一卷

般刺密帝弥伽释迦译《首楞严经》十卷

《佛说一乘究竟佛心戒经》一卷

《佛说三亭厨法经》二卷

《佛说法句经》一卷

《佛垂涅槃略说教戒经》一卷

四经失译。

马鸣大师《摩诃衍论》五卷

《起信论》二卷

僧肇《宝藏论》三卷

彦琮〔一〕《福田论》一卷

道信《大乘入道坐禅次第要论》一卷

法琳〔二〕《辨正论》八卷陈子良注。

慧海大师《入道要门论》一卷

净本和尚《语论》〔三〕一卷

惠能《仰山辨宗论》一卷

《劝修破迷论》一卷

《金沙论》一卷

《明道宗论》〔四〕一卷

《偈宗秘论》一卷

四论不知撰人。

法藏《心经》一卷

惟悫《首楞严经疏》六卷

宗密《圆觉经疏》六卷

　　　《圆觉道场修证仪》十八卷

　　　《起信论钞》三卷

傅大士、宝志《金刚经赞》一卷

惠能《金刚经口诀义》一卷

　　　《金刚经大义诀》〔五〕二卷

大白和尚《金刚经诀》一卷

法深《起信论疏》二卷

忠师《百法明门论疏》二卷

萧子良《统略净住行法门》〔六〕一卷

元康《中观论三十六门势疏》一卷

《华严法界观门》一卷宗密〔七〕注。

傅大士《心王传语》一卷

　　　　《行道难歌》一卷

竺道生《十四科元赞义记》一卷

灌顶《国清道场百录》一卷

楞伽山主《小参录》一卷

道宣《通感决疑录》一卷

《大唐国师小录法要集》一卷

绍修《漳州罗汉和尚法要》〔八〕三卷持琛。

白居易《八渐通真议》〔九〕一卷

张云《元中语宝》三卷

大阆和尚《显宗集》一卷

《大云和尚要法》一卷惠海。

元觉《一宿觉传》一卷

魏静《永嘉一宿觉禅宗集》一卷

《达摩血脉》一卷

木先《竹林集》一卷

宝觉禅师《见道颂》一卷寓言居士注。

道瑾《禅宗理性偈》一卷

《石头和尚参同契》一卷宗美注。

《惠忠国师语》一卷冉氏。

《东平大师默论》一卷

义荣《天台国师百会语要》一卷

齐宝《神要》〔十〕三卷

怀和《百丈广语》一卷

统休《无性和尚说法记》一卷

惠明《栖贤法隽》一卷

《龙济和尚语要》一卷

《荷泽禅师微诀》一卷

杨士达《禅关八问》一卷宗美〔十一〕。

句令《禅门法印传》五卷

《净惠禅师偈颂》一卷

义净《求法高僧传》二卷

飞锡《往生净土传》五卷

法海《六祖法宝记》一卷

　　　《坛经》一卷

辛崇《僧伽行状》一卷

灵湍《摄山栖霞寺记》一卷

师哲《前代国王修行记》〔十二〕一卷

卢求《金刚经报应记》三卷

贤首《华严经纂灵记》五卷

元伟《真门圣胄集》五卷

《云居和尚示化实录》一卷

觉旻《高僧纂要》五卷

智月《僧美》三卷

裴休《拾遗问》一卷

神澈《七科义状》一卷

梦微《内典编要》十卷

《紫陵语》一卷

《大藏经音》四卷

《真觉传》一卷

《浑混子》三卷解《宝藏论》。

《遗圣集》一卷

《菩提心记》一卷

《积元集》一卷

《相传杂语要》一卷

《德山集》一卷仰山、沩山语。

《会昌破胡集》一卷

《妙香丸子法》一卷

《润文官录》一卷唐人。

《迦叶祖裔记》一卷

《释门要录》五卷

《紫陵语》〔十三〕以下不知撰人。

十朋《请祷集》一卷

《瑞象历年记》一卷

《惟劲禅师赞颂》一卷

《释华严漩澓偈》一卷

马裔孙《看经赞》一卷

《法喜集》二卷

文益《法眼禅师集》一卷

《法眼禅师集真赞》一卷

高越《舍利塔记》一卷

可洪《藏经音义随函》三十卷

建隆《雍熙禅颂》三卷

魏德暮《无上秘密小录》五卷

程说《释氏蒙求》五卷

延寿《感通赋》一卷

李遵《天圣广灯录》三十卷

吕夷简《景祐宝录》二十一卷

僧肇《宝藏论》一卷

又《般若无知论》一卷

《涅槃无名论》一卷

僧慧皎〔十四〕《高僧传》十四卷

僧佑《弘明集》十四卷

僧宝唱《比丘尼传》五卷

僧佑《释伽谱》五卷

甄鸾《笑道论》三卷

僧慧可《达摩血脉论》一卷

费长房《开皇历代三宝记》十四卷

又《开皇三宝录总目》一卷

《国清道场百录》五卷僧灌顶纂，僧智颐修。

僧法琳《破邪论》三卷

　　　　又《辨正论》八卷

僧彦琮《释法琳别传》三卷

僧慧能注《金坛经》一卷

　　　　又撰《金刚经口诀》一卷

僧慧昕注《坛经》二卷

僧辨机《唐西域志》十二卷

僧道宣《续高僧传》三卷

　　　　又《佛道论衡》三卷

　　　　《三宝感应录》三卷

　　　　《释迦氏谱》一卷

《广弘明集》〔十五〕三十卷

僧政觉《金沙论》一卷

僧神会〔十六〕《荷泽显宗记》一卷

《华严法界观门》一卷僧法顺集，僧宗密注。

僧宗密《禅源诸诠》二卷

　　　　又《原人论》一卷

　　　　《大乘起信论》一卷

魏静《永嘉一宿觉禅师集》一卷

僧道世《法苑珠林》一百卷〔十七〕

僧慧忠《十答问语录》一卷

《无住和尚说法》二卷僧钝林集。

僧普愿《语要》一卷

《庞蕴语录》一卷唐于頔编。

僧神清《北山参元语录》十卷

僧慧海《顿悟入道要门论》一卷

僧义净《求法高僧传》三卷

僧元应《唐一切经音义》一十五卷

僧澄观《华严经疏》十卷

僧绍修《语要》一卷

裴休《传心法要》一卷

《唐六译金刚经赞》一卷郑覃等撰。

僧慧祥《古清凉传》二卷

《释迦方志》一卷唐终南大一山僧撰。

僧应之《四注金刚经》一卷

僧延寿《宗镜录》一百卷

僧赞宁《僧史略》三卷

僧道原《景德传灯录》三十卷

晁迥《法藏碎金》十卷

《道院集要》三卷不知作者。

僧延昭《众吼集》一卷

僧重显《瀑布集》一卷

又《语录》八卷

僧世冲《释氏咏史诗》三卷

僧居本《广法门名义》一卷

僧慧皎《僧史》二卷

僧契嵩《辅教编》三卷

僧省常《钱塘西湖净社录》三卷

僧道诚《释氏须知》三卷

僧道诚《释氏要览》三卷

王安石注《维摩诘经》三卷

朱士挺《伏虎行状》一卷

《僧自严行状》一卷陈嘉谟撰。

李之纯《成都大悲寺集》二卷

又《成都大慈寺记》二卷

僧惟白《续灯录》三十卷

僧宗颐《劝孝文》二卷

　　又《禅苑清规》十卷

寀序辰《诸经译梵》三卷

王敏中《劝善录》六卷

杨谔《水陆仪》二卷

僧智达《祖门悟宗集》二卷

楼颖《传翕小录要集》一卷

僧宗永《宗门统要》十卷

僧智圆《闲居编》五十一卷

僧怀深注《般若波罗密多心经》一卷

僧原白注《证道歌》一卷

僧《宗杲语录》五卷黄文昌撰。

僧慧达《夹科肇论》二卷

僧应乾《楞严经标指要义》二卷

僧灵操《释氏蒙求》一卷

僧马鸣《释摩诃衍论》十卷

僧阇那多迦译《罗汉颂》一卷

僧菩提达磨《存想法》一卷

　　又菩提达磨《胎息诀》一卷

《颂证道歌》一卷篇首题正觉禅师撰。

《净慧禅师语录》一卷

《莲社十八贤行状》一卷

《法显传》一卷

《诸经提要》二卷

《五公符》一卷

《宝林传录》一卷

并不知作者。

李通玄《华严合论》一卷

张戒注《楞伽集注》八卷

佛陁多罗译《圆觉经》二卷

般刺密谛译《楞严经》十卷

《法宝标目》十卷王右编。

僧肇译《维摩经》十卷

晁迥《耄智余书》三卷

《八方珠玉集》四卷大圆、涂毒二僧集诸家禅语。

王日休《金刚经解》四十二卷

《净土文》十一卷王日休撰。

《语录》二卷松源和尚讲解答问。

《普灯录》三十卷僧正受集。

《诸天传》二卷僧行霆述。

《奏对录》一卷佛照禅师淳熙间奏对之语。

《崇正辨》三卷胡寅〔十八〕撰。

右释氏类二百二十二部，九百四十九卷。

〔一〕彦琮　原作"彦宗"，据《新唐书》卷五九《艺文志》、《通志》卷六七《艺
文略》改。

〔二〕法琳　原作"法林"，据同上书同卷改。

〔三〕净本和尚语论　"语论"二字原倒，据《崇文总目》卷四、《通志》卷六七
《艺文略》乙正。

〔四〕明道宗论　"论"字原脱，据同上书同卷补。

〔五〕金刚经大义诀　"经"字原脱，据上下文"金刚经口义诀"、"金刚经诀"
例及《崇文总目》卷四补。

〔六〕统略净住行法门　《崇文总目》卷四、《通志》卷六七《艺文略》作"统略
净住子净行法门"。

〔七〕宗密　原作"宋密"，据下文及《郡斋志》卷一六、《金石萃编》卷一一
四改。

〔八〕漳州罗汉和尚法要　"漳州"原作"漳洲"，据《崇文总目》卷四、《通志》
卷六七《艺文略》改。

〔九〕八渐通真义　"通"字原脱，据《新唐书》卷五九《艺文志》、《崇文总目》
卷四补。

〔十〕神要　《崇文总目》卷四作"禅要"。

〔十一〕宗美　《新唐书》卷五九《艺文志》作"宗美对"。

〔十二〕师哲《前代国王修行记》　"师哲"原作"师质"，"国"字原脱。据《新唐书》卷五九《艺文志》、《崇文总目》卷四改补。

〔十三〕紫陵语　原脱"语"字，据上文补。

〔十四〕慧皎　原作"慧皓"，《旧唐书》卷四六《经籍志》、《新唐书》卷五九《艺文志》都作"惠皎"，《通志》卷六七《艺文略》作"慧皎"。据改。

〔十五〕广弘明集　"广"字原脱，据《旧唐书》卷四七《经籍志》、《新唐书》卷五九《艺文志》补。

〔十六〕神会　原倒，据《景德传灯录》卷三〇引《菏泽大师显宗记》乙正。

〔十七〕一百卷　"百"字原脱，据《新唐书》卷五九《艺文志》、《崇文总目》卷四补。

〔十八〕胡寅　原作"胡演"，据《崇正辨》三卷今存，题宋胡寅撰，胡寅本书卷四三五有传，据改。

（《宋史》卷二百五《志第一百五十八·艺文四》　5181）

吴淑《异僧记》

吴淑《异僧记》一卷

（《宋史》卷二百六《志第一百五十九·艺文五》　5225）

僧惠净《续古今诗苑英华》

僧惠净《续古今诗苑英华》十卷

（《宋史》卷二百九《志第一百六十二·艺文八》　5397）

僧皎然《诗式》

僧皎然《诗式》五卷

又《诗评》一卷

（《宋史》卷二百九《志第一百六十二·艺文八》　5408）

僧辞远《诗式》

僧辞远《诗式》十卷

（《宋史》卷二百九《志第一百六十二·艺文八》　5409）

僧元鉴《续古今诗人秀句》

僧元鉴《续古今诗人秀句》二卷

（《宋史》卷二百九《志第一百六十二·艺文八》　5409）

尼李静善妄充宋公主

又有开封尼李静善者，内人言其貌似柔福［宋公主］，静善即自称柔福。蕲州兵马钤辖韩世清送至行在，遣内侍冯益等验视，遂封福国长公主，适永州防御使高世荣。其后内人从显仁太后归，言其妄，送法寺治之。内侍李愬自北还，又言柔福在五国城，适徐还而薨。静善遂伏诛。柔福薨在绍兴十一年，从梓宫来者以其骨至，葬之，追封和国长公主。

（《宋史》卷二百四十八《列传第七·公主》 8788）

崇德寺

［石］守信累任节镇，专务聚敛，积财钜万。尤信奉释氏，在西京建崇德寺，募民辇瓦木，驱迫甚急，而佣直不给，人多苦之。

（《宋史》卷二百五十《列传第九·石守信》 8811）

王承衍下令市中及佛寺然灯设乐

雍熙中，［王承衍］出知天雄军府兼都部署。时契丹扰镇阳，候骑至冀州，去魏二百余里。邻境戒严，城中大恐，属上元节，承衍下令市中及佛寺然灯设乐，与宾佐宴游达旦，人赖以安。

（《宋史》卷二百五十《列传第九·王审琦》 8817）

韩重赟

［韩］重赟信奉释氏，在安阳六七年，课民采木为寺，郡内苦之。

（《宋史》卷二百五十《列传第九·韩重赟》 8824）

贮黍稻寺观中

［符］昭寿以贵家子日事游宴，简倨自恣，常纱帽素氅衣，偃息后圃，不理戎务，有所裁决，即令家人传道。多集锦工就廨舍织纤丽绮帛，每有所须，取给于市，余半岁方给其直，又令部曲私邀取之。广籴黍稻，未及成熟者亦取之，悉贮寺观中，久之损败，即勒道释偿之。

（《宋史》卷二百五十一《列传第十·符彦卿》 8841）

僧与吏同诬妪

乾祐中……时禁盐入城，犯者法至死，告者给厚赏。洛阳民家妪将入城鬻蔬，俄有僧从妪买蔬，就筥翻视，密置盐筥中，少答其直，不买而去。妪持入城，抱关者搜得盐，擒以诣府。［武］行德见盛盐襆非村妪所有，疑而诘之，妪言："适有僧自城外买蔬，取视久之而去。"即捕僧讯治之，具伏与关吏同诬妪以希赏。行德释妪，斩僧及抱关吏数辈。人畏之若神明，部下凛然。

（《宋史》卷二百五十二《列传第十一·武德行》　8856）

孙行友、孙方谏与尼深意

孙行友，莫州清苑人，世业农。初，定州西二百里有狼山者，当易州中路，旧有城堡，边人赖之以避寇。山中兰若有尼，姓孙氏，名深意，有术惑众。行友兄方谏[一]名之为姑师，事之甚谨。及尼坐亡，行友益神其事，因以其术然香灯，聚民渐众。自晋少帝与契丹绝好，边州困于转输，逋民往往依方谏，推以为帅。方谏惧主帅捕逐，乃表归朝，因署为东北面招收指挥使[二]，且赐院额曰"胜福"。每契丹军来，必率其徒袭击之，铠仗、畜产所得渐多，人益依以避难焉。易、定帅闻于朝，因以方谏为边界游奕使，行友副之。自是捍御侵轶，多所杀获。乘胜入祁沟关、平庸城，破飞狐砦，契丹颇畏之，边民千余家赖以无患。然亦阴持两端，以图自固。

……

宋初，加同平章事。狼山佛舍妖妄愈甚，众趋之不可禁，行友不自安，累表乞解官归山，诏不允。建隆二年，乃徙其帑廪，召集丁壮，缮治兵甲，欲还狼山以自固。兵马都监药继能密表其事，太祖遣阁门副使武怀节驰骑会镇、赵之兵，称巡边直入其城，行友不之觉。既而出诏示之，令举族赴阙，行友苍黄听命。既至，命侍御史利瓦伊岳就第鞫之，得实，下诏切责，削夺从前官爵，勒归私第。仍戮其部下数人，遣使驰诣狼山，辇其尼师之尸焚之。行友弟易州刺史方进、兄子保塞军使全晖皆诣阙待罪，诏释之。

〔一〕行友兄方谏　　"兄"下原衍"子"字，据《旧五代史》卷一二五、《新五代史》卷四九本传和《通鉴》卷二八五删。

〔二〕东北面招收指挥使　　"面"原作"西"，据《旧五代史》卷一二五本传注改，《通鉴》二八五作"东北招收指挥使"。

（《宋史》卷二百五十三《列传第十二·孙行友》　8871）

赵普二女皆为尼

［赵普］二女皆笄，［赵］普妻和氏言愿为尼，太宗再三谕之，不能夺。赐长女名志愿，号智果大师；次女名志英，号智圆大师。

（《宋史》卷二百五十六《列传第十五·赵普》　8939）

陶　谷

契丹主北归，胁［陶］谷令从行。谷逃匿僧舍中，衣布褐，阳为行者状。

（《宋史》卷二百六十九《列传第二十八·陶谷》　9236）

谷强记嗜学，博通经史，诸子佛老，咸所总览；多蓄法书名画，善隶书。为人隽辨宏博，然奔竞务进，见后学有文采者，必极言以誉之；闻达官有闻望者，则巧诋以排之，其多忌好名类此。

（《宋史》卷二百六十九《列传第二十八·陶谷》　9238）

封禅寺

周广顺三年，［张藏英］率内外亲属并所部兵千余人，及煮盐户长幼七千余口，牛马万计，舟数百艘，航海归周。至沧州，刺史李晖以闻。周祖颇疑之，令馆于封禅寺，俄赐袭衣、银带、钱十万、绢百匹、银器、鞍勒马。

（《宋史》卷二百七十一《列传第三十·张藏英》　9290）

僧道乞留刘蟠连任

太平兴国初，［刘蟠］就迁仓部员外郎，改转运使，岁漕江东米四百万斛以给京师，颇为称职。秩满，部内僧道乞留，诏许再任，赐金紫，改驾部员外郎。

（《宋史》卷二百七十六《列传第三十五·刘蟠》　9388）

孙承恭

［孙］承恭少疏纵，及长能折节自励。尝上疏请令州县长吏询访耆老，求知民间疾苦、吏治得失；及举令文"贱避贵，少避长，轻避重，去避来"，请诏京邑并诸州于要害处设木牌刻其字，违者论如律。上皆为行之。尤奉佛，多蔬食，所得奉禄，太半以饭僧。尝劝上不杀人，又请于征战地修寺及普度僧尼，人多言其迂阔云。

（《宋史》卷二百七十六《列传第三十五·孙承恭》　9390）

王　宾

［王］宾事宣祖、太祖、太宗殆六十年，最为勤旧，故恩宠尤异，前后赐赉数千万，俱奉释氏。在黎阳日，按见古寺基，即以奉钱修之，掘地丈余，得数石佛及石碣，有宾姓名，宾异其事以闻。诏名寺为淳化，赐新印经

一藏、钱三百万以助之。

妖尼道安

妖尼道安构狱，事连开封判官张去华，敏中妻父也，以故得请不预决
谳。既而法官皆贬，犹以亲累落职，出知广州。

丁　谓

［丁谓］在贬所，专事浮屠因果之说，其所著诗并文亦数万言。

宋庠论僧道

［宋庠疏曰］今左藏无积年之锱，太仓无三岁之粟……朝廷大有三冗，
小有三费，以困天下之财。财穷用遍，而欲兴师远事，诚无谋矣。能去三
冗、节三费，专备西北之屯，可旷然高枕矣。

何谓三冗？天下有定官无限员，一冗也；天下厢军不任战而耗衣食，二
冗也；僧道日益多而无定数，三冗也。三冗不去，不可为国。请断自今，僧
道已受戒具者姑如旧，其他悉罢还为民，可得耕夫织妇五十余万人，一冗去
矣。……

何谓三费？一曰道场斋醮，无有虚日，且百司供亿，至不可赀计。彼皆
以祝帝寿、奉先烈、祈民福为名，臣愚以为此主者为欺盗之计尔。陛下事天
地、宗庙、社稷、百神，牺牲玉帛，使有司端委奉之、岁时荐之，足以竦明
德、介多福矣，何必希屑屑之报哉？则一费节矣。二曰京师寺观，或多设徒
卒，添置官府，衣粮率三倍他处。居大屋高庑，不徭不役，坐蠹齐民，其尤者
也。而又自募民财，营建祠庙，虽曰不费官帑，然国与民一也，舍国取民，其
伤一焉，请罢去之，则二费节矣。三曰使相节度，不隶藩要。……请自今地非
边要、州无师屯者，不得建节度；已带节度，不得留近藩及京师，则三费
节矣。

章献太后建资圣浮图

章献太后建资圣浮图，内侍张怀信挟诏命，督役严峻，州将至移疾不敢

出，沆奏罢怀信。

（《宋史》卷二百八十五《列传第四十四·刘沆》　9605）

五台山寺调厢兵缮葺

五台山寺调厢兵义勇缮葺，为除和籴谷三万，[冯]行己谓不可捐岁入之储，以事不急之务。

（《宋史》卷二百八十五《列传第四十四·冯拯传》　9612）

贾昌朝评修佛寺

太平兴国寺灾，是夕，大雨震雷。朝廷议修复，[贾]昌朝上言："《易震》之《象》曰：'洊雷震，君子以恐惧修省。'近年寺观屡灾，此殆天示警告，可勿缮治，以示畏天爱人之意。"西域僧献佛骨、铜像，[贾]昌朝请加赐遣还，毋以所献示中外。悉行其言。

（《宋史》卷二百八十五《列传第四十四·贾昌朝》　9614）

盗杀寺奴取财

[隰]州民常聚博僧舍，一日，盗杀寺奴取财去，博者适至，血偶溅衣，逻卒捕送州，考讯诬伏。[薛]奎独疑之，白州缓其狱，后果得杀人者。

（《宋史》卷二百八十六《列传第四十五·薛奎》　9629）

姜遵造浮屠，毁汉唐碑碣

[姜遵]在永兴，太后尝诏营浮屠，遵毁汉、唐碑碣代砖甓，既成，得召用。

（《宋史》卷二百八十八《列传第四十七·姜遵》　9677）

相国寺

嘉祐中，京师大水，[狄]青避水徙家相国寺，行止殿上，人情颇疑，乃罢青为同中书门下平章事，出判陈州。

（《宋史》卷二百九十《列传第四十九·狄青》　9721）

王　则

王则者，本涿州人。岁饥，流至恩州，自卖为人牧羊，后隶宣毅军为小校。恩、冀俗妖幻，相与习《五龙》《滴泪》等经及图谶诸书，言释迦佛衰谢，弥勒佛当持世。初，则去涿，母与之诀别，刺"福"字于其背以为记。妖人因妄传字隐起[一]，争信事之，而州吏张峦、卜吉主其谋，党连德、齐诸州，约以庆历八年正旦，断澶州浮梁，乱河北。会其党潘方净以书谒北京留守贾昌朝，事觉被执，故不待期，亟以七年冬至叛。

……

［王］则僭号东平郡王，以张峦为宰相，卜吉为枢密使，建国曰安阳。牓所居门曰中京，居室厩库皆立名号，改年曰得圣，以十二月为正月。百姓年十二以上、七十以下，皆涅其面曰"义军破赵得胜"〔二〕。旗帜号令，率以"佛"为称。

〔一〕妖人因妄传字隐起　《长编》卷一六一、《太平治迹统类》卷一〇"字"上有"福"字。

〔二〕义军破赵得胜　"义"原作"宜"，据《长编》卷一六一、《太平治迹统类》卷一〇改。

（《宋史》卷二百九十二《列传第五十一·明镐》　9770）

卢州妖尼道安

未几，［王禹偁］判大理寺，卢州妖尼道安诬讼徐铉，道安当反坐，有诏勿治。禹偁抗疏雪铉，请论道安罪，坐贬商州团练副使，岁余移解州。

（《宋史》卷二百九十三《列传第五十二·王禹偁》　9794）

王禹偁上疏沙汰僧尼

真宗即位，迁秩刑部，会诏求直言，［王］禹偁上疏言五事：

一曰谨边防，通盟好，使辇运之民有所休息。……

二曰减冗兵，并冗吏，使山泽之饶，稍流于下。……

三曰艰难选举，使入官不滥。……

四曰沙汰僧尼，使疲民无耗。夫古者惟有四民，兵不在其数。盖古者井田之法，农即兵也。自秦以来，战士不服农业，是四民之外，又生一民，故农益困。然执干戈卫社稷，理不可去。汉明之后，佛法流入中国，度人修寺，历代增加。不蚕而衣，不耕而食，是五民之外，又益一而为六矣。假使天下有万僧，日食米一升，岁用绢一匹，是至俭也，犹月费三千斛，岁用万缣，何况五七万辈哉。不曰民蠹得乎？臣愚以为国家度人众矣，造寺多矣，计其费耗，何啻亿万。先朝不豫，舍施又多，佛若有灵，岂不蒙福？事佛无效，断可知矣。愿陛下深鉴治本，亟行沙汰，如以嗣位之初，未欲惊骇此辈，且可以二十载，不度人修寺，使自销铄，亦救弊之一端也。

五曰亲大臣，远小人，使忠良謇谔之士，知进而不疑，奸憸倾巧之徒，知退而有惧。

（《宋史》卷二百九十三《列传第五十二·王禹偁》 9795）

查　道

查道字湛然，歙州休宁人。……

道幼沉嶷不群，罕言笑，喜亲笔砚，文徵特爱之。未冠，以词业称。侍母渡江，奉养以孝闻。母尝病，思鳜羹，方冬苦寒，市之不获。道泣祷于于河，凿冰取之，得鳜尺许以馈。又划臂血写佛经，母疾寻愈。后数年，母卒，绝意名宦，游五台，将落发为僧。一夕，震雷破柱，道坐其下，了无怖色，寺僧异之，咸劝以仕。

（《宋史》卷二百九十六《列传第五十五·查道》 9877）

［查道］好学，嗜弈棋，深信内典。平居多茹蔬，或止一食，默坐终日，服玩极于卑俭。尝梦神人谓曰："汝位至正郎，寿五十七。"而享年六十四，论者以为积善所延也。有集二十卷，从兄陶。

（《宋史》卷二百九十六《列传第五十五·查道》 9880）

福胜寺塔火

福胜塔火，官欲更造，度用钱三万，［陈］希亮言："陕西用兵，愿以此馈军。"诏罢之。

（《宋史》卷二百九十八《列传第五十七·陈希亮》 9918）

张洞奏请评度僧之弊

时天下户口日蕃，民去为僧者众。［张］洞奏："至和元年，敕增岁度僧，旧敕诸路三百人度一人，后率百人度一人；又文武官、内臣坟墓，得置寺拨放，近岁滋广。若以勋劳宜假之者，当依古给户守冢，禁毋樵采而已。今祠部帐至三十余万僧，失不裁损，后不胜其弊。"朝廷用其言，始三分减一。

（《宋史》卷二百九十九《列传第五十八·张洞》 9933）

王济斩睦州狂僧

睦州有狂僧突入州廨，出妖言，［王济］与转运使陈尧佐按其实，斩之，上嘉其能断。

（《宋史》卷三百四《列传第六十三·王济》　10068）

杨　亿

　　[杨] 亿天性颖悟，自幼及终，不离翰墨。文格雄健，才思敏捷，略不凝滞，对客谈笑，挥翰不辍。精密有规裁，善细字起草，一幅数千言，不加点窜，当时学者，翕然宗之。而博览强记，尤长典章制度，时多取正。喜诲诱后进，以成名者甚众。人有片辞可纪，必为讽诵。手集当世之述作，为《笔苑时文录》数十篇。重交游，性耿介，尚名节。多周给亲友，故廪禄亦随而尽。留心释典禅观之学，所著《括苍》《武夷》《颍阴》《韩城》《退居》《汝阳》《蓬山》《冠鳌》等集，《内外制》《刀笔》，共一百九十四卷。

（《宋史》卷三百五《列传第六十四·杨亿》　10083）

卢州尼道安

　　未几，有卢州尼道安讼弟妇不实，府不为治，械系送本州岛。弟妇即徐铉妻之甥。道安伐登闻鼓，言铉以尺牍求请，[张] 去华故不为治。上怒，去华坐削一任，贬安州司马。

（《宋史》卷三百六《列传第六十五·张去华》　10109）

李及之治灵鹫山浮屠

　　[李及之] 知信州，灵鹫山浮屠，犯法者众，及之治其奸，流数十人，乃自劾。朝廷嘉之，释不问。

（《宋史》卷三百一十《列传第六十九·李迪》　10179）

王　皥

　　[王皥] 本名皥，字子融。元昊反，请以字为名。性俭啬，街道卒除道，侵子融邸店尺寸地，至自诣开封府诉之。然教饬子孙，严厉有家法。晚学佛氏，从僧怀琏游。

（《宋史》卷三百一十《列传第六十九·王曾》　10186）

张知白殡父于佛寺

　　[张] 知白九岁，其父终邢州，殡于佛寺。及契丹寇河北，寺宇多颓废，殡不可辨。知白既登第，徒行访之，得佛寺殿基，恍然识其处。既发，其衣

衾皆可验，众叹其诚孝。

（《宋史》卷三百一十《列传第六十九·张知白》　10188）

瞎征自髡为僧

先是，熙河将王赡下邈川有功，帅孙路不乐赡，夺其兵与王愍。朝廷知之，以宗回代路，加直学士。时青唐瞎征内附，而心牟钦毡勒兵立别酋陇拶，还其地，势复张。瞎征大惧，自髡为僧以祈免。

（《宋史》卷三百一十八《列传第七十七·胡宿》　10371）

欧阳修

〔欧阳〕修始在滁州，号醉翁，晚更号六一居士。

（《宋史》卷三百一十九《列传第七十八·欧阳修》　10380）

余靖上疏言舍利入禁中

开宝寺灵感塔灾，〔余靖〕复上疏言："五行之占，本是灾变，朝廷所宜诫惧，以答天意。闻尝诏取旧瘗舍利入禁中阅视，道路传言，舍利在内廷有光怪，窃恐巧佞之人，推为灵异，惑乱视听，再图营造。臣闻帝王之道，能勤俭厥德，感动人心，则虽有危难，后必安济。今自西垂用兵，国帑虚竭，民亡储蓄，十室九空。陛下若勤劳罪已，忧人之忧，则四民安居，海内蒙福。如不恤民病，广事浮费，奉佛求福，非天下所望也。若以舍利经火不坏，遽为神异，即本在土中，火所不及。若言舍利皆能出光怪，必有神灵凭之，此妄言也。且一塔不能自卫，为火所毁，况藉其福以庇民哉？"

（《宋史》卷三百二十《列传第七十九·余靖》　10408）

陈襄不度僧

译经僧死，遗表度十僧，列子庙三年度一道士，〔陈襄〕皆抑不行。

（《宋史》卷三百二十一《列传第八十·陈襄》　10420）

李清臣作《浮图灾解》

李清臣字邦直，魏人也。七岁知读书，日数千言，暂经目辄诵，稍能戏为文章。客有从京师来者，与其兄谈佛寺火，清臣从傍应曰："此所谓灾也，或者其蠹民已甚，天固儆之邪？"因作《浮图灾解》。兄惊曰："是必大吾门。"韩琦闻其名，以兄之子妻之。

（《宋史》卷三百二十八《列传第八十七·李清臣》　10561）

种世衡与僧王光信

有僧王光信者，趫勇善骑射，习知蕃部山川道路。[种]世衡出兵，常使为乡导，数荡族帐，奏以为三班借职，改名嵩。世衡为蜡书，遣嵩遗刚浪㖫，言浪埋等已至，朝廷知王有向汉心，命为夏州节度使，奉钱月万缗，旌节已至，趣其归附，以枣缀画龟，叭喻其早归之意。刚浪㖫得书大惧，自所治执嵩归元昊。元昊疑刚浪㖫贰己，不得还所治，且锢嵩阱中。使其臣李文贵以刚浪㖫旨报世衡，且言不达所遗书意，或许通和，愿赐一言。世衡以白籍。时朝廷已欲招拊，籍召文贵至，谕以国家宽大开纳意，纵使还报。元昊得报，出嵩，礼之甚厚，使与文贵偕来。自是继遣使者请降，遂称臣如旧。

世衡闻野利兄弟已诛，为文越境祭之。籍疏嵩劳，具言元昊未通时，世衡画策遣嵩冒艰险间其君臣，遂成猜贰，因此与中国通，请优进嵩官。迁三班奉职。后嵩因对自陈，又进侍禁、阁门祗候。

世衡死，籍为枢密使。世衡子古上书讼父功，为籍所抑。古复上书，遂赠世衡成州团练使，诏流内铨授古大县簿尉，押还本贯。籍既罢，古复辩理，下御史考验，以籍前奏王嵩疏为定。诏以其事付史官，听古从官便郡。

（《宋史》卷三百三十五《列传第九十四·种世衡》　10743）

司马光不喜释老

[司马]光于物澹然无所好，于学无所不通，惟不喜释、老，曰："其微言不能出吾书，其诞吾不信也。"

（《宋史》卷三百三十六《列传第九十五·司马光》　10769）

举子不得以申、韩、佛书为学

时科举罢词赋[一]，专用王安石经义，且杂以释氏之说。凡士子自一语上，非新义不得用，学者至不诵正经，唯窃安石之书以干进，精熟者转上第，故科举益弊。[吕]公著始令禁主司不得出题老、庄书，举子不得以申、韩、佛书为学，经义参用古今诸儒说，毋得专取王氏。复贤良方正科。

〔一〕时科举罢词赋　"时"字原脱，据《琬琰集》下编卷一〇《吕正献公公著传》、《东都事略》卷九〇本传补。

（《宋史》卷三百三十六《列传第九十五·吕公著》　10775）

苏轼、僧净源

〔苏轼〕既至杭，大旱，饥疫并作。轼请于朝，免本路上供米三之一，复得赐度僧牒，易米以救饥者。明年春，又减价粜常平米，多作饘粥药剂，遣使挟医分坊治病，活者甚众。轼曰："杭，水陆之会，疫死比他处常多。"乃裒羡缗得二千，复发橐中黄金五十两，以作病坊，稍畜钱粮待之。

杭本近海，地泉咸苦，居民稀少。唐刺史李泌始引西湖水作六井，民足于水。白居易又浚西湖水入漕河，自河入田……〔苏轼〕收其利以备修湖，取救荒余钱万缗、粮万石，及请得百僧度牒以募役者。堤成，植芙蓉、杨柳其上，望之如画图，杭人名为苏公堤。

杭僧净源，旧居海滨，与舶客交通，舶至高丽，交誉之。元丰末，其王子义天来朝，因往拜焉。至是，净源死，其徒窃持其像，附舶往告。义天亦使其徒来祭，因持其国母二金塔，云祝两宫寿。轼不纳，奏之曰："高丽久不入贡，失赐予厚利，意欲求朝，未测吾所以待之厚薄，故因祭亡僧而行祝寿之礼。若受而不答，将生怨心；受而厚赐之，正堕其计。今宜勿与知，从州郡自以理却之。彼庸僧猾商，为国生事，渐不可长，宜痛加惩创。"朝廷皆从之。未几，贡使果至，旧例使所至吴越七州，费二万四千余缗。轼乃令诸州量事裁损，民获交易之利，无复侵挠之害矣。

（《宋史》卷三百三十八《列传第九十七·苏轼》 10812）

王广廉奏乞度僧牒

会河北转运判官王广廉[一]奏乞度僧牒数千为本钱，于陕西漕司私行青苗法，春散秋敛，与安石意合，于是青苗法遂行。安石因遣八使之四方，访求遗利。中外知其必迎合生事，皆莫敢言。

〔一〕王广廉　原作"王广兼"，据本书卷一七六《食货志》、《东都事略》卷九三下《苏辙传》、《苏辙栾城集》后集卷一二《颍滨遗老传》上改。

（《宋史》卷三百三十九《列传第九十八·苏辙》 10823）

洪彦昇处僧舍

洪彦昇字仲达，饶州乐平人。登第，调常熟尉。奉母之官，既至，前尉欲申期三月以规荐，而中分奉入。彦昇处僧舍，却奉不纳，如约，始交印……论："……吕惠卿与张怀素厚善，序其所注《般若心经》云：'我遇公为黄石之师。'且张良师黄石之策，为汉祖定天下，惠卿安得辄以为比？"

……

右仆射张商英与给事中刘嗣明争曲直，事下御史。彦昇蔽罪商英，商英去。又累疏抨郭天信以谈命进用，交结窜斥，因请禁士大夫毋语命术，毋习释教。

（《宋史》卷三百四十八《列传第一百七·洪彦昇》　11035）

老僧欲住乌寺

哲宗初，为开封府推官，屡诣执政求进，朝廷稍更新法之不便于民者，[张] 商英上书言："'三年无改于父之道，可谓孝矣。'今先帝陵土未干，即议变更，得为孝乎？"且移书苏轼求入台，其廋词有"老僧欲住乌寺，呵佛骂祖"之语。吕公著闻之，不悦。

（《宋史》卷三百五十一《列传第一百一十·张商英》　11095）

曹辅上疏言去浮屠

曹辅字载德，南剑州人。第进士。……

自政和后，帝多微行，乘小轿子，数内臣导从。……辅上疏略曰：

……况今革冗员，斥滥奉，去浮屠，诛胥吏，蚩愚之民，岂能一一引咎安分？万一当乘舆不戒之初，一夫不逞，包藏祸心，发蜂虿之毒，奋兽穷之计，虽神灵垂护，然亦损威伤重矣。又况有臣子不忍言者，可不戒哉！

（《宋史》卷三百五十二《列传第一百一十一·曹辅》　11128）

赵宗印

有僧赵宗印者，喜谈兵，席益荐之。[范] 致虚以便宜假官，俾充宣抚司参议官兼节制军马。致虚以大军遵陆，宗印以舟师趋西京。金人破京师，遣人持登城不下之诏，以止入援之师，致虚斩之。

初，金人守潼关，致虚夺之，作长城，起潼关迄龙门，所筑仅及肩。宗印又以僧为一军，号"尊胜队"，童子行为一军，号"净胜队"。致虚勇而无谋，委己以听宗印。宗印徒大言，实未尝知兵。至是，宗印舟师至三门津，致虚使整兵出潼关。……次年，宗印领兵出武关，与致虚合。会金将银朱兵压境，致虚遁，宗印兵不战走，转运使刘汲力战死焉。致虚坐落职，责授安远军节度副使，英州安置。高宗幸建康，召复资政殿学士、知鼎州。行至巴陵卒，赠银青光禄大夫。

（《宋史》卷三百六十二《列传第一百二十一·范致虚》 11328）

焦山寺

会上元节，就秀州张灯高会，忽引兵趋镇江。及金兵至，则［韩］世忠军已先屯焦山寺。

（《宋史》卷三百六十四《列传第一百二十三·韩世忠》 11361）

尤袤奏请禁释老之教

台臣乞定丧制，［尤］袤奏："释老之教，矫诬亵渎，非所以严宫禁、崇几筵，宜一切禁止。"

（《宋史》卷三百八十九《列传第一百四十八·尤袤》 11926）

李椿藁殡其父于佛寺

李椿字寿翁，洺州永年[一]人。父升，进士起家。靖康之难，升翼其父，以背受刃，与长子俱卒。椿年尚幼，藁殡佛寺，深窜而详识之；奉继母南走，艰苦备尝，竭力以养。以父泽，补迪功郎，历官至宁国军节度推官。

〔一〕永年 原作"永平"，据朱熹《朱文公文集》卷九四《李椿墓志铭》、《诚斋集》卷一一六《李侍郎传》改。

（《宋史》卷三百八十九《列传第一百四十八·李椿》 11937）

奏禁遏淫祀

孝宗受禅，念旧学，命［刘章］知漳州，为谏议大夫王大宝所格。寻除秘阁修撰、敷文阁待制，召提举佑神观兼侍读，遂拜礼部侍郎。奏禁遏淫祀，仍于《三朝史》中删去《道释》《符瑞志》，大略以为非《春秋》法。

（《宋史》卷三百九十《列传第一百四十九·刘章》 11959）

囊山浮屠与郡学争水利

囊山浮屠与郡学争水利，久不决，［陈］仲微按法曰："曲在浮屠。"它日沿檄过寺，其徒久揭其事钟上以为冤，旦暮祝诅，然莫省为仲微也。仲微见之曰："吾何心哉？吾何心哉？"质明，首僧无疾而死。

（《宋史》卷四百二十二《列传第一百八十一·陈仲微》 12618）

程珌宴客开元僧舍

［程珌］尝宴客开元僧舍，酒方行，人欢言佛光见，观者相腾践，不可

禁，珦安坐不动，顷之遂定。

（《宋史》卷四百二十七《列传第一百八十六·道学一》　12713）

程 颢

[程]颢资性过人，充养有道，和粹之气……自十五六时，与弟颐闻汝南周敦颐论学，遂厌科举之习，慨然有求道之志。泛滥于诸家，出入于老、释者几十年，返求诸《六经》而后得之。秦、汉以来，未有臻斯理者。

（《宋史》卷四百二十七《列传第一百八十六·道学一》　12716）

张 载

张载字子厚，长安人。少喜谈兵，至欲结客取洮西之地。年二十一，以书谒范仲淹，一见知其远器，乃警之曰："儒者自有名教可乐，何事于兵。"因劝读《中庸》。载读其书，犹以为未足，又访诸释、老，累年究极其说，知无所得，反而求之《六经》。尝坐虎皮讲《易》京师，听从者甚众。

（《宋史》卷四百二十七《列传第一百八十六·道学一》　12723）

张 绎

张绎字思叔，河南寿安人。家甚微，年长未知学，佣力于市，出闻邑官传呼声，心慕之，问人曰："何以得此？"人曰："此读书所致尔。"即发愤力学，遂以文名。预乡里计偕，谓科举之习不足为，尝游僧舍，见僧道楷，将祝发从之。时周行己官河南，警之曰："何为舍圣人之学而学佛？异日程先生归，可师也。"会程颐还自涪，乃往受业，颐赏其颖悟。读《孟子》"志士不忘在沟壑，勇士不忘丧其元"，慨然若有得。未及仕而卒。颐尝言"吾晚得二士"，谓绎与尹焞也。

（《宋史》卷四百二十八《列传第一百八十七·道学二》　12733）

禁女妇之为僧道者

[朱熹]主泉州同安簿，选邑秀民充弟子员，日与讲说圣贤修己治人之道，禁女妇之为僧道者。

（《宋史》卷四百二十九《列传第一百八十八·道学三》　12751）

朱熹禁女不嫁

[朱熹]居数月，除江东转运副使，以疾辞，改知漳州。奏除属县无名之赋七百万，减经总制钱四百万。以习俗未知礼，采古丧葬嫁娶之仪，揭以

示之，命父老解说，以教子弟。土俗崇信释氏，男女聚僧庐为传经会，女不嫁者为庵舍以居，熹悉禁之。

（《宋史》卷四百二十九《列传第一百八十八·道学三》　12762）

程大昌谓僧寺违法置田

六和塔寺僧以镇潮为功，求内降给赐所置田产仍免科徭，［程］大昌奏："僧寺既违法置田，又移科徭于民，奈何许之！况自修塔之后，潮果不啮岸乎？"寝其命。

（《宋史》卷四百三十三《列传第一百九十二·儒林三》　12860）

刘子翚

［刘］子翚少喜佛氏说，归而读《易》，即涣然有得。

（《宋史》卷四百三十四《列传第一百九十三·儒林四》　12872）

黄庭坚

［黄庭坚］游灊皖山谷寺、石牛洞，乐其林泉之胜，因自号山谷道人云。

（《宋史》卷四百四十四《列传第二百三·文苑六》　13111）

刘恕不信浮屠之说

［刘恕］尤不信浮屠说，以为必无是事，曰："人如居逆旅，一物不可乏，去则尽弃之矣，岂得赍以自随哉。"

（《宋史》卷四百四十四《列传第二百三·文苑六》　13120）

刘韐瘗寺西冈上

京城不守，始遣使金营，金人命仆射韩正馆之僧舍。……燕人叹其［刘韐］忠，瘗之寺西冈上，遍题窗壁，识其处。凡八十日乃就殓，颜色如生。

（《宋史》卷四百四十六《列传第二百五·忠义一》　13164）

圣僧院置振济局

［吴革］乃为傅谋，于启圣僧院置振济局，募士民就食。一日之间至者万计，阴以军法部勒，将攻金营。

（《宋史》卷四百五十二《列传第二百一十一·忠义七》　13290）

杨粹中登浮图不下

杨粹中，真定府人。建炎二年，金人大入，时粹中知濮州，固守不下。……粘罕入其城，粹中登浮图不下，粘罕嘉其忠义，许以不死，乃以粹中归。粹中竟不屈而死，守御官杜绩亦死之。

（《宋史》卷四百五十二《列传第二百一十一·忠义七》　13306）

僧真宝

僧真宝，代州人，为五台山僧正。学佛，能外死生。靖康之扰，与其徒习武事于山中。钦宗召对便殿，眷赉隆缛。真宝还山，益聚兵助讨。州不守，敌众大至，昼夜拒之，力不敌，寺舍尽焚。酋下令生致真宝，至则抗词无挠，酋异之，不忍杀也，使郡守刘駬诱劝百方，终不顾，且曰："吾法中有口四之罪，〔一〕吾既许宋皇帝以死，岂当妄言也？"怡然受戮。北人闻见者叹异焉。

〔一〕吾法中有口四之罪　"四"原作"回"，查《四十二章经》，佛法十恶行有
　　　　所谓口四者，即两舌、恶口、妄言、绮语，与本文"岂当妄言也"意合。
　　　　据改。

（《宋史》卷四百五十五《列传第二百一十五·忠义十》　13382）

莫谦之

莫谦之，常州宜兴僧人也。德祐元年，纠合义士捍御乡间，诏为溧阳尉。是冬，没于战阵，赠武功大夫。

时万安僧亦起兵，举旗曰"降魔"，又曰："时危聊作将，事定复为僧。"旋亦败死。

（《宋史》卷四百五十五《列传第二百一十五·忠义十》　13382）

越州应天寺僧

又有越州应天寺僧者，幼贫无以养母，剃发乞食以给晨夕。母年一百五岁而终。

（《宋史》卷四百五十六《列传第二百一十五·孝义》　13394）

成象烬父母骨寄浮图舍

成象，渠州流江人。以诗书训授里中，事父母以孝闻。母病，割股肉食之，诏赐束帛醪酒。淳化中，李顺盗据郡县，象父母惊悸而死，烬骨寄浮图舍，象号泣营葬。贼平，乡里率钱三百万赠之。

（《宋史》卷四百五十六《列传第二百一十五·孝义》　13395）

种放裂佛经以制帷帐

[种放] 性不喜浮图氏，尝裂佛经以制帷帐。所著《蒙书》十卷及《嗣禹说》《表孟子上下篇》《太一祠录》，人颇称之。

（《宋史》卷四百五十七《列传第二百一十六·隐逸上》　13423）

代　渊

代渊字蕴之[一]，本代州人。唐末，避地导江，家世为吏，有阴德。渊性简洁，事亲以孝闻。受学于李畋、张达。……谢绝诸生，著《周易旨要》《老佛杂说》数十篇。田况上其书，自太常丞改祠部员外郎。晚上日菜食，巾褐山水间，自号虚一子。

〔一〕字蕴之　按《宋会要·选举》三四之三七、《隆平集》卷一五及《东都事略》卷一一三本传都作"字仲颜"。

（《宋史》卷四百五十八《列传第二百一十七·隐逸中》　13442）

法兴僧舍

[连] 庶始与弟庠在乡里，时宋郊兄弟、欧阳修皆依之。及二宋贵达，不可其志，退居二十年。守道好修，非其人不交，非其义秋毫不可污也。庶既死，宋郊之孙义年为应山令，缘邑人之意，作堂于法兴僧舍，绘二宋及庶、庠之像祠事之。

（《宋史》卷四百五十八《列传第二百一十七·隐逸中》　13446）

松江渔翁观释氏书

[松江渔] 翁曰："吾厌喧烦，处闲旷，遁迹于此三十年矣。幼喜诵经史百家之言，后观释氏书，今皆弃去。唯饱食以嬉，尚何所事？"[潘] 裕曰："先生澡身浴德如此。今圣明在上，盍出而仕乎？"笑曰："君子之道，或出或处，吾虽不能栖隐岩穴，追园、绮之踪，窃慕老氏曲全之义。且养志者忘形，养形者忘利，致道者忘心，心形俱忘，其视轩冕如粪土耳，与子出处异趣，子勉之。"裕曰："裕也不才，幸闻先生之高义，敢问舍所在。"曰："吾姓名且不欲人知，况居室耶！"饮毕，长揖使裕反其所，鼓枻而去。

（《宋史》卷四百五十八《列传第二百一十七·隐逸中》　13451）

谯　定

谯定字天授，涪陵人。少喜学佛，析其理归于儒。后学《易》于郭曩氏，自"见乃谓之象"一语以入。

洪　蕴

沙门洪蕴，本姓蓝，潭州长沙人。母翁，初以无子，专诵佛经，既而有娠，生洪蕴。年十三，诣郡之开福寺沙门智岊，求出家，习方技之书，后游京师，以医术知名。太祖召见，赐紫方袍，号广利大师。太平兴国中，诏购医方，洪蕴录古方数十以献。真宗在蜀邸〔一〕，洪蕴尝以方药谒见。咸平初，补右街首座，累转左街副僧录。洪蕴尤工诊切，每先岁时言人生死，无不应。汤剂精至，贵戚大臣有疾者，多诏遣诊疗。景德元年卒，年六十八。

又有庐山僧法坚，亦以善医著名，久游京师，尝赐紫方袍，号广济大师，后还山。景德二年，以雍王元份久被疾，召赴阙，至则元份已薨。法坚复归山而卒。

〔一〕真宗在蜀邸　按真宗未即位前，于太平兴国三年封韩王，端拱元年封襄王，
　　　淳化五年进封寿王，未尝封于蜀，疑此处"蜀"字误。

求有名称僧道加以恩命

开运末，契丹主兀欲立，求有名称僧道加以恩命，惟澄隐不受。

僧志言

僧志言，自言姓许，寿春人。落发东京景德寺七俱胝院，事清璪。初，璪诵经勤苦，志言忽造璪，跪前愿为弟子。璪见其相貌奇古，直视不瞬，心异之，为授具戒。然动止轩昂，语笑无度，多行市里，褰裳疾趋，举指画空，伫立良久；时从屠酤游，饮啖无所择。众以为狂，璪独曰："此异人也。"

人有欲为斋施，辄先知以至，不召，款门指名取供。温州人林仲方自其家以摩衲来献，舟始及岸，遽来取去。仁宗每延入禁中，径登坐结跏，饭毕遽出，未尝揖也。王公士庶召即赴，然莫与交一言者。或阴卜休咎，书纸挥翰甚疾，字体遒壮，初不可晓，其后多验。仁宗春秋渐高，嗣未立，默遣内侍至言所。言所书有"十三郎"字，人莫测何谓。后英宗以濮王第十三子入

继，众始悟。大宗正守节请书，言不顾，迫之，得"润州"字。未几，守节薨，赠丹阳郡王。见寺童义怀，抚其背曰："德山、临济。"怀即落发，住天衣，说法，大为学者所宗。其前知多类此。

普净院施浴，夜漏初尽，门扉未启，方迎佛而浴室有人声，往视，则言在焉。有具斋荐鲙者，并食之，临流而吐，化为小鲜，群泳而去。海客遇风且没，见僧操缅引舶而济。客至都下遇言，忽谓之曰："非我，汝奈何？"客记其貌，真引舟者也。与曹州士赵棠善，后棠弃官隐居番禺。人传棠与言数以偈颂相寄，万里间辄数日而达。棠死，亦盛夏身不坏。

言将死，作颂，不可晓。已而曰："我从古始成就，逃多国土，今南国矣。"仁宗遣内侍以真身朔像置寺中，榜曰"显化禅师"。其后善厚者礼之，见额上荧然有光，就视之，得舍利。

　　　　　　（《宋史》卷四百六十二《列传第二百二十一·方伎下》　　13518）

僧怀丙

僧怀丙，真定人。巧思出天性，非学所能至也。真定构木为浮图十三级，势尤孤绝。既久而中级大柱坏，欲西北倾，他匠莫能为。怀丙度短长，别作柱，命众工维而上。已而却众工，以一介自从，闭户良久，易柱下，不闻斧凿声。

赵州洨河凿石为桥，镕铁贯其中。自唐以来相传数百年，大水不能坏。岁久，乡民多盗凿铁，桥遂欹倒，计千夫不能正。怀丙不役众工，以术正之，使复故。

河中府浮梁铁牛八维之，一牛且数万斤。后水暴涨绝梁，牵牛没于河，募能出之者。怀丙以二大舟实土，夹牛维之，用大木为权衡状钩牛，徐去其土，舟浮牛出。转运使张焘以闻，赐紫衣。寻卒。

　　　　　　（《宋史》卷四百六十二《列传第二百二十一·方伎下》　　13519）

僧智缘

僧智缘，随州人，善医。嘉祐末，召至京师，舍于相国寺。每察脉，知人贵贱、祸福、休咎，诊父之脉而能道其子吉凶，所言若神，士大夫争造之。王珪与王安石在翰林，珪疑古无此，安石曰："昔医和诊晋侯，而知其良臣将死。夫良臣之命乃见于其君之脉，则视父知子，亦何足怪哉！"

熙宁中，王韶谋取青唐，上言蕃族重僧，而僧结吴叱腊主部帐甚众，请智缘与俱至边。神宗召见，赐白金，遣乘传而西，遂称"经略大师。"智缘有辩口，径入蕃中，说结吴叱腊归化，而他族俞龙珂、禹藏讷令支等皆因以书款。韶颇忌恶之，言其挠边事，召还，以为右街首坐，卒。

　　　　　　　（《宋史》卷四百六十二《列传第二百二十一·方伎下》　13524）

稍裁抑僧寺

张商英方有时望，[郭]天信往往称于内朝，商英亦欲借左右游谈之助，阴与相结，使僧德洪辈道达语言。商英劝帝节俭，稍裁抑僧寺，帝始敬畏之，而近侍积不乐，间言浸润，眷日衰。京党因是告商英与天信漏泄禁中语言，天信先发端，窥伺上旨，动息必报，乃从外庭决之，无不如志。商英遂罢。

　　　　　　　（《宋史》卷四百六十二《列传第二百二十一·方技下》　13525）

林灵素

林灵素，温州人。少从浮屠学，苦其师笞骂，去为道士。善妖幻，往来淮、泗间，丐食僧寺，僧寺苦之。……[后得宠于宋徽宗]始欲尽废释氏以逞前憾，既而改其名称冠服。

　　　　　　　（《宋史》卷四百六十二《列传第二百二十一·方伎下》　13528）

莎衣道人

莎衣道人，姓何氏，淮阳军朐山人。[一]……尝游妙严寺，临池见影，豁然大悟。人无贵贱，问休咎罔不奇中。会有瘵者乞医，命持一草去，旬日而愈。

　　[一]淮阳军朐山人　按本书卷八八《地理志》，朐山为淮南东路海州属县，不属
　　　　淮阳军。

　　　　　　　（《宋史》卷四百六十二《列传第二百二十一·方伎下》　13532）

长寿寺僧广惠常食人肉

长寿寺僧广惠常与[王]继勋同食人肉，令折其胫而斩之。洛民称快。

　　　　　　　（《宋史》卷四百六十三《列传第二百二十二·外戚上》　13543）

李遵勖

[李遵勖]所居第园池冠京城。嗜奇石，募人载送，有自千里至者。构

堂引水，环以佳木，延一时名士大夫与宴乐。师杨亿为文，亿卒，为制服。及知许州，奠亿之墓，恸哭而返。又与刘筠相友善，筠卒，存恤其家。通释氏学，将死，与浮图楚圆为偈颂。卒，赠中书令，谥曰和文。有《间宴集》二十卷、《外馆芳题》七卷。

（《宋史》卷四百六十四《列传第二百二十·外戚中》　　13569）

普安寺

［周怀政］与弟礼宾副使怀信谋潜召客省使杨崇勋、内殿承制杨怀吉、阁门祗候杨怀玉会皇城司，期以二十五日窃发，杀丁谓等，复相寇准，奉真宗为太上皇，传位太子。……翌日，利用入奏，真宗怒，命收怀政。……命斩于城西普安寺。父内殿承制绍忠及怀信并杖配复岳州，子侄勒停，赀产没官。

（《宋史》卷四百六十六《列传第二百二十五·宦者一》　　13615）

僧录澄远黥配郴州

右街僧录澄远以预闻妖诈，决杖黥配郴州。

（《宋史》卷四百六十六《列传第二百二十五·宦者一》　　13616）

蔡京欲建僧寺阁

始，蔡京居钱塘，过苏，欲建僧寺阁，会费钜万，僧言必欲集此缘，非朱冲不可。京以属郡守，郡守呼冲见京，京语故，冲愿独任。居数日，请京诣寺度地，至则大木数千章积庭下，京大惊，阴器其能。

（《宋史》卷四百七十《列传第二百二十九·佞幸》　　13684）

黄潜善

［黄］潜善进左仆射兼门下侍郎。郓、濮相继陷没，宿、泗屡警，右丞许景衡以扈卫单弱，请帝避其锋，潜善以为不足虑，率同列听浮屠克勤说法。

（《宋史》卷四百七十三《列传第二百三十二·奸臣三》　　13744）

予度牒告身

浙西田亩有直千缗者，似道均以四十缗买之。数稍多，予银绢；又多，予度牒告身。

（《宋史》卷四百七十四《列传第二百三十三·奸臣四》　　13782）

帝出胡贵嫔为尼

[贾] 似道大怒曰："臣为大礼使，陛下举动不得预闻，乞罢政。"即日出嘉会门，帝留之不得，乃罢显祖，涕泣出 [胡] 贵嫔为尼，始还。

　　　　　　　　（《宋史》卷四百七十四《列传第二百三十三·奸臣四》　13784）

刘豫不度僧道

四月丙寅，[刘] 豫迁都汴。……是日，暴风卷旗，屋瓦皆震，士民大恐。豫曲赦汴人，与民约曰："自今不肆赦，不用宦官，不度僧道。文武杂用，不限资格。"

　　　　　　　　（《宋史》卷四百七十五《列传第二百三十四·叛臣上》　13796）

僧德诏语钱俶

晋开运中，[钱俶] 为台州刺史。数月，有僧德诏语俶曰："此地非君为治之所，当速归，不然不利。"俶从其言，即求归国，未几，有进思之变。

　　　　　　　　（《宋史》卷四百八十《列传第二百三十九·世家三》　13897）

钱　俶

[钱俶] 崇信释氏，前后造寺数百，归朝又以爱子为僧。善草书，上一日遣使谓曰："闻卿善草圣，可写一二纸进来。"俶即以旧所书绢图上之，诏书褒美，因赐玉砚金匣一，红绿象牙管笔、龙凤墨、蜀笺、盈丈纸皆百数。

　　　　　　　　（《宋史》卷四百八十《列传第二百三十九·世家三》　13897）

[钱] 俶妻俞氏又进金银十余万、犀二十株、通犀颎犀玉带二十二条、水晶佛像十二事。

　　　　　　　　（《宋史》卷四百八十《列传第二百三十九·世家三》　13910）

钱惟治

[钱俶子] 惟治善草隶，尤好二王书，尝曰："心能御手，手能御笔，则法在其中矣。"家藏书帖图书甚众，太宗知之，尝谓近臣曰："钱俶儿侄多工草书。"因命翰林书学贺丕显诣其第，遍取视之，曰："诸钱皆效浙僧亚栖之迹，故笔力软弱，独惟治为工耳。"惟治尝以钟繇、王羲之、唐玄宗墨迹凡七轴为献，优诏褒答。

　　　　　　　　（《宋史》卷四百八十《列传第二百三十九·世家三》　13911）

钱 俨

[钱]俨字诚允，俶之异母弟也。本名信，淳化初改焉。幼为沙门，及长，颇谨慎好学。俶袭国封，命为镇东军安抚副使。

（《宋史》卷四百八十《列传第二百三十九·世家三》   13914）

钱 昱

[钱]昱好学，多聚书，喜吟咏，多与中朝卿大夫唱酬。尝与沙门赞宁谈竹事，迭录所记，昱得百余条，因集为《竹谱》三卷。俄献《太平兴国录》。

（《宋史》卷四百八十《列传第二百三十九·世家三》   13915）

刘铧作刀山剑树等刑

[南汉刘铧时]目百官为"门外人"，群臣小过及士人、释、道有才略可备问者，皆下蚕室，令得出入宫闱。作烧煮剥剔、刀山剑树之刑，或令罪人斗虎抵象。

（《宋史》卷四百八十一《列传第二百四十·世家四》   13920）

五台山僧继颙为鸿胪卿

初，[刘]钧自李筠败，狼狈而归，旦夕惧宋师之至，以赵文度为相，召抱腹山人郭无为参议中书事，以五台山僧继颙为鸿胪卿，参议国事。

（《宋史》卷四百八十二《列传第二百四十一·世家五》   13936）

西夏李德明请修供五台山十寺

[西夏李德明]请修供五台山十寺，乃遣阁门祗候袁瑀为致祭使，护送所供物至山。

（《宋史》卷四百八十五《列传第二百四十二·外国一》   13990）

西夏表遣使诣五台山供佛宝

宋宝元元年，[西夏]表遣使诣五台山供佛宝，欲窥河东道路。

（《宋史》卷四百八十五《列传第二百四十二·外国一》   13995）

得胜寺

[辽]兴宗入夏境四百里，不见敌，据得胜寺南壁以待。

（《宋史》卷四百八十五《列传第二百四十二·外国一》   13999）

遣使进马赎《大藏经》

［熙宁五年］十二月，［西夏］遣使进马赎《大藏经》，诏赐之而还其马。

（《宋史》卷四百八十六《列传第二百四十五·外国二》　14009）

二僧赍蜡书使西夏

［嘉定］七年夏，左枢密使万庆义勇遣二僧赍蜡书来西边，欲与共图金人，复侵地，制置使黄谊不报。

（《宋史》卷四百八十六《列传第二百四十五·外国二》　14027）

高丽国王请《大藏经》

先是，［高丽国王］治遣僧如可赍表来觐，请《大藏经》，至是赐之，仍赐如可紫衣，令同归本国。

（《宋史》卷四百八十七《列传第二百四十六·外国三》　14039）

高丽遣使求印佛经

［淳化］二年，［高丽］遣使韩彦恭来贡。彦恭表述治意，求印佛经，诏以《藏经》并御制《秘藏诠》〔一〕《逍遥咏》《莲华心轮》赐之。

〔一〕御制秘藏诠　“诠”原作“铨”，据《玉海》卷一五四改。

（《宋史》卷四百八十七《列传第二百四十六·外国三》　14040）

高丽有僧无道士

［高丽］无羊、兔、橐驼、水牛、驴。气候少寒，暑差多。有僧，无道士。民家器皿，悉铜为之。

（《宋史》卷四百八十七《列传第二百四十六·外国三》　14043）

高丽求佛经一藏

［天禧三年十一月］［高丽］元信等入见……又进中布二千端，求佛经一藏。诏赐经还布。

（《宋史》卷四百八十七《列传第二百四十六·外国三》　14044）

诏明州修浮屠

［元丰］六年，徽卒，在位三十八年……讣闻，天子闵焉，诏明州修浮屠供一月，遣杨景略、王舜封祭奠，钱勰、宋球吊慰。

（《宋史》卷四百八十七《列传第二百四十六·外国三》　14047）

高丽求问佛法

［元丰］八年，［高丽王］遣其弟僧统来朝，求问佛法并献经像。

（《宋史》卷四百八十七《列传第二百四十六·外国三》　14048）

高丽王出，紫衣行前，捧《护国仁王经》

［高丽］男女二百十万口，兵、民、僧各居其一。……

王出，乘车驾牛，历山险乃骑。紫衣行前，捧《护国仁王经》以导。

（《宋史》卷四百八十七《列传第二百四十六·外国三》　14053）

高丽崇尚释教

［高丽］崇尚释教，虽王子弟亦常一人为僧。信鬼，拘阴阳，病不相视，敛不抚棺。贫者死，则露置中野。岁以建子月祭天。国东有穴，号襚神〔一〕，常以十月望日迎祭，谓之八关斋，礼仪甚盛，王与妃嫔登楼，大张乐宴饮，贾人曳罗为幕，至百匹相联以示富。……王城有佛寺七十区而无道观，大观中，朝廷遣道士往，乃立福源院，置羽流十余辈。……妇人、僧、尼皆男子拜。……性仁柔恶杀，不屠宰，欲食羊豕则包以蒿而燔之。

〔一〕襚神　原作"岁神"，据《后汉书》卷一一五《高句丽传》、《宣和奉使高丽图经》卷一七改。

（《宋史》卷四百八十七《列传第二百四十六·外国三》　14054）

占城国僧净戒献龙脑

［淳化三年，占城国］僧净戒献龙脑、金铃、铜香炉、如意等，各优赐之。

（《宋史》卷四百八十九《列传第二百四十八·外国五》　14081）

真腊列铜塔

［真腊］有铜台，列铜塔二十有四、铜象八以镇其上，象各重四千斤。

（《宋史》卷四百八十九《列传第二百四十八·外国五》　14086）

三佛齐国使乞僧紫衣、师号

［元丰中，三佛齐国史］毕罗乞买金带、白金器物，及僧紫衣、师号、牒〔一〕，皆如所请给之。

〔一〕师号牒　"号"字原脱。按"师号"为当时术语，《长编》卷二九九正作"师号"，今据补。

（《宋史》卷四百八十九《列传第二百四十八·外国五》　14090）

阇婆国人求佛

　　[阇婆国人]疾病不服药，但祷神求佛。

　　　　　　　　（《宋史》卷四百八十九《列传第二百四十八·外国五》　14092）

注辇国使三文等请于启圣禅院会僧

　　[大中祥符八年]其年承天节，[注辇国使]三文等请于启圣禅院会僧以祝圣寿。

　　　　　　　　（《宋史》卷四百八十九《列传第二百四十八·外国五》　14098）

天竺国

　　天竺国旧名身毒，亦曰摩伽陀，复曰婆罗门。俗宗浮图道，不饮酒食肉。汉武帝遣使十余辈间出西南，指求身毒，为昆明所闭，莫能通。至汉明帝梦金人，于是遣使天竺问佛道法，由是其教传于中国。梁武帝、后魏宣武时 [一]，皆来贡献。隋炀帝志通西域，诸国多有至者，唯天竺不通。唐贞观以后，朝贡相继。则天天授中，五天竺王并来朝献。乾元末，河陇陷没，遂不复至。周广顺三年，西天竺僧萨满多等十六族来贡名马。

　　乾德三年，沧州僧道圆自西域还，得佛舍利一水晶器、贝叶梵经四十夹来献。道圆晋天福中诣西域，在涂十二年，住五印度凡六年，五印度即天竺也；还经于阗，与其使偕至。太祖召问所历风俗山川道里，一一能记。四年，僧行勤等一百五十七人诣阙上言，愿至西域求佛书，许之。以其所历甘、沙、伊、肃等州，焉耆、龟兹、于阗、割禄等国，又历布路沙、加湿弥罗等国，并诏谕其国令人引导之。开宝后，天竺僧持梵夹来献者不绝。八年冬，东印度王子穰结说啰来朝贡。

　　天竺之法，国王死，太子袭位，余子皆出家为僧，不复居本国。有曼殊室利者，乃其王子也，随中国僧至焉，太祖令馆于相国寺，善持律，为都人之所倾向，财施盈室。众僧颇嫉之，以其不解唐言，即伪为奏求还本国，许之。诏既下，曼殊室利始大惊恨，众僧谕以诏旨，不得已迟留数月而后去。自言诣南海附贾人船而归，终不知所适。

　　太平兴国七年，益州僧光远至自天竺，以其王没徙曩表来上。上令天竺僧施护译云："近闻支那国内有大明王，至圣至明，威力自在。每惭薄幸，朝谒无由，遥望支那起居圣躬万福。光远来，蒙赐金刚吉祥无畏坐释迦圣像袈裟一事，已披挂供养。伏愿支那皇帝福慧圆满，寿命延长，常为引导一切有情生死海中，渡诸沉溺。今以释迦舍利附光远上进。"又译其国僧统表，词意亦与没徙曩同。

施护者，乌埙曩国〔二〕人。其国属北印度，西行十二日至乾陀罗国，又西行二十日至曩诚啰贺啰国，又西行十日至岚婆国。

〔一〕梁武帝后魏宣武时　　"时"字原脱，据《宋会要·蕃夷四》之八六、《通考》卷三三八《四裔考》补。

〔二〕乌埙曩国　　"埙"，《长编》卷二三、《宋会要·蕃夷》四之八九作"填"。

（《宋史》卷四百九十《列传第二百四十九·外国六》　14103）

僧法遇自天竺取经回

［乾德］八年，僧法遇自天竺取经回，至三佛齐，遇天竺僧弥摩罗失黎语不多令，附表愿至中国译经，上优诏召之。法遇后募缘制龙宝盖袈裟，将复往天竺……

雍熙中，卫州僧辞瀚自西域还，与胡僧密坦罗奉北印度王及金刚坐王那烂陀书来。又有婆罗门僧永世与波斯外道阿里烟同至京师。永世自云：本国名利得，国王姓牙罗五得，名阿喏你缚，衣黄衣，戴金冠，以七宝为饰，出乘象或肩舆，以音乐螺铍前导，多游佛寺，博施贫乏。其妃曰摩诃你，衣大绸缕金红衣，岁一出，多所振施。

（《宋史》卷四百九十《列传第二百四十九·外国六》　14105）

天竺僧随舶至海岸

至道二年八月，有天竺僧随舶至海岸，持帝钟、铃杵、铜铃各一，佛像一躯，贝叶梵书一夹，与之语，不能晓。

天圣二年九月，西印度僧爱贤、智信护等来献梵经，各赐紫方袍、束帛。五年二月，僧法吉祥等五人以梵书来献，赐紫方袍。景祐三年正月，僧善称等九人贡梵经、佛骨及铜牙菩萨像，赐以束帛。

（《宋史》卷四百九十《列传第二百四十九·外国六》　14106）

于阗僧善名、善法来朝

乾德三年五月，于阗僧善名、善法来朝，赐紫衣。其国宰相因善名等来，致书枢密使李崇矩，求通中国。太祖令崇矩以书及器币报之。至是冬，沙门道圆自西域还，经于阗，与其朝贡使至。四年，又遣其子德从来贡方物。

开宝二年，遣使直末山来贡，且言本国有玉一块，凡二百三十七斤，愿以上进，乞遣使取之。善名复至，贡阿魏子，赐号昭化大师，因令还取玉。又国王男总尝贡玉櫑刀，亦厚赐报之。四年，其国僧吉祥以其国王书来上，自言破疏勒国得舞象一，欲以为贡，诏许之。

大中祥符二年，其国黑韩王遣回鹘罗厮温等以方物来贡。厮温跪奏曰："臣万里来朝，获见天日，愿圣人万岁，与远人作主。"上洵以在路几时，去此几里。时曰："涉道一年，昼行暮息，不知星数。昔时道路尝有剽掠，今自瓜、沙抵于阗，道路清谧，行旅如流。愿遣使安抚远俗。"上曰："路远命使，益以劳费尔国。今降诏书，汝即赍往，亦与命使无异也。"

　　　　　　　　（《宋史》卷四百九十《列传第二百四十九·外国六》　14107）

西州回鹘可汗遣僧法渊献佛牙

乾德三年十一月，西州回鹘可汗遣僧法渊献佛牙、琉璃器、琥珀盏。……

雍熙元年四月，王延德等还，叙其行程〔一〕来献，云：

……凡八日，至泽田寺。高昌闻使至，遣人来迎。次历地名宝庄，又历六种，乃至高昌。……佛寺五十余区，皆唐朝所赐额，寺中有《大藏经》《唐韵》《玉篇》《经音》等，居民春月多群聚遨乐于其间。游者马上持弓矢射诸物，谓之禳灾。有敕书楼，藏唐太宗、明皇御札诏敕，缄锁甚谨。复有摩尼寺，波斯僧各持其法，佛经所谓外道者也。……其王遣人来言，择日以见使者……又明日游佛寺，曰应运太宁之寺，贞观十四年造。

〔一〕行程　原作"水程"，据《挥麈前录》卷四、《通考》卷三三六《四裔考》改。

　　　　　　　　（《宋史》卷四百九十《列传第二百四十九·外国六》　14110）

西州回鹘与婆罗门僧永世等入贡

雍熙元年四月，西州回鹘与婆罗门僧永世、波斯外道阿里烟同入贡。

　　　　　　　　（《宋史》卷四百九十《列传第二百四十九·外国六》　14114）

甘沙回鹘可汗遣尼法仙来朝

景德元年，［甘、沙回鹘可汗］夜落纥遣使来贡。四年，又遣尼法仙等来朝，献马。仍许法仙游五台山。又遣僧翟入奏，来献马，欲于京城建佛寺祝圣寿，求赐名额，不许。

（《宋史》卷四百九十《列传第二百四十九·外国六》　14115）

回鹘求买金字《大般若经》

熙宁元年入贡，［回鹘］求买金字《大般若经》，以墨本赐之。

（《宋史》卷四百九十《列传第二百四十九·外国六》　14117）

僧行勤游西域

乾德四年，僧行勤游西域，因赐其［大食国］王书以招怀之。

（《宋史》卷四百九十《列传第二百四十九·外国六》　14118）

龟兹玉佛至洮西

绍圣三年，［龟兹］使大首领阿连撒罗等三人以表章及玉佛至洮西。熙河经略使以其罕通使，请令于熙、秦州博买，而估所赍物价答赐遣还，从之。

（《宋史》卷四百九十《列传第二百四十九·外国六》　14123）

沙州曹贤顺乞金字藏经

［沙州曹］贤顺表乞金字藏经洎茶药金箔，诏赐之。

（《宋史》卷四百九十《列传第二百四十九·外国六》　14124）

拂菻国铸金银钱面凿弥勒佛

［拂菻国］铸金银为钱，无穿孔，面凿弥勒佛，背为王名，禁民私造。

（《宋史》卷四百九十《列传第二百四十九·外国六》　14125）

奝　然

雍熙元年，日本国僧奝然与其徒五六人浮海而至，献铜器十余事，并本国《职员今》[一]《王年代纪》各一卷。奝然衣绿，自云姓藤原氏，父为真连；真连，其国五品品官也。奝然善隶书，而不通华言，问其风土，但书以对云："国中有《五经》书及佛经、《白居易集》七十卷，并得自中国。土宜五谷而少麦。交易用铜钱，文曰'乾文大宝'[二]。"

……

次应神天皇，甲辰岁，始于百济得中国文字，今号八蕃菩萨，有大臣号纪武内，年三百七岁。次仁德天皇，次履中天皇……

次敏达天皇。次用明天皇，有子曰圣德太子，年三岁，闻十人语，同时解之，七岁悟佛法于菩提寺，讲《圣鬘经》，天雨曼陀罗华。当此土隋开皇中，遣使泛海至中国，求《法华经》。

……次孝德天皇，白雉四年，律师道照求法至中国，从三藏僧玄奘受经、律、论，当此土唐永徽四年也。次天丰财重日足姬天皇，令僧智通等入唐求大乘法相教，当显庆三年。……次文武天皇，大宝三年，当长安元年，遣粟田真人入唐求书籍，律师道慈求经。次阿闭天皇，次皈依天皇。次圣武天皇，宝龟二年，遣僧正玄昉入朝，当开元四年。次孝明天皇，圣武天皇之女也，天平胜宝四年，当天宝中，遣使及僧入唐求内外经教及传戒。次天炊天皇。次高野姬天皇，圣武天皇之女也。次白璧天皇，二十四年，遣二僧灵仙、行贺入唐，礼五台山学佛法。次桓武天皇，遣腾元葛野与空海大师及延历寺僧澄入唐，诣天台山传智者止观义，当元和元年也。次诺乐天皇，次嵯峨天皇，次淳和天皇。次仁明天皇，当开成、会昌中，遣僧入唐，礼五台。次文德天皇，当大中年间。次清和天皇，次阳成天皇。次光孝天皇，遣僧宗睿入唐传教，当光启元年也。

次仁和天皇，当此土梁龙德中，遣僧宽建等入朝。次醍醐天皇，次天庆天皇。次封上天皇，当此土周广顺年也。次冷泉天皇，今为太上天皇。次守平天皇，即今王也。凡六十四世。

……［上］皆奝然所记云。

……大中、光启、龙德及周广顺中，皆尝遣僧至中国，《唐书》中、《五代史》失其传。……

太宗召见奝然，存抚之甚厚，赐紫衣，馆于太平兴国寺。……

其国多有中国典籍，奝然之来，复得《孝经》一卷、越王《孝经新义》第十五一卷，皆金缕红罗褾，水晶为轴。《孝经》即郑氏注者。越王者，乃唐太宗子越王贞；《新义》者，记室参军任希古等撰也。奝然复求诣五台，许之，令所过续食；又求印本《大藏经》，诏亦给之。二年，随台州宁海县商人郑仁德船归其国。

后数年，仁德还，奝然遣其弟子喜因奉表来谢曰："日本国东大寺大朝法济大师、赐紫、沙门奝然启：伤鳞入梦，不忘汉主之恩；枯骨合欢，犹亢魏氏之敌。虽云羊僧之拙，谁忍鸿儒之诚。奝然诚惶诚恐，顿首顿首，死罪。奝然附商船之离岸，期魏阙于生涯，望落日而西行，十万里之波涛难尽，顾信风而东别，数千里之山岳易过。妄以下根之卑，适诣中华之盛。于是宣旨频降，恣许荒外之跋涉；宿心克协，粗观宇内之瑰奇。况乎金阙晓后，望尧云于九禁之中，岩扃晴前，拜圣灯于五台之上。就三藏而禀学，巡数寺而优游。遂使莲华回文，神笔出于北阙之北，贝叶印字，佛诏传于东海之东。重蒙宣恩，忽趁来迹。季夏解台州之缆，孟秋达本国之郊，爰逮明春，初到旧邑，缁素欣待，侯伯慕迎。伏惟陛下惠溢四溟，恩高五岳，世超黄、轩之古，人直金轮之新。奝然空辞凤凰之窟，更还蝼蚁之封，在彼在斯，只仰皇德之盛，越山越海，敢忘帝念之深，纵粉百年之身，何报一日之惠。染笔试泪，伸纸摇魂，不胜慕恩之至。谨差上足弟子传灯大法师位嘉因〔三〕、并大朝剃头受戒僧祚乾等拜表以闻。"称其本国永延二年次戊子二月八日，实端拱元年也。

又别启，贡佛经，纳青木函；琥珀、青红白水晶、红黑木槵子念珠各一连。

〔一〕职员今　"今"，日成寻《参天台五台山记》延久四年十二月二十九日条引《杨文公谈苑》作"令"，清黄遵宪《日本国志》卷五也作"令"，当是。

〔二〕乾文大宝　按日村上天皇天德二年（公元九五八年）三月铸造"乾元大宝"，此处"文"字疑为"元"字之误。

〔三〕嘉因　上文作"喜因"，二者当有一误。

（《宋史》卷四百九十一《列传第二百五十·外国七》　14131）

僧寂照

景德元年，其国僧寂照等八人来朝，寂照不晓华言，而识文字，缮写甚妙，凡问答并以笔札。诏号圆通大师，赐紫方袍。天圣四年十二月，明州言日本国太宰府遣人贡方物，而不持本国表，诏却之。……

熙宁五年，有僧诚寻至台州，止天台国清寺，愿留。州以闻，诏使赴阙。诚寻献银香炉，木槵子、白琉璃、五香、水精、紫檀、琥珀所饰念珠，及青色织物绫。神宗以其远人而有戒业，处之开宝寺，尽赐同来僧紫方袍。是后连贡方物，而来者皆僧也。元丰元年，使通事僧仲回来，赐号慕化怀德大师。

（《宋史》卷四百九十一《列传第二百五十·外国七》　14136）

凉州城内有七级木浮图

凉州郭外数十里，尚有汉民陷没者耕作，余皆吐蕃。……城内有七级木浮图，其帅急登之，绐其众曰："尔若迫我，我即自焚于此矣。"众惜浮图，乃盟而舍之。

（《宋史》卷四百九十二《列传第二百五十一·外国八》　14152）

汉僧六十余人自朔方路来

乾德四年，知西凉府折逋葛支上言："有回鹘二百余人、汉僧六十余人自朔方路来，为部落劫略。僧云欲往天竺取经，并送达甘州讫。"诏褒答之。

（《宋史》卷四百九十二《列传第二百五十一·外国八》　14153）

唃厮啰

河州人谓佛"唃"，谓儿子"厮啰"，自此名唃厮啰。于是宗哥僧李立遵、邈川大酋温逋奇〔一〕略取厮罗如廓州〔二〕，尊立之。部族浸强，乃徙居宗哥城，立遵为论逋佐之。

〔一〕温逋奇　原作"温逋哥"，据《宋会要·蕃夷》六之一、《太平治绩统类》卷一六改。下同。《长编》卷八二作"温布且"。

〔二〕廓州　原作"郭州"，据本书卷八七《地理志》、《长编》卷八二改。下同。

（《宋史》卷四百九十二《列传第二百五十一·外国八》　14160）

炳灵寺

议者谓："今不先修邈川以东城障而遽取青唐，非计也。以今日观之，有不可守者四：自炳灵寺渡河至青唐四百里，道险地远，缓急声援不相及，一也；羌若断桥塞隘，我虽有百万之师，仓卒不能进，二也；王赡提孤军以入，四无援兵，必生他变，三也；设遣大军而青唐、宗哥、邈川食皆止支一月，内地无粮可运，难以久处，四也。官军自会州还者皆憔悴，衣屡穿决，器仗不全，羌视之有轻汉心，且夕必叛。"

（《宋史》卷四百九十二《列传第二百五十一·外国八》　14166）

王韶与智缘

王韶经略熙河，遣僧智缘[一]往说之，啖以厚利，因随以兵；前后杀其老弱数千，焚族帐万数，得腹心酋领十余人，又禽其妻子，皆不杀。[赵思忠]遂以熙宁七年四月举洮、河二州来降，赐以姓名，拜荣州团练使。

〔一〕智缘　原作"智圆"，据本书卷四六二《方技传》、《东都事略》卷一二九《西蕃传》、《宋会要·蕃夷》六之一二改。

（《宋史》卷四百九十二《列传第二百五十一·外国八》　14168）

报国寺

天圣二年，知古州向光普自言，尝创佛寺，请名报国，岁度僧一人，许之。

（《宋史》卷四百九十三《列传第二百五十二·蛮夷一》　14182）

辽 史

辽太宗幸弘福寺

[天显十年] 冬十一月丙午，[太宗] 幸弘福寺为皇后饭僧，见观音画像，乃大圣皇帝、应天皇后及人皇王所施，顾左右曰："昔与父母兄弟聚观于此，岁时未几，今我独来!"悲叹不已。乃自制文题于壁，以极追感之意。读者悲之。

(《辽史》卷三《本纪第三·太宗上》　37)

太宗幸菩萨堂

[会同五年六月] 丁丑，闻皇太后不豫，上驰入侍，汤药必亲尝。仍告太祖庙，幸菩萨堂，饭僧五万人。七月乃愈。

(《辽史》卷四《本纪第四·太宗下》　52)

封禅寺

[会同九年十二月壬午] 重贵举族出封丘门，稿索牵羊以待。上不忍临视，命改馆封禅寺。

(《辽史》卷四《本纪第四·太宗下》　58)

圣宗诏上京开龙寺建佛事一月

[统和四年秋七月] 辛巳，以捷告天地。……又以杀敌多，[圣宗] 诏上京开龙寺建佛事一月，饭僧〔一〕万人。

〔一〕饭僧　饭僧，原倒讹"僧饭"。据前后文例改。

(《辽史》卷十一《本纪第十二·圣宗二》　123)

僧志福

[辽道宗咸雍五年] 闰 [十一] 月戊申，夏国王李秉常遣使乞赐印绶。己未，僧志福加守司徒。

(《辽史》卷二十二《本纪第二十二·道宗二》　269)

海云寺

[大安三年] 五月庚申，海云寺进济民钱千万。

（《辽史》卷二十五《本纪第二十五·道宗五》　295）

辽道宗遣使祠佛饭僧

[大安九年] 夏四月乙卯，兴中府甘露降，遣使祠佛饭僧。

（《辽史》卷二十五《本纪第二十五·道宗五》　301）

龙寺、崇孝寺、节义寺、安国寺、贝圣尼寺、天雄寺、福先寺

[上京] 正南街东，留守司衙，次盐铁司，次南门，龙寺街。南曰临潢府，其侧临潢县。县西南崇孝寺，承天皇后建。寺西长泰县，又西天长观。西南国子监，监北孔子庙，庙东节义寺。又西北安国寺，太宗所建。寺东齐天皇后故宅，宅东有元妃宅，即法天皇后所建也。其南贝圣尼寺[一]，绫锦院、内省司、麹院、赡国、省司二仓，皆在大内西南，八作司与天雄寺对。……西南同文驿，诸国信使居之。驿西南临潢驿，以待夏国使。驿西福先寺。寺西宣化县，西南定霸县，县西保和县。……

周广顺中，胡峤《记》曰：上京西楼，有邑屋市肆，交易无钱而用布。有绫锦诸工作、宦者、翰林、伎术、教坊、角抵、儒、僧尼、道士。中国人并、汾、幽、蓟为多。

宋大中祥符九年，薛映《记》曰：上京者，中京正北八十里至松山馆[二]……七十里宣化馆，五十里长泰馆。馆西二十里有佛舍、民居，即祖州。

[一] 贝圣尼寺　贝，南、北及乾隆殿本并作"具"，《大典》七七〇二亦作"具"。道光殿本改作"有"。

[二] 中京正北八十里至松山馆　按富弼《行程录》，由中京至临都馆、官窑馆，再至松山馆，为一百九十里。

（《辽史》卷三十七《志第七·地理志一》　441）

兴王寺有白衣观音像

有木叶山，上建契丹始祖庙，奇首可汗在南庙，可敦在北庙，绘塑二圣并八子神像。相传有神人乘白马，自马盂山浮土河而东，有天女驾青牛车由平地松林泛潢河而下。至木叶山，二水合流，相遇为配偶，生八子。其后族

属渐盛，分为八部。每行军及春秋时祭，必用白马青牛，示不忘本云。兴王寺，有白衣观音像。太宗援石晋主中国，[一]自潞州回，入幽州，幸大悲阁，指此像曰："我梦神人令送石郎为中国帝，即此也。"因移木叶山，建庙，春秋告赛，尊为家神。兴军必告之，乃合符传箭于诸部。

〔一〕太宗援石晋主中国　宗，原误"祖"。援石晋为太宗时事，据改。

（《辽史》卷三十七《志第七·地理志一》　445）

金德寺、大悲寺、附马寺、赵头陀寺

城名天福，[一]高三丈，有楼橹，幅员三十里。……宫墙北有让国皇帝御容殿。大内建二殿，不置宫嫔，唯以内省使副、判官守之。《大东丹国新建南京碑铭》，在宫门之南。外城谓之汉城，分南北市，中为看楼；晨集南市，夕集北市。街西有金德寺；大悲寺；驸马寺，铁幡竿在焉；赵头陀寺；留守衙；户部司；军巡院，归化营军千余人，河、朔亡命，皆籍于此。

〔一〕城名天福　按《纪》天显元年二月，改忽汗城为天福。非升东平为南京时以东平为天福。

（《辽史》卷三十八《志第八·地理志二》　456）

燕京寺观

［燕京］坊市、廨舍、寺观，盖不胜书。

（《辽史》卷四十《志第十·地理志四》　494）

燕京悯忠寺

［燕京］有闵忠寺，本唐太宗为征辽阵亡将士所造；又有开泰寺，魏王耶律汉宁造。

（《辽史》卷四十《志第十·地理志四》　496）

大同华严寺奉安辽诸帝石像、铜像

［西京大同］辽既建都，用为重地，非亲王不得主之。清宁八年建华严寺，奉安诸帝石像、铜像。又有天王寺、留守司衙，南曰西省。

（《辽史》卷四十一《志第十一·地理志五》　506）

僧一行

唐沙门一行铸浑天仪，时称精妙，未几铜铁渐涩，不能自转，置不复用。金质不精，水性不行，况移之沍寒之地乎？

（《辽史》卷四十四《志第十四·历象志下》　679）

辽太宗幸幽州大悲阁

太宗幸幽州大悲阁，迁白衣观音像，[一]建庙木叶山，尊为家神。于拜山仪过树之后，增"诣菩萨堂仪"一节，然后拜神，非胡刺可汗之故也。兴宗先有事于菩萨堂及木叶山辽河神，然后行拜山仪，冠服、节文多所变更，后因以为常。神主树木，悬牲告办，班位奠祝，致嘏饮福，往往暗合于礼。天理人情，放诸四海而准，信矣夫。兴宗更制，不能正以经术，无以大过于昔，故不载。

〔一〕太宗幸幽州大悲阁迁白衣观音像 宗，原误"祖"。据《地理志一》永州兴王寺迁白衣观音像事改。

（《辽史》卷四十九《志第十八·礼志一》 835）

海云佛寺

刘伸为户部使，岁入羡余钱三十万缗，擢南院枢密使；[一]其以灾沴，出钱以振贫乏及诸宫分边戍人户。是时，虽未有贯朽不可较之积，亦可谓富矣。至其末年，经费浩穰，鼓铸仍旧，国用不给。虽以海云佛寺千万之助，受而不拒，寻禁民钱不得出境。

〔一〕刘伸至擢南院枢密使 按卷九八《刘伸传》作枢密副使。

（《辽史》卷六十《志第二十九·食货志下》 931）

辽兴宗溺浮屠法

然兴宗好名，喜变更，又溺浮屠法，务行小惠，数降赦宥，释死囚甚众。

（《辽史》卷六十二《志第三十一·刑法志下》 943）

辽圣宗幸甘露等寺

［圣宗统和元年三月］从禽于近川，获六鹕。幸甘露等寺。驻跸长泺。

（《辽史》卷六十八《志第六·游幸表》 1050）

圣宗幸盘山诸寺

［圣宗统和八年三月］幸盘山诸寺。猎西括折山。

（《辽史》卷六十八《志第六·游幸表》 1053）

圣宗幸兴王寺

［开泰元年正月］幸兴王寺。

（《辽史》卷六十八《志第六·游幸表》 1057）

圣宗幸开泰寺

[开泰八年十二月] 幸开泰寺宴饮。

（《辽史》卷六十八《志第六·游幸表》 1059）

辽兴宗幸延寿寺

[重熙十一年十二月] 幸延寿寺饭僧。

（《辽史》卷六十八《志第六·游幸表》 1066）

[重熙十二年八月] 幸庆州诸寺焚香。

（《辽史》卷六十八《志第六·游幸表》 1067）

[重熙十六年七月] 幸庆州诸寺焚香。[十一月] 幸兴王寺拜佛。

（《辽史》卷六十八《志第六·游幸表》 1068）

[重熙二十三年六月] 幸圣济寺。

（《辽史》卷六十八《志第六·游幸表》 1069）

辽道宗幸七金山三学寺

[道宗清宁十年九月] 幸七金山三学寺。

（《辽史》卷六十八《志第六·游幸表》 1070）

道宗幸金河寺

[咸雍九年七月] 幸金河寺。

（《辽史》卷六十八《志第六·游幸表》 1072）

道宗幸沙门恒策戒坛

[寿隆二年十一月] 幸沙门恒策戒坛，问佛法。

（《辽史》卷六十八《志第六·游幸表》 1073）

浮图城

[天赞三年十月] 遣兵逾流沙，拔浮图城，尽取西鄙诸部。

（《辽史》卷七十《志第八·属国表》 1127）

以白金为浮图

圣宗仁德皇后萧氏，小字菩萨哥，睿智皇后弟隗因之女。年十二，美而才，选入掖庭。统和十九年，册为齐天皇后。

尝以草莛为殿式，密付有司，令造清风、天祥、八方三殿。既成，益宠异。所乘车置龙首鸱尾，饰以黄金。又造九龙辂、诸子车，以白金为浮图，各有巧思。夏秋从行山谷间，花木如绣，车服相错，人望之以为神仙。

（《辽史》卷七十一《列传第一·后妃》 1202）

宣懿皇后

道宗宣懿皇后萧氏，小字观音，钦哀皇后弟枢密使惠之女。

（《辽史》卷七十一《列传第一·后妃》 1205）

佛非中国教

义宗，名倍，小字图欲，太祖长子，母淳钦皇后萧氏。幼聪敏好学，外宽内挚。神册元年春，立为皇太子。

时太祖问侍臣曰："受命之君，当事天敬神。有大功德者，朕欲祀之，何先？"皆以佛对。太祖曰："佛非中国教。"倍曰："孔子大圣，万世所尊，宜先。"太祖大悦，即建孔子庙，诏皇太子春秋释奠。

（《辽史》卷七十二《列传第二·宗室》 1209）

义宗倍

后明宗养子［李］从珂弑其君自立，［义宗］倍密报太宗曰："从珂弑君，盍讨之。"……从珂欲自焚，召倍与俱，倍不从，遣壮士李彦绅害之，时年三十八。有一僧为收瘗之。……

倍初市书至万卷，藏于医巫闾绝顶之望海堂。通阴阳，知音律，精医药、砭焫之术。工辽、汉文章，尝译《阴符经》。善画本国人物，如《射骑》《猎雪骑》《千鹿图》，皆入宋秘府。然性刻急好杀，婢妾微过，常加剕灼。夏氏惧而求削发为尼。

（《辽史》卷七十二《列传第二·宗室》 1211）

道　隐

道隐生于唐，人皇王遭李从珂之害，时年尚幼，洛阳僧匿而养之，因名道隐。

（《辽史》卷七十二《列传第二·宗室》 1212）

室昉论寺院赐额

初，晋国公主建佛寺于南京，上许赐额。［室］昉奏曰："诏书悉罢无名寺院。今以主请赐额，不惟违前诏，恐此风愈炽。"上从之。

（《辽史》卷七十九《列传第九·室昉》 1272）

崇孝寺

[耶律唐古] 乞勒其父屋质功于石，帝命耶律庶成制文，勒石上京崇孝寺。

　　　　　　（《辽史》卷九十一《列传第二十一·耶律唐古》　1362）

孩里素信浮图

孩里 [回鹘人] 素信浮图。清宁初，从上猎，堕马，愦而复苏。言始见二人引至一城，宫室宏敞，有衣绛袍人坐殿上，左右列侍，导孩里升阶。持牍者示之曰："本取大腹骨欲，误执汝。"牍上书"官至使相，寿七十七"。须臾还，挤之大壑而寤。道宗闻之，命书其事。后皆验。

　　　　　　（《辽史》卷九十七《列传第二十七·孩里》　1408）

奉国寺

帝怒稍解，仍令禁锢 [李瀚] 于奉国寺，凡六年，艰苦万状。

　　　　　　（《辽史》卷一百三《列传第三十三·文学上》　1450）

萧蒲离不

[萧蒲离不] 晚年，谢绝人事，卜居抹古山，屏远荤茹，潜心佛书，延有道者谈论弥日。人问所得何如，但曰："有深乐！惟觉六凿不相攘，余无知者。"一日，易服，无疾而逝。

　　　　　　（《辽史》卷一百六《列传第三十六·卓行》　1469）

张孝杰诣佛寺

[张] 孝杰久在相位，贪货无厌，时与亲戚会饮，尝曰："无百万两黄金，不足为宰相家。"初，孝杰及第，诣佛寺，忽迅风吹孝杰幞头，与浮图齐，坠地而碎。有老僧曰："此人必骤贵，然亦不得其死。"竟如其言。

　　　　　　（《辽史》卷一百十《列传第四十·奸臣上》　1487）

西夏李德明晓佛书

西夏……至李继迁始大……子德明，晓佛书，通法律，尝观《太一金鉴诀》《野战歌》，制番书十二卷，又制字若符篆。

　　　　　　（《辽史》卷百十五《列传第四十五·二国外记》　1523）

金　史

阿古乃好佛

金之始祖讳函普，初从高丽来，年已六十余矣。兄阿古乃好佛，留高丽不肯从，曰："后世子孙必有能相聚者，吾不能去也。"

（《金史》卷一《本纪第一·世纪》　2）

云峰寺

［贞元三年三月］乙卯，命以大房山云峰寺为山陵，建行宫其麓。

（《金史》卷五《本纪第五·海陵》　104）

清安寺

［正隆三年九月］于是，以议备贼事，召官属会清安寺，彦隆先到，存福累召始来，并于座上执之。

（《金史》卷六《本纪第六·世宗上》　122）

华严寺

［正隆六年］五月戊申，［世宗］幸华严寺，观故辽诸帝铜像，诏主僧谨视之。

（《金史》卷六《本纪第六·世宗上》　137）

至于佛法，尤所未信

［大定］八年正月甲子朔，宋、高丽、夏遣使来贺。……辛未，谓秘书监移剌子敬等曰："昔唐、虞之时，未有华饰，汉惟孝文务为纯俭。朕于宫室惟恐过度，其或兴修，即损宫人岁费以充之，今亦不复营建矣。如宴饮之事，近惟太子生日及岁元尝饮酒，往者亦止上元、中秋饮之，亦未尝至醉。至于佛法，尤所未信。梁武帝为同泰寺奴，辽道宗以民户赐寺僧，复加以三公之官，其惑深矣。"庚辰，行皇太子册礼。

（《金史》卷六《本纪第六·世宗本纪上》　141）

僧李智究等谋反

[大定十三年九月] 大名府僧李智究等谋反，伏诛。

（《金史》卷七《本纪第七·世宗中》　160）

无令徒费财用

[大定十四年] 四月乙丑，上谕宰臣曰："闻愚民祈福，多建佛寺，虽已条禁，尚多犯者，宜申约束，无令徒费财用。"

（《金史》卷七《本纪第七·世宗中》　161）

金世宗幸仙洞寺

[大定二十六年八月] 庚子，[世宗] 次蓟州。辛丑，幸仙洞寺。壬寅，幸香林、净名二寺。

九月甲辰朔，幸盘山上方寺，因遍历中盘、天香、感化诸寺。庚申，还都。

（《金史》卷八《本纪第八·世宗下》　194）

金世宗言"奉道崇佛"

[大定二十七年十二月] 甲申，上谕宰臣曰："人皆以奉道崇佛设斋读经为福，朕使百姓无冤，天下安乐，不胜于彼乎。尔等居辅相之任，诚能匡益国家，使百姓蒙利，不惟身享其报，亦将施及子孙矣。"左丞翰特剌曰："臣等敢不尽心，第才不逮，不能称职耳。"上曰："人亦安能每事尽善，但加勉励可也。"戊子，禁女真人不得改称汉姓，学南人衣装，犯者抵罪。

（《金史》卷八《本纪第八·世宗下》　199）

金世宗禁糠禅、瓢禅

[大定二十八年] 十月乙丑……禁糠禅、瓢禅，其停止之家抵罪。

（《金史》卷八《本纪第八·世宗下》　201）

金章宗奉皇太后幸庆寿寺

[明昌元年六月] 壬辰，奉皇太后幸庆寿寺。甲辰，敕僧、道三年一试。

（《金史》卷九《本纪第九·章宗一》　215）

金章宗禁五行毗卢

[明昌元年] 十一月乙卯……以惑众乱民，禁罢全真及五行毗卢。

（《金史》卷九《本纪第九·章宗一》　216）

僧尼以后并听拜父母

[明昌三年三月] 癸巳，尚书省奏："言事者谓，释道之流不拜父母亲属，败坏风俗，莫此为甚。礼官言唐开元二年敕云：'闻道士、女冠、僧、尼不拜二亲，是为子而忘其生，傲亲而徇于末。自今以后并听拜父母，其有丧纪轻重及尊属礼数，一准常仪。'臣等以为宜依典故行之。"制可。

（《金史》卷九《本纪第九·章宗一》　221）

章宗幸香山永安寺

[明昌四年三月] 甲申，[章宗] 幸香山永安寺及玉泉山。甲午，定配享功臣。

（《金史》卷十《本纪第十·章宗二》　228）

孔庙何以不如佛寺道观

[明昌五年闰十月] 戊寅，上问辅臣："孔子庙诸处何如？"平章政事守贞曰："诸县见议建立。"上因曰："僧徒修饰宇像甚严，道流次之，惟儒者于孔子庙最为灭裂。"守贞曰："儒者不能长居学校，非若僧道久处寺观。"上曰："僧道以佛、老营利，故务在庄严闳侈，起人施利自多，所以为观美也。"

（《金史》卷十《本纪第十·章宗二》　234）

敕长老、大师、大德不限年甲

[承安元年六月] 丁卯，敕自今长老、大师、大德不限年甲，长老、大师许度弟子三人，大德二人，戒僧年四十以上者度一人。其大定十五年附籍沙弥年六十以上并令受戒，仍不许度弟子。尼、道士、女冠亦如之。御史大夫移剌仲方罢。庚午，幸环秀亭观稼。

（《金史》卷十《本纪第十·章宗二》　239）

降僧道空名度牒

[承安二年夏四月] 甲子，祈雨于社稷。尚书省奏，比岁北边调度颇多，请降僧道空名度牒紫褐师德号以助军储，从之。

（《金史》卷十《本纪第十·章宗二》　241）

放僧道戒牒三千

[泰和二年] 十二月癸酉，以皇子晬日，放僧道戒牒三千。

（《金史》卷十六《本纪第十一·章宗三》　259）

赏募河西诸蕃部族寺僧

[元光元年二月] 乙酉，〔一〕陕西西路行省请以厚赏募河西诸蕃部族寺僧，图复大通城，命行省枢密院筹之。

〔一〕乙酉　原作"二月乙酉"。今将"二月"二字移在上文"壬午"之上。参见前条。

（《金史》卷十六《本纪第十六・宣宗下》　361）

西夏人犯积石

[元光二年] 秋七月壬寅朔，[西]夏人犯积石州，羌界寺族多陷没，惟桑逋寺僧看逋、昭逋、厮没，及答那寺僧奔鞠等拒而不从。诏赏诸僧钤辖正将等官，而给以廪禄。

（《金史》卷十六《本纪第十六・宣宗下》　366）

孝严寺

[正大元年三月] 戊申，奉安宣宗御容于孝严寺。

（《金史》卷十七《本纪第十七・哀宗上》　374）

西京城南浮图

天辅五年，忽鲁勃极烈杲都统诸军取中京，帝别领合扎猛安，受金牌，既克中京，遂与杲俱袭辽主于鸳鸯泺。辽主走阴山，耿守忠救西京，帝与宗翰等击走之。西京城南有浮图，敌先据之，下射，士卒多伤。帝曰："先取是，则西京可下。"既而攻浮图，克之，遂下西京。太祖崩，帝与兄宗干率宗室群臣立太宗。天会二年，薨。

（《金史》卷十九《本纪第十九・世纪补》　407）

僧一行

元祐时，尚书右丞苏颂与昭文馆校理沈括奉敕详定《浑仪法要》，遂奏举吏部勾当官韩公廉通《九章勾股法》，常以推考天度与张衡、王蕃、僧一行、梁令瓒、张思训法式，大纲可以寻究。

（《金史》卷二十二《志第三・历下》　520）

大悲阁

[大安] 二年二月乙酉，地大震，有声殷殷然。……又旬日，大悲阁幡竿下石隙中火出，高二三尺，人近之即灭，凡十余日。自是都城连夜燔爇二

三十处。……［三年］三月戊午，大悲阁灾，延烧万余家，火五日不绝。

（《金史》卷二十三《志第四·五行》　541）

储庆寺

正隆二年命吏部郎中萧彦良尽毁宫殿、宗庙、诸大族邸第及储庆寺，夷其趾，耕垦之。

（《金史》卷二十四《志第五·地理上》　551）

华严寺

大同倚。辽析云中置，金因之。……有辽帝后像，在华严寺。

（《金史》卷二十四《志第五·地理上》　564）

开觉寺

［大定］十五年二月，有司言东京开觉寺藏睿宗皇帝皂衣展裹真容，敕迁本京祖庙奉祀，仍易袍色。

（《金史》卷三十三《志第十四·礼六》　789）

命诸寺观启道场祈祷

［大定］十七年夏六月，京畿久雨，遵祈雨仪，命诸寺观启道场祈祷。

（《金史》卷三十五《志第十六·礼八》　826）

麒麟金浮图

太子常行仪卫，导从六十二人，伞子二人……伞用梅红罗、坐麒麟金浮图。

（《金史》卷四十二《志第二十三·仪卫下》　958）

僧尼道女冠有师号许服花纱绫罗丝绸

大定十三年，太常寺拟士人及僧尼道女冠有师号、并良闲官八品以上，许服花纱绫罗丝绸。

（《金史》卷四十三《志第二十四·舆服下》　986）

《释道令》十条

［泰和元年］十二月，所修律成……名曰《泰和律义》。自《官品令》《职员令》之下，曰《祠令》四十八条……《杂令》四十九条，《释道令》十条。

（《金史》卷四十五《志第二十六·刑》　1024）

寺观设纲首

［泰和六年］寺观则设纲首。

（《金史》卷四十六《志第二十七·食货一》　1031）

惟神佛像、钟等则存之

［大定］十一年二月，禁私铸铜镜，旧有铜器悉送官，给其直之半。惟神佛像、钟、磬、钹、钴、腰束带、鱼袋之属，则存之。

（《金史》卷四十八《志第二十九·食货三》　1070）

悯忠寺旧有双塔

悯忠寺旧有双塔，进士入院之夜半，闻东塔上有声如音乐，西入宫。考试官侍御史完颜蒲涅等曰："文路始开而有此，得贤之祥也。"

（《金史》卷五十一《志第三十二·选举一》　1141）

试僧、尼、道、女冠，三年一次

掌凡礼乐、祭祀、燕享、学校、贡举、仪式、制度、符印、表疏、图书、册命、祥瑞、天文、漏刻、国忌、庙讳、医卜、释道、四方使客、诸国进贡、犒劳张设之事。凡试僧、尼、道、女冠，三年一次，限度八十人，差京府幕职或节镇防御佐贰官二员、僧官二人、道官一人、司吏一名、从人各一人、厨子二人、把门官一名、杂役三人。僧童能读《法华》《心地观》《金光明》《报恩》《华严》等经共五部，计八帙。《华严经》分为四帙。每帙取二卷，卷举四题，读百字为限。尼童试经半部，与僧童同。道士、女冠童行念《道德》《救苦》《玉京山》《消灾》《灵宝度人》等经，皆以诵成句、依音释为通。中选者试官给据，以名报有司。凡僧尼官见管人及八十、道士女冠及三十人者放度一名，死者令监坛以度牒申部毁之。

（《金史》卷五十五《志第三十六·百官一》　1234）

有比丘尼三人出入宫中

定哥自其夫时，与家奴阎乞儿通，尝以衣服遗乞儿。及为贵妃，乞儿以妃家旧人，给事本位。定哥既怨海陵疏己，欲复与乞儿通。有比丘尼三人出入宫中，定哥使比丘尼向乞儿索所遗衣服以调之。乞儿识其意，笑曰："妃今日富贵忘我耶。"定哥欲以计纳乞儿宫中，恐阍者索之，乃令侍儿以大箧盛亵衣其中，遣人载之入宫。阍者索之，见箧中皆亵衣，固已悔惧。定哥使人诘责阍者曰："我，天子妃。亲体之衣，尔故玩视，何也？我且奏之。"阍者惶恐曰："死罪。请后不敢。"定哥乃使人以箧盛乞儿载入宫中，阍者果不敢复索。乞儿入宫十余日，使衣妇人衣，杂诸宫婢，抵暮遣出。贵哥以告海陵。定哥缢死，乞儿及比丘尼三人皆伏诛。封贵哥莘国夫人。

（《金史》卷六十三《列传第一·后妃上》　1510）

李皇后祝发为比丘尼

　　〔金〕旧俗，妇女寡居，宗族接续之。后乃祝发为比丘尼，号通慧圆明大师，赐紫衣，归辽阳，营建清安禅寺，别为尼院居之。贞元三年，世宗为东京留守。正隆六年五月，后卒。世宗哀毁过礼，以丧去官。未几，起复为留守。是岁十月，后弟李石定策，世宗即位于东京，尊谥为贞懿皇后，其寝园曰孝宁宫。

（《金史》卷六十四《列传第二·后妃传下》　1518）

辽阳浮图、垂庆寺、清安寺

　　大定二年，改葬睿宗于景陵。初，后自建浮图于辽阳，是为垂庆寺，临终谓世宗曰："乡土之念，人情所同，吾已用浮屠法置塔于此，不必合葬也。我死，毋忘此言。"世宗深念遗命，乃即东京清安寺建神御殿，诏有司增大旧塔，起奉慈殿于塔前。敕礼部尚书王竞为塔铭以叙其意。……诏翰林学士张景仁作《清安寺碑》，其文不称旨，诏左丞石琚共修之。十三年，东京垂庆寺起神御殿，寺地褊狭，诏买傍近民地，优与其直，不愿鬻者以官地易之。二十四年，世宗至东京，幸清安、垂庆寺。

（《金史》卷六十四《列传第二·后妃下》　1519）

金昭圣皇后刘氏

　　昭圣皇后，刘氏，辽阳人。天眷二年九月己亥夜，后家若见有黄衣女子入其母室中者，俄顷，后生。性聪慧，凡字过目不忘。初读《孝经》，旬日终卷。最喜佛书。

（《金史》卷六十四《列传第二·后妃下》　1526）

皇后王氏佛像前自缢死

　　天兴元年冬，哀宗迁归德。二年正月，遣近侍徒单四喜、术甲苔失不奉迎两宫。后御仁安殿，出铤金及七宝金洗，分赐从行忠孝军。是夜，两宫及柔妃裴满氏等乘马出宫，行至陈留，城左右火起，疑有兵，不敢进。……惟宝符李氏从至宣德州，居摩诃院。李氏自入院，止寝佛殿中，作为幡旆。会当同后妃北行，将发，［皇后王氏］佛像前自缢死，且自书门纸曰"宝符御侍此处身故"。

（《金史》卷六十四《列传第二·后妃下》　1533）

西京城西浮图

斡鲁从都统袭辽主，辽主西走，西京已降复叛，敌据城西浮图，下射攻城者。斡鲁与鹘巴鲁攻浮图，夺之，复以精锐乘浮图下射城中，遂破西京。

（《金史》卷七十一《列传第九·斡鲁》　1634）

光庆晚信浮屠法

光庆好古，读书识大义，喜为诗，善篆隶，尤工大字。……

［大定］二十五年，卒，年五十一。上遣使致祭，赙银三百两、重彩十端、绢百匹。平时喜为善言，蓄善药，号"善善道人"。晚信浮屠法，自作真赞，语皆任达云。

（《金史》卷七十五《列传第十三·左泌》　1727）

宗雅喜事佛

中京留守宗雅喜事佛，世称"善大王"，海陵知其无能，将存之以奉太宗。后召至阙，不数日，竟杀之。

（《金史》卷七十六《列传第十四·太宗诸子》　1733）

南　寺

西羌吹折、密臧、陇逋、庞拜四族恃险不服，使侍御史沙醇之就中彦论方略，中彦曰："此羌服叛不常，若非中彦自行，势必不可。"即至积石达南寺，酋长四人来，与之约降，事遂定，赏而遣之。

（《金史》卷七十九《列传第十七·张中彦》　1790）

储庆寺

［皇统二年］十二月，济安病剧，上与皇后幸佛寺焚香，流涕哀祷，曲赦五百里内罪囚。是夜，薨。谥英悼太子，葬兴陵之侧，上送至乌只黑水而还。命工塑其像于储庆寺，上与皇后幸寺安置之。海陵毁上京宫室，寺亦随毁。

（《金史》卷八十《列传第十八·熙宗二子》　1797）

海陵王责卿臣奉佛

会磁州僧法宝欲去，张浩、张晖欲留之不可得，朝官又有欲留之者。海陵闻其事，诏三品以上官上殿，责之曰："闻卿等每到寺，僧法宝正坐，卿等皆坐其侧，朕甚不取。佛者本一小国王子，能轻舍富贵，自苦修行，由是成佛，今人崇敬。以希福利，皆妄也。况僧者，往往不第秀才，市井游食，生计不足，乃去为僧，较其贵贱，未可与簿尉抗礼。闾阎老妇，迫于死期，多归信之。卿等位为宰辅，乃复效此，失大臣体。张司徒老成旧人，三教该通，足为仪表，何不师之。"召法宝谓之曰："汝既为僧，去住在己，何乃使人知之？"法宝战惧，不知所为。海陵曰："汝为长老，当有定力，今乃畏死耶？"遂于朝堂杖之二百，张浩、张晖杖二十。

（《金史》卷八十三《列传第二十一·张通古》 1861）

金豫王永成

［金豫王］永成自幼喜读书，晚年所学益醇，每暇日引文士相与切磋，接之以礼，未尝见骄色。自号曰"乐善居士"，有文集行于世云。

（《金史》卷八十五《列传第二十三·世宗诸子》 1908）

南方无赖之徒，假托释道

时民间往往造作妖言，相为党与谋不轨，事觉伏诛。上问宰臣曰："南方尚多反侧，何也？"琚对曰："南方无赖之徒，假托释道，以妖幻惑人。愚民无知，遂至犯法。"上曰："如僧智究是也。此辈不足恤，但军士讨捕，利取民财，害及良民，不若杜之以渐也。"智究，大名府僧，同寺僧苑智义与智究言，《莲华经》中载五浊恶世佛出魏地，《心经》有梦想究竟涅槃之语，汝法名智究，正应经文，先师藏瓶和尚知汝有是福分，亦作颂子付汝。智究信其言，遂谋作乱，历大名、东平州郡，假托抄化，诱惑愚民，潜结奸党，议以十一年十二月十七日先取兖州，会徒峄山，以"应天时"三字为号，分取东平诸州府。及期向夜，使逆党胡智爱等，劫旁近军寨，掠取甲仗，军士击败之。会傅戬、刘宣亦于阳谷、东平上变。皆伏诛，连坐者四百五十余人。

（《金史》卷八十八《列传第二十六·石琚》 1961）

大怀贞饭僧破案

[大怀贞]尝以私忌饭僧数人，就中一僧异常，怀贞问曰："汝何许人也？"对曰："山西人。"复问："曾为盗杀人否？"对曰："无之。"后三日诘盗，果引此僧，皆服其明察。

（《金史》卷九十二《列传第三十·大怀贞》　2040）

洪辉印《无量寿经》一万卷

洪辉本名讹论，承安二年五月生，弥月，封寿王。闰六月壬午，病急风，募能医者加宣武将军，赐钱五百万。甲申，疾愈，印《无量寿经》一万卷报谢，衍庆宫作普天大醮七日，无奏刑名，仍禁屠宰。

（《金史》卷九十三《列传第三十一·章宗诸子》　2059）

僧道度牒三千

忒邻，泰和二年八月生。……十二月癸酉，生满百日，放僧道度牒三千道，设醮玄真观，宴于庆和殿。百官用天寿节礼仪，进酒称贺，三品以上进礼物。

（《金史》卷九十三《列传第二十一·章宗诸子》　2059）

完颜襄论放寺奴

章宗初即政，议罢僧道奴婢。太尉克宁奏曰："此盖成俗日久，若遽更之，于人情不安。陛下如恶其数多，宜严立格法，以防滥度，则自少矣。"襄曰："出家之人安用仆隶？乞不问从初如何所得，悉放为良。若寺观物力元系奴婢之数推定者，并合除免。"诏从襄言。由是二税户多为良者。

（《金史》卷九十四《列传第三十二·襄》　2088）

李晏释放寺奴

初，锦州龙宫寺，辽主拨赐户民俾输税于寺，岁久皆以为奴，有欲诉者害之岛中。[李]晏乃具奏："在律，僧不杀生，况人命乎。辽以良民为二税户，此不道之甚也，今幸遇圣朝，乞尽释为良。"世宗纳其言，于是获免者六百余人。

（《金史》卷九十六《列传第三十四·李晏》　2127）

香山行宫及佛舍

大定中，诏与近臣同经营香山行宫及佛舍，其近臣私谓构曰："公今之德人，我欲举奏，公行将大任矣。"构辞之。

悯忠寺

胡沙虎斩关入中都，迁卫绍王于卫邸，命纲子安和作家书，使亲信人召纲[一]。纲至，因之悯忠寺，明日，押至市中，使张霖卿数以失四川、败缙山之事，杀之。

〔一〕命纲子安和作家书使亲信人召纲　按本书卷一三《卫绍王纪》，至宁元年八月，胡沙虎"诱奉御和尚使作书急召其父左丞元奴议事，元奴以军来，并其子皆杀之"。元奴即纲，子名"和尚"，且与纲同被杀，与此略异。

相国寺

[承晖薨后] 宣宗设奠于相国寺，哭之尽哀。

佛严寺

[贞祐] 二年正月，[李英] 乘夜与壮士李雄、郭仲元、郭兴祖等四百九十人出城，缘西山进至佛严寺。

山　寺

[兴定] 五年，复伐宋。二月，安贞出息州，军于七里镇，宋兵据净居山，遣兵击败之。宋兵保山寺。纵火焚寺，乘胜追至洪门山。

三君矫枉太过

承安元年八月壬子，上 [金章宗] 召 [张] 暐至内殿，问曰……上复问曰："僧道三年一试，八十而取一，不亦少乎？"对曰："此辈浮食，无益有损，不宜滋益也。"上曰："周武帝、唐武宗、后周世宗皆贤君，其寿不永，虽曰偶然，似亦有因也。"对曰："三君矫枉太过。今不毁除、不崇奉，是为得中矣。"是岁，郊见上帝焉。

僧道官师德号度牒、寺观院额等，并听买之

［兴定］三年，河南颇丰稔，民间多积粟，汝砺乃奏曰："国家之务莫重于食……乞于河南州府验其物价低昂，权宜立式，凡内外四品以下杂正班散官及承荫人，免当暴使监官功酬，或僧道官师德号度牒、寺观院额等，并听买之。司县官有能劝诱输粟至三千石者，将来注授升本榜首，五千石以上迁官一阶，万石以上升职一等，并注见阙。庶几人知劝慕，多所收获。"上从之。

（《金史》卷一百七《列传第四十五·高汝砺》　2359）

杨云翼与赵秉文

杨云翼尝与［赵］秉文代掌文柄，时人号"杨赵"。然晚年颇以禅语自污，人亦以为秉文之恨云。

（《金史》卷一百十《列传第四十八·赵秉文》　2429）

父老僧道献食

天兴二年正月朔，上次黄陵冈，就归德餫船北渡……是时，在所父老僧道献食，及牛酒犒军者相属，上亲为拊慰，人人为之感泣。

（《金史》卷一百十四《列传第五十二·白华》　2512）

李纯甫

李纯甫字之纯，弘州襄阴人。祖安上，尝魁西京进士。父采，卒于益都府治中。纯甫幼颖悟异常，初业词赋，及读《左氏春秋》，大爱之，遂更为经义学。擢承安二年经义进士。为文法庄周、列御寇、左氏、《战国策》，后进多宗之。又喜谈兵，慨然有经世心。……

纯甫为人聪敏，少自负其材，谓功名可俯拾，作《矮柏赋》，以诸葛孔明、王景略自期。由小官上万言书，援宋为证，甚切，当路者以迂阔见抑。中年，度其道不行，益纵酒自放，无仕进意。得官未成考，旋即归隐。日与禅僧士子游，以文酒为事，啸歌祖褆出礼法外，或饮数月不醒。人有酒见招，不择贵贱必往，往辄醉，虽沉醉亦未尝废著书。然晚年喜佛，力探其奥义。自类其文，凡论性理及关佛老二家者号"内稿"，其余应物文字为"外稿"。又解《楞严》《金刚经》《老子》《庄子》。又有《中庸集解》《鸣道集解》，号"中国心学、西方文教"，[一] 数十万言，以故为名教所贬云。

〔一〕又有中庸集解鸣道集解号中国心学西方文教　原脱"又有"二字,"文教"
作"父教"。按本传全抄《归潜志》卷一,而略有删节,《归潜志》云"又
解《楞严》《金刚经》《老子》《庄子》,又有《中庸集解》《鸣道集解》,号
为'中国心学、西方文教'",文义分明,今据补改。

(《金史》卷一百二十六《列传第六十四·文艺下》　2734)

褚承亮

天会六年^{〔一〕},斡离不既破真定,拘籍境内进士试安国寺,[褚]承亮名
亦在籍中,匿而不出。

〔一〕天会六年　按,本书卷三《太宗纪》,宗望(即斡离不)破真定在天会三
年,而天会五年五月"右副元师宗望薨"。卷七四《宗望传》所记同。疑此
处纪年有误。

(《金史》卷一百二十七《列传第六十五·隐逸》　2748)

李 懋

李懋,不知何许人。有异术。正大间,游京兆,行省完颜合达爱其术,
与俱至汴京,荐于哀宗。遣近侍密问国运否泰,言无忌避。居之繁台寺,朝
士日走问之,或能道隐事及吉凶之变,人以为神。帝恶其言太泄,遣使者杀
之。使者乃持酒肴入寺,懋出迎,笑曰:"是矣。"使者曰:"何谓也?"懋
曰:"我数当尽今日,尚复何言。"遂索酒,痛饮就死。

(《金史》卷一百三十一《列传第六十九·方伎》　2815)

元 史

僧子聪

岁丙辰，春三月，［忽必烈］命僧子聪卜地于桓州东、滦水北，城开平府，经营宫室。

（《元史》卷四《本纪第四·世祖一》　60）

忽必烈以梵僧八合思八为帝师

［忽必烈中统元年十二月］帝至自和林，驻跸燕京近郊。始制祭享太庙祭器、法服。以梵僧八合思八为帝师，授以玉印，统释教。立仙音院，复改为玉宸院，括乐工。

（《元史》卷四《本纪第四·世祖一》　68）

赐庆寿寺、海云寺陆地五百顷

［中统五年八月］赐庆寿寺、海云寺陆地五百顷。

（《元史》卷四《本纪第四·世祖一》　73）

敕圣安寺作佛顶金轮会

［中统三年］十一月乙酉，太白犯钩钤。丁亥，敕圣安寺作佛顶金轮会，长春宫设金箓天醮。辛丑，日有背气重晕三珥。

（《元史》卷五《本纪第五·世祖二》　88）

僧道种田入租

［中统四年十二月］甲戌，敕驸马爱不花蒲萄户依民例输赋。也里可温、答失蛮、僧、道种田入租，贸易输税。

（《元史》卷五《本纪第五·世祖二》　95）

僧超谋乱

［至元元年八月］己未，凤翔府龙泉寺僧超过等谋乱遇赦，没其财，羁

管京兆僧司；同谋苏德，责令从军自效。

平阳路僧官以妖言惑众伏诛

［至元三年二月］壬午，平阳路僧官以妖言惑众伏诛。

敕僧、道祈福于中都寺观

［至元三年夏四月］庚午，敕僧、道祈福于中都寺观。诏以僧机为总统，居庆寿寺。

占籍为民

［至元七年］九月庚子，敕僧、道、也里可温有家室不持戒律者，占籍为民。……［十一月］壬子，河西诸郡诸王顿舍，僧、民协力供给。

护国仁王寺

［至元七年十二月辛酉］建大护国仁王寺于高良河。敕更定僧服色。

五台兴国寺

［至元九年春正月辛巳］敕燕王遣使持香幡，祠岳渎、后土、五台兴国寺。

集都城僧诵《大藏经》

［至元九年秋七月戊寅］集都城僧诵《大藏经》九会。

大圣寿万安寺

［至元九年］建大圣寿万安寺。

建大护国仁王寺成

［至元十一年三月］帝师八合思八归土番国，以其弟亦邻真袭位。建大护国仁王寺成。

诏谕归附官吏士民军匠僧道等各安己业

[至元十二年二月] 戊申，诏谕江、黄、鄂、岳、汉阳、安庆等处归附官吏士民军匠僧道人等，令农者就末，商者就涂，士庶缁黄，各安己业，如或镇守官吏妄有搔扰，诣行中书省陈告。

（《元史》卷八《本纪第八·世祖五》　161）

明因寺

宋主祖母谢氏遣其丞相吴坚、文天祥，枢密谢堂，安抚贾余庆，中贵邓惟善来见伯颜于明因寺。伯颜顾文天祥举动不常，疑有异志，遂令万户忙古带、宣抚唆都羁留军中。

（《元史》卷九《本纪第九·世祖六》　177）

名山大川，寺观庙宇不许拆毁

[至元十三年二月] 丁未，诏谕临安新附府州司县官吏士民军卒人等曰：

……前代圣贤之后，高尚儒、医、僧、道、卜筮，通晓天文历数，并山林隐逸名士，仰所在官司，具以名闻。名山大川，寺观庙宇，并前代名人遗迹，不许拆毁。鳏寡孤独不能自存之人，量加赡给。

（《元史》卷九《本纪第九·世祖六》　178）

禁西番僧持军器

[至元十三年闰三月] 甲子，禁西番僧持军器。

（《元史》卷九《本纪第九·世祖六》　181）

命国师作佛事于太庙

[至元十三年] 九月壬辰朔，命国师益怜真作佛事于太庙。己亥，享于太庙，常馔外，益野豕、鹿、羊、蒲萄酒。

（《元史》卷九《本纪第九·世祖六》　185）

敕西京搜索五台僧匿逃奴

[至元十六年五月] 丙辰，以五台僧多匿逃奴及逋赋之民，敕西京宣慰司、按察司搜索之。

（《元史》卷十《本纪第十·世祖七》　211）

五台山作佛事

[至元十六年六月] 五台山作佛事。

（《元史》卷十《本纪第十·世祖七》　214）

日本僧

〔至元十六年八月〕戊子，范文虎言："臣奉诏征讨日本，比遣周福、栾忠与日本僧赍诏往谕其国，期以来年四月还报，待其从否，始宜进兵。"又请简阅旧战船以充用。皆从之。……〔甲辰〕置大护国仁王寺总管府，以散扎儿为达鲁花赤，李光祖为总管。

（《元史》卷十《本纪第十·世祖七》　215）

济源庙佛事

〔至元十八年三月〕遣丹八八合赤等诣东海及济源庙修佛事。

（《元史》卷十一《本纪第十一·世祖八》　230）

置五台山建寺伐木

〔至元二十年三月〕御史台臣言："平滦造船，五台山造寺伐木，及南城建新寺，凡役四万人，乞罢之。"诏："伐木建寺即罢之，造船一事，其与省臣议。"

（《元史》卷十二《本纪第十二·世祖九》　252）

立法轮竿于大内万寿山

〔至元二十一年二月〕立法轮竿于大内万寿山，高百尺。

（《元史》卷十三《本纪第十三·世祖十》　265）

天衣寺

〔至元二十一年九月〕丙申，以江南总摄杨琏真加发宋陵冢所收金银宝器修天衣寺。

（《元史》卷十三《本纪第十三·世祖十》　269）

命西僧递作佛事

〔至元二十三年〕是岁，以亦摄思怜〔真〕为帝师。[一]赐皇子奥鲁赤、脱欢、诸王术伯、也不干等，羊马钞一十五万一千九百二十三锭，马七千二百九十匹，羊三万六千二百六十九口，币帛、毲段、木绵三千二百八十八匹，貂裘十四。又赐皇子脱欢所部怜牙思不花等及欠州诸局工匠，钞五万六千一百三十九锭一十二两。命西僧递作佛事于万寿山、玉塔殿、万安寺，凡三十会。大司农司上诸路学校凡二万一百六十六所，储义粮九万五百三十五石，植桑枣杂果诸树二千三百九万四千六百七十二株。断死刑百一十四人。

〔一〕亦摄思怜〔真〕　按本书卷二〇二《释老传》作"亦摄思连真"，据补。此
　　　名藏语，意为"智宝"。

（《元史》卷十四《本纪第十·世祖十一》　294）

命西僧作佛事坐静于大殿等

〔至元二十四年〕是岁，命西僧监臧宛卜卜思哥等作佛事坐静于大殿、
寝殿、万寿山、五台山等寺，凡三十三会。断天下死刑百二十一人。

（《元史》卷十四《本纪第十四·世祖十一》　303）

命亦思麻等七百余人作佛事

〔至元二十五年十二月庚辰〕命亦思麻等七百余人作佛事坐静于玉塔殿、
寝殿、万寿山、护国仁王等寺五十四会。命天师张宗演设醮三日。

（《元史》卷十五《本纪第十五·世祖十二》　318）

江南营田提举司掌僧寺赀产

〔至元二十七年三月戊午〕立江南营田提举司，秩从五品，掌僧寺赀产。

（《元史》卷十六《本纪第十六·世祖十三》　335）

免征僧尼地租

〔至元二十八年十二月己巳〕宣政院臣言："宋全太后、瀛国公母子以为
僧、尼，有地三百六十顷，乞如例免征其租。"从之。

（《元史》卷十六《本纪第十六·世祖十三》　353）

帝师统领诸国僧尼释教事

〔至元二十八年十二月辛卯〕授吃剌思八斡节儿为帝师，统领诸国僧尼
释教事。

（《元史》卷十六《本纪第十六·世祖十三》　354）

僧官总统以下有妻者罢之

〔至元三十年冬十月〕戊申，僧官总统以下有妻者罢之。

（《元史》卷十七《本纪第十七·世祖十四》　374）

僧道权势之家私匿盗贩

〔至元三十一年五月戊寅〕禁诸司豪夺盐船递运官物，僧道权势之家私
匿盗贩。

（《元史》卷十八《本纪第十八·成宗一》　384）

罢宣政院所刻河西《藏经》板

[至元三十一年十一月丁巳] 罢宣政院所刻河西《藏经》板。

（《元史》卷十八《本纪第十八·成宗一》　389）

成宗即大圣寿万安寺饭僧七万

[元贞元年春正月] 壬戌，以国忌，[成宗] 即大圣寿万安寺饭僧七万。

（《元史》卷十八《本纪第十八·成宗一》　390）

制宝玉五方佛冠赐帝师

[元贞元年二月癸卯] 以醮延春阁，赐天师张与棣、宗师张留孙、真人张志仙等十三人玉圭各一。制宝玉五方佛冠赐帝师。

（《元史》卷十八《本纪第十八·成宗一》　391）

元成宗为皇太后建佛寺于五台山

[元贞元年] 闰四月丙午，为皇太后建佛寺于五台山，以前工部尚书涅只为将作院使，领工部事；燕南河北道肃政廉访使宋德柔为工部尚书，董其役；以大都、保定、真定、平阳、太原、大同、河间、大名、顺德、广平十路，应其所需。

（《元史》卷十八《本纪第十八·成宗一》　392）

建佛寺于应昌

[元贞元年] 五月戊寅，以鲁国大长公主建佛寺于应昌，给钞千锭、金五十两。

（《元史》卷十八《本纪第十八·成宗一》　393）

五台山佛寺成

[大德元年三月丁亥] 五台山佛寺成，皇太后将亲往祈祝，监察御史李元礼上封事止之。

（《元史》卷十九《本纪第十九·成宗二》　410）

临洮佛寺

[大德元年五月戊辰] 给钞千锭建临洮佛寺。

（《元史》卷十八《本纪第十九·成宗二》　411）

诏僧人犯奸盗诈伪，听有司专决

[大德二年三月] 戊寅，诏僧人犯奸盗诈伪，听有司专决，轻者与僧官

约断，约不至者罪之。

（《元史》卷十九《本纪第十九·成宗二》　418）

命妙慈弘济大师等使日本

［大德三年三月癸巳］命妙慈弘济大师、江浙释教总统补陀僧一山赍诏使日本，诏曰："有司奏陈：向者世祖皇帝尝遣补陀禅僧如智及王积翁等两奉玺书通好日本，咸以中途有阻而还。爰自朕临御以来，绥怀诸国，薄海内外，靡有遐遗，日本之好，宜复通问。今如智已老，补陀宁一山道行素高，可令往谕，附商舶以行，庶可必达。朕特从其请，盖欲成先帝遗意耳。至于惇好息民之事，王其审图之。"

（《元史》卷二十《本纪第二十·成宗三》　426）

罢江南诸路释教总统所

［大德三年五月壬午］五月壬午，罢江南诸路释教总统所。

（《元史》卷二十《本纪第二十·成宗三》　427）

赐昭应宫、兴教寺地各百顷

［大德五年二月］戊戌，赐昭应宫、兴教寺地各百顷，兴教仍赐钞万五千锭；上都乾元寺地九十顷，钞皆如兴教之数；万安寺地六百顷，钞万锭；南寺地百二十顷，钞如万安之数。

（《元史》卷二十《本纪第二十·成宗三》　434）

诏僧官、僧人犯罪御史台与内外宣政院同鞫

［大德六年春正月庚戌］诏自今僧官、僧人犯罪，御史台与内外宣政院同鞫。宣政院官徇情不公者，听御史台治之。

（《元史》卷二十《本纪第二十·成宗三》　439）

命僧设水陆大会七昼夜

［大德六年三月］壬寅，太阴犯舆鬼。命僧设水陆大会七昼夜。

（《元史》卷二十《本纪第二十·成宗三》　440）

罢护国仁王寺元设江南营田

［大德七年］八月己丑，罢护国仁王寺元设江南营田提举司。

（《元史》卷二十一《本纪第二十一·成宗四》　454）

罢僧官有妻者

［大德七年九月］丙子，罢僧官有妻者。

　　　　　　　　（《元史》卷二十一《本纪第二十一·成宗四》　455）

大天寿万宁寺

［大德九年二月］乙未，建大天寿万宁寺。

　　　　　　　　（《元史》卷二十一《本纪第二十一·成宗四》　462）

僧录占官田

［大德九年十月辛丑］常州僧录林起祐以官田二百八十顷冒为己业施河西寺，敕募民耕种，输其租于官。

　　　　　　　　（《元史》卷二十一《本纪第二十一·成宗四》　466）

私钱建寺

［大德十一年六月］徽政使狐头等言："别不花以私钱建寺，为国祝厘。其父为诸王斡忽所害，请赐以斡忽所得岁赐。"

　　　　　　　　（《元史》卷二十二《本纪第二十二·武宗一》　481）

敕内郡等寺僧诵《藏经》

［大德十一年六月］甲寅，敕内郡、江南、高丽、四川、云南诸寺僧诵《藏经》，为三宫祈福。

　　　　　　　　（《元史》卷二十二《本纪第二十二·武宗一》（482）

皇太子建佛寺

［大德十一年九月丙戌］皇太子建佛寺，请买民地益之，给钞万七百锭有奇。

　　　　　　　　（《元史》卷二十二《本纪第二十二·武宗一》　488）

建佛寺于五台山

［大德十一年十一月癸亥］建佛寺于五台山。

　　　　　　　　（《元史》卷二十二《本纪第二十二·武宗一》　489）

武宗幸大圣寿万安寺

［大德十一年十二月］辛丑，［武宗］幸大圣寿万安寺。

　　　　　　　　（《元史》卷二十二《本纪第二十二·武宗一》　492）

内外犯法之人归有司依法裁决

[大德十一年十二月] 中书省臣言："……刑法者譬之权衡，不可偏重，世祖已有定制，自元贞以来，以作佛事之故，放释有罪，失于太宽，故有司无所遵守。今请凡内外犯法之人，悉归有司依法裁决。"

（《元史》卷二十二《本纪第二十二·武宗一》　492）

发军修五台山佛寺

[至大元年二月甲辰] 发军千五百人修五台山佛寺。

（《元史》卷二十二《本纪第二十二·武宗一》　496）

禁白莲社

[至大元年五月] 丙子，以诸王及西番僧从驾上都，途中扰民，禁之。禁白莲社，毁其祠宇，以其人还隶民籍。御史台臣言："比奉旨罢不急之役，今复为各官营私宅。臣等以为俟旺兀察都行宫及大都、五台寺毕工，然后从事为宜。"有旨："除仳头、三宝奴所居，余悉罢之。"

（《元史》卷二十二《本纪第二十二·武宗一》　498）

以释教都总管兼领囊八地产钱物

[至大元年冬十月] 甲辰，从帝师请，以释教都总管朵儿只八兼领囊八地产钱物，为都总管府达鲁花赤总其财赋。以西番僧教瓦班为翰林承旨。

（《元史》卷二十二《本纪第二十二·武宗一》　503）

改护国仁王寺昭应规运总管府为会福院

[至大元年十月] 乙巳，改护国仁王寺昭应规运总管府为会福院，秩从二品。

（《元史》卷二十二《本纪第二十二·武宗一》　504）

元成宗以军五千人供造寺工役

[至大元年十一月] 庚申，太白昼见。以军五千人供造寺工役。……中书省臣言："今铨选、钱粮之法尽坏，廪藏空虚。中都建城，大都建寺，及为诸贵人营私第，军民不得休息。迩者用度愈广，每赐一人，辄至万锭，惟陛下矜察。"

（《元史》卷二十二《本纪第二十二·武宗一》　504）

皇太子幸五台山佛寺

〔至大二年二月〕癸亥，皇太子幸五台佛寺。……

三月己丑，辽阳行省右丞洪重喜诉高丽国王王（章）〔璋〕不奉国法恣暴等事，[一]中书省臣请令重喜与高丽王辩对。敕中书毋令辩对，令高丽王从太后之五台山。

〔一〕王（章）〔璋〕　见卷二二校勘记〔一六〕。下同。

（《元史》卷二十三《本纪第二十三·武宗二》　510）

封西僧为宁国公

〔至大二年十二月壬戌〕封西僧迷不韵子为宁国公，赐金印。

（《元史》卷二十三《本纪第二十三·武宗二》　520）

营五台山寺

〔至大三年春正月戊子〕营五台寺，役工匠千四百人、军三千五百人。

（《元史》卷二十三《本纪第二十三·武宗二》　521）

大崇恩福元寺

〔至大三年十一月〕壬午，改大崇恩福元寺规运总管府为隆禧院，秩从二品。

（《元史》卷二十三《本纪第二十三·武宗二》　529）

〔至大三年〕十二月甲辰朔，以建大崇恩福元寺，乞失剌遥授左丞，曲列、刘良遥授参知政事，并领行工部事。

（《元史》卷二十三《本纪第二十三·武宗二》　530）

僧人诉讼，悉归有司

〔至大四年二月〕丁卯，命西番僧非奉玺书驿券及无西蕃宣慰司文牒者，勿辄至京师，仍戒黄河津吏验问禁止。罢总统所及各处僧录、僧正、都纲司，凡僧人诉讼，悉归有司。

（《元史》卷二十四《本纪第二十四·仁宗一》　539）

建寺于旧城

〔至大四年五月癸未〕赐国师板的答钞万锭，以建寺于旧城。

（《元史》卷二十四《本纪第二十四·仁宗一》　543）

以西僧藏不班八为国师

[至大四年闰七月] 辛亥，以西僧藏不班八为国师，赐玉印。

（《元史》卷二十四《本纪第二十四·仁宗一》　545）

禁诸僧寺毋得冒侵民田

[至大四年冬十月] 丁丑，禁诸僧寺毋得冒侵民田。

（《元史》卷二十四《本纪第二十四·仁宗一》　547）

五台寺济民局

[皇庆元年三月戊申] 置五台寺济民局，秩从五品。

（《元史》卷二十四《本纪第二十四·仁宗一》　551）

僧人田输租如制

[皇庆元年夏四月壬午] 敕：“僧人田除宋之旧有并世祖所赐外，余悉输租如制。”

（《元史》卷二十四《本纪第二十四·仁宗一》　551）

大崇恩福元寺

[皇庆元年夏四月庚寅] 大崇恩福元寺成，置隆禧院。

（《元史》卷二十四《本纪第二十四·仁宗一》　552）

西僧累释重囚

[皇庆二年夏四月] 乙酉，御史台臣言：“富人黩缘特旨，滥受官爵。徽政、宣徽用人，率多罪废之流。近侍托为贫乏，互奏恩赏。西僧以作佛事之故，累释重囚。外任之官，身犯刑宪，辄营求内旨以免罪。诸王、驸马、寺观、臣僚土田每岁征租，亦极为扰民。请悉革其弊。”制曰“可”。

[皇庆二年六月] 乙亥，诏谕僧俗辨讼，有司及主僧同问，续置土田，如例输税。

（《元史》卷二十四《本纪第二十四·仁宗一》　556）

以僧人作佛事，择释狱囚，命中书审察

[延祐元年三月] 乙巳，以僧人作佛事，择释狱囚，命中书审察。

（《元史》卷二十五《本纪第二十五·仁宗二》　564）

赐开元寺田

[延祐三年春正月] 壬戌，赐上都开元寺江浙田二百顷，华严寺百顷。

（《元史》卷二十五《本纪第二十五·仁宗二》　572）

敕五台灵鹫寺置铁冶提举司

[延祐三年冬十月] 庚寅，敕五台灵鹫寺置铁冶提举司……

十一月壬寅……大万宁寺住持僧米普云济以所佩国公印移文有司，紊乱官政，敕禁止之。

（《元史》卷二十五《本纪第二十五·仁宗二》　575）

给帝师寺廪食钞万锭

[延祐四年春正月] 已未，给帝师寺廪食钞万锭。

（《元史》卷二十六《本纪第二十六·仁宗三》　577）

建帝师巴思八殿于大兴教寺

[延祐五年冬十月] 壬辰，建帝师巴思八殿于大兴教寺，给钞万锭。

（《元史》卷二十六《本纪第二十六·仁宗三》　586）

严鞫白云宗总摄沈明仁

[延祐六年九月] 癸巳，以作佛事，释大辟囚七人，流以下囚六人。……[十月乙卯] 中书省臣言："白云宗总摄沈明仁，强夺民田二万顷，诳诱愚俗十万人，私赂近侍，妄受名爵，已奉旨追夺，请汰其徒，还所夺民田。其诸不法事，宜令核问。"有旨："朕知沈明仁奸恶，其严鞫之。"

（《元史》卷二十六《本纪第二十六·仁宗三》　591）

治白云僧沈明仁罪

[延祐七年春正月] 辛卯，江浙行省丞相黑驴言："白云僧沈明仁，擅度僧四千八百余人，获钞四万余锭，既已辞伏，今遣其徒沈崇胜潜赴京师行贿求援，请逮赴江浙并治其罪。"从之。

（《元史》卷二十六《本纪第二十六·仁宗三》　593）

仁宗妙悟佛典

仁宗天性慈孝，聪明恭俭，通达儒术，妙悟释典，尝曰："明心见性，佛教为深；修身治国，儒道为切。"又曰："儒者可尚，以能维持三纲五常之道也。"平居服御质素，澹然无欲，不事游畋，不喜征伐，不崇货利。事皇太后，终身不违颜色；待宗戚勋旧，始终以礼。大臣亲老，时加恩赉；太官进膳，必分赐贵近。有司奏大辟，每惨恻移时。其孜孜为治，一遵世祖之成宪云。

（《元史》卷二十六《本纪第二十六·仁宗三》　594）

罢造永福寺

[延祐七年] 二月壬 [午] 〔子〕，⁽⁻⁾罢造永福寺。赈大同、丰州诸驿饥。以江浙行省左丞相黑驴为中书平章政事。丁巳，修佛事。戊午，祭社稷。建御容殿于永福寺。……己巳，修镇雷佛事于京城四门。罢上都乾元寺规运总管府。

〔一〕壬 [午] 〔子〕　按是月辛亥朔，无壬午日。此 "壬午" 在丁巳初七日前，为壬子初二日之误，今改。《类编》已校。

（《元史》卷二十七《本纪第二十七·英宗一》　598）

作佛事于宝慈殿

[延祐七年三月] 甲午，作佛事于宝慈殿。

（《元史》卷二十七《本纪第二十七·英宗一》　600）

以西僧为延教三藏法师

[延祐七年夏四月庚申] 以西僧牙八的里为元永延教三藏法师，授金印。

（《元史》卷二十七《本纪第二十七·英宗一》　601）

英宗命僧祷雨

[延祐七年五月己丑] [英宗] 命僧祷雨。

（《元史》卷二十七《本纪第二十七·英宗一》　602）

御史刘恒请兴义仓及夺僧、道官

[延祐七年五月] 壬寅，监察御史请罢僧、道、工、伶滥爵及建寺、豢兽之费。……丙午，御史刘恒请兴义仓及夺僧、道官。

（《元史》卷二十七《本纪第二十七·英宗一》　602）

修佛事于万寿山

[延祐七年六月甲寅] 京师疫，修佛事于万寿山。……[甲戌] 修宁夏钦察鲁佛事，给钞二百一十二万贯。

（《元史》卷二十七《本纪第二十七·英宗一》　603）

英宗幸大护国仁王寺

[延祐七年冬十月] 庚申，敕译佛书。……乙丑，[英宗] 幸大护国仁王寺。帝师请以醮八儿监藏为土蕃宣慰（司）〔使〕都元帅，⁽⁻⁾从之。

〔一〕土蕃宣慰（司）〔使〕都元帅　按本书卷八七《百官志》，土蕃宣慰司都元帅府，其长为"宣慰使都元帅"。本书卷一七《世祖纪》至元二十九年二月庚寅、卷二三《武宗纪》至大二年九月己亥条均作"宣慰使都元帅"，据改。

（《元史》卷二十七《本纪第二十七·英宗一》　606）

作佛事于光天殿

[延祐七年十一月] 丁亥，作佛事于光天殿。

（《元史》卷二十七《本纪第二十七·英宗一》　607）

铸铜佛像置玉德殿

[延祐七年冬十二月] 庚戌，铸铜为佛像，置玉德殿。

（《元史》卷二十七《本纪第二十七·英宗一》　608）

修佛事于文德殿

至治元年春正月丁丑，修佛事于文德殿。

（《元史》卷二十七《本纪第二十七·英宗一》　609）

以僧法洪为释源宗主

[至治元年二月] 丁卯，以僧法洪为释源宗主，授荣禄大夫、司徒。

（《元史》卷二十七《本纪第二十七·英宗一》　610）

赐西番撒思加地僧金二百五十两

[至治元年三月] 辛巳，车驾幸上都。遣使赐西番撒思加地僧金二百五十两、银二千二百两、袈裟二万、币、帛、幡、茶各有差。壬午，遣咒师朵儿只往牙济、班卜二国取佛经。癸未，制御服珠袈裟。甲申，敕纂修《仁宗实录》《后妃》《功臣传》。乙酉，宝集寺金书西番《波若经》成，置大内香殿。益寿安山造寺役军。

（《元史》卷二十七《本纪第二十七·英宗一》　611）

作金浮屠于上都，藏佛舍利

[至治元年] 六月癸卯朔，日有食之。作金浮屠于上都，藏佛舍利。

（《元史》卷二十七《本纪第二十七·英宗一》　612）

修佛事于大内

[至治元年] 冬十月辛丑朔，修佛事于大内。妖僧圆明等伏诛。……[十一月] 庚辰，益寿安山寺役卒三千人。

（《元史》卷二十七《本纪第二十七·英宗一》　614）

赐帝师金千三百五十两等

[至治元年十二月甲子] 命帝师公哥罗古罗思监藏班藏卜诣西番受具足戒，赐金千三百五十两、银四千五十两、币帛万匹、钞五十万贯。

（《元史》卷二十七《本纪第二十七·英宗一》　615）

西僧亦思剌蛮展普疾

[至治二年二月乙卯] 西僧亦思剌蛮展普疾，诏为释大辟囚一人、笞罪二十人。

（《元史》卷二十八《本纪第二十八·英宗一》　620）

税江浙僧寺田

[至治二年三月] 庚辰，敕："江浙僧寺田，除宋故有永业及世祖所赐者，余悉税之。"

（《元史》卷二十八《本纪第二十八·英宗二》　621）

英宗车驾幸五台山

[至治二年五月] 甲申，[英宗] 车驾幸五台山。

（《元史》卷二十八《本纪第二十八·英宗二》　622）

英宗车驾至五台山

[至治二年] 六月丁卯朔，[英宗] 车驾至五台山，禁扈从宿卫，毋践民禾。

（《元史》卷二十八《本纪第二十八·英宗二》　623）

增寿安山寺役卒七千人

[至治二年八月] 庚辰，增寿安山寺役卒七千人。……[九月] 戊申，给寿安山造寺役军匠死者钞，人百五十贯。……辛亥，[英宗] 幸寿安山寺，赐监役官钞，人五千贯。

（《元史》卷二十八《本纪第二十八·英宗二》　624）

括江南僧有妻者为民

[至治二年十一月甲午] 括江南僧有妻者为民。

（《元史》卷二十八《本纪第二十八·英宗二》　625）

作上都华严寺

[至治三年] 二月癸亥朔，作上都华严寺、八思巴帝师寺及拜住第，役军六千二百人。

（《元史》卷二十八《本纪第二十八·英宗二》　628）

禁僧、道度牒

[至治三年二月] 丁亥，敕金书《藏经》二部，命拜住等总之。……[三月] 辛亥，以圆明、王道明之乱，禁僧、道度牒、符录。

（《元史》卷二十八《本纪第二十八·英宗二》 629）

敕天下诸司命僧诵经十万部

[至治三年] 夏四月壬戌朔，敕天下诸司命僧诵经十万部。……[己卯] 蒙古大千户部，比岁风雪毙畜牧，赈钞二百万贯。敕京师万安、庆寿、圣安、普庆四寺，扬子江金山寺、五台万圣祐国寺，作水陆佛事七昼夜。

（《元史》卷二十八《本纪第二十八·英宗二》 630）

修佛事于大明殿

[至治三年] 冬十月癸亥，修佛事于大明殿。

（《元史》卷二十九《本纪第二十九·泰定帝一》 639）

修佛事于昆刚殿

[至治三年十一月己丑朔] 车驾次于中都，修佛事于昆刚殿。……[癸丑] 敕会福院奉北安王那木罕像于高良河寺。

（《元史》卷二十九《本纪第二十九·泰定帝一》 640）

修西番佛事于寿安山寺

[泰定元年二月] 己未，修西番佛事于寿安山寺，曰星吉思吃剌，曰阔儿鲁弗卜，曰水朵儿麻，曰飒间卜里喃家，经僧四十人，三年乃罢。……甲子，作佛事，命僧百八人及倡优百戏，导帝师游京城。

（《元史》卷二十九《本纪第二十九·泰定帝一》 643）

三公之职，滥假僧人

[泰定元年三月庚戌] 监察御史宋本、李嘉宾、傅严起言："太尉、司徒、司空，三公之职，滥假僧人，及会福、殊祥二院，并辱名爵，请罢之。"不报。

（《元史》卷二十九《本纪第二十九·泰定帝一》 645）

普庆寺

[泰定元年夏四月庚申] 作昭〔献元〕圣皇后御容殿于普庆寺。[一]

〔一〕昭〔献元〕圣皇后 据下文泰定二年十一月丁巳条及本书卷一〇六《后妃

　　表》、卷一一六《后妃传》补。

（《元史》卷二十九《本纪第二十九·泰定帝一》　646）

税僧、道邸舍积货

　　[泰定元年夏四月丙寅]税僧、道邸舍积货。

（《元史》卷二十九《本纪第二十九·泰定帝一》　646）

作礼拜寺于上都

　　[泰定元年六月]癸亥，作礼拜寺于上都及大同路，给钞四万锭。

（《元史》卷二十九《本纪第二十九·泰定帝一》　648）

修佛事于水晶殿

　　[泰定元年六月]辛未，修黑牙蛮答哥佛事于水晶殿。癸酉，帝受佛戒于帝师。

（《元史》卷二十九《本纪第二十九·泰定帝一》　648）

大天源延圣寺

　　[泰定元年冬十月戊午]降大天源延圣寺总管府为提点所以隶之。

（《元史》卷二十九《本纪第二十九·泰定帝一》　651）

江南民贫僧富

　　[泰定二年春正月乙未]中书省臣言："江南民贫僧富，诸寺观田土，非宋旧置并累朝所赐者，请仍旧制与民均役。"从之。以籍八思吉思地赐故监察御史观音宝、锁咬儿哈的迷失妻子，各十顷。戊戌，造象辇。……甲辰奉安显宗像于永福寺，给祭田百顷。

（《元史》卷二十九《本纪第二十九·泰定帝一》　653）

命西僧作烧坛佛事于延华阁

　　[泰定二年二月]己亥，命西僧作烧坛佛事于延华阁。封阿里迷失为和国公、张珪为蔡国公，仍知经筵事。

（《元史》卷二十九《本纪第二十九·泰定帝一》　655）

妖言弥勒佛当有天下

　　[泰定二年六月丁酉]息州民赵丑厮、郭菩萨，妖言弥勒佛当有天下，有司以闻，命宗正府、刑部、枢密院、御史台及河南行省官杂鞫之。

（《元史》卷二十九《本纪第二十九·泰定帝一》　657）

乾元寺

[泰定二年秋七月]癸亥，修大乾元寺。以许师敬及郎中买驴兼经筵官。

（《元史》卷二十九《本纪第二十九·泰定帝一》　658）

赐僧钞千锭

[泰定二年][十一月]戊申[一]……丙辰，郭菩萨等伏诛，杖流其党。丁巳，幸大承华普庆寺，祀昭献元圣皇后于影堂，赐僧钞千锭。

〔一〕[十一月]戊申　《考异》云："是年失书十一月，自戊申以后皆十一月事。"按是年十一月戊寅朔，无戊申月；十一月丁未朔，戊申为初二日。《考异》是，从补。

（《元史》卷二十九《本纪第二十九·泰定帝一》　661）

泰定帝复受佛戒于帝师

[泰定二年十二月]乙酉，帝复受佛戒于帝师。

（《元史》卷二十九《本纪第二十九·泰定帝一》　662）

修佛事于崇天门，建殊祥寺于五台山

[泰定三年二月]乙未，修佛事厌雷于崇天门。丙申，建显宗神御殿于卢师寺，赐额曰大天源延（寿）〔圣〕寺。[一]敕以金书西番字《藏经》。甲戌，[二]建殊祥寺于五台山，赐田三百顷。

〔一〕大天源延（寿）〔圣〕寺　据下文十月庚辰、癸酉、致和元年三月辛未诸条及本书卷七五《祭祀志》改。《类编》已校。

〔二〕甲戌　按是月丙子朔，无甲戌日。此"甲戌"在丙申二十一日、庚子二十五日间，《类编》改作"戊戌"二十三日，疑是。

（《元史》卷三十《本纪第三十·泰定帝二》　668）

大天源延圣寺

[泰定三年八月乙亥]大天源延圣寺神御殿成。

（《元史》三十《泰定帝本纪二》　672）

中书省臣言建寺伤农

[泰定三年冬十月]庚辰，享太庙。奉安显宗御容于大天源延圣寺。……[癸酉]赐大天源延圣寺钞二万锭，吉安、临江二路田千顷。中书省臣言："养给军民，必籍地利。世祖建大宣文弘教等寺，赐永业，当时已号虚费。而成宗复构天寿万宁寺，较之世祖，用增倍半。若武宗之崇恩福元、仁

宗之承华普庆，租榷所入，益又甚焉。英宗凿山开寺，损兵伤农，而卒无益。夫土地祖宗所有，子孙当共惜之。臣恐兹后藉为口实，妄兴工役，徼福利以逞私欲，惟陛下察之。"帝嘉纳焉。

　　　　　　　　　　　（《元史》卷三十《本纪第三十·泰定帝二》　674）

泰定帝命帝师修佛事

　　［泰定三年］〔十二月〕丁丑[一]……已亥，命帝师修佛事，释重囚三人。置大承华普庆寺总管府，罢规运提点所。御史言："比年营缮，以卫军供役，废武事不讲。请遵世祖旧制，教习五卫亲军，以备扈从。"不报。

　　〔一〕〔十二月〕丁丑　《考异》云："是年失书十二月，自丁丑以后，当属十二月。"按是年十一月辛丑朔，无丁丑月；十二月辛未朔，丁丑为初七日。《考异》是，从改。

　　　　　　　　　　　（《元史》卷三十《本纪第三十·泰定帝二》　675）

皇子受佛戒于智泉寺

　　［泰定四年春正月］庚申，皇子允丹藏卜受佛戒于智泉寺。

　　　　　　　　　　　（《元史》卷三十《本纪第三十·泰定帝二》　676）

御容于普庆寺

　　［泰定四年］二月辛未，祀先农。甲戌，祭太祖、太宗、睿宗御容于大承华普庆寺，以翰林院官执事。

　　　　　　　　　　　（《元史》卷三十《本纪第三十·泰定帝二》　677）

以西僧为帝师

　　［泰定四年夏四月］甲午，以西僧公哥列思巴冲纳思监藏班藏卜为帝师，赐玉印，仍诏谕天下僧。

　　　　　　　　　　　（《元史》卷三十《本纪第三十·泰定帝二》　678）

修佛事于贺兰山诸行宫

　　［泰定四年五月］乙巳，作成宗神御殿于天寿万宁寺……丁卯，修佛事于贺兰山及诸行宫。

　　　　　　　　　　　（《元史》卷三十《本纪第三十·泰定帝二》　679）

命僧千人修佛事于镇国寺

　　［致和元年三月］辛未，大天源延圣寺显宗神御殿成，置总管府以司财

赋。壬申,雨霾。甲戌,雅济国遣使献方物。(乙)〔己〕卯,〔一〕帝御兴圣殿受无量寿佛戒于帝师。庚辰,命僧千人修佛事于镇国寺。辛巳,赐寿宁公主盐价钞万引。甲申,遣户部尚书李家奴往盐官祀海神,仍集议修海岸。丙戌,诏帝师命僧修佛事于盐官州,仍造浮屠二百一十六,以厌海溢。

〔一〕(乙)〔己〕卯　按是月甲子朔,无乙卯日。此"乙卯"在甲戌十一日、庚辰十七日间,为己卯十六日之误,今改。道光本已校。

(《元史》卷三十《本纪第三十·泰定帝二》　685)

杨侨奏请分僧道储粟以济民

〔致和元年夏四月〕己酉,御史杨侨等以民饥,请分僧道储粟济之,不报。

(《元史》卷三十《本纪第三十·泰定帝二》　686)

命高昌僧作佛事于延春阁

〔天历元年九月戊寅〕命高昌僧作佛事于延春阁。又命也里可温于显懿庄圣皇后神御殿作佛事。

(《元史》卷三十二《本纪第三十二·文宗一》　711)

命西僧作佛事

〔天历元年〕冬十月己丑朔,命西僧作佛事。

(《元史》卷三十二《本纪第三十二·文宗一》　713)

文宗幸大圣寿万安寺

〔天历元年冬十月〕己亥,〔文宗〕幸大圣寿万安寺,谒世祖、裕宗神御殿。

(《元史》卷三十二《本纪第三十二·文宗一》　715)

天下僧道有妻者,皆令为民

〔天历元年冬十月戊午〕敕:"天下僧道有妻者,皆令为民。"

(《元史》卷三十二《本纪第三十二·文宗一》　718)

文宗幸大崇恩福元寺

〔天历元年十二月〕丙午,〔一〕〔文宗〕幸大崇恩福元寺,谒武宗神御殿。分命诸僧于大明殿、延春阁、兴圣宫、隆福宫、万岁山作佛事。……〔辛丑〕命高昌僧作佛事于宝慈殿。……西僧百人作佛事于徽猷阁七日。

〔一〕丙午　按是月己丑朔,丙午为十八日。此"丙午"在乙未初七日、己亥十一日间，疑为丙申初八日之误或错简。

（《元史》卷三十二《本纪第三十二·文宗一》　722）

[天历二年春正月]丙寅，帝幸大崇恩福元寺。遣使赐西域诸王燕只吉台海东鹘二。戊辰，遣使献海东鹘于皇兄行在所。己巳，赐内外军士四万二千二百七十人钞各一锭。作佛事。

（《元史》卷三十三《本纪第三十三·文宗二》　728）

中书省臣言佛事岁费

[天历二年春正月丁丑]中书省臣言："朝廷赏赉，不宜滥及罔功。鹰、鹘、狮、豹之食，旧支肉价二百余锭，今增至万三千八百锭；控鹤旧止六百二十八户，今增二千四百户。又，佛事岁费，以今较旧，增多金千一百五十两、银六千二百两、钞五万六千二百锭、币帛三万四千余匹；请悉拣汰。"从之。

（《元史》卷三十三《本纪第三十三·文宗二》　728）

祀太祖、太宗、睿宗御容于普庆寺

[天历二年二月]丙申，[文宗]命中书省、翰林国史院官祀太祖、太宗、睿宗御容于普庆寺。

（《元史》卷三十三《本纪第三十三·文宗二》　730）

文宗幸大圣寿万安寺

[天历二年五月]乙亥，[文宗]幸大圣寿万安寺，作佛事于世祖神御殿，又于玉德殿及大天源延圣寺作佛事。

（《元史》卷三十三《本纪第三十三·文宗二》　734）

作佛事于大明殿

[天历二年八月]甲寅，置隆祥总管府，秩正三品，总建大承天护圣寺工役。……

九月乙卯朔，作佛事于大明殿、兴圣、隆福诸宫。市故宋太后全氏田为大承天护圣寺永业。

（《元史》卷三十三《本纪第三十三·文宗二》　740）

立大承天护圣寺营缮提点所

[天历二年冬十月]己丑，立大承天护圣寺营缮提点所，秩正五品。

（《元史》卷三十三《本纪第三十三·文宗二》　742）

诸王、寺观拨赐田租

[天历二年冬十月辛丑] 诸王、公主、官府、寺观拨赐田租，除鲁国大长公主听遣人征收外，其余悉输于官，给钞酬其直。

（《元史》卷三十三《本纪第三十三·文宗二》 743）

畏兀僧百八人作佛事于兴圣殿

[天历二年冬十月] 甲辰，畏兀僧百八人作佛事于兴圣殿。戊申，以江淮财赋都总管府隶储政院，供皇后汤沐之用。作佛事于广寒殿。……［庚戌］罢大承天护圣寺工役。

（《元史》卷三十三《本纪第三十三·文宗二》 743）

受佛戒于帝师

[天历二年] 十一月乙卯，以立皇后，诏天下。受佛戒于帝师，作佛事六十日。……［丙辰］后八不沙请为明宗资冥福，命帝师率群僧作佛事七日于大天源延圣寺，道士建醮于玉虚、天宝、太乙、万寿四宫及武当、龙虎二山。戊午，遣使代祀天妃。赐燕铁木儿宅一区。皇后以银五万两，助建大承天护圣寺。……西夏僧总统封国公冲卜卒，其弟监藏班藏卜袭职，仍以玺书、印章与之。

（《元史》卷三十三《本纪第三十三·文宗二》 744）

以田百五十顷赐寺院

[天历二年十一月己卯] 以平江官田百五十顷，赐大龙翔集庆寺及大崇禧万寿寺。

（《元史》卷三十三《本纪第三十三·文宗二》 745）

僧还俗者，听复为僧

[天历二年十二月乙未] 诏：“诸僧寺田，自金、宋所有及累朝赐予者，悉除其租。其有当输租者，仍免其役。僧还俗者，听复为僧。”……己亥，遣使驿致故帝师舍利还其国，给以金五百两、银二千五百两、钞千五百锭、币五千匹。加谥汉长沙王吴芮为长沙文惠王。壬寅，命江浙行省印佛经二十七藏。……甲辰，以明年正月武宗忌辰，命高丽、汉僧三百四十人，预诵佛经二藏于大崇恩福元寺。丁未……中书省臣言：“在京酒坊五十四所，岁输课十余万锭。比者间以赐诸王、公主及诸官寺。诸王、公主自有封邑、岁

赐，官寺亦各有常产，其酒课悉令仍旧输官为宜。"从之。

（《元史》卷三十三《本纪第三十三·文宗二》　746）

诣杭州书佛经

［至顺元年春正月丁丑］遣使赍金千五百两、银五百两，诣杭州书佛经。赐海南大兴龙普明寺钞万锭，市永业地。戊寅，赐隆禧总管府田千顷。

（《元史》卷三十三《本纪第三十四·文宗三》　750）

以钱万锭助建佛寺

［至顺元年二月戊申］诏谕枢密院，以屯田子粒钱万锭助建佛寺，免其军卒土木之役。

（《元史》卷三十四《本纪第三十四·文宗三》　753）

命西僧作佛事于仁智殿

［至顺元年］夏四月壬午朔，命西僧作佛事于仁智殿，自是日始，至十二月终罢。……［庚寅］以陕西饥，敕有司作佛事七日。壬辰，以所籍张珪诸子田四百顷，赐大承天护圣寺为永业。

（《元史》卷三十四《本纪第三十四·文宗三》　755）

命河南、甘肃等行省诵《藏经》

［至顺元年六月庚子］命河南、湖广、江西、甘肃行省诵《藏经》六百五十部，施钞三万锭。

（《元史》卷三十四《本纪第三十四·文宗三》　759）

中书省臣言帑廪虚空五事

［至顺元年秋七月庚午］中书省臣言："近岁帑廪虚空，其费有五：曰赏赐，曰作佛事，曰创置衙门，曰滥冒支请，曰续增卫士鹰坊。请与枢密院、御史台、各怯薛官同加汰减。"从之。

（《元史》卷三十四《本纪第三十四·文宗三》　760）

给大承天护圣寺田宅、奴仆等为永业

［至顺元年闰七月丙戌］籍锁住、野里牙等库藏、田宅、奴仆、牧畜，给大承天护圣寺为永业。铸黄金神仙符命印，赐掌全真教道士苗道一。

（《元史》卷三十四《本纪第三十四·文宗三》　762）

广灵县地产银所得归大承天护圣寺

[至顺元年八月]己未，[文宗]大驾至京师。劳遣人士还营。有言蔚州广灵县地产银者，诏中书、太禧院遣人莅其事，岁所得银归大承天护圣寺。辛酉，以世祖是月生，命京师率僧百七十人作佛事七日。

（《元史》卷三十四《本纪第三十四·文宗三》 764）

命西僧作佛事于大明殿

[至顺元年九月]丙午，命西僧作佛事于大明殿。……至治初以白云宗田给寿安山寺为永业，至是其僧沈明琦以为言，有旨，令中书省改正之。

（《元史》卷三十四《本纪第三十四·文宗三》 767）

命帝师率西僧作佛事

[至顺元年十一月甲申]命帝师率西僧作佛事，内外凡八所，以是日始，岁终罢。……癸巳，以临江、吉安两路天源延圣寺田千顷所入租税，隶太禧宗禋院。

（《元史》卷三十四《本纪第三十四·文宗三》 769）

命西僧于兴圣、光天宫十六所作佛事

[至顺元年十二月甲寅]诏："龙翔集庆寺工役、佛事，江南行台悉给之。"……丁卯，命西僧于兴圣、光天宫十六所作佛事。

（《元史》卷三十四《本纪第三十四·文宗三》 770）

给钞十万锭建寿安山佛寺

[至顺二年二春正月]庚辰，住持大承天护圣寺僧宝峰加司徒……丁亥，以寿安山英宗所建寺未成，诏中书省给钞十万锭供其费，仍命燕铁木儿、撒迪等总督其工役。命后卫指挥使史坝往四川行省调军官选。戊子，命奴都赤阿里火者按行北边牧地。以晋邸部民刘元良等二万四千余户隶寿安山大昭孝寺为永业户。

（《元史》卷三十五《本纪第三十五·文宗四》 773）

愿钞十万锭、银六百铤助建寺

[至顺二年二月]己未，命西僧为皇子古纳答剌作佛事一周岁。……甲子，中书省臣言："国家钱穀，岁人有额，而所费浩繁，是以不足。天历二年，尝以盐赋十分之一折银纳之，凡得银二千余锭。今请以银易官帑钞本，

给宿卫士卒。"又言："陛下不用经费，不劳人民，创建大承天护圣寺。臣等愿上向所易钞本十万锭、银六百铤助建寺之需。"从之。

（《元史》卷三十五《本纪第三十五·文宗四》　777）

凡僧道为商者，仍征其税

［至顺二年三月丙戌］中书省臣言："宣课提举司岁榷商税，为钞十万余锭，比岁数不登，乞凡僧道为商者，仍征其税。"有旨："诚为僧者，其仍免之。"……戊子，以西僧旭你迷八答剌班的为三藏国师，赐金印。以龙庆州之流杯园池、水碾、土田赐燕铁木儿。命诸王阿鲁出镇陕西行省。以籍入速速、班丹、彻理帖木儿赀产赐大承天护圣寺为永业。浙西诸路比岁水旱，饥民八十五万余户，中书省臣请令官私、儒学、寺观诸田佃民，从其主假贷钱榖自赈，余则劝分富家及入粟补官，仍益以本省钞十万锭，并给僧道度牒一万道，从之。……癸巳，诏累朝神御殿之在诸寺者，各制名以冠之：世祖曰元寿，昭睿顺圣皇后曰睿寿，南必皇后曰懿寿，裕宗曰明寿，成宗曰广寿，顺宗曰衍寿，武宗曰仁寿，文献昭圣皇后曰昭寿，仁宗曰文寿，英宗曰宣寿，明宗曰景寿。召亳州太清宫道士马道逸、汴梁朝天宫道士李若讷、河南嵩山道士赵亦然，各率其徒赴阙，修普天大醮。赈浙西盐丁五千余户。命玥璐不花作佛事于德兴府。

（《元史》卷三十五《本纪第三十五·文宗四》　779）

命西僧于五台等地作佛事各一月

［至顺二年夏四月丙午］命西僧于五台及雾灵山作佛事各一月，为皇［太］子古（讷）〔纳〕答剌祈福。[一]

〔一〕为皇［太］子古（讷）〔纳〕答剌祈福　按上文本年正月癸卯、二月己未及下文本年九月癸酉、十月己酉、至顺三年正月戊戌诸条皆作"皇子古纳答剌"，据删改。梵语"古纳答剌"，意为"功德贤"。

（《元史》卷三十五《本纪第三十五·文宗四》　782）

岁例给粮大万安寺等十二寺

［至顺二年五月］丙戌，太禧宗禋院臣言："累朝所建大万安等十二寺，旧额僧三千一百五十人，岁例给粮，今其徒猥多，请汰去九百四十三人。"制可。

（《元史》卷三十五《本纪第三十五·文宗四》　784）

诸寺作佛事每岁十六为定式

[至顺二年五月甲辰] 宣政院臣言："旧制，列圣神御殿及诸寺所作佛事，每岁计二百十六，今汰其十六为定式。"制可。

（《元史》卷三十五《本纪第三十五·文宗四》　786）

大承天护圣寺

[至顺二年九月] 乙亥，命留守司发军士筑驻跸台于大承天护圣寺东。

（《元史》卷三十五《本纪第三十五·文宗四》　790）

免万安寺坛主职

[至顺二年九月庚辰] 御史台臣言："大圣寿万安寺坛主司徒严吉祥，盗公物，畜妻孥，宜免其司徒、坛主之职。"从之。

（《元史》卷三十五《本纪第三十五·文宗四》　791）

大兴龙普明寺

[至顺二年十一月癸未] 隆祥司使晃忽儿不花言："海南所建大兴龙普明寺，工费浩穰，黎人不胜其扰，以故为乱。"诏湖广行省臣玥璐不花及宣慰、宣抚二司领其役，仍命廉访司莅之。

（《元史》卷三十五《本纪第三十五·文宗四》　793）

文宗幸大承天护圣寺

[至顺三年春正月] 丁亥，[文宗] 幸大承天护圣寺。

（《元史》卷三十六《本纪第三十六·文宗五》　800）

置兴瑞司

[至顺三年三月癸巳] 置兴瑞司，掌中宫岁作佛事，秩正三品。

（《元史》卷三十六《本纪第三十六·文宗五》　802）

奉文宗皇帝御容于大承天护圣寺

[元统元年] 庚辰，奉文宗皇帝及太皇太后御容于大承天护圣寺。

（《元史》卷三十八《本纪第三十八·顺帝一》　818）

敕僧道与民一体充役

[元统二年春正月] 癸卯，敕僧道与民一体充役。

（《元史》卷三十八《本纪第三十八·顺帝一》　820）

佛事布施，费用太广

[元统二年夏四月] 乙酉，中书省臣言："佛事布施，费用太广，以世祖时较之，岁增金三十八锭、银二百三锭四十两、缯帛六万一千六百余匹、钞二万九千二百五十余锭。请除累朝期年忌日之外，余皆罢。"从之。

（《元史》卷三十八《本纪第三十八·顺帝一》　821）

安南请佛书

[元统二年五月] 时浸冗滥失实，惟泰亨在中书时，安南请佛书，乞以《九经》赐之，使高丽不受礼遗，为尚书贫不能自给，故特赐是谥。

（《元史》卷三十八《本纪第三十八·顺帝一》　822）

禁私创寺观庵院

[元统二年十二月] 是岁，禁私创寺观庵院。僧道入钱五十贯，给度牒，方听出家。

（《元史》卷三十八《本纪第三十八·顺帝一》　825）

甘州路十字寺

[至元元年三月] 丙申，中书省臣言："甘肃甘州路十字寺奉安世祖皇帝母别吉太后于内，请定祭礼。"从之。

（《元史》卷三十八《本纪第三十八·顺帝一》　826）

有妻室之僧，令还俗为民

[至元元年] 是年……凡有妻室之僧，令还俗为民，既而复听为僧。

（《元史》卷三十八《本纪第三十八·顺帝一》　831）

大觉海寺塑千佛

[至元二年] 是岁……以燕铁木儿居第赐灌顶国师曩哥星吉，号大觉海寺，塑千佛于其内。

（《元史》卷三十九《本纪第三十九·顺帝二》　837）

乾元寺、西湖寺

[至元三年秋七月] 壬子，车驾幸乾元寺。……[八月] 壬午，京师地大震，太庙梁柱裂，各室墙壁皆坏，压损仪物，文宗神主及御床尽碎；西湖寺神御殿壁仆，压损祭器。自是累震，至丁亥方止，所损人民甚众。

（《元史》卷三十九《本纪第三十九·顺帝本纪二》　841）

禁滥予僧人名爵

[至元] 五年春正月癸亥，禁滥予僧人名爵。

（《元史》卷四十《本纪第四十·顺帝三》 851）

拨赐诸人寺观田粮

[至正元年冬十月] 甲寅，中书省臣奏："海运不给，宜令江浙行省于中政院财赋府拨赐诸人寺观田粮，总运二百六十万石。"从之。

（《元史》卷四十《本纪第四十·顺帝三》 862）

拨赐僧道田还官

[至正二年] 六月戊申，命江浙拨赐僧道田还官征粮，以备军储。

（《元史》卷四十《本纪第四十·顺帝三》 864）

大护国仁王寺

[至正六年十二月] 甲申，诏复立大护国仁王寺昭应宫财用规运总管府，凡贷民间钱二十六万余锭。

（《元史》卷四十一《本纪第四十一·顺帝四》 876）

大承天护圣寺

[至正七年十一月辛丑] 拨山东地土十六万二千余顷属大承天护圣寺。

（《元史》卷四十一《本纪第四十一·顺帝四》 879）

大护国仁王寺

[至正十年秋七月] 癸亥，以大护国仁王寺昭应宫财用规运总管府仍属宣政院。

（《元史》卷四十二《本纪第四十二·顺帝五》 888）

迎白伞盖游皇城

[至正十四年春正月] 丁丑，帝谓脱脱曰："朕尝作朵思哥儿好事，迎白伞盖游皇城，实为天下生灵之故。今命剌麻选僧一百八人，仍作朵思哥儿好事，凡所用物，官自给之，毋扰于民。"丙戌，以答儿麻监臧遥授陕西行省平章政事，实授行宣政院使，整治西番人民。

（《元史》卷四十三《本纪第四十三·顺帝六》 913）

顺帝造龙船

[至正十四年] 是岁……帝于内苑造龙船，委内官供奉少监塔思不花监

工。帝自制其样，船首尾长一百二十尺，广二十尺，前瓦帘棚、穿廊、两暖阁，后吾殿楼子，龙身并殿宇用五彩金妆，前有两爪。上用水手二十四人，身衣紫衫，金荔枝带，四带头巾，于船两旁下各执篙一。自后宫至前宫山下海子内，往来游戏，行时，其龙首眼口爪尾皆动。又自制宫漏，约高六七尺，广半之，造木为匮，阴藏诸壶其中，运水上下。匮上设西方三圣殿，匮腰立玉女捧时刻筹，时至，辄浮水而上。左右列二金甲神人，一悬钟，一悬钲，夜则神人自能按更而击，无分毫差。当钟钲之鸣，狮凤在侧者皆翔舞。匮之西东有日月宫，飞仙六人立宫前，遇子午时，飞仙自能耦进，度仙桥，达三圣殿，已而复退立如前。其精巧绝出，人谓前代所鲜有。时帝怠于政事，荒于游宴，以宫女三圣奴、妙乐奴、文殊奴等一十六人按舞，名为十六天魔，首垂发数辫，戴象牙佛冠，身被缨络、大红绡金长短裙、金杂袄、云肩、合袖天衣、绶带鞋袜，各执加巴剌般之器，内一人执铃杵奏乐。又宫女一十一人，练槌髻，勒帕，常服，或用唐帽、窄衫。所奏乐用龙笛、头管、小鼓、筝、篡、琵琶、笙、胡琴、响板、拍板。以宦者长安迭不花管领，遇宫中赞佛，则按舞奏乐。宫官受秘密戒者得入，余不得预。

　　　　　　　　（《元史》卷四十三《本纪第四十三·顺帝六》　918）

大圣寿万安寺灾

　　［至正二十八年］六月甲寅，大都大圣寿万安寺灾。

　　　　　　　　　（《元史》卷五十一《志第三下·五行二》　1101）

天宁寺塔忽变红色

　　［至正］二十八年六月壬寅，彰德路天宁寺塔忽变红色，自顶至踵，表里透彻，如煅铁初出于炉，顶上有光焰迸发，自二更至五更乃止。癸卯、甲辰，亦如之。先是，河北有童谣云："塔儿黑，北人作主南人客；塔儿红，朱衣人作主人公。"七月癸酉，京师赤气满天，如火照人，自寅至辰，气焰方息。

　　　　　　　　　（《元史》卷五十一《志第三下·五行二》　1103）

圣寿万安寺、兴教寺

　　［元正受朝仪］前期三日，习仪于圣寿万安寺。或大兴教寺。

　　　　　　　　　（《元史》卷六十七《志第十八·礼乐一》　1666）

万安寺

［皇帝即位受朝仪等］前期三日，习仪于万安寺。

（《元史》卷六十七《志第十八·礼乐一》 1669）

西天咒语，帝师所制

火轮竿，制以白铁，为小车轮，建于白铁竿首。轮及竿皆金涂之，上书西天咒语，帝师所制。常行为亲卫中道，正行在劈正斧之前，以法佛卫，以祛邪僻，以镇轰雷焉。盖辟恶车之意也。

（《元史》卷七十九《志第二十九·舆服二》 1958）

伞盖上加金浮屠

大伞，赤质，正方，四角铜螭首，涂以黄金，紫罗表，绯绢里。诸伞盖，宋以前皆平顶，今加金浮屠。

（《元史》卷七十九《志第二十九·舆服二》 1961）

孔雀盖上施金浮屠

孔雀盖，朱漆，竿首建小盖，盖顶以孔雀毛，径尺许，下垂孔雀尾，檐下以青黄红沥水围之，上施金浮屠，盖居竿三之一，竿涂以黄金，书西天咒语，与火轮竿义同。

（《元史》卷七十九《志第二十九·舆服二》 1961）

京师创建万宁寺

卜鲁罕皇后，伯岳吾氏，驸马脱里思之女。元贞初，立为皇后。大德三年十月，授册宝。成宗多疾，后居中用事，信任相臣哈剌哈孙，大德之政，人称平允，皆后处决。京师创建万宁寺，中塑秘密佛像，其形丑怪，后以手帕蒙覆其面，寻传旨毁之。

（《元史》卷一百一十四《列传第一·后妃一》 2873）

大承天护圣寺

文宗卜答失里皇后，弘吉剌氏……天历元年，文宗即位，立为皇后。二年，授册宝。十一月，后以银五万两，助建大承天护圣寺。至顺元年，以籍没张珪家田四百顷，赐护圣寺为永业。后与宦者拜住谋杀明宗后八不沙。

（《元史》卷一百一十四《列传第一·后妃一》 2877）

太后幸五台山作佛事

[大德十一年] 五月，武宗既立，即日尊太后为皇太后。立仁宗为皇太子。三宫协和。十一月，帝朝太后于隆福宫，上皇太后玉册玉宝。至大元年三月，帝为太后建兴圣宫，给钞五万锭、丝二万斤。二年正月，太后幸五台山作佛事，诏高丽王璋从之。

（《元史》卷一百一十六《列传第三·后妃二》　2901）

月儿思蛮

月儿思蛮事宪宗，袭父爵，兼领僧人。

（《元史》卷一百二十四《列传第十一·哈剌亦哈赤北鲁》　3047）

忽　兰

忽兰性纯笃，然酷好佛，尝施千金修龙宫寺，建金轮大会，供僧万人。卒年四十二。赠太保、金紫光禄大夫、上柱国，追封云国公，谥康忠。

（《元史》卷一百二十四《列传第十一·速哥》　3053）

铁　哥

铁哥，姓伽乃氏，迦叶弥儿人。迦叶弥儿者，西域筑乾国也。父斡脱赤与叔父那摩俱学浮屠氏。斡脱赤兄弟相谓曰："世道扰攘，吾国将亡，东北有天子气，盍往归之。"乃偕入见，太宗礼遇之。定宗师事那摩，以斡脱赤佩金符，奉使省民瘼。宪宗尊那摩为国师，授玉印，总天下释教。斡脱赤亦贵用事，领迦叶弥儿万户，奏曰："迦叶弥儿西陲小国，尚未臣服，请往谕之。"诏偕近侍以往。其国主不从，怒而杀之，帝为发兵诛国主。元贞元年封代国公，谥忠遂。

斡脱赤之殁，铁哥甫四岁，性颖悟，不为嬉戏。从那摩入见，帝问谁氏子，对曰："兄斡脱赤子也。"帝方食鸡，辍以赐铁哥，铁哥捧而不食，帝问之，对曰："将以遗母。"帝奇之，加赐一鸡。世祖即位，幸香山永安寺，见书畏吾字于壁，问谁所书，僧对曰："国师兄子铁哥书也。"帝召见，爱其容仪秀丽，语音清亮，命隶丞相孛罗备宿卫。

先是，世祖事宪宗甚亲爱，后以谗稍疏，国师导世祖宜加敬慎，遂友爱如初。至是，帝将用铁哥，曰："吾以酬国师也。"于是铁哥年十七，诏择贵家女妻之，辞曰："臣母汉人，每欲求汉人女为妇，臣不敢伤母心。"乃为娶冉氏女。

万安寺

仁宗皇庆元年，授开府仪同三司、太傅、录军国重事。乃进奏：世祖子惟宁远王在，宜赐还。从之。二年，奉命诣万安寺祀世祖，感疾归，皇太后令内臣问疾，铁哥附奏曰：“臣死无日，愿太后辅陛下布惟新之政，社稷之福也。”是年薨，赐赙礼加厚，敕有司治丧事，赠太师、开府仪同三司、上柱国，追封秦国公，谥忠穆。

释氏请以金银币帛祠其神

释氏请以金银币帛祠其神，帝难之。不忽木曰：“彼佛以去贪为宝。”遂弗与。

阿鲁浑萨理

阿鲁浑萨理，畏兀人。祖阿台萨理，当太祖定西域还时，因从至燕。会畏兀国王亦都护请于朝，尽归其民，诏许之，遂复西还。精佛氏学。生乞台萨理，袭先业，通经、律、论。业既成，师名之曰万全。至元十二年，入为释教都总统，拜正议大夫、同知总制院事，加资德大夫、统制使。[一]年七十卒。

子三人：长曰畏吾儿萨理，累官资德大夫、中书右丞、行泉府太卿；季曰岛瓦赤萨理；阿鲁浑萨理其中子也，以父字为全氏，幼聪慧，受业于国师八哈思巴，既通其学，且解诸国语。世祖闻其材，俾习中国之学，于是经、史、百家及阴阳、历数、图纬、方技之说皆通习之。后事裕宗，入宿卫，深见器重。

至元二十年，有西域僧自言能知天象，译者皆莫能通其说。帝问左右，谁可使者。侍臣脱烈对曰：“阿鲁浑萨理可。”即召与论难，僧大屈服，帝悦，令宿卫内朝。

〔一〕统制使 按本书卷八七《百官志》，至元初立总制院，后改宣政院。《蒙史》改“统”为“总”，疑是。

仁宗奉皇太后避暑五台山

至大二年，仁宗奉皇太后避暑五台，拜降供给道路，无有阙遗，恩赉尤渥。

（《元史》卷一百三十一《列传第十八·拜降》　3201）

朵罗台上疏请减省供佛饭僧之费

朵罗台之子脱欢，初直宿卫，历御史台译史，拜监察御史。迁四川行省左右司员外郎、四川廉访司佥事、枢密院都事，升断事官。其在四川时，尝上疏曰："内外修寺，虽支官钱，而一椽一瓦，皆劳民力，百姓嗟怨，感伤和气。宜且停罢，仍减省供佛饭僧之费，以纾国用。如此则上应天心，下合民志，不求福而福自至矣。"

（《元史》卷一百三十四《列传第二十一·朵罗台》　3265）

白马寺

荆王时在河南之白马寺，以是西人虽未解散，各已骇悟。又闻行省院以兵至，犹豫不敢进。

（《元史》卷一百三十七《列传第二十四·阿礼海牙》　3317）

脱脱选寺并说"地狱"

［至正三年］脱脱乃以私财造大寿元忠国寺于健德门外，为皇太子祝釐，其费为钞十二万二千锭。

［至正］四年闰月，领宣政院事。诸山主僧请复僧司，且曰："郡县所苦，如坐地狱。"脱脱曰："若复僧司，何异地狱中复置地狱邪？"

（《元史》卷一百三十八《列传第二十五·脱脱》　3344）

沙汰僧尼

［至正七年］是时，朝廷无事，稽古礼文之事，有坠必举，请赐经筵讲官坐，以崇圣学，选清望官专典陈言，以求治道，核守令六事，沙汰僧尼，举隐逸士，事见《太平传》。

（《元史》卷一百三十九《列传第二十六·朵儿只》　3354）

日本僧

俄有日本僧告其国遣人刺探国事者。铁木儿塔识曰："刺探在敌国固有之，今六合一家，何以刺探为。设果有之，正可令睹中国之盛，归告其主，使知向化。"

二月迎佛费财蠹俗

[廉惠山海牙] 历秘书丞、会福总管府治中，上疏言二月迎佛费财蠹俗，时论韪之。

非时役民

[至元二十二年] 有以帝命建佛塔于宋故宫者，有司奉行甚急，天大雨雪，入山伐木，死者数百人，犹欲并建大寺。文用谓其人曰："非时役民，民不堪矣，少徐之如何？"长官者曰："参政奈何格上命耶？"文用曰："非敢格上命，今日之困民力而失民心者，岂上意耶！"其人意沮，遂稍宽其期。

平僧藏罗汉

[至元] 五年，邑人吴乞儿、济南道士胡王反，[郭侃] 讨平之。七年，改白马令，僧藏罗汉与彰德赵当驴反，又平之。

刘秉忠

刘秉忠字仲晦，初名侃，因从释氏，又名子聪，拜官后始更今名。其先瑞州人也，世仕辽，为官族。……

秉忠生而风骨秀异，志气英爽不羁。八岁入学，日诵数百言。年十三，为质子于帅府。十七，为邢台节度使府令史，以养其亲。居常郁郁不乐，一日投笔叹曰："吾家累世衣冠，乃汩没为刀笔吏乎！丈夫不遇于世，当隐居以求志耳。"即弃去，隐武安山中。久之，天宁虚照禅师遣徒招致为僧，以其能文词，使掌书记。后游云中，留居南堂寺。

世祖在潜邸，海云禅师被召，过云中，闻其博学多材艺，邀与俱行。既入见，应对称旨，屡承顾问。秉忠于书无所不读，尤邃于《易》及邵氏《经世书》，至于天文、地理、律历、三式六壬遁甲之属，无不精通。论天下事如指诸掌。世祖大爱之，海云南还，秉忠遂留藩邸。后数岁，奔父丧，赐金百两为葬具，仍遣使送至邢州。服除，复被召，奉旨还和林。

姚 枢

姚枢字公茂，柳城人，后迁洛阳。……岁乙未，南伐，诏枢从惟中即军中求儒、道、释、医、卜者。

（《元史》卷一百五十八《列传第四十五·姚枢》　3711）

窦 默

窦默字子声，初名杰字汉卿，广平肥乡人。幼知读书，毅然有立志。……适中书杨惟中奉旨招集儒、道、释之士，默乃北归，隐于大名，与姚枢、许衡朝暮讲习，至忘寝食。继还肥乡，以经术教授，由是知名。

（《元史》卷一百五十八《列传第四十五·窦默》　3730）

郭守敬

[至元十六年]［郭]守敬因奏："唐一行开元间令南宫说天下测景，书中见者凡十三处。今疆宇比唐尤大，若不远方测验，日月交食分数时刻不同，昼夜长短不同，日月星辰去天高下不同，即目测验人少，可先南北立表，取直测景。"帝可其奏。

（《元史》卷一百六十四《列传第五十一·郭守敬》　3848）

西蕃僧二人至中书省言建佛寺事

[至元十八年]三月十七日，觯宿卫宫中，西蕃僧二人至中书省，言今夕皇太子与国师来建佛事。省中疑之，俾尝出入东宫者，杂识视之，觯等皆莫识也，乃作西蕃语询二僧曰："皇太子及国师今至何处？"二僧失色。又以汉语诘之，仓皇莫能对，遂执二僧属吏。讯之皆不伏，觯恐有变，乃与尚书忙兀儿、张九思，集卫士及官兵，各执弓矢以备。顷之，枢密副使张易，亦领兵驻宫外。觯问："果何为？"易曰："夜后当自见。"觯固问，乃附耳语曰："皇太子来诛阿合马也。"夜二鼓，忽闻人马声，遥见烛笼仪仗，将至宫门，其一人前呼启关，觯谓九思曰："他时殿下还宫，必以完泽、赛羊二人先，请得见二人，然后启关。"觯呼二人不应，即语之曰："皇太子平日未尝行此门，今何来此也？"贼计穷，趋南门。觯留张子政等守西门，亟走南门伺之。但闻传呼省官姓名，烛影下遥见阿合马及左丞郝祯已被杀。觯乃与九思大呼曰："此贼也！"叱卫士急捕之，高和尚等皆溃去，惟王著就擒。黎明，中丞也先帖木儿与觯等，驰驿往上都，以其事

闻。帝以中外未安，当益严武备，遂劳使遣呕还。高和尚等寻皆伏诛。

（《元史》卷一百六十九《列传第五十六·高觿》　3979）

罢南方白云宗

　　［大德七年］［尚文］又奏斥罢南方白云宗，与民均事赋役。

（《元史》卷一百七十《列传第五十七·尚文》　3988）

皇太后欲幸五台山

　　［至大元年］时皇太后欲幸五台，言者请开保定西五回岭，以取捷径。遣使即鼎，使视地形，计工费，鼎言：“荒山斗入，人迹久绝，非乘舆所宜往。”还报，太后喜，为寝其役。

（《元史》卷一百七十《列传第五十七·吴鼎》　4004）

赵孟頫

　　久之，［赵孟頫］迁知汾州，未上，有旨书金字《藏经》，既成，除集贤直学士、江浙等处儒学提举，迁泰州尹，未上。

　　……［帝］又尝称孟頫操履纯正，博学多闻，书画绝伦，旁通佛、老之旨，皆人所不及。有不悦者间之，帝初若不闻者。又有上书言国史所载，不宜使孟頫与闻者，帝乃曰：“赵子昂，世祖皇帝所简拔，朕特优以礼貌，置于馆阁，典司述作，传之后世，此属呶呶何也！”俄赐钞五百锭，谓侍臣曰：“中书每称国用不足，必持而不与，其以普庆寺别贮钞给之。”孟頫尝累月不至宫中，帝以问左右，皆谓其年老畏寒，敕御府赐貂鼠裘。

　　……

　　孟頫所著，有《尚书注》，有《琴原》《乐原》，得律吕不传之妙；诗文清邃奇逸，读之，使人有飘飘出尘之想。篆、籀、分、隶、真、行、草书，无不冠绝古今，遂以书名天下。天竺有僧，数万里来求其书归，国中宝之。其画山水、木石、花竹、人马，尤精致。前史官杨载称孟頫之才颇为书画所掩，知其书画者，不知其文章，知其文章者，不知其经济之学。人以为知言云。

（《元史》卷一百七十二《列传第五十九·赵孟頫》　4021）

平江僧贿其徒告判官

　　［皇庆］五年，［邓文原］出佥江南浙西道肃政廉访司事，平江僧有憾其府判官理熙者，贿其徒，告熙赃，熙诬服。文原行部，按问得实，杖僧而

释熙。

（《元史》卷一百七十二《列传第五十七·邓文原》　4023）

僧道畜妻子，无异常人

　　［泰定元年六月］［张珪奏曰］僧道出家，屏绝妻孥，盖欲超出世表，是以国家优视，无所徭役，且处之官寺；宜清净绝俗为心，诵经祝寿。比年僧道往往畜妻子，无异常人，如蔡道泰、班讲主之徒，伤人逞欲、坏教干刑者，何可胜数！俾奉祠典，岂不亵天渎神！臣等议：僧道之畜妻子者，宜罪以旧制，罢遣为民。

（《元史》卷一百七十五《列传第六十二·张珪》　4082）

泰定帝始开经筵

　　［泰定元年二月］帝始开经筵，令左丞相与珪领之，珪进翰林学士吴澄等，以备顾问。自是辞位甚力，犹封蔡国公，知经筵事，别刻蔡国公印以赐。

（《元史》卷一百七十五《列传第六十二·张珪》　4083）

三公之位，封拜释老

　　司空、司徒、太尉，古之三公，自大德以来，封拜繁多；释、老二教，设官统治，权抗有司，挠乱政事，僧道尤苦甚扰。［李］孟言："人君之柄，在赏与刑，赏一善而天下劝，罚一恶而天下惩，柄乃不失。所施失当，不足劝惩，何以为治！僧、道士既为出世法，何用官府绳治！"乃奏雪冤死者，复其官荫；滥冒名爵者，悉夺之；罢僧道官。天下称快。

（《元史》卷一百七十五《列传第六十二·李孟》　4087）

西山佛宇

　　英宗立，召拜山北廉访使，时敕建西山佛宇甚亟，御史观音（奴）〔保〕等，〔一〕以岁饥，请缓之；近臣激怒上听，遂诛言者。［曹］伯启曰："主上聪明睿断，是不可以不净。"乃劾台臣缄默，使昭代有杀谏臣之名，帝为之悚听。俄拜集贤学士、御史台侍御史。

　　〔一〕观音（奴）〔保〕　据本书卷二七《英宗纪》至治元年二月丁巳、卷二九《泰定帝纪》至治三年十二月己未条及卷一二四《塔本传》附《锁咬儿哈的迷失传》改。《类编》已校。

（《元史》卷一百七十六《列传第六十三·曹伯启》　4100）

李元礼上书言建五台山佛寺之弊

李元礼字庭训，真定人。资性庄重，燕居不妄言笑。历易州、大都路儒学教授，迁太常太祝，升博士。……

元贞元年，擢拜监察御史，弹劾无所回挠。二年，有旨建五台山佛寺，皇太后将临幸，元礼上疏曰：

古人有言曰：生民之利害，社稷之大计，惟所见闻而不系职司者，独宰相得行之，谏官得言之。今朝廷不设谏官，御史职当言路，即谏官也，乌可坐视得失而无一言，以裨益圣治万分之一哉！伏见五台创建寺宇，土木既兴，工匠夫役，不下数万，附近数路州县，供亿烦重，男女废耕织，百物踊贵，民有不聊生者矣。

伏闻太后亲临五台，布施金币，广资福利，其不可行者有五：时当盛夏，禾稼方茂，百姓岁计，全仰秋成，扈从经过，千乘万骑，不无蹂躏，一也。太后春秋已高，亲劳圣体，往复暑途数千里，山川险恶，不避风日，轻冒雾露，万一调养失宜，悔将何及，二也。今上登宝位以来，遵守祖宗成法，正当兢业持盈之日，上位举动，必书简册，以贻万世之则，书而不法，将焉用之，三也。夫财不天降，皆出于民，今日支持调度，方之曩时百倍，而又劳民伤财，以奉土木，四也。佛本西方圣人，以慈悲方便为教，不与物竞，虽穷天下珍玩奇宝供养，不为喜；虽无一物为献而一心致敬，亦不为怒。今太后为国家、为苍生崇奉祈福，福未获昭受，而先劳圣体，圣天子旷定省之礼，轸思亲之怀，五也。伏愿中路回辕，端居深宫，俭以养德，静以颐神，上以循先皇后之懿范，次以尽圣天子之孝心，下以慰元元之望。如此，则不祈福而福至矣。

台臣不敢以闻。

大德元年，侍御史万僧与御史中丞崔彧不合，诣架阁库，取前章封之，入奏曰："崔中丞私党汉人李御史，为大言谤佛，不宜建寺。"帝大怒，遣近臣赍其章，敕右丞相完泽、平章政事不忽木等鞫问，不忽木以国语译而读之，完泽曰："其意正与吾同，往吾尝以此谏，太后曰：'我非喜建此寺，盖以先皇帝在时，尝许为之，非汝所知也'"或与万僧面质于完泽，不忽木抗言曰："他御史惧不肯言，惟一御史敢言，诚可赏也。"完泽等以章上闻。帝沉思良久曰："御史之言是也。"乃罢万僧，复元礼职。

（《元史》卷一百七十六《列传第六十三·李元礼》　4101）

浮屠妙总统有宠

仁宗即位，浮屠妙总统有宠，敕中书官其（第）〔弟〕五品，〔一〕〔张〕思明执不可。帝大怒，召见切责之，对曰："选法，天下公器。径路一开，求者杂遝。故宁违旨获戾，不忍隳祖宗成宪，使四方得窥陛下浅深也。"帝心然其言，而业已许之，曰："卿可姑与之，后勿为例。"乃为万亿库提举，不与散官。

〔一〕官其（第）〔弟〕五品　从道光本改。

（《元史》卷一百七十七《列传第六十四·张思明》　4122）

欧阳玄文与释老宫

海内名山大川，释、老之宫，王公贵人墓隧之碑，得〔欧阳〕玄文辞以为荣。

（《元史》卷一百八十二《列传第六十九·欧阳玄》　4198）

僧欲私人妻

常德民卢甲、莫乙、汪丙同出佣，而甲误堕水死，甲弟之为僧者，欲私甲妻不得，诉甲妻与乙通，而杀其夫。乙不能明，诬服击之死，断其首弃草间，尸与仗弃谭氏家沟中。吏往索，果得髑髅，然尸与仗皆无有，而谭诬证曾见一尸，水漂去。天爵曰："尸与仗纵存，今已八年，未有不腐者。"召谭诘之，则甲未死时，目已瞽，其言曾见一尸水漂去，妄也。天爵语吏曰："此乃疑狱，况不止三年。"俱释之。

（《元史》卷一百八十三《列传第七十·苏天爵》　4225）

有诏起报严寺

有诏起报严寺。〔陈〕思谦曰："兵荒之余，当罢土木，以纾民力。"帝嘉之曰："此正得祖宗立台宪之意。继此事有当言者，无隐。"赐缣绮旌之。

（《元史》卷一百八十四《列传第七十一·陈思谦》　4239）

僧净广被弟子杀害

有僧净广，与他僧有憾，久绝往来，一日，邀广饮，广弟子急欲得师财，且苦其棰楚，潜往它僧所杀之，明日诉官，它僧不胜考掠，乃诬服，三经审录，词无异，结案待报。[汪] 泽民取行凶刀视之，刀上有铁工姓名，召工问之，乃其弟子刀也，一讯吐实，即械之而出他僧，人惊以为神。

（《元史》卷一百八十五《列传第七十二·汪泽民》 4252）

文宗建寺，盖苗谏之

天历初，文宗诏以建康潜邸为佛寺，务穷壮丽，毁民居七十余家，仍以御史大夫督其役。[盖] 苗上封事曰："臣闻使民以时，使臣以礼，自古未有不由斯道而致隆平者。陛下龙潜建业之时，居民困于供给，幸而获睹今日之运，百姓跂足举首，以望非常之恩。今夺农时以创佛寺，又废民居，使之家破产荡，岂圣人御天下之道乎？昔汉高帝兴于丰、沛，为复两县，光武中兴南阳，免税三年，既不务此，而隆重佛氏，何以满斯民之望哉！且佛以慈悲为心，方便为教，今尊佛氏而害生民，无乃违其方便之教乎？台臣职专纠察，表正百司，今乃委以修缮之役，岂其礼哉？"书奏，御史大夫果免督役。

入为监察御史。文宗幸护国仁王寺，泛舟玉泉，苗进曰："今频年不登，边隅不靖，政当恐惧修省，何暇逸游，以临不测之渊乎？"帝嘉纳之，赐以对衣上尊，即日还宫。

（《元史》卷一百八十五《列传第七十二·盖苗》 4260）

张桢上疏陈十祸

及毛贵陷山东，[张桢] 上疏陈十祸，根本之祸有六，征讨之祸有四，历数其弊……略曰："……陛下事佛求福，饭僧消祸，以天寿节而禁屠宰，皆虚名也。今天下杀人矣，陛下泰然不理，而曰吾将以是求福，福何自而至哉。颍上之寇，始结白莲，以佛法诱众，终饰威权，以兵抗拒，视其所向，骎骎可畏，其势不至于亡吾社稷、烬吾国家不已也。堂堂天朝，不思靖乱，而反为阶乱，其祸至惨，其毒至深，其关系至大，有识者为之扼腕，有志者为之痛心，此征讨之祸也。"疏奏，不省。权臣恶其讦直。

（《元史》卷一百八十六《列传第七十三·张桢》 4266）

石抹宜孙

[石抹宜孙] 为学本于经术，而兼通名法、纵横、天文、地理、术数、方技、释老之说，见称荐绅间。

（《元史》卷一百八十八《列传第七十五·石抹宜孙》 4309）

许　谦

[许谦]又有《自省编》，昼之所为，夜必书之，其不可书者，则不为也。其他若天文、地理、典章、制度、食货、刑法、字学、音韵、医经、术数之说，亦靡不该贯，旁而释、老之言，亦洞究其蕴。尝谓："学者孰不曰辟异端，苟不深探其隐，而识其所以然，能辨其同异，别其是非也几希。"

（《元史》卷一百八十九《列传第七十六·儒学一》　4319）

群妪聚浮屠庵

群妪聚浮屠庵，诵佛书为禳祈，一妪失其衣，适[胡]长孺出乡，妪讼之。长孺以牟麦置群妪合掌中，命绕佛诵书如初，长孺闭目叩齿，作集神状，且曰："吾使神监之矣，盗衣者行数周，麦当芽。"一妪屡开掌视，长孺指缚之，还所窃衣。

（《元史》卷一百九十《列传第七十七·儒学二》　4332）

汝稽颡拜佛，庶保我无恙也

[至正]二十七年，大明以骑兵出杉关，取邵武，以舟师由海道趣闽，奄至城下。柏帖穆尔知城不可守，引妻妾坐楼上，慷慨谓曰："丈夫死国，妇人死夫，义也。今城且陷，吾必死于是，若等能吾从乎？"皆泣曰："有死而已，无他志也。"缢而死者六人。

有十岁女，度其不能自死，则绐之曰："汝稽颡拜佛，庶保我无恙也。"甫拜，即挈米囊压之死。

（《元史》卷一百九十六《列传第八十三·忠义四》　4433）

郑大和不奉浮屠

[郑]大和方正，不奉浮屠、老子教，冠昏丧葬，必稽朱熹《家礼》而行执。

（《元史》卷一百九十七《列传第八十四·孝友一》　4452）

释　老

释、老之教，行乎中国也，千数百年，而其盛衰，每系乎时君之好恶。是故，佛于晋、宋、梁、陈，黄、老于汉、魏、唐、宋，而其效可睹矣。

元兴，崇尚释氏，而帝师之盛，尤不可与古昔同语。维道家方士之流，假祷祠之说，乘时以起，曾不及其什一焉。宋旧史尝志老、释，厥有旨哉。

乃本其意，作《释老传》。

帝师八思巴者，土番萨斯迦人，族款氏也。相传自其祖朵栗赤，以其法佐国主霸西海者十余世。八思巴生七岁，诵经数十万言，能约通其大义，国人号之圣童，故名曰八思巴。少长，学富五明，故又称曰班弥怛。岁癸丑，年十有五，谒世祖于潜邸，与语大悦，日见亲礼。

中统元年，世祖即位，尊为国师，授以玉印。命制蒙古新字，字成上之。其字仅千余，其母凡四十有一。其相关纽而成字者，则有韵关之法；其以二合三合四合而成字者，则有语韵之法；而大要则以谐声为宗也。至元六年，诏颁行于天下。诏曰："朕惟字以书言，言以纪事，此古今之通制。我国家肇基朔方，俗尚简古，未遑制作，凡施用文字，因用汉楷及畏吾字，以达本朝之言。考诸辽、金，以及遐方诸国，例各有字，今文治寖兴，而字书有阙，于一代制度，实为未备。故特命国师八思巴创为蒙古新字，译写一切文字，期于顺言达事而已。自今以往，凡有玺书颁降者，并用蒙古新字，仍各以其国字副之。"遂升号八思巴曰大宝法王，更赐玉印。

十一年，请告西还，留之不可，乃以其弟亦怜真嗣焉。十六年，八思巴卒，[一] 讣闻，赙赠有加，赐号皇天之下一人之上〔开教〕宣文辅治大圣至德普觉真智佑国如意大宝法王、[二] 西天佛子、大元帝师。至治间，特诏郡县建庙通祀。泰定元年，又以绘像十一，颁各行省，为之塑像云。

亦怜真嗣为帝师，凡六岁，至元十九年卒。答儿麻八剌（乞列）〔剌吉塔〕嗣，[三] 二十三年卒。亦摄思连真嗣，三十一年卒。乞剌斯八斡节儿嗣，成宗特造宝玉五方佛冠赐之。元贞元年，又更赐双龙盘纽白玉印，文曰"大元帝师统领诸国僧尼中兴释教之印"。大德七年卒。明年，以辇真监藏嗣，又明年卒。[都]〔相〕家班嗣，[四] 皇庆二年卒。相儿加思〔巴〕嗣，[五] 延祐元年卒。二年，以公哥罗古罗思监藏班藏卜嗣，至治三年卒。旺出儿监藏嗣，泰定二年卒。公哥列思八冲纳思监藏班藏卜嗣，赐玉印，降玺书谕天下，其年卒。天历二年，以辇真吃剌失思嗣。

八思巴时，又有国师胆巴者，一名功嘉葛剌思，西番突甘斯旦麻人。幼从西天竺古达麻失利传习梵秘，得其法要。中统间，帝师八思巴荐之。时怀孟大旱，世祖命祷之，立雨。又尝咒食投龙湫，顷之奇花异果上尊涌出波面，取以上进，世祖大悦。至元末，以不容于时相桑哥，力请西归。既复召还，谪之潮州。时枢密副使月的迷失镇潮，而妻得奇疾，胆巴以所持数珠加其身，即愈。又尝为月的迷失言异梦及己还朝期，后皆验。

元贞间，海都犯西番界，成宗命祷于摩诃葛剌神，已而捷书果至；又为成宗祷疾，遄愈，赐与甚厚，且诏分御前校尉十人为之导从。成宗北巡，命胆巴以象舆前导。过云州，语诸弟子曰："此地有灵怪，恐惊乘舆，当密持神咒以厌之。"未几，风雨大至，众咸震惧，惟幄殿无虞，复赐碧钿杯一。大德七年夏，卒。皇庆间，追号大觉普惠广照无上胆巴帝师。〔六〕

其后又有必兰纳识里者，初名只刺瓦弥的理，北庭感木鲁国人。幼熟畏兀儿及西天书，长能贯通三藏暨诸国语。大德六年，奉旨从帝师授戒于广寒殿，代帝出家，更赐今名。皇庆中，命翻译诸梵经典。延祐间，特赐银印，授光禄大夫。

是时诸番朝贡，表笺文字无能识者，皆令必兰纳识理译进。尝有以金刻字为表进者，帝遣视之，廷中愕眙，观所以对。必兰纳识理随取案上墨汁涂金叶，审其字，命左右执笔，口授表中语及使人名氏，与贡物之数，书而上之。明日，有司阅其物色，与所赍重译之书无少差者。众无不服其博识，而竟莫测其何所从授，或者以为神悟云。授开府仪同三司，仍赐三台银印，兼领功德使司事，厚其廪饩，俾得以养母焉。

至治三年，改赐金印，特授沙（律）〔津〕爱护持，〔七〕且命为诸国引进使。至顺二年，又赐玉印，加号普觉圆明广照弘辩三藏国师。三年，与安西王子月鲁帖木儿等谋为不轨，坐诛。其所译经，汉字则有《楞严经》，西天字则有《大乘庄严宝度经》《乾陀般若经》《大涅槃经》《称赞大乘功德经》，西番字则有《不思议禅观经》，通若干卷。

元起朔方，固已崇尚释教。及得西域，世祖以其地广而险远，民犷而好斗，思有以因其俗而柔其人，乃郡县土番之地，设官分职，而领之于帝师。乃立宣政院，其为使位居第二者，必以僧为之，出帝师所辟举，而总其政于内外者，帅臣以下，亦必僧俗并用，而军民通摄。于是帝师之命，与诏敕并行于西土。百年之间，朝廷所以敬礼而尊信之者，无所不用其至。虽帝后妃主，皆因受戒而为之膜拜。正衙朝会，百官班列，而帝师亦或专席于坐隅。

且每帝即位之始，降诏褒护，必敕章佩监络珠为字以赐，盖其重之如此。其未至而迎之，则中书大臣驰驿累百骑以往，所过供亿送迎。比至京师，则敕大府假法驾半仗，以为前导，诏省、台、院官以及百司庶府，并服银鼠质孙。用每岁二月八日迎佛，威仪往迓，且命礼部尚书、郎中专督迎接。及其卒而归葬舍利，又命百官出郭祭饯。大德九年，专遣平章政事铁木儿乘传护送，赙金五百两、银千两、币帛万匹、钞三千锭。皇庆二年，加至赙金五千两、银一万五千两、锦绮杂彩共一万七千匹。虽其昆弟子姓之往来，有司亦供亿无乏。泰定间，以帝师弟公哥亦思监将至，诏中书持羊酒郊劳；而其兄琐南藏卜遂尚公主，封白兰王，赐金印，给圆符。其弟子之号司空、司徒、国公，佩金玉印章者，前后相望。

为其徒者，怙势恣睢，日新月盛，气焰熏灼，延于四方，为害不可胜言。有杨琏真加者，世祖用为江南释教总统，发掘故宋赵氏诸陵之在钱唐、绍兴者及其大臣冢墓凡一百一所，戕杀平民四人；受人献美女宝物无算；且攘夺盗取财物，计金一千七百两、银六千八百两、玉带九、玉器大小百一十有一、杂宝贝百五十有二、大珠五十两、钞一十一万六千二百锭、田二万三千亩；私庇平民不输公赋者二万三千户。他所藏匿未露者不论也。

又至大元年，上都开元寺西僧强市民薪，民诉诸留守李璧。璧方询问其由，僧已率其党持白梃突入公府，隔案引璧发，捽诸地，搒扑交下，拽之以归，闭诸空室，久乃得脱，奔诉于朝，遇赦以免。二年，复有僧龚柯等十八人，与诸王合儿八剌妃忽秃赤的斤争道，拉妃堕车殴之，且有犯上等语，事闻，诏释不问。而宣政院臣方奏取旨：凡民殴西僧者，截其手；詈之者，断其舌。时仁宗居东宫，闻之，亟奏寝其令。

泰定二年，西台御史李昌言："尝经平凉府、静、会、定西等州，[八]见西番僧佩金字圆符，络绎道途，驰骑累百，传舍至不能容，则假馆民舍，因迫逐男子，奸污女妇。奉元一路，自正月至七月，往返者百八十五次，用马至八百四十余匹，较之诸王、行省之使，十多六七。驿户无所控诉，台察莫得谁何。且国家之制圆符，本为边防警报之虞，僧人何事而辄佩之？乞更正僧人给驿法，且令台宪得以纠察。"不报。必兰纳识里之诛也，有司籍之，得其人畜土田、金银货贝钱币、邸舍、书画器玩，以及妇人七宝装具，价直钜万万云。

　　若岁时祝釐祷祠之常，号称好事者，其目尤不一。有曰镇雷阿蓝纳四，华言庆赞也。有曰亦思满蓝，华言药师坛也。有曰搠思串卜，华言护城也。有曰朵儿禅，华言大施食也。有曰朵儿只列朵四，华言美妙金刚回遮施食也。〔九〕有曰察儿哥朵四，华言回遮也。有曰笼哥儿，华言风轮也。有曰咱朵四，华言作施食也。有曰出朵儿，华言出水济六道也。有曰党剌朵四，华言回遮施食也。有曰典朵儿，华言常川施食也。有曰坐静，有曰鲁朝，华言狮子吼道场也。有曰黑牙蛮答哥，华言黑狱帝主也。有曰搠思江朵儿麻，华言护（江）〔法〕神施食也。〔十〕有曰赤思古林搠，华言自受主戒也。有曰镇雷坐静，有曰吃剌察坐静，华言秘密坐静也。有曰斟惹，华言文殊菩萨也。有曰古林朵四，华言至尊大黑神回遮施食也。有曰歇白咱剌，华言大喜乐也。有曰必思禅，华言无量寿也。有曰睹思哥儿，华言白伞盖咒也。有曰收札沙剌，华言《五护陀罗尼经》也。〔十一〕有曰阿昔答撒（答）〔哈〕昔里，华言《八（十）〔千〕颂般若经》也。〔十二〕有曰撒思纳屯，华言《大理天神咒》也。有曰阔儿鲁弗卜屯，华言《大轮金刚咒》也。有曰且八迷屯，华言《无量寿经》也。有曰亦思罗八，华言《最胜王经》也。有曰撒思纳屯，华言《护神咒》也。有曰南占屯，华言《（怀）〔坏〕相金刚》也。〔十三〕有曰卜鲁八，华言咒法也。又有作擦擦者，以泥作小浮屠也。又有作答儿刚者。其作答儿刚者，或一所二所以至七所；作擦擦者，或十万二十万以至三十万。又尝造浮屠二百一十有六，实以七宝珠玉，半置海畔，半置水中，以镇海灾。

　　延祐四年，宣徽使会每岁内廷佛事所供，其费以斤数者，用面四十三万九千五百、油七万九千、酥二万一千八百七十、蜜二万七千三百。自至元三十年间，醮祠佛事之目，仅百有二。大德七年，再立功德司，遂增至五百有余。僧徒贪利无已，营结近侍，欺昧奏请，布施莽斋，所需非一，岁费千万，较之大德，不知几倍。又每岁必因好事奏释轻重囚徒，以为福利，虽大臣如阿里，阃帅如别沙儿等，莫不假是以逭其诛。宣政院参议李良弼，受赇鬻官，直以帝师之言纵之。其余杀人之盗，作奸之徒，夤缘幸免者多。至或取空名宣敕以为布施，而任其人，可谓滥矣。凡此皆有关乎一代之治体者，故今备著焉。

　　若夫天下寺院之领于内外宣政院，曰禅，曰教，曰律，则固各守其业，惟所谓白云宗、白莲宗者，亦或颇通奸利云。

〔一〕十六年八思巴卒　《佛祖历代通载》卷三二王盘等撰《帝师行状》谓八思巴"至元十七年十一月二十二日示寂"，与萨斯迦世系等藏文史籍一致。疑此处"十六"为"十七"之误。

〔二〕皇天之下一人之上〔开教〕宣文辅治大圣至德普觉真智佑国如意大宝法王　据《佛祖历代通载》卷三二王磐等撰《帝师行状》、卷三六法洪《敕建帝师殿碑》及《山居新话》、《南村辍耕录》卷一二《帝师》补。

〔三〕亦怜真嗣为帝师凡六岁至元十九年卒答儿麻八剌（乞列）〔剌吉塔〕嗣　此处有误倒，应作"亦怜真嗣为帝师，凡六岁，卒。至元十九年，答儿麻八剌剌吉塔嗣"。按前文云亦怜真至元十一年嗣为帝师，与本书卷八《世祖纪》至元十一年三月癸巳条符。卷一〇《世祖纪》至元十六年岁末有"帝师亦怜（吉）〔真〕卒"，亦与此处"嗣为帝师，凡六岁"合，证"卒"字应在"凡六岁"下。卷一二《世祖纪》至元十九年岁末有"诏立帝师答儿麻八剌剌吉塔"，证此处"十九年"为新立帝师之年，应在"卒"字下。"答儿麻八剌剌吉塔"《至元法宝勘同总录序》作"达哩麻八罗阿罗吃答"，与藏文史籍《萨斯迦世系》合，"乞列"讹，今改。此名梵语，义为"法护佑"。

〔四〕（都）〔相〕家班　据本书卷二一《成宗纪》大德九年三月庚戌条所见"帝师相加班"改。"相家班"藏语，义为"觉吉祥"。

〔五〕相儿加思〔巴〕　本书卷二四《仁宗纪》皇庆二年九月有"以相儿加思巴为帝师"据补。"相儿加思巴"，与前见"相家班"为同名异译。

〔六〕追号大觉普惠广照无上胆巴帝师　钱大昕《潜研堂金石文跋尾》云："敕赐龙兴寺大觉普慈广照无上帝师碑，帝师者，胆巴也。《元史释老传》载皇庆间加号，与此同，惟普慈作普惠，乃《传》之误。"

〔七〕沙（律）〔津〕爱护持　据本书卷三五、三六《文宗纪》至顺二年三月壬午条、三年四月乙丑条改。"沙津爱护持"，汉译"总统"。

〔八〕西台御史李昌言尝经平凉府静会定西等州　李昌所经，地当今甘肃平凉地区与定西地区。按本书卷六〇《地理志》，该地元代无"静州"，而有"静宁州"。此处"静"下疑脱"宁"字。

〔九〕有曰朵儿只列朵四华言美妙金刚回遮施食也　　"朵儿只列"藏语，言"美
　　　妙金刚"；"施食"，如前后文所见，应作"朵儿麻"或"朵儿"。此处"朵
　　　四"似为"朵而"之讹，下文四见"朵四"同。

〔十〕有曰搠思江朵儿麻华言护（江）〔法〕神施食也　　"搠思江"藏语，言"护
　　　法神"。"江"误，今改。

〔十一〕有曰收札沙剌华言《五护陀罗尼经》也　　"收札沙剌"显系梵语译音。梵
　　　语"五"，佛典中通常译写为"般遮""般阇"；"沙剌"即"护"。疑"收"
　　　字为"般"字之误。

〔十二〕有曰阿昔答撒（答）〔哈〕昔里华言《八（十）〔千〕颂般若经》也　　"阿
　　　昔答撒哈昔里"梵语，义为"八千"，指《八千颂般若经》，即《大般若波
　　　罗蜜多经》第五会。"答""十"皆误，今改。

〔十三〕有曰南占屯华言《（怀）〔坏〕相金刚》也　　据元僧沙啰巴译《佛说坏相金
　　　刚陀罗尼经》改。藏语"南占"，义为"毁坏"。

（《元史》卷二百二《列传第八十九·释老》　4517）

阿尼哥

阿尼哥，尼波罗国人也，其国人称之曰八鲁布。幼敏悟异凡儿，稍长，
诵习佛书，期年能晓其义。同学有为绘画妆塑业者，读《尺寸经》，阿尼哥
一闻，即能记。长善画塑，及铸金为像。

中统元年，命帝师八合斯巴建黄金塔于吐蕃，尼波罗国选匠百人往成
之，得八十人，求部送之人未得。阿尼哥年十七，请行，众以其幼，难之。
对曰："年幼心不幼也。"乃遣之。帝师一见奇之，命监其役。明年，塔成，
请归，帝师勉以入朝，乃祝发受具为弟子，从帝师入见。帝视之久，问曰：
"汝来大国，得无惧乎？"对曰："圣人子育万方，子至父前，何惧之有。"又
问："汝来何为？"对曰："臣家西域，奉命造塔吐蕃，二载而成。见彼土兵
难，民不堪命，愿陛下安辑之，不远万里，为生灵而来耳。"又问："汝何所
能？"对曰："臣以心为师，颇知画塑铸金之艺。"帝命取明堂针灸铜像示之
曰："此〔安〕〔宣〕抚王（襁）〔襖〕使宋时所进，〔一〕岁久阙坏，无能修完
之者，汝能新之乎？"对曰："臣虽未尝为此，请试之。"至元二年，新像成，
关鬲脉络皆备，金工叹其天巧，莫不愧服。凡两京寺观之像，多出其手。为
七宝镔铁法轮，车驾行幸，用以前导。原庙列圣御容，织锦为之，图画弗

及也。

至元十年，始授人匠总管，银章虎符。十五年，有诏返初服，授光禄大夫、大司徒，领将作院事，宠遇赏赐，无与为比。卒。赠太师、开府仪同三司、凉国公、上柱国，谥敏慧。

子六人，曰阿僧哥，大司徒；阿述腊，诸色人匠总管府达鲁花赤。

有刘元者，尝从阿尼哥学西天梵相，亦称绝艺。元字秉元，蓟之宝坻人。始为黄冠，师事青州把道录，传其艺非一。至元中，凡两都名刹，塑土、范金、搏换为佛像，出元手者，神思妙合，天下称之。……其所为西番佛像多秘，人罕得见者。

〔一〕（安）〔宣〕抚王（襏）〔檝〕 "安抚"，本书卷一五三《王檝传》、卷八一《选举志》及《秋涧集》卷四四《国朝奉使》、《元文类》卷四八杨奂《祭国信使王宣抚文》俱作"宣抚"，据改。又"襏"字误，据本书卷一五三《王檝传》改。《类编》已改。

（《元史》二百三《列传第九十·方技》 4545）

妖僧高和尚以秘术行军中

〔至元〕十九年三月，世祖在上都，皇太子从。有益都千户王著者，素志疾恶，因人心愤怨，密铸大铜锤，自誓愿击阿合马首。会妖僧高和尚，以秘术行军中，无验而归，诈称死，杀其徒，以尸欺众，逃去，人亦莫知。著乃与合谋，以戊寅日，诈称皇太子还都作佛事，结八十余人，夜入京城。且遣二僧诣中书省，令市斋物，省中疑而讯之，不伏。及午，著又遣崔总管矫传令旨，俾枢密副使张易发兵若干，以是夜会东宫前。易莫察其伪，即令指挥使颜义领兵俱往。著自驰见阿合马，诡言太子将至，令省官悉候于宫前。阿合马遣右司郎中脱欢察儿等数骑出关，北行十余里，遇其众，伪太子者责以无礼，尽杀之，夺其马，南入健德门。夜二鼓，莫敢何问，至东宫前，其徒皆下马，独伪太子者立马指挥，呼省官至前，责阿合马数语，著即牵去，以所袖铜锤碎其脑，立毙。继呼左丞郝祯至，杀之。囚右丞张惠。枢密院、御史台、留守司官皆遥望，莫测其故。尚书张九思自宫中大呼，以为诈，留守司达鲁花赤博敦，遂持梃前，击立马者坠地，弓矢乱发，众奔溃，多就禽。高和尚等逃去，著挺身请囚。

（《元史》卷二百五《列传第九十二·奸臣》 4563）

哈　麻

初，哈麻尝阴进西天僧以运气术媚帝，帝习为之，号演揲儿法，演揲儿，华言大喜乐也。哈麻之妹婿集贤学士秃鲁帖木儿，故有宠于帝，与老的沙、八郎、答剌马吉的、波迪哇儿祸等十人，俱号倚纳。秃鲁帖木儿性奸狡，帝爱之，言听计从，亦荐西蕃僧伽璘真于帝。其僧善秘密法，谓帝曰："陛下虽尊居万乘，富有四海，不过保有见世而已。人生能几何，当受此秘密大喜乐禅定。"帝又习之，其法亦名双修法。曰演揲儿，曰秘密，皆房中术也。帝乃诏以西天僧为司徒，西蕃僧为大元国师。其徒皆取良家女，或四人、或三人奉之，谓之供养。于是帝日从事于其法，广取女妇，惟淫戏是乐。又选采女为十六天魔舞。八郎者，帝诸弟，与其所谓倚纳者，皆在帝前，相与亵狎，甚至男女裸处，号所处室曰皆即兀该，华言事事无碍也。君臣宣淫，而群僧出入禁中，无所禁止，丑声秽行，著闻于外，虽市井之人，亦恶闻之。皇太子年日以长，尤深疾秃鲁帖木儿等所为，欲去之未能也。

……

明年二月，哈麻既为相，自以前所进蕃僧为耻，告其父秃鲁曰："我兄弟位居宰辅，宜导人主以正，今秃鲁帖木儿专媚上以淫亵，天下士大夫必讥笑我，将何面目见人，我将除之。且上日趋于昏暗，何以治天下，今皇太子年长，聪明过人，不若立以为帝，而奉上为太上皇。"其妹闻之，归告其夫。秃鲁帖木儿恐皇太子为帝，则己必先见诛，即以闻于帝，然不敢斥言淫亵事，第曰："哈麻谓陛下年老故耳。"帝大惊曰："朕头未白，齿未落，遽谓我为老耶！"帝即与秃鲁帖木儿谋去哈麻、雪雪，计已定，秃鲁帖木儿走匿尼寺中。明日，帝遣使传旨哈麻与雪雪，毋早入朝，其家居听旨。

（《元史》卷二百五《列传第九十二·奸臣》　　4583）

明 史

严治僧道斋醮杂男女，恣饮食

[洪武五年夏四月] 是月，诏曰："天下大定，礼仪风俗不可不正。……僧道斋醮杂男女，恣饮食，有司严治之。"

（《明史》卷二《本纪第二·太祖二》　27）

有僧自云南至广西诡称建文帝

或云 [恭闵] 帝由地道出亡。正统五年，有僧自云南至广西，诡称建文皇帝。思恩知府岑瑛闻于朝。按问，乃钧州人杨行祥，年已九十余，下狱，阅四月死。同谋僧十二人，皆戍辽东。自后滇、黔、巴、蜀间，相传有帝为僧时往来迹。

（《明史》卷四《本纪第四·恭闵帝》　66）

朱棣与道衍

[明成祖朱棣] 王密与僧道衍谋，令指挥张玉、朱能潜纳勇士八百人入府守卫。

（《明史》卷五《本纪第五·成祖一》　70）

道 衍

[永乐二年夏四月] 壬申，僧道衍为太子少师，复其性姚，赐名广孝。

（《明史》卷六《本纪第六·成祖二》　81）

封尚师哈立麻为大宝法王

[永乐五年] 三月丁巳，封尚师哈立麻为大宝法王。

（《明史》卷六《本纪第六·成祖二》　84）

讨诛妖僧李圆朗

[万历十七年] 夏四月己亥，王家屏复入阁。始兴妖僧李圆朗作乱，犯

南雄，有司讨诛之。

（《明史》卷二十《本纪第二十·神宗一》　273）

天界寺、能仁寺

［洪武二十一年二月］甲戌，天界、能仁二寺灾。

（《明史》卷二十九《志第五·五行二》　462）

为徐皇后荐大斋于灵谷、天禧二寺

［永乐五年七月］是月乙卯［徐皇后］崩，年四十有六。帝悲恸，为荐大斋于灵谷、天禧二寺，听群臣致祭，光禄为具物。十月甲午，〔一〕谥曰仁孝皇后。

〔一〕十月甲午　原脱"十月"二字。承上文，便成七月甲午。但七月壬子朔，不得有甲午日。《太宗实录》卷五三系于永乐五年十月甲午，甲午是十月十四日，据补。

（《明史》卷一百十三《列传第一·后妃一》　3511）

僧道斋醮，百官不得行香

孝肃周太后，英宗妃，宪宗生母也，昌平人。天顺元年封贵妃。宪宗即位，尊为皇太后。其年十月，太后诞日，帝令僧道建斋祭。礼部尚书姚夔帅群臣诣斋所，为太后祈福。给事中张宁等劾之。帝是其言，令自后僧道斋醮，百官不得行香。二十三年四月上徽号曰圣慈仁寿皇太后。孝宗立，尊为太皇太后。

（《明史》卷一百十三《列传第一·后妃一》　3518）

孝定李太后

［孝定李太后］顾好佛，京师内外多置梵刹，动费钜万，帝亦助施无算。［张］居正在日，尝以为言，未能用也。

（《明史》卷一百十四《列传第二·后妃二》　3536）

岷州广福寺

宣宗初，［韩王冲𤊨］请徙江南。不许。请蠲护卫屯租，建邸第。许之。遣主事毛俊经度，并建襄陵、乐平二邸及岷州广福寺。陕西守臣言岁歉，请辍工。帝令缮王宫，罢建寺役。

（《明史》卷一百十八《列传第六·诸王三》　3605）

迎恩寺

[崇祯十四年正月]夜半,绍禹亲军从城上呼贼相笑语,挥刀杀守堞者,烧城楼,开北门纳贼。[福恭王]常洵缒城出,匿迎恩寺。翌日,贼迹而执之,遂遇害。

（《明史》卷一百二十《列传第八·诸王五》　3651）

怀庆公主

怀庆公主,母成穆孙贵妃。下嫁王宁。宁,寿州人,既尚主,掌后军都督府事。……宁能诗,颇好佛。尝侍帝燕语,劝帝诵佛经饭僧,为太祖资福。帝不怿,自是恩礼渐衰。久之,坐事下狱,见原,卒。

（《明史》卷一百二十一《列传第九·公主》　3665）

白莲教烧香惑众

韩林儿,栾城人,或言李氏子也。其先世以白莲会烧香惑众,谪徙永年。元末,林儿父山童鼓妖言,谓“天下当大乱,弥勒佛下生”。河南、江、淮间愚民多信之。颍州人刘福通与其党杜遵道、罗文素、盛文郁等复言“山童,宋徽宗八世孙,当主中国”。乃杀白马黑牛,誓告天地,谋起兵,以红巾为号。

（《明史》卷一百二十二《列传第十·韩林儿》　3681）

万寿寺

[至正]二十七年九月,城破,[张]士诚收余众战于万寿寺东街,众散走。仓皇归府第,拒户自缢。

（《明史》卷一百二十三《列传第十一·张士诚》　3696）

江南僧道多腴田

[建文帝]时江南僧道多腴田,[陈]继之请人限五亩,余以赋民。从之。

（《明史》卷一百四十一《列传第二十九·王度》　4029）

姚广孝

姚广孝,长洲人,本医家子。年十四,度为僧,名道衍,字斯道,事道士席应真,得其阴阳术数之学。尝游嵩山寺,相者袁珙见之曰:“是何异僧,目三角,形如病虎,性必嗜杀,刘秉忠流也。”道衍大喜。

　　洪武中，诏通儒书僧试礼部。不受官，赐僧服还。经北固山，赋诗怀古。其侪宗泐曰："此岂释子语耶？"道衍笑不答。高皇后崩，太祖选高僧侍诸王，为诵经荐福。宗泐时为左善世，举道衍。燕王与语甚合，请以从。至北平，住持庆寿寺。出入府中，迹甚密，时时屏人语。及太祖崩，惠帝立，以次削夺诸王，周、湘、代、齐、岷相继得罪，道衍遂密劝成祖举兵。成祖曰："民心向彼，奈何？"道衍曰："臣知天道，何论民心。"乃进袁珙及卜者金忠。于是成祖意益决，阴选将校，勾军卒，收材勇异能之士。燕邸，故元宫也，深邃。道衍练兵后苑中。穴地作重屋，缭以厚垣，密甓瓴甋瓶缶，日夜铸军器，畜鹅鸭乱其声。

　　建文元年六月，燕府护卫百户倪谅上变。诏逮府中官属。都指挥张信输诚于成祖，成祖遂决策起兵。适大风雨至，檐瓦堕地，成祖色变。道衍曰："祥也。飞龙在天，从以风雨。瓦堕，将易黄也。"兵起，以诛齐泰、黄子澄为名，号其众曰"靖难之师"。道衍辅世子居守。其年十月，成祖袭大宁，李景隆乘间围北平。道衍守御甚固，击却攻者。夜缒壮士击伤南兵。援师至，内外合击，斩首无算。景隆、平安等先后败遁。成祖围济南三月，不克，道衍驰书曰："师老矣，请班师。"乃还。复攻东昌，战败，亡大将张玉，复还。成祖意欲稍休，道衍力趣之，益募勇士，败盛庸，破房昭西水寨。道衍语成祖："毋下城邑，疾趋京师。京师单弱，势必举。"从之。遂连败诸将于淝河、灵璧，渡江入京师。

　　成祖即帝位，授道衍僧录司左善世。帝在藩邸，所接皆武人，独道衍定策起兵。及帝转战山东、河北，在军三年，或旋或否，战守机事皆决于道衍。道衍未尝临战阵，然帝用兵有天下，道衍力为多，论功以为第一。永乐二年四月拜资善大夫、太子少师，复其姓，赐名广孝，赠祖父如其官。帝与语，呼少师而不名。命蓄发，不肯。赐第及两宫人，皆不受。常居僧寺，冠带而朝，退仍缁衣。出振苏、湖，至长洲，以所赐金帛散宗族乡人。重修《太祖实录》，广孝为监修。又与解缙等纂修《永乐大典》。书成，帝褒美之。帝往来两都，出塞北征，广孝皆留辅太子于南京。五年四月，皇长孙出阁就学，广孝侍说书。

　　十六年三月入觐，年八十有四矣，病甚，不能朝，仍居庆寿寺。车驾临视者再，语甚欢，赐以金唾壶，问所欲言。广孝曰："僧溥洽系久，愿赦之。"溥洽者，建文帝主录僧也。初，帝入南京，有言建文帝为僧遁去，溥洽知状，或言匿溥洽所。帝乃以他事禁溥洽，而命给事中胡濙等遍物色建文帝，久之不可得，溥洽坐系十余年。至是，帝以广孝言，即命出之。广孝顿首谢。寻卒。帝震悼，辍视朝二日，命有司治丧，以僧礼葬。追赠推诚辅国协谋宣力文臣、特进荣禄大夫、上柱国、荣国公，谥恭靖。赐葬房山县东北。帝亲制神道碑志其功，官其养子继尚宝少卿。

广孝少好学，工诗。与王宾、高启、杨孟载友善。宋濂、苏伯衡亦推奖之。晚著《道余录》，颇毁先儒，识者鄙焉。其至长洲，候同产姊。姊不纳。访其友王宾。宾亦不见，但遥语曰："和尚误矣，和尚误矣。"复往见姊。姊詈之。广孝惘然。

洪熙元年加赠少师，配享成祖庙庭。嘉靖九年，世宗谕阁臣曰："姚广孝佐命嗣兴，劳烈具有。顾系释氏之徒，班诸功臣，侑食太庙，恐不足尊敬祖宗。"于是尚书李时偕大学士张璁、桂萼等议请移祀大兴隆寺，太常春秋致祭。诏曰："可。"

（《明史》卷一百四十五《列传第三十三·姚广孝》 4079）

解缙言释、老之壮者驱之

臣〔解缙〕见陛下好观《说苑》《韵府》杂书与所谓《道德经》《心经》者，臣窃谓甚非所宜也。……释、老之壮者驱之，俾复于人伦。经咒之妄者火之，俾绝其欺诳。绝鬼巫，破淫祀，省冗官，减细县，痛惩法外之威刑，永革京城之工役。

（《明史》卷一百四十七《列传第三十五·解缙》 4115）

征乌思藏僧作法会

帝征乌思藏僧作法会，为高帝、高后荐福，言见诸祥异。〔胡〕广乃献《圣孝瑞应颂》。帝缀为佛曲，令宫中歌舞之。礼部郎中周讷请封禅。广言其不可，遂不许。广上《却封禅颂》，帝益亲爱之。

（《明史》卷一百四十七《列传第三十五·胡广》 4125）

郑 赐

永乐元年〔郑赐〕劾都督孙岳擅毁太祖所建寺，诏安置海南。岳，建文时守凤阳，尝毁寺材，修战舰以御燕军，燕知其有备，取他道南下，故〔郑〕赐劾之。……

〔永乐元年〕三年秋，〔郑赐〕代李至刚为礼部尚书。四年正月，西域贡佛舍利，赐因请释囚。帝曰："梁武、元顺溺佛教，有罪者不刑，纪纲大坏，此岂可效！"

（《明史》卷一百五十一《列传第三十九·郑赐》　4178）

禁僧道之蠹民

〔景泰〕五年五月，〔钟〕同因上疏论时政，遂及复储事，其略曰："……亲庶政以总威权，敦伦理以厚风俗，辨邪正以专委任，严赏罚以彰善恶，崇风宪以正纪纲。去浮费，罢冗员，禁僧道之蠹民，择贤将以训士。然后亲率群臣，谢过郊庙，如成汤之六事自责，唐太宗之十渐即改，庶几天意可回，国势可振。"

（《明史》卷一百六十二《列传第五十·钟同》　4408）

罢桑门之供

〔景泰〕六年七月，以时多灾异，〔倪敬〕偕同官吴江盛昶、江阴杜宥、芜湖黄让、安福罗俊、固始汪清上言："府库之财，不宜无故而予；游观之事，不宜非时而行。曩以斋僧，屡出帑金易米，不知栉风沐雨之边卒，趋事急公之贫民，又何以济之？近闻造龙舟，作燕室，营缮日增，嬉游不少，非所以养圣躬也。章纶、钟同直言见忤，幽锢逾年，非所以昭圣德也。愿罢桑门之供，辍宴佚之娱，止兴作之役，宽直臣之囚。"帝得疏不怿，下之礼部。

（《明史》卷一百六十二《列传第五十·倪敬》　4415）

聊　让

聊让，兰州人。肃府仪卫司余丁也。好学有志尚，明习时务。景帝嗣位，惩王振蒙蔽，大辟言路，吏民皆得上书言事。景泰元年六月，让诣阙陈数事，其略曰：

迩岁土木繁兴，异端盛起，番僧络绎，污吏纵横，相臣不正其非，御史不劾其罪，上下蒙蔽，民生凋瘵。

（《明史》卷一百六十四《列传第五十二·聊让》　4447）

尊奉佛氏，卒致祸乱

初，王振佞佛，请帝岁一度僧。其所修大兴隆寺，日役万人，糜帑数十万，闳丽冠京都。英宗为赐号"第一丛林"，命僧大作佛事，躬自临幸，以故释教益炽。至是〔单〕宇上书言："前代人君尊奉佛氏，卒致祸乱。近男女出家累百千万，不耕不织，蚕食民间。营构寺宇，遍满京邑，所费不可胜纪。请撤木石以建军营，销铜铁以铸兵仗，罢遣僧尼，归之民俗，庶皇风清穆，异教不行。"疏入，为廷议所格。复知侯官。

而咸阳姚显以乡举入国学，亦上言："曩者修治大兴隆寺，穷极壮丽，又奉僧杨某为上师，仪从侔王者。食膏粱，被组绣，藐万乘若弟子。今上皇被留贼庭，乞令前赴瓦剌，化谕也先。诚能奉驾南还，庶见护国之力。不然，佛不足信彰彰矣。"

当景泰时，廷臣谏事佛者甚众，帝卒不能从。而中官兴安最用事，佞佛甚于振，请帝建大隆福寺，严壮与兴隆并。四年三月，寺成，帝克期临幸。河东盐运判官济宁杨浩切谏，乃止。

（《明史》卷一百六十四《列传第五十二·单宇》 4457）

汰法王以下番僧四五百人

英宗即位，诏节冗费。〔胡〕濙因奏减上供物，及汰法王以下番僧四五百人，〔一〕浮费大省。

〔一〕及汰法王以下番僧四五百人 四五百人，《明史稿》传三四《胡濙传》作"千余人"。

（《明史》卷一百六十九《列传第五十七·胡濙》 4535）

僧奇于谦

于谦，字廷益，钱塘人。生七岁，有僧奇之曰："他日救时宰相也。"

（《明史》卷一百七十《列传第五十八·于谦》 4543）

妖僧赵才兴

〔景泰〕三年春，〔林聪〕疏言："臣职在纠察刑狱。妖僧赵才兴之疏族百口，律不当坐，而抄提至京。"

（《明史》卷一百七十七《列传第六十五·林聪》 4719）

罢斋醮，汰僧道

〔景泰〕五年三月以灾异偕同官条上八事，杂引五行诸书，累数千言。大略以绝玩好，谨嗜欲，为崇德之本，而修人事，在进贤退奸。……余如罢斋醮，汰僧道，慎刑狱，禁私役军士，省轮班工匠，皆深中时弊。帝多采纳。

（《明史》卷一百七十七《列传第六十五·林聪》　4719）

丘弘等上书言西天佛子占地

丘弘，字宽叔，上杭人。天顺末进士。授户科给事中。数陈时政。成化四年春，偕同官上言：“洪武、永乐间，以畿辅、山东土旷人稀，诏听民开垦，永不科税。迩者权豪怙势，率指为闲田，朦胧奏乞。如嘉善长公主求文安诸县地，西天佛子札实巴求静海县地，多至数十百顷。夫地踰百顷，古者百家产也。岂可徇一人之私情，而夺百家恒产哉。”帝纳其言，诏自今请乞，皆不许，著为令。札实巴所乞地，竟还之民。弘再迁，至都给事中。

……

京师岁歉米贵，而四方游僧万数，弘请驱逐，以省冗食。又请发太仓米，减价以粜，给贫民最甚者。帝悉从之。复言：“在京百兽房及清河寺诸处，所育珍禽野兽，日饲鱼肉米菽，乞并纵放，以省冗费。”报闻。

（《明史》卷一百八十《列传第六十八·丘弘》　4770）

都城佛刹迄无宁工

当是时，帝耽于燕乐，群小乱政，屡致灾谴。至〔成化〕二十一年正月朔申刻，有星西流，化白气，声如雷。帝颇惧，诏求直言，〔李〕俊率六科诸臣上疏曰：

……

夫爵以待有德，赏以待有功也。今或无故而爵一庸流，或无功而赏一贵幸。祈雨雪者得美官，进金宝者射厚利。方士献炼服之书，伶人奏曼延之戏。掾史胥徒皆叨官禄，俳优僧道亦沾班资。一岁而传奉或至千人，数岁而数千人矣。数千人之禄，岁以数十万计。……

今都城佛刹迄无宁工，京营军士不复遗力。如国师继晓假术济私，糜耗特甚，中外切齿。愿陛下内惜资财，外惜人力，不急之役姑赐停罢，则工役不烦而天意可回矣。

……

陕西、河南、山西赤地千里。尸骸枕籍，流亡日多，崔苻可虑。愿体天心之仁爱，悯生民之困穷，追录贵幸盐课，暂假造寺资财，移振饥民，俾苟存活，则流亡复而天意可回矣。

……

帝优诏答之。降孜省上林丞，常恩本寺丞，继晓革国师为民，令巡按御史追其诰敕。制下，举朝大悦。

（《明史》卷一百八十《列传第六十八·李俊》　4778）

崔升、苏章言宦官妖僧罪

[崔]升、[苏]章言宦官妖僧罪，请亟诛窜，而尚书王恕今伊、傅，不宜置南京。[彭]纲斥李孜省、继晓，请诛之以谢天下。……[李]旦陈十事，且言："神仙、佛老、外戚、女谒，声色货利，奇技淫巧，皆陛下素所惑溺，而左右近习交相诱之。"言甚切。帝以方修省，皆不罪。

（《明史》卷一百八十《列传第六十八·汪奎》　4783）

献地建寺

[曹璘]又言："梁芳以指挥袁辂献地建寺，请令袭广平侯爵。以数亩地得侯，勋臣谁不解体，宜亟为革罢。"疏奏，帝颇采焉。

（《明史》卷一百八十《列传第六十八·曹璘》　4792）

夺宅为僧庵

中官夺宋儒黄干宅为僧庵，[庞]泮改为书院以祀干。

（《明史》卷一百八十《列传第六十八·庞泮》　4795）

大兴隆寺

任仪，阆中人。成化二十三年进士，为御史。弘治三年秋，诏修斋于大兴隆寺。理刑知县王岳骑过之，中使捽辱岳，使跪于寺前。仪不平，劾中使罪。姓名偶误，乃并仪下吏。出为中部知县，终山西参政。

（《明史》卷一百八十《列传第六十八·胡献》　4798）

两宫皆好佛、老

帝[孝宗]孝事两宫太后甚谨，而两宫皆好佛、老。先是，清宁宫成，命灌顶国师设坛庆赞，又遗中官赍真武像，建醮武当山，使使诣泰山进神袍，或白昼散灯市上。帝重违太后意，曲从之，而〔刘〕健等谏甚力。十五年六月诏拟《释迦哑塔像赞》，十七年二月诏建延寿塔朝阳门外，除道士杜永祺等五人为真人，皆以健等力谏得寝。

（《明史》卷一百八十一《列传第六十九·刘健》　4812）

王恕上疏言寺

林俊之下狱也，〔王〕恕言："天地止一坛，祖宗止一庙，而佛至千余寺。一寺立，而移民居且数百家，费内帑且数十万，此舛也。俊言当，不宜罪。"帝得疏不怿。

（《明史》卷一百八十二《列传第七十·王恕》　4834）

罢遣法王、佛子、真人

陈音，字师召，莆田人。天顺末进士。改庶吉士，授编修。成化六年三月，以灾异陈时政，言："讲学莫先于好问。陛下虽间御经筵，然势分严绝，上有疑未尝问，下有见不敢陈。愿引儒臣赐坐便殿，从容咨论，仰发圣聪。异端者，正道之反，法王、佛子、真人，宜一切罢遣。"章下礼部。

（《明史》卷一百八十四《列传第七十二·张元桢》　4881）

诏夺真人、国师、高士等三十余人名号

孝宗崩，真人陈应循，西番灌顶大国师那卜坚参等以被除，率其徒入乾清宫，〔张〕昇请置之法。诏夺真人、国师、高士等三十余人名号，逐之。昇在部五年，遇灾异，辄进直言。亦数为言者所攻，然自守谨饬。

（《明史》卷一百八十四《列传第七十二·张昇》　4883）

帝自称大庆法王

正德六年代费宏为礼部尚书。礼部事视他部为简，自〔傅〕珪数有执争，章奏遂多。帝好佛，自称大庆法王。番僧乞田百顷为法王下院，中旨下部，称大庆法王与圣旨并。珪佯不知，执奏："孰为大庆法王，敢与至尊并书，大不敬。"诏勿问，田亦竟止。

（《明史》卷一百八十四《列传第七十二·傅珪》　4885）

不得滥营寺宇

〔正德年间〕帝崇信西僧，常袭其衣服，演法内厂。有绰吉我些儿者，出入豹房，封大德法王，遣其徒二人还乌思藏，请给国师诰命如大乘法王

例，岁时入贡，且得赍茶以行，［刘］春持不可。帝命再议，春执奏曰："乌思藏远在西方，性极顽犷。虽设四王抚化，其来贡必有节制，使不为边患。若许其赍茶，给之诰敕，万一假上旨以诱羌人，妄有请乞，不从失异俗心，从之则滋害。"奏上，罢赍茶，卒与诰命。春又奏："西番俗信佛教，故祖宗承前代旧，设立乌思藏诸司，及陕西洮、岷，四川松潘诸寺，令化导番人，许之朝贡。贡期、人数皆有定制。比缘诸番僻远，莫辨真伪。中国逃亡罪人，习其语言，窜身在内，又多创寺请额。番贡日增，宴赏繁费。乞严其期限，酌定人数，每寺给勘合十道，缘边兵备存勘合底簿，比对相同，方许起送。并禁自后不得滥营寺宇。"报可。

（《明史》卷一百八十四《列传第七十二·刘春》　4886）

僧夜杀人沉之塘下

黄绂，字用章，其先封丘人。……

成化九年迁四川左参议。久之，进左参政。按部崇庆，旋风起舆前，不得行。绂曰："此必有冤，吾当为理。"风遂散。至州，祷城隍神，梦若有言州西寺者。寺去州四十里，倚山为巢，后临巨塘。僧夜杀人沉之塘下，分其赀。且多藏妇女于窟中。绂发吏兵围之，穷诘，得其状，诛僧毁其寺。仓吏倚皇亲乾没官粮巨万，绂追论如法，威行部中。

（《明史》卷一百八十五《列传第七十三·黄绂》　4897）

停寺观斋醮

［弘治］十五年［侣钟］上天下会计之数，言："……今太仓无储，内府殚绌，而冗食冗费日加于前。愿陛下惕然省忧，力加损节，且敕廷臣共求所以足用之术。"帝乃下廷臣议。议上十二事，其罢传奉冗官，汰内府滥收军匠，清腾骧四卫勇士，停寺观斋醮，省内侍、画工、番僧供应，禁王府及织造滥乞盐引，令有司征庄田租，皆权幸所不便者。疏留数月不下，钟乃复言之。他皆报可，而事关权幸者终格不行。

（《明史》卷一百八十五《列传第七十三·侣钟》　4900）

建寿塔

帝［孝宗］将建延寿塔于城外，［李］昆复疏谏。

（《明史》卷一百八十五《列传第七十三·李介》　4906）

河南白莲贼赵景隆自称宋王

河南白莲贼赵景隆自称宋王，掠归德，[丛] 兰遣指挥石坚、知州张思齐等击斩之。九月，贼平，论功赍金币，增俸一级，召还理部事。

（《明史》卷一百八十五《列传第七十三·丛兰》　4909）

周玺请毁新立寺观

武宗初即位，[周玺] 请毁新立寺观，屏逐法王、真人，停止醮事，并论前中官齐玄炼丹糜金罪。[一]

〔一〕并论前中官齐玄炼丹糜金罪　此系于九月以前，按《武宗实录》卷七弘治十八年十一月辛丑条作"十一月"。

（《明史》卷一百八十八《列传第七十六·周玺》　4984）

剌麻尤释教所不齿

周广，字克之，昆山人。弘治十八年进士。历知莆田、吉水二县。

正德中，以治最征授御史，疏陈四事，略言：

三代以前，未有佛法。况剌麻尤释教所不齿。耳贯铜环，身衣赭服，残破礼法，肆为淫邪。宜投四裔，以御魑魅，奈何令近君侧，为群盗兴兵口实哉！

（《明史》卷一百八十八《列传第七十六·周广》　5000）

刘允迎佛乌斯藏

帝 [武宗] 遣中官刘允迎佛乌斯藏，[徐] 文华力谏。不报。

（《明史》卷一百九十一《列传第七十九·徐文华》　5072）

奸僧潜行诱愚民弥勒之教

锦衣革职旗校王邦奇屡乞复职，[安] 磐言："邦奇等在正德世，贪饕搏噬，有若虎狼。其捕奸盗也，或以一人而牵十余人，或以一家而连数十家，锻炼狱词，付之司寇，谓之'铸铜板'。其缉妖言也，或用番役四出搜愚民诡异之书，或购奸僧潜行诱愚民弥勒之教，然后从而掩之，无有解脱，谓之'种妖言'。数十年内，死者填狱，生者冤号。今不追正其罪，使得保首领，亦已幸矣，尚敢肆然无忌，屡渎天听，何为者哉。且陛下收已涣之人心，奠将危之国脉，实在登极一诏。若使此辈攘臂一朝坏之，则奸人环立峰起，堤防溃决，不知所纪极矣。宜严究治，绝祸源。"帝不能从。其后邦奇卒为大厉如磐言。

（《明史》卷一百九十二《列传第八十·安磐》　5092）

番僧处禁寺

刘瑾败，大臣多以党附见劾，［乔］宇独无所染。拜南京礼部尚书。乾清宫灾，率同列言视朝不勤，经筵久辍，国本未建，义子猥多，番僧处禁寺，优伶侍起居，立皇店，留边兵，习战斗，土木繁兴，织造不息，凡十事。帝不省。

（《明史》卷一百九十四《列传第八十二·乔宇》　5131）

勒令尼改嫁

［方］献夫以尼僧、道姑伤风化，请勒令改嫁，帝从之。又因霍韬言，尽汰僧道无牒、毁寺观私创者。

（《明史》卷一百九十六《列传第八十四·方献夫》　5189）

霍韬散僧尼

［霍韬］在南都，禁丧家宴饮，绝妇女入寺观，罪娼户市良人女，毁淫祠，建社学，散僧尼，表忠节。既去，士民思之。

（《明史》卷一百九十七《列传第八十五·霍韬》　5214）

西内创梵宇

乾清宫灾，诏求直言。［杨］一清上书言视朝太迟，享祀太慢，西内创梵宇，禁中宿边兵，畿内皇店之害，江南织造之扰。因引疾乞归，帝慰留之。

（《明史》卷一百九十八《列传第八十六·杨一清》　5228）

周用谏迎佛乌斯藏

［周用］谏迎佛乌斯藏及以中旨迁黜尚书、都给事中等官，且请治镇守江西中官黎安罪。

（《明史》卷二百二《列传第九十·周用》　5330）

僧道靡费

帝［世宗］用中官崔文言，建醮乾清、坤宁诸宫，西天、西番、汉经诸厂，五花宫两暖阁、东次阁，莫不有之。［郑］一鹏言："祷祀繁兴，必魏彬、张锐余党。先帝已误，陛下岂容再误。臣巡视光禄，见一斋醮蔬食之费，为钱万有八千。陛下忍敛民怨，而不忍伤佞幸之心。况今天灾频降，京师道殣相望，边境戍卒，日夜荷戈，不得饱食，而为僧道靡费至此，此臣所未解。"报闻。

（《明史》卷二百六《列传第九十四·郑一鹏》　5437）

败俗妨农，莫甚释氏

顾存仁，字伯刚，太仓人。嘉靖十一年进士。除余姚知县，征为礼科给事中。十七年冬疏陈五事。首言宜广旷荡恩，赦杨慎、马录、冯恩、吕经等。末云："败俗妨农，莫甚释氏。叶凝秀何人，而敢乞度？"帝方崇道家言。凝秀，道士也。帝以为刺己，且恶其欲释杨慎等，遂责存仁妄指凝秀为释氏，廷杖之六十，编氓口外。往来塞上，几三十年。穆宗即位，召为南京通政参议。

（《明史》卷二百九《列传第九十七·顾存仁》　5516）

异言异服列于朝苑

[杨爵上书曰] 左道惑众，圣王必诛。今异言异服列于朝苑，金紫赤绂赏及方外。[一] 夫保傅之职坐而论道，今举而畀之奇邪之徒。流品之乱莫以加矣。陛下诚与公卿贤士日论治道，则心正身修，天地鬼神莫不祐享，安用此妖诞邪妄之术，列诸清禁，为圣躬累耶！臣闻上之所好，下必有甚。近者妖盗繁兴，诛之不息。风声所及，人起异议。贻四方之笑，取百世之讥，非细故也。此信用方术，足以失人心而致危乱者，四也。

〔一〕赏及方外　方外，原作"外方"。据《明史稿》传八八《杨爵传》改。

（《明史》卷二百九《列传第九十七·杨爵》　5525）

士子作文每窃释氏教，诏戒饬之

时士大夫多崇释氏教，士子作文每窃其绪言，鄙弃传注。前尚书余继登奏请约禁，然习尚如故。[冯] 琦乃复极陈其弊，帝为下诏戒饬。

（《明史》卷二百十六《列传第一百四·冯琦》　5705）

白莲结社

[万历] 二十五年五月 [吕坤] 疏陈天下安危。其略曰：

……一曰无聊之民。饱温无由，身家俱困，因怀逞乱之心，冀缓须臾之死。二曰无行之民。气高性悍，玩法轻生，居常爱玉帛子女而不得，及有变则淫掠是图。三曰邪说之民。白莲结社，遍及四方，教主传头，所在成聚。倘有招呼之首，此其归附之人。四曰不轨之民。乘衅蹈机，妄思雄长。惟冀目前有变，不乐天下太平。陛下约己爱人，损上益下，则四民皆赤子，否则悉为寇仇。

（《明史》卷二百二十六《列传第一百十四·吕坤》 5937）

偏头结赛雅善天竺僧

偏头结赛雅善天竺僧。僧言岁在鸡犬，番有厄。偏头信之，预匿山谷中。逸贼以为神，迹而拜求之，故偏头为之请。是役也，焚碉房千六百有奇，生擒贼魁三十余人，俘馘以千余计。自是群番震惊，不敢为患，边人树碑记［李应祥］绩焉。

（《明史》卷二百四十七《列传第一百三十五·李应祥》 6398）

税寺产

［毕］自严择其可者，先列上十二事，曰增盐引，议鼓铸，括杂税，核隐田，税寺产，核牙行，停修仓廒，止葺公署，南马协济，崇文铺税，京运拨兑，板木折价。

（《明史》卷二百五十六《列传第一百四十四·毕自严》 6610）

许誉卿

福王立，起［许誉卿］光禄卿，不赴。国变，薙发为僧，久之卒。

（《明史》卷二百五十八《列传第一百四十六·许誉卿》 6648）

卢象晋

其后南都亡，［卢］象观赴水死，［卢］象晋为僧，一门先后赴难者百余人。

（《明史》卷二百六十一《列传第一百四十九·卢象昇》 6766）

蔡懋德

蔡懋德，字维立，昆山人。少慕王守仁为人，著《管见》，宗良知之说。举万历四十七年进士，授杭州推官。……

崇祯初，出为江西提学副使，好以守仁《拔本塞源论》教诸生，大抵释氏之绪论。

（《明史》卷二百六十三《列传第一百五十一·蔡懋德》 6801）

沈迅请以天下僧人配尼姑

其年［崇祯十一年］冬，畿辅被兵。［沈］迅请于广平、河间、定州、蠡县各设兵备一人。又请以天下僧人配尼姑，编入里甲，三丁抽一，可得兵数十万。他条奏甚多。章下兵部，嗣昌盛称迅言可用，乃命为兵科给事中。

（《明史》卷二百六十七《列传第一百五十五·宋玫》　6881）

永福寺

游击刘良佐献轰城策，匿人永福寺中，穴城置火药，发之，城崩，官军入。

（《明史》卷二百七十六《列传第一百六十四·朱大典》　7059）

申 甫

申甫者，僧也，好谈兵，方私制战车火器。帝纳［金］声言，取其车入览，授都司金书。即日召见，奏对称旨，超擢副总兵，敕募新军，便宜从事。改声御史，参其军。甫仓猝募数千人，皆市井游手，所需军装戎器又不时给。而是时大清兵在郊圻久，势当速战，急出营柳林。总理满桂节制诸军，甫不肯为下。桂卒掠民间，甫军捕之，桂辄索去。声以两军不和闻，帝即命声调护。亡何，桂殁，甫连败于柳林、大井，乃结车营卢沟桥。大清兵绕出其后，御车者惶惧不能转，歼戮殆尽，甫亦阵亡。声痛伤之，言甫受事日浅，直前冲锋，遗骸矢刃殆遍，非喋血力战不至此。帝亦伤之，命予恤典。

（《明史》卷二百七十七《列传第一百六十五·金声》　7090）

陈子龙

［陈］子龙与同邑夏允彝皆负重名，允彝死，子龙念祖母年九十，不忍割，遁为僧。寻以受鲁王部院职衔，结太湖兵，欲举事。事露被获，乘间投水死。

（《明史》卷二百七十七《列传第一百六十五·陈子龙》　7098）

峨嵋僧预言

初，［汤］绍恩之生也，有峨嵋僧过其门，曰："他日地有称绍者，将承是儿恩乎？"因名绍恩，字汝承，其后果验。

（《明史》卷二百八十一《列传第一百六十九·汤绍恩》　7213）

王冕

王冕，字元章，诸暨人。幼贫，父使牧牛，窃入学舍，听诸生诵书，暮乃返，亡其牛，父怒挞之，已而复然。母曰："儿痴如此，曷不听其所为。"冕因去依僧寺，夜坐佛膝上，映长明灯读书。会稽韩性闻而异之，录为弟子，遂称通儒。性卒，门人事冕如事性。屡应举不中，弃去，北游燕都，客秘书卿泰不花家，拟以馆职荐，力辞不就。既归，每大言天下将乱，携妻孥隐九里山，树梅千株，桃杏半之，自号梅花屋主，善画梅，求者踵至，以幅长短为得米之差。尝仿《周官》著书一卷，曰："持此遇明主，伊、吕事业不难致也。"太祖下婺州，物色得之，置幕府，授咨议参军，一夕病卒。

（《明史》卷二百八十五《列传第一百七十三·文苑一》 7311）

筑浮屠镇南

［危素］居房山者四年。明师将抵燕，淮王贴木儿不花监国，起为承旨如故。素甫至而师入，乃趋所居报恩寺，入井。寺僧大梓力挽起之，曰："国史非公莫知。公死，是死国史也。"素遂止。兵迫史库，往告镇抚吴勉辈出之，《元实录》得无失。

……

先是，至元间，西僧嗣古妙高欲毁宋会稽诸陵。夏人杨辇真珈为江南总摄，悉掘徽宗以下诸陵，攫取金宝，哀帝后遗骨，瘗于杭之故宫，筑浮屠其上，名曰镇南，以示厌胜，又截理宗颅骨为饮器。真珈败，其资皆籍于官，颅骨亦入宣政院，以赐所谓帝师者。［危］素在翰林时，宴见，备言始末。帝叹息良久，命北平守将购得颅骨于西僧汝纳所，谕有司厝于高坐寺西北。其明年，绍兴以永穆陵图来献，遂敕葬故陵，实自素发之云。

（《明史》卷二百八十五《列传第一百七十三·文苑一》 7314）

布政使吴印

布政使吴印者，僧也，太祖骤贵之，宠眷甚，［张］孟兼易之。印谒孟兼，由中门入，孟兼杖守门卒。已，又以他事与相拄。太祖先入印言，逮笞孟兼。孟兼愤，捕为印书奏者，欲论以罪。印复上书言状，太祖大怒曰："竖儒与我抗邪！"械至阙下，命弃市。

（《明史》卷二百八十五《列传第一百七十三·文苑一》 7320）

寄食山寺

赵㧑谦，名古则，更名谦，余姚人。幼孤贫，寄食山寺，与朱右、谢肃、徐一夔辈定文字交。天台郑四表善《易》，则从之受《易》。定海乐良、鄞郑真明《春秋》，山阴赵俶长于说《诗》，迁雨善乐府，广陵张昱工歌诗，无为吴志淳、华亭朱芾工草书篆隶，㧑谦悉与为友。博究《六经》、百氏之学，尤精六书，作《六书本义》，复作《声音文字通》，时目为考古先生。

（《明史》卷二百八十五《列传第一百七十三·文苑一》　7323）

赵　介

赵介，字伯贞，番禺人。博通六籍及释、老书。气豪迈，无仕进意。行以囊自随，遇景，赋诗投其中，日往来西樵泉石间。有司累荐，皆辞免。洪武二十二年坐累逮赴京，卒于南昌舟次。四子，洁、绚、绎、纯，皆善诗文，工篆隶。绚，隐居不出，有父风。纯，仕御史。

（《明史》卷二百八十五《列传第一百七十三·文苑一》　7333）

王　洪

王洪者，字希范，钱塘人。八岁能文，十八成进士，授吏科给事中。改翰林检讨，偕偶等与修《大典》。历修撰、侍讲。帝颁佛曲于塞外，命洪为文，逡巡不应诏。为同列所排，不复进用，卒官。而偶后坐累谪交址，复以缙事连及，系死狱中。

（《明史》卷二百八十六《列传第一百七十四·文苑二》　7337）

史五常寺址寻父榇

史五常，内黄人。父萱，官广东金事。卒，葬南海和光寺侧。五常方七岁，母携以归。比长，奉母至孝，常恨父不得归葬。母语之曰："尔父杉木榇内，置大钱十，尔谨志之。"母殁，庐墓致毁，既终丧，往迎父榇。时相去已五十年，寺没于水久矣。五常泣祷，有老人以杖指示寺址。发地，果得父榇，内置钱如母言，乃扶归，与母合葬，复庐墓侧。正统六年旌表。

（《明史》卷二百九十七《列传第一百八十五·孝义二》　7598）

王原寻父于寺

［正德中，王原父王珣以家贫重役逃去，王原外出寻父］一日，渡海至田横岛，假寐神祠中，梦至一寺，当午，炊莎和肉羹食之。一老父至，惊

觉。原告之梦，请占之。老父曰："若何为者？"曰："寻父。"老父曰："午者，正南位也，莎根附子，肉和之，附子脍也。求诸南方，父子其会乎？"原喜，谢去，而南踰洺、漳，至辉县带山，有寺曰梦觉，原心动。天雨雪，寒甚，卧寺门外。及曙，一僧启门出，骇曰："汝何人？"曰："文安人，寻父而来。"曰："识之乎？"曰："不识也。"引入禅堂，怜而予之粥。珣方执爨灶下，僧素知为文安人，谓之曰："若同里有少年来寻父者，若倘识其人。"珣出见原，皆不相识。问其父姓名，则王珣也。珣亦呼原乳名。相抱持恸哭，寺僧莫不感动。珣曰："归告汝母，我无颜复归故乡矣。"原曰："父不归，儿有死耳。"牵衣哭不止。寺僧力劝之，父子相持归，夫妻子母复聚。后原子孙多仕宦者。

（《明史》卷二百九十七《列传第一百八十五·孝义二》 7604）

杨黼

杨黼，云南太和人也。好学，读《五经》皆百遍。工篆籀，好释典。或劝其应举，笑曰："不理性命，理外物耶？"庭前有大桂树，缚板树上，题曰桂楼。偃仰其中，歌诗自得。躬耕数亩供甘膬，但求亲悦，不顾余也。注《孝经》数万言，证群书，根性命，字皆小篆。所用砚乾，将下楼取水，砚池忽满，自是为常，时人咸异之。父母殁，为佣营葬毕，入鸡足，栖罗汉壁石窟山十余年，寿至八十。子孙迎归，一日沐浴，令子孙拜，曰："明日吾行矣。"果卒。

（《明史》卷二百九十八《列传第一百八十六·隐逸》 7629）

戴思恭

戴思恭，字原礼，浦江人，以字行。受学于义乌朱震亨。震亨师金华许谦，得朱子之传，又学医于宋内侍钱塘罗知悌。知悌得之荆山浮屠，浮屠则河间刘守真门人也。震亨医学大行，时称为丹溪先生。爱思恭才敏，尽以医术授之。

（《明史》卷二百九十九《列传第一百八十七·方伎》 7645）

智 光

时有浮屠智光者，亦赐号圆融妙慧净觉弘济辅国光范衍教灌顶广善大国师，赐以金印。智光，武定人。洪武时，奉命两使乌斯藏诸国。永乐时，又使乌斯藏，迎尚师哈立麻，遂通番国诸经，多所译解。历事六朝，宠锡冠群僧，与渊然辈淡泊自甘，不失戒行。迨成化、正德、嘉靖朝，邪妄杂进，恩宠滥加，所由与先朝异矣。

（《明史》卷二百九十九《列传第一百八十七·方伎》　7657）

孝肃皇太后梦伽蓝神知弟所在

先是，孝肃［皇太后］有弟吉祥，儿时出游，去为僧，家人莫知所在，孝肃亦若忘之。一夕，梦伽蓝神来，言后弟今在某所，英宗亦同时梦。旦遣小黄门，以梦中言物色，得之报国寺伽蓝殿中，召入见。后且喜且泣，欲爵之不可，厚赐遣还。宪宗立，为建大慈仁寺，赐庄田数百顷。其后，周氏衰落，而慈仁寺庄田久犹存。

（《明史》卷三百《列传第一百八十八·外戚》　7673）

项贞女持斋燃香灯礼佛

项贞女，秀水人。国子生道亨女，字吴江周应祁。精女工，解琴瑟，通《列女传》，事祖母及母极孝。年十九，闻周病瘵，即持斋、燃香灯礼佛，默有所祝，侍女辈窃听，微闻以身代语。一日，谓乳媪曰："未嫁而夫亡，当奈何？"曰："未成妇，改字无害。"女正容曰："昔贤以一剑许人，犹不忍负，况身乎？"及讣闻，父母秘其事，然传吴江人来，女已喻。祖母属其母入视，女留母坐，色甚温，母释然去。夜伺诸婢熟睡，独起以素丝约发，衣内外悉易以缟，而纫其下裳。检衣物当劳诸婢者，名标之，列诸床上。大书于几曰："上告父母，儿不得奉一日骥，今为周郎死矣。"遂自缢。两家父母从其志，竟合葬焉。

（《明史》卷三百二《列传第一百九十·列女二》　7729）

僧治急病

李孝妇，临武人，名中姑，适江西桂廷凤。姑邓患痰疾，将不起，妇涕泣忧悼。闻有言乳肉可疗者，心识之。一日，煮药，爇香祷灶神，自割一乳，昏仆于地，气已绝。廷凤呼药不至，出视，见血流满地，大惊呼救。倾骇城市，邑长佐皆诣其庐，命巫治。俄有僧踵门曰："以室中薪艾傅之，即愈。"如其言，果苏，比求僧不复见矣。乃取乳和药奉姑，姑竟获全。

（《明史》卷三百二《列传第一百九十·列女二》　7734）

侯显西使

当成祖时，锐意通四夷，奉使多用中贵。西洋则和、景弘，西域则李达，迤北则海童，而西番则率使侯显。

侯显者，司礼少监。帝闻乌思藏僧尚师哈立麻有道术，善幻化，欲致一见，因通迤西诸番。乃命〔侯〕显赍书币往迓，选壮士健马护行。元年四月奉使，〔一〕陆行数万里，至四年十二月始与其僧偕来，诏驸马都尉沐昕迎之。帝延见奉天殿，宠赉优渥，仪仗鞍马什器多以金银为之，道路烜赫。五年二月建普度大斋于灵谷寺，为高帝、高后荐福。或言卿云、天花、甘露、甘雨、青鸟、青狮、白象、白鹤及舍利祥光，连日毕见，又闻梵呗天乐自空而下。帝益大喜，廷臣表贺，学士胡广等咸献《圣孝瑞应歌》诗。乃封哈立麻万行具足十方最胜圆觉妙智慧善普应祐国演教如来大宝法王西天大善自在佛，领天下释教，给印诰制如诸王，其徒三人亦封灌顶大国师，再宴奉天殿。显以奉使劳，擢太监。

十一年春复奉命，赐西番尼八剌、地涌塔二国。尼八剌王沙的新葛遣使随显入朝，表贡方物。诏封国王，赐诰印。十三年七月，帝欲通榜葛剌诸国，复命显率舟师以行，其国即东印度之地，去中国绝远。其王赛佛丁遣使贡麒麟及诸方物。帝大悦，锡予有加。榜葛剌之西，有国曰沼纳朴儿者，地居五印度中，古佛国也，侵榜葛剌。赛佛丁告于朝。十八年九月命显往宣谕，赐金币，遂罢兵。宣德二年二月复使显赐诸番，遍历乌斯藏、必力工瓦、灵藏、思达藏诸国而还。途遇寇劫，督将士力战，多所斩获。还朝，录功升赏者四百六十余人。

显有才辨，强力敢任，五使绝域，劳绩与郑和亚。

〔一〕元年四月奉使　本书卷六《成祖纪》、《太宗实录》卷一六永乐元年二月乙丑条系侯显奉使之命于元年二月。

　　　　　　　（《明史》卷三百四《列传第一百九十二·宦官一》　7768）

兴　安

〔兴〕安佞佛，临殁，遗命舂骨为灰，以供浮屠。

　　　　　　　（《明史》卷三百四《列传第一百九十二·宦官一》　7770）

香山永安寺

正统时，英宗眷〔范〕弘，尝目之曰蓬莱吉士。十四年从征，殁于土木，丧归，葬香山永安寺，弘建也。

（《明史》卷三百四《列传第一百九十二·宦官一》　7771）

智化寺

〔王振〕作大第皇城东，建智化寺，穷极土木。

（《明史》卷三百四《列传第一百九十二·宦官一》　7772）

刘允迎乌斯藏僧

先是，又有刘允者，以正德十年奉敕往迎乌斯藏僧，所赍金宝以百余万计。廷臣交章谏，不听。允至成都，治装岁余，费又数十万，公私匮竭。既至，为番人所袭。允走免，将士死者数百人，尽亡其所赍。及归，武宗已崩，世宗用御史王钧等言，张忠、吴经发孝陵卫充军，张雄、张锐下都察院鞫治，允亦得罪。

（《明史》卷三百四《列传第一百九十二·宦官一》　7795）

中使祠五台山

〔万历〕十六年，中使祠五台山，还言紫荆关外广昌、灵丘有矿砂，可作银冶。

（《明史》卷三百五《列传第一百九十三·宦官二》　7805）

僧继晓以祈祷被宠任

宪宗之世，李孜省、僧继晓以祈祷被宠任，万安、尹直、彭华等至因之以得高位。

（《明史》卷三百七《列传第一百九十五·佞幸》　7875）

继　晓

继晓，江夏僧也。宪宗时，以秘术因梁芳进，授僧录司左觉义。进右善世，命为通元翊教广善国师。日诱帝为佛事，建大永昌寺于西市，逼徙民居数百家，费国帑数十万。员外郎林俊请斩芳、继晓以谢天下，[一] 几得重谴。继晓虞祸及，乞归养母，并乞空名度牒五百道，帝悉从之。

帝初即位，即以道士孙道玉为真人。其后西番僧剳巴坚参封万行庄严功德最胜智慧圆明能仁感应显国光教弘妙大悟法王西天至善金刚普济大智慧佛，其徒剳实巴、锁南坚参、端竹也失皆为国师，锡诰命。服食器用，僭拟王者。出入乘棕舆，卫卒执金吾仗前导，锦衣玉食几千人。取荒冢顶骨为数珠，髑髅为法碗。给事中魏元等切谏，不纳。寻进劄实巴为法王，班卓儿藏卜为国师，又封领占竹为万行清修真如自在广善普慧弘度妙应掌教翊国正觉大济法王西天圆智大慈悲佛，又封西天佛子劄失藏卜、劄失坚参、乳奴班丹、锁南坚参、法领占五人为法王，其他授西天佛子、大国师、国师、禅师者不可胜计。羽流加号真人、高士者，亦盈都下。大国师以上金印，真人玉冠、玉带、玉珪、银章。继晓尤奸黠窃权，所奏请立从。成化二十一年，星变，言官极论其罪，始勒为民，而诸番僧如故。

孝宗初，诏礼官议汰。礼官言诸寺法王至禅师四百三十七人，剌麻诸僧七百八十九人。华人为禅师及善世、觉义诸僧官一百二十人，道士自真人、高士及正一演法诸道官一百二十三人，请俱贬黜。诏法王、佛子递降国师、禅师、都纲，余悉落职为僧，遣还本土，追夺诰敕、印章、仪仗诸法物。真人降左正一，高士降左演法，亦追夺印章及诸玉器。僧录司止留善世等九员，道录司留正一等八员，余皆废黜。而继晓以科臣林廷玉言，逮治弃市。

〔一〕员外郎林俊请斩芳继晓以谢天下　林俊，原作“凌俊”，据本书卷一九四《林俊传》、《明史稿》传一八○《继晓传》改。

（《明史》卷三百七《列传第一百九十五·佞幸》　7884）

李自成独白鬃大纛银浮屠

标营白帜黑纛，［李］自成独白鬃大纛银浮屠；左营帜白，右绯，前黑，后黄，纛随其色。

（《明史》卷三百九《列传第一百九十七·流贼》　7959）

惟知崇信释氏

［洪武二年］帝从容问［高丽使者］：“王居国何为？城郭修乎？兵甲利乎？宫室壮乎？”顿首言：“东海波臣，惟知崇信释氏，他未遑也。”遂以书谕之曰：“古者王公设险，未尝去兵。民以食为天，而国必有出政令之所。今有人民而无城郭，人将何依？武备不修，则威弛；地不耕，则民艰于食；且有居室，无厅事，无以示尊严。此数者朕甚不取。夫国之大事，在祀与戎。苟阙斯二者，而徒事佛求福，梁武之事，可为明鉴。”

（《明史》卷三百二十《列传第二百八·外国一》　8280）

宾童龙国，设斋礼佛

宾童龙国，与占城接壤。或言如来入舍卫国乞食，即其地。气候、草木、人物、风土，大类占城，惟遭丧能持服。葬以僻地，设斋礼佛，婚姻偶合。酋出入乘象或马，从者百余人，前后赞唱。民编茅覆屋。货用金、银、花布。

（《明史》卷三百二十四《列传第二百十二·外国五》　8393）

国中有金塔

［真腊］其国城隍周七十余里，幅员广数千里。国中有金塔、金桥、殿宇三十余所。王岁时一会，罗列玉猿、孔雀、白象、犀牛于前，名曰百塔洲。……婚嫁，两家俱八日不出门，昼夜燃灯。[一]人死置于野，任乌鸢食，俄顷食尽者，谓为福报。……俗尚释教，僧皆食鱼、肉，或以供佛，惟不饮酒。

〔一〕昼夜燃灯　原脱“夜”字，据《寰宇通志》卷一一八《真腊国》、《殊域周咨录》卷八《真腊》补。

（《明史》卷三百二十四《列传第二百十二·外国五》　8395）

暹罗国崇信释教

［暹罗国］崇信释教，男女多为僧尼，亦居庵寺，持斋受戒。衣服颇类中国。富贵者，尤敬佛，百金之产，即以其半施之。……富贵者死，用水银灌其口而葬之。贫者则移置海滨，即有群鸦飞啄，俄顷而尽，家人拾其骨号泣而弃之于海，谓之鸟葬。亦延僧设斋礼佛。

（《明史》卷三百二十四《列传第二百十二·外国五》　8401）

相传释迦佛昔经此山

相传释迦佛昔经此山［锡兰山］，浴于水，或窃其袈裟，佛誓云：“后有穿衣者，必烂其皮肉。”自是，寸布挂身辄发疮毒，故男女皆裸体。但纫木叶蔽其前后，或围以布，故又名裸形国。地不生谷，惟啖鱼虾及山芋、波罗密、芭蕉实之属。自此山西行七日，见鹦哥嘴山。又二三日抵佛堂山，即入锡兰国境。海边山石上有一足迹，长三尺许。故老云，佛从翠蓝屿来，践此，故足迹尚存。中有浅水，四时不干，人皆手蘸拭目洗面，曰“佛水清净”。山下僧寺有释迦真身，侧卧床上。旁有佛牙及舍利，相传佛涅槃处也。

其寝座以沉香为之。饰以诸色宝石，庄严甚。王所居侧有大山，高出云汉。其颠有巨人足迹，入石深二尺，长八尺余，云是盘古遗迹。……

王，琐里国人。崇释教，重牛，日取牛粪烧灰涂其体，又调以水，遍涂地上，乃礼佛。手足直舒，腹贴于地以为敬，王及庶民皆如之。不食牛肉，止食其乳，死则瘗之，有杀牛者，罪至死。

（《明史》卷三百二十六《列传第二百十四·外国七》　8445）

白葛达国崇释教

白葛达……其国，土地瘠薄，崇释教，市易用铁钱。

（《明史》卷三百二十六《列传第二百十四·外国七》　8457）

僧寺多于民居

［火州］其地多山，青红若火，故名火州。气候热。五谷、畜产与柳城同。城方十余里，僧寺多于民居。东有荒城，即高昌国都，汉戊己校尉所治。

（《明史》卷三百二十九《列传第二百十七·西域一》　8528）

瞿昙寺

初，西宁番僧三剌为书招降罕东诸部，又建佛刹于碾白南川，以居其众，至是来朝贡马，请敕护持，赐寺额。帝从所请，赐额曰瞿昙寺。立西宁僧纲司，以三剌为都纲司。又立河州番、汉二僧纲司，并以番僧为之，纪以符契。自是，其徒争建寺，帝辄锡以嘉名，且赐敕护持。番僧来者日众。

永乐时，诸卫僧戒行精勤者，多授剌麻、禅师、灌顶国师之号，有加至大国师、西天佛子者，悉给以印诰，许之世袭，且令岁一朝贡，由是诸僧及诸卫土官辐辏京师。其他族种，如西宁十三族、岷州十八族、洮州十八族之属，大者数千人，少者数百，亦许岁一奉贡，优以宴赉。西番之势益分，其力益弱，西陲之患亦益寡。

宣德元年，以协讨安定、曲先功，加国师吒思巴领占等五人为大国师，给诰命、银印，秩正四品，加剌麻著星等六人为禅师，给敕命、银印，秩正六品。

（《明史》卷三百三十《列传第二百十八·西域二》　8541）

乌斯藏僧活佛

时乌斯藏僧有称活佛者，诸部多奉其教。丙兔乃以焚修为名，请建寺青海及嘉峪关外，为久居计。廷臣多言不可许，礼官言："彼已采土兴工，而令改建于他所，势所不能，莫若因而许之，以鼓其善心，而杜其关外之请。况中国之御戎，惟在边关之有备。戎之顺逆，亦不在一寺之远近。"帝许之。丙兔既得请，又近胁番人，使通道松潘以迎活佛。四川守臣惧逼，乞令俺答约束其子，毋扰邻境。俺答言，丙兔止因甘肃不许开市，宁夏又道远艰难，虽有禁令，不能尽制。宣大总督方逢时亦言开市为便。帝以责陕西督抚，督抚不敢违。

万历二年冬，许丙兔市于甘肃，宾兔市于庄浪，岁一次。既而寺成，赐额仰华。

（《明史》卷三百三十《列传第二百十八·西域二》　8546）

俺　答

自丙兔据青海，有切尽台吉者，河套酋吉能从子，俺答从孙也，从之而西。屡掠番人不得志，邀俺答往助。俺答雅欲侵瓦剌，乃假迎活佛名，拥众西行。疏请授丙兔都督，赐金印，且开茶市。部议不许，但稍给以茶。俺答既抵瓦剌，战败而还。乃移书甘肃守臣，乞假道赴乌斯藏。守臣不能拒，遂越甘肃而南，会诸酋于海上。番人益遭蹂躏，多窜徙。八年春，始以活佛言东还，而切尽弟火落赤及俺答庶兄子永邵卜遂留居青海不去。八月，丙兔率众掠番并内地人畜，诏绝其市赏。俺答闻之，驰书切责。乃尽还所掠，执献为恶者六人，自罚牛羊七百。帝嘉其父恭顺，赉之银币，即以牛羊赐其部人，为恶者付之自治，仍许贡市，俺答益感德。

（《明史》卷三百三十《列传第二百十八·西域二》　8547）

仰华寺

[番乱]事闻，命尚书郑洛出经略。……洛更进兵青海，焚仰华寺，逐其余众而还。番人复业者至八万余人，西陲暂获休息。

（《明史》卷三百三十《列传第二百十八·西域二》　8548）

大钵和寺

[正统]九年，困即来卒，长子喃哥率其弟克俄罗领占来朝。授喃哥都

督佥事，其弟都指挥使，赐敕戒谕。既还，其兄弟乖争，部众携贰。甘肃镇将任礼等欲乘其窘乏，迁之塞内。而喃哥亦来言，欲居肃州之小钵和寺。礼等遂以十一年秋令都指挥毛哈剌等偕喃哥先赴沙州，抚谕其众，而亲率兵随其后。比至，喃哥意中变，阴持两端，其部下多欲奔瓦剌。礼等进兵迫之，遂收其全部入塞，居之甘州，凡二百余户，千二百三十余人，沙州遂空。

（《明史》卷三百三十《列传第二百十八·西域二》 8561）

乌斯藏僧佛教

乌斯藏，在云南西徼外，去云南丽江府千余里，四川马湖府千五百余里，陕西西宁卫五千余里。其地多僧，无城郭。群居大土台上，不食肉娶妻，无刑罚，亦无兵革，鲜疾病。佛书甚多，《楞伽经》至万卷。其土台外，僧有食肉娶妻者。元世祖尊八思巴为大宝法王，锡玉印，既没，赐号皇天之下一人之上宣文辅治大圣至德普觉真智佐国如意大宝法王西天佛子大元帝师。自是，其徒嗣者咸称帝师。

洪武初，太祖惩唐世吐蕃之乱，思制御之。惟因其俗尚，用僧徒化导为善，乃遣使广行招谕。又遣陕西行省员外郎许允德使其地，令举元故官赴京授职。于是乌斯藏摄帝师喃加巴藏卜先遣使朝贡。五年十二月至京。帝喜，赐红绮禅衣及鞋帽钱物。明年二月躬自入朝，上所举故官六十人。帝悉授以职，改摄帝师为炽盛佛宝国师，仍锡玉印及彩币表里各二十。玉人制印成，帝视玉未美，令更制，其崇敬如此。暨辞还，命河州卫遣官赍敕偕行，招谕诸番之未附者。冬，元帝师之后锁南坚巴藏卜、[一]元国公哥列思监藏巴藏卜并遣使乞玉印。廷臣言已尝给赐，不宜复予，乃以文绮赐之。

七年夏，佛宝国师遣其徒来贡。秋，元帝师八思巴之后公哥监藏巴藏卜及乌斯藏僧答力麻八剌遣使来朝，请封号。诏授帝师后人为圆智妙觉弘教大国师，乌斯藏僧为灌顶国师，并赐玉印。佛宝国师复遣其徒来贡，上所举土官五十八人，亦皆授职。九年，答力麻八剌遣使来贡。十一年复贡，奏举故官十六人为宣慰、招讨等官，亦皆报允。十四年复贡。

其时喃加巴藏卜已卒，有僧哈立麻者，国人以其有道术，称之为尚师。成祖为燕王时，知其名。永乐元年命司礼少监侯显、僧智光赍书币往征。其僧先遣人来贡，而躬随使者入朝。四年冬将至，命驸马都尉沐昕往迎之。既至，帝延见于奉天殿，明日宴华盖殿，赐黄金百，白金千，钞二万，彩币四十五表里，法器、裀褥、鞍马、香果、茶米诸物毕备。其从者亦有赐。明年春，赐仪仗、银瓜、牙仗、骨朵、魫灯、纱灯、香合、拂子各二，手炉六，伞盖一，银交椅、银足踏、银杌、银盆、银罐、青圆扇、红圆扇、拜褥、帐幄各一，幡幢四十有八，鞍马二，散马四。

帝将荐福于高帝后，命建普度大斋于灵谷寺七日。帝躬自行香。于是卿云、甘露、青鸟、白象之属，连日毕见。帝大悦，侍臣多献赋颂。事竣，复赐黄金百，白金千，宝钞二千，彩币表里百二十，马九。其徒灌顶圆通善慧大国师答师巴啰葛罗思等，[二]亦加优赐。遂封哈立麻为万行具足十方最胜圆觉妙智慧善普应佑国演教如来大宝法王西天大善自在佛，领天下释教，赐印诰及金、银、钞、彩币、织金珠袈裟、金银器、鞍马。命其徒孛隆逋瓦桑儿加领真为灌顶圆修净慧大国师，高日瓦禅伯为灌顶通悟弘济大国师，果栾罗葛罗监藏巴里藏卜为灌顶弘智净戒大国师，并赐印诰、银钞、彩币。已，命哈立麻赴五台山建大斋，再为高帝后荐福，赐予优厚。六年四月辞归，复赐金币、佛像，命中官护行。自是，迄正统末，入贡者八。已，法王卒，久不奉贡。弘治八年，王葛哩麻巴始遣使来贡。十二年两贡，礼官以一岁再贡非制，请裁其赐赉，从之。

正德元年来贡。十年复来贡。时帝惑近习言，谓乌斯藏僧有能知三生者，国人称之为活佛，欣然欲见之。考永、宣间陈诚、侯显入番故事，命中官刘允乘传往迎。阁臣梁储等言："西番之教，邪妄不经。我祖宗朝虽尝遣使，盖因天下初定，藉以化导愚顽，镇抚荒服，非信其教而崇奉之也。承平之后，累朝列圣止因其来朝而赏赉之，未尝轻辱命使，远涉其地。今忽遣近侍往送幢幡，朝野闻之，莫不骇愕。而允奏乞盐引至数万，动拨马船至百艘，又许其便宜处置钱物，势必携带私盐，骚扰邮传，为官民患。今蜀中大盗初平，疮痍未起。在官已无余积，必至苛敛军民，铤而走险，盗将复发。况自天全六番出境，涉数万之程，历数岁之久，道途绝无邮置，人马安从供顿。脱中途遇寇，何以御之？亏中国之体，纳外番之侮，无一可者。所赍敕书，臣等不敢撰拟。"帝不听。礼部尚书毛纪、六科给事中叶相、十三道御史周伦等并切谏，亦不听。

允行，以珠琲为幢幡，黄金为供具，赐其僧金印，犒赏以钜万计，内库黄金为之罄尽。敕允往返以十年为期，所携茶盐以数十万计。允至临清，漕艘为之阻滞。入峡江，舟大难进，易以艨艟，相连二百余里。及抵成都，日支官廪百石，蔬菜银百两，锦官驿不足，取傍近数十驿供之。治入番器物，估直二十万。守臣力争，减至十三万。工人杂造，夜以继日。居岁余，始率将校十人、士千人以行，越两月入其地。所谓活佛者，恐中国诱害之，匿不出见。将士怒，欲胁以威。番人夜袭之，夺宝货、器械以去。将校死者二人，卒数百人，伤者半之。允乘善马疾走，仅免。返成都，戒部下弗言，而以空函驰奏，至则武宗已崩。世宗召允还，下吏治罪。

嘉靖中，法王犹数入贡，迄神宗朝不绝。时有僧锁南坚错者，能知已往未来事，称活佛，顺义王俺答亦崇信之。万历七年，以迎活佛为名，西侵瓦剌，为所败。此僧戒以好杀，劝之东还。俺答亦劝此僧通中国，乃自甘州遗书张居正，自称释迦摩尼比丘，求通贡，馈以仪物。居正不敢受，闻之于帝。帝命受之，而许其贡。由是，中国亦知有活佛。此僧有异术能服人，诸番莫不从其教，即大宝法王及阐化诸王，亦皆俯首称弟子。自是西方止知奉此僧，诸番王徒拥虚位，不复能施其号令矣。

大乘法王者，乌斯藏僧昆泽思巴也，其徒亦称为尚师。永乐时，成祖既封哈立麻，又闻昆泽思巴有道术，命中官赍玺书银币征之。其僧先遣人贡舍利、佛像，遂偕使者入朝。十一年二月至京，帝即延见，赐藏经、银钞、彩币、鞍马、茶果诸物，封为万行圆融妙法最胜真如慧智弘慈广济护国演教正觉大乘法王西天上善金刚普应大光明佛，领天下释教，赐印诰、袈裟、幡幢、鞍马、伞器诸物，礼之亚于大宝法王。明年辞归，赐加于前，命中官护行。后数入贡，帝亦先后命中官乔来喜、杨三保赍赐佛像、法器、袈裟、禅衣、绒锦、彩币诸物。洪熙、宣德间并来贡。

成化四年，其王完卜遣使来贡。礼官言无法王印文，且从洮州入，非制，宜减其赐物。使者言，所居去乌斯藏二十余程，涉五年方达京师，且所进马多，乞给全赐，乃命量增。十七年来贡。

弘治元年，其王桑加瓦遣使来贡。故事，法王卒，其徒自相继承，不由朝命。三年，辅教王遣使奉贡，奏举大乘法王袭职。帝但纳其贡，赐赉遣还，不命袭职。

正德五年遣其徒绰吉我些儿等，从河州卫入贡。礼官以其非贡道，请减其赏，并治指挥徐经罪，从之。已，绰吉我些儿有宠于帝，亦封大德法王。十年，僧完卜锁南坚参巴尔藏卜遣使来贡，乞袭大乘法王。礼官失于稽考，竟许之。嘉靖十五年偕辅教、阐教诸王来贡，使者至四千余人。帝以人数逾额，减其赏，并治四川三司官滥送之罪。

初，成祖封阐化等五王，各有分地，惟二法王以游僧不常厥居，故其贡期不在三年之列。然终明世，奉贡不绝云。

大慈法王，名释迦也失，亦乌斯藏僧称为尚师者也。永乐中，既封二法王，其徒争欲见天子邀恩宠，于是来者趾相接。释迦也失亦以十二年入朝，礼亚大乘法王。明年命为妙觉圆通慈慧普应辅国显教灌顶弘善西天佛子大国师，赐之印诰。十四年辞归，赐佛经、佛像、法仗、僧衣、绮帛、金银器，且御制赞词赐之，其徒益以为荣。明年遣使来贡。十七年命中官杨三保赍佛像、衣币往赐。二十一年复来贡。宣德九年入朝，帝留之京师，命成国公朱勇、礼部尚书胡濙持节，册封为万行妙明真如上胜清净般若弘照普慧辅国显教至善大慈法王西天正觉如来自在大圆通佛。

宣宗崩，英宗嗣位，礼官先奏汰番僧六百九十人，正统元年复以为请。命大慈法王及西天佛子如故，余遣还，不愿者减酒馔廪饩，自是辇下稍清。西天佛子者，能仁寺僧智光也，本山东庆云人。洪武、永乐中，数奉使西国。成祖赐号国师，仁宗加号圆融妙慧净觉弘济辅国光范演教灌顶广善大国师，赐金印、冠服、金银器。至是复加西天佛子。

初，太祖招徕番僧，本藉以化愚俗，弭边患，授国师、大国师者不过四五人。至成祖兼崇其教，自阐化等五王及二法王外，授西天佛子者二，灌顶大国师者九，灌顶国师者十有八，其他禅师、僧官不可悉数。其徒交错于道，外扰邮传，内耗大官，公私骚然，帝不恤也。然至者犹即遣还。及宣宗时则久留京师，耗费益甚。英宗初年，虽多遣斥，其后加封号者亦不少。景泰中，封番僧沙加为弘慈大善法王，班卓儿藏卜为灌顶大国师。英宗复辟，务反景帝之政，降法王为大国师，大国师为国师。

成化初，宪宗复好番僧，至者日众。剳巴坚参、剳实巴、领占竹等，以秘密教得幸，并封法王。其次为西天佛子，他授大国师、国师、禅师者不可胜纪。四方奸民投为弟子，辄得食大官，每岁耗费钜万。廷臣屡以为言，悉拒不听。孝宗践阼，清汰番僧，法王、佛子以下，皆递降，驱还本土，夺其印诰，由是辇下复清。

弘治六年，帝惑近习言，命取领占竹等诣京。言官交章力谏，事乃寝。十三年命为故西天佛子乳领占建塔。工部尚书徐贯等言，此僧无益于国，营墓足矣，不当建塔，不从。寻命那卜坚参三人为灌顶大国师。帝崩，礼官请黜异教，三人并降禅师。

既而武宗蛊惑佞幸，复取领占竹至京，命为灌顶大国师，以先所降禅师三人为国师。帝好习番语，引入豹房，由是番僧复盛。封那卜坚参及劄巴藏卜为法王，那卜领占及绰即罗竹为西天佛子。已，封领占班丹为大庆法王，给番僧度牒三千，听其自度。或言，大庆法王，即帝自号也。

绰吉我些儿者，乌斯藏使臣，留豹房有宠，封大德法王。乞令其徒二人为正副使，还居本土，如大乘法王例入贡，且为二人请国师诰命，入番设茶。礼官刘春等执不可，帝不听。春等复言：“乌斯藏远在西方，性极顽犷。虽设四王抚化，而其来贡必为节制。若令赍茶以往，赐之诰命，彼或假上旨以诱诸番，妄有所干请。从之则非法，不从则生衅，害不可胜言。”帝乃罢设茶敕，而予之诰命。帝时益好异教，常服其服，诵习其经，演法内厂。绰吉我些儿辈出入豹房，与权幸杂处，气焰灼然。及二人乘传归，所过驿骚，公私咸被其患。

世宗立，复汰番僧，法王以下悉被斥。后世宗崇道教，益黜浮屠，自是番僧鲜至中国者。

阐化王者，乌斯藏僧也。初，洪武五年，河州卫言：“乌斯藏怕木竹巴之地，有僧曰章阳沙加监藏，元时封灌顶国师，为番人推服。今朵甘酋赏竹监藏与管兀儿构兵，若遣此僧抚谕，朵甘必内附。”帝如其言，仍封灌顶国师，遣使赐玉印、彩币。明年，其僧使酋长锁南藏卜贡佛像、佛书、舍利。是时方命佛宝国师招谕番人，于是怕木竹巴僧等自称辇卜阇，遣使进表及方物。帝厚赐之。辇卜阇者，其地首僧之称也。八年正月设怕木竹巴万户府，以番酋为之。已而章阳沙加卒，授其徒锁南扎思巴噫监藏卜为灌顶国师。二十一年上表称病，举弟子吉剌思巴监藏巴藏卜自代，遂授灌顶国师。自是三年一贡。

成祖嗣位，遣僧智光往赐。永乐元年遣使入贡。四年封为灌顶国师阐化王，赐螭纽玉印，白金五百两，绮衣三袭，锦帛五十匹，巴茶二百斤。明年命与护教、赞善二王，必力工瓦国师及必里、朵甘、陇答诸卫，川藏诸族，复置驿站，通道往来。十一年，中官杨三保使乌斯藏还，其王遣从子劄结等随之入贡。明年复命三保使其地，令与阐教、护教、赞善三王及川卜、川藏等共修驿站，诸未复者尽复之。自是道路毕通，使臣往还数万里，无虞寇盗矣。其后贡益频数。帝嘉其诚，复命三保赍佛像、法器、袈裟、禅衣及绒锦、彩币往劳之。已，又命中官戴兴往赐彩币。

宣德二年命中官侯显往赐绒锦、彩币。其贡使尝殴杀驿官子，帝以其无知，遣还，敕王戒饬而已。九年，贡使归，以赐物易茶。至临洮，有司没入之，羁其使，请命。诏释之，还其茶。

正统五年，王卒。遣禅师二人为正副使，封其从子吉剌思巴永耐监藏巴藏卜为阐化王。使臣私市茶彩数万，令有司运致。礼官请禁之，帝念其远人，但令自僦舟车。已，王卒，以桑儿结坚昝巴藏卜嗣。

成化元年，礼部言：“宣、正间，诸贡不过三四十人，景泰时十倍，天顺间百倍。今贡使方至，乞敕谕阐化王，令如洪武旧制，三年一贡。”从之。五年，王卒，命其子公葛列思巴中奈领占坚参巴儿藏卜嗣。遣僧进贡，还至西宁，留寺中不去，又冒名入贡，隐匿所赐玺书、币物。王使其下三人来趣，其僧闭之室中，剜二人目。一人逸，诉于都指挥孙鉴。鉴捕置之狱，受其徒贿，而复以闻。下四川巡按鞫治，坐僧四人死，鉴将逮治，会赦悉免。

十七年以长河西诸番多假番王名朝贡，命给阐化、赞善、阐教、辅教四王敕书勘合，以防奸伪。二十二年遣使四百六十人来贡，〔三〕守臣遵新例，但纳一百五十人。礼官以使者已入境，难固拒，请顺其情概纳之，为后日两贡之数，从之。

弘治八年遣僧来贡，还至扬州广陵驿，遇大乘法王贡使，相与杀牲纵酒，三日不去。见他使舟至，则以石投之，不容近陆。知府唐恺诣驿呼其舟子戒之，诸僧持兵仗呼噪拥而入。恺走避，隶卒力格斗乃免，为所伤者甚众。事闻，命治通事及伴送者罪，遣人谕王令自治其使者。其时王卒，子班阿吉江东刽巴请袭，命番僧二人为正副使往封。比至，新王亦死，其子阿往刽失刽巴坚参即欲受封，二人不得已授之，遂具谢恩仪物，并献其父所领勘合印章为左验。至四川，守臣劾其擅封，逮治论斩，减死戍边，副使以下悉宥。

正德三年，礼官以贡使逾额，令为后年应贡之数。嘉靖三年偕辅教王及大小三十六番请入贡。礼官以诸番不具地名、族氏，令守臣核实以闻。四十二年，[四] 阐化诸王遣使入贡请封。礼官循故事，遣番僧二十二人为正副使，序班朱廷对监之。至中途大骚扰，不受廷对约束，廷对还白其状。礼官请自后封番王，即以诰敕付使者赍还，或下守臣，择近边僧人赍赐。封诸藏之不遣京寺番僧，自此始也。番人素以入贡为利，虽屡申约束，而来者日增。隆庆三年再定令阐化、阐教、辅教三王，俱三岁一贡，贡使各千人，半全赏，半减赏。全赏者遣八人赴京，余留边上。遂为定例。

万历七年，贡使言阐化王长子札释藏卜乞嗣职，如其请。久之卒，其子请袭。神宗许之，而制书但称阐化王。用阁臣沈一贯言，加称乌斯藏怕木竹巴灌顶国师阐化王。其后奉贡不替。所贡物有画佛、铜佛、铜塔、珊瑚、犀角、氆氇、左髻毛缨、足力麻、铁力麻、刀剑、明甲胄之属，诸王所贡亦如之。

赞善王者，灵藏僧也。其地在四川徼外，视乌斯藏为近。成祖践阼，命僧智光往使。永乐四年，其僧著思巴儿监藏遣使入贡，命为灌顶国师。明年封赞善王，国师如故，赐金印、诰命。十七年，中官杨三保往使。洪熙元年，王卒，从子喃葛监藏袭。宣德二年，中官侯显往使。正统五年奏称年老，请以长子班丹监刽代。帝不从其请，而授其子为都指挥使。

初，入贡无定期，自永乐迄正统，或间岁一来，或一岁再至。而历朝遣使往赐者，金币、宝钞、佛像、法器、袈裟、禅服，不一而足。至成化元年始定三岁一贡之例。

三年命塔儿把坚粲袭封。故事，封番王诰敕及币帛遣官赍赐，至是西陲多事，礼官乞付使者赍回，从之。

五年，四川都司言，赞善诸王不遵定制，遣使率各寺番僧百三十二种人贡，且无番王印文，今止留十余人守贡物，余已遣还。礼官言："番地广远，番王亦多，若遵例并时入贡，则内郡疲供亿。莫若令诸王于应贡之岁，各具印文，取次而来。今贡使已至，难拂其情。乞许作明年应贡之数。"报可。

十八年，礼官言："番王三岁一贡，贡使百五十人，定制也。近赞善王连贡者再，已遣四百十三人。今请封请袭，又遣千五百五十人，违制宜却。乞许其请封袭者，以三百人为后来两贡之数，余悉遣还。"亦报可。遂封喃葛坚粲巴藏卜为赞善王。弘治十六年卒，命其弟端竹坚昝嗣。嘉靖后犹入贡如制。

护教王者，名宗巴斡即南哥巴藏卜，馆觉僧也。成祖初，僧智光使其地。永乐四年遣使入贡，诏授灌顶国师，赐之诰。明年遣使入谢，封为护教王，赐金印、诰命，国师如故。遂频岁入贡。十二年卒，命其从子干些儿吉剌思巴藏卜嗣。洪熙、宣德中并入贡。已而卒，无嗣，其爵遂绝。

阐教王者，必力工瓦僧也。成祖初，僧智光赍敕入番，其国师端竹监藏遣使入贡。永乐元年至京，帝喜，宴赍遣还。四年又贡，帝优赐，并赐其国师大板的达、律师锁南藏卜衣币。十一年乃加号灌顶慈慧净戒大国师，又封其僧领真巴儿吉监藏为阐教王，赐印诰、彩币。后比年一贡。杨三保、戴兴、侯显之使，皆赍金币、佛像、法器赐焉。

宣德五年，王卒，命其子绰儿加监巴领占嗣。久之卒，命其子领占叭儿结坚参嗣。成化四年从礼官言，申三岁一贡之制。明年，王卒，命其子领占坚参叭儿藏卜袭。二十年，帝遣番僧班著儿赍玺书勘合往赐。其僧惮行，至半道，伪为王印信、番文复命，诏逮治。

正德十三年遣番僧领占刽巴等封其新王。刽巴等乞马快船三十艘载食盐，为入番买路之资。户科、户部并疏争，不听。刽巴等在途科索无厌，至吕梁，殴管洪主事李瑜几毙，恣横如此。迄嘉靖世，阐教王修贡不辍。

辅教王者，思达藏僧也。其地视乌斯藏尤远。成祖即位，命僧智光持诏招谕，赐以银币。永乐十一年封其僧南渴烈思巴为辅教王，赐诰印、彩币，数通贡使。杨三保、侯显皆往赐其国，与诸法王等。景泰七年，使来贡，自陈年老，乞令其子喃葛坚粲巴藏卜代。帝从之，封为辅教王，赐诰敕、金印、彩币、袈裟、法器。以灌顶国师葛藏、右觉义桑加巴充正、副使往封。

至四川，多雇牛马，任载私物。礼官请治其罪，英宗方复辟，命收其敕书，减供应之半。

成化五年，王卒，命其子喃葛剳失坚参叭藏卜嗣。六年申旧制，三年一贡，多不过百五十人，由四川雅州入。国师以下不许贡。弘治十二年，辅教等四王及长河西宣慰司并时入贡，使者至二千八百余人。礼官以供费不赀，请敕四川守臣遵制遣送，违者却还，从之。历正德、嘉靖世，奉贡不绝。

西天阿难功德国，西方番国也。洪武七年，王卜哈鲁遣其讲主必尼西来朝，贡方物及解毒药石。诏赐文绮、禅衣及布帛诸物。后不复至。

又有和林国师朵儿只怯烈失思巴藏卜，亦遣其讲主汝奴汪叔来朝，献铜佛、舍利、白哈丹布及元所授玉印一、玉图书一、银印四、铜印五、金字牌三，命宴赉遣还。明年，国师入朝，又献佛像、舍利、马二匹，赐文绮、禅衣。和林，即元太祖故都，在极北，非西番，其国师则番僧。与功德国同时来贡，后亦不复至。

尼八剌国，在诸藏之西，去中国绝远。其王皆僧为之。洪武十七年，太祖命僧智光赉玺书、彩币往，并使其邻境地涌塔国。智光精释典，负才辨，宣扬天子德意。其王马达纳罗摩遣使随入朝，贡金塔、佛经及名马方物。二十年达京师。帝喜，赐银印、玉图书、诰敕、符验及幡幢、彩币。二十三年再贡，加赐玉图书、红罗伞。终太祖时，数岁一贡。成祖复命智光使其国。永乐七年遣使来贡。十一年命杨三保赉玺书、银币赐其嗣王沙的新葛及地涌塔王可般。[五]明年遣使来贡。封沙的新葛为尼八剌国王，赐诰及镀金银印。十六年遣使来贡，命中官邓诚赉玺书、锦绮、纱罗往报之。所经罕东、灵藏、必力工瓦、乌斯藏及野蓝卜纳，皆有赐。宣德二年又遣中官侯显赐其王绒锦、纻丝，地涌塔王如之。自后，贡使不复至。

又有速睹嵩者，亦西方之国。永乐三年遣行人连迪等赉敕往招，赐银钞、彩币。其酋以道远不至。

朵甘，在四川徼外，南与乌斯藏邻，唐吐蕃地。元置宣慰司、招讨司、元帅府、万户府，分统其众。

洪武二年，太祖定陕西，即遣官赉诏招抚。又遣员外郎许允德谕其酋长，举元故官赴京。摄帝师喃加巴藏卜及故国公南哥思丹八亦监藏等于六年春入朝，上所举六十人名。帝喜，置指挥使司二，曰朵甘，曰乌斯藏，宣慰司二，元帅府一，招讨司四，万户府十三，千户所四，即以所举官任之。廷臣言来朝者授职，不来者宜弗予。帝曰："吾以诚心待人。彼不诚，曲在彼矣。万里来朝，俟其再请，岂不负远人归向之心。"遂皆授之。降诏曰："我国家受天明命，统御万方，恩抚善良，武威不服。凡在幅员之内，咸推一视之仁。乃者摄帝师喃加巴藏卜率所举故国公、司徒、宣慰、招讨、元帅、万户诸人，自远入朝。朕嘉其识天命，不劳师旅，共效职方之贡。已授国师及故国公等为指挥同知等官，皆给诰印。自今为官者务遵朝廷法，抚安一方。僧务敦化导之诚，率民为善，共享太平，永绥福祉，岂不休哉。"并宴赉遣还。初，元尊番僧为帝师，授其徒国公等秩，故降者袭旧号。

锁南兀即尔者归朝，授朵甘卫指挥佥事。以元司徒银印来上，命进指挥同知。已而朵甘宣慰赏竹监藏举首领可为指挥、宣慰、万户、千户者二十二人。诏从其请，铸分司印予之。乃改朵甘、乌斯藏二卫为行都指挥使司，以锁南兀即尔为朵甘都指挥同知，管招兀即尔为乌斯藏都指挥同知，并赐银印。又设西安行都指挥使司于河州，兼辖二都司。已，佛宝国师锁南兀即尔等遣使来朝，奏举故官赏竹监藏等五十六人。命增置朵甘思宣慰司及招讨等司。招讨司六：曰朵甘思，曰朵甘陇答，曰朵甘丹，曰朵甘仓溏，曰朵甘川，曰磨儿勘。万户府四：曰沙儿可，曰乃竹，曰罗思端，曰列思麻。千户所十七。以赏竹监藏为朵甘都指挥同知，余授职有差。自是，诸番修贡惟谨。

八年置俄力思军民元帅府。寻置陇答卫指挥使司。十八年以班竹儿藏卜为乌斯藏都指挥使。乃更定品秩，自都指挥以下皆令世袭。未几，又改乌斯藏俺不罗卫为行都指挥使司。二十六年，西番思曩日等族遣使贡马，命赐金铜信符、文绮、袭衣，许之朝贡。

永乐元年改必里千户所为卫，后置乌斯藏牛儿宗寨行都指挥使司，又置上邛部卫，皆以番人官之。十八年，帝以西番悉入职方，其最远白勒等百余寨犹未归附，遣使往招，亦多入贡。帝以番俗惟僧言是听，乃宠以国师诸美号，赐诰印，令岁朝。由是诸番僧来者日多，迄宣德朝，礼之益厚。九年命中官宋成等赍玺书、赐物使其地，敕都督赵安率兵送之毕力术江。

正统初，以供费不赀，稍为裁损。时有番长移书松潘守将赵得，言欲入朝，为生番阻遏，乞遣兵开道。诏令得遣使招生番，相率朝贡者八百二十九寨，悉赐赍遣归。天顺四年，四川三司言："比奉敕书，番僧朝贡入京者不得过十人，余留境上候赏。今蜀地灾伤，若悉留之，动经数月，有司困于供亿。宜如正统间制，宴待遣还。"报可。

成化三年，阿昔洞诸族土官言："西番大小二姓为恶，杀之不惧。惟国师、剌麻劝化，则革心信服。"乃进禅师远丹藏卜为国师，都纲子瑞为禅师，以化导之。六年申诸番三岁一贡之例，国师以下不许贡，于是贡使渐希。

初，太祖以西番地广，人犷悍，欲分其势而杀其力，使不为边患，故来者辄授官。又以其地皆食肉，倚中国茶为命，故设茶课司于天全六番，令以马市，而入贡者又优以茶布。诸番恋贡市之利，且欲保世官，不敢为变。迨成祖，益封法王及大国师、西天佛子等，俾转相化导，以共尊中国，以故西陲宴然，终明世无番寇之患。

长河西鱼通宁远宣慰司，在四川徼外，地通乌斯藏，唐为吐蕃。元时置碉门、鱼通、黎、雅、长河西、宁远六安抚司，隶吐蕃宣慰司。

洪武时，其地打煎炉、长河西土官元右丞剌瓦蒙遣其理问高惟善来朝，贡方物，宴赍遣还。十六年复遣惟善及从子万户若剌来贡。命置长河西等处军民安抚司，以剌瓦蒙为安抚使，赐文绮四十八匹，钞二百锭，授惟善礼部主事。二十年遣惟善招抚长河西、鱼通、宁远诸处，明年还朝，言：

安边之道，在治屯守，而兼恩威。屯守既坚，虽远而有功；恩威未备，虽近而无益。今鱼通、九枝疆土及岩州、杂道二长官司，东邻碉门、黎、雅，西接长河西。自唐时吐蕃强盛，宁远、安靖、岩州汉民，往往为彼驱入九枝、鱼通，防守汉边。元初设二万户府，仍与盘陀、仁阳置立寨栅，边民戍守。其后各枝率众攻仁阳等栅。及川蜀兵起，乘势侵陵雅、邛、嘉等州。洪武十年始随碉门土酋归附。岩州、杂道二长官司自国朝设，迨今十有余年，官民仍旧不相统摄。盖无统制之司，恣其猖獗，因袭旧弊故也。其近而已附者如此，远而未附者何由而臣服之。且岩州、宁远等处，乃古之州治。苟拨兵戍守，就筑城堡，开垦山田，使近者向化而先附，远者畏威而来归，西域无事则供我徭役，有事则使之先驱。抚之既久，则皆为我用。如臣之说，其便有六。

通乌斯藏、朵甘，镇抚长河西，可拓地四百余里，得番民二千余户。非惟黎、雅保障，蜀亦永无西顾忧。一也。

番民所处老思冈之地，土瘠人繁，专务贸贩碉门乌茶、蜀之细布，博易羌货，以赡其生。若于岩州立市，则此辈衣食皆仰给于我，焉敢为非。二也。

以长河西、伯思东、巴猎等八千户为外番掎角，其势必固。然后招徕远者，如其不来，使八千户近为内应，远为乡导，此所谓以蛮攻蛮，诚制边之善道。三也。

天全六番招讨司八乡之民，宜悉蠲其徭役，专令蒸造乌茶，运至岩州，置仓收贮，以易番马。比之雅州易马，其利倍之。且于打煎炉原易马处相去甚近，而价增于彼，则番民如蚁之慕膻，归市必众。四也。

岩州既立仓易马，则番民运茶出境，倍收其税，其余物货至者必多。又鱼通、九枝蛮民所种水陆之田，递年无征。若令岁输租米，并令军士开垦大渡河两岸荒田，亦可供给戍守官军。五也。

碉门至岩州道路，宜令缮修开拓，以便往来人马。仍量地里远近，均立邮传，与黎、雅烽火相应。庶可以防遏乱略，边境无虞。六也。

帝从之。

后建昌酋月鲁帖木儿叛，长河西诸酋阴附之，失朝贡，太祖怒。三十年春谓礼部臣曰：“今天下一统，四方万国皆以时奉贡。如乌斯藏、尼八剌国其地极远，犹三岁一朝。惟打煎炉长河西土酋外附月鲁帖木儿、贾哈剌，不臣中国。兴师讨之，锋刃之下，死者必众。宜遣人谕其酋。若听命来觐，一以恩待，不悛则发兵三十万，声罪徂征。”礼官以帝意为文驰谕之。其酋惧，即遣使入贡谢罪。天子赦之，为置长河西鱼通宁远宣慰司，以其酋为宣慰使，自是修贡不绝。初，鱼通及宁远、长河西，本各为部，至是始合为一。

永乐十三年，贡使言：“西番无他土产，惟以马易茶。近年禁约，生理实艰，乞仍许开中。”从之。二十一年，宣慰使喃哩等二十四人来朝贡马。正统二年，喃哩卒，子加八僧嗣。成化四年申诸番三岁一贡之令，惟长河西仍比岁一贡。六年颁定二年或三年一贡之例，贡使不得过百人。十七年，礼官言："乌斯藏在长河西之西，长河西在松潘、越巂之南，壤地相接，易于混淆。乌斯藏诸番王例三岁一贡，彼以道险来少，而长河西番僧往往诈为诸王文牒，入贡冒赏。请给诸番王及长河西、董卜韩胡敕书勘合，边臣审验，方许进入，庶免诈伪之弊。或道阻，不许补贡。"从之。十九年，其部内灌顶国师遣僧徒来贡至千八百人，守臣劾其违制。诏止纳五百人，余悉遣还。二十二年，礼官言："长河西以黎州大渡河寇发，连岁失贡，至是补进三贡。定制，道梗者不得再补。但今贡物已至，宜顺其情纳之，而量减赐赉。"报可。

弘治十二年，礼官言："长河西及乌斯藏诸番，一时并贡，使者至二千八百余人。乞谕守臣无滥送。"亦报可。然其后来者愈多，卒不能却。嘉靖三年定令不得过一千人。隆庆三年定五百人全赏、遣八人赴京之制，如阐教诸王。其贡物则珊瑚、氆氇之属，悉准《阐化王传》所载。诸番贡皆如之。

董卜韩胡宣慰司，在四川威州之西，其南与天全六番接。永乐九年，酋长南葛遣使奉表入朝，贡方物。因言答隆蒙、碉门二招讨侵掠邻境，阻遏道路，请讨之。帝不欲用兵，降敕慰谕，使比年一贡，赐金印、冠带。

正统三年奏年老，乞以子克罗俄坚粲代，从之。凶狡不循礼法。七年乞封王，赐金印，帝不许。命进秩镇国将军、都指挥同知，掌宣慰司事，给之诰命。益恃强，数与杂谷安抚及别思寨安抚饶蛞构怨。十年八月移牒四川守臣，谓："别思寨本父南葛故地，分界饶蛞父者。后饶蛞受事，私奏于朝，获设安抚司。迄乃伪为宣慰司印，自称宣慰使，纠合杂谷诸番，将侵噬己地。已拘执饶蛞，追出伪印，用番俗法刐去两目。谨以状闻。"守臣上其事。帝遣使赍敕责其专擅，令与使臣推择饶蛞族人为安抚，仍辖其土地，且送还饶蛞，养之终身。

十三年十月，四川巡按张洪等奏："近接董卜宣慰文牒言：'杂谷故安抚阿隰小妻毒杀其夫及子，又贿威州千户唐泰诬己谋叛。今备物进贡，欲从铜门山西开山通道，乞官军于日驻迓之。'臣等窃以杂谷内联威州、保县，外邻董卜韩胡。杂谷力弱，欲抗董卜，实倚重于威、保。董卜势强，欲通威、保，却受阻于杂谷。以此仇杀，素不相能。铜门及日驻诸寨，乃杂谷、威、保要害地。董卜欺杂谷妻寡子弱，瞰我军远征巂川，假进贡之名，欲别开道路，意在吞灭杂谷，构陷唐泰。所请不可许。"乃下都御史寇深等计度，其议迄不行。

时董卜比岁入贡，所遣僧徒强悍不法，多携私物，强索舟车，骚扰道途，詈辱长吏。天子闻而恶之，景泰元年赐敕切责。寻侵夺杂谷及达思蛮长官司地，掠其人畜，守臣不能制。三年二月朝议奖其入贡勤诚，进秩都指挥使，令还二司侵地及所掠人民。其酋即奉命，惟旧维州之地尚为所据。俄馈四川巡抚李匡银罂、金珀，求《御制大诰》《周易》《尚书》《毛诗》《小学》《方舆胜览》《成都记》诸书。匡闻之于朝，因言："唐时吐蕃求《毛诗》《春秋》。于休烈谓，予之以书，使知权谋，愈生变诈，非中国之利。裴光廷谓，吐蕃久叛新服，因其有请，赐以《诗》《书》，俾渐陶声教，化流无外。休烈徒知书有权略变诈，不知忠信礼义皆从书出。明皇从之。今兹所求，臣以为予之便。不然彼因贡使市之书肆，甚不为难。惟《方舆胜览》《成都记》，形胜关塞所具，不可概予。"帝如其言，寻以其还侵地，赐敕奖励。

六年，兵部尚书于谦等奏其僭称蛮王，窥伺巴、蜀，所上奏章语多不逊，且招集群番，大治戎器，悖逆日彰，不可不虑，宜敕守臣预为戒备，从之。

克罗俄坚粲死，子劄思坚粲藏卜遣使来贡，命为都指挥同知，掌宣慰司事。天顺元年遣使入贡，乞封王。命如其父官，进秩都指挥使，仍掌宣慰司事。

成化五年，四川三司奏："保县僻处极边，永乐五年特设杂谷安抚司，令抚辑旧维州诸处蛮塞。后与董卜构兵，维州诸地俱为侵夺，贡道阻绝。今杂谷恢复故疆，将遣使来贡，不知贡期，未敢擅遣。"帝从礼官言，许以三年为期。四年申诸番三年一贡之例，惟董卜许比年一贡。

六年，劄巴坚粲藏卜卒，[六] 子绰吾结言千嗣为都指挥使。弘治三年卒，子日墨劄思巴旺丹巴藏卜遣国师贡珊瑚树、氆氇、甲胄诸物，请嗣父职，许之，赐诰命、敕书、彩币。九年卒，子喃呆请袭，亦遣国师贡方物，诏授以父官。卒，子容中短竹袭。嘉靖二年再定令贡使不得过千人，其所隶别思寨及加渴瓦寺别贡。隆庆二年，董卜及别思寨贡使多至千七百余人，命予半赏，遣八人赴京，为定制。迄万历后，朝贡不替。

〔一〕元帝师之后锁南坚巴藏卜　锁南坚巴藏卜，《太祖实录》卷八五洪武六年十月己卯条作"琐南监藏巴藏卜"。

〔二〕其徒灌顶圆通善慧大国师答师巴啰葛罗思等　答师巴啰葛罗思，《明史稿》传二〇四《乌斯藏大宝法王传》、《太宗实录》卷四八永乐五年二月庚寅条都作"哈思巴啰葛罗思"。

〔三〕二十二年遣使四百六十人来贡　二十二年，《明史稿》传二〇四《阐化王传》、《国榷》卷四〇页二五〇三作"二十一年"。

〔四〕四十二年　原作"四十三年"，据《明史稿》传二〇四《阐化王传》、《世宗实录》卷五二六嘉靖四十二年十月癸丑条改。

〔五〕命杨三保赍玺书银币赐其嗣王沙的新葛及地涌塔王可般　杨三保，本书卷三〇四《郑和传》、《太宗实录》卷八七永乐十一年二月己未条都作"侯显"。沙的新葛，原作"沙葛新的"，据同上《郑和传》《太宗实录》改。下同。

〔六〕札巴坚粲藏卜卒　本卷上文作"札思坚粲藏卜"。

（《明史》卷三百三十一《列传第二百十九·西域三》　8571）

昆泽思巴

　　大乘法王者，乌斯藏僧昆泽思巴也，其徒亦称为尚师。永乐时，成祖既封哈立麻，又闻昆泽思巴有道术，命中官赍玺书银币征之。其僧先遣人贡舍利、佛像，遂偕使者入朝。十一年二月至京，帝即延见，赐藏经、银钞、彩币、鞍马、茶果诸物，封为万行圆融妙法最胜真如慧智弘慈广济护国演教正觉大乘法王西天上善金刚普应大光明佛，领天下释教，赐印诰、袈裟、幡幢、鞍马、伞器诸物，礼之亚于大宝法王。明年辞归，赐加于前，命中官护行。后数入贡，帝亦先后命中官乔来喜、杨三保赍赐佛像、法器、袈裟、禅衣、绒锦、彩币诸物。洪熙、宣德间并来贡。

　　成化四年，其王完卜遣使来贡。礼官言无法王印文，且从洮州入，非制，宜减其赐物。使者言，所居去乌斯藏二十余程，涉五年方达京师，且所进马多，乞给全赐，乃命量增。十七年来贡。

　　弘治元年，其王桑加瓦遣使来贡。故事，法王卒，其徒自相继承，不由朝命。三年，辅教王遣使奉贡，奏举大乘法王袭职。帝但纳其贡，赐赍遣还，不命袭职。

正德五年遣其徒绰吉我些儿等，从河州卫入贡。礼官以其非贡道，请减其赏，并治指挥徐经罪，从之。已，绰吉我些儿有宠于帝，亦封大德法王。十年，僧完卜锁南坚参巴尔藏卜遣使来贡，乞袭大乘法王。礼官失于稽考，竟许之。嘉靖十五年偕辅教、阐教诸王来贡，使者至四千余人。帝以人数踰额，减其赏，并治四川三司官滥送之罪。

初，成祖封阐化等五王，各有分地，惟二法王以游僧不常厥居，故其贡期不在三年之列。然终明世，奉贡不绝云。

（《明史》卷三百三十一《列传第二百十九·西域三》　8575）

释迦也失

大慈法王，名释迦也失，亦乌斯藏僧称为尚师者也。永乐中，既封二法王，其徒争欲见天子邀恩宠，于是来者趾相接。释迦也失亦以十二年入朝，礼亚大乘法王。明年命为妙觉圆通慈慧普应辅国显教灌顶弘善西天佛子大国师，赐之印诰。十四年辞归，赐佛经、佛像、法仗、僧衣、绮帛、金银器，且御制赞词赐之，其徒益以为荣。明年遣使来贡。十七年命中官杨三保赍佛像、衣币往赐。二十一年复来贡。宣德九年入朝，帝留之京师，命成国公朱勇、礼部尚书胡濙持节，册封为万行妙明真如上胜清净般若弘照普慧辅国显教至善大慈法王西天正觉如来自在大圆通佛。

宣宗崩，英宗嗣位，礼官先奏汰番僧六百九十人，正统元年复以为请。命大慈法王及西天佛子如故，余遣还，不愿者减酒馔廪饩，自是辇下稍清。西天佛子者，能仁寺僧智光也，本山东广云人。洪武、永乐中，数奉使西国。成祖赐号国师，仁宗加号圆融妙慧净觉弘济辅国光范演教灌顶广善大国师，赐金印、冠服、金银器。至是复加西天佛子。

初，太祖招徕番僧，本藉以化愚俗，弭边患，授国师、大国师者不过四五人。至成祖兼崇其教，自阐化等五王及二法王外，授西天佛子者二，灌顶大国师者九，灌顶国师者十有八，其他禅师、僧官不可悉数。其徒交错于道，外扰邮传，内耗大官，公私骚然，帝不恤也。然至者犹即遣还。及宣宗时则久留京师，耗费益甚。英宗初年，虽多遣斥，其后加封号者亦不少。景泰中，封番僧沙加为弘慈大善法王，班卓儿藏卜为灌顶大国师。英宗复辟，务反景帝之政，降法王为大国师，大国师为国师。

成化初，宪宗复好番僧，至者日众。札巴坚参、札实巴、领占竹等，以秘密教得幸，并封法王。其次为西天佛子，他授大国师、国师、禅师者不可胜纪。四方奸民投为弟子，辄得食大官，每岁耗费巨万。廷臣屡以为言，悉拒不听。孝宗践阼，清汰番僧，法王、佛子以下，皆递降，驱还本土，夺其印诰，由是辇下复清。

弘治六年，帝惑近习言，命取领占竹等诣京。言官交章力谏，事乃寝。十三年命为故西天佛子着虮领占建塔。工部尚书徐贯等言，此僧无益于国，营墓足矣，不当建塔，不从。寻命那卜坚参三人为灌顶大国师。帝崩，礼官请黜异教，三人并降禅师。

既而武宗蛊惑佞幸，复取领占竹至京，命为灌顶大国师，以先所降禅师三人为国师。帝好习番语，引入豹房，由是番僧复盛。封那卜坚参及札巴藏卜为法王，那卜领占及绰即罗竹为西天佛子。已，封领占班丹为大庆法王，给番僧度牒三千，听其自度。或言，大庆法王，即帝自号也。

绰吉我些儿者，乌斯藏使臣，留豹房有宠，封大德法王。乞令其徒二人为正副使，还居本土，如大乘法王例入贡，且为二人请国师诰命，入番设茶。礼官刘春等执不可，帝不听。春等复言："乌斯藏远在西方，性极顽犷。虽设四王抚化，而其来贡必为节制。若令赍茶以往，赐之诰命，彼或假上旨以诱诸番，妄有所干请。从之则非法，不从则生衅，害不可胜言。"帝乃罢设茶敕，而予之诰命。帝时益好异教，常服其服，诵习其经，演法内厂。绰吉我些儿辈出入豹房，与权幸杂处，气焰灼然。及二人乘传归，所过驿骚，公私咸被其患。

世宗立，复汰番僧，法王以下悉被斥。后世宗崇道教，益黜浮屠，自是番僧鲜至中国者。

（《明史》卷三百三十一《列传第二百十九·西域三》 8577）

阐化王

阐化王者，乌斯藏僧也。初，洪武五年，河州卫言："乌斯藏怕木竹巴之地，有僧曰章阳沙加监藏，元时封灌顶国师，为番人推服。今朵甘酋赏竹监藏与管兀儿构兵，若遣此僧抚谕，朵甘必内附。"帝如其言，仍封灌顶国师，遣使赐玉印、彩币。明年，其僧使酋长锁南藏卜贡佛像、像书、舍利。

是时方命佛宝国师招谕番人，于是怕木竹巴僧等自称辇卜阇，遣使进表及方物。帝厚赐之。辇卜阇者，其地首僧之称也。八年正月设怕木竹巴万户府，以番酋为之。已而章阳沙加卒，授其徒锁南扎思巴噫监藏卜为灌顶国师。二十一年上表称病，举弟吉剌思巴监藏巴藏卜自代，遂授灌顶国师。自是三年一贡。

成祖嗣位，遣僧智光往赐。永乐元年遣使入贡。四年封为灌顶国师阐化王，赐螭纽玉印，白金五百两，绮衣三袭，锦帛五十匹，巴茶二百斤。明年命与护教、赞善二王，必力工瓦国师及必里、朵甘、陇答诸卫，川藏诸族，复置驿站，通道往来。十一年，中官杨三保使乌斯藏还，其王遣从子剳结等随之入贡。明年复命三保使其地，令与阐教、护教、赞善三王及川卜、川藏等共修驿站，诸未复者尽复之。自是道路毕通，使臣往还数万里，无虞寇盗矣。其后贡益频数。帝嘉其诚，复命三保赍佛像、法器、袈裟、禅衣及绒锦、彩币往劳之。已，又命中官戴兴往赐彩币。

宣德二年命中官侯显往赐绒锦、彩币。其贡使尝殴杀驿官子，帝以其无知，遣还，敕王戒饬而已。九年，贡使归，以赐物易茶。至临洮，有司没入之，羁其使，请命。诏释之，还其茶。

正统五年，王卒。遣禅师二人为正副使，封其从子吉剌思巴永耐监藏巴藏卜为阐化王。使臣私市茶彩数万，令有司运致。礼官请禁之，帝念其远人，但令自僦舟车。已，王卒，以桑儿结坚昝巴藏卜嗣。

成化元年，礼部言："宣、正间，诸贡不过三四十人，景泰时十倍，天顺间百倍。今贡使方至，乞敕谕阐化王，令如洪武旧制，三年一贡。"从之。五年，王卒，命其子公葛列思巴中奈领占坚参巴儿藏卜嗣。遣僧进贡，还至西宁，留寺中不去，又冒名入贡，隐匿所赐玺书、币物。王使其下三人来趣，其僧闭之室中，剜二人目。一人逸，诉于都指挥孙鉴。鉴捕置之狱，受其徒贿，而复以闻。下四川巡按鞫治，坐僧四人死，鉴将逮治，会赦悉免。

十七年以长河西诸番多假番王名朝贡，命给阐化、赞善、阐教、辅教四王敕书勘合，以防奸伪。二十二年遣使四百六十人来贡，守臣遵新例，但纳一百五十人。礼官以使者已入境，难固拒，请顺其情概纳之，为后日两贡之数，从之。

弘治八年遣僧来贡，还至扬州广陵驿，遇大乘法王贡使，相与杀牲纵酒，三日不去。见他使舟至，则以石投之，不容近陆。知府唐恺诣驿呼其舟子戒之，诸僧持兵仗呼噪拥而入。恺走避，隶卒力格斗乃免，为所伤者甚众。事闻，命治通事及伴送者罪，遣人谕王令自治其使者。其时王卒，子班阿吉江东刂巴请袭，命番僧二人为正副使往封。比至，新王亦死，其子阿往刂失刂巴坚参即欲受封，二人不得已授之，遂具谢恩仪物，并献其父所领勘合印章为左验。至四川，守臣劾其擅封，逮治论斩，减死戍边，副使以下悉宥。

正德三年，礼官以贡使逾额，令为后年应贡之数。嘉靖三年偕辅教王及大小三十六番请入贡。礼官以诸番不具地名、族氏，令守臣核实以闻。四十二年，阐化诸王遣使入贡请封。礼官循故事，遣番僧二十二人为正副使，序班朱廷对监之。至中途大骚扰，不受廷对约束，廷对还白其状。礼官请自后封番王，即以诰敕付使者赍还，或下守臣，择近边僧人赍赐。封诸藏之不遣京寺番僧，自此始也。番人素以入贡为利，虽屡申约束，而来者日增。隆庆三年再定令阐化、阐教、辅教三王，俱三岁一贡，贡使各千人，半全赏，半减赏。全赏者遣八人赴京，余留边上。遂为定例。

万历七年，贡使言阐化王长子札释藏卜乞嗣职，如其请。久之卒，其子请袭。神宗许之，而制书但称阐化王。用阁臣沈一贯言，加称乌斯藏怕木竹巴灌顶国师阐化王。其后奉贡不替。所贡物有画佛、铜佛、铜塔、珊瑚、犀角、氆氇、左髻毛缨、足力麻、铁力麻、刀剑、明甲胄之属，诸王所贡亦如之。

（《明史》卷三百三十一《列传第二百十九·西域三》　　8579）

灵　藏

赞善王者，灵藏僧也。其地在四川徼外，视乌斯藏为近。成祖践阼，命僧智光往使。永乐四年，其僧著思巴儿监藏遣使入贡，命为灌顶国师。明年封赞善王，国师如故，赐金印、诰命。十七年，中官杨三保往使。洪熙元年，王卒，从子喃葛监藏袭。宣德二年，中官侯显往使。正统五年奏称年老，请以长子班丹监刂代。帝不从其请，而授其子为都指挥使。

初，入贡无定期，自永乐迄正统，或间岁一来，或一岁再至。而历朝遣使往赐者，金币、宝钞、佛像、法器、袈裟、禅服，不一而足。至成化元年始定三岁一贡之例。

三年命塔儿把坚粲袭封。故事，封番王诰敕及币帛遣官赍赐，至是西陲多事，礼官乞付使者赍回，从之。

五年，四川都司言，赞善诸王不遵定制，遣使率各寺番僧百三十二种入贡，且无番王印文，今止留十余人守贡物，余已遣还。礼官言："番地广远，番王亦多，若遵例并时入贡，则内郡疲供亿。莫若令诸王于应贡之岁，各具印文，取次而来。今贡使已至，难拂其情。乞许作明年应贡之数。"报可。

十八年，礼官言："番王三岁一贡，贡使百五十人，定制也。近赞善王连贡者再，已遣四百十三人。今请封请袭，又遣千五百五十人，违制宜却。乞许其请封袭者，以三百人为后来两贡之数，余悉遣还。"亦报可。遂封喃葛坚粲巴藏卜为赞善王。弘治十六年卒，命其弟端竹坚昝嗣。嘉靖后犹入贡如制。

（《明史》卷三百三十一《列传第二百十九·西域三》　8582）

宗巴斡

护教王者，名宗巴斡即南哥巴藏卜，馆觉僧也。成祖初，僧智光使其地。永乐四年遣使入贡，诏授灌顶国师，赐之诰。明年遣使入谢，封为护教王，赐金印、诰命，国师如故。遂频岁入贡。十二年卒，命其从子干些儿吉刺思巴藏卜嗣。洪熙、宣德中并入贡。已而卒，无嗣，其爵遂绝。

（《明史》卷三百三十一《列传第二百十九·西域三》　8583）

必力工瓦

阐教王者，必力工瓦僧也。成祖初，僧智光赍敕入番，其国师端竹监藏遣使入贡。永乐元年至京，帝喜，宴赍遣还。四年又贡，帝优赐，并赐其国师大板的达、律师锁南藏卜衣币。十一年乃加号灌顶慈慧净戒大国师，又封其僧领真巴儿吉监藏为阐教王，赐印诰、彩币。后比年一贡。杨三保、戴兴、侯显之使，皆赍金币、佛像、法器赐焉。

宣德五年，王卒，命其子绰儿加监巴领占嗣。久之卒，命其子领占叭儿结坚参嗣。成化四年从礼官言，申三岁一贡之制。明年，王卒，命其子领占坚参叭儿藏卜袭。二十年，帝遣番僧班着儿赍玺书勘合往赐。其僧惮行，至半道，伪为王印信、番文复命，诏逮治。

正德十三年遣番僧领占剳巴等封其新王。剳巴等乞马快船三十艘载食盐，为入番买路之资。户科、户部并疏争，不听。剳巴等在途科索无厌，至吕梁，殴管洪主事李瑜几毙，恣横如此。迄嘉靖世，阐教王修贡不辍。

　　　　　（《明史》卷三百三十一《列传第二百十九·西域三》　8584）

思　达

辅教王者，思达藏僧也。其地视乌斯藏尤远。成祖即位，命僧智光持诏招谕，赐以银币。永乐十一年封其僧南渴烈思巴为辅教王，赐诰印、彩币，数通贡使。杨三保、侯显皆往赐其国，与诸法王等。景泰七年，使来贡，自陈年老，乞令其子喃葛坚粲巴藏卜代。帝从之，封为辅教王，赐诰敕、金印、彩币、袈裟、法器。以灌顶国葛藏、右觉义桑加巴充正、副使往封。至四川，多雇牛马，任载私物。礼官请治其罪，英宗方复辟，命收其敕书，减供应之半。

成化五年，王卒，命其子喃葛剳失坚参叭藏卜嗣。六年申旧制，三年一贡，多不过百五十人，由四川雅州人。国师以下不许贡。弘治十二年，辅教等四王及长河西宣慰司并时入贡，使者至二千八百余人。礼官以供费不赀，请敕四川守臣遵制遣送，违者却还，从之。历正德、嘉靖世，奉贡不绝。

　　　　　（《明史》卷三百三十一《列传第二百十九·西域三》　8585）

清史稿

太宗禁建寺庙

[崇德八年二月] 乙丑朔，日有食之。甲戌，葬敏惠恭和元妃。庚寅，禁建寺庙。

（《清史稿》卷三《本纪三·太宗本纪二》 79）

圣祖如五台山

[康熙二十二年九月] 己卯，上奉太皇太后幸五台山。壬辰，次长城岭，太皇太后以道险回銮。上如五台山。

（《清史稿》卷七《本纪七·圣祖本纪二》 213）

圣祖制五台山碑文

[康熙二十三年三月] 丁亥，上制五台山碑文，召示廷臣。

（《清史稿》卷七《本纪七·圣祖本纪二》 214）

圣祖巡幸五台山

[康熙四十一年正月] 庚戌，上巡幸五台山。

（《清史稿》卷八《本纪八·圣祖本纪三》 259）

圣祖禁广庙宇

[康熙四十二年冬十月] 庚寅，喇嘛请广洮州卫庙，上曰："取民地以广庙宇，有碍民生。其永行禁止。"

（《清史稿》卷八《本纪八·圣祖本纪三》 263）

高宗驻文殊庵

[乾隆八年十月乙丑] 是日，上登望海楼，驻文殊庵。

（《清史稿》卷十《本纪十·高宗本纪一》 378）

高宗驻台麓寺

〔乾隆二十六年正月〕庚辰，上奉皇太后西巡五台。……癸巳，上奉皇太后驻台麓寺。

（《清史稿》卷十二《本纪十二·高宗本纪三》　455）

班禅额尔德尼入觐

〔乾隆四十五年秋七月〕丁酉，班禅额尔德尼自后藏入觐，上御清旷殿，赐坐，赐茶。戊戌，顺天良乡永定河决。庚子，上御万树园，赐班禅额尔德尼及王、公、大臣，蒙古王、贝勒、贝子、公、额驸、台吉等宴，并赐冠服金币有差。

（《清史稿》卷十四《本纪十四·高宗本纪五》　517）

班禅额尔德尼卒于京师

〔乾隆四十五年〕十一月庚辰，命博清额为钦差大臣，护送班禅额尔德尼往穆鲁乌苏地方。壬午，以庆桂为乌里雅苏台将军。癸未，班禅额尔德尼卒于京师。

（《清史稿》卷十四《本纪十四·高宗本纪五》　518）

高宗赐达赖喇嘛

〔乾隆四十八年〕八月甲午，赐达赖喇嘛玉册玉宝。

（《清史稿》卷十四《本纪十四·高宗本纪五》　525）

仁宗西巡五台山

〔嘉庆十六年〕三月丙寅，上谒西陵。壬午，谒陵礼成，西巡五台山。

（《清史稿》卷十六《本纪十六·仁宗本纪》　599）

德宗赉班禅额尔德尼转世

〔光绪十四年三月〕丙寅，赉班禅额尔德尼转世呼毕勒罕哈达、念珠、如意。

（《清史稿》卷二十三《本纪二十三·德宗本纪一》　891）

阿喇布珠尔入藏礼佛

额济纳旧土尔扈特部一旗：康熙四十二年，其汗阿玉奇之嫂携其子阿喇布珠尔入藏礼佛，准噶尔阻其归路，乃款塞乞内属，赐牧色尔腾。旋定牧额济纳河。

（《清史稿》卷七十八《志五十三·地理二十五》　2445）

圣祖以西藏地赐达赖喇嘛

西藏：禹贡三危之地。……太宗崇德七年，有达赖喇嘛及班禅，重译来贡。未几，为蒙古顾实汗所据。四传至曾孙拉藏汗，而准噶尔并之。康熙五十九年，官兵西讨，歼伪藏王，以西藏地赐达赖喇嘛，使蒙古旧臣颇罗鼐等五人分守。

（《清史稿》卷八十《志五十五·地理二十七》　2469）

达赖喇嘛驻布达拉城

卫：一曰前藏，即古之危，亦称中藏，即乌斯藏也。乾隆十五年，设大臣镇守。其城曰布达拉城。有坐床，为达赖喇嘛所驻，协理藏事。

（《清史稿》卷八十《志五十五·地理二十七》　2470）

班禅额尔德尼驻札什伦布城

藏：即后藏，一曰喀齐。在前藏西南五百余里地，曰札什伦布，即古之藏也。南界尼泊尔，东界卫地，西界阿里，北界新疆。乾隆十五年，设大臣镇守。其城曰札什伦布城，有坐床，为班禅额尔德尼所驻，协理藏事。

（《清史稿》卷八十《志五十五·地理二十七》　2475）

僧录司

僧录司正印，副印，各一人。□品。左、右善世，正六品。阐教，从六品。讲经，正八品。觉义，从八品。俱二人。道录司一人。□品。左、右正一，正六品。演法，从六品。至灵，正八品。至义，从八品。俱二人。分设各城僧、道协理各一人。僧官兼善世等衔，道官兼正一等衔，给予部劄。协理给予司劄。……

初，天聪六年，定各庙僧、道以僧录司、道录司综之。凡谙经义、守清规者，给予度牒。顺治二年，停度牒纳银例。八年，授张应京正一嗣教大真人，掌道教。康熙十三年，定僧录司、道录司员缺，及以次递补法。十六年，诏令僧录司、道录司稽察设教聚会，严定处分。雍正九年，嘉法官娄近垣忠诚，授四品提点，寻封妙正真人。十年，定提点以次员缺。乾隆元年，酌复度牒，并授正一真人光禄大夫，妙正真人通议大夫。

（《清史稿》卷一百十五《志九十·职官二》　3331）

僧网司 道纪司

府僧网司都网、副都网，州僧正司僧正，县僧会司僧会，各一人。府道纪司都纪、副都纪，州道正司道正，县道会司道会，各一人。俱未入流。遴通晓经义，恪守清规者，给予度牒。

（《清史稿》卷一百十六《志九十一·职官三》 3360）

番部僧官

番部僧官 甘肃珍珠族国师、禅师，化族国师，灵藏族禅师，各一人。初隶河州。后珍珠、灵藏属循化，余杂处二十四关。禅定寺禅师，嘉庆十九年无人袭。由土司兼辖，隶洮州。番寺禅师，同治间回变后，不修职贡。各一人。垂巴寺、辖番人十族。著洛寺、辖番人二十三族。麻你寺辖番人二十一族。僧网，圆成寺、辖番人四族。阎家寺后无人袭。僧正，各一人。

（《清史稿》卷一百十七《志九十二·职官四》 3419）

僧 官

[乾隆]十一年，增置阐福寺八品催总一人。十四年，依上驷院例，定卿额二人，仍简大臣领苑事。十六年，增置乐善园、永安寺八品催总各一人，十七年增乐善园一人。乐善园无品级副总领二人，明年增一人。南苑委署催总一人。原置一人。明年复增一人。分隶三旗。是岁依各行宫园囿例，改瀛台、永安寺等处催总为总领，副催总为副总领。二十四年，复改总领曰苑丞，副总领曰苑副，催总曰催长。二十六年，兼辖正觉寺，置苑副一人，令万寿寺、倚虹堂苑丞分司之。并令阐福寺苑丞兼管宏仁、仁寿二寺，置委署苑副二人。积水潭置苑副、委署苑副各二人。是岁省各处委署苑副，酌留南苑三处行宫二人。析置瀛台、永安寺、乐善园及河道四人，并给八品职衔。三十五年，极乐世界、万佛楼建成，置委署苑副一人。

（《清史稿》卷一百十八《志九十三·职官五》 3437）

僧俗兵

[咸丰]十一年，以归化之番众僧俗兵四千余人，马四千余匹，防御抱罕羌人。

（《清史稿》卷一百三十三《志一百八·兵四》 3955）

甘肃番部

　　咎天锡属番民七十六族。杨永隆属番民七族。著洛寺僧纲杨溯洛旺秀辖番民二十三族。麻你寺僧纲马昂旺丹主辖番民二十一族。圆成寺僧正侯洛扎旦主辖番民四族。

　　岷州熟番四十三族，旧属土司，后为归安里，惟白水江以南、南山内外，皆黑番所在，亦称若瓦。南山以东马土司辖，以西杨土司辖，凡番寺三十五所，辖番民竜古喇哈等二十四族。

　　……

　　西宁县番民十三族，番寺三十八族。

　　贵德厅熟番旧五十四族，存五族，生番旧十九族，存五族，野番十九族，俱插帐河滨，番寺大者六所。

　　……

　　武威县峡沟番民三族，沙沟一族，上下大水寺五族，南山八族。

　　……

　　平番县熟番三十六族，旧十余万丁，同治间存千余人，番寺十四所。

　　　　　　　　（《清史稿》卷一百三十四《志一百九·兵五》　3966）

释家类

　　释家类　　《拣魔辨异录》八卷。世宗御撰。《语录》十九卷。世宗御撰。《南宋元明僧宝传》十五卷。释自融撰。《五叶弘传》二十三卷。释智安撰。《重定教乘法数》十二卷。释起海、通理、广治同撰。《宗统编年》三十二卷。释记荫撰。《摩尼烛坤集要》七十二卷。尼得一撰。《宗门颂古摘珠》二十八卷。释净符撰。《洞宗会选》二十六卷。释智考撰。《现果随录》一卷。释戒显撰。《正宏集》一卷。释本果撰。《万法归心录》三卷。释超溟撰。《万善光资》四卷，《欲海探源》三卷。周思仁撰。《续指月录》二十卷，《尊宿集》一卷。聂光撰。《治心编》一卷。李棻撰。《如幻集》四卷。释心源撰。《归元镜》二卷。释智达撰。《撮黑豆集》八卷。平圣台撰。《种莲集》一卷。陈本仁撰。《净土圣贤录》九卷，《续录》四卷，《善女人传》二卷。彭际清撰。《佛尔雅》八卷。周春撰。《释雅》一卷，《梵言》一卷。李调元撰。《楞严经蒙钞》十卷，《心经略疏小钞》二卷，《金刚经疏记悬判》一卷，《疏记会钞》一卷，《金刚经论释悬判》一卷，《偈记会钞》一卷。钱谦益撰。《金刚经注》一卷，《多心经注》一卷。石成金撰。《圆觉经析义疏》四卷。释通理撰。《金刚般若波罗密经解注》一卷，附《金刚经诸衷心经浅说》。王定柱撰。《阅藏随笔》二卷，《续笔》一卷。释元度撰。《心经集注》一卷。徐泽醇撰。《金刚经注》二卷。俞樾撰。《浮石禅师语录》十卷。释行浚等编。《林野奇禅师语录》八卷。释行谧等编。《龙池万如禅师后录》一卷。释行果、超英同编。《憨予暹禅师语录》六卷。释法云、广学同编。《径山费隐禅师语录》一卷。释行和编。《具德禅师语录》二卷。释济义编。《普济玉林禅师语录》十二卷，附《年谱》二卷。释音讳编。《岫峰宪禅师语录》五卷。释智质编。《芥子弥禅师语录》二卷。释明成等编。《信中符禅师偈言》二卷。释净符撰。《南山天愚宝禅师语录》四卷。释智普编。《雄圣惟极禅师语录》三卷。释超越编。《东悟本禅师语录》四卷。释通界编。《丈云语录》一卷。释澈润编。《彻悟禅师遗稿》二卷。释了亮编。《梦东禅师遗集》二卷。释际醒撰。《昌启顺禅师语录》二卷。释明成等编。《普照禅师文录》一卷，附《净业记》一卷。释显振等编。

（《清史稿》卷一百四十七《志一百二十二·艺文三》 4368）

藏番肇起兵戈

未几，升泰抵任受事。［光绪十四年］九月，奏言："藏番自作不靖，肇起兵戈。……近时开导之难，实因曩时初与外人交涉，商上办事诸员邀三大寺僧众，以护教为名，共立誓词，云'藏地男女不愿与洋人共生于天地，此后藏中男女老弱有违此誓，即有背黄教，人人得而诛之'。此本不肖之徒，为聚众抗官之谋，三大寺僧众亦藉此干预政事。今事机危迫，特旨到藏，第穆亦知凛畏。无如遽违初议，即祸在目前，虽掌办商务之尊，恐亦不免自危，其噶布伦以次更不待言。窥其情形，似非背城一战，难望转机。此臣探其隐衷而言，非藏番等自有此语也。"

（《清史稿》卷一百五十四《志一百二十九·邦交二》 4536）

孝惠章皇后

圣祖即位，尊为皇太后［孝惠章皇后］，居慈仁宫。上奉太皇太后谒孝陵，幸盛京，谒福陵、昭陵，出古北口避暑，幸五台山，皆奉太后侍行。

（《清史稿》卷二百十四《列传一·后妃》 8906）

　　［康熙］三十八年，上奉太后南巡。三十九年十月，太后六十万寿，上制万寿无疆赋，并奉佛像，珊瑚，自鸣钟，洋镜，东珠，珊瑚，金珀，御风石，念珠，皮裘，羽缎，哆罗呢，沈、檀、芸、降诸香，犀玉、玛瑙、瓷、漆诸器，宋、元、明名画，金银、币帛；又令膳房数米万粒，号"万国玉粒饭"，及肴馔、果品以献。四十九年，太后七十万寿，亦如之。

（《清史稿》卷二百十四《列传一·后妃》　8907）

达　海

　　［天聪六年六月］时［达海］方译《通鉴》《六韬》《孟子》《三国志》《大乘经》，皆未竟。

（《清史稿》卷二百二十八《列传十五·达海》　9257）

洛　哩

　　天聪六年，太宗自将伐察哈尔，林丹汗走死，洛哩持元初巴斯巴喇嘛所铸嘛哈噶拉金佛，率百余人来归。隶蒙古正黄旗，授世职一等参将。

（《清史稿》卷二百二十九《列传十六·洛哩》　9292）

洪承畴

　　粤僧函可者，为故明尚书韩日缵子，日缵于承畴为师生。函可将还里，乞承畴畀以印牌护行出城，守者讥察箧中，得文字触忌讳。巴山、张大猷以闻，承畴疏引咎，部议当夺职，上命贳之。

（《清史稿》卷二百三十七《列传二十四·洪承畴》　9470）

　　［顺治九年］九月，达赖喇嘛来朝，上将幸代噶，待喇嘛至入觐。承畴及大学士陈之遴疏谏，上为罢行，并遣内大臣索尼传谕曰："卿等以贤能赞密勿，有所见闻，当以时入告。朕生长深宫，无自洞悉民隐。凡有所奏，可行即行；纵不可行，朕亦不尔责也。"

（《清史稿》卷二百三十七《列传二十四·洪承畴》　9471）

李　麟

　　［康熙］五十七年，策妄阿喇布坦扰西藏，命［李］麟选精兵百，自宁夏赴军前。五十九年，诏都统延信为平逆将军，率兵进藏，以麟参赞军务。寻令护送第六世达赖喇嘛进藏，至沙克河，贼乘夜袭营，击败之，连败贼于齐诺郭勒、绰玛喇等处。西藏平，麟率兵自拉里凯旋。六十年，授陕西固原

提督。

（《清史稿》卷二百五十七《列传四十四·唐希顺》　9812）

年羹尧

凉州南崇寺沙马拉木扎木巴等掠新城张义诸堡。又有郭隆寺逸出喇嘛，与西宁纳朱公寺、朝天堂、加尔多寺诸番相结，纠谢尔苏部土番谋为乱。羹尧遣钟琪等督兵讨之，纳朱公寺喇嘛降。师进次朝天堂，遣成斌、喜林及副将张玉等四道攻加尔多寺，杀数百人，余众多入水死，焚其寺。游击马忠孝、王大勋战和石沟，王序吉、范世雄战石门口，泂战喜逢堡，苏丹师次旁伯拉夏口，土番伪降，诇之，方置伏，纵兵击之，所杀伤甚众。泂搜剿碁子山，逐贼巴洞沟，土司鲁华龄逐贼天王沟，先密寺喇嘛缚其渠阿旺策凌以献。师入，转战五十余日，杀土番殆尽。羹尧以先密寺喇嘛反覆不常，并焚其寺，徙其众加尔多寺外桌子山；余众降，羹尧令隶华龄受约束。

条上青海善后诸事，请以青海诸部编置佐领。三年一入贡，开市那拉萨拉。陕西、云南、四川三省边外诸番，增设卫所抚治。诸庙不得过二百楹，喇嘛不得过三百。西宁北川边外筑边墙，建城堡。

（《清史稿》卷二百九十五《列传八十二·年羹尧》　10362）

岳钟琪

［岳］钟琪遂督兵渡江，直薄拉萨，大破西藏兵，擒喇嘛为内应者四百余人。策凌敦多卜败走，西藏平。

（《清史稿》卷二百九十六《列传八十三·岳钟琪》　10368）

雍正元年，师讨青海，抚远大将军年羹尧请以钟琪参赞军事。钟琪将六千人出归德堡，抚定上寺东策卜、下寺东策卜诸番部。南川塞外郭密九部屡盗边，而呈库、活尔贾二部尤横。钟琪移师深入捣其巢，尽平之。二年，授奋威将军，趣进兵。郭隆寺喇嘛应罗卜藏丹津为乱，钟琪会诸军合击，歼其众，毁寺，擒戮其渠达克玛胡土克图。

（《清史稿》卷二百九十六《列传八十三·岳钟琪》　10369）

庄浪边外谢尔苏部土番据桌子、碁子二山为乱，纳朱公寺、朝天堂、加尔多寺诸番与相纠合。羹尧遣钟琪等督兵分十一路进剿，凡五十余日，悉讨平之。

（《清史稿》卷二百九十六《列传八十三·岳钟琪》　10370）

查郎阿

章嘉呼图克图请以里塘、巴塘畀达赖喇嘛，查郎阿奏："圣祖时克西藏，收里塘、巴塘内属。章嘉呼图克图以日用不敷为辞，藏中大小庙千余，常住喇嘛四十余万，需用良巨。请视里塘、巴塘诸地每岁征收数目，以打箭炉商税拨予达赖喇嘛，地仍内属如故。"上嘉纳之。

（《清史稿》卷二百九十七《列传八十四·查郎阿》　10389）

宋　爱

宋爱，字体仁，陕西靖远人。……从提督岳钟琪攻郭隆寺，毁寨七，焚其屋宇七十余所。旋与钟琪分道深入，定青海。

（《清史稿》卷二百九十九《列传八十六·宋爱》　10427）

陈大受

常州俗好佛，家设静堂，自立名教。江宁、松江、太仓渐染其习。[陈]大受疏请饬有司防禁，移佛入庙；堂内人田屋产，量为处置。上谕曰："此等事须实力，不可欲速。不然，则所谓好事不如无也。"

（《清史稿》卷三百七《列传九十四·陈大受》　10553）

官达色

攻雍中喇嘛寺，官达色与普尔普等自右入，皆力战杀贼，遂破噶拉依。

（《清史稿》卷三百三十三《列传一百二十·官达色》　10991）

托　津

[乾隆]十四年，往江南谳狱。金山寺僧志学与王兆良争垦沙地械斗，毙多人，依律治罪。请以蒋家沙洲归公佃种，岁给宝晋书院及金山寺租银各千两。

（《清史稿》卷三百四十一《列传一百二十八·托津》　11103）

松　筠

会西路土尔扈特喇嘛萨迈林者，迷路入哈萨克，归携书信，讹言俄人诱致土尔扈特谋乱，下松筠察状。疏言俄罗斯实恭顺，无可疑。俄人亦自陈证萨迈林书信出伪造。诏置萨迈林于法，许复开市。

（《清史稿》卷三百四十二《列传一百二十九·松筠》　11113）

勒　保

初，安徽奸民刘松以习混元教戍甘肃，复倡白莲教，与其党湖北樊学明、齐林，陕西韩龙，四川谢添绣等谋不轨。[乾隆]五十九年，勒保捕刘松诛之，而松党刘之协、宋之清传教于河南、安徽。以鹿邑王氏子曰发生者，诡明裔朱姓，煽动愚民，事觉被捕。诏诛首恶，赦余党，发生以童幼免死，戍新疆。之协远扬不获，各省大索，官吏奉行不善，颇为民扰。武昌府同知常丹葵在荆州、宜昌株连数千人，川、楚民方以苗事困军兴，无赖者又因禁私盐、私铸失业，益仇官，乱机四伏矣。

（《清史稿》卷三百四十四《列传一百三十一·勒保》　11139）

熊　枚

[乾隆]五十八年，迁江苏按察使。逮治博徒马修章及竹堂寺僧恒一，皆稔恶散法者。吴江太湖滨淫祠三郎神，奸民所祀，其党结胥吏扰民。枚廉知，值赛祠，舟集莺脰湖，密捕得三十八人，或以诬良诉，尾其舟，得盗赃，并逮剧盗九人，毁三郎像火之，盗遂息。教匪刘之协传弥勒教，入教者给命根钱。安徽民任梓家供弥勒像，有簿记六十人奉钱数，官吏捕得，指为匪，巡抚已上闻，逮至江南，枚亲讯，六十人皆任梓戚友贺婚嫁者，乃得释。

（《清史稿》卷三百五十七《列传一百四十四·熊枚》　11329）

裘行简

[裘]行简澈底清核，逐条覆奏，略曰："直隶州县，动以皇差为名，藉口赔累。自乾隆十五年至三十年，四举南巡，两幸五台，六次差务，何以并无亏空？四十五年至五十七年，两举南巡，三幸五台，差务较少，而亏空日增。"

（《清史稿》卷三百五十七《列传一百四十四·裘行简》　11331）

温承惠

温承惠，字景侨，山西太谷人。……高宗巡幸五台，迎銮召对，嘉其才。服阕，补延榆绥道。

（《清史稿》卷三百五十八《列传一百四十五·温承惠》　11347）

鹿传霖

是时英、俄交窥西藏，藏番恃俄援，梗英画界。英嗾廓尔喀与藏构兵，而瞻对土民苦藏官苛虐，思内附。传霖以瞻对为蜀门户，瞻不化服，无以威藏番；藏番不听命，则界无时定。而英之忌俄者益急图藏，藏亡瞻必随亡，行且及于蜀。会朱窝、章谷土司争袭事起，传霖檄知府罗以礼、知县穆秉文往谕，以提督周万顺统防边各军进驻打箭炉。瞻酋仔仲则忠札霸以兵侵章谷，抗我军。传霖乘机进发，迭克诸要害。各土司詟服，率兵听调。渡雅龙江抵瞻巢，斩馘过当，尽收三瞻地，乃请归流改汉，条陈善后之策，疏十数上。会成都将军恭寿、驻藏办事大臣文海交章言其不便，达赖复疏诉于朝，廷议中变，传霖解职去。

（《清史稿》卷四百三十八《列传二百二十五·鹿传霖》　12388）

吴三桂

[吴]三桂势益张；又遣使与达赖喇嘛通好。达赖喇嘛为上书乞罢兵，上弗许。

（《清史稿》卷四百七十四《列传二百六十一·吴三桂》　12845）

龚　鉴

西湖圣因寺僧明慧者，恃前在内廷法会恩宠，干求遍于江、浙。一日以书币关白，鉴杖其使而遣之。事流传，上闻。世宗召明慧还京，锢不许出。当是时，甘泉令[龚鉴]声闻天下。

（《清史稿》卷四百七十六《列传二百六十三·循吏一》　13001）

谢文洊

谢文洊，字秋水，南丰人。明诸生。年二十余，入广昌之香山，阅佛书，学禅。既，读龙溪王氏书，遂与友讲阳明之学。

（《清史稿》卷四百八十《列传二百六十三·儒林一》　13112）

姚学塽

[姚]学塽居京师四十年，若旅人之阽者，僦僧寺中，霜华盈席，危坐不动。居丧时有毡帽一，布羔裘一，终身服之，蓝褛不改，盖所谓终身之丧者。

（《清史稿》卷四百八十《列传二百六十七·儒林一》　13154）

魏　禧

魏禧，字冰叔，宁都人。父兆凤，诸生。明亡，号哭不食，剪发为头陀，隐居翠微峰。是冬，筮《离》之《乾》，遂名其堂为易堂。旋卒。

（《清史稿》卷四百八十四《列传二百七十一·文苑一》　13315）

邱维屏

邱维屏，字邦士，宁都人，三魏姊婿也。明诸生。为人高简率穆。读书多玄悟，禧尝从之学。晚为历数、易学及泰西算法。僧无可与布算，退语人曰："此神人也！"彭士望与维屏交三十余年，未尝见其毁一人。

（《清史稿》卷四百八十四《列传二百七十一·文苑一》　13318）

钱谦益

［钱］谦益为文博赡，谙悉朝典，诗尤擅其胜。明季王、李号称复古，文体日下，谦益起而力振之。家富藏书，晚岁绛云楼火，惟一佛像不烬，遂归心释教，著《楞严经蒙钞》。其自为诗文，曰《牧斋集》，曰《初学集》《有学集》。乾隆三十四年，诏毁板，然传本至今不绝。

（《清史稿》卷四百八十四《文苑一·钱谦益传》　13324）

吴伟业

［吴］伟业学问博赡，或从质经史疑义及朝章国故，无不洞悉原委。诗文工丽，蔚为一时之冠，不自标榜。性至孝，生际鼎革，有亲在，不能不依违顾恋，俯仰身世，每自伤也。临殁，顾言："吾一生遭际，万事忧危，无一时一境不历艰苦。死后敛以僧装，葬我邓尉、灵岩之侧。坟前立一圆石，题曰'诗人吴梅村之墓'。勿起祠堂，勿乞铭。"闻其言者皆悲之。著有《春秋地理志》《氏族志》《绥寇纪略》及《梅村集》。

（《清史稿》卷四百八十四《列传二百七十一·文苑一》　13326）

刘献廷

［刘献廷］又尝自谓于《华严》字母悟得声音之道，作《新韵谱》，足穷造化之奥。

（《清史稿》卷四百八十四《列传二百七十一·文苑一》　13348）

裕　瑞

裕瑞，字思元，豫通亲王多铎裔。封辅国公。工诗善画，通西番语。常画鹦鹉地图，即西洋地球图。又以《佛经》自唐时流入西藏，近日《佛藏》皆出一本，无可校雠。乃取唐古特字译校，以复《佛经》唐本之旧，凡数百卷。著有《思元斋集》。

（《清史稿》卷四百八十四《列传二百七十一·文苑一》　13363）

叶　燮

[叶] 燮父绍袁，明进士，官工部主事，国亡后为僧。燮生四岁，授以《楚辞》，即成诵。康熙九年进士，选授宝应令。

（《清史稿》卷四百八十四《列传二百七十一·文苑一》　13364）

嵩　梁

嵩梁，字兰雪。以举人官中书，选知黔西州。著《香苏山馆集》。声播外夷，朝鲜吏曹判书金鲁敬以梅花一龛供奉之，称为诗佛。日本贾人斥四金购其诗扇。其名重如此。

（《清史稿》卷四百八十五《列传二百七十二·文苑二》　13389）

阎天伦

阎天伦，甘肃陇西人。贫，父居僧寺，天伦与妻杨，鸡鸣起磨面，及明入市，求父所嗜往馈，午若晡皆然，夜则从父寝。

（《清史稿》卷四百九十七《列传二百八十四·孝义一》　13750）

贾锡成

贾锡成，江苏宜兴人。父映乾，性严。锡成生而生母吴以小过逢映乾怒，遂去不返。锡成稍长，邻儿嘲无母，问得其故，悲不胜。甫成童，屡出访母。过无锡，梦至尼庵，妪予食，甚慈爱。因遍访诸尼庵，方雪，老尼问里居，曰："宜兴。"因曰："吾徒亦宜兴。"入见之，即其母也。相持哭，母终不肯归。锡成数省视馈食。及母卒，以丧还葬，上冢哭必恸。映干遘疫卒，锡成痛甚，伏枢侧喃喃若共父语，梦中或欢笑，寤则大恸。疾作遽卒，距映乾卒才五日。

（《清史稿》卷四百九十八《列传二百八十五·孝义二》　13760）

朱永庆

朱永庆，字长源，顺天大兴人，故明宣府巡抚之冯子也。师入关，永庆见俘，隶汉军正黄旗，僦屋居。永庆修干美髯，负气节，好佛，主者贤之，将赐以妇，命视诸俘，恣所择。武进杨兆升，仕明官给事中，起兵死。姜姚见俘，薙发矢守节。永庆夙闻之，乃自名故殉难宣府巡抚子，择姚以请，引归所居室。向夕，姚拜永庆乞哀，永庆曰："吾将全夫人节，非特哀之而已。"乃诵佛至旦，凡三夕，居停觇知之，问曰："君不近妇人，安用此赘疣?"永庆曰："此缙绅妇，吾非欲妻之，欲完其节耳。恐机泄，故且同室，然非诵佛不可。乃为君侦得，幸终为吾讳。"居停感焉，乃治别室以居姚。久之，事闻于主者，主者益贤之，令姚寄书其家，以其母若弟来，予赀遣之还。

（《清史稿》卷四百九十九《列传二百八十六·孝义三》 13797）

武 训

［武训］尝至馆陶，僧了证设塾鸦庄，赀不足，出钱数百缗助其成。

（《清史稿》卷四百九十九《列传二百八十六·孝义三》 13813）

李天植

李天植，字因仲，平湖人。崇祯癸酉举人。改名确，字潜夫。甲申后，余田四十亩、宅一区，乃并家具分与所后子震及女，而与妻别隐陈山，绝迹不入城市，训山中童子自给。居十年，以僧开堂，始避喧，返蠡园，卖文自食；不足，则与其妻为棕鞋竹笪以佐之。……

又十年，家益困，鬻其园，寄身僧舍，戚友赎而归之，始复与妻居，时年七十矣。

（《清史稿》卷五百一《列传二百八十八·遗逸二》 13848）

理洪储

理洪储，字继起，兴化人。本姓李……洪储早岁出家，南都覆，明之遗臣多举兵，洪储左右之，被逮，获免，好事如故。人戒之，则曰："吾苟自反无愧，即有意外风波，久当自定。"又曰："忧患得其宜，汤火亦乐国也。"枋闻之，叹曰："是真能以忠孝作佛事者也!"洪储在沙门，宏畅宗风，笃好人物，海内皆能道之。枋曰："此其迹也，但观其每年三月十九日素服焚香，北面挥涕，二十八年如一日，是何为者?"

（《清史稿》卷五百一《列传二百八十八·遗逸二》 13849）

祁班孙

　　旋〔祁〕班孙遁归，祝发于吴之尧峰，寻主毗陵马鞍山寺，所称咒林明大师者也。班孙好议论古今，不谈佛法，每语及先朝，则掩面哭，然终莫有知之者。康熙十二年，卒。发其箧，有《东行风俗记》《紫芝轩集》。且得其遗教，命归祔，乃知为山阴祁六公子，遂得返葬云。

　　　　　　　　　　（《清史稿》卷五百一《列传二百八十八·遗逸二》　　13852）

汪　沨

　　〔汪沨〕晚好道，夜观天象，昼习壬遁，能数日不食，了不问世事。黄宗羲遇之于孤山，讲龙溪调息法。尝坐月至三更，夜寒甚，止布被一，沨与宗羲背相摩，得少暖气。魏禧自江西来访，谢弗见。禧留书曰："吾宁都魏禧也，欲与子握手一痛哭耳！"沨省书大惊，一见若平生欢。临别，执手涕下。沨尝从愚庵和尚究出世法，禧曰："君事愚庵谨，岂有意为其弟子耶？"沨曰："吾甚敬愚庵，然今之志士，多为释氏牵去，此吾所以不屑也。"康熙四年秋，终于宝石山僧舍，年四十有八。临殁，举书卷焚之，诗文无一存者。起视日影，曰："可矣！"书五言诗一章，投笔就寝而逝。沨与陈廷会、柴绍炳、沈昀、孙治人，称"西陵五君子"。

　　　　　　　　　　（《清史稿》卷五百一《列传二百八十八·遗逸二》　　13853）

郭都贤

　　郭都贤，字天门，益阳人。天启壬戌进士，授行人。……桂王立肇庆，以兵部尚书召，而都贤已祝发为僧矣。……

　　都贤笃至性，哀乐过人，严而介，风骨崭然。博学强识，工诗文，书法瘦硬，兼善绘事，写竹尤入妙。僧号顽石，又号些庵。茹苦，无定居。初依熊开元、尹民兴于嘉鱼，住梅熟庵；已，流寓海阳，筑补山堂：前后十九年。归结草庐桃花江。客死江宁承天寺。

　　　　　　　　　　（《清史稿》卷五百一《列传二百八十八·遗逸二》　　13860）

陶汝鼐

　　陶汝鼐，字仲调，一字密庵，宁乡人。与都贤交最笃。……南渡后，薙发沩山，号忍头陀。生平内行笃，父殁，哀慕终身。

　　　　　　　　　　（《清史稿》卷五百一《列传二百八十八·遗逸二》　　13861）

王文治

王文治，字禹卿，江苏丹徒人。生有夙慧，十二岁能诗，即工书。长游京师，从翰林院侍读全魁使琉球，文字播于海外。……高宗南巡，至钱塘僧寺，见文治书碑，大赏爱之。内廷有以告，招之出者，亦不应。

喜声伎，行辄以歌伶一部自随，辨论音律，穷极幽渺。客至张乐，穷朝暮不倦。海内求书者，多有馈遗，率费于声伎。然客散，默然禅定，夜坐，胁未尝至席。持佛戒，自言吾诗与书皆禅理也。卒，年七十三。

（《清史稿》卷五百三《列传二百九十·艺术二》 13889）

释道济

释道济，字石涛，明楚藩裔，自号清湘老人。题画自署或曰大涤子，或曰苦瓜和尚，或曰瞎尊者，无定称。国变后为僧，画笔纵恣，脱尽窠臼，而实与古人相合。晚游江、淮，人争重之。著论画一卷，词议玄妙。与髡残齐名，号"二石"。

……

自道济以下，皆明之遗民，隐于僧，而以画著。其后画僧，上睿、明中、达受最有名。

（《清史稿》卷五百四《列传二百九十一·艺术三》 13903）

明　中

明中，字大恒，浙江桐乡人。晚主杭州南屏净慈。高宗南巡，赐紫衣。山水得元人法。

（《清史稿》卷五百四《列传二百九十一·艺术三》 13904）

恽　格

恽格，字寿平，后以字行，改字正叔，号南田，江南武进人。父日初，见《隐逸传》。格年十三，从父至闽。时王祈起兵建宁，日初依之。总督陈锦兵克建宁，格被掠，锦妻抚以为子。从游杭州灵隐寺，日初侦遇之，绐使出家为僧，乃得归。格以父忠于明，不应举，擅诗名，鬻画养父。画出天性，山水学元王蒙。

（《清史稿》卷五百四《列传二百九十一·艺术三》 13906）

金 农

［金］农，字寿门，号冬心，浙江仁和人。布衣，荐鸿博，好学癖古，储金石千卷。中岁，游迹半海内，寄居扬州，遂不归。分隶小变汉法，又师《禅国山》及《天发谶》两碑。截毫端，作擘窠大字。年五十，始从事于画。初写竹，师石室老人，号稽留山民。继画梅，师白玉蟾，号昔耶居士。又画马，自谓得曹、韩法。复画佛，号心出家盦粥饭僧。其点缀花木，奇柯异叶，皆意为之。

（《清史稿》卷五百四《列传二百九十一·艺术三》　13914）

王来咸

黄宗羲与之［王来咸］游，同入天童，僧少焰有膂力，四五人不能掣其手，稍近来咸，蹶然负痛。来咸尝曰："今人以内家无可炫耀，于是以外家羼之，此学行衰矣！"

（《清史稿》卷五百五《列传二百九十二·艺术四》　13920）

刘 源

刘源，字伴阮，河南祥符人，隶汉军旗籍。康熙中，官刑部主事，供奉内廷，监督芜湖、九江两关，技巧绝伦。少工画，曾绘《唐凌烟阁功臣像》，镌刻行世，吴伟业赠诗纪之。……于一笏上刻《滕王阁序》《心经》，字画崭然。奉敕制太皇太后及皇贵妃宝范，拨蜡精绝。

（《清史稿》卷五百五《列传二百九十二·艺术四》　13926）

程允元妻刘

程允元妻刘，名秀石，允元，江南山阳人；秀石，平谷人也。……屋破，群僵坐雨中，乃徙依比丘尼照震。无何，家人相继死，惟秀石存，力针黹自活。照震徙天津，秀石从。尝有求婚者，介照震道意，秀石恚，不食，照震力谢乃已。

（《清史稿》卷五百九《列传二百九十六·列女二》　14085）

许会妻张

许会妻张，颍州人。姑姣而虐，恶张端谨不类，日诟且挞，张事姑益恭。姑病，刲股以疗，姑虐如故。姑与邻寺僧通，欲乱张。姑匿僧室，召张入，而出键其户，张大号，僧遁去。翌日，自沉于井。有司捕得僧，论如律。乡人裂僧尸以祭张。

曹氏女

曹氏女，无为人。州有寺僧与妇人私，邻童入寺见之，僧杀而埋焉。童父讼于州，僧辞服。僧念罪当死，不如多所连染，得稽刑。乃妄言良家子女与通者三十余人，女家故近寺，亦在诬中。州吏尽逮诸妇，女白父，当诣庭自列，父不可，且入城，谋诸吏。忽女自至，意色自如，诣庭。州吏出僧质，僧曰："汝非曹氏女耶？"女曰："然。"僧曰："吾所交惟汝最久且密。"女曰："果尔，吾身有异人处，汝当知。"僧辞遁。女固请入室使妇验，则下体有疣赘，州吏始知僧言妄，慰遣女归。女既归，叹曰："吾所以蒙耻诣庭者，非为自表暴，盖欲全此三十余人而救其死耳。今事即白，吾废人也，安用生为？且可使昏暴之吏，有所愧惧也。"遂自经死。

刘廷斌女

刘廷斌女，四川温江人。廷斌道光七年官台湾镇总兵，八年，卒官。丧还，渡海，遇盗。盗杀其家十七人尽，女以美独不杀。有客附舟哀，盗掷岸上，盗以女还。居十余年，生四子。一日，女入寺礼佛，见僧似若相识。既归，省僧即附舟客也。乃为牒具遇盗始末，复入寺，密以畀僧。僧告官，官取盗及其徒悉诛之。縶四子，以问女，女曰："我所以受污不即死者，仇未报耳！仇报矣，此曹岂我子哉？"手刃四子，自缢死。

袁氏与李氏

同时又有袁氏，明侍郎李兆家婢。李氏，兆子映庚乳母也。流寇乱，兆兄完谋举义兵，不克，其族燔焉。袁以计脱映庚，李行求映庚，得之僧寺，藏其家复壁。范士龙者，兆仆也，自兆所至，因送映庚还兆。士龙归西充，岁饥，妻子五人皆饿死，盖亦义者云。

莎罗奔

时傅恒及［岳］钟琪两路连克碉卡，军声大振，莎罗奔乞降于钟琪，钟琪轻骑径赴其巢，贼大感动，顶佛经立誓听约束。次日，钟琪率莎罗奔父子坐皮船出洞诣大军，莎罗奔等叩颡，誓遵六事，归各土司侵地，献凶酋，纳军械，归兵民，供徭役。乃宣诏赦其死。诸番焚香作乐，献金佛谢。

　　　　　　　　　（《清史稿》卷五百十三《列传三百·土司二》　14219）

瞻　对

瞻对有上、中、下三名。上瞻对茹长官司、下瞻对安抚司，均雍正六年归附授职；中瞻对长官司，乾隆十年授职。距打箭炉七日程。东连明正，南接里塘，西北与德格土司毗连。纵横数百里，为鸦龙江之上游。同治初，川、藏会攻瞻对，川军未至，藏兵先克瞻对，派民官一、僧官一，率兵驻守，由达赖喇嘛及商上选任咨请驻藏大臣奏明，每三年替换。藏官恣行暴政，诛求无厌，瞻对民不堪命，屡起抗官，疆吏率加压服，仍令属藏。光绪二十年，鹿传霖讨平瞻对，议改流，卒为恭寿、文海劾罢。

　　　　　　　　　（《清史稿》卷五百十三《列传三百·土司二》　14246）

里　塘

先是乡城喇嘛普中札娃强悍知兵，诱杀里塘守备李朝富父子。鹿传霖派游击施文明讨之，为所擒，剥皮实草，悬以为号。［光绪］三十二年正月，尔丰率兵督攻，大小数十战，匪退喇嘛寺死守。尔丰围之数月，断其水道，普中札娃自缢，诸番皆降，改里塘为顺化县。

　　　　　　　　　（《清史稿》卷五百十三《列传三百·土司二》　14247）

韩哈麻

韩哈麻，元、明时，授河州卫土司。清初，归附。乾隆十四年，河州发给土千户委牌，子霆袭。四十六年，撤回猖獗，统兵固守。旋因修盖佛寺，违禁斥革。继盐茶回变，防御有功，总督福康安给土司外委札付。

　　　　　　　　　（《清史稿》卷五百十七《列传三百四·土司六》　14305）

洮州厅禅定寺

嘉庆十九年，［杨］宗业弟宗基袭，兼摄禅定寺僧纲。宗基子元，道光二十四年袭。

　　　　　　　　　（《清史稿》卷五百十七《列传三百四·土司六》　14307）

罗卜藏衮布阿喇布坦

罗卜藏衮布阿喇布坦徙牧布隆吉尔，土谢图汗珲多尔济以女妻之。事闻，［康熙］谕廷臣曰："前鄂齐尔图汗为噶尔丹所戕，其孙罗卜藏衮布阿喇布坦往求达赖喇嘛指授所居之地，达赖喇嘛令驻牧阿拉克鄂拉，因以为请。鄂齐尔图汗从子和啰理前沿边驻牧罾曾，檄噶尔丹收取之，令罗卜藏衮布阿喇布坦与喀尔喀互为犄角。噶尔丹欲以兵向和啰理等，则恐喀尔喀蹑之；欲以兵向喀尔喀，则恐和啰理等袭之。此必非噶尔丹所能收取也。"［康熙］二十四年，和啰理请赐敕印钤部众。廷臣以游牧未定，议不允。谕曰："和啰理等以避乱，故离其旧牧，来至边境，劫掠茂明安、乌喇特诸部，本应即行殄灭。朕俯念鄂齐尔图汗世奉职贡，恪恭奔走，兼之彼亦迫于饥困，是以宥其罪戾。又罗卜藏衮布阿喇布坦系鄂尔齐图汗孙，为和啰理从子，应令聚合一处。其遣官往谕朕旨，度可居地归并安置，封授名号，给赐金印玺书，以示朕兴灭继绝至意。"理藩院尚书阿喇尼遵旨往谕。和啰理奏："皇上令臣等聚处，乃殊恩。达赖喇嘛亦谓罗卜藏衮布阿喇布坦居布隆吉尔，地隘草恶，不若与臣同处。臣等欲环居阿喇克山阴，遏寇盗，靖边疆。令部众从此地而北，当喀尔喀台吉毕玛里吉哩帝牧地，由噶尔拜瀚海、额济讷河、姑喇柰河、雅布赖山、巴颜努鲁、喀尔占、布尔古特、洪果尔鄂隆以内，东倚喀尔喀丹津喇嘛牧，西极高河居之。"

奏至，遣使谕达赖喇嘛曰："噶尔丹灭鄂齐尔图汗时，和啰理及罗卜藏衮布阿喇布坦等纷纭离散，来至边境，又以生计窘迫，妄行劫掠。朕宥其罪，不即发兵剿灭。和啰理等亦戴朕恩，屡请敕印，依朕为命。朕前谕噶尔丹收取，彼约以丑年四月为期，今逾期已数月矣。伊等骨肉分离，散处失所，朕心殊为恻然！鄂齐尔图汗于尔喇嘛为护法久矣，何忍漠视其子孙宗族至于穷困？今朕欲将伊等归并安置，尔喇嘛其遣使与朕使偕往定议！"

二十五年，达赖喇嘛奏已遣使，上遣拉都琥往会勘。拉都琥偕达赖喇嘛使约和啰理至东大山北，语之曰："尔所谓噶尔拜瀚海地，听尔游牧。外自宁夏所属玉泉营西罗萨喀喇山嘴，后至贺兰山阴一带布尔哈苏台口，又自宁夏所属倭波岭塞口北努浑努鲁山后甘州所属镇番塞口，北沿陶兰泰、萨喇、椿济、雷珲、希理等地，西南至额济讷河，俱以距边六十里为界，画地识之。"定议：蒙古杀边民论死；盗牲畜、夺食物者鞭之；私入边游牧者，台吉、宰桑各罚牲畜有差；所属犯科一次，罚济农牲畜以五九。时罕都及额尔德尼和硕齐请与和啰理同牧。罗卜藏衮布阿喇布坦侦其女兄阿努携兵千赴藏，道嘉峪关外，惧袭己，备之，以故未即徙。拉都琥奏至，诏以所定地域及罚例檄甘肃守臣知之。盖自是和啰理属始定牧阿拉善。

二十七年，噶尔丹侵喀尔喀，和啰理欲往援，察珲多尔济乞师于朝。时谕噶尔丹罢兵。使已就道，诏不允和啰理请。而罗卜藏衮布阿喇布坦自率兵援喀尔喀，遇我使于道，宣谕之，亦撤归布隆吉尔。察珲多尔济寻为噶尔丹所败，上复遣使谕噶尔丹，将行，命之曰："噶尔丹若问和啰理事，尔等宜述丑年之约，并言达赖喇嘛向虽遣使定议，令和啰理与罗卜藏衮布阿喇布坦归并安置，迄今尚未同居。和啰理虽居游牧边地，亦未编设旗队。前喀尔喀与额鲁特交恶，和啰理曾请兵讨尔。朕仍谕遣之曰：'朕欲使尔等安处游牧而已，岂肯给尔兵耶？'其以是告之，令罢兵。"噶尔丹不从。

（《清史稿》卷五百二十《列传三百七·蕃部三》　14382）

阿喇布珠尔

康熙四年，诏封纳扎尔玛木特之子阿喇布珠尔为固山贝子，赐牧色尔腾。先是阿喇布珠尔尝假道准噶尔谒达赖喇嘛，既而阿玉奇与准噶尔策妄阿喇布坦修怨，阿喇布珠尔自唐古特还，以准噶尔道梗，留嘉峪关外，遣使至京师。

（《清史稿》卷五百二十《列传三百七·蕃部三》　14392）

库伦办事大臣桂斌

[光绪] 二十二年六月，库伦办事大臣桂斌奏："哲布尊丹巴呼图克图属沙毕一项困苦特甚，流亡过多。呼图克图忠厚存心，用人失当，一任喇嘛等勾通内地商民以及在官人等百方诈取，若罔闻知。迨用度过窘，不得不加倍苛派，所由欠负累累，上下交困。体访其属堪布喇嘛诺们汗巴勒党吹木巴勒为僧俗所仰慕，应责成清理已檄署商卓特巴巴特多尔济等，凡一切商上应办事宜，悉心谘商，妥为筹画。先将沙毕等应派光绪二十二年分摊款，查照十年以前，各按牲畜多寡，秉公匀摊，不准加派，核实酌裁。近年增添浮费，务量所摊撙节动用，俾纾民力。并请将东营台市甲首各商，每遇两大臣节寿酬款项不减不增，按年代哲布尊丹巴归商欠。"下所司知之。

（《清史稿》卷五百二十一《列传三百八·蕃部四》　14409）

达赖喇嘛

达赖喇嘛以印藏启衅，避之库伦，诏延祉迎，令赴西宁。［光绪三十年］九月，予驻库伦直隶练军官弁奖，以保卫蒙商，防护外人。

（《清史稿》卷五百二十一《列传三百八·蕃部四》　14413）

喇嘛登曾夺犯拒捕

［宣统二年］十月，三多奏喇嘛登曾夺犯拒捕一案，商卓特巴巴特玛多尔济迄不交出首要，历次呈文，无理取闹，要挟具奏，恐国家法令，官长政权，将难行于蒙地，请予斥革；哲布尊丹巴自二月奉严加约束电旨后，库属喇嘛安分守法，为近年所未有，请传旨嘉奖：均允之。二年四月，是部亲王朋楚克车林为资政院钦选议员。

（《清史稿》卷五百二十一《列传三百八·蕃部四》　14415）

硕垒遣伟征喇嘛等来朝

硕垒遣伟徵喇嘛等来朝，请与明绝市，上［清太宗皇太极］嘉之，命察罕喇嘛往赍貂服、朝珠、弓、刀、金币。

（《清史稿》卷五百二十一《列传三百八·蕃部四》　14417）

厄鲁特蒙古

天聪初，蒙古诸部内附，厄鲁特犹私与明市，上以远，弗之禁。崇德二年，顾实汗遣使通贡，阅岁乃至。七年，偕达赖喇嘛等奉表贡。八年，遣使存问达赖喇嘛。以顾实汗击败唐古特藏巴汗，敕曰："有败道违法而行者，闻尔已惩治之。自古帝王致治，法教未尝断绝。今遣使敦礼高贤，尔其知之！"并赐甲胄。使未至，顾实汗请发币使延达赖喇嘛，允之。

（《清史稿》卷五百二十二《列传三百九·蕃部五》　14447）

顾实汗导达赖喇嘛入觐

［顺治］五年，甘肃巡抚王世功奏青海蒙古驻西宁，需索供应，请定贡使入关额，余驻关外给口粮，许之。九年，顾实汗导达赖喇嘛入觐，先奉表闻，并贡驼马方物。

（《清史稿》卷五百二十二《列传三百九·蕃部五》　14447）

青海属复为边患

会青海属复为边患，谕顾实汗子车臣岱青及达赖巴图尔等曰："分疆别界，向有定例。迩来尔等率番众掠内地，抗官兵，守臣奏报二十余次，屡谕不悛。今特遣官赴甘肃、西宁等处勘状。或尔等亲至，或遣宰桑来质，诬妄之罪，各有攸归。番众等旧纳贡蒙古者听尔辖，傥系前明所属，应仍归中国。至汉人蒙古交界，与市易隘口，务宜详加察核，分定耕牧，毋得越境妄行。"

（《清史稿》卷五百二十二《列传三百九·蕃部五》　14448）

青海蒙古犯河西

[康熙] 十四年，西宁诸镇兵屯河东剿叛贼王辅臣，青海蒙古乘隙犯河西。永固营副将陈达御之，阵殁。孙思克屯凉州，宣示朝廷恩威，各引罪出塞。会达赖喇嘛使至，命传谕达赖巴图尔等戢部众，勿为边患。

（《清史稿》卷五百二十二《列传三百九·蕃部五》　14449）

葛尔丹

[康熙] 二十九年，大军败噶尔丹于乌兰布通，青海诸台吉附达赖喇嘛表上尊号，诏不允。……唐古特部第巴阴比噶尔丹，诡为达赖喇嘛奏称青海诸台吉无异志，请撤戍。谕曰："此为征剿噶尔丹计，非防青海诸台吉也。"会议剿噶尔丹，诏檄青海众勿惊惧。

三十五年，上亲征噶尔丹，败之，获青海通噶尔丹使。以博硕克图济农及萨楚墨尔根台吉为所部长，遣使赍敕谕曰："尔青海厄鲁特尊崇达赖喇嘛法教，敬事本朝，聘问贡献，恭顺有年，朕亦频加恩赉。乃噶尔丹违达赖喇嘛法教，不遵朕旨，朕统军至图拉，剿而灭之。博硕克图济农等遣往噶尔丹使，为朕所擒，俱言达赖喇嘛脱缁已久，第巴匿之，且噶尔丹诡言青海诸台吉谋与彼同犯中国。今噶尔丹亡命西走，青海诸台吉如欲仍前修睦，其各防守边界，遇噶尔丹即行擒解。若知而故纵，此后永仇绝之。"我使至察罕托罗海宣谕善巴陵堪布，盖达赖喇嘛遣理青海蒙古务者也。善巴陵堪布召青海诸台吉集盟坛言曰："噶尔丹杀鄂齐尔图汗，我等与仇。但素奉达赖喇嘛言，应遣议。"时达赖喇嘛示寂久，唐古特达赖汗寻约和硕特八台吉遣使庆捷。达赖汗即鄂齐尔图汗子也，世长唐古特。鄂齐尔图汗弟自衮布察珲无嗣外，余八人皆居青海，故其裔称和硕特八台吉。

三十六年二月，上视师宁夏，诏额驸阿喇布坦、都统都思噶尔、巴林台吉德木楚克、西宁喇嘛商南多尔济等携青海诸台吉使及赏物往招抚之。复以哈密达尔汉伯克额贝都拉内附，诏青海厄鲁特勿扰哈密境。三月，阿喇布坦等至察罕托罗海，察罕诺扪汗迎告曰："皇上令青海众得享安乐，永受恩泽，何幸如之！"时顾实汗子惟达什巴图尔存，阿喇布坦等宣谕之。达什巴图尔议遣博硕克图济农及额尔德尼台吉代入觐。阿喇布坦等语曰："皇上驾临宁夏，尔当率众往朝，毋自误！"达什巴图尔偕察罕诺扪汗、善巴陵堪布及唐古特达赖汗子拉藏等檄诸台吉议，欲四月起行。达尔寺垂藏呼图克图、温都逊寺达赖绰尔济喇嘛及囊素通事等咸请从，私向使问狮象状，且相谓曰："我等往朝，殆必以所未见文物相示。"闰三月，阿喇布坦、德木楚克自青海归。

（《清史稿》卷五百二十二《列传三百九·蕃部五》 14450）

西 藏

[康熙]五十四年，策妄阿喇布坦遣兵掠哈密。上以邻青海左翼牧，诏兵备之，准噶尔败遁。初，达赖汗子拉藏偕青海诸台吉定议内附，寻袭唐古特汗，以第巴私立伪达赖喇嘛，袭杀之，而自立博克达之伊什扎穆苏为达赖喇嘛瑚毕勒罕。青海贝勒察罕丹津等讦其伪，奏里塘之罗卜藏噶勒藏嘉穆错为真达赖喇嘛瑚毕勒罕，诏内阁学士拉都琥往验。寻遣侍卫阿齐图召青海两翼议徙里塘达赖喇嘛瑚毕勒罕以弭争端。贝勒色布腾扎勒、阿喇布坦鄂木布、朋素克旺扎勒，台吉达颜、苏尔扎等佥请徙。察罕丹津不从，将偕达什巴图尔子罗卜藏丹津盟，率兵攻异己者。阿齐图疏至，王大臣等奏察罕丹津若先攻诸部，色布腾扎勒等来奔，应置边内。察罕丹津牧距松潘仅四五日程，请备兵待。诏西宁、四川松潘诸路设兵备之。

五十五年，察罕丹津畏罪，徙里塘达赖喇嘛瑚毕勒罕至西宁宗喀巴寺。阿齐图奏请集诸台吉定盟，以罗卜藏丹津、察罕丹津、达颜等领右翼，额尔德尼额尔克托克托鼐、阿喇布坦鄂木布等领左翼，令永睦，允之。会噶尔丹由沙拉袭青海，掠台吉罗布藏丹济卜等牧畜，复谋盗噶斯口官军驼马。谕曰："准噶尔侦噶斯口兵势稍弱，潜来侵扰青海，不可不严筹之。著西安兵会青海左翼，四川督标兵会青海右翼，协力防御。"

五十六年，遣使赴青海测分野。未几，靖逆将军富宁安谍策妄阿喇布坦遣兵赴唐古特，驰疏闻。上以里塘达赖喇嘛瑚毕勒罕事初定，拉藏汗或阴导准噶尔侵青海，诏理藩院尚书赫寿谕拉藏汗勿得与察罕丹津、罗卜藏丹津等构兵。复谕遣侍卫色楞等赴青海，曰："准噶尔若侵拉藏汗，尔即与青海诸台吉等定议协剿，务令绝无猜忌，不至滋变方善。或拉藏汗导准噶尔侵青海，尔即谕察罕丹津等曰：'策妄阿喇布坦屡抗大军，今拉藏汗与同谋，是显为仇敌也。国家始终仁爱，保护顾实汗子孙，尔等正当奋志报效而行。'"寻察罕丹津等以准噶尔侵拉藏汗告，谕内大臣策旺诺尔布、西安将军额伦特等分屯青海要地。

五十七年，拉藏汗乞援疏至，诏色楞等会青海王、台吉议进兵。察罕丹津谍拉藏汗被戕，谋诱准噶尔至青海迎击之。准噶尔惧，不至。先是哈密伯克额贝都拉献西吉木、达里图、西喇郭勒地，诏设赤金、靖逆二卫及柳沟所，听兵民耕牧。五十八年，以其地错青海左翼牧，遣官偕贝子阿喇布坦、台吉阿尔萨兰等勘定界。阿喇布坦等曰："青海众荷厚恩，何惜隙地？可耕者听给兵民，留我等牧地足矣！"因集所属宰桑等画地标识，议勿私越。时抚远大将军固山贝子允禵统兵驻西宁，请自索诺木至柴达木路设站五，站置青海兵十，别令左、右翼兵各三百屯近军地，防准噶尔贼，从之。允禵复遵旨集两翼王、台吉，以上意宣谕曰："唐古特部达赖喇嘛、班禅喇嘛法教，原系尔祖顾实汗所设。今准噶尔戕拉藏汗，离散番众。尔等前称里塘罗卜藏噶勒藏嘉穆错为真达赖喇嘛瑚毕勒罕，愿置禅榻，广施法教，今唐古特民人及阿木岛喇嘛如尔言。皇上为安藏计，遣大兵送往唐古特，尔等宜率所属兵或万或五六千从往，其定议具奏。"两翼王、台吉等金称愿听命。五十九年，所部兵从大军败准噶尔于札卜克河、齐诺郭勒、绰玛喇等处，因护达赖喇嘛入藏。捷闻，诏留兵二千屯青海侦防准噶尔。

雍正元年，谕曰："自西陲用兵，青海王以下、台吉以上各著劳绩。皇考曾降旨俟凯旋日计功，今青海王、台吉等历年效绩，应各酌加封赏。其率兵进藏，至驻防噶斯、柴达木等众，应令各处将军分别加赏。"是年罗卜藏丹津叛，命大军往讨，越岁而定。罗卜藏丹津初袭其父达什巴图尔亲王爵，从大军入藏，归，觊为唐古特长，阴约策妄阿喇布坦援己，复诱青海台吉等盟察罕托罗海，令如所部故号，不得复称王、贝勒、贝子、公等爵，而自号达赖珲台吉以统之。郡王额尔德尼额尔克托克托鼐不从，偕镇国公噶尔丹达什来奔。上以和硕特族自相残，不忍遽加兵，诏抚远大将军贝子延信善慰额尔德尼额尔克托克托鼐。时兵部左侍郎常寿驻西宁理青海务，命传谕罗卜藏丹津罢兵，不从则惩治之。罗卜藏丹津诡言亲王察罕丹津、郡王额尔德尼额尔克托克托鼐谋据唐古特，诸台吉不服，将率兵与决胜负。盖以察罕丹津、额尔德尼额尔克托克托鼐首不附己，欲诬以罪，因胁诸台吉奉己，如鄂齐尔汗驻唐古特以遥制青海也。

察罕丹津为罗卜藏丹津所逼，继额尔德尼额尔克托克托鼐挈众至。敕川陕总督年羹尧曰："罗卜藏丹津自其祖顾实汗敬谨恭顺，达什巴图尔慕化来归，晋封亲王，复令其子罗卜藏丹津袭封，自宜仰体宠眷，敬奉法纪。乃妄逞强梁，骨肉相仇，欺凌亲王察汗丹津、郡王额尔德尼额尔克托克托鼐等，恣行倡乱。朕甫闻其事，遣使往谕，令伊讲和修睦，式好无尤。乃肆意称兵，侵袭察罕丹津、额尔德尼额尔克托克托鼐，以致投入内境。是其深负朕恩，悖逆天常，扰害生灵，诛戮不可少缓。朕欲大张天威，特命尔为抚远大将军，统领大兵，往声罗卜藏丹津罪。如敢抗拒，即行剿灭。其党有惧罗卜藏丹津势，暂为胁从者，果悔罪来归，即行宽宥。有能擒斩罗卜藏丹津者，分别具奏。有情急来归者，加意抚恤。其不抗拒者，毋加杀戮。"罗卜藏丹津诡罢兵，诱常寿至察罕托罗海，留之，遣叛党分掠西宁诸路，煽贼番等为应。副将军阿喇纳自吐鲁番驰赴噶斯，断由穆鲁乌苏往藏路；副将王嵩、参将孙继宗等击贼党于布隆吉尔及镇海堡、申中堡、北川、新城等处。四川提督岳钟琪以杂谷土司等兵剿归德堡外上寺东策卜、下寺东策卜及南川口外郭密诸番，复檄前锋统领苏丹等协剿，所至告捷。罗卜藏丹津惧，送常寿归，请罪。谕年羹尧曰："伊乃深负国恩、与大军对敌之叛贼，国法断不可宥。不得因伊曾封王爵，稍存疑虑。其与罗卜藏丹津同谋之王、贝勒、贝子、公等，既经背叛，即宜削爵。伊等或来归顺，或被擒获，不必更论封爵，但视行事轻重，可宽宥者从宽，应治罪者治罪。"

二年，诏以岳钟琪为奋威将军，参赞军务。钟琪奉命进剿，侦从贼之巴尔珠尔阿喇布坦自乌兰博尔克遁，尾击之，至伊克喀尔吉，擒其党阿喇布坦鄂木布。遣西宁总兵黄喜林由西尔哈罗色赴柴达木，断噶斯路。侦罗卜藏丹津走乌兰木和尔，钟琪复分兵驰击，擒其母阿尔泰，俘户畜无算。罗卜藏丹津偕贼党分道窜。侍卫达鼐等擒丹津珲台吉于华海子，阿布济车臣台吉于布哈色布苏，吹喇克诺木齐、扎什敦多卜等于乌拉克，罗卜藏丹津走准噶尔。逆党悉槛送京师，诏行献俘礼。

（《清史稿》卷五百二十二《列传三百九·蕃部五》　14453）

西番喇嘛

至西番部众，凡陕西所属甘州、凉州、庄浪、西宁、河州，四川所属松潘、打箭炉、里塘，云南所属中甸等处，或为喇嘛耕地，或纳租青海，但知有蒙古，不知有厅卫营伍诸官。今番众悉归化，应择给土司千百户、巡检等职，令附近道厅及卫所辖。又青海及巴尔喀木、藏、卫旧称唐古特四大部，顾实汗侵据之。以青海地广可牧畜，巴尔喀木粮富，令子孙游牧青海，而巴尔喀木纳其赋。藏、卫二地，旧给达赖喇嘛、班禅喇嘛，今以青海叛，取其地，应令四川、云南诸官管理。又达赖喇嘛遣人赴市打箭炉，驮装经察木多、乍雅、里塘、巴塘，向喇嘛等索银有差，名曰鞍租，至打箭炉纳税。请饬达赖喇嘛勿收鞍租，打箭炉免取税，岁给达赖喇嘛茶五千斤，班禅喇嘛半之。又西宁各寺喇嘛多者数千，少者以五六百，易藏奸，前罗卜藏丹津叛，喇嘛率番众抗大兵。请于塔尔寺喇嘛选老成者三百给印照，嗣后岁察二次，庙舍不得过二百，喇嘛多者百余，少者十余。番民粮赋，令地方官管理，度各寺岁用给之。又陕西边外河州、西宁、兰州、中卫、宁夏、榆林、庄浪、甘州等处，水草丰美，林麓茂密，蒙古诸部恋牧大草滩及昌宁湖。请于西宁北川边外上下白塔等处，自巴尔托海至扁都口筑城堡，令蒙古等勿妄据。

（《清史稿》卷五百二十二《列传三百九·蕃部五》　14459）

承化寺

［光绪］十五年二月，刘锦棠奏移棍噶扎拉参徒众于库尔喀喇乌苏属之八英沟，让还科布多借地。承化寺就近所招徒众，听留居其寺哈巴河一带。塔城自借地以来，即已派兵驻守，未便委去，俾俄人得乘便南下，从之。

（《清史稿》卷五百二十四《列传三百十一·蕃部七》　14524）

［光绪］三十年五月，改设科布多办事大臣驻阿尔泰山，以锡恒为之，仍驻承化寺。三十二年七月，定阿尔泰练陆军马队一标、炮队一营，设哈巴河防营委员，及沙扎盖台至承化寺马拨十六处，每处设蒙古马兵五名，马十

疋。开办承化寺、库克、呼布克木、哈巴河四处屯牧，建城署房屋，拨常年经费十三万两，开办经费三十一万两有奇。

（《清史稿》卷五百二十四《列传三百十一·蕃部七》 14525）

西 藏

西藏，《禹贡》雍州之域。汉为益州沈黎郡徼外白狼、乐土诸羌地。魏、隋为附国、女国及左封、昔卫、葛延、春桑、迷桑、北利、模徒、那鄂诸羌地。唐为吐蕃，始崇佛法。既而灭吐谷浑，尽臣羊同、党项诸羌，西邻大食，幅员万余里。唐末衰弱，诸部分散。宋时朝贡不绝。

元世祖时，置乌思藏、纳里、速古、鲁孙等三路宣慰司，都元帅府，仍置管民万户诸官抚辑之。以吐蕃僧帕克斯巴为大宝法王、帝师，嗣者数世。弟子号司空、国公，佩金玉印者甚众。

明洪武年，以摄帝师纳木嘉勒藏博为炽盛佛宝国师，给玉印。置乌斯藏指挥司及宣慰司、招讨司、万户诸官，多沿元旧，以元国公纳木喀斯丹拜嘉勒藏等领之。寻改乌斯藏为行都指挥司，以班竹尔藏为乌斯藏都指挥使，自下皆令世袭。未几，改乌斯藏俺不罗卫为行都指挥司。永乐中，增置乌斯藏牛儿宋寨行都指挥司及必里、上邛部二卫，复分封番僧为大宝法王、大乘法王、大慈法王、阐教王、阐化王、辅教王、赞善王、护教王，凡八王，比岁或间岁朝贡。宣德、成化间，又累加封号。其地有僧号达赖喇嘛，居拉萨之布达拉庙，号前藏；有班禅喇嘛，居日喀则城之扎什伦布庙，号后藏：番俗崇奉又在诸番王之上。西藏喇嘛旧皆红教，至宗喀巴始创黄教，得道西藏噶勒丹寺。时红教本印度之习，娶妻生子，世袭法王，专指密咒，流极至以吞刀吐火炫俗，尽失戒定慧宗旨。黄教不得近女色，遗嘱二大弟子，世以呼毕勒罕转生，演大乘教。呼毕勒罕者，华言"化身"。达赖、班禅即所谓二大弟子，达赖译言"无上"，班禅译言"光显"。其俗谓死而不失其真，自知所往，其弟子辄迎而立之，常在轮回，本性不昧，故达赖、班禅易世互相为师。其教皆重见性度生，斥声闻小乘及幻术小乘。当明中叶，已远出红教上。

达赖第一辈曰罗伦嘉穆错，吐蕃赞普之裔，世为番王。二十岁至前藏，宗喀巴以为大弟子。年八十四。第二辈曰根登嘉木错，在后藏札朗转世，登布达拉、色拉、扎什伦布讲经之坐。年六十七。三辈曰锁南嘉木错，为达赖中最著名者。置第巴，代理兵刑赋税。弟子称呼图克图，分掌教化。时黄教尚未行于蒙古。元裔俺答兼并诸部，侵掠中国，用兵土伯特，收阿木多、喀木康等部落。年老厌兵，纳其侄鄂尔多斯部硕克济农谏，往迎达赖，劝之东还。自甘州移书张居正，求通贡馈。万历年，遂纳锁南嘉木错之贡，予封赉。达赖应俺答之迎，至青海，为言三生善缘。诸台吉言：“愿自今将涌血之火江，变溢乳之静海。”俺答许立庙，一在归化城，一在西宁，于是黄教普蒙古诸部。而藏中红教之大宝、大乘诸法王，皆俯首称弟子，改从黄教。化行诸部，东西数万里，熬茶膜拜，视若天神，诸番王徒拥虚位，不复能施号令。年四十七。四辈曰荣丹嘉穆错，年二十八。五辈曰阿旺罗布藏嘉木错。

初，西藏俗称其国曰图伯特，亦曰唐古特。自达赖、班禅外有汗，则蒙古部长为之。时藏之藏巴汗与达赖所用第巴不协。额鲁特部和硕汗者，名图鲁拜琥，元太祖弟哈布图哈萨尔十九世孙也。后兼并唐古特四部，改号顾实汗。以青海地广，令子孙游牧，而喀木、康输其赋。卫地则第巴奉达赖居之，藏地则藏巴汗居之。第巴桑结与藏巴汗不相能，谓其虐部众、毁黄教，乞师于顾实汗翦灭之。顾实汗遂以藏地居班禅，留长子鄂齐尔汗辖其众，次子达赉巴图尔台吉佐之，皆崇德年事也。

先是天聪年间，大兵取明之东省，天现明星祥瑞。顾实汗曰：“此星系大力汗之威力星。由是观之，非常人也。”于是遐迩蒙古共遵太宗文皇帝为和尔摩斯达额尔德穆图博克达撤辰汗。迨崇德二年，奏请发币使延达赖。四年，遣使贻土伯特汗及达赖书，谓“自古所制经典，不欲其泯灭不传，故遣使敦请”云。嗣以喀尔喀有违言，不果。顾实汗复致书达赖、班禅、藏巴汗，约共遣使朝贡。达赖、班禅及藏巴汗、顾实汗遣伊喇固散胡图克图等贡方物，献丹书，先称太宗为曼殊师利大皇帝。曼殊者，华言“妙吉祥”也。使至盛京，太宗躬率王大臣迓于怀远门。御座为起，迎于门阈，立受书，握手相见，升榻，设座于榻右，命坐，赐茶，大宴于崇政殿。间五日一宴，命王、贝勒以次宴。留八阅月乃还。八年，报币于达赖曰：“大清国宽温仁圣皇帝致书于金刚大士达赖喇嘛。今承喇嘛有拯济众生之志，欲兴扶佛法，遣使通书，朕心甚悦，兹恭候安吉。凡所欲言，令察罕格龙等口授。"复赍书于班禅及红帽喇嘛济东胡图克图等，亦如之。是为西藏通好之始。于是阐化王及河州弘化、显庆二寺僧，天全六番，乌斯藏董卜、黎州、长河西、鱼通、宁远、泥溪、蛮彝、沈村、宁戎等土司，庄浪番僧，先后入贡，献前明敕印，请内附矣。

明年，世祖定鼎燕京，混一宇内。顾实汗复奏："达赖功德无量，宜延至京，令其讽诵经咒，以资福佑。"乃遣使往迎。顺治四年，达赖、班禅各遣使献金佛、念珠，表颂功德。五年，遣喇嘛席喇布格隆等赍书存问达赖，并敦请之。达赖覆书，许于辰年朝觐。九年十月，达赖抵代噶，命和硕承泽亲王硕塞等往迎。十二月，达赖至，谒于南苑，宾之于太和殿，建西黄寺居之。达赖寻以水土不宜，告归，赐以金银、缎币、珠玉、鞍马慰留之。十年二月，归，复御殿赐宴，命亲王硕塞偕贝子顾尔玛洪、吴达海率八旗兵送至代噶，命礼部尚书觉罗朗球、理藩院侍郎达席礼赍金册印，于代噶封达赖为西天大善自在佛领天下释教普通瓦赤喇怛喇达赖喇嘛。达赖归，兴黄教，重建布达拉及前藏各寺院六十二处，又创修喀木、康等处庙，计三千七十云。

是时顾实汗先卒，达赖又年老，大权旁落于第巴桑结。桑结诡遣内安岛人冒阐化王贡使，实则阐化王久经残破，废为喇嘛，而屡次进贡仍书王名，并请换敕印。廉得其实，斥之。吴三桂王云南，岁遣人至藏熬茶。康熙十三年，三桂反，诏青海蒙古兵由松潘入川。桑结使达赖上书尼之，且代三桂乞降。及大兵围吴世璠于云南，世璠割中甸、维西二地乞援于藏，其书为贝子章泰军所获。朝廷但驻守中甸，未深问也。康熙二十一年，在布达拉寺圆寂，年六十二。

当五世达赖之卒也，第巴桑结以议立新达赖故，与拉藏汗交恶。桑结既以己意立罗布藏仁青策养嘉错为六世达赖，乃秘不发丧，伪言达赖入定，居高阁，不见人，凡事传达赖命行之，自是益横。既祖准噶尔以残喀尔喀蒙古，复唆准噶尔以斗中国，又外构策妄阿喇布坦，内哄拉藏汗，遂招准兵寇藏之祸。凡西北扰攘数十年，皆第巴一人所致。

噶尔丹者，亦四额鲁特之一，曾入藏为喇嘛，与第巴昵。归篡其汗，自言受达赖封为准噶尔博硕克图汗。又喀尔喀蒙古以入藏隔于额鲁特，乃自奉宗喀巴第三弟子哲卜尊丹巴胡图克图之后身为大胡图克图，位与班禅亚，凡数十年矣。至喀尔喀车臣汗与土谢图汗构兵，圣祖遣使约达赖和解之。桑结奏使噶尔丹西勒图往。蒙语喇嘛坐床者为"西勒图"，达赖大弟子也。而哲卜尊丹巴胡图克图亦奉诏莅盟坛，与噶尔丹西勒图抗礼。噶尔丹使其族弟随之观衅，因责喀尔喀待达赖无加礼，诟责之，为土谢图汗所杀。噶尔丹遂以报仇为名，袭侵其部落。喀尔喀集众议投俄罗斯与投中国孰利，哲卜尊丹巴曰："俄罗斯持教不同，必以我为异类，宜投中国兴黄教之地。"遂定计东走。圣祖申命桑结遣使罢兵。桑结使济隆胡图克图往，反阴嗾之。二十九年，遂入寇漠南，我兵败之乌阑布通。噶尔丹托济隆代乞和，顶威灵佛，立誓而遁。桑结内惭，乃托达赖意，合青海蒙古及额鲁特各台吉上尊号，圣祖不受，诏曰："朕与达赖，期于抚育众生，而所遣堪布等故违意旨，以致喀尔喀、额鲁特两伤。如能令其修和，朕方欲加达赖嘉号，此皆任事行人不能仰副朕心及达赖意，致喀尔喀残破，额鲁特丧败，朕心实为隐痛，复何尊号之可受乎？来使贡物其发还！"屡遣京师喇嘛入藏探之。三十四年，达赖入贡，言己年迈，国事决第巴，乞锡封爵。诏封第巴桑结为土伯特国王。

三十五年，圣祖亲征噶尔丹，至克鲁伦河。噶尔丹败窜，慰其部下曰："此行非我意，乃达赖使言南征大吉，是以深入。"上谓达赖存必无是事，乃遣使第巴桑结书曰："朕询之降番，皆言达赖脱缁久矣，尔至今匿不奏闻。且达赖存日，塞外无事者六十余年，尔乃屡唆噶尔丹兴戎乐祸，道法安在？达赖、班禅分主教化，向来相代持世。达赖如果厌世，当告诸护法主，以班禅主宗喀巴之教。尔乃使众不尊班禅而尊己，又阻班禅进京，朕欲和解准噶尔部，尔乃使有亏行之济隆以往。乌阑布通之役，为贼军卜日诵经，张盖山上观战，胜则献哈达，不胜又代为讲款，以误我追师。繄尔祖庇噶尔丹之由，今为殄灭准夷告捷礼，以噶尔丹佩刀一及其妻阿奴之佛像一、佩符一，遣使赍往，可令与达赖相见，令班禅来京，执济隆以畀我。如其不然，朕且檄云南、四川、陕西之师见汝城下。汝其纠合四额鲁特人以待，其毋悔！"

桑结惶恐，明年密奏言："为众生不幸，第五世达赖于壬戌年示寂，转生静体，今十五岁矣。前恐唐古特民人生变，故未发丧。今当以丑年十月二十五日出定坐床，求大皇帝勿宣泄。至班禅，因未出痘，不敢至京。济隆，当竭力致之京师。乞全其身命戒体，并封达赖临终尸盐拌像。"圣祖许为秘之，待十月宣示内外。而第巴使者归，途遇策妄阿喇布坦会擒噶尔丹之兵，复宣言："达赖已厌世，尔部落兵毋得妄行。"策妄阿喇布坦哭而归。圣祖以第巴始终反复持两端，乃追还其使，传集各蒙古，宣示密封，则像首已堕，第巴使惊仆于地。

桑结忌策妄阿喇布坦尽收准部故地，致噶尔丹无所归，奏防其猖獗，而策妄阿喇布坦亦奏第巴奸谲，及所立新达赖之伪，欲藉词侵藏。圣祖以二人皆叵测，不之许也。四十四年，桑结以拉藏汗终为己害，谋毒之，未遂，欲以兵逐之。拉藏汗集众讨诛桑结，诏封为翊法恭顺拉藏汗，因奏废桑结所立达赖，诏送京师。行至青海，道死，依其俗，行事悖乱者抛弃尸骸。卒，年二十五。时康熙四十六年也。论者谓达摩创法震旦，有一花五叶之谶，至六世启衣钵之争，故六祖不复传衣钵，与宗喀巴至第六世达赖之事若一辙。天数所极，佛法不能违，而况第巴诈伪出之，以尊己擅权，卒酿拉藏汗、准噶尔相寻之祸。

七辈罗布藏噶尔桑嘉穆错于康熙四十七年在里塘转世。生有异表，右臂纹如法轮。七岁与众喇嘛谈经，均莫能难，盖有夙慧也。初拉藏汗既奏废罗布藏仁青策养嘉穆错，别立博克达山之呼毕勒罕阿旺伊什嘉穆错为达赖，闻其名忌之，将以兵戕之，其父索诺木达尔扎褊负走，乃免。青海众台吉以不辨真伪争，诏遣官率青海使人往视。拉藏汗奏："前解伪达赖时，曾奉旨寻真达赖，访得博克达山呼毕勒罕，以班禅言坐床。"廷议以呼毕勒罕尚幼，俟再阅数年给封，又以拉藏汗与青海台吉不睦，遣侍郎赫寿协理藏务。是为西藏设官办事之始，然犹不常置也。四十九年，班禅、拉藏汗会同管理藏务赫寿奏："阿旺伊什嘉穆错熟谙经典，青海台吉信之，请给册印。"诏依其请。而青海实不之信，与藏中所奏互相是非。五十三年，青海诸台吉等遣兵取道德格，迎罗布藏噶尔桑嘉穆错至青海坐床，请赐册印。圣祖恐其构衅，诏徙至京，不果行。复令送红山寺，继请送西宁宗喀巴寺。青海贝勒察罕丹津等复尼之，且以兵胁异己者。诏大兵护送，乃居宗喀巴寺。圣祖以拉藏汗年近六旬，一子青海驻扎，一子策妄阿喇布坦就婚，恐托词爱婿，羁留不归，势颇孤危。况自杀第巴，彼处人难保不生猜忌。额鲁特秉性多疑，又甚疏忽，倘事出不测，相隔万里，救之不及。谕令深谋防范。

五十六年，策妄阿喇布坦遣台吉策凌敦多布等率兵六千，徒步绕戈壁，逾和阗南大雪山，涉险冒瘴，昼伏夜行，赴阿里克，扬言送拉藏汗长子噶尔丹忠夫妇归。拉藏汗不知备，贼至达木始觉，偕仲子索尔扎拒，交战两月，不敌，奔守布达拉，始来疏乞援。贼诱噶卜伦沙克都尔扎卜，将小招献降，唐古特台吉纳木扎勒等开布达拉北城入，戕拉藏汗，拘其季子色布腾及宰桑等，搜各庙重器送伊犁，禁阿旺伊什嘉穆错于扎克布里庙。索尔扎率兵三十人溃走，为所擒，其妻间道来奔，诏优养之。

西安将军额伦特率西宁、松潘、打箭炉、噶勒丹，会同青海诸台吉及土司属下赴援，至喀喇河，遇伏，败殁。贼复诱里塘营官喇嘛归藏，于是巴塘、察木多、乍雅、巴尔喀木皆为所摇惑矣。寻诏都统法喇移打箭炉兵屯里塘护呼毕勒罕，复令索诺木达尔扎传谕营官喇嘛，将抗不就抚者诛之，传檄巴塘、察木多、乍雅各籍其土及民数，遂进屯巴塘。策凌敦多布惧，返所掠。而兵自巴尔喀木归，言唐古特有瘴疠，浮肿，难久处，青海蒙古皆惮进藏，怂恿达赖奏可随地安禅，兴大兵恐扰众。王大臣惩前败，亦皆言藏地险远，不决进兵议。圣祖以西藏屏蔽青海、川、滇，若准夷盗据，将边无宁日。且贼能冲雪缒险而至，何况我军。策凌敦多布闻我师至，自必望风远遁。俟定立法教后，或暂留守视，或久镇其地。唐古特众皆为我兵，准夷若再至，以逸待劳，何难剿灭。安藏大兵，决宜前进。诏封罗布藏噶尔桑嘉穆错为弘法觉众第六辈达赖喇嘛。命皇十四子允禵为抚远大将军，屯青海之木鲁乌苏治军饷，平逆将军延信出青海，定西将军噶尔弼出四川，两路捣藏。藏人亦知青海达赖之真，藏中旧立之赝，合词请于朝，乞拥置禅榻，诏许给金册印。于是蒙古汗、王、贝勒、台吉各自率所部兵，或数百，或数千，随大兵扈从达赖入藏。

策凌敦多布由中路自拒青海军，分遣其宰桑以兵三千六百拒南路。将军噶尔弼招抚里塘、巴塘番众，进至察木多，夺洛隆宗嘉玉桥之险。旋奉大将军檄，俟期并进。噶尔弼恐期久粮匮，用副将岳钟琪以番攻番计，招土司为前驰，集皮船渡河，直捣拉萨，降番兵七千。宣谕大小第巴及喇嘛，封达赖仓库，分兵塞险，扼贼饷道。而青海亦三败其中途劫营之贼，斩俘千计。额鲁特进退受敌，遂大溃，不敢归藏，由克庇雅北窜，崎岖冻馁，得还伊犁者不及半。

五十九年九月十五日，达赖至布达拉坐床，出阿旺伊什嘉穆错于禁所，发回京师废之，尽诛额鲁特喇嘛之助逆者。留蒙古、川、滇兵四千，命公策旺诺尔布总统戍藏，额驸阿宝、都统武格参赞军务。以藏遗臣空布之第巴阿尔布巴首向效顺，同大兵取藏，阿里之第巴康济鼐截击准噶尔回路，俱封贝子；隆布奈归附，授辅国公，理前藏务，颇罗鼐授扎萨克一等台吉，理后藏务，各授噶卜伦。于是里塘所属之上下牙色，巴塘所属之桑阿、坝林、卡石等番，次第归顺；郭罗克之吉宜卡、纳务、押六等寨先后剿抚矣。

雍正元年，召回允禵等，撤驻藏防兵，设戍于察木多。二年，青海喇嘛助罗卜藏丹津之叛。青海诸寺喇嘛众各数千，群起骚动。章嘉胡图克图之呼毕勒罕拒战于郭隆寺，察汗诺们汗亦党贼助战。石门寺喇嘛阳称投顺，阴肆劫掠，夹木灿堪布将窜藏，年羹尧等讨平之。世宗谓"玷辱宗门，莫斯为甚"，乃收各寺明国师、禅师印，并定庙舍毋逾二百楹，众毋逾三百人。

五年七月，阿尔布巴、隆布奈、扎尔鼐恃与达赖姻，争贝子康济鼐之权，聚兵害之，欲投准噶尔。诏吏部尚书查朗阿率川、陕、滇兵万有五千进讨。未至，而台吉颇罗鼐率后藏及阿里兵九千，自潘玉口至喀巴，先遣兵千余冲破喀木卡伦，与隆布奈兵交绥。夜，西藏斥堠俱归顺，颇罗鼐即率兵直抵拉萨。驻藏大臣马喇、僧格往布达拉护达赖，各寺喇嘛将阿尔布巴等擒献送马喇所。查朗阿至，诛首逆及其孥。诏以颇罗鼐为贝子，总藏事。赐犒兵银三万两。留大臣正副二人，领川、陕兵二千，分驻前后藏镇抚，是为大臣驻藏三年一代之始。收巴塘、里塘隶四川，设宣抚司治之；中甸、维西隶云南，设二厅治之。

是年策妄阿喇布坦死，子噶尔丹策零立，请赴藏熬茶，又声言欲送还所虏拉藏汗二子。诏严兵备之，移达赖于里塘之惠远庙。八年，迁于泰宁，护以兵千。每年夏初，西藏官兵赴防北路腾格里海之隘，以备准夷，冬雪封山，撤兵。盖通准夷之路有三：其极西由叶尔羌至阿里，中隔大山，迂远易备；其东路之喀喇河又有青海蒙古隔之；中路之腾格里海逼近卫地，故防守尤要。并以颇罗鼐子珠尔默特策布登统阿里诸路兵，保唐古特，授为扎萨克一等台吉。追念康济鼐前勋，无嗣，以其兄噶锡鼐色布登喇布阵亡阿里，封其子噶锡巴纳木札勒色布腾为辅国公，寻授噶卜伦。达赖之父索诺木达尔扎亦为辅国公。晋颇罗鼐贝勒。十年，拉达克汗德忠纳木札纳奏："臣理国事，尊释教，侦准噶尔情辄以告。"优诏答之。准噶尔请和，诏果亲王偕章嘉胡图克图送达赖由泰宁归藏，减戍藏兵四之三。章嘉胡图克图为达赖请巴塘、里塘还前藏，以其为达赖所降生，诸土司建寺安禅，制最宏丽也。诏以其地商税年银五千两赐之，地仍内属。

乾隆四年，以颇罗鼐勤劳懋著，预保子袭郡王爵。颇罗鼐子二：长，珠尔默特策布登，病足；次，珠尔默特纳木札勒。兄弟互让，而颇罗鼐爱少子，请以次子为长子，允之。又嘉长子之让，诏封镇国公，仍镇守阿里。颇罗鼐善服众，为诸噶卜伦所敬事。有绥奔喇嘛扎克巴达颜者，书其名瘗诅之。事觉，颇罗鼐欲弭变，轻议其罪。十一年，温谕嘉奖，谓："镇压左道不足患，其偕达赖协辑唐古特众。"准噶尔使再入藏熬茶，驻藏副都统傅清等遣员率喀拉乌苏兵监视。十二年，颇罗鼐以暴疾亡，以珠尔默特纳木札勒袭爵，兼理噶卜伦，以班第达协理藏务。高宗恐其少不更事，未能服众，或以绥奔喇嘛扎克巴达颜故，与达赖构隙，不肖众起而间之，不无滋事虞，谕傅清留意体察，而卒有十五年珠尔默特纳木札勒之变。

时准噶尔台吉策妄多尔济纳木札纳复遣使赴藏熬茶，入寺诡避痘，以己卒守门，不令官兵从。诏以准噶尔狡甚，饬严防，虽归巢，勿稍忽。而珠尔默特纳木札勒以驻藏大臣不便于己，乘机奏藏地静谧，请撤驻防兵。廷议以不从撤兵请，适足滋疑，不如示之信，诏可。谕达赖勿令准噶尔入藏，虽固请弗允。珠尔默特纳木札勒又诡称准噶尔袭唐古特，至硕翁图库尔，遣兵备喀拉乌苏，徙达木番众。不数旬，扬言准噶尔至阿哈雅克，自率兵往备。驻藏提督索拜遣旺对赴喀拉乌苏备之。比至，无踪。有诏撤喀拉乌苏兵及达木番归牧，勿惑众。初，郡王颇罗鼐以女妻班第达，至是班第达察珠尔默特纳木札勒有逆志，不之附。珠尔默特纳木札勒恶之，夺其孥。驻藏副都统纪山劾珠尔默特纳木札勒妄戾，请檄其兄协理藏务。高宗不允，谕纪山善导之，勿露防范迹。已而珠尔默特纳木札勒以珠尔默特策布登发阿里兵扰藏告，盖计陷之也。因谕傅清曰："珠尔默特纳木札勒年幼躁急，性好滋事。若果无他故，兄欲进兵至藏，是特兄弟互相侵犯耳。若其兄并无此事而造言诬构，则宜相机办理。"

十五年，珠尔默特纳木扎勒以兵戕其兄珠尔默特策布登于阿里，诡以兄暴疾闻，请收葬，并育兄子。时其兄子朋素克旺布及珠尔默特旺扎勒皆居后藏。珠尔默特纳木扎勒以兵往戕朋素克旺布，阳称逃亡。珠尔默特旺扎勒依班禅为喇嘛，乃免。傅清、拉布敦以珠尔默特纳木扎勒携兵离藏告。盖是时珠尔默特纳木扎勒既袭杀其兄，复通书馈物准噶尔，请兵为外应，私携炮至后藏，诬籍噶卜伦班第达及第巴布隆赞等旋达木，距前藏三百余里，拥众二千余不归。奏至，诏俟副都统班第自青海赴藏讨罪，复谕四川总督策楞、提督岳钟琪驰兵往会。而贼势猖獗，驿道梗塞，军书不通者旬日。傅清偕拉布敦计，不急诛，必据唐古特为变，召珠尔默特纳木扎勒至，待诸楼。甫登，起责其罪曰："尔违天子令，且忘尔父！无君无父，罪不可赦！"傅清趋前扼其臂，拉布敦拔佩刀刲之，谕胁从罔治。有罗卜藏扎什者，趋下呼贼，千余突至，聚围楼，集藁焚。达赖遣番僧往护，不得入，傅清、拉布敦死之。上嘉悯傅清等靖逆遇害，均追赠一等伯，特建双忠祠以祀。班第达奔守达赖，集兵拒逆。即命班第达以辅国公摄噶卜伦，分其权，而总其成于达赖。设噶卜伦四、戴琫五、第巴三、堪布三，分理藏务，隶驻藏大臣及达赖辖。增驻防兵千有五百戍藏。以达木番归驻藏大臣辖，视内地例，设佐领、骁骑校各职。并于准噶尔通藏隘设汛严防。二十二年，荡平伊犁，始永无准夷患。是年，达赖在布达拉圆寂，时年五十。

八辈罗布藏降白嘉穆错摆桑布，于乾隆二十三年在后藏拖结热拉冈出世。二十七年，迎至布达拉坐床。三十年，由班禅班垫伊喜传授小戒。三十三年，亲至前藏攒招，随登色拉、布赉绷、噶勒丹三大寺讲经之座。四十二年，由班禅传授格隆大戒。四十六年，颁给敕书、金册、金印，赏达赖之兄索诺木达什辅国公。四十八年，颁玉册、玉印，凡遇国家庆典准其钤用，其寻常奏书文移仍用原印。

五十三年，廓尔喀侵犯藏境。初，第六辈班禅之殁，及京归舍利于藏也，凡朝廷所赐赉，在京各王公及内外各蒙边地诸番所供养，无虑数十万金，而宝冠、璎珞、念珠、晶玉之钵、镂金之袈裟，珍宝不可胜计。其兄仲巴呼图克图悉踞为己有，既不布施各寺，番兵、喇嘛等亦一无所与。其弟沙玛尔巴垂涎不遂，愤唆廓尔喀籍商税增额、食盐糅土为词，兴兵扰边。唐古特私和廓尔喀，朝廷所遣之侍卫巴忠、成都将军鄂辉、总兵成德等实阴主其议，令堪布等许岁币万五千金，于是廓尔喀饱扬而去。巴忠等以贼降饰奏，讽廓尔喀噶箕入贡，受封国王。五十四年七月，廓尔喀遣人至藏表贡，并致驻藏大臣书，请如前约。鄂辉恐发觉私许之欻，屏不奏。次年，藏中币复爽约。

五十六年七月，廓尔喀复大入寇，占据聂拉木，诱执噶卜伦丹津班珠尔以归。八月，复占据济咙。保泰等迁班禅于前藏。廓匪进扰萨加沟，遂至扎什伦布，仲巴呼图克图遁。九月，都司徐南腾坚守官寨，廓匪大掠扎什伦布财物以归。巴忠扈从热河，闻变，沉水死。鄂辉、成德奉命赴藏剿御，皆逗留不进。

十月，保泰等请移达赖、班禅于泰宁，上严斥之，而嘉达赖之拒其议。命嘉勇公福康安为将军、超勇公海兰察为参赞大臣，率索伦、达呼尔兵及屯练土兵进讨。其军饷则藏以东，四川总督孙士毅主之；藏以西，驻藏大臣和琳主之；济咙边外，则前督惠龄主之。五十七年正月，鄂辉等始复聂拉木。二月，帕克哩营官率番兵收复哲孟雄、宗木地方。是月，陷寇之第巴博尔东自阳布回藏。唐古特私许岁币事觉，诏以保泰、雅满泰隐匿不奏，革责枷号。三月，授福康安为大将军，逮仲巴呼图克图于京。四月，添调川兵三千赴藏。闰四月，福康安自定日进兵趋宗喀。五月，克擦木，复济咙。是月十五日，克热索桥，遂入廓境。二十四日，克胁布鲁碉卡。六月，福康安、海兰察等进攻东觉，并雅尔赛拉、博尔东拉诸处，皆克之，成德等亦攻克扎木铁索桥。六月，廓酋拉特纳巴都尔叠遣大头人乞降，送出丹津班珠尔及前俘之兵。七月，福康安攻克噶勒拉、堆补木，夺桥渡河，深入廓境七百余里，将迫其都阳布。都统衔斐英阿等阵亡。成德亦进克利底大山贼卡。廓酋复呈缴唐、廓前立合同，献所掠扎什伦布财物及沙玛尔巴之尸。八月，廓尔喀遣使进贡。福康安以廓尔喀屡请投诚奏入，奉旨受降。时以廓境益险，八月后即雪大封山，因允所请。于是福康安率大兵凯旋，撤回藏。议定善后章程：驻藏大臣与达赖、班禅平等；噶卜伦以下由驻藏大臣选授；前后藏番归我设之游击、都司节制训练；自行设炉鼓铸银币；设粮务一员监督之。至是，我国在藏始具完全之主权。

初，达赖、班禅及各大呼图克图之呼毕勒罕出世，均由垂仲降神指示，往往徇私不公，为世诟病。甚至哲卜尊丹巴呼图克图示寂，适土谢图汗之福晋有妊，众即指为呼毕勒罕；及弥月，竟生一女，尤贻口实。而达赖、班禅亲族亦多营为大呼图克图，以专财利，致有仲巴兄弟争利、唆廓夷人寇之祸。而达赖兄弟孜仲、绥绷等充商卓特巴，肆行舞弊，占人地亩，转奉不敬黄教之红帽喇嘛，令与第穆呼图克图、济咙呼图克图同坐；且与众喇嘛敛取银两，并将商上物件暗中亏缺，来藏熬茶人应得路费皆减半发给，有伤达赖体制，因之特来参见者日减，殊失人心。高宗乘用兵后，特运神断，创颁金奔巴瓶，一供于藏之大招，遇有呼毕勒罕出世，互报差异者，各书名于牙签，封固纳诸瓶中，诵经三日，大臣会同达赖、班禅，于宗喀巴佛前启封掣之。至扎萨克蒙古所奉之呼图克图，其呼毕勒罕亦报名理藩院与驻京之章嘉呼图克图，或喇嘛印务处掌印掣定，瓶供雍和宫，而定东科尔入官之限。

嘉庆九年十月，达赖有疾，命成都副都统文弼带医驰往看视。未抵藏，达赖已于是月在布达拉圆寂，年四十有七。九辈阿旺隆安嘉穆错摆桑布，于嘉庆十年在康巴垫曲科转世。年二岁，异常聪慧，早悟前身，奉特旨即定为呼毕勒罕，毋庸入瓶签掣。十三年九月，迎至布达拉坐床，赏达赖之叔洛桑捻扎朗结头品顶戴。十八年，由班禅传授小戒。时达赖幼稚，噶卜伦乘机舞弊，将达赖庄屋侵占，并将办事人随事更换，豢贼自肥，公肆劫掠。命成都副都统文弼、西宁办事大臣玉宁驰藏查办，并究噶卜伦策拔克与成林互讦。经讯噶卜伦策拔克率意更定章程四条，以内地治理民人之法概行禁止，致邀众怨，成林挪移库款，分别斥革，发伊犁、乌鲁木齐效力赎罪。此藏事之内溃也。至外事之棼乱，则廓尔喀噶箕乃尔兴戕其王，被诛。逆党热纳毕各咙窜逃至唐古特，又与披楞开战，求达赖、班禅助款。布鲁克巴部长曲扎曲勒请赏王爵，文弼匿不奏闻。帕克哩营官勒索其进关货物，逞凶肇衅。哲孟雄部请赏唐古特庄田，并定边界。缅甸国男妇私与藏中呼图克图文件往来。藏事已岌岌可危矣。二十年二月，在布达拉圆寂，年十一岁。

十辈阿旺罗布藏降摆丹增楚称嘉穆错摆桑布，于道光二年三月晦，奏明在大招金奔巴瓶内掣定。八月，迎至布达拉坐床。遣章嘉呼图克图由京驰藏照料。奏定噶勒丹锡埒图萨玛第巴克什为正师傅，噶勒丹旧池巴阿旺念扎及荣增班第达甲木巴勒伊喜丹贝嘉木磋为副师傅。寻以传授达赖经典三年有余，其未得诺们汗之荣增班第达亦赏给诺们汗，赏达赖之父罗布藏捻扎头品顶戴。十四年，由班禅传授格隆大戒。十五年，博窝滋事生番降，设曲木多寺四品番目营官一，宿凹宗、聂伊沃、有茹寺三处六品番目各一，宿木宗、普龙寺、汤堆批批三处七品番目各一。

　　藏西南徼外有哲孟雄者，唐古特之屏藩也。自五辈达赖以来，因其崇信黄教，归达赖管辖。乾隆五十六年驻藏大臣奏哲卜雄、作木朗二部落每与达赖、班禅通书讯，惟不听藏中调遣，被廓尔喀侵占已有十年。经福康安檄令协剿，夺回侵地，藉称天热，畏懦不前。迨闻廓尔喀归顺，复思藉天朝威势，断还六辈达赖所定旧界。经福康安等驳斥，画分边界，不能自由入藏，而夏秋之间，该部落因地方炎热，仍准其来卓木曲批避暑。于七辈达赖时，曾将唐古特界内卓木曲批迤西夺扎之庄田赏给作为养赡，历年自行征收钱粮、青稞。卓木之民常至哲孟雄往来贸易。其部长之妻亦唐古特人，常遣人赴廓部长住所。距藏仅十一站，至卓木曲批避暑处，在帕克哩以外，与藏仅隔一山，不三站，设有鄂博，并无要隘，相安无事者有年。自不准赴藏，而始有请求给地之奏，及请赏卓木雅纳绰之民，不得已有请赏给帕克哩营官之缺。前藏商上向与后藏商卓特巴龃龉。时噶勒丹锡勒图萨玛第巴克什尤为贪奸，不公不法，凡后藏代其陈请者，辄责其贪鄙无知。文干等饬噶卜伦严斥，谓无妄求管理藏地所属职官民人之理，并定八年来藏一次之限。廷臣不知详情，允之。文乾等仅行文藏内文武严查，而不敢译旨钦遵，盖恐一经宣布，部长必有理申明也。而其部长每岁渎请赴藏熬茶及入藏避暑如故。迨道光四年，松廷等始将前奉谕旨专札明示，并随时严行驳饬。五年，班禅据报详情，谓："哲孟雄部长楚普郎结诉称自不准赴界，上年人民病毙者一千有余。再达赖坐床已逾数年，各部落俱得赴藏朝见，而旧所属之人独抱向隅，实无面目见其部民。"于是始准其暂居避暑，仍令帕克哩营官防范稽查。在当时文乾误听前藏一面之词，不查实情，率行具奏。文乾等即知困难，有失字小之道，而犹迁就其词，准其来藏熬茶一次，盖以准噶尔视哲孟雄。而哲孟雄离心离德，甘为印度属地，至有捻都纳之败，而西藏之门户洞开矣。十七年，在布达拉圆寂，年二十二。

第十一辈阿旺改桑丹贝卓密凯珠嘉穆错，于道光十八年九月朔在噶达转世。二十一年五月，奏明在金奔巴瓶内掣定，由班禅披髮授戒，赏其父策旺顿柱公爵。十月，拉达克部落勾结生番占踞藏境一千七百余里，夺据达坝、噶尔及杂仁三处营寨。经驻藏大臣派戴琫等率兵攻剿，并将矛手番兵改挑枪兵，收复补仁营寨。又噶尔布伦等带兵四面夹攻，殄毙森巴及拉达克大小头目四十余、贼匪二百余，拉达克头人八底部长乞降，公禀投归唐古特商上，原缴所占凡、汤及达坝、噶尔四处营寨，并准堆噶尔本岔金番民酌定五百名，由前后藏番民内择精壮派往充当金夫，派戴琫一、如琫二、甲琫二，定驻守，教习技艺。二十二年四月，由前藏迤东日申寺迎至布达拉坐床。二十四年，以济咙呼图克图阿旺罗布藏丹贞嘉木错为正师傅，以降孜曲结喇嘛罗布藏冷竹布为副师傅。

驻藏大臣琦善奏参噶勒丹锡埒图萨玛第巴克什诺们汗阿旺扎木巴勒楚勒齐木巴什擅作威福，贪黩营私，所有被控各款，讯拟结奏闻。经理藩院议得："已革诺们汗阿旺扎木巴勒楚勒齐木巴什，洮州夷僧，本系入册档一微末喇嘛，自其前辈历受三朝重恩，在雍和宫传经，旋命赴藏坐宗喀巴床，派充达赖师傅，敕封诺们汗萨玛第巴克什名号，递加衍宗翊教靖远懋功禅师，又加赏达尔汗，屡颁御书匾额以荣之，宜如何清洁潜修，公正自矢。乃竟不知守分，胆敢需索番属财物，侵占百姓田庐，私拆达赖所建房屋，擅用未蒙恩赏轿伞。更强据商产，隐匿逃人。钤用印信不在公所，进呈贡物不出己赀，滥支滥取，任性听断，恣意侵凌。甚至达赖起居不能加意照料，房内服侍无人，以致达赖颈上带伤，流血不止，始则忽而不防，继且知而不问。盖当达赖受伤时，随侍只森琫一人，此森琫即为该诺们汗之随侍。近两辈之达赖，每届接办印务以前，辄即圆寂，不得安享遐龄，其中情节，殆有不可问者。即放一扎萨克喇嘛，勒取财物，盈千累万，尤属骇人听闻。"诏令将历得职衔名号全行褫革，追敕剥黄名下徒众全行撤出，庙内查封，发往黑龙江安置。所有财产，查抄变价，赔修藏属各庙宇。旋命释回，交地方严加管束。复捐输银两请回前藏，又因廓尔喀军事，请求开复回藏。均严旨不允。

迨同治初元，病殁土尔扈特旗，准其留葬，不准转世。门徒二十三人，留于该旗游牧。至光绪初年，土尔扈特王复请捐输巨款，代求转世，始曲允其已转世之呼毕勒罕得令为僧。

琦善寻奏改章程二十八条，又奏罢稽查商上出入及训练番兵成例。故事，商上出入所有一切布施金银，均按季奏报。自琦善奏定后，而中国御藏之财权失。又驻藏大臣及兵丁俸饷，向由福康安在廓尔喀经费内拨交商上生息，以资公用。及琦善议改章程，将生息取销，一切由商务供给。迨后中国驻藏一切开支，藏人渐吝供给，而不知当日实有赀本发商生息，并非向商上分肥。总之，乾隆所定制度，荡然无存矣。

是年十二月，敕谕第十一辈达赖喇嘛曰："咨尔达赖喇嘛。朕抚绥寰宇，敷锡兆民，期一道以同风，冀九垓之遍德。亦赖洪宣梵义，普结善缘，导引群生，同参胜果。其有能通上乘，继阐正宗，使诸部愚蒙悉资开悟者，宜加多枞奖，元沛宠封。兹以尔慧性深沉，经文谙习，既著灵踪于龆岁，益坚戒律以壮年。承袭以来，皈依者众。朕甚嘉之，故特依前辈达赖喇嘛例，封尔为大善自在佛所领天下释教普通瓦赤喇呾喇嘛达赖喇嘛，改受金册。尔尚振修黄教，主持乌斯，本利济以佑民，迓麻祥而护国。所有图伯特事务，其悉依例董率噶卜伦等，妥协商办，报明驻藏大臣转奏，俾图伯特阖境延釐，众生蒙福，弥勤启迪，用副绥怀。兹随册赏往金银、彩币、玻磁器皿，尔其敬承，以光我国家亿万年无疆之休命。钦哉！"

二十六年十二月，琦善以披楞，即英人，请定界通商闻，诏著英以守成约拒之。二十七年七月，著英复以英、德使请于西藏指明旧界派员前往闻。谕驻藏大臣斌良密查，如无流弊，自应照旧奏准允行，倘心怀诡谲，即当据理驳饬。并谕海善派员往查，事寻中辍。

二十八年，赏公爵策旺顿柱宝石顶、双眼花翎。咸丰二年，达赖亲往布赍绷、色拉、噶勒丹及南海、琼科各寺院熬茶讲经，诏帮办大臣额勒亨额妥为照料。寻病殁，由驻藏大臣穆腾额奏驻藏守备童星魁前往护送。三年，达赖以发逆滋扰各省，虔诚念经，祷贼匪速灭，奉旨嘉奖。四年十月，理藩院议覆，淳龄奏达赖年已及岁，应宜任事。得旨："达赖明年既已及岁，一切事务交伊掌管。所有赏给前辈之玉册、玉印，凡遇吉祥之事准其钤用，如常事仍用金印，以示广兴黄教至意。"五年正月，遵旨掌管政教事务。十二月，在布达拉圆寂，年十八。

十二辈阿旺罗布罗丹贝甲木参称嘉穆错，于咸丰六年在沃卡坝卓转世。八年正月，奏明在金奔巴瓶内掣定。九年七月，迎至布达拉坐床。赏达赖之父彭错策旺公爵。先是三年四月，廓尔喀商人与察木多番商索债起衅，聚众械斗，互有杀伤，经驻藏大臣穆腾额照夷例分别罚款完案。嗣因多收税米，阻挡商民，藉端与藏边失和，唐古特屡战不胜，宗喀、济咙、聂拉木等处均陷于贼。驻藏大臣赫特贺驰往后藏督办防剿事宜，命成都将军乐斌统汉土官兵继进。廓番闻大兵将至，惧，遣其噶箕来藏上表乞和，诏许罢兵。唐古特与廓尔喀议定约十条，唐古特每年给廓尔喀税课银二千两，廓尔喀将所占地方交还唐古特商上管理。同治元年，掌办商上事务埒徵呼图克图因减放布施，连同色拉寺与布赉绷、噶勒丹两寺哄，不胜，藏中僧俗公斥之，携印潜逃赴京。诏黜其名号，不准转世。命诺们汗汪曲结布协理商上事务。汪曲结布者，原系俗装，曾为噶卜伦，即俗所谓"沙扎噶隆"是也。因与埒徵忤，辞官削发为僧，至是复起用。乃创修拉萨城垣，自西而东，工未竣而殁，遂罢役。初，驻藏官兵自游击以下，均聚居扎什敦布营房。时驻藏大臣满庆以藏中屡不靖，命迁拉萨市，从此僦屋而居。扎什城之营房遂废。三年，噶勒丹池巴罗布藏青饶汪曲为达赖传授小戒。

瞻对逆番久围里塘，梗塞驿路，其酋工布朗结复令期美工布大股逆贼至巴塘、里塘交界之三坝地方，劫去粮员行李，抢夺由藏发出折报公文。其格吉地方亦有告急夷信。工布朗结曾于道光末，经前任川督琦善带兵往剿，并未荡平。以瞻对归各土司侵地，奏予工布朗结职，罢兵。至是益无畏惧，将附近土司任意蚕食，川、藏商贾不通，兵饷转运难艰，汉、番均困。驻藏大臣满庆派番员征兵借饷，并约三十九族调集各处土兵，防剿瞻对西北，川督骆秉章派员督饬打箭炉及巴、里各文武，同明正土司及大小金川等土司兵进攻其东南。而藏中所派之兵甫至巴塘，旋即抢掠，诏令撤回。至四年，事平。奉旨将上、中、下三瞻地方赏给达赖管理，建庙焚修。赏达赖之兄伊喜罗布汪曲承袭公爵。七年，亲至前藏攒招。八年，捐修扎林噶舒金塔。十年，亲往布赉绷、色拉二寺熬茶讲经。十二年，亲至前藏攒招。是年二月，遵旨接管政教事务。十三年及光绪元年，均亲至前藏攒招。元年三月，在布达拉圆寂，年二十。

十三世阿旺罗布藏塔布克嘉穆错，于光绪二年五月在达布甲擦营官属下朗赖家转世，至是呼毕勒罕访获，班禅率同有职各僧俗人等出具图记公禀，恳请驻藏大臣松滋代奏。奉旨毋庸入瓶签掣，即定为达赖之呼毕勒罕。四年正月，在贡汤德娃夫由班禅披剃授戒，取定法名。六月，迎至布达拉坐床，销去呼毕勒罕名号。赏达赖之父工噶仁青公爵，宝石顶、孔雀翎。八年正月，由正师傅济咙呼图克图传经授戒。

十年，因攒招，各处喇嘛麇集，与巴勒布商人购物起衅，将巴商八十三家全行劫毁。廓尔喀因索偿损失银三十余万两，并集兵挟制。驻藏大臣色楞额奏派汉、番委员前往开导，晓以恩威，始允减为十八万有奇。除唐古特商上捐筹及清出货物抵价外，尚不敷银六万七千余两，奉旨由四川拨给。十一年，亲至前藏攒招。十四年，工噶仁青故，赏达赖之兄顿柱夺吉公爵。是年亲往布赍绷、色拉寺熬茶讲经。十五年，亲至前藏攒招。

当达赖降生之年，哲孟雄与布鲁克巴部长因英并印度，与哲、布接壤，渐有窥藏心，吁请筹备。而廷旨不甚注重，谓披楞头人现向布鲁克巴部长租地修路，意欲来藏通商。惟布鲁克巴与哲孟雄毗连，哲孟雄既已认租修路，难保不暗中勾结引进，诏松滋相机开导，务令各守疆界，劝谕阻回。哲人知中朝不知边情，反疑其勾结滋事，于是渐昵英人，以捻都纳为英租界，英竟视为保护地。藏人渐觉英之逼己，讼言哲人私结英约，屡议伐之，哲乃益亲英人矣。

光绪十三年，藏人于隆吐设卡，遂与印度兵战，败焉。朝旨屡谕驻藏大臣文硕，令藏人撤卡。文硕奏，实藏地，卡无可撤。严旨责焉，以升泰代之。总署与英使议边界通商，戒印兵毋进藏。藏番据新图，以隆吐、日纳宗为藏地，坚勿让。文硕据以入告，而中旨谓："向来西藏图说藏地与哲、布分界处东西一线相齐，藏境中并无隆吐、日纳宗之名。今文硕寄来新图，隆吐、日纳宗在藏南突出一块，插入哲、布两界之内，而布、藏分界之处，恰在捻都纳修路东西一线之北，新图以黄色为藏界，而日纳宗官寨之地，注明数十年前喇嘛给与哲孟雄，现仍画黄色，正与隆吐山相近，难保非藏人多画此一段饰称现界也。并著升泰详细确查，究竟隆吐属哲属藏，据实覆奏，毋得稍有捏饰。"时枢廷以都察院劾文硕，革之。而升泰初到任时，犹知藏人理直，奏称："隆吐山南北本皆哲孟雄地方。英人虽视为保护境内，其实哲孟雄、布鲁克巴皆西藏藩属。每届年终，两部长必与驻藏大臣呈递贺禀，驻藏大臣厚加赏赉以抚绥之。在唐古忒，则自达赖喇嘛以次，均有额定礼物，商上亦回赏缎匹、银、茶，与两部回信底稿，均呈送驻藏大臣查核，批准照缮，始行回覆。哲、布两部遇有争讼，亦禀由藏酌派汉、番办理。此哲、布为藏地属藩实在情形也。"奏上，置弗理。

藏人知文硕被议，不直中朝所为，遂自动思复仇。谕升泰严止之，愈愤。藏人誓众曰："凡我藏众男女，誓不与英人共天地。有渝此誓，众共殛之！"乃大集兵于帕克哩，将痛击印军。升泰搜得乾隆五十三年旧哲孟雄受逼于廓尔喀，达赖乃以日纳宗给哲人；今哲私通英人，地应收回。升泰屡谕不从，印兵攻热勒巴拉山，藏兵伤亡数百。印兵追入徵毕岔，印度政府令勿穷追。谕驻藏大臣赴边界与印官会晤。英外部告驻英使刘瑞芬商议和平了结。藏人谓英若据有哲地，则誓不共立。十四年八月，印兵大队收哲孟雄全部，攻藏兵于捻都纳，藏兵败退，咱利、亚东、朗热诸隘并失，藏兵万余尽溃。印兵追噶卜伦等于仁进冈，与驻藏大臣所遣止战武员萧占先遇。占先竖汉字阻印兵，印兵止枪，约相见。占先约勿穷追，印兵官欲击仁进冈民居。占先告以此为中国土，藏番违旨用兵，中国当严为处置，请勿进兵。兵官诺之，要约速办，乃退兵。藏兵既大败失地，仍志在复仇，升泰屡严止之，不听。藏人目汉官为洋党，屡欲暴动，终为所慑而止。印官以天寒不能再缓，升泰即至边界议约，而藏众以噶卜伦中一二人主和，有坏黄教，群议投之藏江，力要驻藏大臣代索回哲孟雄、布鲁克巴全境，否则倾众一战。藏兵复集大队备四路。升泰抵藏力阻之，仍百计谕藏僧戒藏番毋妄动，乃驰赴边界议约。

时沍寒，人马多冻毙。抵帕克哩，隘外藏兵尚有万人驻仁进冈。升泰命撤退，藏官言大臣尚未与印官晤，未敢遽撤，乃退扎数十里。哲孟雄部长命其弟来谒，言来见为印兵所阻。升泰与英官保尔会于纳荡。英官言："哲孟雄与印度互立约已二十七年，应归印度保护。藏与印构兵，藏既屡败，我兵何难长驱卷藏全土？以邦交故，按兵静候。"并索藏赔兵费。升泰言："哲为藏属。从前印、哲立约，并未见印督照会。藏番亦未赴印境滋扰，藏费无名。"英人又在布鲁克巴及后藏干灞修路，藏人又大震。英官要求甚奢，升泰力折之，藏人渐就范。

升泰屡要英撤兵，英不可。而藏众已成军之三大寺僧兵，及驻仁进冈之兵万余，皆撤退。噶卜伦及领袖僧官十余，其他番官数十员，随升泰至边，皆驻仁进冈，不敢与英官晤。升泰以哲事未能即竣，大雪封山，运粮无所，亦退驻仁进冈。总署派英人赫政赴藏充通译。哲孟雄部长之母率所属亲族连名上禀，言英官当年立约，不得过日喜曲河。哲孟雄租地与英，岁应纳一万二千圆。英人倚其国势，岁久不给。印、藏构衅，复致殃及。伊母子亲族实不愿归英，乞勿将哲境划出版图之外。英人既掠哲地全境，复押哲部长安置噶伦绷，以重兵驻哲境，招印度及廓尔喀游民辟地垦荒。廷议以哲事无从挽救，虑梗藏议，谕升泰勿许。布鲁克巴地数倍哲孟雄，西人呼为布丹国，光绪间尚入贡。升泰至边，部长遣兵千七百人护卫。升泰虑为英口实，谢去。并乞印绶封号，升泰允代请诸朝。藏、哲旧界本在雅纳、支木两山。其后商人往来之咱利为新辟捷径，西人称热勒巴勒岭。升泰议于咱利山先分藏、哲界以符前案，其印、哲之界在日喜曲河，拟于约中注明。印、哲立约在咸丰十一年，无案可稽，置勿论。哲部长土朵朗思，印度称为西金王，既被幽于噶伦绷，其母及子尚居春丕，即英人所称徵毕也。印营假部长书取其两子赴噶伦绷，部长母坚不可，挈其两孙至升泰营哭诉；丐中朝作主，升泰无以援之也。英人又欲易置其部长，升泰婉止之。赫政阻雪久不达。

十五年二月，藏兵尽撤归，升泰请总署告英电印兵速撤。三月，赫政至边，藏兵尽撤。藏人言藏、哲本有旧界，日纳宗既赐哲孟雄，其隆吐山之格压倾仓地实有藏人游牧场，确为藏、哲旧界。至咱利山本无鄂博，不过上年实于此限止印人耳。通商极非所愿，然不敢违朝命。惟咱利以内，洋人万不可来。赫政赴营与议，英人谓咱利之界万不可移，至哲孟雄与商上及驻藏大臣旧有礼节，均可仍之。惟西金界内藏番不得有此权，允此方可开议。升泰诺焉。印兵既撤退，英人尚久不订约。升泰奏云："闻藏人言，与有仇之英议和，孰若与无仇之俄通好？俄人前次来藏，我等备礼劝阻，俄即退去。今英谋吾地，偶尔战胜，遂恣欺凌，实所不甘。查去年俄人有由和阗至藏之请。如英再延宕，则藏更生心。本年蒙古人由草地礼佛，络绎不绝，随来者颇类俄人。设藏番私与通款，则稽查不易。边事久不定局，俄或私行勾结藏番，英、俄互相猜忌，则后患方长。乞告英使电催印督速定藏约。"十月，升泰奏："英人拟撤兵之后，悉照向章，不必办理通商，不必另立新约。通商一事，本英官初次会议即行提出。又屡言西人欲至藏贸易，答以番情疑诈，万难办理，然后许至江孜。力言再四，又许退至帕隘。仍复力拒，英官意拂然。彼时首重通商，否则万难了结。臣力谕藏番，通商万不可免，始据藏番出具遵结。今英人忽不言通商，亦自有故。当日英人深知藏番于此事力拒数年，意谓藏番必不遵行，故借以为难。今知出结遵办，恐定约以后，他国援以为请，则藏地不能入其范围，是以忽议中止。然英人不议通商，藏人实所深愿，但能不自启衅端，未尝不可暂保无事。俄人亦不能有所干求，目前亦可免生枝节。惟日后防范宜严，未可再涉疏懈。现藏、印均已退兵，前怨已释，自应彼此立约以昭信守。彼族恐一经定约，即不能狡焉思逞，故任意延缓。惟自入夏至今，旷日持久，虚糜时日，万难再延。请速商英使，迅电印督，速行议结。"哲孟雄部长言愿弃地居春丕，升泰止之。

十六年二月，以升泰为全权大臣，与印督定约八款：自布、坦交界之支英挈山起，至廓尔喀边界止，分藏、哲界线；承认哲孟雄归英保护；藏印通商、交涉、游牧三款俟议；签约于印度孟加拉城；钤印后，由大臣薛福成在伦敦互换。五月，给布鲁克巴部长印。十七年三月，升泰奏移设纳金要隘。八月，升泰奏称改关游历等部，藏番不遵开导，请仍在亚东立市。下所司知之。

十九年十月，派四川越巂营参将何长荣、税务司赫政与英国政务司保尔在大吉岭议定《藏印通商交涉游牧条约》九款：开亚东为商埠，听英商贸易，添设靖西厅同知监督之，印政府派员驻扎，察看商务；自交界至亚东，任英商随意来往；藏界内英人与中、藏人民诉讼，由中国边界官与英员商办；印度递驻藏大臣文件，由印度驻哲孟雄之员交中国边务委员驿递；藏人至哲孟雄游牧，遵英国定章，与原约一律奏行。此约既订，藏人以通商事英人独享权利，而游牧事藏人反受限制，于亚东开埠之事不肯实行。

　　二十一年正月，荣增正师傅普尔觉沙布咙为达赖传授格隆大戒。是年掌办商上事务前荣增师傅第穆呼图克图因病辞退。十一月，遵旨接管政教事务。二十四年，瞻对与川属明正土司构辞，四川总督鹿传霖奏明派兵攻取瞻对，成都将军恭寿、驻藏大臣文海先后奏陈，而达赖亦密遣喇嘛罗桑称勒等赴京呈诉。于是朝廷俯顺番情，命将三瞻地方仍赏还达赖，毋庸改归四川管理。是年，亲赴色拉、布赉绷、噶勒丹三大寺熬茶讲经。二十五年，亲往前藏攒招。二十六年，杀其前掌办商上事务荣增正师傅第穆呼图克图阿旺罗布藏称勒饶结及其弟洛策等。第穆所居之阐宗寺财产，全行查抄入己，并咨请驻藏大臣裕钢代奏，将第穆呼图克图名号永远革除。是年，亲赴南海、琼科尔结等处熬茶讲经。

　　二十九年，藏、英以争界故，英兵进藏。初，达赖误以俄罗斯为同教，亲俄而远英。虽两次与英议定条约，迄未实行。俄员某伪作蒙古喇嘛装束，秘密入藏，为达赖画策，购置火器，意图抗英，英虽侦知之而无如何也。至俄方东困于日本，不暇远略，英遂藉事称兵。诏裕钢往解之。达赖恃俄员为谋主，不欲和，思与英人一战，乃止裕钢行，弗使番民支乌拉夫马，并调集各路番兵。西藏番兵以乍丫为强，然无纪律。甫抵拉萨，即围攻驻藏大臣衙署，死者数十人。后经藏官弹压，开往前敌，未交绥，均溃变，由小路逃去。时藏兵屡败，英兵日迫。诏解裕钢任，寻革职。驻藏大臣有泰至藏，英军犹驻堆补，约赴帕克里议和，照十六年条约办理，愿即休兵。有泰初与达赖商，愿自往阻英兵，达赖尼之，然亦无他策，惟日令箭头寺护法诵经诅咒英兵速死而已。既而有泰借口商上不肯支应乌拉，不能启程，仅以李福林往，怯不进。英军至江孜，盼有泰赴议，有泰仍不敢行，藏人怨之。未几，英人长驱直入，达赖闻知大惧，先一日以印授噶勒丹寺噶卜伦，仓皇北遁至青海。有泰以达赖平日跋扈妄为，临时潜逃无踪，请褫革达赖喇嘛名号。

　　荣赫鹏既得志，因列条约十款，迫噶勒丹寺噶卜伦罗生戛尔等签约于拉萨：一、西藏允遵守光绪十六年中、英条约，并允认该第一款哲、藏边界；二、江孜、噶大克、亚东三处开为商埠；三、四从略；五、自印边该江孜、噶大克各通道不得阻碍；六、七从略；八、印边至江孜、拉萨之炮台山寨一律削平；九、以下五端，非得英国允许，不能举办：（一）西藏土地不准租让与他国，（二）他国不准干涉西藏一切事宜，（三）他国不得派员入藏，（四）路矿电线及别项利权不许他国享受，（五）西藏进款货物钱币等不许给与各外国抵押拨兑。有泰往见荣赫鹏，自言无权，受制商上，不肯支应夫马，荣赫鹏笑颔之。英人即据为中国在藏无主权之证。

其先有泰电外务部，言番众再大败，即有转机。英军进拉萨，图压服藏众。及英军至，与藏定约，诱有泰画押，朝旨切责之。春丕暂住英兵，俟应偿兵费二百五十万卢比缴清即行撤退。朝廷以藏约损失之权太甚，命津海关道唐绍仪以三品卿加副都统衔赴藏全权议约。时议以藏事危急，宜经营四川土司，及时将三瞻收回，谕川督锡良等筹办。锡良拟改土归流，泰宁寺喇嘛以兵抗。朝命驻藏帮办大臣凤全驰往剿办，至巴塘，为番众所戕。锡良奏派四川建昌道赵尔丰会同四川提督马维骐往。三十一年六月，马维骐克复巴塘，赵尔丰继至，接办善后事宜，并搜捕余匪，全境肃清。十一月，以里塘属之乡城桑披岭寺尝戕官弁，稔恶不法，派兵往讨。翌年闰五月，克之，擒其渠魁，并克同恶之稻坝、贡噶岭。诏以赵尔丰为边务大臣。八月，至里塘，将里塘土司改流，以防军五营分驻里、巴改流之地。十二月，盐井河西腊翁寺为乱，讨平之。

三十三年正月，草创学务、农垦、水利、桥梁、采矿、医药诸要政，粗具规模，设里化、定乡、巴安等县，并将应行兴革诸大端次第陈奏，得部拨开办经费一百万两。三十四年七月，会同川督赵尔巽奏设康安道，改打箭炉为康定府，设河口县，里化厅同知，稻成县、贡噶岭县丞，巴安府、三霸厅通判，定乡县、盐井县，并招募西军三营。是秋因德格土司兄弟争继，奏明往办。十二月，至德格，匪党退保维渠卡，赵军进攻，至翌年六月降之。德格肃清，土司请纳土改流，乃招集百姓议定赋税。九月，春科、高日两土司及灵葱土司之郎吉岭均改流，又渡金沙口巡阅春科地方。十月，三十九族波密内附，八宿请改官，均抚循之，并派兵驱剿类伍齐、硕搬多、洛隆宗、边坝阻路之番人，遂分兵取江卡、贡觉、桑昂、杂瑜，咸收服之。

宣统二年正月，边军越丹达山以西，直抵江达。是时川军正拟入藏，特为声援，并奏请与藏人于江达画界，设边北道、登科府、德化州、白玉州、同普县、石渠县，遂巡阅乍丫、烟袋塘、阿足，设乍丫委员。定乡兵变，派凤山讨平之。三岩野番索战，派傅嵩秋讨平之，设三岩委员。二月，以巴塘属之得荣、浪藏梗命，派兵攻克之，设得荣委员，并收服浪藏寺北之冷石卡。嗣赵尔丰督川，以傅嵩秋代理边务大臣。五月，赵尔丰、傅嵩秋以兵至孔撒、麻书，收其地，设甘孜委员，并檄灵葱、白利、倬倭、单东、鱼科、明正各土司缴印，改土归流。色达及上罗科野番来投。六月，至瞻对，逐藏官，收其地，设瞻对委员。旋返打箭炉，檄鱼通、卓斯各土司缴印改流，又收复咱里、冷边、沈边三土司。鱼科土司抗不缴印，击破之，鱼科降。于是傅嵩秋以边地各土司先后改流，已成行省规模，乃建议，以为川边故康地，其地在西，设行省曰西康，建方镇以为川、滇屏蔽。以边务大臣为西康巡抚，改边务支局为度支司，关外学务局为提学司，康安道为提法司，边北道为民政司。自打箭炉以西至丹达山，三千余里，南抵维西、中甸，北至甘肃西宁，四千余里，均为西康辖境。既入奏，于是年七月，崇喜、纳夺土司先后缴印。八月，又传檄察木多、乍丫两呼图克图改流设理事官，于是西康全局遂以底定。嗣值鼎革，川局又变，建省之议卒不果行。

　　当唐绍仪之议约也，于光绪三十一年正月至印度，与英议约专使费利夏会议多次。英使讳言废约，允商订修改。绍仪易其七八，费谓无异废约，坚拒焉。费虽名全权，而约事多主于印度总督冠仁，绍仪面揭之，费乃允商。第九款又力辨主国、上国之据，狡展不让，乃借辽沈议约事奉命回京，留参赞张荫棠在印接议。英仍坚持初议，卒无结果。会英内阁更易，宗旨稍变，驻京英使萨道义接英政府训，将条约稿稍有更易，命在京外务部商订。政府以西藏与英属印度接壤，历年边界交涉，争端屡起，中国两次与英订约，无非以睦邻之计为固圉之谋，英新政府既有意转圜，仍饬该使臣在京续商。在我自当早图结束，以保主权，因由唐绍仪与英使萨道义订定藏、印续款六款：（一）光绪三十年七月英、藏所立之约暨英文、汉文约本，附入现立之约，作为附约，彼此允认，切实遵守，并将更订批准之文据亦附入此约。如遇有应行设法，彼此随时设法，将该约内各节切实办理。（二）英国国家允不占并藏境及不干涉西藏一切政治，中国国家亦应允不认他外国干涉藏境及一切内治。（三）光绪三十年七月英、藏所立之约第九款内之第四节所声明各项权利，除中国独能享受外，不许他国国家及他国人民享受。惟经与中国商定在该约第二款指明之各商埠，英国应得设电线通报印度境内之利益。（四）所有光绪十六、十九年中国与英国所定两次藏、印条约，其所载各款，如与本约及附约无违背者，概应切实施行。（五）、（六）从略。以挽救前约之失，藏应偿兵费一百二十余万两。朝廷允代筹还，英人始无辞，于北京签押。旋有泰被言官弹劾，诏五品京堂张荫棠前往查办。有泰及其随员均获罪，褫革谪戍有差。

荫棠入藏，三十二年，专办开设商埠事。时英军尚驻春丕，照约俟三埠开妥、赔款清交始撤兵，故开埠尤亟亟也。三十四年，政府以光绪三十二年附约第三款内载中、英条约所有更改之处另行酌办等语，特派张荫棠为全权大臣，与英专使韦礼敦议订藏、印通商章程十五款。其要者：（二）划定江孜商埠界线。（四）英、印人民与中、藏人争论，由英商务委员与中、藏官员会同查讯，面议办法。（六）英军撤退后，印边至江孜一路旅舍，由中国赎回，所有电线，俟中国电线接修至江孜后，亦酌量售与中国。（八）已开及将开各埠，英商务委员因往来印边界文件，得用传递夫役。又英国官商雇用中、藏人民作合法事业，不得稍加限制。（九）凡往来各商埠之英官民货物，应确循印、藏边界之商路，不得擅经他处。（十）英国人民可任便以货物或银钱交易，任便将货物出售，或购买土产，不得限制抑勒。此约除中、英签押外，并有西藏噶卜伦汪曲结布随同画押。实开三方并列先例，藏局又为一变。厥后英、藏交涉日繁，而政府抚驭藏番，既有英、藏拉萨之约在先，其事益臻艰困。至宣统季年，遂有经略川边及达赖二次出亡之事。

自光绪三十年达赖与英境启衅战败出奔后，卓锡于库伦，意在投俄，而与哲布尊丹巴呼图克图不睦。经库伦办事大臣德麟电奏乞援，诏西宁办事大臣延祉俟过冬后迎护至西宁。而达赖又欲在代臣王旗小住，廷旨以王旗部落甚小，达赖随带人众，恐难供亿。翌年，侨居塔尔寺，又与阿嘉呼图克图同居一处，积不相能。陕甘总督升允奏："达赖性情贪啬，久驻思归，应否准其回藏？"得旨："俟藏务大定，再行回藏。"而调阿嘉来京以和解之。旋由西宁往五台山，折而至京，觐见于仁寿殿，如顺治朝，优礼有加。三十四年十月，以万寿节率徒祝嘏，特加封号，以昭优异。懿旨曰："达赖喇嘛业经循照旧制，封为西天大善自在佛，兹特加封为诚顺赞化西天大善自在佛，并按年赏给廪饩银一万两，由四川藩库分季支发。达赖喇嘛受封后，即令仍回西藏，经过地方，派员妥为照料。到藏以后，当确遵主国之典章，扬中朝之信义，并化导番众，谨守法度，习为善良。所有事务，依例报明驻藏大臣，随时转奏，恭候定夺，期使疆宇永保治安，僧俗悉除畛域，以无负朝廷护持黄教、绥靖边陲至意。"旋以国有大丧，受封未便举行。达赖以不服水土请，诏令先行起程，至塔尔寺受封。又值停止筵宴之时，未便设饯，仍派大臣护送，如来时礼节。至西宁，即请将阿嘉斥革，并以此事为回藏之要挟。达赖聘练兵教习十余人，影射蒙古，实系俄人，多购军火回藏。

初，张荫棠以西藏地当冲要，英、俄环伺，自非早筹整顿，难以图存。建议以汉员指挥，另派北洋新军入藏，分驻要塞，以厚声援。驻藏大臣联豫疏陈藏中情形，亦有派遣军队之请。会川边藏番扰乱，进攻三崖。三崖者，本巴塘属地，与德格、多纳两土司接壤，向归川省管辖。乃藏番察台三大寺无端派番官带兵占据上崖，调渣鸦、江卡各土司助兵，逼勒崖夷投降，并遍肆煽惑，打箭炉一带均为震动。同时瞻对番官句结德格土司之弟为乱，逐其兄。炉城文武据报，派麻书土千总江文荃查办，均被围困。经川督入奏，廷议以三崖、德格均系川境，番官竟敢纠众侵逼，再事优容，恐番焰日张，土司解体。命川督会同赵尔丰相机筹办。尔丰电奏力主用兵，并称此次藏番与达赖有关系，请饬达赖传谕退兵。乃饬达寿、张荫棠诘问，达赖答词闪烁，意涉支吾。政府以达赖纵肯戒饬番众，而万里遗书，需时甚久，三崖等处被攻正急，何能久待，遂电尔丰进剿。

三十四年冬，番兵调集益众，近逼盐井，并声言索战。虽经川军击败，番众仍未退却，扬言阻止赵尔丰入藏。政府以藏番举动，显系有恃不恐，藏地介在强邻之间，意存首鼠，自非设法经营，无以保我边围。因思光绪三十三、四年间联豫等条陈有善后办法二十四条，创财政、督练、路矿、盐茶、学务、巡警、农务、工商、交涉九局，拟即采择试办。但无兵不敷弹压，多名又恐难相安，拟先设兵三千。其一千由川督就川兵挑选精锐，厚给饷械，派得力统领率之入藏，归驻藏大臣节制调遣。余二千由驻藏大臣就近选募，另调川中哨弁官长，俾任训练统率之事，以期持久。联豫、赵尔巽覆奏赞其议，遂派知府钟颖统领川兵，于宣统元年六月启程入藏，取道德格，绕过江卡至察木多。藏番在恩达、类乌齐一带，拟聚兵堵截。十一月，川军抵类乌齐，藏番不战自退，川军遂由三十九族间道前进。十二月，抵拉里、江达。番兵闻川军且至，焚其积聚，劫杀汉兵扼守。川军进击，大破之。

达赖自光绪三十四年由西宁入觐，出京回藏，沿途逗留，又绕道德格等处，迁延不进，其冬，始回拉萨。二年正月，达赖闻川军将至，乘夜西奔，潜赴印度，川军遂转战入藏。朝廷得联豫奏报，降旨数达赖罪恶，革去名号，一面责成联豫、赵尔丰会筹防务，安辑军民；一面降旨另访呼毕勒罕，以噶勒丹池巴罗布藏丹巴代理商上事宜，其噶卜伦以下各藏官供职如故，藏中僧俗亦安堵无事。是年三月，联豫请于曲水、哈拉乌苏、江达、硕般多及三十九族各设委员一。三年二月，联豫奏裁驻藏帮办大臣，改设左右参赞，以罗长裿、钱锡宝为之。会波密事起，联豫遣钟颖攻之不克，旋遣罗长裿会赵尔丰军平之。其秋，川军变，逐联豫，推钟颖代之，达赖始乘机重回拉萨。以此次出奔深赖英人保护，态度一变，于是逐钟颖而独立，中、英之交涉益纷纭矣。

班禅第一辈凯珠巴格勒克，为宗喀巴二弟子。出世至第五辈罗布藏伊什，仍号班禅呼图克图。康熙三十四年，命御史钟申保等赍敕召来京，前藏第巴桑结以未出痘辞。五十二年，诏以班禅为人安静，精通经典，勤修贡职，封为班禅额尔德尼，颁发金印、金册。六辈罗布藏巴勒垫伊西，乾隆四十三年，请祝七旬万寿，许之。迎护筵宴诸礼，概从优异，如顺治九年达赖来觐例。四十五年八月，在热河祝嘏，至京居西黄寺。是年颁赐玉印玉册，以痘圆寂。命理藩院尚书博清额为驻藏办事大臣，护送舍利金龛回藏。

第七辈罗布藏巴勒垫丹贝宜玛，五十三年，以廓尔喀扰边，命移泰宁，俟平复归后藏。道光十五年，给金册。二十一年，以接济征森巴兵饷，加"宣化绥疆"封号。咸丰元年，赉七旬寿，如六旬所赐。次年，圆寂，年七十三。

第八辈罗布藏班垫格曲吉札克丹巴贝汪曲，年二十九。至第九辈罗布藏吐巴丹曲吉宜玛格勒克拉木结，光绪十八年正月，迎至扎什伦布坐床，赏其外祖父期差汪布本身辅国公。三十一年，英人入藏，诏班禅留后藏镇摄。十一月，班禅随英皇子游历印度，有奏劝阻，不从。十二月，由印回藏，谕以情词恭顺，原擅行出境之咎勿治，谆令恪供职守。张荫棠奏班禅受英唆使，屡与达赖抵牾，而全藏实权仍归达赖替身掌握。电告外务部，请以恩泽笼络班禅，并羁縻达赖，勿急旋藏。既而达赖将由西宁起程，班禅请自迎之，而实不行。达赖抵拉萨，班禅即请觐。谕训联豫等，班禅来京，于藏中情形是否相宜。其后达赖独立，班禅亦不克安于藏矣。

统计达赖所辖寺庙三千五百五十余所，喇嘛三十万二千五百有奇，黑人十二万一千四百三十八户。班禅所辖寺庙三百二十七，喇嘛万三千七百有奇，黑人六千七百五十二户。西藏有爵五：辅国公三，一由贝子降袭，一由镇国公降袭，一定世袭；一等台吉扎萨克一；一等台吉一。而达赖、班禅之亲以恩封者不与。凡前后藏官，均由驻藏大臣分别会同达赖、班禅选补。前藏唐古特官，噶卜伦四人，三品，为总办藏务之官，其俗称之曰"四相"，议事之所曰噶厦。其次仔琫及商卓特巴各二人，皆四品。业尔仓巴二人，朗仔辖二人，协尔帮二人，硕第巴二人，皆五品。达琫二人，大中译二人，卓尼尔三人，皆六品。仔琫、商卓特巴为商上办事之官。凡喇嘛谓库藏出纳之所曰商上。业尔仓巴为管粮之官，朗仔辖为管街道之官，协尔帮为管刑名之官，硕第巴为管理布达拉一带番民之官，达琫为管马厂之官，大中译、卓尼尔等为噶厦办事之官。管兵者曰戴琫，六人，四品。如琫十二人，五品。甲琫二十四人，六品。定琫一百二十人，七品。多东科尔族任之。

其治理地方者曰营官。……

喇嘛之有游牧者，东起乍丫达呼图克图，与四川打箭炉所属土司接，其西为察木多吧克巴拉呼图克图，又西为硕般多喇嘛，又西为类乌齐呼图克图，硕般多、类乌齐之北，皆与西藏大臣所属土司接。硕般多之南，为八所喇嘛，又南为工布什卡喇嘛。类乌齐之西，为墨竹宫喇嘛，又西为噶勒丹喇嘛。类乌齐之西北，为赞垫喇嘛，介居西藏大臣所属各土司之间，其西为垾徵喇嘛。噶勒丹之西为色拉喇嘛，西与布达拉接。噶勒丹之南，为琼科尔结喇嘛，其西为丈扎卡喇嘛，又西为松热岭喇嘛，又西为那仁曲第喇嘛，又西南为乃东喇嘛，北与布达拉接。乃东之西，为琼结喇嘛。布达拉之西北，为布勒绷喇嘛，又西北为羊八井喇嘛，其西为朗岭喇嘛，西与扎什伦布接。朗岭之南，为仁本喇嘛，其西南为江孜喇嘛，又西南为冈坚喇嘛。冈坚之西，为协噶尔喇嘛。协噶尔之西，为聂拉木喇嘛。朗岭之西，为撒噶喇嘛，又西为杂仁喇嘛。其直属于驻藏大臣者，有达木额鲁特八旗：在喜汤者四旗，在汤宁者二旗，在佛山者一旗，皆北倚布干山，南与前藏接；在格拉者一旗，东北滨喀喇乌苏，西与后藏接。每旗置佐领一。

（《清史稿》卷五百二十五《列传三百十二·蕃部八》　14529）

新罗古寺遗基

[清太宗崇德六年] 六月，[李] 倧遣陪臣李浣等献新罗瑞金，奏言咸阳郡新溪书院，新罗古寺遗基也，居民袁年掘地得瓦坛一，盖刻"一千年"三字，中有黄金二十斤，内一斤镌"宜春大吉"四字。优诏答之，而原金付还。

（《清史稿》卷五百二十六《列传三百十三·属国一》　14582）

缅王纳贡

[乾隆] 六十年，缅王遣使祝釐，进缅石长寿佛、贝叶缅字经、福字镫、金海螺、银海螺、金镶缅刀、金柄麈尾、黄缎伞、贴金象轿、洋枪、马鞍、象牙、犀角、孔雀、木化石、玄猴皮、各色呢、各色花布，都十有八种。

（《清史稿》卷五百二十八《列传三百十五·属国三》　14680）

暹罗王郑明

郑明通佛学，善英语，用欧人改制度，行新政，国治日隆，称皇帝。

（《清史稿》卷五百二十八《列传三百十五·属国三》　14698）

廓尔喀

廓尔喀私责后藏班禅喇嘛赔偿银两，巴忠不以闻，既而后藏不能偿，班禅复与弟红帽喇嘛沙玛尔巴不协，沙玛尔巴因导廓尔喀内侵。[乾隆] 五十六年，廓尔喀遂以唐古忒兵欠款、班禅负约为辞，遣兵围聂拉木，唐古忒兵闻风溃，进至达木，番兵亦败退。

……

[乾隆五十七年五月] 蒙兴保、绰尔浑等攻山下喇嘛寺，阿满泰、额尔登保等攻大寨，以惠龄为策应之军，海兰察率骑兵张两翼截击逸贼。六月初六日，哲森保等攻克山梁大碉，蒙兴保等克喇嘛寺，复会攻临河及石上两大碉，皆克之。

（《清史稿》卷五百二十九《列传三百十九·属国四》　14706）

通 鉴

佛教文献

汉　纪

明帝永平八年（65）

　　初，帝闻西域有神，其名曰佛，因遣使之天竺求其道，得其书及沙门以来。其书大抵以虚无为宗，贵慈悲不杀；以为人死，精神不灭，随复受形；生时所行善恶，皆有报应，故所贵修炼精神，以至为佛。善为宏阔胜大之言，以劝诱愚俗。精于其道者，号曰沙门。于是中国始传其术，图其形像，而王公贵人，独楚王英最先好之。

（《资治通鉴》卷四十五《汉纪三十七》　1447）

顺帝永建二年（127）

　　西域城郭诸国皆服于汉，唯焉耆王元孟未降，班勇奏请攻之。于是遣敦煌太守张朗将河西四郡兵三千人配勇，因发诸国兵四万余人分为两道击之，勇从南道，朗从北道，约期俱至焉耆。而朗先有罪，欲徼功自赎，遂先期至爵离关，遣司马将兵前战，获首虏二千余人，元孟惧诛，逆遣使乞降。

（《资治通鉴》卷五十一《汉纪四十三》　1646）

桓帝延熹九年（166）

　　"又闻宫中立黄、老、浮屠之祠，此道清虚，贵尚无为，好生恶杀，省欲去奢。今陛下耆欲不去，杀罚过理，既乖其道，岂获其祚哉！浮屠不三宿桑下，不欲久生恩爱，精之至也；其守一如此，乃能成道。今陛下淫女艳妇，极天下之丽，甘肥饮美，单天下之味，奈何欲如黄、老乎！"书上，即召入，诏尚书问状。楷言："古者本无宦臣，武帝末数游后宫，始置之耳。"尚书承旨，奏："楷不正辞理，而违背经艺，假借星宿，造合私意，诬上罔事，请下司隶正楷罪法，收送雒阳狱。"帝以楷言虽激切，然皆天文恒象之数，故不诛；犹司寇论刑。自永平以来，臣民虽有习浮屠术者，而天子未之好；至帝，始笃好之，常躬自祷祠，由是其法浸盛，故楷言及之。

（《资治通鉴》卷五十五《汉纪四十七》　1792）

献帝兴平二年（195）

初，陶谦以笮融为下邳相，使督广陵、下邳、彭城粮运。融遂断三郡委输以自入，大起浮屠祠，课人诵读佛经，招致旁郡好佛者至五千余户。每浴佛，辄多设饮食，布席于路，经数十里，费以钜亿计。

（《资治通鉴》卷六十一《汉纪五十三》　1974）

晋　纪

成帝咸康元年（335）

初，赵主勒以天竺僧佛图澄豫言成败，数有验，敬事之。及虎即位，奉之尤谨，衣以绫锦，乘以雕辇。朝会之日，太子、诸公扶翼上殿，主者唱"大和尚"，众坐皆起。使司空李农旦夕问起居，太子、诸公五日一朝。国人化之，率多事佛，澄之所在，无敢向其方面涕唾者。争造寺庙，削发出家。虎以其真伪杂糅，或避赋役为奸宄，乃下诏问中书曰："佛，国家所奉，里闾小人无爵秩者，应事佛不？"著作郎王度等议曰："王者祭祀，典礼具存。佛，外国之神，非天子诸华所应祠奉。汉氏初传其道，唯听西域人立寺都邑以奉之，汉人皆不得出家；魏世亦然。今宜禁公卿以下毋得诣寺烧香、礼拜；其赵人为沙门者，皆返初服。"虎诏曰："朕生自边鄙，忝君诸夏，至于飨祀，应从本俗。其夷、赵百姓乐事佛者，特听之。"

（《资治通鉴》卷九十五《晋纪十七》　3002）

成帝咸康三年（337）

安定侯子光，自称佛太子，云从大秦国来，当王小秦国，聚众数千人于杜南山，自称大黄帝，改元龙兴。石广讨斩之。

（《资治通鉴》卷九十五《晋纪十七》　3012）

穆帝永和三年（347）

沙门吴进言于虎曰："胡运将衰，晋当复兴，宜苦役晋人以厌其气。"虎使尚书张群发近郡男女十六万人，车十万乘，运土筑华林苑及长墙于邺北，广袤数十里。申钟、石璞、赵揽等上疏陈天文错乱，百姓雕弊。虎大怒曰："使苑墙朝成，吾夕没，无恨矣。"促张群使然烛夜作；暴风大雨，死者数万人。

（《资治通鉴》卷九十七《晋纪十九》　3078）

穆帝永和四年（348）

秋，八月，韬夜与僚属宴于东明观，因宿于佛精舍。宣使杨杯等缘猕猴梯而入，杀韬，置其刀箭而去。

（《资治通鉴》卷九十八《晋纪二十》　3082）

孝武帝太元六年（381）

春，正月，帝初奉佛法，立精舍于殿内，引诸沙门居之。尚书左丞王雅表谏，不从。

（《资治通鉴》卷一百四《晋纪二十六》　3297）

孝武帝太元七年（382）

坚素信重沙门道安，群臣使道安乘间进言。十一月，坚与道安同辇游于东苑，坚曰："朕将与公南游吴、越，泛长江，临沧海，不亦乐乎！"安曰："陛下应天御世，居中土而制四维，自足比隆尧、舜；何必栉风沐雨，经略遐方乎！且东南卑湿，沴气易构，虞舜游而不归，大禹往而不复，何足以上劳大驾也！"坚曰："天生烝民而树之君，使司牧之，朕岂敢惮劳，使彼一方独不被泽乎！必如公言，是古之帝王皆无征伐也！"道安曰："必不得已，陛下宜驻跸洛阳，遣使者奉尺书于前，诸将总六师于后，彼必稽首入臣，不必亲涉江、淮也。"坚不听。

（《资治通鉴》卷一百四《晋纪二十六》　3304）

孝武帝太元九年（384）

陇西处士王嘉，隐居倒虎山，有异术，能知未然；秦人神之。秦王坚、后秦王苌及慕容冲皆遣使迎之。十一月，嘉入长安，众闻之，以为坚有福，故圣人助之，三辅堡壁及四山氐、羌归坚者四万余人。坚置嘉及沙门道安于外殿，动静咨之。

（《资治通鉴》卷一百五《晋纪二十七》　3337）

孝武帝太元十年（385）

辛丑，〔姚〕苌遣人缢坚于新平佛寺。

（《资治通鉴》卷一百六《晋纪二十八》　3348）

孝武帝太元十四年（389）

初，帝既亲政事，威权已出，有人主之量。已而溺于酒色，委事于琅邪王道子；道子亦嗜酒，日夕与帝以酣歌为事。又崇尚浮屠，穷奢极费，所亲昵者皆姅姆、僧尼。左右近习，争弄权柄，交通请托，贿赂公行，官赏滥杂，刑狱谬乱。尚书令陆纳望宫阙叹曰："好家居，纤儿欲撞坏之邪！"左卫领营将军会稽许营上疏曰："今台府局吏、直卫武官及仆隶婢儿取母之姓者，本无乡邑品第，皆得为郡守县令，或带职在内，及僧尼乳母，竞进亲党，又受货赂；辄临官领众，政教不均，暴滥无罪，禁令不明，劫盗公行。昔年下书敕群下尽规，而众议兼集，无所采用。臣闻佛者，清远玄虚之神，今僧尼往往依傍法服，五诫粗法尚不能遵，况精妙乎！而流惑之徒，竞加敬事，又侵渔百姓，取材为惠，亦未合布施之道也。"疏奏，不省。

（《资治通鉴》卷一百七《晋纪二十九》 3390）

孝武帝太元十五年（390）

九月，北平人吴柱聚众千余，立沙门法长为天子，破北平郡，转寇广都，入白狼城。

（《资治通鉴》卷一百七《晋纪二十九》 3397）

安帝元兴元年（402）

［孙恩死后］余众数千人复推恩妹夫卢循为主。循，谌之曾孙也。神采清秀，雅有材艺。少时，沙门惠远尝谓之曰："君虽体涉风素，而志存不轨，如何？"太尉玄欲抚安东土，乃以循为永嘉太守。循虽受命，而寇暴不已。

（《资治通鉴》卷一百一十二《晋纪三十四》 3541）

安帝义熙元年（405）

秦王兴以鸠摩罗什为国师，奉之如神，亲帅群臣及沙门听罗什讲佛经，又命罗什翻译西域《经》《论》三百余卷，大营塔寺，沙门坐禅者常以千数。公卿以下皆奉佛，由是州郡化之，事佛者十室而九。

（《资治通鉴》卷一百一十四《晋纪三十六》 3579）

安帝义熙八年（412）

［刘］毅夜投牛牧佛寺。初，桓蔚之败也，走投牛牧寺僧昌，昌保藏之，毅杀昌。至是，寺僧拒之曰："昔亡师容桓蔚，为刘卫军所杀，今实不敢容异人。"毅叹曰："为法自弊，一至于此！"遂缢而死。明日，居人以告，乃斩首于市，并子侄皆伏诛。毅兄模奔襄阳，鲁宗之斩送之。

（《资治通鉴》卷一百一十六《晋纪三十八》 3653）

宋　纪

营阳王景平元年（423）

左光禄大夫崔浩研精经术，练习制度，凡朝廷礼仪，军国书诏，无不关掌。浩不好老、庄之书，曰："此矫诬之说，不近人情。老聃习礼，仲尼所师，岂肯为败法之书以乱先王之治乎！"尤不信佛法，曰："何为事此胡神！"及世祖即位，左右多毁之；帝不得已，命浩以公归第，然素知其贤，每有疑议，辄召问之。浩纤妍洁白如美妇，常自谓才比张良而稽古过之。既归第，因修服食养性之术。

臣光曰：老、庄之书，大指欲同死生，轻去就。而为神仙者，服饵修炼以求轻举，炼草石为金银，其为术正相戾矣；是以刘歆七略叙道家为诸子，神仙为方技。其后复有符水、禁咒之术，至谦之遂合而为一；至今循之，其讹甚矣！崔浩不喜佛、老之书而信谦之之言，其故何哉！昔臧文仲祀爰居，孔子以为不智；如谦之者，其为爰居亦大矣。"诗三百，一言以蔽之，曰思无邪。"君子之于择术，可不慎哉！

（《资治通鉴》卷一百一十九《宋纪一》　3762）

文帝元嘉五年（428）

是岁，师子王刹利摩诃及天竺迦毗黎王月爱，皆遣使奉表入贡，表辞皆如浮屠之言。

（《资治通鉴》卷一百二十一《宋纪三》　3804）

文帝元嘉九年（432）

初，罽宾沙门昙无谶，自云能使鬼治病，且有秘术。凉王蒙逊甚重之，谓之"圣人"，诸女及子妇皆往受术。魏主闻之，使李顺往征之。蒙逊留不遣，仍杀之。魏主由是怒凉。

文帝元嘉十二年（435）

丹杨尹萧摹之上言："佛化被于中国，已历四代，形像塔寺，所在千数。自顷以来，情敬浮末，不以精诚为至，更以奢竞为重，材竹铜彩，糜损无极；无关神祇，有累人事，不为之防，流遁未息。请自今欲铸铜像及造塔寺者，皆当列言，须报乃得为之。"诏从之。摹之，思话从叔也。

文帝元嘉十五年（438）

三月，癸未，魏主诏罢沙门年五十以下者。

文帝元嘉二十一年（444）

戊申，魏主诏："王、公以下至庶人，有私养沙门、巫觋于家者，皆遣诣官曹；过二月十五日不出，沙门、巫觋死，主人门诛。"庚戌，又诏："王、公、卿、大夫之子皆诣太学，其百工、商贾之子，当各习父兄之业，毋得私立学校；违者，师死，主人门诛。"

文帝元嘉二十二年（445）

道人法略、尼法静，皆感义康旧恩，并与熙先往来。法静妹夫许曜，领队在台，许为内应。法静之豫章，熙先付以笺书，陈说图谶。于是密相署置，及素所不善者，并入死目。

文帝元嘉二十三年（446）

魏主与崔浩皆信重寇谦之，奉其道。浩素不喜佛法，每言于魏主，以为佛法虚诞，为世费害，宜悉除之。及魏主讨盖吴，至长安，入佛寺，沙门饮从官酒；从官入其室，见大有兵器，出以白帝，帝怒曰："此非沙门所用，必与盖吴通谋，欲为乱耳。"命有司按诛阖寺沙门，阅其财产，大得酿具及州郡牧守、富人所寄藏物以万计，又为窟室以匿妇女。浩因说帝悉诛天下沙门，毁诸经像，帝从之。寇谦之与浩固争，浩不从。先尽诛长安沙门，焚毁经像，并敕留台下四方，令一用长安法。诏曰："昔后汉荒君，信惑邪伪以乱天常，自古九州之中，未尝有此。夸诞大言，不本人情，叔季之世，莫不眩焉。由是政教不行，礼义大坏，九服之内，鞠为丘墟。朕承天绪，欲除伪定真，复羲、农之治，其一切荡除，灭其踪迹。自今已后，敢有事胡神及造形像泥人、铜人者门诛。有非常之人，然后能行非常之事，非朕孰能去此历代之伪物！有司宣告征镇诸军、刺史，诸有浮图形像及胡经，皆击破焚烧，沙门无少长悉坑之！"太子晃素好佛法，屡谏不听；乃缓宣诏书，使远近豫闻之，得各为计，沙门多亡匿获免，或收藏经像，唯塔庙在魏境者无复孑遗。

（《资治通鉴》卷一百二十四《宋纪六》　3923）

文帝元嘉二十四年（447）

魏师之克敦煌也，沮渠牧犍使人斫开府库，取金玉及宝器，因不复闭；小民争入盗取之，有司索盗不获。至是，牧犍所亲及守藏者告之，且言牧犍父子多蓄毒药，潜杀人前后以百数；况复姊妹皆学左道。有司索牧犍家，得所匿物；魏主大怒，赐沮渠昭仪死，并诛其宗族，唯沮渠祖以先降得免。又有告牧犍犹与故臣民交通谋反者，三月，魏主遣崔浩就第赐牧犍死，谥曰哀王。

（《资治通鉴》卷一百二十五《宋纪七》　3930）

文帝元嘉二十八年（451）

魏师至瓜步，人情恼惧。上虑不逞之人复奉义康为乱；太子劭及武陵王骏、尚书左仆射何尚之屡启宜早为之所；上乃遣中书舍人严龙赍药赐义康死。义康不肯服，曰："佛教不许自杀；愿随宜处分。"使者以被掩杀之。

（《资治通鉴》卷一百二十六《宋纪八》　3963）

文帝元嘉二十九年（452）

魏世祖晚年，佛禁稍弛，民间往往有私习者。及高宗即位，群臣多请复之。乙卯，诏州郡县众居之所，各听建佛图一区；民欲为沙门者，听出家，大州五十人，小州四十人。于是向所毁佛图，率皆修复。魏主亲为沙门师贤等五人下发，以师贤为道人统。

（《资治通鉴》卷一百二十六《宋纪八》　3983）

孝武帝大明六年（462）

初，晋庾冰议使沙门敬王者，桓玄复述其议，并不果行。至是，上使有司奏曰："儒、法枝派，名、墨条分，至于崇亲严上，厥猷靡爽。唯浮图为教，反经提传，拘文蔽道，在末弥扇。夫佛以谦卑自牧，忠虔为道，宁有屈膝四辈而简礼二亲，稽颡奢腊而直体万乘者哉！臣等参议，以为沙门接见，比当尽虔；礼敬之容，依其本俗。"九月，戊寅，制沙门致敬人主。及废帝即位，复旧。

（《资治通鉴》卷一百二十九《宋纪十一》　4061）

明帝泰始三年（467）

魏于天宫寺作大像，高四十三尺，用铜十万斤，黄金六百斤。

（《资治通鉴》卷一百三十二《宋纪十四》　4139）

明帝泰始五年（469）

魏沙门统昙曜奏："平齐户及诸民有能岁输谷六十斛入僧曹者，即为僧祇户，粟为僧祇粟，遇凶岁，赈给饥民。"又请："民犯重罪及官奴，以为佛图户，以供诸寺洒扫。"魏主并许之。于是僧祇户、粟及寺户遍于州镇矣。

（《资治通鉴》卷一百三十二《宋纪十四》　4149）

明帝泰始七年（471）

魏显祖聪睿夙成，刚毅有断；而好黄、老、浮屠之学，每引朝士及沙门共谈玄理，雅薄富贵，常有遗世之心。以叔父中都大官京兆王子推沈雅仁厚，素有时誉，欲禅以帝位。时太尉源贺督诸军屯漠南，驰传召之。既至，会公卿大议，皆莫敢先言。任城王云，子推之弟也，对曰："陛下方隆太平，临覆四海，岂得上违宗庙，下弃兆民。且父子相传，其来久矣。陛下必欲委弃尘务，则皇太子宜承正统。夫天下者，祖宗之天下；陛下若更授旁支，恐非先圣之意，启奸乱之心，斯乃祸福之原，不可不惧也。"源贺曰："陛下今欲禅位皇叔，臣恐紊乱昭穆，后世必有逆祀之讥。

（《资治通鉴》卷一百三十三《宋纪十五》　4164）

己酉，上皇徙居崇光宫，采椽不斫，土阶而已；国之大事咸以闻。崇光宫在北苑中，又建鹿野浮图于苑中之西山，与禅僧居之。

（《资治通鉴》卷一百三十三《宋纪十五》　4166）

上以故第为湘宫寺，备极壮丽；欲造十级浮图而不能，乃分为二。新安太守巢尚之罢郡入见，上谓曰："卿至湘宫寺未？此是我大功德，用钱不少。"通直散骑侍郎会稽虞愿侍侧，曰："此皆百姓卖儿贴妇钱所为，佛若有知，当慈悲嗟愍；罪高浮图，何功德之有！"侍坐者失色；上怒，使人驱下殿。愿徐去，无异容。

（《资治通鉴》卷一百三十三《宋纪十五》　4167）

顺帝昇明元年（477）

戊子，帝乘露车，与左右于台冈赌跳，仍往青园尼寺，晚，至新安寺偷狗，就昙度道人煮之。饮酒醉，还仁寿殿寝。

（《资治通鉴》卷一百三十四《宋纪十六》　4196）

顺帝昇明二年（478）

萧道成以大明以来，公私奢侈，秋，八月，奏罢御府，省二尚方雕饰器玩；辛卯，又奏禁民间华伪杂物，凡十七条。

（《资治通鉴》卷一百三十四《宋纪十六》　4217）

齐 纪

高帝建元二年（480）

甲辰，魏主如方山；戊申，游武州山石窟寺。庚戌，还平城。

（《资治通鉴》卷一百三十五《齐纪一》 4239）

高帝建元三年（481）

沙门法秀以妖术惑众，谋作乱于平城；苟颓帅禁兵收掩，悉擒之。魏主还平城，有司囚法秀，加以笼头，铁锁无故自解。魏人穿其颈骨，祝之曰："若果有神，当令穿肉不入。"遂穿以徇，三日乃死。议者或欲尽杀道人，冯太后不可，乃止。

（《资治通鉴》卷一百三十五《齐纪一》 4243）

武帝永明元年（483）

五月，戊寅朔，魏主如武州山石窟佛寺。

（《资治通鉴》卷一百三十五《齐纪一》 4254）

车骑将军张敬儿好信梦；初为南阳太守，其妻尚氏梦一手热如火；及为雍州，梦一胛热；为开府，梦半身热。敬儿意欲无限，常谓所亲曰："吾妻复梦举体热矣。"又自言梦旧村社树高至天，上闻而恶之。垣崇祖死，敬儿内自疑，会有人告敬儿遣人至蛮中货易，上疑其有异志。会上于华林园设八关斋，朝臣皆预，于坐收敬儿。敬儿脱冠貂投地曰："此物误我！"丁酉，杀敬儿，并其四子。

（《资治通鉴》卷一百三十五《齐纪一》 4255）

武帝永明二年（484）

子良笃好释氏，招致名僧，讲论佛法，道俗之盛，江左未有。或亲为众僧赋食、行水，世颇以为失宰相体。

范缜盛称无佛。子良曰："君不信因果，何得有富贵、贫贱？"缜曰："人生如树花同发，随风而散；或拂帘幌坠茵席之上，或关篱墙落粪溷之中。坠茵席者，殿下是也；落粪溷者，下官是也。贵贱虽复殊途，因果竟在何处！"子良无以难。缜又著《神灭论》，以为："形者神之质，神者形之用也。神之于形，犹利之于刀；未闻刀没而利存，岂容形亡而神在哉！"此论出，朝野喧哗，难之终不能屈。太原王琰著论讥缜曰："呜呼范子！曾不知其先祖神灵所在！"欲以杜缜后对。缜对曰："呜呼王子！知其先祖神灵所在而不能杀身以从之！"子良使王融谓之曰："以卿才美，何患不至中书郎；而故乖刺为此论，甚可惜也！宜急毁弃之。"缜大笑曰："使范缜卖论取官，已至令、仆矣，何但中书郎邪！"

（《资治通鉴》卷一百三十六《齐纪二》　4259）

乙未，魏主如武州山石窟寺。

（《资治通鉴》卷一百三十六《齐纪二》　4261）

武帝永明十一年（493）

建康僧法智与徐州民周盘龙等作乱，夜，攻徐州城，入之；刺史王玄邈讨诛之。

（《资治通鉴》卷一百三十八《齐纪四》　4331）

明帝建武三年（496）

秋，七月，魏废皇后冯氏。初，文明太后欲其家贵重，简冯熙二女入掖庭：其一早卒；其一得幸于魏主，未几，有疾，还家为尼。及太后殂，帝立熙少女为皇后。既而其姊疾愈，帝思之，复迎入宫，拜左昭仪，后宠浸衰。昭仪自以年长，且先入宫，不率妾礼。后颇愧恨，昭仪因谮而废之。后素有德操，遂居瑶光寺为练行尼。

（《资治通鉴》卷一百四十《齐纪六》　4399）

东昏侯永元二年（500）

陈显达之反也，帝复召诸王入宫。巴陵王昭胄惩永泰之难，与弟永新侯昭颖诈为沙门，逃于江西。

（《资治通鉴》卷一百四十三《齐纪九》　4464）

长沙寺僧素富，铸黄金为金龙数千两，埋土中。颖胄取之，以资军费。

（《资治通鉴》卷一百四十三《齐纪九》　4477）

梁 纪

武帝天监五年（506）

二月，丙辰，魏主诏王公以下直言忠谏。治书侍御史阳固上表，以为："当今之务，宜亲宗室，勤庶政，贵农桑，贱工贾，绝谈虚穷微之论，简桑门无用之费，以救饥寒之苦。"时魏主委任高肇，疏薄宗室，好桑门之法，不亲政事，故固言及之。

（《资治通鉴》卷一百四十六《梁纪二》 4556）

武帝天监九年（510）

十一月，己丑，魏主于式乾殿为诸僧及朝臣讲《维摩诘经》。时魏主专尚释氏，不事经籍，中书侍郎河东裴延隽上疏，以为："汉光武、魏武帝，虽在戎马之间，未尝废书，先帝迁都行师，手不释卷，良以学问多益，不可暂辍故也。陛下升法座，亲讲大觉，凡在瞻听，尘蔽俱开。然五经治世之模楷，应务之所先，伏愿经书互览，孔、释兼存，则内外俱周，真俗斯畅矣。"

时佛教盛于洛阳，沙门之外，自西域来者三千余人，魏主别为之立永明寺千余间以处之。处士南阳冯亮有巧思，魏主使与河南尹甄琛、沙门统僧暹择嵩山形胜之地立闲居寺，极岩壑土木之美。由是远近承风，无不事佛，比及延昌，州郡共有一万三千余寺。

（《资治通鉴》卷一百四十七《梁纪三》 4594）

武帝天监十四年（515）

甲午，魏葬宣武皇帝于景陵，庙号世宗。己亥，尊胡贵嫔为皇太妃。三月，甲辰朔，以高太后为尼，徙居金墉瑶光寺，非大节庆，不得入宫。

（《资治通鉴》卷一百四十八《梁纪四》 4614）

六月，魏冀州沙门法庆以妖幻惑众，与勃海人李归伯作乱，推法庆为主。法庆以尼惠晖为妻，以归伯为十住菩萨、平魔军司、定汉王，自号大乘。又合狂药，令人服之，父子兄弟不复相识，唯以杀害为事。刺史萧宝寅遣兼长史崔伯驎击之，伯驎败死。贼众益盛，所在毁寺舍，斩僧尼，烧经像，云"新佛出世，除去众魔"。秋，七月，丁未，诏假右光禄大夫元遥征北大将军以讨之。

（《资治通鉴》卷一百四十八《梁纪四》　4615）

武帝天监十五年（516）

初，魏世宗作瑶光寺，未就，是岁，胡太后又作永宁寺，皆在宫侧；又作石窟寺于伊阙口，皆极土木之美。而永宁尤盛，有金像高丈八者一，如中人者十，玉像二。为九层浮图，掘地筑基，下及黄泉；浮图高九十丈，上刹复高十丈，每夜静，铃铎声闻十里。佛殿如太极殿，南门如端门。僧房千间，珠玉锦绣，骇人心目。自佛法入中国，塔庙之盛，未之有也。扬州刺史李崇上表，以为："高祖迁都垂三十年，明堂未修，太学荒废，城阙府寺颇亦颓坏，非所以追隆堂构，仪刑万国者也。今国子虽有学官之名，而无教授之实，何异兔丝、燕麦，南箕、北斗！事不两兴，须有进退；宜罢尚方雕靡之作，省永宁土木之功，减瑶光材瓦之力，分石窟镌琢之劳，及诸事役非急者，于三时农隙修此数条，使国容严显，礼化兴行，不亦休哉！"太后优令答之，而不用其言。

太后好事佛，民多绝户为沙门，高阳王友李玚上言："三千之罪莫大于不孝，不孝之大无过于绝祀，岂得轻纵背礼之情，肆其向法之意，一身亲老，弃家绝养，缺当世之礼而求将来之益！孔子云：'未知生，焉知死？'安有弃堂堂之政而从鬼教乎！又，今南服未静，众役仍烦，百姓之情，实多避役，若复听之，恐捐弃孝慈，比屋皆为沙门矣。"都统僧暹等忿玚谓之"鬼教"，以为谤佛，泣诉于太后。太后责之，玚曰："天曰神，地曰祇，人曰鬼。《传》曰：'明则有礼乐，幽则有鬼神。'然则明者为堂堂，幽者为鬼教。佛本出于人，名之为鬼，愚谓非谤。"太后虽知玚言为允，难违暹等之意，罚玚金一两。

（《资治通鉴》卷一百四十八《梁纪四》　4628）

武帝天监十六年（517）

魏大乘余贼复相聚，突入瀛州，刺史宇文福之子员外散骑侍郎延帅奴客拒之。贼烧斋阁，延突火抱福出外，肌发皆焦，勒众苦战，贼遂散走，追讨，平之。

（《资治通鉴》卷一百四十八《梁纪四》　4630）

武帝天监十七年（518）

太后为太上君造寺，壮丽埒于永宁。

（《资治通鉴》卷一百四十八《梁纪四》　4635）

普惠又以魏主好游骋苑囿，不亲视朝，过崇佛法，郊庙之事多委有司，上疏切谏，以为：“殖不思之冥业，损巨费于生民，减禄削力，近供无事之僧，崇饰云殿，远邀未然之报，昧爽之臣稽首于外，玄寂之众遨游于内，愆礼忤时，人灵未穆。愚谓修朝夕之因，求祇劫之果，未若收万国之欢心以事其亲，使天下和平，灾害不生也。伏愿淑慎威仪，为万邦作式，躬致郊庙之虔，亲纡朔望之礼，释奠成均，竭心千亩。量撤僧寺不急之华，还复百官久折之秩。已造者务令简约速成，未造者一切不复更为，则孝弟可以通神明，德教可以光四海，节用爱人，法俗俱赖矣。”寻敕外议释奠之礼，又自是每月一陛见群臣，皆用普惠之言也。

（《资治通鉴》卷一百四十八《梁纪四》　4636）

宏自洛口之败，常怀愧愤，都下每有窃发，辄以宏为名，屡为有司所奏，上每赦之。上幸光宅寺，有盗伏于骠骑航，待上夜出；上将行，心动，乃于朱雀航过。

（《资治通鉴》卷一百四十八《梁纪四》　4637）

魏胡太后以天文有变，欲以崇宪高太后当之。戊申夜，高太后暴卒；冬，十月，丁卯，以尼礼葬于北邙，谥曰顺皇后。百官单衣邪巾送至墓所，事讫而除。

（《资治通鉴》卷一百四十八《梁纪四》　4640）

魏胡太后遣使者宋云与比丘惠生如西域求佛经。司空任城王澄奏：“昔高祖迁都，制城内唯听置僧尼寺各一，余皆置于城外；盖以道俗殊归，欲其净居尘外故也。正始三年，沙门统惠深，始违前禁，自是卷诏不行，私谒弥众，都城之中，寺逾五百，占夺民居，三分且一，屠沽尘秽，连比杂居。往者代北有法秀之谋，冀州有大乘之变。太和、景明之制，非徒使缁素殊途，盖亦以防微杜渐。昔如来阐教，多依山林，今此僧徒，恋著城邑，正以诱于利欲，不能自已，此乃释氏之糟糠，法王之社鼠，内戒所不容，国典所共弃也。臣谓都城内寺未成可徙者，宜悉徙于郭外，僧不满五十者，并小从大；外州亦准此。"然卒不能行。

（《资治通鉴》卷一百四十八《梁纪四》　4640）

武帝天监十八年（519）

太后好佛，营建诸寺，无复穷已，令诸州各建五级浮图，民力疲弊。诸王、贵人、宦官、羽林各建寺于洛阳，相高以壮丽。太后数设斋会，施僧物动以万计，赏赐左右无节，所费不赀，而未尝施惠及民。府库渐虚，乃减削百官禄力。任城王澄上表，以为："萧衍常蓄窥觎之志，宜及国家强盛，将士旅力，早图混壹之功。比年以来，公私贫困，宜节省浮费以周急务。"太后虽不能用，常优礼之。

魏自永平以来，营明堂、辟雍，役者多不过千人，有司复借以脩寺及供他役，十余年竟不能成。起部郎源子恭上书，以为："废经国之务，资不急之费，宜彻减诸役，早图就功，使祖宗有严配之期，苍生有礼乐之富。"诏从之，然亦不能成也。

（《资治通鉴》卷一百四十九《梁纪五》　4646）

武帝普通元年（520）

时上方崇释氏，士民无不从风而靡，独睿自以位居大臣，不欲与俗俯仰，所行略如平日。

（《资治通鉴》卷一百四十九《梁纪五》　4659）

武帝普通三年（522）

魏宋云与惠生自洛阳西行四千里，至赤岭，乃出魏境，又西行，再期，至乾罗国而还。二月，达洛阳，得佛经一百七十部。

（《资治通鉴》卷一百四十九《梁纪五》　4670）

武帝普通四年（523）

魏景明之初，世宗命宦者白整为高祖及文昭高后凿二佛龛于龙门山，皆高百尺。永平中，刘腾复为世宗凿一龛，至是二十四年，凡用十八万二千余工而未成。

（《资治通鉴》卷一百四十九《梁纪五》　4675）

武帝普通六年（525）

初，魏刘腾既卒，胡太后及魏主左右防卫微缓。元义亦自宽，时出游于外，留连不返，其所亲谏，义不纳；太后察知之。去秋，太后对帝谓群臣曰："今隔绝我母子，不听往来，复何用我为！我当出家，修道于嵩山闲居寺耳。"因自欲下发；帝及群臣叩头泣涕，殷勤苦请，太后声色愈厉。帝乃宿于嘉福殿，积数日，遂与太后密谋黜义。然帝深匿形迹，太后有忿恚，欲得往来显阳之言，皆以告义；又对义流涕，叙太后欲出家，忧怖之心日有数四。义殊不以为疑，乃劝帝从太后所欲。于是太后数御显阳殿，二宫无复禁碍。义举元法僧为徐州，法僧反，太后数以为言，义深愧悔。

（《资治通鉴》卷一百五十《梁纪六》　4693）

武帝大通二年（528）

有蜜多道人，能胡语，帝常置左右，［胡］太后使人杀之于城南而悬赏购贼。由是母子之间，嫌隙日深。

（《资治通鉴》卷一百五十二《梁纪八》　4737）

丙寅，魏主诏："孝昌以来，凡有冤抑无诉者，悉集华林东门，当亲理之。"时承丧乱之后，仓廪虚竭，始诏"入粟八千石者赐爵散侯，白民输五百石者赐出身，沙门授本州统及郡县维那。"

（《资治通鉴》卷一百五十二《梁纪八》　4748）

武帝中大通元年（529）

尔朱荣自追陈庆之，会嵩高水涨，庆之军士死散略尽，乃削须发为沙门，间行出汝阴，还建康，犹以功除右卫将军，封永兴县侯。

（《资治通鉴》卷一百五十三《梁纪九》　4765）

冬，十月，己酉，上又设四部无遮大会，道、俗五万余人。会毕，上御金辂还宫，御太极殿，大赦，改元。

（《资治通鉴》卷一百五十三《梁纪九》　4770）

武帝中大通二年（530）

［尔朱］兆骑执帝，锁于永宁寺楼上，帝寒甚，就兆求头巾，不与。

（《资治通鉴》卷一百五十四《梁纪十》　4790）

甲子，尔朱兆缢敬宗于晋阳三级佛寺，并杀陈留王宽。

（《资治通鉴》卷一百五十四《梁纪十》　4793）

齐州城民赵洛周闻尔朱兆入洛，逐刺史丹杨王萧赞，以城归兆。赞变形为沙门，逃入长白山，流转，卒于阳平。梁人或盗其枢以归，上犹以子礼葬于陵次。

（《资治通鉴》卷一百五十四《梁纪十》　4796）

武帝中大通三年（531）

仪同三司广陵王恭，羽之子也，好学有志度，正光中领给事黄门侍郎，以元叉擅权，托喑病居龙华佛寺，无所交通。

（《资治通鉴》卷一百五十五《梁纪十一》　4798）

冬，十月，己酉，上幸同泰寺，升法座，讲《涅槃经》，七日而罢。

（《资治通鉴》卷一百五十五《梁纪十一》　4814）

十一月，乙未，上幸同泰寺，讲《涅槃经》，七日而罢。

（《资治通鉴》卷一百五十五《梁纪十一》　4816）

武帝中大通五年（533）

癸未，上幸同泰寺，讲《般若经》，七日而罢，会者数万人。

（《资治通鉴》卷一百五十六《梁纪十二》　4832）

武帝中大通六年（534）

丁未，帝遣使召椿还，遂帅南阳王宝炬、清河王亶、广阳王湛以五千骑宿于瀍西，南阳王别舍沙门惠臻负玺持千牛刀以从。众知帝将西出，其夜，亡者过半，亶、湛亦逃归。

……

己酉，［高］欢入洛阳，舍于永宁寺，遣领军娄昭等追帝，请帝东还。

（《资治通鉴》卷一百五十六《梁纪十二》　4851）

殡孝武帝于草堂佛寺，谏议大夫宋球恸哭呕血，浆粒不入口者数日，［宇文］泰以其名儒，不之罪也。

（《资治通鉴》卷一百五十六《梁纪十二》　4858）

武帝大同二年（536）

上为文帝作皇基寺以追福，命有司求良材。曲阿弘氏自湘州买巨材东下，南津校尉孟少卿欲求媚于上，诬弘氏为劫而杀之，没其材以为寺。

（《资治通鉴》卷一百五十七《梁纪十三》　4870）

武帝大同三年（537）

上修长干寺阿育王塔，出佛爪发舍利。辛卯，上幸寺，设无碍食，大赦。

（《资治通鉴》卷一百五十七《梁纪十三》　4880）

武帝大同四年（538）

癸亥，诏以东冶徒李胤之得如来舍利，大赦。

（《资治通鉴》卷一百五十八《梁纪十四》　4893）

魏自正光以后，四方多事，民避赋役，多为僧尼，至二百万人，寺有三万余区。至是，东魏始诏："牧守、令长，擅立寺者，计其功庸，以枉法论。"

（《资治通鉴》卷一百五十八《梁纪十四》　4899）

武帝大同六年（540）

魏文后既为尼，居别宫，悼后犹忌之，乃以其子武都王戊为秦州刺史，使文后随之官。魏主虽限以大计，而恩好不忘，密令养发，有追还之意。会柔然举国渡河南侵，时颇有言柔然以悼后故兴师者，帝曰："岂有兴百万之众为一女子邪！虽然，致人此言，朕亦何颜以见将帅！"乃遣中常侍曹宠赍手敕赐文后自尽。文后泣谓宠曰："愿至尊千万岁，天下康宁，死无恨也！"遂自杀；凿麦积崖而葬之，号曰寂陵。

（《资治通鉴》卷一百五十八《梁纪十四》　4905）

武帝大同十一年（545）

启奏，上大怒，召主书于前，口授敕书以责〔贺〕琛。……若以为功德事者，皆是园中之物，变一瓜为数十种，治一菜为数十味；以变故多，何损于事！我自非公宴，不食国家之食，多历年所；乃至宫人，亦不食国家之食。凡所营造，不关材官及以国匠，皆资雇借以成其事。

（《资治通鉴》卷一百五十九《梁纪十五》　4931）

上为人孝慈恭俭，博学能文，阴阳、卜筮、骑射、声律、草隶、围棋，无不精妙。勤于政务，冬月四更竟，即起视事，执笔触寒，手为皲裂。自天监中用释氏法，长斋断鱼肉，日止一食，惟菜羹、粝饭而已，或遇事繁，日移中则嗽口以过。

（《资治通鉴》卷一百五十九《梁纪十五》　4933）

又专精佛戒，每断重罪，则终日不怿；或谋反逆，事觉，亦泣而宥之。由是王侯益横，或白昼杀人于都街，或暮夜公行剽劫，有罪亡命者，匿于王家，有司不敢搜捕。上深知其弊，溺于慈爱，不能禁也。

（《资治通鉴》卷一百五十九《梁纪十五》　4935）

武帝中大同元年（546）

庚戌，上幸同泰寺，遂停寺省，讲《三慧经》。夏，四月丙戌，解讲，大赦，改元。是夜，同泰寺浮图灾，上曰："此魔也，宜广为法事。"群臣皆称善。乃下诏曰："道高魔盛，行善鄣生，当穷兹土木，倍增往日。"遂起十二层浮图；将成，值侯景乱而止。

（《资治通鉴》卷一百五十九《梁纪十五》　4937）

武帝太清元年（547）

三月庚子，上幸同泰寺，舍身如大通故事。

（《资治通鉴》卷一百六十《梁纪十六》　4951）

丙子，群臣奉赎。丁亥，上还宫，大赦，改元，如大通故事。

（《资治通鉴》卷一百六十《梁纪十六》　4951）

始，献武王自病逐君之丑，事静帝礼甚恭，事无大小必以闻，可否听旨。每侍宴，俯伏上寿；帝设法会，乘辇行香，欢执香炉步从，鞠躬屏气，承望颜色，故其下奉帝莫敢不恭。

（《资治通鉴》卷一百六十《梁纪十六》　4958）

［荀］济上书谏上崇信佛法、为塔寺奢费，上大怒，欲集朝众斩之；朱异密告之，济逃奔东魏。

（《资治通鉴》卷一百六十《梁纪十六》　4960）

武帝太清二年（548）

朱异遗景书，为陈祸福。景报书，并告城中士民，以为："梁自近岁以来，权幸用事，割剥齐民，以供嗜欲。如曰不然，公等试观：今日国家池苑，王公第宅，僧尼寺塔；及在位庶僚，姬姜百室，仆从数千，不耕不织，锦衣玉食；不夺百姓，从何得之！仆所以趋赴阙庭，指诛权佞，非倾社稷。今城中指望四方入援，吾观王侯、诸将，志在全身，谁能竭力致死，与吾争胜负哉！长江天险，二曹所叹，吾一苇航之，日明气净。自非天人允协，何能如是！幸各三思，自求元吉！"

景又奉启于东魏主，称："臣进取寿春，暂欲停憩。而萧衍识此运终，自辞宝位；臣军未入其国，已投同泰舍身。去月二十九日，届此建康。江海未苏，干戈暂止，永言故乡，人马同恋。寻当整辔，以奉圣颜。"

（《资治通鉴》卷一百六十一《梁纪十七》　4991）

武帝太清三年（549）

［侯］景遂上启，陈帝十失，且曰："臣方事睽违，所以冒陈谠直。陛下崇饰虚诞，恶闻实录，以妖怪为嘉祯，以天谴为无咎。……修建浮图，百度糜费，使四民饥馁，笮融、姚兴之代也。"又言："建康宫室崇侈，陛下唯与主书参断万机，政以贿成，诸阉豪盛，众僧殷实。"

（《资治通鉴》卷一百六十二《梁纪十八》　5007）

［杜］岸既襄阳豪族，兄弟九人，皆以骁勇著名。缵乃与岸结盟，着妇人衣，乘青布舆，逃入西山。詧使岸将兵追擒之，缵乞为沙门，更名法缵，詧许之。

（《资治通鉴》卷一百六十二《梁纪十八》　5016）

初，侯景将使太常卿南阳刘之遴授临贺王正德玺绶，之遴剃发僧服而逃之。之遴博学能文，尝为湘东王绎长史；将归江陵，绎素嫉其才，己丑，之遴至夏口，绎密送药杀之，而自为志铭，厚其赙赠。

（《资治通鉴》卷一百六十二《梁纪十八》　5019）

百济遣使入贡，见城阙荒圮，异于向来，哭于端门；侯景怒，录送庄严寺，不听出。

（《资治通鉴》卷一百六十二《梁纪十八》　5030）

简文帝大宝元年（550）

益州沙门孙天英帅徒数千人夜攻州城，武陵王纪与战，斩之。

（《资治通鉴》卷一百六十三《梁纪十九》　5050）

帝之即位也，景与帝登重云殿，礼佛为誓云："自今君臣两无猜贰，臣固不负陛下，陛下亦不得负臣。"及会理谋泄，景疑帝知之，故杀谞。帝自知不久，指所居殿谓殷不害曰："庞涓当死此下。"

（《资治通鉴》卷一百六十三《梁纪十九》　5057）

简文帝大宝二年（551）

会信州刺史陆法和至，与之合军。法和有异术，隐于江陵百里洲，衣食居处，一如苦行沙门，或豫言吉凶，多中，人莫能测。侯景之围台城也，或问之曰："事将何如？"法和曰："凡人取果，宜待熟时，不撩自落。"固问之，法和曰："亦克亦不克。"及任约向江陵，法和自请击之，绎许之。

（《资治通鉴》卷一百六十四《梁纪二十》　5067）

是月，齐主饮公主酒，使人鸩中山王，杀之，并其三子，谥王曰魏孝静皇帝，葬于邺西漳北。其后齐主忽掘其陵，投梓宫于漳水。齐主初受禅，魏神主悉寄于七帝寺，至是，亦取焚之。

（《资治通鉴》卷一百六十四《梁纪二十》　5076）

元帝承圣元年（552）

庚辰，僧辩督诸军至张公洲，辛巳，乘潮入淮，进至禅灵寺前。

（《资治通鉴》卷一百六十四《梁纪二十》　5079）

丁亥，王僧辩进军招提寺北，侯景帅众万余人、铁骑八百余匹陈于西州之西。

（《资治通鉴》卷一百六十四《梁纪二十》　5080）

元帝承圣二年（553）

二月，庚子，李洪雅力屈，以空云城降陆纳。纳囚洪雅，杀丁道贵。纳以沙门宝志诗谶有"十八子"，以为李氏当王，甲辰，推洪雅为主，号大将军，使乘平肩舆，列鼓吹，纳帅众数千，左右翼从。

（《资治通鉴》卷一百六十五《梁纪二十一》　5096）

丙子，以护军将军陆法和为郢州刺史。法和为政，不用刑狱，专以沙门法及西域幻术教化，部曲数千人，通谓之弟子。

（《资治通鉴》卷一百六十五《梁纪二十一》　5105）

元帝承圣三年（554）

帝征广州刺史王琳为湘东刺史，使引兵入援。丁酉，栅内火，焚数千家及城楼二十五，帝临所焚楼，望魏军济江，四顾叹息。是夜，遂止宫外，宿民家，己亥，移居祇洹寺。……癸卯，出长沙寺。戊申，王褒、胡僧祐、朱买臣、谢答仁等开门出战，皆败还。己酉，帝移居天居寺；癸丑，移居长沙寺。

（《资治通鉴》卷一百六十五《梁纪二十一》　　5119）

敬帝绍泰元年（555）

　　齐主还邺，以佛、道二教不同，欲去其一，集二家论难于前，遂敕道士皆剃发为沙门；有不从者，杀四人，乃奉命。于是齐境皆无道士。

（《资治通鉴》卷一百六十六《梁纪二十二》　　5131）

陈 纪

武帝永定元年（557）

春，正月，辛丑，周公即天王位。

（《资治通鉴》卷一百六十七《陈纪一》　5157）

武帝永定二年（558）

新吴洞主余孝顷遣沙门道林说［王］琳曰："周迪、黄法氍皆依附金陵，阴窥间隙，大军若下，必为后患；不如先定南川，然后东下，孝顷请席卷所部以从下吏。"

（《资治通鉴》卷一百六十七《陈纪一》　5172）

辛酉，上幸大庄严寺舍身；壬戌，群臣表请还宫。

（《资治通鉴》卷一百六十七《陈纪一》　5176）

武帝永定三年（559）

丙戌，齐主于甘露寺禅居深观，唯军国大事乃以闻。

（《资治通鉴》卷一百六十七《陈纪一》　5183）

文帝天嘉三年（562）

寄知宝应不可谏，恐祸及己，乃着居士服，居东山寺，阳称足疾。宝应使人烧其屋，寄安卧不动。亲近将扶之出，寄曰："吾命有所悬，避将安往！"纵火者自救之。

（《资治通鉴》卷一百六十八《陈纪二》　5221）

齐主逼通昭信李后……后大哭，帝愈怒，裸后，乱挝之。后号天不已，帝命盛以绢囊，流血淋漓，投诸渠水，良久乃苏，犊车载送妙胜寺为尼。

（《资治通鉴》卷一百六十八《陈纪二》　5226页）

文帝天嘉四年（563）

八月，辛丑，齐以三台宫为大兴圣寺。

（《资治通鉴》卷一百六十九《陈纪三》　5235）

宣帝太建三年（571）

齐胡太后出入不节，与沙门统昙献通，诸僧至有戏呼昙献为太上皇者。齐主闻太后不谨而未之信，后朝太后，见二尼，悦而召之，乃男子也。于是昙献事亦发，皆伏诛。

（《资治通鉴》卷一百七十《陈纪四》　5298）

宣帝太建六年（574）

丙子，周禁佛、道二教，经、像悉毁，罢沙门、道士，并令还俗。并禁诸淫祀，非祀典所载者尽除之。

（《资治通鉴》卷一百七十一《陈纪五》　5335）

初，帝取卫王直第为东宫，使直自择所居。直历观府署，无如意者；末取废陟岵寺，欲居之。齐王宪谓直曰："弟子孙多，此无乃褊小？"直曰："一身尚不自容，何论子孙！"直尝从帝校猎而乱行，帝对众挞之，直积怨愤，因帝在外，遂作乱。

（《资治通鉴》卷一百七十一《陈纪五》　5335）

宣帝太建七年（575）

承世祖奢泰之余，以为帝王当然，后宫皆宝衣玉食，一裙之费，至直万匹；竞为新巧，朝衣夕弊。盛修宫苑，穷极壮丽；所好不常，数毁又复。百工土木，无时休息，夜则然火照作，寒则以汤为泥。凿晋阳西山为大像，一夜然油万盆，光照宫中。每有灾异寇盗，不自贬损，唯多设斋，以为修德。好自弹琵琶，为《无愁》之曲，近侍和之者以百数，民间谓之"无愁天子"。

（《资治通鉴》卷一百七十二《陈纪六》　5339）

宣帝太建九年（577）

周主以高湝妻卢氏赐其将斛斯徵。卢氏蓬首垢面，长斋，不言笑。徵放之，乃为尼。

（《资治通鉴》卷一百七十三《陈纪七》　5382）

宣帝太建十一年（579）

冬，十月，壬戌，周天元幸道会苑，大醮，以高祖配醮。初复佛像及天尊像，天元与二像俱南面坐，大陈杂戏，令长安士民纵观。

（《资治通鉴》卷一百七十三《陈纪七》　5400）

宣帝太建十二年（580）

庚申，周复行佛、道二教，旧沙门、道士精志者，简令入道。

（《资治通鉴》卷一百七十四《陈纪八》　5413）

宣帝太建十三年（581）

是岁，隋主诏境内之民任听出家，仍令计口出钱，营造经像。于是时俗随风而靡，民间佛书，多于《六经》数十百倍。

（《资治通鉴》卷一百七十五《陈纪九》　5449）

宣帝太建十四年（582）

九月，丙午，设无导大会于太极殿，舍身及乘舆御服。大赦。

（《资治通鉴》卷一百七十五《陈纪九》　5457）

长城公祯明二年（588）

帝遇沈后素薄，张贵妃专后宫之政，后澹然，未尝有所忌怨，身居俭约，衣服无锦绣之饰，唯寻阅经史及释典为事，数上书谏争。帝欲废之而立张贵妃，会国亡，不果。

（《资治通鉴》卷一百七十六《陈纪十》　5497）

隋　纪

文帝开皇九年（589）

[陈主] 重立赏格，僧、尼、道士，尽令执役。

（《资治通鉴》卷一百七十七《隋纪一》　5504）

樊毅屯耆阇寺，鲁广达屯白土冈，忠武将军孔范屯宝田寺，己卯，任忠自吴兴入赴，仍屯朱雀门。

（《资治通鉴》卷一百七十七《隋纪一》　5506）

文帝开皇十七年（597）

秦王俊，幼仁恕，喜佛教，尝请为沙门，不许。及为并州总管，渐好奢侈，违越制度，盛治宫室。

（《资治通鉴》卷一百七十八《隋纪二》　5557）

文帝开皇十八年（598）

独孤后三日不食，为之请命曰："陀若蠹政害民者，妾不敢言；今坐为妾身，敢请其命。"陀弟司勋侍郎整诣阙求哀，于是免陀死，除名为民，以其妻杨氏为尼。

（《资治通鉴》卷一百七十八《隋纪二》　5561）

文帝开皇十九年（599）

颍夫人卒，独孤后言于上曰："高仆射老矣，而丧夫人，陛下何能不为之娶！"上以后言告颍。颍流涕谢曰："臣今已老，退朝，唯斋居读佛经而已，虽陛下垂哀之深！至于纳室，非臣所愿。"上乃止。

（《资治通鉴》卷一百七十八《隋纪二》　5566）

宪司复奏沙门真觉尝谓颍云："明年国有大丧。"尼令晖复云："十七、十八年，皇帝有大厄，十九年不可过。"上闻而益怒，顾谓群臣曰："帝王岂可力求！孔子以大圣之才，犹不得天下。颎与子言，自比晋帝，此何心乎！"有司请斩之。上曰："去年杀虞庆则，今兹斩王世积，如更诛颎，天下其谓我何！"于是除名为民。

（《资治通鉴》卷一百七十八《隋纪二》 5567）

文帝开皇二十年（600）

帝晚年深信佛道鬼神，辛巳，始诏："有毁佛及天尊、岳、镇、海、渎神像者，以不道论；沙门毁佛像，道士毁天尊像者，以恶逆论。"

（《资治通鉴》卷一百七十九《隋纪三》 5586）

炀帝大业元年（605）

又有漾彩、朱鸟、苍螭、白虎、玄武、飞羽、青凫、陵波、五楼、道场、玄坛、板舺、黄篾等数千艘，后宫、诸王、公主、百官、僧、尼、道士、蕃客乘之，及载内外百司供奉之物，共用挽船士八万余人，其挽漾彩以上者九千余人，谓之殿脚，皆以锦彩为袍。

（《资治通鉴》卷一百八十《隋纪四》 5621）

炀帝大业六年（610）

春，正月，癸亥朔，未明三刻，有盗数十人，素冠练衣，焚香持华，自称弥勒佛，入自建国门，监门者皆稽首。既而夺卫士仗，将为乱；齐王暕遇而斩之。于是都下大索，连坐者千余家。

（《资治通鉴》卷一百八十一《隋纪五》 5648）

帝临朝凝重，发言降诏，辞义可观；而内存声色，其在两都及巡游，常以僧、尼、道士、女官自随，谓之四道场。梁公萧钜，琮之弟子；千牛左右宇文晶，庆之孙也；皆有宠于帝。帝每日于苑中林亭间盛陈酒馔，敕燕王倓与钜、晶及高祖嫔御为一席，僧、尼、道士、女官为一席，帝与诸宠姬为一席，略相连接，罢朝即从之宴饮，更相劝侑，酒酣骰乱，靡所不至，以是为常。

（《资治通鉴》卷一百八十一《隋纪五》 5649）

炀帝大业九年（613）

唐县人宋子贤，善幻术，能变佛形，自称弥勒出世，远近信惑，遂谋因无遮大会举兵袭乘舆；事泄，伏诛，并诛党与千余家。

扶风桑门向海明亦自称弥勒出世，人有归心者，辄获吉梦，由是三辅人翕然奉之，因举兵反，众至数万。丁亥，海明自称皇帝，改元白乌。诏太仆卿杨义臣击破之。

（《资治通鉴》卷一百八十二《隋纪六》　　5686）

[王]世充召先降者于通玄寺瑞像前焚香为誓，约降者不杀。散者始欲入海为盗，闻之，旬月之间，归首略尽，世充悉坑之于黄亭涧，死者三万余人。

（《资治通鉴》卷一百八十二《隋纪六》　　5688）

唐　纪

高祖武德二年（619）

［皇泰主］乃布席焚香礼佛："愿自今已往，不复生帝王家！"饮药，不能绝，以帛缢杀之，谥曰恭皇帝。

（《资治通鉴》卷一百八十七《唐纪三》　5857）

丁未，武周进逼介州，沙门道澄以佛幡縆之入城，遂陷介州。

（《资治通鉴》卷一百八十七《唐纪三》　5858）

高祖武德四年（621）

先是御史大夫郑颋不乐仕世充，多称疾不预事，至是谓世充曰："臣闻佛有金刚不坏身，陛下真是也。臣实多幸，得生佛世，愿弃官削发为沙门，服勤精进，以资陛下之神武。"世充曰："国之大臣，声望素重，一旦入道，将骇物听。俟兵革休息，当从公志。"颋固请，不许。退谓其妻曰："吾束发从官，志慕名节，不幸遭遇乱世，流离至此，侧身猜忌之朝，累足危亡之地，智力浅薄，无以自全，人生会有死，早晚何殊，姑从吾所好，死亦无憾。"遂削发被僧服。世充闻之，大怒曰："尔以我为必败，欲苟免邪？不诛之，何以制众！"遂斩颋于市。颋言笑自若，观者壮之。

（《资治通鉴》卷一百八十八《唐纪四》　5903）

并州安抚使唐俭密奏："真乡公李仲文与妖僧志觉有谋反语，又娶陶氏之女以应桃李之谣。谄事可汗，甚得其意，可汗许立为南面可汗；及在并州，赃贿狼藉。"上命裴寂、陈叔达、萧瑀杂鞫之。乙巳，仲文伏诛。

（《资治通鉴》卷一百八十八《唐纪四》　5904）

初，窦建德之诛宇文化及也，隋南阳公主有子曰禅师，建德虎贲郎将于士澄问之曰："化及大逆，兄弟之子皆当从坐，若不能舍禅师，当相为留之。"公主泣曰："虎贲既隋室贵臣，兹事何须见问！"建德竟杀之。公主寻请为尼。及建德败，公主将归长安，与宇文士及遇于洛阳，士及请与相见，公主不可。士及立于户外，请复为夫妇。公主曰："我与君仇家，今所以不手刃君者，但谋逆之日，察君不预知耳。"诃令速去。

（《资治通鉴》卷一百八十九《唐纪五》　5919）

高祖武德七年（624）

初，隋末京兆韦仁寿为蜀郡司法书佐，所论囚至市，犹西向为仁寿礼佛然后死。

（《资治通鉴》卷一百九十一《唐纪七》　5990）

高祖武德九年（626）

太史令傅奕上疏请除佛法曰："佛在西域，言妖路远，汉译胡书，恣其假托。使不忠不孝削发而揖君亲，游手游食易服以逃租赋。伪启三涂，谬张六道，恐愒愚夫，诈欺庸品。乃追忏既往之罪，虚规将来之福；布施万钱，希万倍之报，持斋一日，冀百日之粮。遂使愚迷，妄求功德，不惮科禁，轻犯宪章；有造为恶逆，身坠刑网，方乃狱中礼佛，规免其罪。且生死寿夭，由于自然，刑德威福，关之人主，贫富贵贱，功业所招，而愚僧矫诈，皆云由佛。窃人主之权，擅造化之力，其为害政，良可悲矣！降自羲、农，至于有汉，皆无佛法，君明臣忠，祚长年久。汉明帝始立胡神，西域桑门自传其法。西晋以上，国有严科，不许中国之人辄行髡发之事。泊于苻、石，羌、胡乱华，主庸臣佞，政虐祚短，梁武、齐襄，足为明镜。今天下僧尼，数盈十万，剪刻缯彩，装束泥人，竞为厌魅，迷惑万姓。请令匹配，即成十万余户，产育男女，十年长养，一纪教训，可以足兵。四海免蚕食之殃，百姓知威福所在，则妖惑之风自革，淳朴之化还兴。窃见齐朝章仇子佗表言：'僧尼徒众，糜损国家，寺塔奢侈，虚费金帛。'为诸僧附会宰相，对朝谗毁，诸尼依托妃、主，潜行谤讟，子佗竟被囚絷，刑于都市。周武平齐，制封其墓。臣虽不敏，窃慕其踪。"

上诏百官议其事，唯太仆卿张道源称奕言合理。萧瑀曰："佛，圣人也，而奕非之；非圣人者无法，当治其罪。"奕曰："人之大伦，莫如君父。佛以世嫡而叛其父，以匹夫而抗天子。萧瑀不生于空桑，乃遵无父之教。非孝者无亲，瑀之谓矣！"瑀不能对，但合手曰："地狱之设，正为是人！"

上亦恶沙门、道士苟避征徭，不守戒律，皆如奕言。又寺观邻接廛邸，溷杂屠沽。辛巳，下诏命有司沙汰天下僧、尼、道士、女冠，其精勤练行者，迁居大寺观，给其衣食，毋令阙乏。庸猥粗秽者，悉令罢道，勒还乡里。京师留寺三所，观二所，诸州各留一所，余皆罢之。

傅奕性谨密，既职在占候，杜绝交游，所奏灾异，悉焚其稿，人无知者。

（《资治通鉴》卷一百九十一《唐纪七》 6001）

是日，下诏赦天下。凶逆之罪，止于建成、元吉，自余党与，一无所问。其僧、尼、道士、女冠并宜依旧。国家庶事，皆取秦王处分。

（《资治通鉴》卷一百九十一《唐纪七》 6012）

上召傅奕，赐之食，谓曰："汝前所奏，几为吾祸。然凡有天变，卿宜尽言皆如此，勿以前事为惩也。"上尝谓奕曰："佛之为教，玄妙可师，卿何独不悟其理？"对曰："佛乃胡中桀黠，诳耀彼土。中国邪僻之人，取庄、老玄谈，饰以妖幻之语，用欺愚俗，无益于民，有害于国，臣非不悟，鄙不学也。"上颇然之。

（《资治通鉴》卷一百九十二《唐纪八》 6029）

太宗贞观二年（628）

上曰："梁武帝君臣惟谈苦空，侯景之乱，百官不能乘马。元帝为周师所围，犹讲老子，百官戎服以听。此深足为戒。朕所好者，唯尧、舜、周、孔之道，以为如鸟有翼，如鱼有水，失之则死，不可暂无耳。"

（《资治通鉴》卷一百九十二《唐纪八》 6054）

太宗贞观三年（629）

沙门法雅坐妖言诛。司空裴寂尝闻其言，辛未，寂坐免官，遣还乡里。

（《资治通鉴》卷一百九十三《唐纪九》 6062）

太宗贞观五年（631）

春，正月，诏僧、尼、道士致拜父母。

（《资治通鉴》卷一百九十三《唐纪九》 6086）

太宗贞观十年（636）

上得疾，累年不愈，后侍奉，昼夜不离侧。常系毒药于衣带，曰："若有不讳，义不独生。"后素有气疾，前年从上幸九成宫，柴绍等中夕告变，上擐甲出阁问状，后扶疾以从，左右止之，后曰："上既震惊，吾何心自安！"由是疾遂甚。太子言于后曰："医药备尽而疾不瘳，请奏赦罪人及度人入道，庶获冥福。"后曰："死生有命，非智力所移。若为善有福，则吾不为恶；如其不然，妄求何益！赦者国之大事，不可数下。道、释异端之教，蠹国病民，皆上素所不为，奈何以吾一妇人使上为所不为乎！必行汝言，吾不如速死！"太子不敢奏，私以语房玄龄，玄龄白上，上哀之，欲为之赦，后固止之。

（《资治通鉴》卷一百九十四《唐纪十》　6120）

太宗贞观十三年（639）

太史令傅奕精究术数之书，而终不之信，遇病，不呼医饵药。有僧自西域来，善咒术，能令人立死，复咒之使苏。上择飞骑中壮者试之，皆如其言；以告奕，奕曰："此邪术也。臣闻邪不干正，请使咒臣，必不能行。"上命僧咒奕，奕初无所觉，须臾，僧忽僵仆，若为物所击，遂不复苏。又有婆罗门僧，言得佛齿，所击前无坚物。长安士女辐凑如市。奕时卧疾，谓其子曰："吾闻有金刚石，性至坚，物莫能伤，唯羚羊角能破之，汝往试焉。"其子往见佛齿，出角叩之，应手而碎，观者乃止。奕临终，戒其子无得学佛书，时年八十五。又集魏、晋以来驳佛教者为《高识传》十卷，行于世。

（《资治通鉴》卷一百九十五《唐纪十一》　6150）

太宗贞观二十二年（648）

十二月，庚午，太子为文德皇后作大慈恩寺成。

（《资治通鉴》卷一百九十九《唐纪十五》　6264）

高宗永徽三年（652）

散骑常侍房遗爱尚太宗女高阳公主，公主骄恣甚，房玄龄薨，公主教遗爱与兄遗直异财，既而反谮遗直。遗直自言，太宗深责让主，由是宠衰，主怏怏不悦。会御史劾盗，得浮屠辩机宝枕，云主所赐。主与辩机私通，饷遗亿计，更以二女子侍遗爱。太宗怒，腰斩辩机，杀奴婢十余人；主益怨望，太宗崩，无戚容。上即位，主又令遗爱与遗直更相讼，遗爱坐出为房州刺史，遗直为隰州刺史。又，浮屠智勖等数人私侍主，主使掖庭令陈玄运伺宫省機祥。

（《资治通鉴》卷一百九十九《唐纪十五》 6279）

高宗永徽五年（654）

太宗崩，武氏随众感业寺为尼。忌日，上诣寺行香，见之，武氏泣，上亦泣。王后闻之，阴令武氏长发，劝上内之后宫，欲以间淑妃之宠。武氏巧慧，多权数，初入宫，卑辞屈体以事后。后爱之，数称其美于上。未几大幸，拜为昭仪，后及淑妃宠皆衰，更相与共谮之，上皆不纳。

（《资治通鉴》卷一百九十九《唐纪十五》 6284）

高宗显庆二年（657）

是岁，诏："自今僧尼不得受父母及尊者礼拜，所司明有法制禁断。"

（《资治通鉴》卷二百《唐纪十六》 6308）

高宗龙朔二年（662）

六月，乙丑，初令僧、尼、道士、女官致敬父母。

（《资治通鉴》卷二百《唐纪十六》 6329）

高宗总章元年（668）

九月，癸巳，李勣拔平壤。……契苾何力先引兵至平壤城下，勣军继之，围平壤月余，高丽王藏遣泉男产帅首领九十八人，持白幡诣勣降，勣以礼接之。泉男建犹闭门拒守，频遣兵出战，皆败。男建以军事委僧信诚，信诚密遣人诣勣，请为内应。后五日，信诚开门，勣纵兵登城鼓噪，焚城四周，男建自刺，不死，遂擒之。高丽悉平。

（《资治通鉴》卷二百一《唐纪十七》 6355）

高宗弘道元年（683）

绥州步落稽白铁余，埋铜佛于地中，久之，草生其上，给其乡人曰："吾于此数见佛光。"择日集众掘地，果得之，因曰："得见圣佛者，百疾皆愈。"远近赴之。铁余以杂色囊盛之数十重，得厚施，乃去一囊。数年间，归信者众，遂谋作乱。据城平县，自称光明圣皇帝，置百官，进攻绥德、大斌二县，杀官吏，焚民居。遣右武卫将军程务挺与夏州都督王方翼讨之，甲申，攻拔其城，擒铁余，馀党悉平。

（《资治通鉴》卷二百三《唐纪十九》 6413）

则天后垂拱二年（686）

苏良嗣遇僧怀义于朝堂，怀义偃蹇不为礼；良嗣大怒，命左右捽曳，批其颊数十。怀义诉于太后，太后曰："阿师当于北门出入，南牙宰相所往来，勿犯也。"

太后托言怀义有巧思，故使入禁营造。补阙长社王求礼上表，以为："太宗时，有罗黑黑善弹琵琶，太宗阉为给使，使教宫人。陛下若以怀义有巧性，欲宫中驱使者，臣请阉之，庶不乱宫闱。"表寝不出。

（《资治通鉴》卷二百三《唐纪十九》 6441）

天气不和而寒暑并，人气不和而疣赘生，地气不和而堆阜出。今陛下以女主处阳位，反易刚柔，故地气塞隔而山变为灾。

（《资治通鉴》卷二百三《唐纪十九》 6442）

则天后垂拱四年（688）

太宗、高宗之世，屡欲立明堂，诸儒议其制度，不决而止。及太后称制，独与北门学士议其制，不问诸儒。诸儒以为明堂当在国阳丙己之地，三里之外，七里之内。太后以为去宫太远。二月，庚午，毁乾元殿，于其地作明堂，以僧怀义为之使，凡役数万人。

（《资治通鉴》卷二百四《唐纪二十》 6447）

辛亥，明堂成，高二百九十四尺，方三百尺。凡三层：下层法四时，各随方色；中层法十二辰；上为圆盖，九龙捧之。上施铁凤，高一丈，饰以黄金。中有巨木十围，上下通贯，栭栌樘棍藉以为本。下施铁渠，为辟雍之象。号曰万象神宫。宴赐群臣，赦天下，纵民入观。改河南为合宫县。又于明堂北起天堂五级以贮大像；至三级，则俯视明堂矣。僧怀义以功拜左威卫大将军、梁国公。

（《资治通鉴》卷二百四《唐纪二十》 6454）

则天后永昌元年（689）

己巳，以僧怀义为新平军大总管，北讨突厥。行至紫河，不见虏，于单于台刻石纪功而还。

（《资治通鉴》卷二百四《唐纪二十》 6458）

九月，壬子，以僧怀义为新平道行军大总管，将兵二十万讨突厥骨笃禄。

（《资治通鉴》卷二百四《唐纪二十》　6460）

则天后天授元年（690）

东魏国寺僧法明等撰《大云经》四卷，表上之，言太后乃弥勒佛下生，当代唐为阎浮提主，制颁于天下。

（《资治通鉴》卷二百四《唐纪二十》　6466）

九月，丙子，侍御史汲人傅游艺帅关中百姓九百余人诣阙上表，请改国号曰周，赐皇帝姓武氏。太后不许；擢游艺为给事中。于是百官及帝室宗戚、远近百姓、四夷酋长、沙门、道士合六万余人，俱上表如游艺所请，皇帝亦上表自请赐姓武氏。戊寅，群臣上言：有凤皇自明堂飞入上阳宫，还集左台梧桐之上，久之，飞东南去；及赤雀数万集朝堂。

（《资治通鉴》卷二百四《唐纪二十》　6467）

壬申，敕两京诸州各置大云寺一区，藏《大云经》，使僧升高座讲解，其撰疏僧云宣等九人皆赐爵县公，仍赐紫袈裟、银龟袋。

（《资治通鉴》卷二百四《唐纪二十》　6469）

则天后天授二年（691）

癸卯，制以释教开革命之阶，升于道教之上。

（《资治通鉴》卷二百四《唐纪二十》　6473）

则天后长寿二年（693）

魏王承嗣等五千人表请加尊号曰金轮圣神皇帝。乙未，太后御万象神宫，受尊号，赦天下。作金轮等七宝，每朝会，陈之殿庭。

（《资治通鉴》卷二百五《唐纪二十一》　6492）

则天后延载元年（694）

庚午，以僧怀义为代北道行军大总管，以讨默啜。

（《资治通鉴》卷二百五《唐纪二十一》　6493）

五月，魏王承嗣等二万六千余人上尊号曰越古金轮圣神皇帝。甲午，御则天门楼受尊号，赦天下，改元。

（《资治通鉴》卷二百五《唐纪二十一》　6494）

河内有老尼居神都麟趾寺，与嵩山人韦什方等以妖妄惑众。尼自号净光如来，云能知未然；什方自云吴赤乌年生。又有老胡亦自言五百岁，云见薛师已二百年矣，容貌愈少。太后甚信重之，赐什方姓武氏。秋，七月，癸未，以什方为正谏大夫、同平章事，制云："迈轩代之广成，逾汉朝之河上。"八月，什方乞还山，制罢遣之。

（《资治通鉴》卷二百五《唐纪二十一》 6494）

则天后天册万岁元年（695）

正月，辛巳朔，太后加号慈氏越古金轮圣神皇帝，赦天下，改元证圣。

（《资治通鉴》卷二百五《唐纪二十一》 6497）

初，明堂既成，太后命僧怀义作夹伫大像，其小指中犹容数十人，于明堂北构天堂以贮之。堂始构，为风所摧，更构之，日役万人，采木江岭，数年之间，所费以万亿计，府藏为之耗竭。怀义用财如粪土，太后一听之，无所问。每作无遮会，用钱万缗；士女云集，又散钱十车，使之争拾，相蹜践有死者。所在公私田宅，多为僧有。怀义颇厌入宫，多居白马寺，所度力士为僧者满千人。侍御史周矩疑有奸谋，固请按之。太后曰："卿姑退，朕即令往。"矩至台，怀义亦至，乘马就阶而下，坦腹于床。矩召吏将按之，遽跃马而去。矩具奏其状，太后曰："此道人病风，不足诘，所度僧，惟卿所处。"悉流远州。迁矩天官员外郎。

乙未，作无遮会于明堂，凿地为坑，深五丈，结彩为宫殿，佛像皆于坑中引出之，云自地涌出。又杀牛取血，画大像，首高二百尺，云怀义刺膝血为之。丙申，张像于天津桥南，设斋。时御医沈南璆亦得幸于太后，怀义心愠，是夕，密烧天堂，延及明堂，火照城中如昼，比明皆尽，暴风裂血像为数百段。太后耻而讳之，但云内作工徒误烧麻主，遂涉明堂。时方酺宴，左拾遗刘承庆请辍朝停酺以答天谴，太后将从之。姚璹曰："昔成周宣榭，卜代愈隆；汉武建章，盛德弥永。今明堂布政之所，非宗庙也，不应自贬损。"太后乃御端门，观酺如平日。命更造明堂、天堂，仍以怀义充使。又铸铜为九州鼎及十二神，皆高一丈，各置其方。

先是，河内老尼昼食一麻一米，夜则烹宰宴乐，畜弟子百余人，淫秽靡所不为。武什方自言能合长年药，太后遣乘驿于岭南采药。及明堂火，尼入啗太后，太后怒叱之，曰："汝常言能前知，何以不言明堂火？"因斥还河内，弟子及老胡等皆逃散。又有发其奸者，太后乃复召尼还麟趾寺，弟子毕集，敕给使掩捕，尽获之，皆没为官婢。什方还，至偃师，闻事露，自绞死。

庚子，以明堂火告庙，下制求直言。刘承庆上疏，以为："火发既从麻主，后及总章，所营佛舍，恐劳无益，请罢之。又，明堂所以统和天人，一旦焚毁，臣下何心犹为酺宴！忧喜相争，伤于情性。又，陛下垂制博访，许陈至理，而左史张鼎以为今既火流王屋，弥显大周之祥，通事舍人逢敏奏称，弥勒成道时有天魔烧宫，七宝台须臾散坏，斯实诡妄之邪言，非君臣之正论。伏愿陛下乾乾翼翼，无戾天人之心而兴不急之役，则兆人蒙赖，福禄无穷。"

（《资治通鉴》卷二百五《唐纪二十一》　6498）

僧怀义益骄恣，太后恶之。既焚明堂，心不自安，言多不顺；太后密选宫人有力者百余人以防之。壬子，执之于瑶光殿前树下，使建昌王武攸宁帅壮士殴杀之，送尸白马寺，焚之以造塔。

甲子，太后去"慈氏越古"之号。

（《资治通鉴》卷二百五《唐纪二十一》　6502）

夏，四月，天枢成，高一百五尺，径十二尺，八面，各径五尺。下为铁山，周百七十尺，以铜为蟠龙麒麟萦绕之；上为腾云承露盘，径三丈，四龙人立捧火珠，高一丈。工人毛婆罗造模，武三思为文，刻百官及四夷酋长名，太后自书其榜曰"大周万国颂德天枢"。

（《资治通鉴》卷二百五《唐纪二十一》　6502）

九月，甲寅，太后合祭天地于南郊，加号天册金轮大圣皇帝，赦天下，改元。

（《资治通鉴》卷二百五《唐纪二十一》　6503）

则天后万岁通天元年（696）

丁巳，新明堂成，高二百九十四尺，方三百尺，规模率小于旧。上施金涂铁凤，高二丈，后为大风所损；更为铜火珠，群龙捧之，号曰通天宫。赦天下，改元万岁通天。

（《资治通鉴》卷二百五《唐纪二十一》　6505）

则天后久视元年（700）

辞日，〔吉顼〕得召见，涕泣言曰：“臣今远离阙庭，永无再见之期，愿陈一言。”太后命之坐，问之，顼曰：“合水土为泥，有争乎？”太后曰：“无之。”又曰：“分半为佛，半为天尊，有争乎？”曰：“有争矣。”顼顿首曰：“宗室、外戚各当其分，则天下安。今太子已立而外戚犹为王，此陛下驱之使他日必争，两不得安也。”太后曰：“朕亦知之。然业已如是，不可何如。”

（《资治通鉴》卷二百六《唐纪二十二》　6544）

夏，四月，戊申，太后幸三阳宫避暑，有胡僧邀车驾观葬舍利，太后许之。狄仁杰跪于马前曰：“佛者戎狄之神，不足以屈天下之主。彼胡僧诡谲，直欲邀致万乘以惑远近之人耳。山路险狭，不容侍卫，非万乘所宜临也。”太后中道而还曰：“以成吾直臣之气。”

五月，己酉朔，日有食之。

太后使洪州僧胡超合长生药，三年而成，所费巨万。太后服之，疾小瘳。癸丑，赦天下，改元久视；去天册金轮大圣之号。

六月，改控鹤为奉宸府，以张易之为奉宸令。太后每内殿曲宴，辄引诸武、易之及弟秘书监昌宗饮博嘲谑。太后欲掩其迹，乃命易之、昌宗与文学之士李峤等修《三教珠英》于内殿。武三思奏昌宗乃王子晋后身。太后命昌宗衣羽衣，吹笙，乘木鹤于庭中；文士皆赋诗以美之。

（《资治通鉴》卷二百六《唐纪二十二》　6546）

庚申，太后欲造大像，使天下僧尼日出一钱以助其功。狄仁杰上疏谏，其略曰：“今之伽蓝，制过宫阙。功不使鬼，止在役人，物不天来，终须地出，不损百姓，将何以求！”又曰：“游僧皆托佛法，诖误生人；里陌动有经坊，阛阓亦立精舍。化诱所急，切于官征；法事所须，严于制敕。”又曰：“梁武、简文舍施无限，及三淮沸浪，五岭腾烟，列刹盈衢，无救危亡之祸，缁衣蔽路，岂有勤王之师！”又曰：“虽敛僧钱，百未支一。尊容既广，不可露居，覆以百层，尚忧未遍，自余廊宇，不得全无。如来设教，以慈悲为主，岂欲劳人，以存虚饰！”又曰：“比来水旱不节，当今边境未宁，若费官财，又尽人力，一隅有难，将何以救之！”太后曰：“公教朕为善，何得相违！”遂罢其役。

（《资治通鉴》卷二百七《唐纪二十三》　6549）

则天后长安元年（701）

春，正月，丁丑，以成州言佛迹见，改元大足。

（《资治通鉴》卷二百七《唐纪二十三》 6554）

则天后长安四年（704）

太后复税天下僧尼，作大像于白司马阪，令春官尚书武攸宁检校，糜费巨亿。李峤上疏，以为："天下编户，贫弱者众。造像钱见有一十七万余缗，若将散施，人与一千，济得一十七万余户。拯饥寒之弊，省劳役之勤，顺诸佛慈悲之心，沾圣君亭育之意，人神胥悦，功德无穷。方作过后因缘，岂如见在果报！"监察御史张廷珪上疏谏曰："臣以时政论之，则宜先边境，蓄府库，养人力；以释教论之，则宜救苦厄，灭诸相，崇无为。伏愿陛下察臣之愚，行佛之意，务以理为上，不以人废言。"太后为之罢役，仍召见廷珪，深赏慰之。

（《资治通鉴》卷二百七《唐纪二十三》 6571）

辛未，许州人杨元嗣，告"昌宗尝召术士李弘泰占相，弘泰言昌宗有天子相，劝于定州造佛寺，则天下归心"。太后命韦承庆及司刑卿崔神庆、御史中丞宋璟鞫之。神庆，神基之弟也。承庆、神庆奏言："昌宗款称'弘泰之语，寻已奏闻'，准法首原；弘泰妖言，请收行法。"璟与大理丞封全祯奏："昌宗宠荣如是，复召术士占相，志欲何求！弘泰称筮得纯乾，天子之卦。昌宗倘以弘泰为妖妄，何不执送有司！虽云奏闻，终是包藏祸心，法当处斩破家。请收付狱，穷理其罪！"太后久之不应，璟又曰："倘不即收系，恐其摇动众心。"太后曰："卿且停推，俟更检详文状。"璟退，左拾遗江都李邕进曰："向观宋璟所奏，志安社稷，非为身谋，愿陛下可其奏！"太后不听。

（《资治通鉴》卷二百七《唐纪二十三》 6575）

中宗神龙元年（705）

先是，胡僧慧范以妖妄游权贵之门，与张易之兄弟善，韦后亦重之。及易之诛，复称慧范预其谋，以功加银青光禄大夫，赐爵上庸县公，出入宫掖，上数微行幸其舍。彦范复表言慧范执左道以乱政，请诛之。上皆不听。

（《资治通鉴》卷二百八《唐纪二十四》 6585）

先是，元琰知三思浸用事，请弃官为僧，上不许。敬晖闻之，笑曰："使我早知，劝上许之，髡去胡头，岂不妙哉！"元琰多须类胡，故晖戏之。元琰曰："功成名遂，不退将危。此乃由衷之请，非徒然也。"晖知其意，瞿然不悦。及晖等得罪，元琰独免。

（《资治通鉴》卷二百八《唐纪二十四》　6593）

中宗神龙二年（706）

赐阌乡僧万回号法云公。

甲戌，以突骑施酋长乌质勒为怀德郡王。

二月，乙未，以刑部尚书韦巨源同中书门下三品，仍与皇后叙宗族。

丙申，僧慧范等九人并加五品阶，赐爵郡、县公；道士史崇恩等加五品阶，除国子祭酒，同正；叶静能加金紫光禄大夫。

（《资治通鉴》卷二百八《唐纪二十四》　6598）

丙辰，以蒲州刺史窦从一为雍州刺史。从一，德玄之子也，初名怀贞，避皇后父讳，更名从一，多谄附权贵。太平公主与僧寺争碾硙，雍州司户李元纮判归僧寺。从一大惧，亟命元纮改判。元纮大署判后曰："南山可移，此判无动！"从一不能夺。

（《资治通鉴》卷二百八《唐纪二十四》　6606）

中宗景龙元年（707）

庚寅，敕改诸州中兴寺、观为龙兴，自今奏事不得言中兴。

（《资治通鉴》卷二百八《唐纪二十四》　6610）

中宗景龙二年（708）

甲午，清源尉吕元泰上疏，以为："边境未宁，镇戍不息，士卒困苦，转输疲弊，而营建佛寺，日广月滋，劳人费财，无有穷极。昔黄帝、尧、舜、禹、汤、文、武惟以俭约仁义立德垂名，晋、宋以降，塔庙竞起，而丧乱相继，由其好尚失所，奢靡相高，人不堪命故也。伏愿回营造之资，充疆场之费，使烽燧永息，群生富庶，则如来慈悲之施，平等之心，孰过于此！"疏奏，不省。

（《资治通鉴》卷二百九《唐纪二十五》　6622）

上及皇后、公主多营佛寺。左拾遗京兆辛替否上疏谏，略曰："臣闻古之建官，员不必备，士有完行，家有廉节，朝廷有余俸，百姓有余食。伏惟陛下百倍行赏，十倍增官，金银不供其印，束帛不充于锡，遂使富商豪贾，尽居缨冕之流；鬻伎行巫，或涉膏腴之地。"又曰："公主，陛下之爱女，然而用不合于古义，行不根于人心，将恐变爱成憎，翻福为祸。何者？竭人之力，费人之财，夺人之家；爱数子而取三怨，使边疆之士不尽力，朝廷之士不尽忠，人之散矣，独持所爱，何所恃乎！君以人为本，本固则邦宁，邦宁则陛下之夫妇母子长相保也。"又曰："若以造寺必为理体，养人不足经邦，则殷、周已往皆暗乱，汉、魏已降皆圣明，殷、周已往为不长，汉、魏已降为不短矣。陛下缓其所急，急其所缓，亲未来而疏见在，失真实而冀虚无，重俗人之为，轻天子之业，虽以阴阳为炭，万物以铜，役不食之人，使不衣之士，犹尚不给，况资于天生地养，风动雨润，而后得之乎！一旦风尘再扰，霜雹荐臻，沙弥不可操干戈，寺塔不足攘饥馑，臣窃惜之。"疏奏，不省。

（《资治通鉴》卷二百九《唐纪二十五》 6624）

中宗景龙三年（709）

春，正月，丁卯，制广东都圣善寺，居民失业者数十家。

（《资治通鉴》卷二百九《唐纪二十五》 6631）

时政出多门，滥官充溢，人以为三无坐处，谓宰相、御史及员外官也。韦嗣立上疏，以为："比者造寺极多，务取崇丽，大则用钱百数十万，小则三五万，无虑所费千万以上，人力劳弊，怨嗟盈路。佛之为数，要在降伏身心，岂雕画土木，相夸壮丽！万一水旱为灾，戎狄构患，虽龙象如云，将何救哉！"

（《资治通鉴》卷二百九《唐纪二十五》 6633）

睿宗景云元年（710）

兵部侍郎崔日用素附韦、武，与宗楚客善，知楚客谋，恐祸及己，遣宝昌寺僧普润密诣隆基告之，劝其速发。

（《资治通鉴》卷二百九《唐纪二十五》 6644）

睿宗景云二年（711）

前右率府铠曹参军柳泽上疏，以为："斜封官皆因仆妾汲引，岂出孝和之意！陛下一切黜之，天下莫不称明。一旦忽尽收叙，善恶不定，反覆相攻，何陛下政令之不一也！议者咸称太平公主令胡僧慧范曲引此曹，诳误陛下。臣恐积小成大，为祸不细。”上弗听。

（《资治通鉴》卷二百一十《唐纪二十六》　6664）

　　右补阙辛替否上疏，以为：“自古失道破国亡家者，口说不如身逢，耳闻不如目睹；臣请以陛下所目睹者言之。太宗皇帝，陛下之祖也，拨乱返正，开基立极；官不虚授，财无枉费；不多造寺观而有福，不多度僧尼而无灾，天地垂祐，风雨时若，粟帛充溢，蛮夷率服，享国久长，名高万古。陛下何不取而法之！中宗皇帝，陛下之兄，弃祖宗之业，徇女子之意；无能而禄者数千人，无功而封者百余家；造寺不止，费财货者数百亿，度人无穷，免租庸者数十万，所出日滋，所入日寡；夺百姓口中之食以养贪残，剥万人体上之衣以涂土木，于是人怨神怒，众叛亲离，水旱并臻，公私俱罄，享国不永，祸及其身。陛下何不惩而改之！自顷以来，水旱相继，兼以霜蝗，人无所食，未闻赈恤，而为二女造观，用钱百余万缗。陛下岂可不计当今府库之蓄积有几，中外之经费有几，而轻用百余万缗，以供无用之役乎！陛下族韦氏之家，而不去韦氏之恶，忍弃太宗之法，不忍弃中宗之政乎！且陛下与太子当韦氏用事之时，日夕忧危，切齿于群凶；今幸而除之，乃不改其所为，臣恐复有切齿于陛下者也。然则陛下又何恶于群凶而诛之！昔先帝之怜悖逆也，宗晋卿为之造第，赵履温为之葺园，殚园财，竭人力，第成不暇居，园成不暇游，而身为戮没。今之造观崇侈者，必非陛下、公主之本意，殆有宗、赵之徒从而劝之，不可不察也。陛下不停斯役，臣恐人之愁怨，不减前朝之时。人人知其祸败而口不敢言，言则刑戮随之矣。韦月将、燕钦融之徒，先朝诛之，陛下赏之，岂非陛下知直言之有益于国乎！臣今所言，亦先朝之直也，惟陛下察之。”上虽不能从，而嘉其切直。

（《资治通鉴》卷二百一十《唐纪二十六》　6668）

玄宗先天元年（712）

　　有相者谓同中书门下三品窦怀贞曰：“公有刑厄。”怀贞惧，请解官为安国寺奴；敕听解官。乙亥，复以怀贞为左仆射兼御史大夫、平章军国重事。

（《资治通鉴》卷二百一十《唐纪二十六》　6673）

玄宗开元二年（714）

中宗以来，贵戚争营佛寺，奏度人为僧，兼以伪妄；富户强丁多削发以避徭役，所在充满。姚崇上言："佛图澄不能存赵，鸠摩罗什不能存秦，齐襄、梁武，未免祸殃。但使苍生安乐，即是福身；何用妄度奸人，使坏正法！"上从之。丙寅，命有司沙汰天下僧尼，以伪妄还俗者万二千余人。

（《资治通鉴》卷二百一十一《唐纪二十七》 6695）

丁未，敕："自今所在毋得创建佛寺；旧寺颓坏应葺者，诣有司陈牒检视，然后听之。"

（《资治通鉴》卷二百一十一《唐纪二十七》 6696）

玄宗开元四年（716）

毗伽可汗既得思泰等，欲南入为寇。暾欲谷曰："唐主英武，民和年丰，未有间隙，不可动也。我众新集，力尚疲羸，且当息养数年，始可观变而举。"毗伽又欲筑城，并立寺观，暾欲谷曰："不可。突厥人徒稀少，不及唐家百分之一，所以能与为敌者，正以逐水草，居处无常，射猎为业，人皆习武，强则进兵抄掠，弱则窜伏山林，唐兵虽多，无所施用。若筑城而居，变更旧俗，一朝失利，必为所灭。释、老之法，教人仁弱，非用武争胜之术，不可崇也。"毗伽乃止。

（《资治通鉴》卷二百一十一《唐纪二十七》 6722）

姚崇无居第，寓居罔极寺，以病疟谒告，上遣使问饮食起居状，日数十辈。源乾曜奏事或称旨，上辄曰："此必姚崇之谋也。"或不称旨，辄曰："何不与姚崇议之！"乾曜常谢实然。每有大事，上常令乾曜就寺问崇。癸卯，乾曜请迁崇于四方馆，仍听家人入侍疾；上许之。崇以四方馆有簿书，非病者所宜处，固辞。上曰："设四方馆，为官吏也；使卿居之，为社稷也。恨不可使卿居禁中耳，此何足辞！"

（《资治通鉴》卷二百一十一《唐纪二十七》 6723）

玄宗开元九年（721）

丁未，梁文献公姚崇薨，遗令："佛以清净慈悲为本，而愚者写经造像，冀以求福。昔周、齐分据天下，周则毁经像而修甲兵，齐则崇塔庙而弛刑政，一朝合战，齐灭周兴。近者诸武、诸韦，造寺度人，不可胜纪，无救族诛。汝曹勿效儿女子终身不寤，追荐冥福！道士见僧获利，效其所为，尤不可延之于家。当永为后法！"

（《资治通鉴》卷二百一十二《唐纪二十八》　6747）

太史上言，《麟德历》浸疏，日食屡不效。上命僧一行更造新历，率府兵曹梁令瓒造黄道游仪以测候七政。

（《资治通鉴》卷二百一十二《唐纪二十八》　6748）

玄宗开元十年（722）

上女永穆公主将下嫁，敕资送如太平公主故事。僧一行谏曰："武后惟太平一女，故资送特厚，卒以骄败，奈何为法！"上遽止之。

（《资治通鉴》卷二百一十二《唐纪二十八》　6754）

玄宗开元十二年（724）

姜皎既得罪，王皇后愈忧畏不安，然待下有恩，故无随而谮之者，上犹豫不决者累岁。后兄太子少保守一，以后无子，使僧明悟为后祭南北斗，剖霹雳木，书天地字及上名，合而佩之，祝曰："佩此有子，当如则天皇后。"事觉，己卯，废为庶人，移别室安置；贬守一潭州别驾，中路赐死。户部尚书张嘉贞坐与守一交通，贬台州刺史。

（《资治通鉴》卷二百一十二《唐纪二十八》　6761）

玄宗天宝五载（746）

以门下侍郎、崇玄馆大学士陈希烈同平章事。希烈，宋州人，以讲老、庄得进，专用神仙符瑞取媚于上。

（《资治通鉴》卷二百一十五《唐纪三十一》　6871）

玄宗天宝七载（748）

［高］力士承恩岁久，中外畏之，太子亦呼之为兄，诸王公呼之为翁，驸马辈直谓之爷。自李林甫、安禄山辈皆因之以取将相。其家富厚不赀。于西京作宝寿寺，寺钟成，力士作斋以庆之，举朝毕集。击钟一杵，施钱百缗，有求媚者至二十杵，少者不减十杵。然性和谨少过，善观时俯仰，不敢骄横，故天子终亲任之，士大夫亦不疾恶也。

（《资治通鉴》卷二百一十六《唐纪三十二》　6889）

肃宗至德元载（756）

上乃命力士引贵妃于佛堂，缢杀之。舆尸置驿庭，召玄礼等入视之。玄礼等乃免胄释甲，顿首请罪，上慰劳之，令晓谕军士。玄礼等皆呼万岁，再拜而出，于是始整部伍为行计。

（《资治通鉴》卷二百一十八《唐纪三十四》 6974）

肃宗至德二载（757）

房琯性高简，时国家多难，而琯多称病不朝谒，不以职事为意，日与庶子刘秩、谏议大夫李揖，高谈释、老，或听门客董庭兰鼓琴，庭兰以是大招权利。御史奏庭兰赃贿，丁巳，罢琯为太子少师。以谏议大夫张镐为中书侍郎、同平章事。上常使僧数百人为道场于内，晨夜诵佛。镐谏曰："帝王当修德以弭乱安人，未闻饭僧可致太平也！"上然之。

（《资治通鉴》卷二百一十九《唐纪三十五》 7024）

庚子，诸军俱发；壬寅，至长安西，陈于香积寺北沣水之东。

（《资治通鉴》卷二百二十《唐纪三十六》 7033）

故妃韦氏既废为尼，居禁中，是岁卒。

（《资治通鉴》卷二百二十《唐纪三十六》 7051）

代宗永泰元年（765）

庚戌，吐蕃遣使请和，诏元载、杜鸿渐与盟于兴唐寺。

〔《资治通鉴》卷二百二十三《唐纪三十九》 7174）

太子母沈氏，吴兴人也；安禄山之陷长安也，掠送洛阳宫。上克洛阳，见之，未及迎归长安；会史思明再陷洛阳，遂失所在。上即位，遣使散求之，不获。己亥，寿州崇善寺尼广澄诈称太子母，按验，乃故少阳院乳母也，鞭杀之。

九月，庚寅朔，置百高座于资圣、西明两寺，讲仁王经，内出经二宝舆，以人为菩萨、鬼神之状，导以音乐卤簿，百官迎于光顺门外，从至寺。

（《资治通鉴》卷二百二十三《唐纪三十九》 7176）

冬，十月，己未，复讲经于资圣寺。

（《资治通鉴》卷二百二十三《唐纪三十九》 7179）

代宗大历二年（767）

丁卯，鱼朝恩奏以先所赐庄为章敬寺，以资章敬太后冥福，于是穷壮极丽，尽都市之财不足用，奏毁曲江及华清宫馆以给之，费逾万亿。卫州进士高郢上书，略曰："先太后圣德，不必以一寺增辉；国家永图，无宁以百姓为本。舍人就寺，何福之为！"又曰："无寺犹可，无人其可乎！"又曰："陛下当卑宫室，以夏禹为法。而崇塔庙躅梁武之风乎？"又上书，略曰："古之明王积善以致福，不费财以求福；修德以消祸，不劳人以禳祸。今兴造急促，昼夜不息，力不逮者随以榜笞，愁痛之声盈于道路，以此望福，臣恐不然。"又曰："陛下回正道于内心，求微助于外物，徇左右之过计，伤皇王之大猷，臣窃为陛下惜之！"皆寝不报。

始，上好祠祀，未甚重佛。元载、王缙、杜鸿渐为相，三人皆好佛；缙尤甚，不食荤血，与鸿渐造寺无穷。上尝问以："佛言报应，果为有无？"载等奏以："国家运祚灵长，非宿植福业，何以致之！福业已定，虽时有小灾，终不能为害，所以安、史悖逆方炽而皆有子祸；仆固怀恩称兵内侮，出门病死；回纥、吐蕃大举深入，不战而退：此皆非人力所及，岂得言无报应也！"上由是深信之，常于禁中饭僧百余人；有寇至则令僧讲仁王经以禳之，寇去则厚加赏赐。胡僧不空，官至卿监，爵为国公，出入禁闼，势移权贵，京畿良田美利多归僧寺。敕天下无得棰曳僧尼。造金阁寺于五台山，铸铜涂金为瓦，所费钜亿，缙给中书符牒，令五台僧数十人散之四方，求利以营之。载等每侍上从容，多谈佛事，由是中外臣民承流相化，皆废人事而奉佛，政刑日紊矣。

……

丁酉，杜鸿渐饭千僧，以使蜀无恙故也。

（《资治通鉴》卷二百二十四《唐纪四十》　7195）

代宗大历三年（768）

丙戌，内出盂兰盆赐章敬寺。设七庙神座，书尊号于幡上，百官迎谒于光顺门。自是岁以为常。

（《资治通鉴》卷二百二十四《唐纪四十》　7201）

代宗大历四年（769）

春，正月，丙子，郭子仪入朝，鱼朝恩邀之游章敬寺。

（《资治通鉴》卷二百二十四《唐纪四十》　7206）

黄门侍郎、同平章事杜鸿渐以疾辞位，壬申，许之；乙亥，薨。鸿渐病甚，令僧削发，遗令为塔以葬。

（《资治通鉴》卷二百二十四《唐纪四十》　　7209）

代宗大历九年（774）

癸未，兴善寺胡僧不空卒，赠开府仪同三司、司空，赐爵肃国公，谥曰大辩正广智不空三藏和尚。

（《资治通鉴》卷二百二十五《唐纪四十一》　　7227）

代宗大历十四年（779）

诏："天下冤滞，州府不为理，听诣三司使，以中丞、舍人、给事中各一人，日于朝堂受词。推决尚未尽者，听挝登闻鼓。自今无得复奏置寺观及请度僧尼。"于是挝登闻鼓者甚众。

（《资治通鉴》卷二百二十五《唐纪四十一》　　7261）

德宗建中四年（783）

〔李希烈〕置颜真卿于龙兴寺。

（《资治通鉴》卷二百二十八《唐纪四十四》　　7343）

会夜，泚营于城东三里，击柝张火，布满原野，使西明寺僧法坚造攻具，毁佛寺以为梯冲。韩游瓌曰："寺材皆干薪，但具火以待之。"固，侃之玄孙也。泚自是日来攻城，玼、游瓌等昼夜力战。

（《资治通鉴》卷二百二十八《唐纪四十四》　　7363）

德宗兴元元年（784）

太子少师乔琳从上至盩厔，称老疾不堪山险，削发为僧，匿于仙游寺。泚闻之，召至长安，以为吏部尚书。于是朝士之窜匿者多出仕泚矣！

……增给其众曰："此东数里有佛祠，吾贮粮焉。"三将帅众而东，纵之剽掠，由是百官从行者皆得入骆谷，以追不及还报，怀光皆黜之。

（《资治通鉴》卷二百三十《唐纪四十六》　　7411）

上欲为唐安公主造塔，厚葬之，谏议大夫、同平章事姜公辅表谏，以为"山南非久安之地，公主之葬，会归上都，此宜俭薄，以副军须之急"。上使谓陆贽曰："唐安造塔，其费甚微，非宰相所宜论。公辅正欲指朕过失，自求名耳。相负如此，当如何处之？"

（《资治通鉴》卷二百三十《唐纪四十六》　　7422）

德宗贞元二年（786）

[李] 晟闻之，昼夜泣，目为之肿，悉遣子弟诣长安，表请削发为僧，上慰谕，不许。

（《资治通鉴》卷二百三十二《唐纪四十八》　7477）

德宗贞元三年（787）

妖僧李钦奴自言："本皇族，见岳、渎神命己为天子。"结殿前射生将韩钦绪等谋作乱。丙戌，其党告之，上命捕送内侍省推之。

（《资治通鉴》卷二百三十三《唐纪四十九》　7507）

德宗贞元六年（790）

春，诏出岐山无忧王寺佛指骨迎置禁中，又送诸寺以示众，倾都瞻礼，施财巨万；二月，乙亥，遣中使复葬故处。

（《资治通鉴》卷二百三十三《唐纪四十九》　7520）

德宗贞元十年（794）

上欲修神龙寺，须五十尺松，不可得，延龄曰："臣近见同州一谷，木数千株，皆可八十尺。"上曰："开元、天宝间求美材于近畿犹不可得，今安得有之？"对曰："天生珍材，固待圣君乃出，开元、天宝，何从得之！"

（《资治通鉴》卷二百三十五《唐纪五十一》　7563）

德宗贞元十六年（800）

建封薨，藩归扬州，兼诬奏藩于建封之薨摇动军情，上大怒，密诏杜佑使杀之；佑素重藩，怀诏旬日不忍发，因引藩论佛经曰："佛言果报，有诸？"藩曰："有之。"佑曰："审如此，君宜遇事无恐。"因出诏示藩。藩神色不变，曰："此真报也。"佑曰："君慎勿出口，吾已密论，用百口保君矣。"上犹疑之，召藩诣长安，望见藩仪度安雅，乃曰："此岂为恶者邪！"即除秘书郎。

（《资治通鉴》卷二百三十五《唐纪五十一》　7590）

宪宗元和元年（806）

是岁，回鹘入贡，始以摩尼偕来，于中国置寺处之。

（《资治通鉴》卷二百三十七《唐纪五十三》　7638）

宪宗元和四年（809）

左军中尉吐突承璀领功德使，盛修安国寺，奏立圣德碑，高大一准华岳碑，先构碑楼，请敕学士撰文，且言"臣已具钱万缗，欲酬之"。上命李绛为之，绛上言："尧、舜、禹、汤，未尝立碑自言圣德，惟秦始皇于巡游所过，刻石高自称述，未审陛下欲何所法！且叙修寺之美，不过壮丽观游，岂所以光益圣德！"上览奏，承璀适在旁，上命曳倒碑楼。承璀言："碑楼甚大，不可曳，请徐毁撤。"冀得延引，乘间再论。上厉声曰："多用牛曳之！"承璀乃不敢言。凡用百牛曳之，乃倒。

（《资治通鉴》卷二百三十七《唐纪五十三》　7661）

宪宗元和六年（811）

天宝以后，中原宿兵，见在可计者八十余万，其余为商贾、僧、道不服田亩者什有五六，是常以三分劳筋苦骨之人奉七分待衣坐食之辈也。

（《资治通鉴》卷二百三十八《唐纪五十四》　7684）

宪宗元和八年（813）

事连僧鉴虚。鉴虚自贞元以来，以财交权幸，受方镇赂遗，厚自奉养，吏不敢诘。至是，权幸争为之言，上欲释之，中丞薛存诚不可。上遣中使诣台宣旨曰："朕欲面诘此僧，非释之也。"存诚对曰："陛下必欲面释此僧，请先杀臣，然后取之，不然，臣期不奉诏。"上嘉而从之。三月，丙辰，杖杀鉴虚，没其所有之财。

（《资治通鉴》卷二百三十九《唐纪五十五》　7700）

宪宗元和十年（815）

东都西南接邓、虢，皆高山深林，民不耕种，专以射猎为生，人皆趫勇，谓之山棚。元膺设重购以捕贼。数日，有山棚鬻鹿，贼遇而夺之，山棚走召其侪类，且引官军共围之谷中，尽获之。按验，得其魁，乃中岳寺僧圆净；故尝为史思明将，勇悍过人，为师道谋，多买田于伊阙、陆浑之间，以舍山棚而衣食之。有訾嘉珍、门察者，潜部分以属圆净，圆净以师道钱千万，阳为治佛光寺，结党定谋，约令嘉珍等窃发城中，圆净举火于山中，集二县山棚入城助之。圆净时年八十余，捕者既得之，奋锤击其胫，不能折。圆净骂曰："鼠子，折人胫且不能，敢称健儿！"乃自置其胫，教使折之。临刑，叹曰："误我事，不得使洛城流血！"党与死者凡数千人。留守、防御将二人及驿卒八人皆受其职名，为之耳目。

（《资治通鉴》卷二百三十九《唐纪五十五》　7716）

盗焚襄州佛寺军储。尽徙京城积草于四郊以备火。

（《资治通鉴》卷二百三十九《唐纪五十五》　7719）

穆宗长庆元年（821）

卢龙节度使刘总既杀其父兄，心常自疑，数见父兄为出神祟；常于府舍饭僧数百，使昼夜为佛事，每视事退则处其中，或处他室，则惊悸不敢寐。晚年，恐惧尤甚；亦见河南、北皆从化，己卯，奏乞弃官为僧；仍乞赐钱百万缗以赏将士。

（《资治通鉴》卷二百四十一《唐纪五十七》　7788）

刘总奏恳乞为僧，且以其私第为佛寺；诏赐总名大觉，寺名报恩，遣中使以紫僧服及天平节钺、侍中告身并赐之，惟其所择。

诏未至，总已削发为僧，将士欲遮留之，总杀其唱帅者十余人，夜，以印节授留后张玘，遁去；及明，军中始知之。玘奏总不知所在；癸亥，卒于定州之境。

（《资治通鉴》卷二百四十一《唐纪五十七》　7790）

总又尽择麾下伉健难制者都知兵马使朱克融等送之京师，乞加奖拔，使燕人有慕羡朝廷禄位之志。又献征马万五千匹，然后削发委去。

（《资治通鉴》卷二百四十一《唐纪五十七》　7792）

穆宗长庆三年（823）

丙申，上自复道幸兴庆宫，至通化门楼，投绢二百匹施山僧。上之滥赐皆此类，不可悉纪。

（《资治通鉴》卷二百四十三《唐纪五十九》　7828）

文宗太和九年（835）

李训奏僧尼猥多，耗蠹公私。丁巳，诏所在试僧尼诵经不中格者，皆勒归俗；禁置寺及私度人。

（《资治通鉴》卷二百四十五《唐纪六十一》　7906）

李训素与终南僧宗密善，往投之。宗密欲剃其发而匿之，其徒不可。训出山，将奔凤翔，为螯屋镇遏使宋楚所擒，械送京师。至昆明池，训恐至军中更受酷辱，谓送者曰："得我则富贵矣！闻禁兵所在搜捕，汝必为所夺，不若取我首送之！"送者从之，斩其首以来。

（《资治通鉴》卷二百四十五《唐纪六十一》 7915）

文宗开成三年（838）

初，太和之末，杜悰为凤翔节度使，有诏沙汰僧尼。时有五色云见于岐山，近法门寺，民间讹言佛骨降祥，以僧尼不安之故。监军欲奏之，悰曰："云物变色，何常之有！佛若果爱僧尼，当见于京师。"未几，获白兔，监军又欲奏之，曰："此西方之瑞也。"悰曰："野兽未驯，且宜畜之。"旬日而毙。监军不悦，以为掩蔽圣德，独画图献之。及郑注代悰镇凤翔，奏紫云见，又献白雉。是岁，八月，有甘露降于紫宸殿前樱桃之上，上亲采而尝之，百官称贺。其十一月，遂有金吾甘露之变。

（《资治通鉴》卷二百四十六《唐纪六十二》 7933）

武宗会昌三年（843）

庚寅，太和公主至京师，改封安定大长公主；诏宰相帅百官迎谒于章敬寺前。公主诣光顺门，去盛服，脱簪珥，谢回鹘负恩、和蕃无状之罪。

（《资治通鉴》卷二百四十七《唐纪六十三》 7974）

武宗会昌五年（845）

祠部奏括天下寺四千六百，兰若四万，僧尼二十六万五百。

（《资治通鉴》卷二百四十八《唐纪六十四》 8015）

上恶僧尼耗蠹天下，欲去之，道士赵归真等复劝之；乃先毁山野招提、兰若，敕上都、东都两街各留二寺，每寺留僧三十人；天下节度、观察使治所及同、华、商、汝州各留一寺，分为三等：上等留僧二十人，中等留十人，下等五人。余僧及尼并大秦穆护、祆僧皆勒归俗。寺非应留者，立期令所在毁撤，仍遣御史分道督之。财货田产并没官，寺材以葺公廨驿舍，铜像、钟磬以铸钱。

（《资治通鉴》卷二百四十八《唐纪六十四》 8015）

八月，李德裕等奏："东都九庙神主二十六，今贮于太微宫小屋，请以废寺材复修太庙。"

壬午，诏陈释教之弊，宣告中外。凡天下所毁寺四千六百余区，归俗僧尼二十六万五百人，大秦穆护、祆僧二千余人，毁招提、兰若四万余区。收良田数千万顷，奴婢十五万人。所留僧皆隶主客，不隶祠部。百官奉表称贺。寻又诏东都止留僧二十人，诸道留二十人者减其半，留十人者减三人，留五人者更不留。

五台僧多亡奔幽州。李德裕召进奏官谓曰："汝趣白本使，五台僧为将必不如幽州将，为卒必不如幽州卒，何为虚取容纳之名，染于人口！独不见近日刘从谏招聚无算闲人，竟有保益！"张仲武乃封二刀付居庸关曰："有游僧入境则斩之。"

主客郎中韦博以为事不宜太过，李德裕恶之，出为灵武节度副使。

（《资治通鉴》卷二百四十八《唐纪六十四》　8017）

武宗会昌六年（846）

杖杀道士赵归真等数人，流罗浮山人轩辕集于岭南。五月，乙巳，赦天下。上京两街先听留两寺外，更各增置八寺；僧、尼依前隶功德使，不隶主客，所度僧、尼仍令祠部给牒。

（《资治通鉴》卷二百四十八《唐纪六十四》　8024）

宣宗大中元年（847）

闰〔三〕月，敕："应会昌五年所废寺，有僧能营葺者，听自居之，有司毋得禁止。"是时君、相务反会昌之政，故僧、尼之弊皆复其旧。

（《资治通鉴》卷二百四十八《唐纪六十四》　8029）

宣宗大中二年（848）

［郑〕颢弟颛，尝得危疾，上遣使视之，还，问："公主何在？"曰："在慈恩寺观戏场。"上怒，叹曰："我怪士大夫家不欲与我家为婚，良有以也！"亟命召公主入宫，立之阶下，不之视。公主惧，涕泣谢罪。上责之曰："岂有小郎病，不往省视，乃观戏乎！"遣妇郑氏。由是终上之世，贵戚皆兢兢守礼法，如山东衣冠之族。

（《资治通鉴》卷二百四十八《唐纪六十四》　8036）

宣宗大中四年（850）

吐蕃论恐热遣僧莽罗蔺真将兵于鸡项关南造桥，以击尚婢婢，军于白土岭。

宣宗大中五年（851）

[白] 敏中归，置柽函于佛前，焚香事之。

进士孙樵上言："百姓男耕女织，不自温饱，而群僧安坐华屋，美衣精馔，率以十户不能养一僧。武宗愤其然，发十七万僧，是天下一百七十万户始得苏息也。陛下即位以来，修复废寺，天下斧斤之声至今不绝，度僧几复其旧矣。陛下纵不能如武宗除积弊，奈何兴之于已废乎！日者陛下欲修国东门，谏官上言，遽为罢役。今所复之寺，岂若东门之急乎？所役之功，岂若东门之劳乎？愿早降明诏，僧未复者勿复，寺未修者勿修，庶几百姓犹得以息肩也。"秋，七月，中书门下奏："陛下崇奉释氏，群下莫不奔走，恐财力有所不逮，因之生事扰人，望委所在长吏量加撙节。所度僧亦委选择有行业者，若容凶粗之人，则更非敬道也。乡村佛舍，请罢兵日修。"从之。

宣宗大中六年（852）

十二月，中书门下奏："度僧不精，则戒法堕坏；造寺无节，则损费过多，请自今诸州准元敕许置寺外，有胜地灵迹许修复，繁会之县许置一院。严禁私度僧、尼；若官度僧、尼有阙，则择人补之，仍申祠部给牒。其欲远游寻师者，须有本州公验。"从之。

宣宗大中九年（855）

二月，以醴泉令李君奭为怀州刺史。初，上校猎渭上，有父老以十数，聚于佛祠，上问之，对曰："醴泉百姓也。县令李君奭有异政，考满当罢，诣府乞留，故此祈佛，冀谐所愿耳。"及怀州刺史阙，上手笔除君奭，宰相莫之测。君奭入谢，上以此奖厉，众始知之。

宣宗大中十年（856）

敕"于灵感、会善二寺置戒坛，僧、尼应填阙者委长老僧选择，给公凭，赴两坛受戒，两京各选大德十人主其事。有不堪者罢之，堪者给牒，遣归本州。不见戒坛公牒，毋得私容。仍先选旧僧、尼，旧僧、尼无堪者，乃选外人"。

（《资治通鉴》卷二百四十九《唐纪六十五》　8061）

懿宗咸通三年（862）

夏，四月，己亥朔，敕于两街四寺各置戒坛，度人三七日。上奉佛太过，怠于政事，尝于咸泰殿筑坛为内寺尼受戒，两街僧、尼皆入预；又于禁中设讲席，自唱经，手录梵夹；又数幸诸寺，施与无度。吏部侍郎萧仿上疏，以为："玄祖之道，慈俭为先；素王之风，仁义为首，垂范百代，必不可加。佛者，弃位出家，割爱中之至难，取灭后之殊胜，非帝王所宜慕也。愿陛下时开延英，接对四辅，力求人瘼，虔奉宗祧；思缪赏与滥刑，其殃必至，知胜残而去杀，得福甚多。罢去讲筵，躬勤政事。"上虽嘉奖，竟不能从。

（《资治通鉴》卷二百五十《唐纪六十六》　8097）

懿宗咸通九年（868）

或说〔庞〕勋曰："留后止欲求节钺，当恭顺尽礼以事天子，外戢士卒，内抚百姓，庶几可得。"勋虽不能用，然国忌犹行香，飨士卒必先西向拜谢。

（《资治通鉴》卷二百五十一《唐纪六十七》　8130）

懿宗咸通十一年（870）

西川之民闻蛮寇将至，争走入成都。时成都但有子城，亦无壕，人所占地各不过一席许，雨则戴箕盎以自庇；又乏水，取摩河池泥汁，澄而饮之。

（《资治通鉴》卷二百五十二《唐纪六十八》　8153）

懿宗咸通十二年（871）

五月，上幸安国寺，赠僧重谦、僧澈沈檀讲座二，各高二丈。设万人斋。

（《资治通鉴》卷二百五十二《唐纪六十八》　8162）

懿宗咸通十四年（873）

春，三月，癸巳，上遣敕使诣法门寺迎佛骨，群臣谏者甚众，至有言宪宗迎佛骨寻晏驾者。上曰："朕生得见之，死亦无恨！"广造浮图、宝帐、香辇、幡花、幢盖以迎之，皆饰以金玉、锦绣、珠翠。自京城至寺三百里间，道路车马，昼夜不绝。夏，四月，壬寅，佛骨至京师，导以禁军兵仗、公私音乐，沸天烛地，绵亘数十里；仪卫之盛，过于郊祀，元和之时不及远矣。富室夹道为彩楼及无遮会，竞为侈靡。上御安福门，降楼膜拜，流涕沾臆，赐僧及京城耆老尝见元和事者金帛。迎佛骨入禁中，三日，出置安国崇化寺。宰相已下竞施金帛，不可胜纪。因下德音，降中外系囚。

（《资治通鉴》卷二百五十二《唐纪六十八》　8165）

十二月，己亥，诏送佛骨还法门寺。

（《资治通鉴》卷二百五十二《唐纪六十八》　8168）

僖宗乾符三年（876）

西川节度使高骈筑成都罗城，使僧景仙规度，周二十五里，悉召县令庀徒赋役，吏受百钱以上皆死。蜀土疏恶，以甓甃之，还城十里内取土，皆划丘垤平之，无得为坎埳以害耕种；役者不过十日而代，众乐其均，不费扑挞而功办。自八月癸丑筑之，至十一月戊子毕功。

役之始作也，骈恐南诏扬声入寇，虽不敢决来，役者必惊扰，乃奏遣景仙托游行入南诏，说谕骠信使归附中国，仍许妻以公主，因与议二国礼仪，久之不决。骈又声言欲巡边，朝夕通烽火，至大渡河，而实不行，蛮中惴恐。由是讫于城成，边候无风尘之警。先是，西川将吏入南诏，骠信皆坐受其拜，骈以其俗尚浮屠，故遣景仙往，骠信果帅其大臣迎拜，信用其言。

（《资治通鉴》卷二百五十二《唐纪六十八》　8185）

僖宗乾符五年（878）

南诏遣其酋望赵宗政来请和亲，无表，但令督爽牒中书，请为弟而不称臣。诏百僚议之，礼部侍郎崔澹等以为："南诏骄僭无礼，高骈不识大体，反因一僧呫嗫卑辞诱致其使，若从其请，恐垂笑后代。"

（《资治通鉴》卷二百五十三《唐纪六十九》　8204）

僖宗中和二年（882）

王铎将两川、兴元之军屯灵感寺。

（《资治通鉴》卷二百五十四《唐纪七十》　8268）

李克用将兵四万至河中，遣从父弟克修先将兵五百济河尝贼。初，克用弟克让为南山寺僧所杀，其仆浑进通归于黄巢。自高浔之败，诸军皆畏贼，莫敢进。及克用军至，贼惮之，曰："鸦军至矣，当避其锋。"克用军皆衣黑，故谓之鸦军。巢乃捕南山寺僧十余人，遣使赍诏书及重赂，因浑进通诣克用以求和。克用杀僧，哭克让，受其赂以分诸将，焚其诏书，归其使者，引兵自夏阳渡河，军于同州。

（《资治通鉴》卷二百五十五《唐纪七十一》　8283）

僖宗光启元年（885）

孙儒据东都月余，烧宫室、官寺、民居，大掠席卷而去，城中寂无鸡犬。

（《资治通鉴》卷二百五十六《唐纪七十二》　8324）

僖宗光启三年（887）

戊戌，霸与弟昢、部将余绕山、前常州刺史丁从实至广陵，行密出郭迎之，与霸、昢约为兄弟，置其将卒于法云寺。

（《资治通鉴》卷二百五十七《唐纪七十三》　8366）

昭宗天复三年（903）

宫人宋柔等十一人皆韩全诲所献，及僧、道士与宦官亲厚者二十余人，并送京兆杖杀。

（《资治通鉴》卷二百六十四《唐纪八十》　8602）

后梁纪

太祖开平元年（907）

唐末之诛宦官也，诏书至河东，晋王匿监军张承业于斛律寺，斩罪人以应诏。

（《资治通鉴》卷二百六十六《后梁纪一》 8675）

太祖开平二年（908）

春，正月，癸酉朔，蜀主登兴义楼。有僧抉一目以献，蜀主命饭僧万人以报之。翰林学士张格曰："小人无故自残，赦其罪已幸矣，不宜复崇奖以败风俗。"蜀主乃止。

（《资治通鉴》卷二百六十六《后梁纪一》 8687）

柴再用方战舟坏，长稍浮之，仅而得济。家人为之饭僧千人，再用悉取其食以犒部兵，曰："士卒济我，僧何力焉！"

（《资治通鉴》卷二百六十七《后梁纪二》 8703）

均王贞明六年（920）

［赵王］镕晚年好事佛及求仙，专讲佛经，受符箓，广斋醮，合炼仙丹，盛饰馆宇于西山，每往游之，登山临水，数月方归，将佐士卒陪从者常不下万人，往来供顿，军民皆苦之。是月，自西山还，宿鹘营庄。

（《资治通鉴》卷二百七十一《后梁纪六》 8859）

后唐纪

庄宗同光三年（925）

初，五台僧诚惠以妖妄惑人，自言能降伏天龙，命风召雨；帝尊信之，亲帅后妃及皇弟、皇子拜之，诚惠安坐不起，群臣莫敢不拜。时大旱，帝自邺都迎诚惠至洛阳，使祈雨，士民朝夕瞻仰，数旬不雨。或谓诚惠："官以师祈雨无验，将焚之。"诚惠逃去，惭惧而卒。

（《资治通鉴》卷二百七十三《后唐纪二》 8933）

明宗天成元年（926）

明日，永王存霸亦至晋阳，从兵逃散俱尽，存霸削发、僧服谒李彦超："愿为山僧，幸垂庇护。"军士争欲杀之，彦超曰："六相公来，当奏取进止。"军士不听，杀之于府门之碑下。刘皇后为尼于晋阳，监国使人就杀之。

（《资治通鉴》卷二百七十五《后唐纪四》 8979）

宦官数百人窜匿山林，或落发为僧，至晋阳者七十余人，诏北都指挥使李从温悉诛之。从温，帝之侄也。

（《资治通鉴》卷二百七十五《后唐纪四》 8985）

明宗天成三年（928）

闽王延钧度民二万为僧，由是闽中多僧。

（《资治通鉴》卷二百七十六《后唐纪五》 9026）

明宗长兴二年（931）

吴徐知诰欲以中书侍郎、内枢使宋齐丘为相，齐丘自以资望素浅，欲以退让为高，谒归洪州葬父，因入九华山，止于应天寺，启求隐居；吴主下诏征之，知诰亦以书招之，皆不至。知诰遣其子景通自入山敦谕，齐丘始还朝，除右仆射致仕，更命应天寺曰征贤寺。

（《资治通鉴》卷二百七十七《后唐纪六》 9056）

明宗长兴三年（932）

[李]赞华好饮人血，姬妾多刺臂以吮之；婢仆小过，或抉目，或刀刲火灼；夏氏不忍其残，奏离婚为尼。

（《资治通鉴》卷二百七十七《后唐纪六》 9067）

潞王清泰元年（934）

军士无厌，犹怨望，为谣言曰："除去菩萨，扶立生铁。"以闵帝仁弱，帝刚严，有悔心故也。

（《资治通鉴》卷二百七十九《后唐纪八》 9119）

后晋纪

高祖天福四年（939）

卢损至福州，闽主称疾不见，命弟继恭主之。遣其礼部员外郎郑元弼奉继恭表随损入贡。闽主不礼于损，有士人林省邹私谓损曰："吾主不事其君，不爱其亲，不恤其民，不敬其神，不睦其邻，不礼其宾，其能久乎！余将僧服而北逃，会相见于上国耳。"

（《资治通鉴》卷二百八十二《后晋纪三》 9199）

高祖天福五年（940）

秋，七月，闽主曦城福州西郭以备建人。又度民为僧，民避重赋多为僧，凡度万一千人。

（《资治通鉴》卷二百八十二《后晋纪三》 9216）

高祖天福六年（941）

知远微时，为晋阳李氏赘婿，尝牧马，犯僧田，僧执而笞之。知远至晋阳，首召其僧，命之坐，慰谕赠遗，众心大悦。

（《资治通鉴》卷二百八十二《后晋纪三》 9225）

汉主寝疾，有胡僧谓汉主名龑不利；汉主自造"龑"字名之，义取"飞龙在天"，读若俨。

（《资治通鉴》卷二百八十二《后晋纪三》 9232）

定州西北二百里有狼山，土人筑堡于山上以避胡寇。堡中有佛舍，尼孙深意居之，以妖术惑众，言事颇验，远近信奉之。中山人孙方简及弟行友，自言深意之侄，不饮酒食肉，事深意甚谨。深意卒，方简嗣行其术，称深意坐化，严饰，事之如生，其徒日滋。

（《资治通鉴》卷二百八十五《后晋纪六》　9303）

丙戌晦，百官宿于封禅寺。

（《资治通鉴》卷二百八十五《后晋纪六》　9326）

续通鉴

佛教文献

后汉纪

高祖天福十二年（947）

癸巳，契丹迁晋主及其家人于封禅寺，遣大同节度使兼侍中河内崔廷勋以兵守之。契丹主数遣使存问，晋主每闻使至，举家忧恐。时雨雪连旬，外无供亿，上下冻馁。太后使人谓寺僧曰："吾尝于此饭僧数万，今日独无一人相念邪！"僧辞以"虏意难测，不敢献食"。晋主阴祈守者，乃稍得食。

（《资治通鉴》卷二百八十六《后汉纪一》 9329）

高祖乾祐元年（948）

昭远，成都人，幼以僧童从其师入府，蜀高祖爱其敏慧，令给事蜀主左右；至是，委以机务，府库金帛，恣其取与，不复会计。

（《资治通鉴》卷二百八十八《后汉纪三》 9395）

隐帝乾祐三年（950）

丙寅，遣使诣河中、凤翔收瘗战死及饿殍遗骸，时有僧已聚二十万矣。

（《资治通鉴》卷二百八十九《后汉纪四》 9418）

吏部侍郎张允，家赀以万计，而性吝，虽妻亦不之委，常自系众钥于衣下，行如环佩。是夕，匿于佛殿藻井之上，登者浸多，板坏而坠，军士掠其衣，遂以冻卒。

（《资治通鉴》卷二百八十九《后汉纪四》 9438）

潭州大雪，平地四尺，潭、朗两军久不得战。希广信巫觋及僧语，塑鬼于江上，举手以却朗兵，又作大像于高楼，手指水西，怒目视之，命众僧日夜诵经，希广自衣僧服膜拜求福。

（《资治通鉴》卷二百八十九《后汉纪四》 9445）

后周纪

太祖广顺二年（952）

唐主削边镐官爵，流饶州。初，镐以都虞候从查文徽克建州，凡所俘获皆全之，建人谓之"边佛子"；及克潭州，市不易肆，潭人谓之"边菩萨"；既而为节度使，政无纲纪，惟日设斋供，盛修佛事，潭人失望，谓之"边和尚"矣。

（《资治通鉴》卷二百九十一《后周纪二》　9486）

世宗显德二年（955）

敕天下寺院，非敕额者悉废之。禁私度僧尼，凡欲出家者必俟祖父母、父母、伯叔之命。惟两京、大名府、京兆府、青州听设戒坛。禁僧俗舍身、断手足、炼指、挂灯、带钳之类幻惑流俗者。令两京及诸州每岁造僧帐，有死亡、归俗，皆随时开落。是岁，天下寺院存者二千六百九十四，废者三万三百三十六，见僧四万二千四百四十四，尼一万八千七百五十六。

（《资治通鉴》卷二百九十二《后周纪三》　9527）

帝以县官久不铸钱，而民间多销钱为器皿及佛像，钱益少，九月，丙寅朔，敕始立监采铜铸钱，自非县官法物、军器及寺观钟磬钹铎之类听留外，自余民间铜器、佛像，五十日内悉令输官，给其直；过期隐匿不输，五斤以上其罪死，不及者论刑有差。上谓侍臣曰："卿辈勿以毁佛为疑。夫佛以善道化人，苟志于善，斯奉佛矣。彼铜像岂所谓佛邪！且吾闻佛在利人，虽头目犹舍以布施，若朕身可以济民，亦非所惜也。"

（《资治通鉴》卷二百九十二《后周纪三》　9529）

宋 纪

太祖建隆元年（960）

丙戌，长春节，赐群臣衣各一袭。宰相率百官上寿，赐宴相国寺。

（《续资治通鉴》卷一《宋纪一》　10）

太祖建隆二年（961）

己巳，幸相国寺，遂幸国子监。

（《续资治通鉴》卷二《宋纪二》　39）

太祖建隆三年（962）

甲申，复幸相国寺祷雨；乙酉，诏撤乐，大官进蔬食。

（《续资治通鉴》卷二《宋纪二》　45）

太祖乾德二年（964）

南唐主酷信浮屠法，出禁中金钱募人为僧，时都下僧及万人，皆仰给县官。南唐主退朝，与后服僧衣，诵佛书，拜跪手足成赘；僧有罪，命礼佛而释之。帝闻其惑，乃选少年有口辩者，南渡见南唐主，论性命之说，南唐主信之，谓之一佛出世，由是不复以治国守边为意。

（《续资治通鉴》卷四《宋纪四》　85）

太祖乾德五年（967）

初，义伦随军入成都，独居佛寺蔬食，蜀群臣有以珍异奇巧之物献者，皆却之，东归，箧中所有，图书数卷而已。

（《续资治通鉴》卷五《宋纪五》　105）

诸道铜铸佛像，先是悉辇赴京毁之。秋，七月，丁酉，诏勿复毁，仍今所在崇奉，但毋更铸。

（《续资治通鉴》卷五《宋纪五》　108）

太祖开宝五年（972）

春，正月，丁酉，禁铁铸浮图与佛象及人物之无用者，虑愚民毁农器以微福也。

（《续资治通鉴》卷七《宋纪七》　159）

太祖开宝七年（974）

辽沙门昭敏，左道惑人，辽主宠之，以为三京诸道僧尼都总管，加兼侍中。

（《续资治通鉴》卷八《宋纪八》　185）

太宗太平兴国二年（977）

于是礼部上所试合格人名，戊辰，帝御讲武殿……凡五百人，皆先赐绿袍靴笏，锡宴开宝寺，帝自为诗二章赐之。

（《续资治通鉴》卷九《宋纪九》　210）

太宗太平兴国四年（979）

丁酉，以行宫为平晋寺，帝作《平晋记》，刻寺中。

（《续资治通鉴》卷十《宋纪十》　240）

庚午，［帝］次辽南京之城南，驻跸宝光寺。

（《续资治通鉴》卷十《宋纪十》　241）

太宗太平兴国六年（981）

辛未，幸太平兴国寺祷雨。

（《续资治通鉴》卷十《宋纪十》　256）

太宗太平兴国八年（983）

冬，十月，帝以新译经五卷示宰相，因曰："凡为君臣者，治人利物，即是修行。梁武舍身为寺家奴，此真大惑！方外之说，亦有可观，卿等试读之。盖存其教，非溺于释氏也。"

（《续资治通鉴》卷十二《宋纪十二》　285）

帝谓宰相曰："比闻有僧道还俗应举者，场屋混淆。进士须通经义，遵周、孔之教；或止习浮浅文章，殊非务本之道。"甲辰，令诸州禁还俗僧道赴举。进士免贴经，只试墨义二十道，皆以经中正文大义为问题。

（《续资治通鉴》卷十二《宋纪十二》　288）

太宗雍熙二年（985）

乙未，禁邕管杀人祭鬼及僧置妻孥。

（《续资治通鉴》卷十二《宋纪十二》　307）

太宗端拱二年（989）

"望陛下少度僧尼，少崇寺观，劝风俗，务田农，则人力强而边用实矣。若军运劳于外，游惰耗于内，人力日削，边用日多，不幸有水旱之灾，则寇不在外而在内也。惟陛下熟计之！"帝览奏，深加叹赏。宰相赵普尤器之。

（《续资治通鉴》卷十四《宋纪十四》　345）

先是，帝遣使取杭州释迦佛舍利塔置阙下，度开宝寺西北隅地，造浮图十一级以藏之，上下三百六十尺，所费亿万计，前后逾八年。癸亥，工毕，备极巧丽。知制诰田锡上疏云："众以为金碧荧煌，臣以为涂膏衅血。"帝亦不怒。

（《续资治通鉴》卷十五《宋纪十五》　355）

太宗至道三年（997）

初，刑部郎中、知杨州王禹偁准诏上疏言五事……

其四曰："沙汰僧尼，使民无耗。汉明之后，佛法流入中国，度人造寺，历代增加，不蚕而衣，不耕而食，是五民之外又益一而为六矣。假使天下有万僧，日食米一升，岁用绢一匹，是至俭也，犹月费三千斛，岁用万缣，何况五七万辈哉！又，富者穷极口腹，一斋一衣，贫民百家未能供给，不曰民蠹，其可得乎！愿深鉴治本，亟行沙汰。如以嗣位之初，未欲惊骇此辈，且可一二十载不度人修寺，使自销铄。"

（《续资治通鉴》卷十九《宋纪十九》　460）

真宗咸平元年（998）

甲子，以旱，幸大相国寺祈雨，升殿而雨。

（《续资治通鉴》卷二十《宋纪二十》　467）

真宗咸平三年（1000）

［王］均又胁士民、僧道之少壮者为兵，先刺手背，次髡首，次黥面，给军装令乘城，与旧贼党相间。

（《续资治通鉴》卷二十一《宋纪二十一》　496）

真宗大中祥符三年（1010）

　　[高丽] 皇甫妃生子，即私于致阳所生也，谋立为王后。王诵有从弟询，号大良院君，皇甫妃忌之，强令为僧，复遣人潜害，赖寺僧匿之获免。

（《续资治通鉴》卷二十九《宋纪二十九》　641）

真宗大中祥符四年（1011）

　　两浙、福建、荆湖、广南诸州，循伪制输丁身钱，岁凡四十五万四百贯。民有子者，或弃不养，或卖为僮仆，或度为释、老。秋，七月，壬申朔，诏悉除之。

（《续资治通鉴》卷二十九《宋纪二十九》　660）

真宗大中祥符九年（1016）

　　辛亥，飞蝗过京城，帝诣玉清昭应宫、开宝寺、灵隐〔感〕塔焚香祈祷，禁宫城音乐五日。

（《续资治通鉴》卷三十三《宋纪三十三》　730）

真宗干兴元年（1022）

　　[辽主] 乃设真宗灵御于范阳悯忠寺，建道场百日，为真宗饭三京僧。复命沿边州郡不得作乐，下令国中，诸犯真宗讳悉易之。

（《续资治通鉴》卷三十五《宋纪三十五》　799）

仁宗天圣元年（1024）

　　初，禁寺观毋得市田。及真宗崩，内遣中使赐荆门军玉泉山景德院白银三千两，令市田，言为先帝植福，后仍不得为例。由是寺观稍益市田矣。

（《续资治通鉴》卷三十六《宋纪三十六》　823）

仁宗天圣六年（1028）

　　春，正月，己酉，罢两川乾元节岁贡织佛。

（《续资治通鉴》卷三十七《宋纪三十七》　848）

　　[张] 知白九岁，其父终邢州，殡于佛寺；及辽师侵河北，寺宇多颓废，殡不可辨。知白既登第，徒行访之，得佛寺殿基，恍然识其处；既发，其衣衾皆可验。众叹其诚孝。

（《续资治通鉴》卷三十七《宋纪三十七》　849）

太后遣内侍于永兴军营浮屠，遵希太后旨，悉毁汉、唐碑碣以代砖甓，躬自督治。既成，乃得召用。

（《续资治通鉴》卷三十七《宋纪三十七》　850）

仁宗明道元年（1032）

［吕］夷简乃请治［李宸妃］丧皇仪殿，用一品礼殡洪福寺。

（《续资治通鉴》卷三十八《宋纪三十八》　881）

仁宗明道二年（1033）

［刘］沆前同判舒州，庄献太后遣内侍张怀信修山谷寺，建资圣浮屠，怀信挟诏命，督役严急，州将至移疾不敢出，沆奏罢之。

（《续资治通鉴》卷三十九《宋纪三十九》　897）

仁宗景祐元年（1034）

乙亥，毁天下无额寺院。

（《续资治通鉴》卷三十九《宋纪三十九》　912）

赵元昊献马五十匹，求《佛经》一藏，赐之。

（《续资治通鉴》卷三十九《宋纪三十九》　921）

仁宗景祐四年（1037）

左〔右〕司谏韩琦上疏曰："乡者兴国寺双阁灾，延及开（先）祖殿，不逾数刻，但有遗烬。复闻仰观垂象，或失经行；今北道数郡，继以地震。此女谒用事，臣下专政之应也。"……

旬余，琦复上疏言："近闻大庆殿及诸处各建道场，及分遣中使遍诣名山福地以致精〔请〕祷，是未达寅畏之深旨也。臣窃以为祈祷之法，必彻乐减膳，修德理刑，下诏以求谠言，侧身而避正殿，是以天意悦穆，转为福应。愿陛下法而行之。且大庆殿者，国之路寝，朝之法宫，陛下非行大礼、被法服，则未尝临御，臣下非大朝会，则不能一至于庭，岂容僧道继日累月喧杂于上，非所以正法度而尊威神也！望今后凡有道场设醮之类，并于别所安置。"

（《续资治通鉴》卷四十一《宋纪四十一》　958）

仁宗宝元二年（1039）

时陕西用兵，调费日蹙，天章阁待制、同判礼院宋祁上疏论三冗三费：

"有定官，无限员，一冗也；厢军不任战而耗衣食，二冗也；僧道日益多而不定数，三冗也。道场斋醮，无日不有，皆以祝帝寿、祈民福为名；宜取其一二不可罢者，使略依本教以奉薰修，则一费节矣。京师寺观或多设徒卒，故〔或〕增置官司，衣粮所给，三倍他处，帐幄谓之供养，田产谓之常住，不徭不役，生蠹齐民；请一切罢之，则二费节矣。使相、节度不隶藩要，取公用以济私家；请自今地非边要，州无师屯者，不得建节度，已带节度不得留近藩及京师，则三费节矣。"

（《续资治通鉴》卷四十二《宋纪四十二》　989）

仁宗庆历四年（1044）

开宝寺灵宝塔灾。谏官余靖言："塔为天火所烧，五行之占，本是灾变，乞更不营造。"时盛暑面奏，靖素不修饰，帝入内云："被一汗臭汉薰杀，喷唾在吾面上。"其优容谏臣如此。

（《续资治通鉴》卷四十六《宋纪四十六》　1118）

仁宗庆历七年（1047）

是日，贝州宣毅卒王则据城反。

则本涿州人，岁饥，流至贝州，自卖为人牧羊，后隶宣毅军为小校。贝、冀俗妖幻，相与习《五龙滴泪》等经及图谶诸书，言释迦佛衰谢，弥勒佛当持世。初，则去涿，母与之诀别，刺福字于背以为记，妖人因妄传福字隐起，争信事之。而州吏张峦、卜吉主其谋，党连德、齐诸州，约以明年正旦断澶州浮梁，乱河北。

（《续资治通鉴》卷四十九《宋纪四十九》　1182）

则僭号东平郡王……以十二月为正月。百姓年十二以上，七十以下，皆涅其面曰"义军破赵得胜"。旗帜号令，率以佛为称。

（《续资治通鉴》卷四十九《宋纪四十九》　1183）

仁宗庆历八年（1048）

密藏氏初为尼，寓于兴州之戒坛院，既娠而蘘霄死。……遂立密藏尼为太后。

（《续资治通鉴》卷四十九《宋纪四十九》　1186）

仁宗至和元年（1054）

乙酉，帝成服于殿幄，百官诣殿门进名奉慰。是日，殡温成皇后于奉先寺，辒车发引由右升龙门出右掖门，升大升舆，设遣奠。

（《续资治通鉴》卷五十四《宋纪五十四》　1309）

仁宗至和二年（1055）

翰林学士欧阳修奏疏言："近者为京师土木兴作处多，乞减罢。寻准敕，差臣与三司相度减定，续具奏闻。今又闻旨下三司重修庆基殿及奉先寺。伏见近年民力困贫，国用窘急，小人不识大计，但欲广耗国财，务为己利，托名祖宗，张大事体。况诸处神御殿，栋宇坚固，未必损动。昨开先殿只因两柱损，遂损〔换〕一十三柱，广张工料，以图酬奖恩泽。臣窃见累年火灾，自玉清昭应、洞真、上清、鸿庆、寿宁、祥源、会灵七宫，开宝、兴国两寺塔殿，皆焚烧荡尽，足见天意厌土木之侈，为陛下惜国力民财，谴戒丁宁，前后非一。与其广兴土木以事神，不若畏惧天戒而修省。其已兴作者既不可及，其未修者宜速停。"

（《续资治通鉴》卷五十五《宋纪五十五》　1347）

仁宗嘉祐元年（1056）

及京师大水，［狄］青避水，徙家于相国寺，行止殿上，都下喧然；执政闻之始惧，以熟状出青判陈州。

（《续资治通鉴》卷五十六《宋纪五十六》　1367）

仁宗嘉祐四年（1059）

初，王禹偁奏："天下僧尼，日增月益，不可卒去，宜诏天下州军，凡僧百人得岁度弟子一人，久而自消之势也。"诏从之。至和初，陈执中执政，因乾元节，听僧五十人度弟子一人；既而言者以为不可，复行旧制。贾昌朝在北京，奏："京师僧寺多招纳亡赖游民为弟子，乞皆取乡贯保任，方听收纳。"诏从之，京师尼僧大以为患。至是有中旨，复令五十僧度一弟子，及京师僧寺弟子不复更取保任，僧徒大喜，争为道场以答上恩。

（《续资治通鉴》卷五十七《宋纪五十七》　1402）

仁宗嘉祐七年（1062）

令天下系帐存留寺观及四京管内虽不系帐而舍屋百间以上者，皆特赐名额。谏官司马光言："释、老之教，无益治世，而聚匿游惰，耗蠹良民，是以国家著令，有创造寺观百间以上者，听人陈告，科违制之罪，仍即时毁撤。盖以流俗戆愚，积弊已深，不可猝除，故为之禁限，不使繁滋而已。今若有公违法令，擅造寺观及百间以上，则其罪已大。幸遇赦恩，免其罪犯可矣，其栋宇瓦木，犹当毁撤，没入县官。今既不毁，又明行恩命，赐之宠名，是劝之也。今立法以禁之于前，而发赦以劝之于后，恐自今以往，奸猾之人，将不顾法令，依凭释、老之教以欺诱愚民，聚敛其财，广营寺观，务及百间，以冀后赦之恩，不可复禁矣。伏望追改前命，更不施行。"

（《续资治通鉴》卷六十《宋纪六十》　1473）

英宗治平元年（1064）

甲午，祈雨于相国、大清寺、醴泉观。帝久不豫，至是士庶瞻望，欢呼相庆。

（《续资治通鉴》卷六十二《宋纪六十二》　1514）

神宗熙宁元年（1068）

壬辰，帝幸寺观祈雨。

（《续资治通鉴》卷六十六《宋纪六十六》　1616）

神宗熙宁二年（1069）

[张] 载少喜谈兵，以书谒范仲淹，仲淹曰："名教中自有可乐，何事于兵！"因劝读《中庸》，载读其书，犹以为未足，又访诸释、老，累年知无所得，反而求之《六经》。后与程颢兄弟语道学之要，涣然自信曰："吾道自足，焉用傍求！"

（《续资治通鉴》卷六十七《宋纪六十七》　1664）

神宗熙宁三年（1070）

丁卯，给两浙转运司度僧牒，募民入粟。

（《续资治通鉴》卷六十七《宋纪六十七》　1675）

神宗熙宁四年（1071）

辛巳，辽置佛骨于招山浮图，罢猎，禁屠杀。

（《续资治通鉴》卷六十八《宋纪六十八》　1710）

神宗熙宁七年（1074）

[韩绛、吕惠卿]二人守其成规不少失，时号绛为"传法沙门"，惠卿为"护法善神"。

（《续资治通鉴》卷七十《宋纪七十》 1754）

神宗熙宁八年（1075）

安石《新义》行，士子以经试于有司，必宗其说，少异，辄不中程。晚岁又为《字说》二十四卷，多穿凿附会，其流入于佛、老，天下争传习之，而先儒之传注悉废，士亦无复自得之学。故当时议者，谓王氏之患，在好使人同己。

（《续资治通鉴》卷七十一《宋纪七十一》 1777）

神宗元丰元年（1078）

帝从容与论治道，遂及释、老。公著问曰："尧、舜知此道乎？"帝曰："尧、舜岂不知！"公著曰："尧、舜虽知此，而惟以知人、安民为难，所以为尧、舜也。"

（《续资治通鉴》卷七十三《宋纪七十三》 1831）

神宗元丰八年（1085）

辛巳，开宝寺贡院火；丁亥，命礼部锁试别所。

（《续资治通鉴》卷七十八《宋纪七十八》 1952）

己未，辽禁僧尼不得无故赴阙。

（《续资治通鉴》卷七十八《宋纪七十八》 1975）

哲宗元祐元年（1086）

帝幸相国寺祈雨。

（《续资治通鉴》卷七十九《宋纪七十九》 1980）

[司马]光孝友忠信，自少至老，语未尝妄。自言："吾无过人者，但平生所为，未尝有不可对人言者耳。"于学无所不通，唯不喜释、老，曰："其微言不能出吾书，其诞吾不信也。"

（《续资治通鉴》卷八十《宋纪八十》 2010）

哲宗绍圣四年（1097）

戊午，辽以安车召医巫闾山僧志达。

辽主好佛法，能自诵其书，每夏季辄令诸京僧徒及其群臣执经亲讲，所在修盖寺院，度僧甚众。僧徒纵恣，放债营利，侵夺小民，民甚苦之。

（《续资治通鉴》卷八十五《宋纪八十五》　2169）

哲宗元符三年（1100）

丙子，辽主召医巫闾山僧志达，设坛于内殿。

（《续资治通鉴》卷八十六《宋纪八十六》　2208）

徽宗建中靖国元年（1101）

道宗即位，求直言，访治道，劝农桑，兴学校，救灾恤患，粲然可观。及谤讪之令既行，告讦之赏日重，群邪并进，贼及骨肉，诸部浸叛，用兵无宁岁。唯一岁饭僧三十六万，一日而祝发者三千人，崇尚佛教，罔知国恤，辽亡征见矣。

（《续资治通鉴》卷八十七《宋纪八十七》　2213）

徽宗崇宁四年（1105）

甲寅，诏夺元祐奸恶吕大防等十九人所管坟寺，并改赐敕额为寿宁禅院，别召僧居之。

（《续资治通鉴》卷八十九《宋纪八十九》　2285）

徽宗大观四年（1110）

五月，壬寅，停僧牒三年。

（《续资治通鉴》卷九十《宋纪九十》　2328）

徽宗政和三年（1113）

甲戌，辽禁僧尼破戒。

（《续资治通鉴》卷九十一《宋纪九十一》　2347）

徽宗政和六年（1116）

灵素，永嘉人，少从浮屠学，苦其师笞骂，去为道士，左街道录徐知常引之以附会诸阉。时王仔昔宠稍衰，帝访方士于知常，以灵素对，一见，帝视如旧识。灵素大言曰："天有九霄，而神霄最高，其治曰府。神霄玉清王者，上帝之长子，主南方，号长生大帝君，陛下是也。既下降于世，其弟号青华帝君者，主东方，摄领之。已乃府仙卿，曰褚慧，亦下降帝君之治。"又目蔡京为左元仙伯，王黼为文华吏，蔡攸为园苑宝华吏，郑居中、刘正夫、盛章、王革及诸巨阉，皆有名位。而贵妃刘氏方有宠，则曰九华玉真安妃也。帝心独喜其说，赐号通真先生，作上清宝箓宫，帝时登皇城，下视之。由是开景龙门，城上作复道通宝箓宫，以便斋醮之事。

（《续资治通鉴》卷九十二《宋纪九十二》 2378）

徽宗重和元年（1118）

辛未，资政殿大学士、知陈州邓洵仁，奏乞选择《道藏经》数十部，先次镂板，颁之州郡，道录院看详，取旨施行；又乞禁士庶妇女辄入僧寺，诏令吏部申明行下。

（《续资治通鉴》卷九十三《宋纪九十三》 2401）

钦宗靖康二年（1127）

［刘］韐为河东割地使，金人令仆射韩正馆之僧舍，谓曰："国相知君，今用君矣。"韐曰："偷生以事二姓，有死不为也。"……使亲信持归，报其子子羽等，即沐浴更衣，酌卮酒而缢。金人叹其忠，瘗之寺西冈上，遍题窗壁以识其处。凡八十日，乃就敛，颜色如生。

（《续资治通鉴》卷九十七《宋纪九十七》 2561）

是日，建宁宫火。元祐孟皇后徒步出居相国寺前通直郎、军器监孟忠厚家。时六宫有位号者皆北徙，惟后以废得存。

（《续资治通鉴》卷九十七《宋纪九十七》 2565）

是日，道君皇帝次燕山府，馆于延寿寺。

（《续资治通鉴》卷九十八《宋纪九十八》 2585）

自金兵退归，楼橹尽废，诸道之师，杂居寺观，盗贼纵横，人情凶惧。

（《续资治通鉴》卷九十八《宋纪九十八》 2597）

渊圣皇帝自云中至燕山府，居愍忠寺。

（《续资治通鉴》卷九十九《宋纪九十九》 2608）

真定拘籍境内进士试安国寺，宋进士褚承亮亦在籍中，匿而不出。

（《续资治通鉴》卷九十九《宋纪九十九》 2623）

高宗建炎二年（1128）

金攻城凡三十三日，至是自西北角登城，守陴者不能当，［姚］端率死士突出，宗翰入其城。守臣直秘阁杨粹中登浮图最高级不下，宗翰嘉其忠义，许以不死，乃以粹中归。城中无长少皆杀之。

（《续资治通鉴》卷一百二《宋纪一百二》 2694）

庚子，帝亲祫太庙神主于寿宁寺。

（《续资治通鉴》卷一百二《宋纪一百二》 2695）

己酉，诏："蔡京、童贯、王黼、朱勔坟上刹皆毁之，收其田充省计。"

（《续资治通鉴》卷一百二《宋纪一百二》 2696）

高宗建炎三年（1129）

壬戌，帝至杭州，以州治为行宫，显宁寺为尚书省。帝以百官家属未至，独寝于堂外。

（《续资治通鉴》卷一百三《宋纪一百三》 2720）

是日，上移御显忠寺，宰执［百］官侍卫如仪，内人六十四人肩舆以从。……

甲午〔申〕，太后与魏国公垂帘，朱胜非称疾不出，太后命执政诣其府，胜非乃出。是日，上徽号曰睿圣仁孝皇帝。以显忠寺为睿圣宫，留内侍十五人，余诸州编置。降制大赦。

（《续资治通鉴》卷一百四《宋纪一百四》 2734）

高宗建炎四年（1130）

初，金既破明州，遣人听命于宗弼，且云搜山检海已毕。宗弼曰："如扬州例。"金人遂焚其城，惟东南角数佛寺与僻巷居民偶有存者。金人留明州七十日，引兵去。

（《续资治通鉴》卷一百七《宋纪一百七》 2819）

［钟］相遂称楚王，改元天载，立妻伊氏为皇后，子子昂为太子，行移称圣旨，补授用黄牒，一方骚然。时鼎州阙守臣，而湖南提点刑狱公事王彦成、单世卿，皆挈家顺流东下，仅以身免。贼遂焚官府、城市、寺观及豪右之家，凡官吏、儒生、僧道、巫医、卜祝之流，皆为所杀。

（《续资治通鉴》卷一百七《宋纪一百七》 2821）

己未，帝诣开元寺，朝辞九庙神主，宰执百官皆扈从。自渡江至是，始有此礼。是日，上御舟复还浙西。

（《续资治通鉴》卷一百七《宋纪一百七》 2825）

高宗绍兴四年（1134）

庚寅，诏信安郡王孟忠厚迎奉泰宁寺昭慈圣献皇后御容往稳便州军安奉。

高宗绍兴五年（1135）

女直旧俗，妇女寡居，宗族接续之。至是宗辅薨，李氏乃祝发为比丘尼，归辽阳，营建清安禅寺，别为尼院居之，号通慧圆明大师。

高宗绍兴六年（1136）

九月，丙寅朔，帝发临安府。

先诣上天竺寺焚香，道遇执黄旗报捷，乃湖北、京西宣抚（副）使岳飞所遣武翼郎李遇。

癸未，诏："太庙神主权奉安于平江府能仁寺，遇朔飨日，令太常寺焚香。"

高宗绍兴七年（1137）

是日，金右副元帅鲁王昌复入汴京，召伪齐文武百官、军、民、僧、道、耆寿，拜金诏于宣德门下。

高宗绍兴十二年（1142）

［江］邀言："俊据清河坊以应谶兆，占承天寺以为宅基，大男杨存中握兵于行在，小男田思〔师〕中拥兵于上流，他日变生，祸不可测。"

高宗绍兴十三年（1143）

宝真，五台山僧，靖康中尝召对，俾聚兵谋敌。金人生执，欲降之，宝真曰："我既许宋皇帝以死矣，岂妄言邪！"临刑，色不变，北人嗟异。

癸巳，秘书丞严抑言："本省藏祖宗国史、历代图籍，有右文殿、秘阁、石渠及三馆、四库。自渡江后，权寓法慧寺，与居民相接，深虑风火不虞，欲望重建，以副右文之意。"于是建省于天井巷之东，以故殿前司寨为之。帝自书右文殿、秘阁二榜，命将作监米友仁书道山堂榜。且令有司［即］直秘阁陆宰家录所藏书来上。

（《续资治通鉴》卷一百二十六《宋纪一百二十六》　3337）

高宗绍兴十五年（1145）

辛未，初命诸路僧道士纳免丁钱。时言者论今官尹皆纳役钱，而僧道坐享安闲，显为侥幸，乃诏："律僧岁输五千，禅僧、道士各二千，其住持、长老、法师、紫衣、知事皆递增之，至十五千，凡九等。"

（《续资治通鉴》卷一百二十七《宋纪一百二十七》　3354）

高宗绍兴十九年（1149）

初，秦桧怒〔郑〕刚中不已，捕其子右承务郎良嗣……狱成，刚中坐任四川宣抚副使日，被旨收捉过界偷马盗贼，全不遵奉，凡事干边界，常是怀奸异议，阴与见罪籍人符合交通，沮害国事；又，辄违朝命，出卖度牒，收钱五十五万余缗。

（《续资治通鉴》卷一百二十八《宋纪一百二十八》　3391）

辛酉，宗正寺丞王葆言："国家设法，应女户、单丁与夫得解举人、太学生并免丁役，盖本先王仁先孤寡，贵肆多士之意。……故昨来指挥，寡妇有男为僧、道成丁者，并许募人充役，正恐奸民旋行规避尔。"

（《续资治通鉴》卷一百二十八《宋纪一百二十八》　3394）

高宗绍兴二十一年（1151）

自秦桧用事，士大夫少失其意，祸辄不测。当始议和时，〔魏〕矼与桧异论。桧尝欲除近郡，矼逊辞不就，奉祠十余年，寓居常山僧舍，一室萧然，卒免于祸焉。

（《续资治通鉴》卷一百二十九《宋纪一百二十九》　3416）

高宗绍兴二十二年（1152）

丁巳，诏新除司农寺丞钟世明往福建路措置寺观常住绝产。

时鬻度僧道牒已久停，其徒浸少，而福建官自运盐直颇贵，于是民多私贩。议者以为客贩可行，遂命世明往本路措置。凡僧道之见存者，计口给食，余则为宽剩之数，籍归于官。其后世明言，自租赋及常住岁用外，岁得羡钱二十四万缗，诏付左藏库。

（《续资治通鉴》卷一百二十九《宋纪一百二十九》　3424）

高宗绍兴二十五年（1155）

金主御下严厉，亲王大臣，未尝假以颜色。会磁州僧法宝欲去，张浩、张晖欲留之，金主闻其事。三月，壬子，诏三品以上官上殿，责之曰："闻卿等到寺，僧法宝正坐，卿等皆坐其侧，殊失大臣体。"召法宝诘之，法宝战惧不知所为，金主曰："长老当有定力，乃畏死耶？"杖法宝二百，浩、晖各二十。

乙卯，金以大房山云峰寺为山陵，建行宫其麓。

（《续资治通鉴》卷一百三十《宋纪一百三十》 3451）

高宗绍兴二十七年（1157）

辛卯，礼部、太常寺言："每岁大祀三十六，除天地、宗庙、社稷、感生帝、九宫贵神、高禖、文宣王等已行外，其余并请寓祠斋宫。立春祀青帝，朝日，出火东阶，权于东门外长生院；赤帝、黄帝，权于南门外净明寺；白帝，夕［月］，纳火西阶，权于西门外惠照院；黑帝，权于北门外精进寺；皆用少牢，备乐舞。而神州地祇以精进地狭，祀荧惑以与赤帝同日，皆权于惠照院行之。"神州当用犊，而亦用少牢，盖权礼也。自绍兴以来，大祀所行二十三而已，至是侍御史周方崇以为言，乃悉复之。

（《续资治通鉴》卷一百三十一《宋纪一百三十一》 3486）

高宗绍兴二十八年（1158）

己卯，帝出御府铜器千五百事送铸钱司，遂大敛民间铜器。其道、佛像及寺观钟磬之属并置籍，每斤收其算二十文；民间所用照子、带鐯之类，则官鬻之。凡民间铜器，限一月输官；限满不纳，十斤已上徒二年，赏钱三百千，许人告，自后犯者，私匠配钱监重役。其后得铜二百万斤。

（《续资治通鉴》卷一百三十二《宋纪一百三十二》 3498）

高宗绍兴二十九年（1159）

春，正月，丙辰朔，帝以皇太后年八十，诣慈宁殿行庆寿之礼，宰执、使相皆进上寿礼物。诏："庶人年九十、宗子女若贡士以上父母年八十者，皆授官封；文臣致仕官大夫以上，并赐三品服；僧、尼、道士［八十］以上者，赐紫衣及师号有差。"宰执沈该率百官诣文德殿称贺，用建隆故事也。

（《续资治通鉴》卷一百三十二《宋纪一百三十二》 3504）

高宗绍兴三十年（1160）

甲午，小祥，帝行祭奠之礼。百官常服黑带，行香毕，诣文德殿门进名奉慰，退，行香于仙林普济寺。

（《续资治通鉴》卷一百三十三《宋纪一百三十三》　3534）

高宗绍兴三十二年（1162）

时金人复取宁河寨，尽屠其民，寨之戍兵皆溃，金合兵万余围河州。城中百姓计曰：“前日之民南归者，金尽屠戮。我若效之，即一宁河也，岂有全理！不如相与死守，犹有千一得活。”即籍定户口，男子升城，女子供饷。郡有木浮图，高数百尺，因撤木为碾械。金人悉力为〔来〕攻，木縋少选压敌，有糜溃者。居三日，金人退屯白塔寺。

（《续资治通鉴》卷一百三十六《宋纪一百三十六》　3619）

孝宗隆兴元年（1163）

金东京僧法通以妖术乱众，都统府讨平之。

（《续资治通鉴》卷一百三十八《宋纪一百三十八》　3661）

〔夏〕协既纳女，资匮归，客袁氏僧舍死，后访得其弟执中，补阁门祗候。

（《续资治通鉴》卷一百三十八《宋纪一百三十八》　3675）

孝宗乾道二年（1166）

金主如华严寺观故辽主诸铜像，诏主僧谨视之。

（《续资治通鉴》卷一百三十九《宋纪一百三十九》　3715）

孝宗乾道四年（1168）

辛未，金主谓秘书监伊喇子敬等曰：“昔唐、虞之时，未有华饰，汉惟孝文务为纯俭。朕于宫室惟恐过度，其或兴修，即损宫人岁费以充之，今亦不复营建矣。如宴饮之事，近惟太子生日及岁元饮酒，亦未尝至醉。至于佛法，尤所未信；梁武帝为同泰寺奴，辽道宗以民户赐寺僧，加以三公之官，其惑深矣。”

（《续资治通鉴》卷一百四十《宋纪一百四十》　3741）

孝宗乾道五年（1169）

续礼部侍郎郑闻等言：“国初沿袭唐制，一岁四祭昊天上帝于郊丘，谓祈谷、大雩、飨明堂、礼圜丘也。惟是明堂当从屋祭，元祐六年，从太常博士赵叡之请，有司摄事，乃就斋宫行礼，至元符元年，又寓于斋宫端诚殿。

窃见今郊丘之隅有净明寺，请遇明堂亲飨，则遵依绍兴三十一年已行典礼；如常岁，有司摄事，则当依元祐臣僚所陈，权寓净明寺行礼，庶合明堂之义。"从之。

（《续资治通鉴》卷一百四十一《宋纪一百四十一》 3763）

孝宗淳熙六年（1179）

金主谓宰臣曰："人多奉释、老，意欲徼福，朕早年亦颇惑之，旋悟其非。且上天立君，使治下民，若盘乐怠忽，欲以侥幸祈福，难矣！果能爱养下民，上当天心，福必报之。"

（《续资治通鉴》卷一百四十六《宋纪一百四十六》 3915）

孝宗淳熙十年（1183）

先是臣僚言："州县遭水旱，神祠、佛宫，无不遍走，而社稷坛壝，阒然莫或顾省。彼五土、五谷之神，百代尊奉，岂应祈报独不得与群祀同飨精纯！"于是下礼寺看详而有是命。

（《续资治通鉴》卷一百四十九《宋纪一百四十九》 3971）

孝宗淳熙十二年（1185）

本朝自淳化后，已号极治，仁宗深虑风俗易奢，景祐二年诏："天下士庶之家，非品官无得起门屋；非宫室寺观毋得彩绘门宇。"

（《续资治通鉴》卷一百五十《宋纪一百五十》 4012）

孝宗淳熙十三年（1186）

九月，甲辰朔，金主如盘山，因遍阅中盘诸寺。庚申，还都。

（《续资治通鉴》卷一百五十《宋纪一百五十》 4020）

孝宗淳熙十六年（1189）

漳［州］俗崇信释氏，男女聚僧舍为传经会，女不嫁者为庵以居，［朱］熹悉禁之。

（《续资治通鉴》卷一百五十一《宋纪一百五十一》 4059）

光宗绍熙三年（1192）

闰月，丙午，禁郡县新作寺观。

（《续资治通鉴》卷一百五十二《宋纪一百五十二》 4081）

癸巳，金尚书省奏："言事者谓释、道之流不拜父母、亲属，败害风俗，莫此为甚。礼官言唐开元二年敕云：'闻道士、女冠、僧、尼不拜二亲，是为子而忘其生。自今以后，并听拜父。其有丧纪轻重及尊属礼数，一准常仪。'臣等以为宜依典故行之。"制可。

（《续资治通鉴》卷一百五十二《宋纪一百五十二》　4082）

宁宗庆元二年（1196）

金主尝问谏议大夫张暐曰："僧道三年一试，八十取一，不已少乎？"暐曰："此辈浮食，无益有损，不宜滋益也。"金主曰："周武帝、唐武宗、后周世宗皆贤君，其寿不永，虽曰偶然，似亦有因也。"对曰："三君矫枉太过。今不崇奉，不毁除，是谓得中矣。"

（《续资治通鉴》卷一百五十四《宋纪一百五十四》　4139）

宁宗庆元三年（1197）

甲子，金尚书省奏："比岁北边调度颇多，请降僧道空名度牒，以助军需。"从之。

（《续资治通鉴》卷一百五十四《宋纪一百五十四》　4148）

宁宗庆元四年（1198）

是月，禁女冠毋入大内及三宫。

先是江州僧道隆，自言能知人休咎，愚民称为"散圣"，往来都下，贵戚竞施之。寿康宫卫士詹康妻，故倡也，出入禁中，号为部头；以病归外舍，道隆因之，使求赐金于北内以为建塔费，后宫多有施与。赵师𥇥闻之，执道隆属吏，录其橐，得金钱三万余缗。诏杖黥，隶英德府土牢。旋有是禁。

（《续资治通鉴》卷一百五十五《宋纪一百五十五》　4160）

宁宗嘉泰二年（1202）

十二月，癸酉，金以皇子特哩晬日，放僧、道度牒三千，设醮于元真观，为特哩祈福。

（《续资治通鉴》卷一百五十六《宋纪一百五十六》　4203）

宁宗嘉定二年（1209）

金平章政事布萨端、尚书左丞孙即康奏："先帝承御贾氏，当以十一月免乳，今则已出三月。范氏产期合在正月，医称胎形已失。范氏愿削发为尼。"壬辰，金主以其事诏中外。寻封皇子从恪等六人为王。

（《续资治通鉴》卷一百五十八《宋纪一百五十八》　4286）

宁宗嘉定四年（1211）

郭宝玉既以军降，穆呼哩引之见蒙古主，问取中原之策……僧道无益于国有损于民者，悉行禁止之；类皆宝玉所陈也。

（《续资治通鉴》卷一百五十九《宋纪一百五十九》　4305）

宁宗嘉定九年（1216）

八月，金定僧道纳粟补威仪、监寺之令。

（《续资治通鉴》卷一百六十《宋纪一百六十》　4356）

宁宗嘉定十五年（1222）

一日，［史］弥远为其父浩饭僧净慈寺，与国子学录郑清之登慧日阁，屏人语曰："皇子不堪负荷，闻后沂邸者甚贤，今欲择讲官，君其善训导之，事成，弥远之座即君座也。然言出于弥远之口，入于君之耳，一语泄，吾与君皆族矣。"

（《续资治通鉴》卷一百六十二《宋纪一百六十二》　4406）

理宗宝庆二年（1226）

济王竑之死也，始欲治葬于西山寺，后遂藁葬西溪。

（《续资治通鉴》卷一百六十三《宋纪一百六十三》　4451）

理宗绍定四年（1231）

九月，丙戌夜，临安大火。……帝素服，减膳，彻乐。诏："太庙神主暂奉御于景灵宫，三省、枢密院暂就都亭驿，六部暂就传法寺治事。"

（《续资治通鉴》卷一百六十五《宋纪一百六十五》　4503）

理宗绍定五年（1232）

金汴京大寒如冬，因大疫，凡五十日，诸门出枢九十余万，贫不能葬者不在此数。寻以疫后园户、僧道、医师、鬻棺者擅厚利，命有司倍征之以助国用。

（《续资治通鉴》卷一百六十六《宋纪一百六十六》　4522）

理宗绍定六年（1233）

宝符李氏行至宣德州，自缢于摩诃院佛像前，且书其门曰："宝符御侍此处身故。"见者哀之。诸后妃不知所终。

（《续资治通鉴》卷一百六十七《宋纪一百六十七》　4541）

理宗端平元年（1234）

蒙古主大会诸王，申严条令。郭德海尝请试天下僧尼道士，选精通经文者千人，有能工艺者则命小通事哈珠领之，余皆为民。又请天下置学廪，育人材，立科目，选之入仕。蒙古主颇采其言。

（《续资治通鉴》卷一百六十七《宋纪一百六十七》　4561）

理宗端平三年（1236）

初，蒙古破许州，获金军资库使姚枢，杨惟中见之，以兄事枢，与之偕谒蒙古主。至是南伐，诏枢从惟中，即军中求儒、释、道、医、卜之徒，枢招至稍众。及破枣阳，特穆尔岱欲坑士人，枢力与辨，得脱死者数十。

（《续资治通鉴》卷一百六十八《宋纪一百六十八》　4590）

理宗淳祐四年（1244）

邢台刘侃，少为令史，居常郁郁不乐，一日，投笔叹曰："丈夫不遇于世，当隐居以求其志，安能汩没为刀笔吏乎！"即弃去，隐武安山中，旋为僧，名子聪，游云中，居南唐寺。时僧海云赴呼必赉之召，过云中，闻其博学多才艺，邀与俱行。既入见，应对契意，屡有询问。子聪于书无所不读，尤邃于《易》，旁通天文、律、算、三式之属，论天下事如指诸掌，呼必赉大爱之。海云归，子聪遂留藩邸。

（《续资治通鉴》卷一百七十一《宋纪一百七十一》　4665）

理宗淳祐八年（1248）

辛未，诏："西湖北山护国寺后龙洞，泉源澄深，灵异感格，可赐'护国龙祠'为额，永充祈祷。"

（《续资治通鉴》卷一百七十二《宋纪一百七十二》　4696）

理宗淳祐十一年（1251）

蒙古号僧纳摩为国师。

纳摩，西域竺乾国人，与兄鄂多齐俱学浮屠。定宗常命鄂多齐佩金符，奉使，省民瘼，至是复尊礼纳摩，令总天下释，鄂多齐亦贵用事。

（《续资治通鉴》卷一百七十三《宋纪一百七十三》　4719）

理宗淳祐十二年（1252）

权左司郎中高斯得上言曰："愿陛下立罢新寺土木，速反迕旨诸臣，遏绝邪说，主张善良，谨重刑辟，爱惜士类，则天意可回，和气可召矣。”

（《续资治通鉴》卷一百七十三《宋纪一百七十三》　4727）

理宗宝祐元年（1253）

辛卯，蒙古皇弟呼必赉遣使谕大理降。时僧子聪在军中，每赞皇弟以天地之好生，王者之神武不杀，皇弟契其言。

（《续资治通鉴》卷一百七十四《宋纪一百七十四》　4739）

皇弟既入大理，曰：“城破而我使不出，计必死矣。”己未，西道兵亦至，命姚枢搜访图籍，乃得使者之尸。皇弟怒，将屠其城，枢及僧子聪、张文谦谏曰：“杀使拒命者，高祥耳，非民之罪，请宥之。”枢裂帛为旗，书止杀之令，分号街陌。大理之民赖以全活。

（《续资治通鉴》卷一百七十四《宋纪一百七十四》　4740）

理宗景定元年（1260）

帕克斯巴，吐蕃萨斯嘉人也，敏悟过人，国中号为圣童，年十五，自其国来，见蒙古主于蕃邸，与语，大悦，日见亲礼。至是尊为国师，授以玉印，统释教，时年二十二。

（《续资治通鉴》卷一百七十六《宋纪一百七十六》　4805）

理宗景定二年（1262）

僧子聪奏［贾］居贞为参知政事，又辞，曰：“它日必有由郎官援例求执政者，将何以处之？”不拜。

（《续资治通鉴》卷一百七十六《宋纪一百七十六》　4815）

理宗景定五年（1264）

癸丑，蒙古翰林承旨王鹗言：“僧子聪参密谋，定大计，积有忠勤，然犹仍其野服散号；宜正其衣冠，崇以显秩。”蒙古主命子聪复姓刘，赐名秉忠，拜太保，参预中书省事，以窦默女妻之，赐第奉先坊。秉忠既受命，以天下为己任，知无不言。凡宴闲顾问，辄推荐人物可备器使者；其所甄拔，后皆为名臣。

（《续资治通鉴》卷一百七十七《宋纪一百七十七》　4847）

度宗咸淳元年（1265）

蒙古诏：“总统所僧人，通五大部经者为中选，以有德业者为州郡僧录、判、正副都纲等官，仍于各路设三学讲、三禅会。”

（《续资治通鉴》卷一百七十八《宋纪一百七十八》　4855）

度宗咸淳五年（1269）

二月，己丑，蒙古颁行新字，诏曰：“国家创业朔方，制用文字，皆取汉楷及辉和尔字以达本朝之言。考诸辽、金及遐方诸国，例合有字。今文治浸兴，字书尚缺，特命国师帕克斯巴创蒙古新字，颁行诸路，译写一切文字，期于顺言达事而已。”更号帕克斯巴为“大宝法王”。其字凡千余，大要以谐声为宗。寻诏诸路蒙古字学各置教授。

（《续资治通鉴》卷一百七十九《宋纪一百七十九》　4885）

帝㬎德祐元年（1275）

会稽县尉郑虎臣以其父尝为似道所配，欲报之，欣然请行。似道时寓建宁之开元寺，侍妾尚数十人。虎臣至，悉屏去，撤轿盖，暴行秋日中，令舁轿夫唱杭州歌谑之，每名斥似道，窘辱备至。一日，入古寺，壁上有吴潜南行所题字，虎臣呼似道曰：“贾团练，吴丞相何以至此？”似道惭而不能对。

（《续资治通鉴》卷一百八十一《宋纪一百八十一》　4959）

己酉，拘阎贵妃集庆寺、贾贵妃演福寺田还安边所。

（《续资治通鉴》卷一百八十二《宋纪一百八十二》　4962）

帝㬎德祐二年（1276）

［文］天祥见巴延于明因寺，因说巴延曰：“本朝承帝王正统，衣冠礼乐之所在，北朝将以为与国乎，抑将毁其社稷也？”

（《续资治通鉴》卷一百八十二《宋纪一百八十二》　4977）

前代圣贤之后，儒、医、僧、道，通晓天文、历数并山林隐逸名士，所在官司以名闻。名山、大川、寺观、庙宇并前代名人遗迹，不许拆毁，鳏寡孤独不能自存之人，量加赡给。”

（《续资治通鉴》卷一百八十二《宋纪一百八十二》　4980）

温［州］之江心寺旧有高宗南奔时御座，众相率哭座下，奉益王昰为天下兵马都元帅，广王昺副之，发兵除吏，以秀王与择〔檡〕为福建察访使，先往闽中，抚吏民，谕百姓，檄召诸路忠义，同奖王室。

（《续资治通鉴》卷一百八十二《宋纪一百八十二》　4982）

元　纪

世祖至元十五年（1278）

　　江南释教总统嘉木扬喇勒智，怙恩横肆，穷骄极淫，以是月帅徒役顿萧山，发宋宁宗、理宗、度宗、杨后四陵。宋陵使中官罗铣，守陵不去，与之力争，凶徒痛棰铣，胁之以刃，铣恸哭而去。乃大肆发掘，得宝玉极多，截理宗顶以为饮器，弃骨草莽间。是夕，闻四山皆有哭声。山阴唐珏闻之，痛愤，亟货家具，执券行贷得金，具酒醪，市羊豕，邀里中少年狎坐轰饮，酒酣，少年起请曰："君儒者，若是，将何为焉？"珏惨然具以告，愿收遗骸共瘗之。众谢曰："诺。"中一少年曰："总浮屠眈眈虎视，事露奈何？"珏曰："余固筹之矣。今四郊多暴骨，审取以易，谁复知之！"乃造数木函，刻纪年一字为号，分委而散遣之。众如珏指，夜，往拾遗骸，诘朝来集，出白金羡余酬之。

　　既而嘉木扬喇勒智复发徽、高、孝、光四陵及诸后陵，徽宗柩中止有朽木一段，邢后柩惟铁灯檠一枚而已。宋太学生东嘉林景熙，故与珏善，乃托为丐者，背竹笒，手持竹夹，遇物即拾，以投笒中，铸银作小牌，系于腰间，取赂西僧，曰："余不敢望，得高宗、孝宗足矣。"西僧左右之，果得两朝骨，为两函贮之，托言拂经，遂与珏所得之骨并瘗兰亭山南，移常朝殿冬青树植其上以识。

　　未几，嘉木扬喇勒智下令，衰诸陵骨，杂置牛马枯骼中，建白塔于故宫。欲取宋高宗所书《九经》石刻以筑基，杭州总管府推官申屠致远力拒之，乃止。塔成，名曰镇南，以厌胜之。杭人悲感，不忍仰视。盖珏等事甚秘，杭人未有知者。

　　方珏等之始谋拾骨也，宋将作监簿山阴王英孙持其议，东阳郑宗仁襄其役，长溪谢翱为之筹划。翱，故文天祥之客也。遇寒食，则相与密祭之，久之，事渐泄，人多指目珏、景熙，谓旦夕祸且不测。珏、景熙亦自承，不以为惧。事幸不发，人皆称曰唐、林二义士。

（《续资治通鉴》卷一百八十四《元纪二》　5021）

世祖至元十六年（1279）

帝师帕克斯巴卒，策琳沁嗣为帝师。赐帕克斯巴号皇天之下一人之上宣文辅治大圣至德普慧〔觉〕真智国如意大宝法王西天佛子大元帝师。以后累朝皆有帝师，相承不绝。

（《续资治通鉴》卷一百八十四《元纪二》　5030）

丙辰，以五台僧多匿逃奴及逋赋之民，敕西京宣慰司、按察司搜索之。

（《续资治通鉴》卷一百八十四《元纪二》　5031）

建圣寿万安寺于京城。

帝师策琳沁卒，敕诸国教师惮师百有八人，即万安寺设斋圆戒，赐衣。

（《续资治通鉴》卷一百八十四《元纪二》　5038）

世祖至元十七年（1280）

丙申，敕镂板印造帝师帕克斯巴新译《戒本》五百部，颁降诸路僧人。

（《续资治通鉴》卷一百八十五《元纪三》　5052）

世祖至元十八年（1281）

帝方信桑门之教，诏枢密副使张易等参校道书。易等言道德经为老子所著，余皆后人伪撰，己酉，诏悉焚之。

（《续资治通鉴》卷一百八十五《元纪三》　5059）

世祖至元十九年（1282）

三月，戊寅，益都千户王著，以中书左丞相阿哈玛特蠹国害民，与高和尚合谋杀之。

著素志疾恶，因人心愤怨，密铸大铜锤，自誓愿击阿哈玛特首。会高和尚以秘术行军中无验而归，诈称死，杀其徒，以尸欺众，逃去，人亦莫知。著乃与合谋，结八十余人，夜入京城。

时皇太子从帝如上都，而阿哈玛特留守京师，著以太子素恶其奸，乃遣二西僧至中书，诈称皇太子与国师还都建佛事。时高觿、张九思宿卫宫中，诘之，仓皇失对，遂以二僧属吏，讯之，不服。觿、九思乃集卫士及官兵各执弓矢以备。

（《续资治通鉴》卷一百八十五《元纪三》　5063）

先是闽僧言："土星犯帝座，疑有变。"未几，中山有狂人，自称宋主，有兵千人，欲取文丞相。

（《续资治通鉴》卷一百八十六《元纪四》　5072）

世祖至元二十年（1283）

三月，己未，御史台言："平滦造船，五台山造寺伐木，及南城建新寺，凡役四万人，请罢之。"诏："伐木建寺即罢之，造船一事，其与省臣议。前后卫军自愿征日本者，命选留五卫汉军千余，其新附军令悉行。"

（《续资治通鉴》卷一百八十六《元纪四》　5079）

世祖至元二十二年（1285）

僧格言："嘉木场喇勒智云：'会稽有泰宁寺，宋毁之以建宁宗攒宫。钱唐有龙华寺，宋毁之以为南郊。皆胜地也。'宜复为寺，为皇上、东宫祈寿。"时宁宗等攒宫已毁，建寺，乃毁郊天台，亦建寺焉。

（《续资治通鉴》卷一百八十七《元纪五》　5094）

辛卯，发诸卫军六千八百人，给护国寺修造。

（《续资治通鉴》卷一百八十七《元纪五》　5095）

时方建佛塔于宋故宫，有司奉行甚急，天大雨雪，入山伐木，死者数百人；又欲并建大寺。〔董〕文用谓行省曰："非时役民，民不堪矣，少徐之，如何？"行省曰："参政奈何格上命？"文用曰："今之困民力而失民心者，岂上意耶？"行省意沮，乃稍宽其期。

（《续资治通鉴》卷一百八十七《元纪五》　5096）

世祖至元二十三年（1286）

以江南废寺田土为人占据者，悉付总统嘉木扬喇勒智修寺，自是僧徒益横。

（《续资治通鉴》卷一百八十七《元纪五》　5110）

世祖至元二十五年（1288）

甲戌，万安寺成，佛像及窗壁皆金饰之，凡费金五百四十两有奇，水银二百四十斤。

（《续资治通鉴》卷一百八十八《元纪六》　5139）

遣瀛国公赵㬎学佛法于土番。

（《续资治通鉴》卷一百八十八《元纪六》　5144）

初，帝遣荆湖、占城行省参知政事伊赫密实使马八儿国，取佛钵舍利。浮海阻风，行一年乃至，得其良医善药，遂与其国人来贡方物，又以私钱购紫檀木殿材，并献之。

（《续资治通鉴》卷一百八十八《元纪六》　5145）

世祖至元二十六年（1289）

是岁，诏："天下梵寺所贮《藏经》，集僧看诵，仍给所费，俾为岁例。"

（《续资治通鉴》卷一百八十九《元纪七》　5160）

世祖至元二十七年（1290）

乙巳，禁诸王遣僧建寺扰民。

（《续资治通鉴》卷一百八十九《元纪七》　5166）

世祖至元二十八年（1291）

初，嘉木扬喇勒智重赂僧格，发宋陵墓，戕虐人命，私庇平民不输赋者二万三千户，田土称是，受美女宝物之献，藏匿未露者尤多。至是坐侵盗官物，治之，籍其妻孥田亩。

（《续资治通鉴》卷一百九十《元纪八》　5177）

己巳，宣政院言宋全太后、瀛国公母子已为僧、尼，有地三百六十顷，乞如例免征其租，从之。

（《续资治通鉴》卷一百九十《元纪八》　5186）

是岁，宣政院上天下寺宇四万二千三百一十八区，僧尼二十一万三千一百四十八人。

（《续资治通鉴》卷一百九十《元纪八》　5187）

世祖至元二十九年（1292）

西僧请以金银币帛祠其神，帝难之。平章政事博果密曰："彼佛以去贪为宝，奈何为此！"遂弗与。

（《续资治通鉴》卷一百九十《元纪八》　5199）

世祖至元三十年（1293）

辛未，敕僧寺之邸店，商贾舍止，其货物依例收税。

（《续资治通鉴》卷一百九十一《元纪九》 5210）

世祖至元三十一年（1294）

西僧为佛事，请释罪人祈福，谓之"秃鲁麻"，豪民犯法者，皆贿赂之以求免。有杀主、杀夫者，西僧请被以帝后御服，乘黄犊出宫门释之，云可得福。博果密曰："人伦者，王政之本，风化之基，岂可容其乱法如是！"帝责丞相曰："朕戒汝毋使博果密知，今闻其言，朕甚愧之。"使人谓博果密曰："卿且休矣，朕今从卿言。"然自是以为故事。

（《续资治通鉴》卷一百九十一《元纪九》 5222）

成宗元贞元年（1295）

壬戌，以国忌，即大圣寿万安寺饭僧七万。

（《续资治通鉴》卷一百九十二《元纪十》 5227）

闰月，丙午，为皇太后建佛寺于五台山，以前工部尚书尼济为匠作院使，董其役。

（《续资治通鉴》卷一百九十二《元纪十》 5230）

十二月，丙辰，荆南僧普招寺〔昭等〕伪撰佛书，有不道语，伏诛。

（《续资治通鉴》卷一百九十二《元纪十》 5236）

成宗大德元年（1297）

先是五台山佛寺成，皇太后亲往祈祝。监察御史真定李元礼上书于太后曰："古人有言：'生民之利害，社稷之大计，惟所见闻而不系职司者，独宰相得行之，谏官得言之。'今朝廷不设谏官，御史职当言路，即谏官也，乌可坐视得失，而无一言以裨益圣治万分之一哉！伏见五台山创建寺宇，土木既兴，工匠失役，不下数万。附近数路州县，供亿烦重，男女废耕织，百物踊贵，民不聊生。今闻太后亲临五台，布施金币，臣谓其不可行者有五：时当盛夏，禾稼方茂，百姓岁计，全仰秋成，扈从经过，不无蹂躏，一也。太后春秋已高，亲劳圣体，往复暑途数千里，不避风日，万一调养失宜，悔将何及！二也。至尊举动，必书简册以贻万世，书而不法，将焉用之！三也。财不天降，皆出于民；今日支持调度，百倍曩时，而又劳民伤财以奉土木，四也。佛以慈悲方便为教，虽穷珍玩供养不为喜，虽无一物为献亦不怒。今太后为苍生祈福，而先劳圣体，使天子旷定省之礼，五也。伏愿中路回辕，端居深宫，俭以养德，静以颐神，上以循先皇后之懿范，次以尽圣天子之孝心，下以慰元元之望，如此，则不祈福而福自至矣。"

台臣不敢以闻。至是侍御史万僧与御史中丞崔彧不合，诣架阁库取前章，封之入奏曰："崔中丞私党汉人，李御史为大言谤佛，谓不宜建寺。"帝大怒，遣近臣赍其章，敕鄂勒哲、博果密鞫问。博果密以国语译而读之，鄂勒哲曰："其意与吾正同。往吾尝以此谏，太后曰：'吾非喜建此寺，盖先尝许为之，非汝所知也。'"博果密曰："他御史惧不敢言，惟一御史敢言，诚可赏也！"鄂勒哲等以其章上闻，帝沉思良久曰："御史之言是也。"乃罢万僧，复元礼职。

（《续资治通鉴》卷一百九十二《元纪十》　5246）

十一月，壬戌，禁权豪、僧道及各位下擅据矿炭山场。

（《续资治通鉴》卷一百九十三《元纪十一》　5253）

成宗大德三年（1299）

先是浙江平章伊苏特尔劝帝用兵日本，帝曰："今非其时。"因其俗奉佛，遂遣一山赍诏往使，而日本竟不至。

（《续资治通鉴》卷一百九十三《元纪十一》　5263）

五月，壬午，罢江南诸路释教总统所。

（《续资治通鉴》卷一百九十三《元纪十一》　5264）

秋，七月，庚辰，中书省言江南诸寺佃户五十余万，本皆编民，自嘉木扬喇勒智冒入寺籍，宜加厘正，从之。

（《续资治通鉴》卷一百九十三《元纪十一》　5265）

成宗大德五年（1301）

壬子，奉安昭睿顺圣皇后御容于护国仁王寺。

（《续资治通鉴》卷一百九十四《元纪十二》　5273）

成宗大德六年（1302）

朱清、张瑄，父子致位显要，宗戚皆累大官，田园馆舍遍天下，巨艘大舶交诸番中，车马填塞门巷，仆从佩金虎符为千户、万户者数十人。江南僧石祖进，摭其不法十事上闻。时中书省亦言朱清、张瑄屡致人言，宜罢其职，徙其子孙官江南者于京，帝从之，仍诏御史台诘问。二人竟伏诛。

（《续资治通鉴》卷一百九十四《元纪十二》 5279）

诏："自今僧官、僧人犯罪，御史台与内外宣政院同鞫。宣政院官徇情不公者，听御史台治之。"

（《续资治通鉴》卷一百九十四《元纪十二》 5280）

布埒达实哩者，北庭人也。幼熟辉和尔及西天书，长能贯通三藏暨诸国语，至是奉旨从帝师受戒于广寒殿，代帝出家。

（《续资治通鉴》卷一百九十四《元纪十二》 5286）

成宗大德七年（1303）

中书左丞达喇罕言："僧人修佛事毕，必释重囚，有杀人及妻妾杀夫者，皆指名释之。生者苟免，死者负冤，于福何有！"帝嘉纳之。

（《续资治通鉴》卷一百九十四《元纪十二》 5290）

辛巳，诏僧人与民均当差役。

（《续资治通鉴》卷一百九十四《元纪十二》 5292）

禁僧人以修建寺宇为名，赍诸王令旨，乘传扰民。

（《续资治通鉴》卷一百九十四《元纪十二》 5293）

八月，（己丑），罢护国仁王寺原设江南营田提举司。

（《续资治通鉴》卷一百九十四《元纪十二》 5294）

甲子，命依十二章断僧官罪。

（《续资治通鉴》卷一百九十四《元纪十二》 5297）

成宗大德九年（1305）

乙未，建大天寿万宁寺。中塑秘密佛像，其形丑怪，皇后幸寺见之，恶焉，以帕障其面而过，寻敕毁之。

（《续资治通鉴》卷一百九十五《元纪十三》 5308）

庚寅，皇太子德寿薨。皇后遣人问西僧丹巴曰："我夫妇崇信佛法，以师事汝，止有一子，宁不能延其寿也？"对曰："佛法如灯笼，风雨至则可蔽，若烛尽，则无如之何也。"一时称其敏给。

（《续资治通鉴》卷一百九十五《元纪十三》 5313）

成宗大德十年（1306）

五月，癸未，诏："西番僧往还者，不许驰驿，给以舟车。"

（《续资治通鉴》卷一百九十五《元纪十三》　5315）

成宗大德十一年（1307）

甲寅，敕内郡、江南、高丽、四川、云南诸寺僧诵《藏经》，为三宫祈福。

（《续资治通鉴》卷一百九十五《元纪十三》　5325）

丙戌，皇太子建佛寺，请买民地益之，给钞万七百锭有奇。

（《续资治通鉴》卷一百九十五《元纪十三》　5329）

武宗至大元年（1308）

西番僧在上都者，强市民薪，民诉于留守李璧。璧方询其由，僧率其党持白梃突入公府，隔案引璧发，捽诸地，棰扑交下，拽归，闭诸空室，久乃得脱，奔诉于朝；僧竟遇赦免。未几，其徒龚柯等与诸王妃争道，拉妃堕车，殴之，语侵上；事闻，亦释不问。时宣政院方奉诏言殴西僧者断其手，詈者截其舌。皇太子亟上言："此法昔所未有。"乃寝其令。

（《续资治通鉴》卷一百九十六《元纪十四》　5335）

甲辰，发军士千五百人修五台山佛寺。

己未，以皇太子建佛寺，立营缮署。

（《续资治通鉴》卷一百九十六《元纪十四》　5336）

丙子，以诸王及西番僧从驾上都，途中扰民，禁之。

禁白莲社，毁其祠宇，以其人还隶民籍。

（《续资治通鉴》卷一百九十六《元纪十四》　5338）

癸未，皇太后造寺五台山，摘军六千五百人供其役。时太后欲幸五台，言者请开保定五回岭以取捷径，遣使偕总管吴鼎视地形，计工费。鼎言："荒山陡入，人迹久绝，非乘舆所宜往。"还报，太后为寝其役。

（《续资治通鉴》卷一百九十六《元纪十四》　5343）

武宗至大二年（1309）

癸亥，皇太子如五台佛寺，以王约从。既至，约谏不可久留，太子然之，即还上京。

（《续资治通鉴》卷一百九十六《元纪十四》　5346）

三月，己丑，辽阳行省右丞洪万诉高丽国王王璋不奉国法、恣暴等事。中书省请令洪万与璋辩对。敕中书毋令辩对，令璋从太后之五台山。

（《续资治通鉴》卷一百九十六《元纪十四》　5347）

以大都城南建佛寺，立行工部，领行工部事三人，行工部尚书二人，仍令尚书左丞相托克托兼领之。

（《续资治通鉴》卷一百九十六《元纪十四》　5352）

［郑］大和方正，不奉浮屠、老子教，冠婚丧葬，必稽朱熹《家礼》而行，执亲丧，三年不御酒肉。

（《续资治通鉴》卷一百九十六《元纪十四》　5357）

武宗至大三年（1310）

营五台寺，役工匠千四百人，军三千五百人。

（《续资治通鉴》卷一百九十七《元纪十五》　5359）

［张养浩上书］五曰土木太盛。……今创城中都，崇建南寺，外则有五台增修之扰，内则有养老宫殿营造之劳，括匠调军，旁午州郡，或度辽伐木，或济江取材，蒙犯毒瘴，崩沦压溺而死者，无日无之。粮不实腹，衣不覆体，万目睍睍，无所控告，以致道上物故者，在所不免。以此疲氓，使佛见之，陛下知之，虽一日之工，亦所不忍。彼董役者惟知鞭扑趣成，邀功幸赏，因而盗匿公费，奚暇问国家之财诎，生民之力殚哉！

（《续资治通鉴》卷一百九十七《元纪十五》　5366）

九曰异端太横。今释、老二氏之徒，畜妻育子，饮醇啖腴，萃逋逃游惰之民，为暖衣饱食之计，使吾民日羸月瘠，曾不得糠粃以实腹，褴缕以盖体。今日诵《藏经》，明日排好事，今年造某殿，明岁构某宫，凡天下人迹所到，精蓝胜观，栋宇相望，使吾民穴居露处，曾不得茎芽撮土以覆顶托足。昔世祖尝欲沙汰天下僧道有室者，籍而民之，后夺于众多之口，寻复中止。臣尝略会国家经费，三分为率，僧居二焉。近者至大二年十一月，昊天寺无因而火，天意较然，可为明鉴。望自今谕诸省臣，凡天下有夫、有室、僧、尼、道士、女冠之流，移文括会，并勒为民，以竟世祖欲行未及之意。

（《续资治通鉴》卷一百九十七《元纪十五》　5367）

武宗至大四年（1311）

戊申，罢运江南所印《佛经》。

（《续资治通鉴》卷一百九十七《元纪十五》　5373）

冬，十月，己巳，敕绘武宗御容，奉安大崇恩福元寺，月四上祭。

辛未，赐大普庆寺金千两，银五千两，钞万锭，西锦、彩缎、纱、罗、布帛万端，田八百亩，邸舍四百间。

（《续资治通鉴》卷一百九十七《元纪十五》　5381）

丁丑，禁诸僧寺毋得冒侵民田。

（《续资治通鉴》卷一百九十七《元纪十五》　5382）

仁宗皇庆元年（1312）

癸卯，敕诸僧犯奸盗、诈伪、斗讼，仍令有司专治之。

（《续资治通鉴》卷一百九十八《元纪十六》　5384）

辛未，给钞万锭修香山永安寺。

（《续资治通鉴》卷一百九十八《元纪十六》　5387）

仁宗皇庆二年（1313）

各寺修佛事，日用羊九千四百四十，敕遵旧制，易以蔬食。

……

功德使策琳沁等以佛事奏释重囚，不允。

（《续资治通鉴》卷一百九十八《元纪十六》　5392）

乙酉，御史台言："富人夤缘特旨，滥受官爵。徽政、宣徽用人，率多罪废之流。内侍托为贫乏，互奏恩赏。而西僧以作佛事之故，累释重囚。外任之官，身犯刑宪，辄营求内旨以免罪。诸王、驸马、寺观土田每岁征租，扰民尤甚。请悉革其弊。"制可。

（《续资治通鉴》卷一百九十八《元纪十六》　5394）

秋，七月，癸巳，以作佛事，释囚徒二十九人。

（《续资治通鉴》卷一百九十八《元纪十六》　5395）

陕西行台治书侍御史尉迟德诚亦上言："西僧作佛事，疏放罪囚，以为祈福。奴婢杀主，妻妾杀夫，皆获夤缘以免，实紊典常。必欲修政以答天谴，无有先于此者。"不报。

（《续资治通鉴》卷一百九十八《元纪十六》　5396）

仁宗延祐元年（1314）

乙巳，以僧人作佛事，擅释狱囚，命中书审察。

（《续资治通鉴》卷一百九十八《元纪十六》　5400）

特们德尔专政，一日，召刑曹官属问曰："西僧讼某之罪，何以久弗治？"众莫敢对。刑部侍郎曹伯启从容言曰："事在赦前。"竟莫能夺其议。

（《续资治通鉴》卷一百九十八《元纪十六》　5407）

仁宗延祐二年（1315）

己巳，置大圣寿万安寺都总管府，秩正三品。

（《续资治通鉴》卷一百九十八《元纪十六》　5407）

仁宗延祐三年（1316）

戊戌，置织佛像工匠提调所。

（《续资治通鉴》卷一百九十九《元纪十七》　5418）

甲申〔庚寅〕，敕五台灵鹫寺置铁冶提举司。

（《续资治通鉴》卷一百九十九《元纪十七》　5419）

皇庆中，命西僧必兰纳识里翻绎诸梵经典，至是特赐银印，授光禄大夫。

（《续资治通鉴》卷一百九十九《元纪十七》　5421）

仁宗延祐四年（1317）

浮屠妙总统有宠，敕中书官其弟五品，〔张〕思明执不可，帝大怒，召见，切责之，对曰："选法，天下公器。径路一开，来者杂遝，故宁违旨获戾，不忍隳祖宗成宪，使四方得窥陛下浅深也。"帝心然其言而业已许之，曰："卿可姑与之，后勿为例。"乃以为万亿库提举，不与散官。

（《续资治通鉴》卷一百九十九《元纪十七》　5423-5424）

仁宗延祐五年（1318）

戊午，给书西天字《维摩经》金三千两。

初，宣徽院使岁会内廷佛事之费，以斤数者，面四十万九千五百，油七万九千，酥蜜共五万余。盖自至元三十年间，醮祠佛事之目仅百有二，大德七年，再立功德使司，增至五百余。至是僧徒冒利无厌，岁费滋甚，较之大德，又不知几倍矣。

（《续资治通鉴》卷一百九十九《元纪十七》　5429）

给金九百两，银百五十两，书金字《藏经》。

（《续资治通鉴》卷一百九十九《元纪十七》　5430）

仁宗延祐六年（1319）

甲戌，皇姊大长公主作佛事，释全宁府重囚二十七人。帝闻之怒，敕按问全宁守臣阿纵不法，仍追所释囚还狱。

（《续资治通鉴》卷二百《元纪十八》　5438）

癸巳，以作佛事，释大辟囚七人，流以下囚六人。

……

冬，十月，乙卯，中书省言："白云宗统摄沈明仁，强夺民田二万顷，诳诱愚俗十万人，私赂近侍，妄受名爵，已奉旨追夺，请汰其徒，还所夺民田。其诸不法事，宜令核问。"帝曰："朕知沈明仁奸恶，其严鞫之。"

（《续资治通鉴》卷二百《元纪十八》　5439）

仁宗延祐七年（1320）

辛卯，江浙行省丞相赫噜言："白云僧沈明仁，擅度僧四千八百余人，获钞四万余锭，既已辞伏，今遣其徒沈崇胜潜赴京师行贿求援，请逮赴江浙并治其罪。"从之。

……

帝天性恭俭，通达儒术，兼晓释典，每曰："明心见性，佛教为深；修身治国，儒道为大。"在位七年，不事游畋，不喜征伐，尊贤重士，待宗戚勋旧，始终有礼。有司奏大辟，每惨恻移时。其孜孜为治，一遵世祖成宪云。

（《续资治通鉴》卷二百《元纪十八》　5442）

二月，壬子，罢造永福寺。

……

建御容殿于永福寺。

（《续资治通鉴》卷二百《元纪十八》　5443）

白云宗（统）摄沈明仁以不法坐罪，诏籍江南冒为白云僧者为民。

（《续资治通鉴》卷二百《元纪十八》　5444）

京师疫，作佛事于万寿山。

（《续资治通鉴》卷二百《元纪十八》 5451）

时僧徒横甚，有司无敢诘难者。盩厔僧圆明，以烧香受戒私相煽惑，从者日众，遂自称皇帝，众呼万岁，约以孟秋五日攻奉元路。秋，七月，丁丑朔，陕西参政多尔济以兵捕之，圆明遁去，逾月，始就擒，斩之。

（《续资治通鉴》卷二百《元纪十八》 5452）

九月，甲申，建寿安山寺，给钞千万贯。

禁五台山樵采。

……

庚申，敕译佛书。

乙丑，幸大护国仁王寺。帝师请以醮八儿监藏为土番宣慰使、都元帅，从之。

丁卯，为皇后作鹿顶殿于上都。

庚午，命拜珠督造寿安山寺。

（《续资治通鉴》卷二百《元纪十八》 5454）

庚戌，铸铜为佛像，置玉德殿。

（《续资治通鉴》卷二百《元纪十八》 5455）

丙寅，修秘密佛事于延春阁。

……

己巳，敕罢明年二月八日迎佛。

（《续资治通鉴》卷二百《元纪十八》 5456）

英宗至治元年（1321）

春，正月，丁丑，修佛事于文德殿。

（《续资治通鉴》卷二百一《元纪十九》 5458）

己酉，作仁宗神御殿于普庆寺。

辛亥，调军三千五百人修上都华严寺。

大永福寺成，赐金银钞币。

丁巳，畋于柳林，敕更造行宫。

寿安山寺役甚急，监察御史索约勒、哈迪密实与同列观音保、成珪、李谦享上章极谏，以为"东作方始而兴大役，以耗财病民，非所以祈福也。且岁在辛酉，不宜兴筑"。奏入，帝怒。

（《续资治通鉴》卷二百一《元纪十九》　5459）

丁卯，以僧法洪为释源宗主，授司徒。

罢先朝传旨滥选者。

三月，丙子，建帝师帕克斯巴寺于京师。

（《续资治通鉴》卷二百一《元纪十九》　5460）

乙酉，宝集寺金书西番《般若经》成，置大内香殿。

益寿安山造寺役军。

（《续资治通鉴》卷二百一《元纪十九》　5461）

作金浮屠于上都，藏佛舍利。

（《续资治通鉴》卷二百一《元纪十九》　5462）

十一月，乙亥，幸大护国仁王寺。

……

庚辰，益寿安山寺役卒三千人。

（《续资治通鉴》卷二百一《元纪十九》　5465）

甲寅，幸西僧灌顶寺。

（《续资治通鉴》卷二百一《元纪十九》　5466）

甲子，命帝师往西番受具足戒，赐金千三百五十两，银四千五十两，币帛万匹，钞五十万贯。

……

乙丑，置中瑞司，冶铜五十万斤作寿安山寺佛像。

（《续资治通鉴》卷二百一《元纪十九》　5467）

英宗至治二年（1322）

罢上都歇山殿及帝师寺役。

……

乙卯，以西僧（亦思刺蛮展普）有疾，释大辟囚一人，笞罪二（十）人。

……

庚辰，敕："江浙僧寺田，除宋故有永业及世祖所赐者，余悉税之。"

（《续资治通鉴》卷二百一《元纪十九》　5469）

或言佛教可治天下者，帝〔元英宗〕问之，〔拜珠〕对曰："清净寂灭，自治可也；若治天下，舍仁义则纲常乱矣。"帝皆嘉纳之。

（《续资治通鉴》卷二百一《元纪十九》　5470）

甲申，帝幸五台山，拜珠曰："自古帝王得天下以得民心为本，失其心则失天下。钱谷，民之膏血，多取则民困而国危，薄敛则民足而国安。"帝曰："卿言甚善。朕思之，民为重，君为轻，国非民则何以为君！今理民之事，卿等当熟虑而慎行之。"

（《续资治通鉴》卷二百一《元纪十九》　5471）

癸卯，禁白莲佛事。

……

六月，丁卯朔，帝至五台山，禁扈从宿卫毋践民禾。

……

帝自五台还，戊午，次应州；辛酉，次浑源州。拜珠奏召中书左丞张思明至，数其罪，杖而免之，籍其家。

（《续资治通鉴》卷二百一《元纪十九》　5472）

庚辰，增寿安山寺役卒七千人。

（《续资治通鉴》卷二百一《元纪十九》　5473）

甲申，建太祖神御殿于兴教寺。

……

括江南僧有妻者为民。

（《续资治通鉴》卷二百一《元纪十九》　5474）

西僧（灌顶）疾，请释囚，帝曰："释囚祈福，岂为师惜！朕思恶人屡赦，反害善良，何福之有！"

（《续资治通鉴》卷二百一《元纪十九》　5476）

英宗至治三年（1323）

二月，癸亥朔，作上都华严寺、帝师帕克斯巴寺及丞相拜珠第，役军六千二百人。

（《续资治通鉴》卷二百一《元纪十九》　5479）

丁亥，敕金书《藏经》二部，命拜珠等总之。

……

辛亥，以圆明、王道（明）之乱，禁僧、道度牒符箓。

……

夏，四月，壬戌朔，敕天下诸司命僧诵经十万部。

（《续资治通鉴》卷二百一《元纪十九》　5480）

帝在上都，夜寐不宁，命作佛事；拜珠以国用不足谏止之。既而奸党惧诛者，复阴诱群僧，言国当有厄，非作佛事而大赦，无以禳之，拜珠叱曰："尔辈不过图得金帛而已，又欲庇有罪耶？"奸党闻之，知必不免，遂萌逆图。

（《续资治通鉴》卷二百一《元纪十九》　5483）

冬，十月，癸亥，修佛事于大明殿。

（《续资治通鉴》卷二百一《元纪十九》　5486）

丙子，命岭北守边诸王修佛事以却寇兵。

己卯，命僧作佛事于大内以厌雷。

（《续资治通鉴》卷二百一《元纪十九》　5489）

泰定帝泰定元年（1324）

己未，修西番佛事于寿安山，僧四十人，三年乃罢。

……

甲子，作佛事，命僧八百人及倡优百戏，导帝师游京城。

先是英宗在上都，使左丞苏苏召翰林吴澄撰《金字藏经序》，澄曰："主上写经祈福，甚盛举也。若用以追荐，臣所未知。盖福田利益，虽人所乐闻，而轮回之事，彼习其学者，犹或不言。不过谓为善之人，死则上通高明，其极品与日月齐光；为恶之人，死则下沦污秽，其极下则与沙虫同类；其徒遂为荐拔之说以惑世人。今列圣之神，上同日月，何庸荐拔！且国初以来，写经追荐，不知几举，若未效，是无佛法矣；若已效，是诬其祖矣。撰为文辞，不可以示后世，请俟驾还奏之。"会南坡之变，事得寝。及帝即位，佛事益盛。

（《续资治通鉴》卷二百二《元纪二十》 5494）

作昭圣皇后御容殿于普庆寺。

……

甲戌，命咒师作佛事以厌雷。

（《续资治通鉴》卷二百二《元纪二十》 5498）

比者建西山寺，损军害民，费以亿万计，近诏虽罢之，又闻奸人乘间奏请，复欲兴修。宜守前诏，示民有信。

（《续资治通鉴》卷二百二《元纪二十》 5502）

癸酉，帝受佛戒于帝师。

（《续资治通鉴》卷二百二《元纪二十》 5505）

辛未，绘帝师帕克斯巴像十一，颁各行省，俾塑祀之。

（《续资治通鉴》卷二百二《元纪二十》 5506）

辛丑，造金宝盖饰，以七宝贮佛舍利。

（《续资治通鉴》卷二百二《元纪二十》 5508）

泰定帝泰定二年（1325）

中书省言："江南民贫僧富，诸寺观田土，非宋旧制并累朝所赐者，仍请如旧制与民均役。"从之。

……

甲辰，奉安显宗像于永福寺，给祭田百顷。

（《续资治通鉴》卷二百二《元纪二十》 5510）

己亥，命西僧作烧坛佛事于华延〔延华〕阁。

（《续资治通鉴》卷二百二《元纪二十》 5512）

息州民赵丑厮、郭菩萨，妖言弥勒佛当有天下，有司以闻，命宗正府、刑部、枢密院、御史台及河南行省官杂鞫之。

（《续资治通鉴》卷二百二《元纪二十》 5515）

庚午，以国用不足，罢书金字《藏经》。

（《续资治通鉴》卷二百二《元纪二十》 5516）

丁巳，幸大承华普庆寺，祀昭献元圣皇后于影堂，赐僧钞千锭。

……

初，成宗遣僧使日本，而日本人竟不至。至是越二十余年，始来互市。

（《续资治通鉴》卷二百三《元纪二十一》　5521）

监察御史李昌言："臣尝经平凉府、静、会、定西等州，见西番僧佩金字圆符，络绎道路，驰驱累百，传舍至不能容，则假馆民舍，因迫逐男子，奸污妇女。奉元一路，自正月至七月，往返者百八十五次，用马至八百四十余匹，较之诸王行省之使，十多六七，驿户无所控诉，台察莫敢谁何。且国家之制圆符，本为边防警报之虞，僧人何事而辄佩之？请更正僧人给驿法，且令台宪得以纠察。"当时以为切论。

（《续资治通鉴》卷二百三《元纪二十一》　5522）

泰定帝泰定三年（1326）

敕以金书西番字《藏经》。

……

甲子，命功德使司简岁修佛事一百二十七。

（《续资治通鉴》卷二百三《元纪二十一》　5525）

五月，乙巳，修镇雷佛事三十一所。

……

禁西僧驰驿扰民，始从李昌奏也。

（《续资治通鉴》卷二百三《元纪二十一》　5527）

甲寅，幸大乾〔元〕符寺，敕铸五方佛铜像。

……

戊午，遣日本僧瑞兴等四十人还国。

（《续资治通鉴》卷二百三《元纪二十一》　5529）

赐大天源延寿〔圣〕寺钞二万锭，吉安、临江二路田千顷。

中书省言："养给军民，必藉地利。世祖建大宣文弘教等寺，赐永业，当时已号虚费。而成宗复构天寿万宁寺，较之世祖，用增倍半。若武宗之崇恩福元，仁宗之承华普庆，租权所入，抑又甚焉。英宗凿山开寺，损兵伤农，而卒无益。夫土地祖宗所有，子孙当共惜之。臣恐兹后藉为口实，妄兴工役，徼福利以逞私欲，惟陛下察之。"帝嘉纳焉，然不能用也。

（《续资治通鉴》卷二百三《元纪二十一》　5531）

己亥，命帝师修佛事，释重囚三人。

置大承华普庆寺总管府。

（《续资治通鉴》卷二百三《元纪二十一》　5534）

泰定帝泰定四年（1327）

庚申，皇子允坦臧布受佛戒于智泉寺。

（《续资治通鉴》卷二百三《元纪二十一》　5534）

二月，甲戌，祭太祖、太宗、睿宗御容于大承华普庆寺，以翰林院官执事。

（《续资治通鉴》卷二百三《元纪二十一》　5535）

泰定帝致和元年（1328）

辛未，大天源延寿〔圣〕寺显宗神御殿成，置总管府以司财用。

己卯，帝御圣教〔兴圣〕殿受无量佛戒于帝师。庚辰，命僧千人修佛事于镇国寺。

甲申，遣户部尚书李嘉努往盐官祀海神，仍集议修海岸。丙戌，帝师命僧修佛事于盐官州，造浮屠二百一十六，以厌海溢。

（《续资治通鉴》卷二百四《元纪二十二》　5546）

己酉，御史杨倬等以民饥，请分僧道储粟济之，不报。

（《续资治通鉴》卷二百四《元纪二十二》　5547）

敕：“天下僧道有妻者，皆令为民。”

（《续资治通鉴》卷二百四《元纪二十二》　5562）

明宗天历二年（1329）

丙寅，帝幸大承〔崇〕恩福元寺。

（《续资治通鉴》卷二百五《元纪二十三》　5571）

中书省言：“朝廷赏赍，不宜滥及罔功。鹰、鹘、狮、豹之食，旧支肉价二百余锭，今增至万三千八百锭；控鹤旧止六百二十八户，今增至二千四百户；又，佛事岁费，以今较旧，增多金千一百五十两，银六千二百两，钞五万六千二百锭，币帛三万四千余匹；请悉简汰。”从之。

（《续资治通鉴》卷二百五《元纪二十三》　5572）

己巳，大都命改集庆潜邸，建大龙翔集庆寺，以来岁兴工。

（《续资治通鉴》卷二百五《元纪二十三》　5575）

辛丑，立宁徽寺，掌明宗宫分事。壬寅，以钞万锭，币帛二千匹，供明宗皇后费用。

（《续资治通鉴》卷二百五《元纪二十三》　5582）

九月，乙卯朔，市故宋太后全氏田，赐大承天护圣寺。

（《续资治通鉴》卷二百五《元纪二十三》　5584）

时方建龙翔集庆寺，命阿荣、赵世安督工，台臣监造。南台御史盖苗上封事曰："臣闻使民以时，使臣以礼，自古未有不由斯道而致隆平者。陛下龙潜建业之时，居民困于供给。幸而获睹今日之运，百姓跂足举首以望非常之惠。今夺民时，毁民居，以创佛寺，岂圣人御天下之道乎？昔汉高祖兴于丰、沛，为复两县，光武中兴，南阳免税三年。今不务此而隆重佛氏，何以慰斯民之望哉？且佛以慈悲为心，方便为教，今尊佛氏而害生民，无乃违其方便之教乎？台臣职专纠察，表正百司，今乃委以修缮之役，岂其理哉？"书奏，为免台臣监役。

（《续资治通鉴》卷二百五《元纪二十三》　5585）

庚戌，罢大承天护圣寺工役。囚在狱三年疑不决者，释之。民欠官钱无可追征者，尽蠲免。

……

十一月，乙卯，受佛戒于帝师，作佛事六十日。

（《续资治通鉴》卷二百五《元纪二十三》　5588）

以平江官田百五十顷赐大龙翔集庆寺及大崇善〔禧〕万寿寺。

……

十二月，甲申，以帝师自西番至，命朝廷一品以下咸郊迎。大臣俯伏进觞，帝师不为动。国子祭酒富珠哩翀举觞立进曰："帝师，释迦之徒，天下僧人师也。予，孔子之徒，天下儒人师也。请各不为礼。"帝师笑而起，举觞卒饮。众为之悚然。

诏："僧尼徭役一切无有所预。"

（《续资治通鉴》卷二百五《元纪二十三》　5589）

诏："诸僧寺田，自金、宋所有及累朝赐予者，悉除其租。其有当输租者，仍免其役。僧还俗者，听复为僧。"

壬寅，命江浙行省印《佛经》二十七藏。

（《续资治通鉴》卷二百五《元纪二十三》　5590）

文宗至顺元年（1330）

丁亥，命江南、陕西、河南等处富民输粟……僧、道输粟者，加以师号。

（《续资治通鉴》卷二百六《元纪二十四》　5592）

己亥，命明宗皇子受佛戒。

（《续资治通鉴》卷二百六《元纪二十四》　5593）

庚戌〔辛亥〕，命市故瀛国公赵㬎田，赐龙翔集庆寺，御史台言不必予其直，帝曰："吾建寺为子孙黎民计，若取人田而不予直，非朕志也。"

（《续资治通鉴》卷二百六《元纪二十四》　5595）

夏，四月，壬午朔，命西僧作佛事于仁和殿，自是日始，至十二月终罢。

……

壬辰，以所籍张珪诸子田四百顷赐大承天护圣寺。

……

壬寅，括益都、般阳、宁海闲田十六万余顷，赐大承天护圣寺。

（《续资治通鉴》卷二百六《元纪二十四》　5596）

五月，戊午，帝御大明殿，雅克特穆尔率文武百官及僧道、耆老奉玉册玉宝，上尊号曰钦天统圣至德成功大文孝皇帝。是日，改元至顺。

（《续资治通鉴》卷二百六《元纪二十四》　5597）

庚午，中书省言："近岁帑廪空虚，其费有五：曰赏赐，曰作佛事，曰创置衙门，曰滥冒支领，曰续增卫士鹰坊，请与枢密院、御史台各集赛官同加汰减。"从之。

（《续资治通鉴》卷二百六《元纪二十四》　5598）

文宗至顺二年（1331）

二月，戊申，立广教总管府，以掌僧尼之政，凡十六所，秩正三品。府设达噜噶齐、总管、同知府事、判官各一员，宣政院选流内官拟注以闻，总管则僧为之。

（《续资治通鉴》卷二百六《元纪二十四》　5607）

命西僧于五台及雾灵山作佛事各一月，为皇太子古噜达喇祈福。

……

发卫卒三千助大承天护圣寺工役。

（《续资治通鉴》卷二百六《元纪二十四》　5609）

乙亥，命留守司发军士筑驻跸台于大承天护圣寺东。

（《续资治通鉴》卷二百六《元纪二十四》　5612）

冬，十月，己酉，为皇子古噜达喇作佛事，释在京囚死罪者二人，杖罪者四十七人。

（《续资治通鉴》卷二百六《元纪二十四》　5613）

时有官居丧者，往往夺情起复，[陈]思谦言："三年之丧，谓之达礼，自非金革，不可从权。"遂著于令。有诏起报严寺，思谦曰："兵荒之余，当罢土木以舒民力。"帝嘉之曰："此正得祖宗立台宪之意，继此事有当言者无隐。"赐缣绮旌之。

（《续资治通鉴》卷二百六《元纪二十四》　5616）

顺帝元统元年（1333）

帝初受佛戒时，见玛哈喇佛前有物为供，因问学士实喇卜曰："此何物？"曰："羊心。"帝曰："曾闻用人心肝者，有诸？"曰："闻之，而未尝目睹。请问赖嘛。"赖嘛者，帝师也。帝遂命实喇卜问之，答曰："有之，凡人萌歹心害人者，事觉，则以其心肝作供耳。"曰："此羊曾害人乎？"帝师不能答。

（《续资治通鉴》卷二百七《元纪二十五》　5624）

顺帝元统二年（1334）

禁私创寺观庵院。僧道入钱五十贯，给度牒，方听出家。

（《续资治通鉴》卷二百七《元纪二十五》　5635）

顺帝至元元年（1335）

中宫命僧尼于慈福殿作佛事，已而殿灾，[王]结言僧尼亵渎，当坐罪。

（《续资治通鉴》卷二百七《元纪二十五》　5636）

诏："凡有妻室之僧，还俗为民。"既而复听为僧。

（《续资治通鉴》卷二百七《元纪二十五》 5644）

顺帝至元三年（1337）

己丑，汝宁献所获棒胡弥勒佛、小旗、伪宣敕并紫金印、量天尺。时大臣有忌汉官者，取所献班地上，问曰："此欲何为耶？"意汉官讳言反，将以罪中之。……

……

己亥，惠州归善县民聂秀卿、谭景山等造军器，拜戴甲为定光佛，与朱光卿相结为乱，命江西行省左丞锡迪捕之。

（《续资治通鉴》卷二百七《元纪二十五》 5649）

又以诸僧寺私庇猾民，有所谓道人、道民、行童者，类皆渎伦常，隐徭役，使民力日耗，契勘嘉兴一路，为数已二千七百。建议请勒归本族，俾供皇赋，庶少宽民力，朝廷是之，即著为令。

（《续资治通鉴》卷二百七《元纪二十五》 5653）

顺帝至元五年（1339）

春，正月，癸亥，禁滥予僧人名爵。

（《续资治通鉴》卷二百八《元纪二十六》 5657）

顺帝至正元年（1341）

命永明寺写金字经一藏。

……

庚寅，帝幸护圣寺。

（《续资治通鉴》卷二百八《元纪二十六》 5667）

顺帝至正三年（1343）

十二月，丙申，诏写金字《藏经》。

（《续资治通鉴》卷二百八《元纪二十六》 5677）

承天护圣寺火，诏更作之，[李]稷言水旱相仍，公私俱乏，不宜妄兴大役，议遂寝。稷，滕州人。

（《续资治通鉴》卷二百八《元纪二十六》 5678）

顺帝至正七年（1347）

拨山东十六万二千余顷地属大承天护圣寺。

（《续资治通鉴》卷二百九《元纪二十七》　5696）

顺帝至正九年（1349）

[李] 好文言："欲求二帝、三王之道，必由于孔氏，其书则《孝经》《大学》《论语》《孟子》《中庸》。" 乃摘其要略，释以经义，又取史传及先儒论说有关治体而协经旨者，加以己见，仿真德秀《大学衍义》之例，为书十一卷，名曰《端本堂经训要义》，奉表以进。

帝师闻之，言于奇皇后曰："向者太子学佛法，顿觉开悟，今乃使习孔子之教，恐坏太子真性。" 后曰："吾虽居深宫，不明道德，尝闻自古及今治天下者，须用孔子之道，舍之他求，即为异端。佛法虽好，乃余事耳，不可以治天下。安得使太子不读书耶？"

（《续资治通鉴》卷二百九《元纪二十七》　5707）

顺帝至正十一年（1351）

初，世祖至元七年，以帝师帕克斯巴之言，于大明殿御座上置白伞盖一顶，用素缎泥金书梵字于其上，谓镇伏邪魔，护安国利。自后每岁二月十五日，于大殿启建白伞盖佛事，与众被除不祥。中书移文诸司，拨人异监坛汉关羽神轿及供应三百六十坛幢幡、宝盖等，以至大乐鼓吹，番部细乐，男女杂扮队戏，凡执役者万余人，皆官给铠甲、袍服、器仗，俱以鲜丽整齐为尚，珠玉锦绣，装束奇巧，首尾排列三十余里，都城士女聚观。先二日，于西镇国寺迎太子游四门，异高塑像，具仪仗入城。十四日，帝师率梵僧五百人，于大明殿内建佛事。至十五日，请伞盖于御座，奉置宝舆，诸仪卫导引出宫，至庆寿寺，具素食；食罢，起行，从西宫门外垣、海子南岸，入厚载红门，过延春门而西。帝及后妃、公主，于玉德殿门外搭金脊吾殿彩楼以观览焉。事毕，送伞盖，复置御座上。帝师、僧众作佛事，至十六日罢散，谓之游皇城，岁以为常。至是命下，中书省臣以其非礼，谏止之，不听。

（《续资治通鉴》卷二百十《元纪二十八》　5716）

初，栾城人韩山童祖父，以白莲会烧香惑众，谪徙广平永年县。至山童，倡言天下大乱，弥勒佛下生，河南及江、淮愚民皆翕然信之。福通与杜遵道、罗文素、盛文郁、王显忠、韩雅尔复鼓妖言，谓"山童实宋徽宗八世孙，当为中国主"。福通等杀白马、黑牛，誓告天地，欲同起兵为乱，事觉，县官捕之急，福通遂反。山童就擒，其妻杨氏，子韩林儿，逃之武安。惟福通党盛不可制，时谓之"红军"，亦曰"香军"。

（《续资治通鉴》卷二百十《元纪二十八》　5719）

　　初，袁州慈化寺僧彰〔彭〕莹玉，以妖术惑人，其徒周子旺，因聚众欲作乱，事觉，江西行省发兵捕诛子旺等，莹玉走至淮西，匿民家，捕不获。既而黄州麻城人邹普胜，复以其术鼓妖言，遂起兵为乱，以寿辉貌异于众，乃推以为主。沔阳陈友谅往从之。

（《续资治通鉴》卷二百十《元纪二十八》　5722）

顺帝至正十二年（1352）

　　元璋先世家沛，后自句容、泗州徙钟离。昆弟四人，元璋其季也。少苦疾，比长，姿貌雄杰，既就学，聪明英武，沈几大度，人莫能测也。年十七，值四方旱蝗，民饥疫，父母兄相继殁，遂入皇觉寺为僧，逾月西至合肥，又适六安，历光、固、汝、颍诸州，凡三年，复还皇觉寺。久之，寺为乱兵所焚，僧皆逃散，元璋亦出避兵，不知所向，人有招以起事者，元璋意不决。是时彻尔布哈率兵欲复濠城，惮不敢进，惟日掠良民为盗以徼赏，民皆恟惧。元璋恐不免于难，乃诣伽蓝卜珓，问避乱，不吉，即守故，又不吉，因祝曰："岂欲予从群雄倡义乎？"果大吉。

（《续资治通鉴》卷二百十《元纪二十八》　5736）

　　贼之入城也，伪帅项葵、杨苏，一屯明庆寺，一屯北关门妙行寺，称弥勒佛出世以惑众，不杀不淫，招民投附者，注姓名于籍，库中金帛，悉辇以去。平章嘉珲自湖州统军还，举火焚城，残伤殆尽，诛附贼充伪职者范县尹等，里豪施尊礼、顾八迎敌官军，剐于市，家产并没入官；省都事以下，坐失守城池，罢黜不叙；省官复任如故。

（《续资治通鉴》卷二百十一《元纪二十九》　5743）

顺帝至正十三年（1353）

　　甲申，诏修大承天护圣寺，赐钞二万锭。

（《续资治通鉴》卷二百十一《元纪二十九》　5755）

初，哈玛尔尝阴进西天僧，以运气数媚帝，帝习为之，号延彻尔法。延彻尔，译言大喜乐也。哈玛尔之妹婿集贤学士图鲁特穆尔，故有宠于帝，与娄都尔苏、巴朗等十人，俱号伊纳克。图鲁特穆尔性奸狡，帝爱之，言听计从，亦荐西蕃僧策琳沁于帝。其僧善秘密法，谓帝曰："陛下虽尊居万乘，富有四海，不过保有一世而已。人生能几何，当受此秘密大喜乐禅定。"帝又习之，其法亦名双修法，曰延彻尔，曰秘密，皆房中术也。帝乃诏以西天僧为司徒，西蕃僧为大元国师，取良家女奉之，谓之供养，于是帝日从事于其法。伊纳克辈用高丽女为耳目，刺探贵人之命妇及士庶之室家，择其美而善淫者媒入宫中，数日乃出。巴朗者，帝诸弟也，与诸伊纳克皆在帝前，相与亵狎，甚至男女裸处，号所处室曰色济克乌格依，译言事事无碍也。君臣宣淫，而群僧出入禁中，无所防闲，丑声秽行，著闻于外，虽市井之人亦恶闻之。皇太子年日以长，尤深疾图鲁特穆尔等所为，欲去之，未能也。

（《续资治通鉴》卷二百十一《元纪二十九》　5763）

顺帝至正十四年（1354）

又自制宫漏，约高六七尺，广半之，造木为柜，阴藏诸壶其中，运水上下。柜上设西方三圣殿，柜腰立玉女捧时刻筹，时至，辄浮水而上。左右立二金甲神，一悬钟，一悬钲，夜则神人自能按更而击，无分毫差。当钟钲之鸣，狮凤在侧者皆翔舞。柜之西东有日月宫，飞仙六人立宫前，遇子午时，飞仙自能耦进，度仙桥，达三圣殿，已而复退立如前。其精巧绝出，人谓前代所未有。

时帝怠于政事，荒淫游宴，以宫女三圣努、妙乐努、文殊努等一十六人按舞，名为十六天魔，首垂发数辫，戴象牙佛冠，身被璎络大红销金长短裙，金杂袄、云肩、合袖天衣、绶带、鞋袜，各执加巴喇般之器，内一人执铃杵奏乐。又宫女一十一人，练椎髻、勒帕、常服，或用唐帽窄衫。所奏乐用龙头管、小鼓、筝、篸、琵琶、笙、胡琴、响板、拍板。以宦者察罕岱布哈管领，遇宫中赞佛，则按舞奏乐。宫官受秘密戒者得入，余不得预。

（《续资治通鉴》卷二百十二《元纪三十》　5774-5775）

顺帝至正十六年（1356）

维扬苏昌龄避乱居吴门，〔张〕士德用为参谋，称曰苏学士。毁承天寺佛像为王宫，改平江路为隆平府，设省、院、六部、百司。凡寺观、庵院、豪门、巨室，将士争占而居，无虚者。

（《续资治通鉴》卷二百十三《元纪三十一》 5794）

顺帝至正二十二年（1362）

是岁，枢密副使李士瞻上疏极言时政，凡二十条：一曰悔己过以诏天下，二曰罢造作以快人心，三曰御经筵以讲圣学，四曰延老成以询治道，五曰去姑息以振乾纲，六曰开言路以求得失，七曰明赏罚以厉百司，八曰公选举以息奔竞，九曰察近幸以杜奸弊，十曰严宿卫以备非常，十一曰省佛事以节浮费，十二曰绝滥赏以足国用，十三曰罢各官屯种俾有司经理，十四曰减常岁计置为诸宫用度，十五曰招集散亡以实八卫之兵，十六曰广给牛具以备屯田之用，十七曰奖励守令以劝农务本，十八曰开诚布公以礼待藩镇，十九曰分遣大将急保山东，二十曰依唐广宁故事分道进取。先是蓟国公托和齐上言请罢三宫造作，帝为减军匠之半，还隶宿卫，而造作如故，故士瞻疏首及之。

帝尝谓伊纳克曰："太子苦不晓秘密佛法，秘密佛法可以廷寿。"乃令图噜特穆尔教太子以秘密佛法。太子悦之，尝于清宁殿布长席，西番僧、高丽女东西列坐。太子顾谓左右曰："李先生教我儒书多年，我不省书中所言何事。西番僧教我佛法，我一夕便晓。"李先生者，谕德好文也。太子由是惑溺于邪道，无复曩时恶伊纳克之意矣。

（《续资治通鉴》卷二百十六《元纪三十四》 5901）

顺帝至正二十四年（1364）

是月，博啰特穆尔请诛狎臣图噜特穆尔，罢三宫不急造作，沙汰宦官，裁减钱粮，禁止西蕃僧好事。

（《续资治通鉴》卷二百十八《元纪三十六》 5935）

顺帝至正二十七年（1367）

丁巳，皇太子寝殿复〔后〕新甃井，中有龙出，光焰烁人，宫人震慑仆地。又长庆寺有龙缠绕槐树飞去，树皮皆剥。

（《续资治通鉴》卷二百十九《元纪三十七》 5986）

顺帝至正二十八年（1368）

甲寅，雷雨中有火自天坠，焚大圣寿万安寺。

（《续资治通鉴》卷二百二十《元纪三十八》　　6018）

后 记

　　《正史·通鉴·续通鉴佛教文献辑录》即将付梓，看着眼前这部"大部头"，不禁感慨万千。从《正史佛教资料类编》到《正史·通鉴·续通鉴佛教文献辑录》，我有幸参与这项工作已二十年了。2003 年起，我便和一众同门在业师杜斗城先生的带领下，对其从正史（"二十四史"）中辑录出的佛教史料进行数字化和校对工作，期间边读边校边学习，吾辈同学深感受益匪浅。经过大家的努力，2006 年 5 月，《正史佛教资料类编》由甘肃文化出版社正式出版，在学界引起了很大反响，国内外不少师友向杜师索取此书。因此书资料性极强，堪称佛教史研究者必备之工具，故很快被台湾中华电子佛典协会录入《CBETA 电子佛典集成》，与《大正藏》《藏外佛教文献》等重要佛教典籍资料一起在全球佛教研究者间流布。即便如此，杜师深感此书作为基础研究资料，尚有不少瑕疵，且《清史稿》《资治通鉴》《续资治通鉴》中佛教史料尚未辑入，所以，他又投入新一轮的修订和辑录工作当中；承蒙抬爱，我和诸同门也参与其中。

　　2011 年，我博士毕业留校任教，有更多机会向杜师求教，也有更多时间参与杜师的研究。2017 年，杜师赴美讲学前夕，嘱我负责将《正史佛教资料类编》中原有的分类取消，依照二十四史的顺序进行排列。同时，我们还修订了一些原有的讹误，并系统整理、校对了杜师从《清史稿》中新辑出的佛教史料，准备将其收入由中华书局出版的《中华大藏经·续编》。虽然《中华大藏经·续编》由于种种原因迟迟未能刊布，但杜师带领我们整理、校对和进一步完善工作从未停止，特别对《清史稿》《资治通鉴》《续资治通鉴》新辑出佛教史料用功更多。截至目前，参与的同学已有十多位，先后整理、校对、修订书稿达十余次。

从 2003 年参与这项工作开始，我一直为杜师严谨的治学态度、广博的专业知识、开阔的学术视野和独特的人格魅力所折服；从自己作为学生参与其间，到带着自己的研究生参与此项工作，虽然做了一些力所能及的事情，但与杜师的辛勤付出和我们自身在其中的学习所得相比，不足挂齿。杜师为人善良，常怀体恤、提携后学之心，2022 年底全权委托我执此佳作参加兰州大学哲学社会科学文库资助项目的申报答辩，并允我荣列作者之一，令我倍感惶恐，心存感激！

得益于杜师的深厚学养，得益于兰州大学社科处及评审专家的支持，得益于兰州大学出版社领导、编辑的垂顾，《正史·通鉴·续通鉴佛教文献辑录》这部持续辑录、整理、修订、校对数十年的基础资料即将面世，我作为主要参与者，感到非常高兴！

最后，衷心感谢参与其间，悉心整理、校对的同门吴通、丁得天、牛时兵等，还要感谢帮我整理、录入、校对的刘丹、安祎、杨晓屿、谢伊如、白杨、马逸飞、蒋应祯、张雪靓、任晶晶、杨晓乐等同学，更要感谢兰州大学出版社张国梁编审的辛劳付出。如果没有他们的共同努力，这本书也不可能顺利完成。

姜　涛

二〇二三年十二月草于兰州大学